# DuMonts Kriminal-Bibliothek

Anne Perry, 1938 in London geboren, lebt heute in Suffolk. Sie ist Autorin von zahlreichen Detektivromanen, in denen Inspector Pitt selbstbewußt und umsichtig ermittelt. Unterstützt wird er dabei von seiner – für die viktorianische Zeit – ungewöhnlich emanzipierten Frau Charlotte.

Von Anne Perry sind neben den hier versammelten Krimis in DuMonts Kriminal-Bibliothek bereits erschienen: »Der Würger von der Cater Street« (Band 1016), »Callander Square« (Band 1025) und »Nachts am Paragon Walk« (Band 1033). Diese drei Krimis sind auch in einem Sammelband »Viktorianische Morde. Drei Fälle für Charlotte Pitt« (Band 1077) erhältlich.

Herausgegeben von Volker Neuhaus

# Anne Perry

## Mehr Viktorianische Morde
## Zwei Fälle für Charlotte Pitt

Aus dem Englischen von Beate Felten

**DuMont**

Die den Übersetzungen zugrundeliegenden Originalausgaben von »Rutland Place« (Rutland Place) und »Tod in Devil's Acre« (Death in the Devil's Acre) erschienen 1983 und 1985 bei St. Martin's Press, Inc., New York
© 1983, 1985 Anne Perry

© 2002 für die deutsche Ausgabe: DuMont Literatur und Kunst Verlag, Köln
Alle deutschsprachigen Rechte vorbehalten
Umschlagmotiv von Pellegrino Ritter
Umschlag- und Reihengestaltung: Groothuis, Lohfert, Consorten
Satz: Greiner & Reichel, Köln
Druck und Verarbeitung: Clausen & Bosse, Leck
Printed in Germany
ISBN 3-8321-5880-4

# Rutland Place

# Kapitel 1

Charlotte Pitt nahm den Brief in Empfang und schaute den Botenjungen ziemlich erstaunt an. Er erwiderte ihren Blick aus intelligenten, runden Augen. Vielleicht wartete er auf ein Trinkgeld? Sie hoffte, daß dies nicht der Fall war. Thomas und sie waren erst vor kurzem aus ihrem alten Haus in dieses geräumigere, hellere Haus umgezogen, das ein zusätzliches Schlafzimmer und einen winzigen Garten besaß, und hatten dabei ihre gesamten Ersparnisse aufgebraucht.

»Wollen Sie eine Antwort schicken, Ma'am?« erkundigte sich der Junge munter, ein wenig belustigt über ihre langsame Reaktion. Im allgemeinen verrichtete er seine Arbeit in einem vornehmeren Stadtteil, denn die Leute, die in diesem Viertel hier wohnten, erledigten ihre Botengänge selbst. Doch genauso ein Haus wie dieses würde er selbst gern einmal besitzen, in ferner Zukunft, wenn er erst einmal erwachsen war, ein eigenes Reihenhaus mit gepflegtem Treppenaufgang, Vorhängen an den Fenstern, ein oder zwei Blumenkästen und einer hübschen Ehefrau, die ihm abends nach der Arbeit die Tür öffnete und ihn begrüßte.

»Oh.« Charlotte atmete erleichtert aus. »Einen Moment.« Sie riß den Umschlag auf, zog den einzelnen Bogen Papier heraus und las:

> 12 Rutland Place, London
> 23. März 1886

Meine liebe Charlotte,
  es hat sich hier kürzlich ein merkwürdiger und äußerst unangenehmer Zwischenfall ereignet, und ich würde in dieser Angelegenheit gern Deinen Rat einholen. Da ich aus der Vergangenheit Dein Geschick und Deine Erfahrung im Umgang mit tragischen Ereignissen und Verbrechen kenne, wirst Du vielleicht sogar in

der Lage sein, mir zu helfen. Selbstverständlich handelt es sich – Gott sei Dank – nicht um derartig entsetzliche Dinge wie am Paragon Walk, in die Du leider damals hineingezogen wurdest, oder wie bei der grauenhaften Geschichte an der Resurrection Row; es geht lediglich um einen kleinen Diebstahl.

Doch da der Gegenstand, den ich vermisse, mir sehr am Herzen liegt, bin ich recht beunruhigt über sein Verschwinden und möchte ihn unbedingt zurückbekommen.

Meine liebe Charlotte, würdest Du mir in dieser Angelegenheit zur Seite stehen oder mir wenigstens einen Rat erteilen? Ich weiß, daß Du inzwischen ein Hausmädchen hast, das sich während Deiner Abwesenheit um Jemima kümmern kann. Wenn ich Dir also morgen gegen elf Uhr die Kutsche vorbeischicke, könntest Du vielleicht kommen und mit mir den Lunch einnehmen, so daß wir über diese höchst unerfreuliche Sache reden können? Ich würde mich wirklich sehr freuen, Dich zu sehen.

Deine Dich liebende Mutter
Caroline Ellison

Charlotte faltete den Brief zusammen und schaute den Jungen wieder an. »Wenn du einen Moment wartest, schreibe ich schnell eine Antwort«, sagte sie mit einem leichten Lächeln, ging ins Haus und kehrte kurz darauf mit ihrem Antwortschreiben zurück.

»Vielen Dank, Ma'am.« Der Junge verbeugte sich leicht und trollte sich. Offenbar hatte er gar kein Geld erwartet, sicher erhielt er üblicherweise sein Trinkgeld vom Absender. Jedenfalls war er anscheinend erfahren genug, um genau zu wissen, ob jemand vermögend oder freigebig war oder nicht.

Charlotte schloß die Tür und ging durch die Diele zurück zur Küche, wo ihre 18 Monate alte Tochter Jemima in ihrem Bettchen saß und an einem Bleistift kaute. Charlotte nahm ihn ihr zerstreut weg und gab ihr statt dessen ein buntes Bauklötzchen.

»Ich hatte dich doch gebeten, ihr keine Stifte zu geben, Gracie«, sagte sie zu ihrem jungen Hausmädchen, das gerade Kartoffeln schälte. »Sie weiß noch gar nicht, was sie damit anfangen soll. Sie knabbert nur daran herum.«

»Ich hatte keine Ahnung, daß sie das Ding hatte, Ma'am. Sie kann schrecklich weit durch die Gitterstäbe durchgreifen. Wenigstens halten sie sie davon ab, in den Kohlenkasten oder den Ofen zu krabbeln.«

An den Gitterstäben des Bettchens war eine Vorrichtung mit bunten Holzperlen befestigt, und Charlotte kniete sich auf den Boden und begann, sie leise hin und her zu schieben. Jemima war sofort interessiert und stand auf. Charlotte begann, die Perlen für sie laut zu zählen, und Jemima wiederholte die Wörter mit größter Konzentration, wobei ihr Blick immer wieder von den Perlen zu Charlottes Gesicht schweifte, weil sie nach jedem Wort auf ein Lob der Mutter wartete.

Aber Charlotte war nur halb bei der Sache. Ihre Gedanken kreisten vor allem um ihre Mutter. Ihre Eltern hatten es damals sehr gut aufgenommen, als sie ihnen mitgeteilt hatte, daß sie von allen Männern ausgerechnet einen Polizisten zu heiraten gedachte! Edward hatte sich zunächst recht reserviert verhalten und sie dann sehr ernsthaft gefragt, ob sie wirklich wisse, was sie da tue. Doch Caroline hatte von Anfang an verstanden, daß ihre äußerst schwierige Tochter einen Mann gefunden hatte, den sie wirklich liebte, und daß die Schwierigkeiten eines derart radikalen gesellschaftlichen Abstiegs für sie sehr viel leichter zu verkraften sein würden als eine standesgemäß arrangierte Ehe mit jemandem, den sie nicht liebte und der ihr Interesse und ihren Respekt nicht zu gewinnen vermochte.

Doch trotz ihrer auch weiterhin innigen Verbundenheit war es äußerst untypisch für Caroline, wegen einer Bagatelle wie einem Diebstahl nach Charlotte zu schicken. Schließlich waren derartige Zwischenfälle an der Tagesordnung. Wenn es sich um ein wertloses Schmuckstück handelte, war es vielleicht eines der Dienstmädchen gewesen, das es sich für einen Abend geborgt hatte. Nach einigen geschickten Anspielungen würde sie es bestimmt wieder zurücklegen. Caroline hatte zeitlebens Hausmädchen gehabt und müßte daher eigentlich sehr gut in der Lage sein, die Angelegenheit zu regeln, ohne eine andere Person zu Rate zu ziehen.

Aber Charlotte wollte sie auf jeden Fall trotzdem aufsuchen; es würde sicher ein angenehmer Tag werden, und sie hatte schließlich eine anstrengende Zeit hinter sich. Es hatte lange gedauert, bis sie das Haus endlich zu ihrer Zufriedenheit hergerichtet hatte.

»Ich werde morgen ausgehen, Gracie«, sagte sie beiläufig. »Meine Mutter hat mich zum Lunch eingeladen. Die Vorhänge für die Fenster am Treppenabsatz können ruhig noch einen Tag warten. Du kannst auf Jemima achtgeben und den Boden und den

Holzschrank in der Ecke schrubben. Nimm ordentlich Seife dazu. Ich finde, er riecht immer noch ein wenig merkwürdig.«

»Ja, Ma'am, und die Wäsche muß ich auch noch machen. Und soll ich mit Miss Jemima ein bißchen spazierengehen, wenn es draußen schön ist?«

»Ja, bitte, das ist eine ausgezeichnete Idee.« Charlotte stand auf. Wenn sie morgen den größten Teil des Tages fort sein würde, sollte sie besser das Brot schon heute nachmittag backen und nachschauen, wie ihr bestes Kleid aussah, nachdem es den ganzen Winter im Kleiderschrank gehangen hatte. Gracie war erst 15, doch sie war ein kompetentes Mädchen und tat nichts lieber, als sich mit Jemima zu beschäftigen. Charlotte hatte ihr bereits mitgeteilt, daß es in sechs Monaten noch ein Baby geben würde, um das sie sich kümmern konnte. Es gehörte auch zu Gracies Pflichten, die zusätzliche Wäsche zu erledigen, die durch ein weiteres Kind anfallen würde, und sich um die üblichen Küchen- und Haushaltsarbeiten zu kümmern. Aber Gracie war offenbar von dieser Aussicht keineswegs entmutigt, sondern schien sich sogar schon darauf zu freuen. Sie stammte selbst aus einer großen Familie und vermißte die lärmende Gesellschaft von Kindern, die einen ständig in Anspruch nahmen.

Pitt war müde, als er kurz vor sechs von der Arbeit nach Hause kam. Er hatte den größten Teil des Tages mit der erfolglosen Jagd auf einige Diebe verbracht, die auf den Diebstahl aus Kutschen spezialisiert waren, und hatte doch am Ende nichts weiter vorzuweisen als ein halbes Dutzend Täterbeschreibungen, die sich gegenseitig widersprachen. Ein Inspector seines Kalibers hätte sich normalerweise nicht mit derartigen Angelegenheiten abgeben müssen, wäre nicht eines der Opfer ein distinguierter Gentleman gewesen, der nur höchst widerwillig die Polizei eingeschaltet hatte. Dem Mann war eine goldene Taschenuhr abhanden gekommen, die ein Geschenk seines Schwiegervaters gewesen war, und er verspürte keine Lust, ihren Verlust zu erklären.

Charlotte empfing ihn mit derselben merkwürdigen Mischung aus Freude und Erleichterung, die sie immer beim Anblick seiner ungepflegten Gestalt mit dem schiefsitzenden Kragen und dem zerknitterten Mantel empfand. Sie umarmte ihn einige Minuten innig und servierte ihm dann eine heiße Suppe und sein Abendbrot. Der Gegenstand, den ihre Mutter offenbar verlegt hatte, schien ihr nicht wichtig genug, um ihn damit zu belästigen.

Am folgenden Morgen stand sie vor dem Drehspiegel in ihrem Schlafzimmer und zupfte das Spitzenfichu zurecht, das sie sich um die Schultern gelegt hatte, um die Stelle zu verbergen, wo sie den Kragen vom vorigen Jahr entfernt hatte. Dann steckte sie sich ihre beste Kameebrosche an. Mit dem Ergebnis dieser kleinen Verschönerungen war sie außerordentlich zufrieden. Obwohl sie im dritten Monat schwanger war, konnte man an ihrer Figur noch keinerlei sichtbare Veränderung wahrnehmen, und mit dem üblichen Schnürkorsett aus Walfischknochen, das selbst die widerspenstigste Taille in elegante Kurven verwandelte – auch wenn es für etwas üppigere Damen äußerst unbequem war und für wirklich korpulente Frauen einer Tortur gleichkam –, sah sie genauso schlank aus wie immer. Die dunkelgrüne Wolle paßte gut zu ihrem dunklen Teint und ihrem prächtigen Haar, und das Schultertuch milderte die Strenge des Kleides und ließ es femininer wirken. Von allen Menschen, die sie kannte, wollte sie vor allem bei Caroline nicht den Eindruck erwecken, daß sie sich nachlässig oder unmodern kleidete.

Die Kutsche kam um elf Uhr, und gegen halb zwölf hatte sie bereits die Stadt durchquert, fuhr langsam die lange, ruhige Lincolnshire Road hinunter und bog in den stillen, baumumstandenen, eleganten Rutland Place ein. Sie hielt vor dem weißen Säulengang des Hauses Nummer 12, und der Diener öffnete den Schlag und half Charlotte aus der Kutsche heraus auf den feuchten Bürgersteig.

»Vielen Dank«, sagte sie, ohne sich nach ihm umzuwenden, als wäre sie mit dieser Situation vollkommen vertraut, was auch tatsächlich bis vor ein paar Jahren der Fall gewesen war.

Die Tür wurde geöffnet, bevor sie sie überhaupt erreicht hatte, und der Butler erschien.

»Guten Morgen, Miss Charlotte«, sagte er mit einem leichten Nicken.

»Guten Morgen, Maddock.« Sie lächelte ihn an. Sie kannte ihn seit ihrem 16. Lebensjahr, als ihre Familie ihn als Butler eingestellt hatte, damals, als sie noch in der Cater Street gewohnt hatten, lange vor den Morden, die später dort geschehen waren und bei deren Aufklärung sie ihren späteren Ehemann Pitt kennengelernt hatte.

»Mrs. Ellison ist im Salon, Miss Charlotte.« Maddock kam ihr geschickt zuvor, indem er die Tür für sie öffnete.

Caroline stand mitten im Raum. Hinter ihr brannte ein helles Kaminfeuer, das die Frühlingskälte vertreiben sollte, und eine Vase mit Narzissen warf Goldreflexe auf den glänzend polierten Tisch. Caroline trug ein pfirsichfarbenes Kleid, das an die sanfte Färbung eines Abendhimmels erinnerte und sie bestimmt das Kleidergeld für einen ganzen Monat gekostet haben mußte. Nur wenige Silberfäden durchzogen ihr dunkles Haar. Sie eilte sofort auf ihre Tochter zu.

»Meine Liebe, wie ich mich freue, dich zu sehen! Du siehst wirklich hervorragend aus. Komm doch bitte herein, und wärm dich auf. Ich weiß auch nicht, warum dieser Frühling so kalt ist. Alles sieht so wunderschön aus, strotzt förmlich vor Leben, aber der Wind ist wirklich schneidend. Vielen Dank, Maddock. Wir werden in etwa einer Stunde unseren Lunch einnehmen.«

»Sehr wohl, Ma'am.« Er schloß die Tür hinter sich, und Caroline nahm Charlotte in die Arme und drückte sie fest an sich.

»Du solltest wirklich öfter kommen, Charlotte. Ich vermisse dich schrecklich. Emily ist in der letzten Zeit so beschäftigt mit ihren gesellschaftlichen Verpflichtungen, daß ich sie kaum noch zu Gesicht bekomme.«

Charlotte schloß ihre Mutter ebenfalls einen Moment lang fest in die Arme und trat dann einen Schritt zurück. Ihre jüngere Schwester Emily hatte einen Aristokraten geheiratet und nutzte jede Gelegenheit, die sich ihr dadurch bot. Von ihrer anderen Schwester, Sarah, die auf so grausame Weise in der Cater Street den Tod gefunden hatte, sprachen sie beide nicht.

»Setz dich doch, meine Liebe.« Caroline ließ sich elegant auf dem Sofa nieder, und Charlotte nahm ihr gegenüber in dem großen Sessel Platz.

»Wie geht es Thomas?« fragte Caroline.

»Sehr gut, vielen Dank. Und Jemima auch«, kam Charlotte der nächsten Frage zuvor. »Und das Haus ist sehr gemütlich, und mit meinem neuen Dienstmädchen bin ich auch äußerst zufrieden.«

Caroline seufzte ein wenig belustigt.

»Du hast dich wirklich überhaupt nicht verändert, Charlotte. Da sagst immer noch alles genau so, wie es dir in den Sinn kommt. Du bist ebenso subtil wie eine Lokomotive! Ich weiß gar nicht, was ich mit dir angefangen hätte, wenn du Thomas Pitt nicht geheiratet hättest!«

Charlotte lachte.

»Du würdest mich bestimmt immer noch zu diesen unendlich steifen, abscheulichen Partys schleifen, in der Hoffnung, die Mutter irgendeines jungen Mannes davon zu überzeugen, daß ich in Wirklichkeit viel besser bin, als ich mich anhöre!«

»Charlotte! Ich bitte dich!«

»Was ist dir gestohlen worden, Mama?«

»Du liebe Zeit! Ich kann wirklich nicht begreifen, wie du mit deiner Direktheit jemals irgend etwas herausfindest. Du kannst wahrscheinlich nicht einmal einen Polizisten dazu verleiten, dir die Zeit zu sagen!«

»Dazu besteht auch nicht die geringste Veranlassung, Mama. Polizisten sind stets gewillt, einem die Zeit zu sagen, falls sie, was allerdings sehr unwahrscheinlich ist, sie wirklich wissen. Ich bin sehr wohl zu kleinen Täuschungsmanövern fähig, wenn ich will.«

»Dann hast du dich allerdings sehr gewandelt!«

»Was hast du verloren, Mama?«

Carolines Gesichtsausdruck veränderte sich, das Lachen erlosch. Sie zögerte, als versuche sie, unbedingt die richtigen Worte für einen sicher ganz einfachen Sachverhalt zu finden.

»Ein Schmuckstück«, begann sie. »Ein kleines Medaillon an einem Goldbügel. Es ist nicht besonders wertvoll. Es ist nicht sehr groß, und ich kann mir nicht einmal vorstellen, daß es aus massivem Gold ist! Aber es ist sehr hübsch. Vorn ist es mit einer kleinen Perle verziert, und natürlich läßt es sich auch öffnen.«

Charlotte sprach aus, was ihr als erstes in den Sinn kam. »Meinst du nicht, daß eines der Mädchen es vielleicht ausgeliehen hat, in der Absicht, es so schnell wie möglich wieder zurückzulegen, und es dann vergessen hat?«

»Meine Liebe, glaubst du etwa, daß ich daran nicht schon selbst gedacht habe?« Carolines Stimme klang eher ängstlich als verärgert. »Aber keines der Mädchen hatte Ausgang an einem der Abende zwischen dem Tag, als ich es zuletzt gesehen habe, und dem Tag, an dem ich es vermißt habe. Außerdem kann ich mir nicht vorstellen, daß es eines der Mädchen gewesen sein soll. Das Küchenmädchen hätte gar keine Gelegenheit dazu – im übrigen ist sie erst 14 Jahre alt. Ich kann wirklich nicht glauben, daß sie auf eine derartige Idee kommen würde. Das Stubenmädchen« – sie lächelte matt – »ist so hübsch wie die meisten anderen Stubenmädchen. Ich hatte keine Ahnung, daß Maddock bei der Auswahl unseres Hauspersonals einen so ausgezeichneten Geschmack an den Tag legen würde! Sie ist von der Natur derart wohlwollend bedacht worden, daß sie die Hilfe eines gestohlenen Schmuckstücks mit allen Risiken, die damit verknüpft sind, wirklich nicht nötig hat. Und meiner eigenen Zofe schenke ich unbedingtes Vertrauen. Mary ist bei mir, seit wir hergezogen sind, und sie kam von Lady Buxton, die sie seit ihrer Kindheit kennt. Sie ist die Tochter ihrer Köchin. Nein.« Ihr Gesicht sah wieder sehr besorgt aus. »Ich fürchte, es muß jemand getan haben, der nicht hier in unserem Haus wohnt.«

Charlotte versuchte die nächstliegende Erklärung. »Haben die Mädchen vielleicht Verehrer, die ihnen den Hof machen?«

Caroline zog die Augenbrauchen hoch. »Nicht, soweit ich unterrichtet bin. Maddock ist sehr streng. Und wenn, dann bestimmt nicht hier im Haus, mit Zugang zu meinem Ankleidezimmer!«

»Ich nehme an, du hast Maddock bereits gefragt?«

»Selbstverständlich habe ich das! Ich bin sehr wohl in der Lage, in einer derartigen Situation das Nächstliegende zu tun. Charlotte! Wenn es wirklich so einfach wäre, hätte ich dich wohl kaum bemüht.« Sie atmete tief ein und ganz langsam aus und schüttelte dabei leicht den Kopf. »Tut mir leid. Es ist nur – die ganze Angelegenheit ist so unangenehm! Ich kann den Gedanken nicht ertragen, daß einer meiner Freunde oder einer ihrer Dienstboten diesen Gegenstand an sich genommen hat, aber welche Möglichkeit gibt es denn sonst?«

Charlotte blickte ihre unglückliche Mutter an und sah, wie sie die Hände ineinander verschlungen hatte und ihr Taschentuch derart fest zusammendrehte, daß die Spitze zu reißen drohte. Mit einem Mal verstand sie Carolines Dilemma. Erkundigungen einzuziehen oder den Verlust bekanntzugeben würde bedeuten, daß sie allen ihren Bekannten und Freunden mißtraute. Sämtliche Anwohner des Rutland Place würden denken, daß Caroline sie des Diebstahls verdächtigte. Alte Freundschaften würden zerstört werden. Vielleicht würden völlig unschuldige Hausangestellte ihre Stelle verlieren oder sogar ihren guten Ruf ruiniert finden. Eins würde zum anderen kommen, und die unerfreuliche Angelegenheit würde immer weitere Kreise ziehen und alle in Unruhe versetzen.

»Ich würde die Sache einfach auf sich beruhen lassen, Mama«, sagte sie schnell und griff nach Carolines Hand. »Ein verlorenes

Medaillon ist lange nicht so wichtig wie die Unannehmlichkeiten, die eine Nachforschung mit sich bringt. Wenn jemand danach fragt, sagst du einfach, der Stift sei locker gewesen und wahrscheinlich herausgefallen. Worauf hast du es denn getragen?«

»Auf dem Mantel, der zu meinem pflaumenfarbenen Kostüm gehört.«

»Dann ist es doch ganz einfach. Es hätte überall hinfallen können, sogar auf die Straße.«

Caroline schüttelte den Kopf.

»Der Stift war vollkommen in Ordnung, und es gab sogar noch ein zusätzliches Kettchen mit einem eigenen Sicherheitsverschluß, das ich ebenfalls befestigt hatte!«

»Du liebe Güte, das brauchst du doch niemandem zu verraten – falls überhaupt jemand danach fragen sollte, was ich zu bezweifeln wage. Wer hat es dir denn geschenkt? Papa?«

Caroline wandte den Blick ab und schaute über Charlottes Schulter hinweg aus dem Fenster, wo die Frühlingssonne Lichtsprenkel auf den Lorbeerbusch zauberte.

»Nein, ihm würde ich alles ohne Schwierigkeiten erklären können. Es war ein Geschenk deiner Großmutter, letzte Weihnachten, und du weißt ja selbst, wie hervorragend ihr Gedächtnis funktioniert, wenn sie nur will.«

Charlotte hatte das merkwürdige Gefühl, daß ihr irgend etwas Wesentliches entgangen war, daß sie etwas Wichtiges gehört und doch nicht verstanden hatte.

»Aber Großmama hat doch sicher auch in ihrem Leben schon einmal etwas verloren«, sagte sie beschwichtigend. »Warum erklärst du ihr nicht alles, bevor es ihr überhaupt auffällt? Wahrscheinlich wird sie wie gewohnt etwas selbstgerecht reagieren, aber das läßt sich immerhin ertragen. So ist sie doch früher oder später immer.« Sie lächelte. »Dann hat sie wenigstens einen guten Anlaß.«

»Du hast recht«, sagte Caroline und schlug die Augen nieder, doch irgend etwas in ihrer Stimme klang nicht sehr überzeugt.

Charlotte sah sich im Zimmer um, betrachtete die blaßgrünen Vorhänge und den weichen Teppich, die hübsche Blumenvase mit den Narzissen, die Bilder an den Wänden, das Klavier in der Ecke, auf dem Sarah früher immer gespielt hatte und auf dem die Familienfotos standen. Caroline saß auf dem Sofarand, als sei sie in einer fremden Wohnung und wolle jeden Moment aufstehen.

»Was hast du denn bloß, Mama?« fragte Charlotte ein wenig ungeduldig. »Warum ist dir das Medaillon so wichtig?«

Caroline schaute hinunter auf ihre Hände und wich Charlottes Blicken aus.

»Es befindet sich ein – ein Andenken darin – etwas sehr Persönliches. Es wäre mir äußerst – peinlich, wenn es in die falschen Hände fiele. Ich hänge sehr daran. Ich bin sicher, du verstehst mich. Es ist entsetzlich, nicht zu wissen, wer es hat! Als ob irgendein Fremder deine Briefe liest!«

Charlotte atmete erleichtert auf. Plötzlich wußte sie nicht einmal mehr, wovor sie überhaupt Angst gehabt hatte, ihr Körper entspannte sich wieder, und sie verspürte ein Gefühl der Wärme in sich aufsteigen. Jetzt, wo sie ihre Mutter endlich verstand, schien alles so einfach.

»Um Himmels willen, warum hast du das nicht gleich gesagt!« Es war zwecklos, sie damit zu beruhigen, daß der Dieb das Medaillon vielleicht gar nicht öffnen würde. Denn das erste, was jede Frau tun würde, wenn sie ein Medaillon fand, war, es zu öffnen und hineinzusehen. »Vielleicht hast du ausgerechnet an dem Tag vergessen, den Sicherheitsverschluß zuzumachen, und es ist ganz einfach von selbst heruntergefallen? Ich nehme an, du hast schon in der Kutsche nachgesehen?«

»Natürlich, das habe ich sofort getan.«

»Kannst du dich denn noch erinnern, wann du es zuletzt getragen hast?«

»Als ich zum Nachmittagstee zu Ambrosine gefahren bin – Ambrosine Charrington. Sie wohnt im Haus Rutland Place Nummer 18, eine äußerst charmante Person.« Caroline lächelte flüchtig. »Du würdest sie bestimmt mögen. Sie ist nämlich ausgesprochen exzentrisch.«

Charlotte überhörte die versteckte Anspielung. Momentan war das Medaillon wichtiger.

»Tatsächlich?« meinte sie trocken. »Inwiefern?«

Caroline blickte erstaunt auf.

»Oh, sie ist absolut respektabel – sogar noch mehr als respektabel. Ihr Großvater war ein Earl, und ihr Ehemann, Lovell Charrington, ist ein hochangesehener Mann. Ambrosine selbst ist sogar am Hof vorgestellt worden, als sie in die Gesellschaft eingeführt wurde. Das ist natürlich schon eine ganze Weile her, doch sie kennt dort immer noch zahlreiche wichtige Leute.«

»Das klingt nicht gerade besonders exzentrisch«, meinte Charlotte skeptisch und dachte im stillen, daß Carolines Definition von Exzentrik wahrscheinlich völlig anders war als ihre eigene.

»Sie singt gern«, erklärte Caroline. »Und zwar die merkwürdigsten Lieder. Ich kann mir gar nicht vorstellen, wo sie sie gelernt haben könnte. Und sie ist außerordentlich vergeßlich, selbst wenn es um Dinge geht, von denen man annehmen sollte, daß sich jede Dame in unseren Kreisen daran erinnern würde – etwa, wer sie eine Woche zuvor besucht hat oder dergleichen und wer mit wem verwandt ist. Manchmal unterlaufen ihr wirklich die erstaunlichsten Fehler.«

Die Frau war Charlotte auf Anhieb sympathisch.

»Wie schön für sie. Das ist sicher äußerst unterhaltsam.« Sie erinnerte sich an die endlosen Nachmittage vor ihrer Heirat, als Caroline ihre drei Töchter immer mitgenommen hatte, um sie den Müttern von geeigneten heiratsfähigen jungen Männern vorzustellen. Sie hatten alle in viel zu üppig gepolsterten Sesseln gesessen, lauwarmen Tee getrunken, und die Mütter hatten sich gegenseitig taxiert, was Einkommen, modischen Geschmack, Aussehen und Liebenswürdigkeit betraf, während die Mädchen sich fragten, welchem unreifen Jüngling sie wohl als nächstes vorgestellt werden würden und welche unerbittliche potentielle Schwiegermutter sie vorher unter die Lupe nehmen würde. Bei der bloßen Erinnerung an diese Szenen lief ihr ein Schauer über den Rücken, und sie dachte an Pitt in seinem Büro mit dem Linoleumboden, dem braunen Schreibtisch und den Papierbergen, an Pitt, wie er in dunklen Gassen und Mietskasernen Fälschern und Hehlern nachstellte. In die vornehmen Wohnviertel führte sein Beruf ihn nur selten, höchstens wenn er einem Geldschrankknacker, einem Betrüger oder gar einem Mörder auf der Spur war.

»Charlotte?« Carolines Stimme holte sie zurück in die Wirklichkeit von Rutland Place, zurück in den warmen Salon.

»Ja, Mama. Vielleicht wäre es besser, wenn du gar nichts sagen würdest. Wenn das Medaillon nämlich wirklich gestohlen wurde, wird es der Dieb wohl kaum zugeben, und falls jemand anständig genug sein sollte, es dir zurückzugeben, wird er es sicher nicht vorher geöffnet haben, da er weiß, daß es sich um etwas Persönliches handelt. Und selbst wenn jemand hineingesehen hätte, würde er sicherlich nichts Bemerkenswertes daran finden. Schließlich haben wir alle ein Privatleben.«

Caroline lächelte gezwungen und tat so, als übersehe sie die Tatsache, daß der Dieb gar nicht wissen konnte, daß ihr das Medaillon gehörte, wenn er nicht zuvor einige Nachforschungen anstellte, und dazu gehörte unweigerlich auch das Öffnen des Medaillons, um die Widmung zu lesen.

»Nein, natürlich nicht.« Sie stand auf. »Ich merke gerade, daß es schon fast Essenszeit ist. Du siehst hervorragend aus, meine Liebe, aber du mußt unbedingt auf deine Gesundheit achten. Vergiß nicht, du ißt schließlich nicht nur für dich allein.«

Das Essen war köstlich und sehr viel schmackhafter als das, was Charlotte bei sich zu Hause gegessen hätte, denn sie pflegte beim Mittagessen immer zu sparen. Sie aß daher mit großem Appetit. Danach begaben sie sich in den Garten, um ein wenig frische Luft zu schnappen, und im Schutz der Mauern war es wirklich angenehm. Kurz vor drei kehrten sie in den Salon zurück und empfingen innerhalb der nächsten halben Stunde bereits den ersten Besuch dieses Nachmittags.

»Mrs. Spencer-Brown, Ma'am«, meldete das Hausmädchen förmlich. »Soll ich ausrichten, daß Sie zu Hause sind?«

»Aber selbstverständlich«, erklärte Caroline schnell, wartete einen Moment, bis das Mädchen den Raum verlassen hatte, und wandte sich dann Charlotte zu. »Sie wohnt genau gegenüber, Nummer 11. Ihr Ehemann ist ein fürchterlicher Langweiler, aber sie selbst ist recht erfrischend. Hübsche Person, auf ihre Art –.«

Die Tür öffnete sich wieder, und das Mädchen führte die Besucherin herein. Sie mochte etwa 33 oder 34 Jahre alt sein, war sehr schlank, hatte feine Gesichtszüge und den längsten, grazilsten Hals, den Charlotte je gesehen hatte, sowie helles Haar, das aus dem Gesicht gekämmt und am Hinterkopf nach der neuesten Mode hochgesteckt war. Sie trug ein Kleid aus ecrufarbener Spitze.

»Meine liebe Mina, wie reizend, Sie zu sehen«, sagte Caroline so unbeschwert, als habe sie den ganzen Tag keinen einzigen beunruhigenden Gedanken gehabt. »Wie nett, daß Sie vorbeischauen.«

Minas intensiver Blick wandte sich sofort Charlotte zu.

»Ich glaube, Sie kennen meine Tochter, Mrs. Thomas Pitt, noch nicht«, stellte Caroline sie, ihrer Pflicht als Gastgeberin entsprechend, einander vor. »Charlotte, meine Liebe, darf ich dir meine geschätzte Nachbarin Mrs. Spencer-Brown vorstellen.«

»Sehr erfreut, Mrs. Spencer-Brown.« Charlotte grüßte sie mit einem leichten, freundlichen Nicken, und Mina erwiderte den Gruß auf die gleiche Weise.

»Ich habe mich so darauf gefreut, Sie zu treffen«, sagte sie und musterte Charlotte aufmerksam, wobei sie sich offenbar alles, was sie sah, genau merkte, von den leicht abgenutzten Stiefeletten angefangen bis hin zu der hübschen Frisur, um daraus Schlüsse auf die Geschicklichkeit oder Ungeschicklichkeit ihrer Zofe zu ziehen und daraufhin den Standard des gesamten Haushalts einzuschätzen. Charlotte war an derartige Blicke gewöhnt und ließ sich von ihrem Gegenüber nicht aus der Fassung bringen.

»Wie freundlich von Ihnen«, erwiderte sie und fixierte sie amüsiert. »Ich bin sicher, wenn ich von Ihnen etwas mehr gewußt hätte, hätte ich mich auf unser Treffen genauso sehr gefreut wie Sie.« Sie wußte, daß Caroline sie ängstlich beobachtete und versuchte, nahe genug an sie heranzukommen, um ihr unter ihren Röcken heimlich einen tadelnden Fußtritt zu versetzen. Charlotte lächelte noch strahlender. »Mama ist wirklich glücklich zu schätzen, eine derart reizende Nachbarin zu haben. Ich hoffe doch sehr, daß Sie bleiben und uns beim Tee Gesellschaft leisten?«

Mina hatte zwar tatsächlich beabsichtigt zu bleiben, war jedoch vorübergehend durch die Tatsache, daß diese Frage bereits jetzt erörtert wurde, wo sie doch gerade erst zur Tür hereingekommen war, ein wenig aus der Fassung gebracht.

»Nun ja – also, vielen Dank, das wäre wirklich reizend, Mrs. Pitt.« Alle nahmen Platz, und Mina setzte sich genau gegenüber von Charlotte, um sie ständig im Blickfeld zu haben, ohne daß der Eindruck entstehen konnte, daß sie sie anstarrte. »Ich habe Sie noch nie am Rutland Place gesehen. Wohnen Sie weit von hier entfernt?«

Charlotte versuchte erst gar nicht, Jemima als Grund vorzuschieben. Frauen in Minas Position hatten es schließlich nicht nötig, selbst für ihre Kinder zu sorgen. Diese Aufgabe wurde zuerst von einer Amme und dann von einer Kinderfrau übernommen, und wenn das Kind fünf oder sechs Jahre alt war, wurde ein Kindermädchen eingestellt und schließlich eine Gouvernante oder Hauslehrerin, womit man allen möglichen Bedürfnissen eines Kindes gerecht geworden war.

»Nicht allzu weit«, sagte sie gelassen. »Aber man hat natürlich genug mit seinem eigenen Freundeskreis zu tun, wissen Sie.«

Caroline schloß die Augen, und Charlotte hörte, wie sie kaum hörbar seufzte.

Mina wußte vorübergehend nicht weiter. Charlottes Antwort hatte ihr weder die Information vermittelt, an der sie interessiert gewesen war, noch die Möglichkeit einer weiteren Frage eröffnet.

»Sicher«, sagte sie. »Selbstverständlich.« Sie holte tief Luft, strich ihre Röcke glatt und unternahm einen weiteren Versuch.

»Wir hatten natürlich bereits das Vergnügen, Ihre Schwester Lady Ashworth kennenzulernen – eine sehr charmante Person.«

Womit sie sehr subtil darauf anspielen wollte, wie erstaunlich es doch war, daß Charlotte angeblich keine Zeit für einen Besuch fand, wenn sogar jemand mit Emilys gesellschaftlicher Stellung die Zeit dazu erübrigen konnte.

»Sie hat das Treffen mit Ihnen sicher sehr genossen.« Charlotte wußte genau, daß Emily sich bestimmt zu Tode gelangweilt hatte, doch ihre Schwester hatte es stets hervorragend verstanden, ihre Gefühle zu verbergen; man konnte sogar so weit gehen zu sagen, daß sie mehr Takt und diplomatisches Geschick besaß als die gesamte restliche Familie zusammen.

»Das hoffe ich sehr«, erwiderte Mina. »Hat Mr. Pitt geschäftlich in der Stadt zu tun?«

»Ja«, sagte Charlotte wahrheitsgemäß. »Ich nehme an, er hält sich momentan dort auf.«

Caroline sank noch tiefer in ihren Sessel und versuchte so zu tun, als sei sie überhaupt nicht da.

Minas Gesicht hellte sich auf. »Tatsächlich! Wie vernünftig. Müßige Männer können so leicht in schlechte Gesellschaft geraten, und am Ende vergeuden sie nur ihre Zeit und ihr Geld, finden Sie nicht auch?«

»Das ist zweifellos richtig«, sagte Charlotte und fragte sich, was Mina wohl zu dieser Bemerkung veranlaßt hatte.

»Obwohl natürlich auch die Stadt ihre Fallgruben hat«, fuhr Mina fort. »Selbst einige unserer Nachbarn hier am Rutland Place haben die merkwürdigsten Gewohnheiten und sind ständig in der Stadt unterwegs! Doch junge Männer neigen natürlich zu derartigen Dingen, und ich nehme an, daß dies bei manchen nicht anders zu erwarten ist. Früher oder später macht sich immer der familiäre Hintergrund bemerkbar.«

Charlotte hatte nicht die geringste Ahnung, wovon Mina sprach.

Caroline setzte sich auf. »Falls Sie Inigo Charrington meinen«, sagte sie, wobei ihre Stimme nur ein winziges bißchen scharf klang, obwohl Charlotte bemerkte, daß sie die Füße übereinanderschlug und die Knie anspannte, während sie versuchte, sich nicht das geringste anmerken zu lassen. »Ich glaube, er hat Freunde in der Stadt und verspürt daher sicher manchmal das Bedürfnis, mit ihnen zu speisen oder möglicherweise ins Theater oder in ein Konzert zu gehen.«

Minas Augenbrauen hoben sich.

»Selbstverständlich! Man darf nur hoffen, daß er eine kluge Wahl getroffen hat und seine Freunde seiner auch würdig sind. Sie haben die arme Ottilie nicht gekannt, nicht wahr?«

»Nein«, Caroline schüttelte den Kopf.

Mina setzte ein mitleidiges Gesicht auf. »Das arme Geschöpf starb in dem Sommer, bevor Sie hergezogen sind, wenn ich mich recht erinnere. Sie war noch so jung, kaum älter als 22 oder 23.«

Charlotte blickte sie beide an und wartete auf eine Erklärung.

»Oh, Sie können sie ja gar nicht kennen«, sagte Mina und nutzte die Gunst der Stunde. »Sie war Ambrosine Charringtons Tochter – Inigos Schwester. Wirklich eine höchst tragische Angelegenheit. Sie waren während des Sommers einige Wochen fort. Als sie abreisten, war Ottilie noch bei bester Gesundheit – so schien es wenigstens. Und dann war sie innerhalb von zwei Wochen bereits tot! Wirklich entsetzlich! Wir waren alle außer uns.«

»Das tut mir wirklich leid«, sagte Charlotte mitfühlend. Die Erwähnung des tragischen Endes eines jungen Lebens inmitten des oberflächlichen Geredes und gesellschaftlichen Imponiergehabes wirkte ernüchternd. »Es muß sehr schmerzlich gewesen sein – für ihre Familie, meine ich.«

Minas schlanke Finger strichen wieder über ihren Rock.

»Sie haben ihr Schicksal wirklich mit außergewöhnlicher Fassung ertragen.« Sie zog ihre feinen Augenbrauen hoch, als erstaune sie diese Tatsache immer noch. »Man kann sie dafür nur bewundern, vor allem Ambrosine – das heißt natürlich Mrs. Charrington – hat sich äußerst tapfer gehalten. Wenn man es nicht genau wüßte, könnte man fast annehmen, daß es nie passiert ist. Sie sprechen niemals von ihr, wissen Sie.«

»Sicher schmerzt sie der Verlust immer noch«, antwortete Charlotte. »So etwas vergißt man nie, ganz gleich, wie sehr man dagegen auch ankämpft.«

»Du liebe Zeit!« Mina schien entsetzt. »Ich hoffe, ich habe nicht unbedachterweise etwas gesagt, das Sie betrübt hat, meine liebe Mrs. Pitt? Nichts lag mir ferner, als bei Ihnen eine schmerzliche Erinnerung zu wecken.«

Charlotte lächelte sie an und versuchte, Sarah wieder aus ihren Gedanken zu verdrängen. Sie hoffte nur, daß Caroline dazu ebenfalls in der Lage war.

»Das habe ich auch nicht angenommen«, sagte sie leise. »Ich glaube, jeder Mensch erleidet irgendwann in seinem Leben einmal einen schweren Verlust. Es gibt sicher keine Familie, der durch den Tod nicht schon einmal ein geliebter Mensch entrissen wurde.«

Bevor Mina nach einer höflichen Erwiderung suchen konnte, wurde die Tür zum Salon erneut geöffnet, und eine recht betagte Dame betrat das Zimmer, Zornesfalten im Gesicht, einen eleganten Spitzenschal um die Schultern und spiegelblank polierte Stiefeletten an den Füßen.

»Guten Tag, Mrs. Spencer-Brown«, sagte sie barsch. »Wußte gar nicht, daß du heute nachmittag Gäste hast, Caroline. Davon hat die Köchin beim Lunch nichts gesagt!« Dann bemerkte sie Charlotte und trat etwas näher an sie heran. »Gütiger Himmel! Das ist ja Charlotte!« Sie stieß ein unterdrücktes Schnauben aus. »Hast wohl beschlossen, wieder in die anständige Gesellschaft zurückzukehren, wie?«

»Guten Tag, Großmama.« Charlotte stand auf und bot ihr den bequemsten Sessel an, auf dem sie bis zu diesem Zeitpunkt selbst gesessen hatte.

Die alte Dame nahm das Angebot an, ordnete jedoch zuerst die Kissen und wischte mit der Hand über den Sitz. Dann nahm sie Platz, während Charlotte sich einen Stuhl suchte.

»Sowieso besser für dich«, nickte die alte Dame. »Holst dir bloß einen Buckel, wenn du in deinem Alter auf so etwas hier sitzt. Als ich jung war, hielten sich die Mädchen immer schön gerade. Wir wußten noch, was sich schickt. Wir haben uns nie ohne Anstandsdame herumgetrieben, sind nie allein ins Theater gegangen oder dergleichen! Und die ganze Elektrizität überall! Ist bestimmt ungesund. Der Himmel allein weiß, was alles in der Luft herumschwirrt! Gaslampen sind schon schlimm genug. Wenn unser Herrgott gewollt hätte, daß es die ganze Nacht lang hell ist, hätte er den Mond so hell wie die Sonne gemacht.«

Mina ignorierte die alte Dame und wandte sich aufgeregt Charlotte zu.

»Gehen Sie etwa allein ins Theater, Mrs. Pitt? Wie aufregend! Sie müssen uns unbedingt erzählen, welche Abenteuer Sie dabei erlebt haben!«

Großmama zog ein Taschentuch hervor und putzte sich lautstark die Nase.

Charlotte spielte einen Augenblick mit dem Gedanken, vorzugeben, daß sie tatsächlich dergleichen tat, um ihre Großmutter zu ärgern, entschied jedoch, daß ihr eigenes Vergnügen die peinliche Situation, in die sie Caroline damit brachte, nicht aufwiegen konnte.

»Nein, nein, das habe ich noch nie getan«, sagte sie mit einem Anflug von Bedauern. »Ist es denn abenteuerlich?«

»Du meine Güte!« Mina sah perplex aus. »Ich habe nicht die geringste Ahnung! Man hört natürlich Geschichten darüber, aber –« Plötzlich begann sie zu kichern. »Ich sollte Mrs. Denbigh fragen! Sie ist genau die Person, die den Mut haben würde, etwas derart Gewagtes zu tun, wenn ihr danach zumute wäre.«

»Das kann ich mir sehr gut vorstellen«, Großmutter blickte sie finster an. »Aber ich habe oft gedacht, daß man von Amaryllis Denbigh kaum etwas anderes erwarten kann, selbst wenn sie eine Witwe ist und eigentlich wissen müßte, was sich gehört! Caroline! Sollen wir jetzt etwa den ganzen Nachmittag hier herumsitzen, auf unseren Tee warten und unsere Zeit mit Geschwätz vertun, bis es dunkel wird?«

Caroline griff nach der Klingel und läutete.

»Selbstverständlich bekommst du deinen Tee, Mama. Wir haben nur darauf gewartet, daß du dich zu uns gesellst.« Im Laufe der Jahre hatte sie sich daran gewöhnt, die alte Dame »Mama« zu nennen, obwohl sie in Wirklichkeit Edwards Mutter war.

»Tatsächlich«, meinte Großmutter skeptisch. »Ich hoffe, es gibt auch Gebäck. Ich kann das viele Brot, das die Köchin hochschickt, kaum noch ertragen. Diese Frau hat eine wahre Brotmanie. Als ich noch Dienstboten hatte, wußte man wenigstens noch, wie man einen anständigen Kuchen machte. Man muß sein Personal nur ordentlich ausbilden – das ist das ganze Geheimnis. Nicht soviel durchgehen lassen – dann bekommt man auch sein Gebäck, wenn man es will!«

»Ich bekomme sehr wohl meinen Kuchen, wann ich es wünsche, Mama!« Carolines Geduld war fast erschöpft. »Und heutzutage ist es bedauerlicherweise schwieriger, gutes Dienstpersonal zu bekommen als früher. Die Zeiten haben sich geändert.«

»Nur zum Schlechten!« Großmutter starrte Charlotte an. Sie konnte sich gerade noch verkneifen, eine Bemerkung über anständige Frauen fallenzulassen, die ausgerechnet einen Polizisten hatten heiraten müssen. Sie unterdrückte diese Feststellung nur, weil eine Außenstehende anwesend war, die hoffentlich von dieser Schande nicht die geringste Ahnung hatte. Wenn sie erst davon wußte, würde es sofort wie ein Lauffeuer durch die Nachbarschaft gehen. Und was die Leute dann sagen würden, ganz zu schweigen von dem, was sie denken würden!

»Nur zum Schlechten«, wiederholte sie. »Frauen arbeiten nicht länger als Hausangestellte, wie es sich ziemt, sondern wie Männer in Büros! Wer hat je so etwas gehört? Wer hat da noch ein wachsames Auge auf ihre Moral, kann mir das jemand sagen? In den Büros gibt es schließlich keine Butler. Nicht daß es dort viele Frauen gibt, dem Herrn sei's gedankt! Eine Frau gehört ins Haus – entweder in ihr eigenes oder, wenn das nicht möglich ist, in das einer anständigen Familie.«

Charlotte hätte darauf verschiedenes erwidern können, hielt sich jedoch bewußt zurück. Die Konversation verflachte schließlich zu einem Austausch von Höflichkeiten über die Mode und das Wetter, wobei nur ab und zu noch vereinzelte Bemerkungen über andere Anwohner des Rutland Place fielen, begleitet von Großmutters mürrischen Kommentaren. Sie waren fast fertig, als Edward hereinkam. Er rieb sich die Hände, um sie ein wenig aufzuwärmen.

»Nanu! Charlotte, meine Liebe!« Sein Gesicht strahlte vor Freude und Überraschung. »Ich hatte keine Ahnung, daß du zu Besuch kommen würdest, sonst wäre ich früher nach Hause gekommen.« Sie stand auf, und er gab ihr einen flüchtigen Kuß auf die Wange. »Du siehst hervorragend aus.«

»Danke, Papa, es geht mir auch hervorragend.« Sie trat zurück, und er bemerkte erst jetzt, daß Mina anwesend war; ihr blasses Spitzenkleid hob sich vom Brokat des Sofas und den Kissen kaum ab.

»Mrs. Spencer-Brown, wie reizend, Sie zu sehen.« Er verbeugte sich.

»Guten Tag, Mr. Ellison«, antwortete sie lächelnd, und ihr Blick wanderte dabei von Edward zu Charlotte und wieder zurück. Wie interessant – er hatte offenbar nichts vom Besuch seiner Tochter gewußt! »Ihnen ist sicher kalt«, bemerkte sie. »Würden Sie vielleicht gern hier am Feuer sitzen?« Sie nahm ihren Rock zur Seite, so daß er neben ihr auf dem Sofa mehr Platz hatte.

Er konnte ihr Angebot nicht ablehnen, ohne unhöflich zu erscheinen, und außerdem betrachtete er den Platz direkt neben dem Kamin sowieso als seinen rechtmäßigen Stammplatz. Er setzte sich also vorsichtig neben sie.

»Vielen Dank. Das Wetter scheint sich wirklich geändert zu haben. Ich befürchte sogar, daß es möglicherweise bald regnen wird.«

»Was kann man von dieser Jahreszeit schon Besseres erwarten«, erwiderte Mina.

Caroline blickte Charlotte über den niedrigen Tisch hinweg hilflos an und griff nach der Klingel, um eine frische Kanne Tee für Edward und noch etwas Gebäck holen zu lassen.

Edward genoß beides mit großem Appetit, und einige Minuten lang sprach man nur das Nötigste.

»Hast du die Brosche schon wiedergefunden, die du verloren hast, meine Liebe?« erkundigte er sich bald darauf, den Kopf Caroline zugewandt, doch immer noch mit seinen Plätzchen beschäftigt.

Caroline errötete. »Noch nicht, aber ich denke doch, daß sie sich bald finden wird.«

»Wußte gar nicht, daß du etwas verloren hattest«, mischte sich die Großmutter ein. »Mir hast du davon nichts gesagt!«

»Dazu gab es auch nicht den geringsten Anlaß, Mama«, erwiderte Caroline und versuchte dabei, dem Blick der alten Dame auszuweichen. »Ich bin mir absolut sicher, daß du es mir auf der Stelle mitgeteilt hättest, wenn du sie gefunden hättest.«

»Was war es denn?« So leicht war Großmutter nicht zufriedenzustellen.

»Wie unangenehm!« fiel Mina ein. »Hoffentlich war es kein wertvolles Schmuckstück?«

»Ich bin fest davon überzeugt, daß es bald wieder auftaucht«, erwiderte Caroline mit zunehmender Schärfe in der Stimme. Als Charlotte nach unten sah, bemerkte sie, daß Carolines Hände wieder das Taschentuch zusammenpreßten und daß die Haut an den Stellen, an denen das Leinen ins Fleisch schnitt, ganz weiß war.

»Ich vermute, du hast sie lediglich verlegt«, sagte sie mit einem Lächeln, von dem sie hoffte, daß es nicht so gekünstelt aussah, wie es in Wirklichkeit war. »Vielleicht befindet es sich noch an irgendeinem Kleidungsstück, von dem du vergessen hast, daß du es getragen hast.«

»Das hoffe ich sehr«, sagte Mina und schüttelte den Kopf. Die dunkelblauen Augen wirkten riesengroß in ihrem zarten Gesicht. »Es ist höchst unangenehm, Ihnen dies sagen zu müssen, meine Liebe, doch in letzter Zeit sind hier am Rutland Place verschiedene Gegenstände – abhanden – gekommen.« Sie schwieg wieder und blickte sie nacheinander an.

»Abhanden gekommen?« sagte Edward ungläubig. »Was um alles in der Welt wollen Sie damit sagen?«

»Abhanden gekommen«, wiederholte Mina. »Ich möchte nur ungern ein schlimmeres Wort dafür benutzen.«

»Meinen Sie etwa gestohlen?« verlangte die Großmutter zu wissen. »Ich habe es ja gesagt! Wenn man sein Dienstpersonal nicht ordentlich an die Kandare nimmt, wie es sich gehört, bleibt etwas Derartiges natürlich nicht aus! Wer Wind sät, wird Sturm ernten! Genau das waren schon immer meine Worte.«

»Dieser Satz stammt nicht von dir, Großmama«, sagte Charlotte spitz. »Er steht in der Bibel, im Buch Hosea.«

»Werde bloß nicht unverschämt«, fuhr die Großmutter sie an.

Edward schien weder von Carolines Nervosität noch von Charlottes Versuch, das Thema zu wechseln, etwas zu merken.

»Wollten Sie damit sagen, daß es bereits andere Diebstähle gegeben hat?« erkundigte er sich bei Mina.

»Leider ja. Es ist wirklich schrecklich! Die arme Ambrosine hat eine wunderschöne Goldkette verloren, sie ist von ihrem eigenen Frisiertisch verschwunden!«

»Dienstboten!« schnaubte die Großmutter. »Das Personal wird immer schlechter. Seit Jahren predige ich das schon! Nichts ist mehr wie früher, seit Prinz Albert '61 gestorben ist. Das war noch ein Mann mit Stil! Kein Wunder, daß die arme Königin bis heute um ihn trauert – das würde ich ebenfalls, wenn mein Sohn sich betragen würde wie der Prinz von Wales.« Sie schnaubte erneut vor Entrüstung. »Das ganze Land weiß, was er treibt!«

»Mein Gatte vermißt eine verzierte Schnupftabakdose mit Kristalldeckel, die auf dem Kaminsims stand«, fuhr Mina fort, wobei sie die alte Dame völlig ignorierte. »Und die arme Eloise Lagarde einen silbernen Stiefelknöpfer aus ihrem Ridikül, das arme Kind.«

Sie sah die alte Dame herausfordernd an. »Ich kann mir nicht vorstellen, daß es einen Dienstboten geben soll, der Zugang zu all diesen Dingen hat. Ich meine, wie sollte ein fremder Diener in mein Haus gelangen?«

Großmama zog die Augenbrauen hoch und blähte die Nasenflügel. »Dann gibt es offenbar mehr als einen unzuverlässigen Diener hier am Rutland Place! Die ganze Welt degeneriert mit erschreckender Schnelligkeit. Der Himmel allein weiß, wie das noch alles enden wird.«

»Wahrscheinlich damit, daß alle herausfinden, daß sie die Gegenstände nur verlegt haben!« sagte Charlotte und erhob sich. »Es hat mich wirklich gefreut, Sie kennenzulernen, Mrs. Spencer-Brown. Ich hoffe doch sehr, daß wir bald die Möglichkeit haben werden, unsere Unterhaltung fortzuführen, doch da der Nachmittag allmählich ein wenig unfreundlich wird – es sieht nämlich wirklich sehr nach Regen aus –, bin ich sicher, daß Sie mich entschuldigen werden, wenn ich mich jetzt auf den Heimweg mache, bevor ich bis auf die Haut durchnäßt werde.« Ohne auf eine Erwiderung zu warten, beugte sie sich zu ihrer Großmutter herab und gab ihr einen flüchtigen Kuß auf die Wange, verabschiedete sich von ihrem Vater mit einer leichten Berührung und streckte den Arm nach ihrer Mutter aus, als bäte sie Caroline, sie wenigstens bis zur Tür zu begleiten.

Während die anderen etwas erstaunte Abschiedsworte murmelten, nutzte Caroline die günstige Gelegenheit und folgte ihrer Tochter. Sie befand sich beinahe direkt hinter Charlotte, als sie in den Korridor hinaustraten, und schloß die Tür zum Salon hinter sich.

»Maddock!« rief Caroline laut. »Maddock!«

Maddock erschien. »Ja, Ma'am. Soll ich die Kutsche für Miss Charlotte rufen?«

»Ja, bitte. Und, Maddock, lassen Sie bitte Polly die Vorhänge zuziehen.«

»Aber es wird erst in zwei Stunden dunkel, Ma'am«, erwiderte der Butler ein wenig erstaunt.

»Widersprechen Sie mir bitte nicht, Maddock!« Caroline holte tief Luft und versuchte, ruhig zu bleiben. »Es kommt Wind auf, und es wird gleich Regen geben. Ich ziehe es vor, davon nichts zu sehen. Bitte tun Sie, was ich Ihnen aufgetragen habe.«

»Sehr wohl, Ma'am.« Er zog sich gehorsam in sehr aufrechter Haltung zurück, wie immer in makelloses Schwarz gekleidet.

Charlotte wandte sich ihrer Mutter zu. »Mama, warum ist das Medaillon so wichtig für dich? Und warum läßt du bereits am Nachmittag die Vorhänge zuziehen?«

Caroline schaute sie wie versteinert an.

Charlotte streckte die Hände aus und berührte ihre Mutter sanft. Carolines Körper fühlte sich unter dem feinen Stoff ihres Kleides völlig verspannt an.

Sie atmete langsam aus und starrte an Charlotte vorbei in das Licht, das durch die Flurfenster fiel.

»Ich bin mir nicht ganz sicher – es klingt so hysterisch –, aber ich habe das Gefühl, als ob mich jemand beobachtet – und mir – nachspioniert.«

Charlotte wußte nicht, was sie sagen sollte. Caroline hatte recht, es klang wirklich hysterisch.

»Ich weiß, daß es albern ist«, fuhr Caroline fort, zog die Schultern hoch und zitterte dabei, als ob sie fröre, obwohl es in der Eingangshalle angenehm warm war. »Aber ich werde das Gefühl einfach nicht los. Ich habe schon versucht, mich damit zu beruhigen, daß die Phantasie mit mir durchgeht: Warum sollte sich schon irgend jemand für mein Leben interessieren? Und doch, ich kann es nicht abschütteln – dieses Gefühl, daß Augen mich beobachten und daß da ein Mensch ist, der irgend etwas weiß – und wartet.«

Die Vorstellung war entsetzlich.

»Auf was sollte er denn warten?« fragte Charlotte und versuchte, die Sache vernünftig anzugehen.

»Das weiß ich doch nicht! Auf einen Fehler? Vielleicht wartet er darauf, daß ich einen Fehler mache.«

Charlotte spürte blanke Angst in sich aufsteigen. Das war übersteigert, sogar krankhaft. In diesen Worten schwang ein Anflug von Wahnsinn. Wenn ihre Mutter derart überreizt war, warum um alles in der Welt hatte Edward es nicht bemerkt und sie und Emily gebeten, etwas dagegen zu unternehmen? Oder sogar einen Arzt gerufen! Natürlich beobachtete Großmama alles und mischte sich überall ein, doch das hatte sie schon immer getan, soweit Charlotte sich erinnern konnte, und bisher hatte es niemanden wirklich gestört. Sie verhielt sich gegenüber jedem so; das Gefühl, alles besser zu wissen, war Teil ihres Triumphes, noch am Leben zu sein, wo so viele ihrer Freunde tot waren.

Caroline schüttelte sich. »Ich denke, du wirst noch vor dem Regen zu Hause sein. Übrigens glaube ich gar nicht, daß es überhaupt regnen wird.«

Charlotte war es völlig gleichgültig, ob es regnen oder sogar schneien würde.

»Weißt du, wer das Medaillon und die anderen Gegenstände genommen hat, Mama?«

»Nein, natürlich nicht! Warum um alles in der Welt stellst du mir diese Frage? Ich hätte dich wohl kaum in dieser Angelegenheit um deine Hilfe gebeten, wenn ich es wüßte!«

»Warum nicht? Du hättest das Medaillon vielleicht zurückhaben wollen, ohne die Polizei einschalten zu müssen, wenn es sich um einen Bekannten gehandelt hätte oder um die tüchtige Hausangestellte von Freunden.«

»Ich habe es dir bereits gesagt, Charlotte, ich habe wirklich keine Ahnung!«

Plötzlich kam Charlotte ein sehr naheliegender Gedanke, und sie fragte sich, warum sie bisher so blind gewesen war, daß sie diese Möglichkeit nicht schon früher gesehen hatte.

»Was befindet sich in dem Medaillon, Mama?«

»In –« Caroline schluckte. »In – dem Medaillon?«

»Ja. Mama, was ist es?« Sie wünschte fast, diese Frage nicht gestellt zu haben. Carolines Gesicht war schneeweiß geworden, und sekundenlang stand sie völlig bewegungslos da. Draußen klapperten die Räder der Kutsche auf der Straße, und ein Pferd schnaubte.

»Eine Fotografie«, sagte Caroline schließlich.

Charlotte schaute sie an. Sie hörte ihre eigene Stimme beinahe gegen ihren Willen eine weitere Frage stellen, fremd und weit entfernt.

»Von wem?«

»Einem – Freund. Es ist nur ein Freund. Aber es wäre mir lieber, wenn niemand anders sie finden würde. Andere könnten meine Gefühle mißverstehen und mir Unannehmlichkeiten bereiten und sogar –« Sie schwieg, und endlich blickte sie Charlotte wieder in die Augen.

»Sogar was, Mama?« fragte Charlotte leise. Maddock war wieder in die Eingangshalle gekommen und wartete mit ihrem Umhang, und der Diener stand vor der Tür.

»Sogar – vielleicht – ein wenig Druck auf mich ausüben«, flüsterte Caroline.

Charlotte war an unschöne Worte gewöhnt und auch an unschöne Gedanken. Verbrechen gehörten zu Pitts Leben, und sie waren sich zu nahe, als daß sie seinen Schmerz, seine Verwirrung und sein Mitgefühl nicht geteilt hätte.

»Du meinst Erpressung?« fragte sie.

Caroline zuckte zusammen. »Vermutlich meine ich das.«

Charlotte nahm ihre Mutter in den Arm und hielt sie einen Moment lang fest an sich gedrückt. Für Maddock und den Diener sah es aus wie ein liebevoller Abschied.

»Dann müssen wir herausfinden, wo es ist«, sagte sie fast unhörbar. »Und dafür sorgen, daß kein Unheil angerichtet werden kann. Mach dir keine Sorgen! Wir werden es schon schaffen!« Dann sprach sie wieder mit normaler Lautstärke und trat zurück. »Vielen Dank für den reizenden Nachmittag, Mama. Ich hoffe, bis zu meinem nächsten Besuch verstreicht nicht wieder so viel Zeit.«

In Carolines Augen standen Tränen, und sie schniefte ein wenig, ein Verstoß gegen die guten Manieren, der sie mit Abscheu erfüllt hätte, wenn sie sich dessen bewußt gewesen wäre.

»Vielen Dank, meine Liebe«, sagte sie. »Wirklich vielen Dank.«

# Kapitel 2

Drei Tage nach ihrem Besuch erhielt Charlotte einen weiteren Brief ähnlichen Inhalts von Caroline. Diesmal erzählte sie Pitt davon. Sie saßen gemeinsam vor dem Kaminfeuer; Jemima lag bereits in ihrem Bettchen und schlief, Charlotte nähte, Pitt sah den Flammen zu und sank allmählich immer tiefer in seinen Sessel.

»Thomas?« Charlotte blickte von ihrer Arbeit auf und hielt die Nadel hoch.

Er wandte ihr sein Gesicht zu und richtete sich ein wenig auf, bevor seine Füße über den Kaminvorsatz rutschen konnten. Das Feuer flackerte und tanzte lebhaft auf seinem glühenden Messingrost.

»Ja?«

»Ich habe heute einen Brief von Mama erhalten«, sagte sie so beiläufig wie möglich. »Sie macht sich Sorgen, weil sie ein Schmuckstück verloren hat.«

Seine Augen verengten sich. Er kannte Charlotte weitaus besser, als sie vermutete.

»Wenn du ›verloren‹ sagst, meinst du damit offenbar nicht, daß sie es verlegt hat?« erkundigte er sich.

Charlotte zögerte. »Ich bin mir nicht ganz sicher. Vielleicht hat sie es wirklich nur verlegt.« Sie nahm ihre Handarbeit wieder auf, um etwas Zeit zu gewinnen, damit sie die richtigen Worte finden konnte. Sie hatte nicht erwartet, daß er sie so schnell durchschauen würde. Eigentlich hatte sie angenommen, daß er kurz vor dem Einschlafen war.

Als sie wenig später zu ihm herübersah, stellte sie fest, daß er sie aus klaren, erwartungsvollen Augen durch die Wimpern beobachtete. Sie holte tief Luft und beschloß, ihm ohne Umschweife die Wahrheit zu sagen.

»Es handelt sich um ein Medaillon, in dem sich die Fotografie von jemandem befindet«, fuhr sie fort. »Sie sagte mir nicht, um wen es sich dabei handelt, doch ich nehme an, daß es jemand ist, über dessen Existenz sie lieber nichts erläutern möchte.« Sie lächelte etwas verlegen. »Vielleicht ist es eine alte Liebe, jemand, den sie vor Papa gekannt hat?«

Pitt setzte sich auf und nahm die Beine vom Kamingitter. Seine Füße wurden allmählich heiß, und er würde sich noch die Pantoffeln versengen, wenn er nicht vorsichtig war.

»Und sie glaubt, daß es jemand weggenommen hat?« lautete die nächstliegende Frage.

»Ja«, sagte Charlotte. »Ich denke, daß sie das glaubt.«

»Hat sie schon irgendeinen Verdacht?«

Sie schüttelte den Kopf. »Falls doch, hat sie mir davon nichts gesagt. Und wenn sie es als gestohlen meldet, würde das natürlich mehr Unannehmlichkeiten nach sich ziehen, als es überhaupt wert ist.«

Pitt hatte verstanden. Er wußte genau, was die feine Gesellschaft davon hielt, die Polizei im Haus zu haben; es galt als höchst unschicklich. Einbrüche wurden selbstverständlich angezeigt, was an sich schon schlimm genug war, doch wenigstens handelte es sich bei einem Einbruch um ein Unglück, das jedem zustoßen konnte, der Eigentum besaß, das wertvoll genug war, gestohlen zu werden. Diebstahl im Privatbereich war etwas völlig anderes. Hierbei mußten Personen befragt werden, und Freunde konnten vor den Kopf gestoßen werden, daher war es undenkbar, in diesen Fällen die Polizei hinzuzuziehen.

»Sollst du heimlich für sie Detektiv spielen?« fragte er mit breitem Lächeln.

»Ich bin schließlich kein schlechter Detektiv«, verteidigte sie sich. »Bei der Sache am Paragon Walk habe ich die Wahrheit immerhin noch vor dir herausgefunden!« Noch während sie sprach, kam auch die Erinnerung zurück an das Grauen und die tiefe Trauer, die sie empfunden hatte, und das Eigenlob erschien mit einem Mal lächerlich, beinahe ungehörig.

»Dabei handelte es sich aber um Mord«, bemerkte er nüchtern. »Und deine Schlauheit hätte dich beinah das Leben gekostet. Du kannst wohl kaum zu den Freunden deiner Mutter gehen und sie fragen: ›Haben Sie vielleicht zufällig das Medaillon meiner Mutter gestohlen, und falls Sie es getan haben, würden Sie es bitte ungeöffnet zurückgeben, da es etwas Kompromittierendes enthält, ein Foto, dessen Bedeutung mißverstanden werden könnte?‹«

»Sehr hilfreich bist du nicht gerade!« erwiderte Charlotte verärgert. »Wenn es so einfach wäre, hätte ich dich ja gar nicht um Rat zu fragen brauchen.«

Er richtete sich auf und lehnte sich zu ihr herüber, um ihre Hand zu berühren. »Liebling, wenn sich in dem Medaillon wirklich etwas derart Persönliches befindet, ist es am besten, darüber so wenig wie möglich zu sagen. Laß die Sache einfach auf sich beruhen.«

Sie runzelte die Stirn. »Es ist aber mehr als das, Thomas. Sie hat das Gefühl, daß sie jemand beobachtet und ihr nachspioniert.«

Er verzog das Gesicht. »Du meinst, jemand hat es schon aufgemacht und wartet auf einen günstigen Moment für eine kleine Erpressung?«

»Ja, genau das denke ich.« Ihre Finger umklammerten seine Hand. »Es ist schrecklich, und ich glaube, sie hat große Angst.«

»Wenn ich mich einschalte, wird alles nur noch schlimmer«, sagte er sanft. »Und das kann ich offiziell sowieso erst dann, wenn sie sich direkt an mich wendet.«

»Ich weiß.« Der Druck ihrer Finger verstärkte sich.

»Charlotte, sei vorsichtig. Ich weiß, daß du es gut meinst, aber, meine Liebe, du hast ein Gesicht, in dem man lesen kann wie in einem offenen Buch, und du nimmst nie ein Blatt vor den Mund.«

»Das ist wirklich nicht fair!« protestierte sie, obwohl sie im stillen genau wußte, daß er die Wahrheit sagte. »Ich werde schon vorsichtig genug sein!«

»Ich bin immer noch der Meinung, daß es das Beste wäre, die Sache auf sich beruhen zu lassen – bis jemand tatsächlich versucht, sie zu erpressen. Vielleicht steckt ja auch gar nichts weiter dahinter – vielleicht sieht sie nur vor lauter Angst Gespenster. Oder hat sie Gewissensbisse?«

»Aber ich kann doch nicht einfach untätig zusehen«, meinte sie bekümmert. »Sie hat mich gebeten, zu ihr zu kommen, und ich kann sie in diesem Zustand nicht allein lassen, ohne alles zu tun, was in meiner Macht steht.«

»Vermutlich hast du recht«, gab er zu. »Aber halte dich um Himmels willen zurück. Fragen werden nur unnötig Neugier wecken und wahrscheinlich zu genau den Spekulationen führen, die sie so sehr fürchtet!«

Charlotte wußte, daß dies stimmte, und nickte, doch gleichzeitig nahm sie sich vor, schon am nächsten Tag wieder zum Rutland Place zu fahren.

Caroline war zu Hause und erwartete sie bereits aufgeregt.

»Meine Liebe, ich bin so froh, daß du kommen konntest«, sagte sie und gab Charlotte einen Kuß auf die Wange. »Ich habe für heute nachmittag ein paar Besuche für uns geplant, damit du einige meiner Nachbarn am Place treffen kannst – besonders diejenigen, die ich selbst am besten kenne und bei denen ich häufiger zu Besuch bin oder die mich öfter besuchen.«

Charlottes Unbehagen wuchs. Offenbar beabsichtigte Caroline immer noch, die Angelegenheit weiterzuverfolgen.

»Glaubst du nicht auch, daß es besser wäre, die Sache auf sich beruhen zu lassen, Mama?« fragte sie möglichst unbeschwert. »Du möchtest doch sicher nicht, daß irgend jemand erfährt, wie wichtig das Medaillon für dich ist, um die Leute nicht unnötig neugierig zu machen. Wenn du nichts mehr darüber sagst, wird vielleicht niemand davon Notiz nehmen.«

Caroline preßte die Lippen zusammen. »Ich würde dir so gern glauben, aber ich habe das furchtbare Gefühl, daß derjenige, wer immer es auch sein mag, bereits weiß –« Sie schwieg.

»Was weiß?« fragte Charlotte.

»Weiß, daß es mir gehört und wie wichtig es für mich ist«, schloß sie verlegen. »Ich habe es dir bereits gesagt – ich kann sie fühlen, ich kann diese Augen spüren, und sag bloß nicht, daß das wie Unsinn klingt! Das weiß ich selbst, aber ich bin mir wirklich absolut sicher, daß es hier irgendeine – Person – gibt, die mich beobachtet und über mich lacht!« Sie zitterte. »Und mich haßt! Ich – ich habe sogar ein- oder zweimal das Gefühl gehabt, daß mich diese Augen verfolgen, abends in der Dämmerung.«

»Diese Person muß wahnsinnig sein«, sagte Charlotte so ruhig, wie es ihr möglich war. »Äußerst unangenehm, doch einen solchen Menschen sollte man eher bemitleiden als fürchten.«

Caroline schüttelte heftig den Kopf. »Ich würde vorziehen, ihn aus einer etwas größeren Entfernung zu bemitleiden.«

Charlotte war zutiefst verstört. Ihre Stimme klang daher sehr viel schroffer, als sie beabsichtigt hatte.

»Das würden wohl die meisten Menschen«, sagte sie. »Ich glaube, das nennt man: ›wegsehen und weitergehen.‹« Kaum hatte sie das gesagt, schwieg sie betreten, denn es wurde ihr bewußt, wie ungerecht sie sich ihrer Mutter gegenüber verhielt. Sie war verwirrt, fürchtete, daß Caroline hysterisch geworden war, und wußte nicht, wie sie sich verhalten sollte.

Caroline sah verblüfft aus, dann aber wirkte sie verärgert.

»Willst du damit andeuten, daß ich dieser Kreatur, die mir mein Medaillon gestohlen hat und mich belauert und verfolgt, auch noch christliche Nächstenliebe schulde?« fragte sie ungläubig.

Charlotte schämte sich und war auf sich selbst wütend. Sie hätte ihre Gedanken nicht derart schonungslos aussprechen sollen, besonders, wo sie mit dem Problem nichts zu tun hatten und wohl kaum Trost spendeten in einer Angelegenheit, die offenbar weitaus komplizierter war, als sie angenommen hatte.

»Nein«, sagte sie bedächtig. »Ich versuche nur, dir klarzumachen, daß es nicht so ernst ist, wie du glaubst. Wenn dieser Jemand, der deine Brosche gestohlen oder gefunden hat, dich wirklich beobachtet und hinter den Vorhängen lauert, dann ist dieser Mensch nicht zurechnungsfähig, und so jemandem sollte man eher ein Gefühl des Abscheus und des Mitleids entgegenbringen, als Angst vor ihm zu haben. Er ist kein persönlicher Feind, der einem Schaden zufügen will und dazu die Möglichkeit besitzt.«

»Du verstehst mich offenbar immer noch nicht!« Caroline schloß verzweifelt die Augen, und ihre Gesichtszüge wirkten wie eingefroren. »Um mir Schaden zuzufügen, braucht man in diesem Fall nicht einmal besonders intelligent zu sein! Es reicht schon völlig, wenn jemand das Medaillon öffnet und das Bild darin sieht! Jemand, der völlig verrückt ist, kann trotzdem in der Lage sein, ein Medaillon zu öffnen und hineinzusehen und festzustellen, daß der Mann auf der Fotografie nicht dein Vater ist!«

Charlotte saß einen Moment lang schweigend da und versuchte, ihre Gedanken zu ordnen. Offenbar hatte Caroline längst noch nicht alles gesagt. Das Bild war anscheinend sehr viel mehr als nur ein verblaßtes, romantisches Erinnerungsstück. Entweder war der Traum noch immer nicht ausgeträumt und die Erinnerung schmerzte auch heute noch, oder das Bild war von irgendeinem Mann, den sie kannte, jetzt und hier am Rutland Place!

»Wer ist auf dem Bild, Mama?« fragte sie.

»Ein Freund.« Caroline sah sie nicht an. »Ein Gentleman, mit dem ich gut bekannt bin. Es ist nicht mehr als ein rein freundschaftliches Gefühl, doch es könnte mißverstanden werden.«

Ein Flirt also. Charlottes Überraschung währte nicht lange. Seit der Zeit, als die Morde in der Cater Street geschehen waren und sie noch völlig naiv und unschuldig gewesen war, hatte sie sehr viel dazugelernt. Nur wenige Menschen waren gegen Schmeicheleien immun, konnten einer kleinen Romanze widerstehen, um der Eintönigkeit des Alltags zu entfliehen. Edward hatte nicht widerstehen können, warum sollte es Caroline anders ergehen?

Und sie hatte eine Fotografie dieses Mannes in ihrem Medaillon bei sich getragen. Das war zwar töricht, aber nur allzu menschlich. Andere Leute bewahrten schließlich auch getrocknete Blumen, Theater- und Tanzprogramme oder alte Briefe auf. Ein kluger Ehepartner erlaubte dem anderen ein wenig Privatsphäre für derartige Dinge und stellte keine Fragen oder zerrte alte Träume ans Tageslicht, um nach Antworten zu suchen.

Sie lächelte und versuchte, etwas behutsamer vorzugehen.

»Mach dir doch darüber keine Sorgen, Mama. Jeder Mensch hat seine kleinen Geheimnisse.« Sie drückte sich absichtlich sehr vorsichtig aus. »Ich bin ganz sicher, wenn du selbst die Angelegenheit nicht aufbauschst, werden es die anderen auch nicht tun. Ich glaube nicht einmal, daß sie daran interessiert sind. Ganz abgesehen davon, daß sie dich mögen, besitzen sie wahrscheinlich selbst Medaillons oder Briefe, die sie auf keinen Fall verlieren möchten.«

Caroline lächelte matt. »Du hast eine sehr nachsichtige Haltung, meine Liebe. Aber du verkehrst schon viel zu lange nicht mehr in diesen Kreisen. Du siehst alles aus der Ferne und erkennst die Feinheiten nicht mehr.«

Charlotte ergriff den Arm ihrer Mutter und drückte ihn einen Moment lang liebevoll.

»Die Gesellschaft ist vor allem praktisch ausgerichtet, Mama. Man weiß genau, was man sich leisten kann und was nicht. Und jetzt sag mir, wen wir heute besuchen sollen. Am besten, du erzählst mir ein wenig über die Leute, damit ich nichts Taktloses sage und dich in Verlegenheit bringe.«

»Du liebe Güte! Das sind ja schöne Aussichten!« Caroline legte ihre Hand auf die von Charlotte, als kleine Geste des Dankes. »Zuerst gehen wir zu den Charringtons und besuchen Ambrosine.

Ich habe dir schon von ihr erzählt. Und dann, denke ich, gehen wir zu Eloise Lagarde. Ich glaube, von ihr habe ich dir noch nichts berichtet.«

»Nein, aber hat Mrs. Spencer-Brown diesen Namen nicht erwähnt?«

»Daran kann ich mich nicht erinnern. Jedenfalls ist Eloise eine sehr charmante Person. Sie ist allerdings etwas verschlossen. Sie hat ein äußerst behütetes Leben geführt, also sei bitte vorsichtig mit dem, was du sagst, Charlotte.«

Von Charlottes jetzigem Standpunkt aus betrachtet, hatte wohl jeder hier am Rutland Place ein sehr behütetes Leben geführt, inklusive Caroline selbst, doch diese Erkenntnis behielt sie am besten für sich. Pitts weitaus größere, von allen möglichen Menschen bevölkerte Welt mit ihrer ganzen Vitalität, ihrer Verkommenheit, ihren heiteren Seiten und Tragödien würde Caroline nur verängstigen und verwirren. In Pitts Welt wurde die Realität nicht durch Höflichkeiten und Ausflüchte geschönt. Die Härte und Grausamkeit vom Leben und Sterben dieser Menschen würde die Anwohner des Rutland Place schockieren, geradeso wie die unzähligen starren Regeln der Gesellschaft einen Außenseiter unweigerlich abstoßen mußten.

»Ist Eloise von zarter Gesundheit?« fragte Charlotte.

»Von irgendeiner bestimmten Krankheit ist mir nichts bekannt, aber es gibt diverse Themen, die ein taktvoller Mensch nicht erwähnen sollte. Ich habe mich allerdings schon gefragt, ob sie nicht vielleicht an Schwindsucht leidet. Sie scheint etwas zart, und ich habe gesehen, wie sie ein oder zweimal in Ohnmacht gefallen ist. Aber bei dieser Mode ist es so schwer festzustellen, ob ein Mädchen gesund ist oder nicht. Ich muß zugeben, daß ich selbst manchmal das Gefühl habe, jeden Moment in Ohnmacht zu fallen, wenn Mary alles versucht, mir mit Hilfe von Walfischknochen und Schnürkorsett meine alte Taille von 50 Zentimetern zurückzugeben!« Sie lächelte wehmütig, und wieder stieg die Angst in Charlotte hoch. Das Diktat der Mode war schön und gut, aber in Carolines Alter sollte man diesen Dingen eigentlich etwas weniger Bedeutung beimessen.

»Ich habe Eloise in der letzten Zeit nicht oft gesehen«, fuhr Caroline fort. »Ich vermute, sie verträgt dieses unerfreuliche Wetter nicht. Das wäre nicht schwer zu verstehen. Es ist wirklich fürchterlich kalt gewesen. Sie ist übrigens wunderschön – sie hat die weißeste Haut und die dunkelsten Augen, die ich je gesehen habe, und sie bewegt sich äußerst anmutig. Sie erinnert mich an das Gedicht von Lord Byron: ›Sie geht in Schönheit wie die Nacht.‹« Sie lächelte. »So ätherisch und bleich wie der Mond.«

»Stammt das mit dem Mond auch von Byron?«

»Nein, von mir. Wie dem auch sei, du wirst sie ja selbst kennenlernen und kannst dir dein eigenes Urteil bilden. Ihre Eltern sind beide gestorben, als sie noch sehr jung war – gerade erst acht oder neun Jahre alt –, und eine Tante hat sie und ihren Bruder großgezogen. Jetzt, wo die Tante auch tot ist, leben die beiden die meiste Zeit hier, in ihr Landhaus fahren sie nur ab und zu zurück, höchstens für ein paar Wochen oder vielleicht einen Monat.«

»Mrs. Spencer-Brown hat so von ihr gesprochen, als wäre sie noch ein Kind«, sagte Charlotte.

Caroline tat dies ab. »Oh, das ist eben einfach Minas Ausdrucksweise. Eloise ist sicher schon 22 oder noch älter, und Tormod, ihr Bruder, ist mindestens drei oder vier Jahre älter als sie.« Sie läutete nach dem Mädchen und ließ sich den Mantel bringen. »Ich denke, wir sollten uns jetzt auf den Weg machen. Ich möchte, daß du Ambrosine triffst, bevor irgendwelche anderen Besucher da sind.«

Charlotte befürchtete, daß die Sache mit dem Medaillon wieder angesprochen würde, sagte jedoch nichts. Sie schloß ihren eigenen Mantel und folgte ihrer Mutter gehorsam.

Es war nur ein sehr kurzer Spaziergang, und Ambrosine Charrington empfing sie mit einem Enthusiasmus, der Charlotte überraschte. Sie war eine wirklich außergewöhnliche Frau, hatte ein feingeschnittenes Gesicht und eine glatte Haut, die nur um den Mund und um die Augen herum ein paar winzige Fältchen aufwies. Ihre hohen Wangenknochen verloren sich in den Wellen ihres üppigen dunklen Haars.

Sie musterte Charlotte interessiert, wobei ihr Blick immer beifälliger wurde, denn sie erkannte instinktiv, daß hier eine andere starke Persönlichkeit vor ihr stand.

»Guten Tag, Mrs. Pitt«, sagte sie mit einem charmanten Lächeln. »Ich freue mich sehr, daß ich Sie endlich kennenlernen darf. Ihre Mutter hat schon oft von Ihnen erzählt.«

Charlotte war überrascht. Sie hatte nicht erwartet, daß Caroline freiwillig in der Gesellschaft von ihr sprechen würde, und noch dazu oft! Sie verspürte ein unerwartetes Gefühl der Freude, sogar des Stolzes, und stellte fest, daß sie weit herzlicher zurücklächelte, als eigentlich angebracht war.

Der Raum war groß und ein wenig nüchtern eingerichtet, wenn man ihn mit den pompösen Ausstattungen verglich, die momentan in Mode waren. So gab es weder die üblichen ausgestopften Tiere in Glaskästen noch die Arrangements aus Trockenblumen, auch keine bestickten Tücher oder kunstvolle Sesselschoner. Verglichen mit den meisten Salons, wie man sie in der Gesellschaft fand, wirkte dieses Zimmer luftig und hell, beinahe leer. Charlotte empfand dies als wohltuend; irritierend waren nur die unzähligen Fotografien auf der gegenüberliegenden Zimmerseite, die den gesamten Flügel und den Kaminsims einnahmen. Auf allen Bildern waren ältere Personen zu sehen; der Kleidung nach zu urteilen, waren die Aufnahmen zweifellos schon vor Jahren gemacht worden. Sie zeigten offenbar nicht Ambrosine und ihre Kinder, sondern die Vertreter der Generation vorher. Charlotte vermutete, daß der Mann, der so häufig darauf zu sehen war, Ambrosines Ehemann war – ein eitler Mann, wie sie aus der Menge der Bilder schloß. Den Kamin schmückten zahlreiche recht exotisch aussehende Waffen.

Ambrosine bemerkte Charlottes Blick. »Schrecklich, nicht wahr?« sagte sie. »Aber mein Gatte besteht darauf. Sein jüngerer Bruder ist im Ersten Afghanischen Krieg ums Leben gekommen, vor 45 Jahren, und sie sollen eine Art Ehrenmal darstellen. Die Dienstmädchen beschweren sich immer, daß sie teuflisch schwer sauberzuhalten sind. Über dem Feuer sind sie natürlich die reinsten Staubfänger.«

Charlotte sah zu den Messern in den verzierten Scheiden und Futteralen hoch und konnte die Dienstmädchen nur bemitleiden.

»Ganz recht!« sagte Ambrosine impulsiv, denn sie hatte Charlottes Gesicht genau beobachtet. »Und sie sind in einwandfreiem Zustand. Bronwen schwört darauf, daß irgendwann in naher Zukunft jemand mit durchgeschnittener Kehle aufgefunden wird. Obwohl sie natürlich mit der Sauberhaltung gar nichts zu tun hat. Heidnische Waffen nennt sie sie immer, was sie wahrscheinlich auch sind.«

»Bronwen?« Caroline wußte mit dem Namen nichts anzufangen.

»Meine Zofe.« Ambrosine forderte ihre Besucherinnen mit einer einladenden Bewegung auf, sich zu setzen. »Die Tüchtige mit dem rötlichen Haar.«

»Ich dachte immer, ihr Name sei Louisa?« meinte Caroline.

»Da haben Sie völlig recht«, Ambrosine ließ sich anmutig auf der Chaiselongue nieder. »Aber die beste Zofe, die ich je hatte, hieß Bronwen, und ich bin der Meinung, daß man etwas, was gut ist, nicht verändern sollte. Meine Zofen heißen seitdem immer Bronwen. Das schützt außerdem vor Verwirrungen. Es gibt schließlich Dutzende Lils, Rosys und Marys.«

Gegen diese Logik gab es natürlich keine Einwände, und Charlotte mußte sich umdrehen und aus dem Fenster schauen, um ihre Belustigung zu verbergen.

»Eine wirklich gute Zofe zu finden, ist wirklich nicht leicht«, griff Caroline das Thema bereitwillig auf. »Oft genug sind diejenigen, die tüchtig sind, alles andere als ehrlich. Und diejenigen, denen man wirklich vertrauen kann, machen ihre Arbeit nicht so gründlich, wie man es gern hätte.«

»Meine Liebe, Sie klingen aber sehr pessimistisch«, meinte Ambrosine mitfühlend. »Haben Sie gerade schlechte Erfahrungen gemacht?«

»Ich bin mir nicht ganz sicher«, wagte sich Caroline weiter vor. »Ich habe ein kleines Schmuckstück verloren und weiß nicht, ob es sich um einen Diebstahl handelt oder ob ich es lediglich verlegt habe. Eine schreckliche Situation. Ich möchte auf keinen Fall jemandem Unrecht tun, wo es sich doch genausogut um ein Versehen handeln könnte.«

»War es denn wertvoll?« erkundigte sich Ambrosine.

»Nein, nicht besonders, aber es war ein Geschenk meiner Schwiegermutter, und sie wird wahrscheinlich sehr verletzt sein, daß ich nicht besser darauf achtgegeben habe.«

»Oder geschmeichelt, weil jemand von all Ihren Schmuckstücken ausgerechnet dieses gewählt hat«, mutmaßte Ambrosine.

Caroline lachte ohne große Überzeugung.

»Daran habe ich noch gar nicht gedacht. Ich bin Ihnen sehr zu Dank verpflichtet. Falls sie eine Bemerkung macht, muß ich sie unbedingt auf diesen Punkt hinweisen.«

»Ich glaube immer noch, daß du es verlegt hast«, sagte Charlotte und versuchte, das Thema abzuschließen. »Wahrscheinlich wird es in ein oder zwei Tagen wieder auftauchen. Wenn du Großmama in dem Glauben läßt, daß es gestohlen wurde, wird sie anfangen, Leute zu verdächtigen, und sie wird keine Ruhe geben, bis sie einen Sündenbock gefunden hat.«

Caroline entging die Schärfe in Charlottes Stimme nicht, und sie erkannte die Gefahr, die sie heraufbeschwor.

»Du hast ganz recht«, sagte sie. »Es wäre wirklich klüger, nichts zu sagen.«

»Leute, die nicht genug mit ihren eigenen Angelegenheiten zu tun haben, machen sehr schnell fremde Probleme zu ihren eigenen, besonders, wenn es sich um Dinge wie Diebstahl handelt«, fügte Charlotte abschließend hinzu.

»Wie ich sehe, schätzen Sie die Hilfsbereitschaft Ihrer Mitmenschen ganz ähnlich ein wie ich, Mrs. Pitt.« Ambrosine griff nach der Klingelschnur und zog daran. »Ich hoffe doch sehr, daß Sie zum Tee bleiben? Ich habe nicht nur eine ausgezeichnete Zofe, sondern auch eine hervorragende Köchin. Ich habe sie eigens deswegen eingestellt, weil sie so köstliche Kuchen und Süßspeisen zubereitet. Ihre Suppen sind allerdings geradezu ungenießbar, aber da ich mir sowieso nichts aus Suppen mache, übersehe ich diese Schwäche geflissentlich.«

»Mein Mann ist ein ausgesprochener Suppenliebhaber«, bemerkte Caroline geistesabwesend.

»Meiner ebenfalls«, sagte Ambrosine. »Aber man kann schließlich nicht alles haben.«

Das Dienstmädchen erschien und erhielt den Auftrag, den Tee zu servieren.

»Wissen Sie, Mrs. Pitt«, fuhr Ambrosine fort. »Ihre Bemerkungen, was die Neugier anderer Menschen angeht, sind erstaunlich zutreffend. Ich habe in der letzten Zeit das Gefühl, daß irgend jemand ein auffälliges Interesse an meinem Leben zu haben scheint – allerdings kein freundschaftliches, sondern ein rein neugieriges. Und dabei werde ich das Gefühl nicht los, daß dieser Mensch mir feindlich gesinnt ist.«

Charlotte war wie betäubt. Sie spürte, wie Carolines Körper neben ihr erstarrte.

»Wie entsetzlich«, sagte Charlotte nach einem Moment des Schweigens. »Haben Sie irgendeine Vorstellung, wer es sein könnte?«

»Nein, absolut keine. Das macht es ja gerade so unangenehm. Ich habe es lediglich mehrfach gespürt.«

Die Tür wurde geöffnet, und das Dienstmädchen erschien mit einem Tablett mit Tee und wenigstens einem Dutzend verschiedenen Kuchen und Törtchen, viele von ihnen mit Schlagsahne.

»Vielen Dank«, sagte Ambrosine und liebäugelte mit einem ganz bestimmten Stück Obstkuchen. »Vielleicht bilde ich mir auch alles bloß ein«, fuhr sie fort, als das Mädchen wieder verschwunden war. »Jedenfalls wüßte ich nicht, wer ein derartiges Interesse an mir haben könnte, um so etwas zu tun.«

Caroline öffnete den Mund, als wolle sie etwas sagen, unterließ es dann jedoch.

»Sie hatten völlig recht«, sagte Charlotte schnell, um das beklemmende Schweigen zu brechen, den Blick auf den Teetisch gerichtet. »Sie haben wirklich eine ausgezeichnete Köchin. Ich wette, ich würde in kein einziges meiner Kleider mehr passen, wenn ich eine derartige Künstlerin in meinem Haus hätte.«

Ambrosine betrachtete Charlottes immer noch schlanke Figur.

»Ich hoffe, daß soll nicht bedeuten, daß Sie mich nicht mehr besuchen werden?«

Charlotte lächelte. »Ganz im Gegenteil. Es bedeutet, daß ich ab jetzt nicht nur einen Anreiz haben werde, Sie zu besuchen, sondern zwei.« Sie nahm ihren Tee und ein riesiges Stück Sahnekuchen. Niemand hielt sich an die höfliche Gepflogenheit, zuerst Brot und Butter zu essen.

Sie hatten ihren Tee kaum länger als fünf Minuten genossen, als die Tür erneut geöffnet wurde und ein grauhaariger Mann mittleren Alters erschien. Charlotte identifizierte ihn sofort als den ernsten Mann mit der kurzen Nase, der auf den Fotografien zu sehen war. Der Mann trug sogar den gleichen steifen Hemdkragen und die gleiche schwarze Krawatte wie auf den Fotos. Es konnte sich nur um Lovell Charrington handeln.

Ihre Vermutung stellte sich als richtig heraus, als er ihr vorgestellt wurde.

»Keine Sandwiches?« Er schaute tadelnd auf ihre Teller.

»Ich konnte nicht wissen, daß du dich zu uns gesellen würdest«, erwiderte Ambrosine. »Ich kann selbstverständlich die Köchin anweisen, welche herzurichten, falls du es wünschst.«

»Ich bitte darum! Ich kann mir nicht vorstellen, daß die viele Sahne gut für dich sein soll, meine Liebe. Und wir sollten von unseren Besucherinnen nicht erwarten, daß sie deinen recht exzentrischen Geschmack teilen.«

»Oh, wir sind genauso exzentrisch«, antwortete Charlotte spontan. Sie wollte sich demonstrativ auf Ambrosines Seite stellen, außerdem hatte sie selbst mehr als genug Brot zu Hause. »Und ich bin entzückt, meinen Kuchen in derart netter Gesellschaft genießen zu dürfen.«

Ambrosine dankte ihr mit einem zufriedenen und überraschten Lächeln.

»Ich möchte Ihnen nicht zu nahe treten, Mrs. Pitt, aber Sie erinnern mich an meine Tochter Ottilie. Sie hat auch immer verstanden, alles zu genießen, und dies auch ausgesprochen.«

Charlotte wußte nicht, ob es angebracht war zuzugeben, daß sie vom Tod des Mädchens wußte, oder ob sie damit den Eindruck erwecken würde, zu vertraulich über die Privatangelegenheiten der Charringtons gesprochen zu haben. Lovell rettete sie aus ihrem Dilemma.

»Unsere Tochter ist von uns gegangen, Mrs. Pitt. Ich bin sicher, Sie verstehen, daß wir nur ungern darüber sprechen.«

Da Charlotte überhaupt nichts gesagt hatte, erschien ihr diese Zurechtweisung mehr als unhöflich, doch aus Rücksicht auf Ambrosine hielt sie sich zurück.

»Selbstverständlich«, sagte sie. »Ich rede auch nur selten über die Menschen, die ich verloren habe, aus genau demselben Grund.«

Zu ihrer Zufriedenheit stellte sie fest, daß Lovell ziemlich bestürzt aussah. Offenbar hatte er nicht mit der Möglichkeit gerechnet, daß sie ähnliches erfahren hatte.

»Tatsächlich!« sagte er hastig. »Tatsächlich.«

Charlotte nahm sich demonstrativ noch ein Stück Sahnekuchen und war gezwungen, die nächsten Minuten damit zu verbringen, sich auf ihre Kuchengabel zu konzentrieren, damit die Sahne nicht auf ihrem Kleid landete.

Die Unterhaltung wurde zunehmend höflicher und gespreizter. Man sprach über das Wetter, die Berichte in den Gesellschaftsspalten der Zeitungen und diskutierte die Möglichkeit – oder in Lovells Fall die Unmöglichkeit –, daß es in Afrika wirklich verlorene Schätze zu finden gab, wie es Henry Rider Haggard in seinem Roman *König Salomons Schätze,* der bereits im Vorjahr erschienen war, beschrieben hatte.

»Unsinn«, sagte Lovell bestimmt. »Gefährliche Phantasien. Der Mensch sollte seine Zeit wertvolleren Zielen widmen. Lächerlich, daß ein erwachsener Mann sich seinen Lebensunterhalt mit dem Ausdenken von Hirngespinsten verdient, um überspannte Frauen und Mädchen zu betören, die gutgläubig genug sind, ihn ernst zu nehmen. Eine derartige Überreizung der Phantasie schadet ihrer Gesundheit ... und ihrer Moral!«

»Ich dagegen halte es für eine ausgezeichnete Beschäftigung«, sagte ein junger Mann von vielleicht 29 oder 30 Jahren, der mit einer ausladenden Armbewegung ins Zimmer trat. Er nahm sich das letzte Stück Kuchen, schob es sich mehr oder weniger ganz in den Mund und schenkte erst Charlotte und dann Caroline ein strahlendes Lächeln. Danach griff er nach der Teekanne, um nachzuprüfen, ob noch Tee darin war. »Schadet niemandem und unterhält Tausende. Bringt ein wenig Farbe in das Leben vieler Menschen, in dem es sonst keine Träume mehr geben würde, die es sich zu träumen lohnt. Ohne Träume wäre das Leben dieser Menschen vielleicht unerträglich.«

»Einen schlimmeren Unfug habe ich noch nie gehört!« protestierte Lovell. »Leistet nur überreizten Phantasien und Begierden Vorschub. Falls du Tee wünschst, Inigo, solltest du nach dem Mädchen läuten und dir welchen bringen lassen, statt die Teekanne derart herumzuschwenken. Wofür hat man schließlich Hauspersonal? Ich glaube übrigens nicht, daß du bereits die Bekanntschaft von Mrs. Pitt gemacht hast?«

Inigo sah Charlotte an. »Selbstverständlich nicht. Sonst würde ich mich ganz bestimmt an sie erinnern. Guten Tag, Mrs. Pitt. Nach Ihrem Befinden brauche ich mich wohl nicht zu erkundigen. Sie erfreuen sich augenscheinlich bester Gesundheit – und Laune.«

»Da haben Sie recht.« Charlotte versuchte, die würdevolle Fassade aufrechtzuerhalten, die Caroline von ihr wünschte, wenn nicht sogar erwartete. »Und es würde mir schwerfallen zu glauben, daß dies auf Sie nicht genauso zutrifft«, fügte sie hinzu.

»Oh!« Er zog mit offensichtlichem Vergnügen die Augenbrauen in die Höhe. »Eine Frau, die schlagfertig ist. Sie hätten bestimmt meine Schwester Tillie gemocht. Sie hatte auch ihre eigenen Ansichten. Einige davon waren zwar recht merkwürdig, aber sie wußte immer genau, was sie dachte, und sprach es auch meistens aus.«

»Inigo!« Lovells Gesicht war tiefrot geworden. »Deine Schwester ist von uns gegangen. Würdest du das bitte nicht vergessen und damit aufhören, von ihr in einem derart respektlosen und leichtfertigen Ton zu reden!« Er wandte sich Charlotte zu. »Ich muß mich entschuldigen, Mrs. Pitt. Eine derartige Taktlosigkeit ist Ihnen sicher peinlich.« Doch er klang nicht sonderlich überzeugt. In seinen Augen war Charlotte wohl kaum besser als sein Sohn.

»Ganz im Gegenteil.« Charlotte machte es sich in ihrem Sessel noch bequemer. »Ich kann gut verstehen, daß man sich an die Menschen, die man einmal geliebt hat, immer noch mit großer Zuneigung und Lebhaftigkeit erinnert. Jeder Mensch hat seine eigene Art, mit persönlichen Verlusten fertig zu werden – wie es für ihn selbst am besten ist –, und sollte das anderen genauso zugestehen.«

Lovell erbleichte. Doch bevor er etwas erwidern konnte, stand Caroline auf und stellte ihre Tasse und Untertasse auf den Tisch.

»Es war wirklich reizend hier bei Ihnen«, sagte sie, ohne jemanden direkt anzusprechen. »Aber wir haben noch andere Besuche zu machen und möchten nicht unhöflich sein. Würden Sie uns daher bitte entschuldigen? Meine liebe Ambrosine, ich hoffe, wir sehen uns bald. Auf Wiedersehen, Mr. Charrington, auf Wiedersehen, Inigo.«

Lovell erhob sich von seinem Stuhl und verbeugte sich. »Auf Wiedersehen, Mrs. Ellison, Mrs. Pitt. Es freut mich, Ihre Bekanntschaft gemacht zu haben.«

Inigo öffnete ihnen die Tür und folgte ihnen in die Eingangshalle.

»Es tut mir wirklich leid, daß ich Sie in Verlegenheit gebracht habe, Mrs. Pitt«, sagte er mit einem leichten Stirnrunzeln. »Das lag nicht in meiner Absicht.«

»Natürlich nicht«, antwortete Charlotte. »Und ich glaube, nach all dem, was ich über Ihre Schwester gehört habe, hätte ich sie sicher sehr gemocht. Jedenfalls habe ich schon seit langem niemanden getroffen, der so ausgesprochen sympathisch und angenehm ist wie Ihre Mutter.«

»Angenehm!« wiederholte er überrascht. »Die meisten Menschen finden eher das Gegenteil.«

»Ich nehme an, das ist eine Frage des Geschmacks, aber ich kann Ihnen versichern, daß ich sie wirklich sehr mag.«

Inigo schenkte ihr ein breites Lächeln, das alle Besorgnis aus seinem Gesicht vertrieb. Er schüttelte ihr herzlich die Hand.

Der Diener reichte Caroline ihren Mantel. Sie schloß ihn, und Charlotte nahm den ihren in Empfang. Kurz darauf befanden sie sich draußen im scharfen Märzwind.

Eine offene Kutsche ratterte vorbei, und der Mann, der darin saß, lüftete seinen Hut zum Gruß. Charlotte sah nur ganz kurz sein dunkles, vornehmes Gesicht, sein dichtes Haar, das fast bis in den Nacken reichte, gepflegt und elegant, und seine dunklen, ruhigen Augen. Das Ganze dauerte nur einen kurzen Moment, und schon war die Kutsche an ihnen vorbei, doch in Charlotte wurde eine Erinnerung wachgerufen, die so schmerzhaft war, daß sie zu zittern begann. Der Mann in der Kutsche war Paul Alaric, der Franzose, der am Paragon Walk gelebt hatte, nur wenige Meter von Emily entfernt, und der in jenem Sommer, als die Morde geschehen waren, viele leidenschaftliche Gefühle geweckt hatte. Die arme Selena war derart von ihm besessen gewesen, daß sie beinah den Verstand verloren hätte.

Gegen alle Vernunft hatte sich sogar Charlotte von seinem kühlen Witz, seinem Charme, den er ganz unbewußt zu verströmen schien, und der Tatsache, daß sie alle so wenig über ihn wußten – keine Familie, keine Vergangenheit, keine sozialen Kategorien, in die man ihn hätte einordnen können – faszinieren lassen. Auch Emily mit all ihrer Anmut und ihrem Esprit war nicht ganz unbeeindruckt geblieben.

Ob dieser Mann eben wirklich Paul Alaric gewesen war?

Sie drehte sich zu Caroline um, die sehr gerade mit hocherhobenem Kopf dastand, die Wangen vom scharfen Wind gerötet.

»Kennst du ihn?« fragte Charlotte ungläubig.

Caroline begann mit hastigen Schritten weiterzugehen.

»Flüchtig«, erwiderte sie. »Das ist Monsieur Paul Alaric.«

Charlotte spürte, wie ihr heiß wurde – das war also der geheimnisvolle Mann –

»Er ist mit vielen Anwohnern des Place befreundet«, fuhr Caroline fort.

Charlotte wollte gerade hinzufügen, daß Caroline zweifellos auch zu dieser Gruppe gehörte, besann sich dann jedoch anders, ohne genau zu wissen, warum.

»Er scheint nicht viel zu tun zu haben«, sagte sie statt dessen. Es war keine besonders geistreiche Feststellung, doch momentan wollte ihr nichts Vernünftiges einfallen.

»Er geht Geschäften in der Stadt nach«, Caroline ging noch rascher, und der scharfe Wind machte jede weitere Unterhaltung unmöglich. 20 oder 30 Meter weiter hatten sie bereits das Haus der Lagardes erreicht.

»Sind sie eigentlich Franzosen?« flüsterte Charlotte ihrer Mutter kaum hörbar zu, als die Tür geöffnet wurde und sie in die Eingangshalle geführt wurden.

»Nein«, sagte Caroline leise, als das Hausmädchen ging, um sie den Lagardes zu melden. »Nur der Urgroßvater war Franzose, glaube ich. Er ist während der Französischen Revolution hergekommen.«

»Während der Revolution? Das ist doch erst 100 Jahre her!« flüsterte Charlotte zurück und setzte ein angemessen erwartungsvolles Gesicht auf, als sie in den Salon geführt wurden.

»Auch gut, dann liegt es eben noch länger zurück. Ich habe mir von deiner Großmutter schon so viel Geschichtliches anhören müssen, daß ich wirklich genug davon habe«, erwiderte Caroline ärgerlich. »Guten Tag, Eloise. Darf ich Ihnen meine Tochter, Mrs. Pitt, vorstellen«, fuhr sie mit völlig anderem Tonfall und Gesichtsausdruck im gleichen Atemzug fort.

Die junge Frau, die Charlotte entgegentrat, war tatsächlich, genau wie Caroline gesagt hatte, von geheimnisvoller Schönheit, von einer durchscheinenden Zartheit, die an Mondlicht auf Wasser erinnerte. Ihr Haar war weich und üppig, jedoch ohne Glanz, ganz im Gegensatz zu Charlottes Haar, das wie poliertes Holz schimmerte und so schwer war, daß es sich nur mit Mühe hochstecken ließ.

»Wie reizend von Ihnen, uns zu besuchen.« Eloise trat zurück, lächelte und bat sie mit einer Handbewegung, Platz zu nehmen. »Darf ich Ihnen Tee anbieten?«

Es war schon ein wenig spät, und vielleicht stellte sie die Frage nur aus Höflichkeit.

»Vielen Dank, aber wir möchten Ihnen keine Umstände machen«, lehnte Caroline mit einer der üblichen Entschuldigungsfloskeln das Angebot ab. Es wäre mehr als unhöflich zu sagen, daß sie bereits bei jemand anderem Tee getrunken hatten. Ihr Blick fiel auf den Kaminsims. »Was für ein schönes Bild! Ich kann gar nicht glauben, daß es mir bisher noch nie aufgefallen ist!«

Charlotte hätte es nicht in ihrem Haus haben wollen, aber über Geschmack ließ sich bekanntlich streiten.

»Gefällt es Ihnen?« Eloise blickte auf, mit einem Anflug von Belustigung im Gesicht. »Ich meine immer, das Haus sieht darauf ziemlich düster aus, obwohl dies in Wirklichkeit gar nicht zutrifft. Aber Tormod mag es, also lasse ich es hängen.«

»Ist das Ihr Landhaus?« Charlotte stellte die obligatorische Frage, weil ihr nichts anderes einfiel und sie wußte, daß die Antwort genügend Material für eine höfliche Unterhaltung von einigen Minuten Dauer liefern würde. Sie sprachen immer noch über die Vor- und Nachteile des Stadt- und Landlebens, als die Tür geöffnet wurde und ein junger Mann hereinkam, in dem Charlotte sofort Eloises Bruder erkannte. Er hatte das gleiche dichte, dunkle Haar, die gleichen großen Augen und die gleiche helle Haut. Ansonsten war die Ähnlichkeit jedoch nicht sehr stark ausgeprägt; er besaß eine höhere Stirn, aus der das Haar in einer breiten Welle zurückgekämmt war, und seine Nase war ziemlich gebogen. Sein Mund war breit, stets zum Lachen bereit, und, so schloß Charlotte, sicher genauso schnell zum Schmollen. Er trat mit natürlicher Eleganz auf sie zu.

»Mrs. Ellison, ich freue mich sehr, Sie zu sehen.« Er legte einen Arm um Eloise. »Ich glaube nicht, daß ich Ihre Begleiterin bereits kenne?«

»Meine Tochter, Mrs. Pitt.« Caroline lächelte zurück. »Mr. Tormod Lagarde.«

Er verneigte sich leicht.

»Willkommen am Rutland Place, Mrs. Pitt. Ich hoffe, wir werden Sie in Zukunft häufiger bei uns sehen.«

»Das ist sehr freundlich von Ihnen«, erwiderte Charlotte.

Tormod setzte sich neben Eloise auf ein breites Sofa.

»Ich beabsichtige, meine Mutter öfter zu besuchen, wenn der Frühling kommt«, fügte Charlotte hinzu.

»Dieser Winter ist wirklich sehr streng«, antwortete er. »Man hat eher das Bedürfnis, in der Nähe des Kaminfeuers zu bleiben, als sich nach draußen zu wagen, um jemanden zu besuchen. Deshalb ziehen wir uns auch oft völlig in unser Landhaus zurück und gehen den ganzen Januar und Februar nicht vor die Tür.«

Eloises Gesicht nahm einen zärtlichen Ausdruck an, als schwelge sie in süßen Erinnerungen. Sie sagte nichts, doch Charlotte glaubte in ihren Augen das Licht vergangener Weihnachten mit Christbäumen und Laternen, Kiefernzapfen, die im Feuer knacken, und heißem Toast erkennen zu können – und die Erinnerung an lange, glückliche, gemeinsam verbrachte Stunden, so entspannt und friedlich, daß Worte überflüssig waren.

Tormod griff in seine Tasche und förderte ein kleines Päckchen zutage.

»Für dich.« Er reichte es Eloise. »Als Ersatz für den, den du verloren hast.«

Sie nahm es entgegen, sah zu ihm hoch, dann wieder auf das kleine Päckchen in ihrer Hand.

»Mach es doch auf!« drängte er. »Es ist nichts Besonderes.«

Sie gehorchte zögernd, ihr Gesicht verriet Erwartung und Freude.

In dem Päckchen befand sich ein kleiner Stiefelknöpfer mit einem silbernen Griff.

»Vielen Dank, Lieber«, sagte sie sanft. »Das war wirklich sehr aufmerksam von dir. Besonders, wo es doch möglicherweise mein eigenes Verschulden ist. Bestimmt werde ich jetzt ein furchtbar schlechtes Gewissen haben, wenn ich den alten doch noch wiederfinde und sich herausstellen sollte, daß ich nur nachlässig gewesen bin.« Sie sah Charlotte entschuldigend an, mit einem Anflug von Verlegenheit. »Ich habe meinen alten Stiefelknöpfer, den ich schon seit Jahren besitze, verloren. Ich glaube, er ist mir aus dem Ridikül gefallen, aber vielleicht habe ich ihn auch nur verlegt und vergessen, wohin.«

Charlottes Interesse, mehr zu erfahren, war größer als ihre Vernunft, die ihr riet, das Thema lieber ruhen zu lassen. »Sie meinen, er könnte möglicherweise auch gestohlen worden sein?« fragte sie und tat ganz überrascht.

Tormod spielte diese Möglichkeit herunter. »So etwas passiert eben manchmal. Es ist zwar ein recht unschöner Gedanke, aber man muß der Realität ins Auge sehen – Dienstboten stehlen halt hin und wieder. Aber da es nicht in unserem eigenen Haus passiert ist, halte ich es für weitaus besser, kein Wort darüber zu verlieren. Es wäre mehr als taktlos, einen Freund bloßzustellen, indem man die Sache an die große Glocke hängt. Außerdem kann der Stiefelknöpfer immer noch auftauchen, wie Eloise sagte – obwohl ich persönlich nicht daran glaube.«

Caroline räusperte sich nervös. »Aber sollte Diebstahl nicht bestraft werden? Ich meine – wäre das nicht richtiger?«

Tormod wirkte immer noch lässig, seine Stimme klang unbeschwert. Er schenkte ihr ein Lächeln, in dem eine Spur von Bedauern mitschwang.

»Wahrscheinlich schon, wenn man nur genau wüßte, wer es getan hat, und Beweise dafür hätte, daß es sich wirklich so abgespielt hat«, sagte er. »Doch die haben wir nicht. Daher würden wir lediglich Verdächtigungen Vorschub leisten, die vielleicht völlig unbegründet wären. Am besten, wir lassen die Sache auf sich beruhen. Wenn man erst einmal anfängt, Nachforschungen anzustellen, kann das eine ganze Kette von Ereignissen nach sich ziehen, die nur sehr schwer wieder aufzuhalten sind. Ein versilberter Stiefelknöpfer wiegt wohl kaum den ganzen Ärger, die Ängste und das Mißtrauen auf, die eine derartige Untersuchung mit sich bringen würden.«

»Ich bin völlig Ihrer Meinung«, sagte Charlotte schnell. »Schließlich ist es eine völlig andere Sache, wenn etwas fehlt – und man keine Ahnung hat, wo es ist –, als wenn man ganz sicher weiß, daß es eine bestimmte Person gestohlen hat.«

»Eine sehr kluge Einsicht.« Tormod schenkt ihr ein kurzes Lächeln. »Der Gerechtigkeit ist nicht immer damit am besten gedient, daß man jemanden des Diebstahls bezichtigt.«

Bevor Caroline ihre Haltung rechtfertigen konnte, meldete das Mädchen eine weitere Besucherin.

»Mrs. Denbigh, Ma'am«, sagte sie zu Eloise. »Soll ich sagen, daß Sie sie empfangen?«

Eloises Gesichtszüge veränderten sich kaum merklich. Bei anderen Lichtverhältnissen – hätte sie beispielsweise weiter vom Fenster entfernt gestanden – wäre davon vielleicht nichts zu sehen gewesen.

»Natürlich, Beryl, tun Sie das bitte.«

Amaryllis Denbigh gehörte zu der Art Frauen, in deren Gegenwart sich Charlotte höchst unwohl fühlte. Sie betrat das Zimmer äußerst selbstbewußt, mit dem Gebaren eines Menschen, der stets das bekommen hatte, was er wollte, und von allen geschätzt wird. Sie war zwar nicht schön, aber ihr Gesicht mit den großen Augen und den ein wenig zu üppigen geschwungenen Lippen wirkte auf seine Art reizvoll, erinnerte an die Unschuld eines jungen Mädchens, das noch nicht weiß, wie mächtig seine eigenen unbewußten Gefühle und Begierden sein können. Sie besaß üppiges, helles, welliges Haar, das gerade so kunstvoll frisiert war, daß es nicht unnatürlich wirkte. Um diese Wirkung zu erzielen, mußte man schon eine sehr geschickte Zofe haben. Ihr Kleid war zweifellos teuer, wenn auch nicht im geringsten protzig, doch Charlotte wußte, wieviel es kostete, wenn ein Schneider so raffiniert arbeitete, daß der Busen ein wenig voller und die Taille genau die wenigen entscheidenden Zentimeter schlanker wirkte.

Man wurde einander förmlich und ausführlich vorgestellt. Amaryllis taxierte Charlotte sorgfältig und beachtete sie dann nicht weiter. Sie wandte sich Tormod zu.

»Werden Sie am Donnerstag zu Mrs. Wallace' Soiree kommen? Ich habe gehört, daß der Pianist, den sie eingeladen hat, ausgezeichnet sein soll. Ich bin sicher, es wird Ihnen gefallen. Und Eloise natürlich auch«, fügte sie nach einer kleinen Pause aus reiner Höflichkeit hinzu.

Charlotte bemerkte den falschen Ton in ihrer Stimme und zog ihre eigenen Schlüsse.

»Ich denke schon«, erwiderte Tormod. Er wandte sich an Eloise. »Du hast doch nichts anderes vor, Liebes?«

»Nein, wenn der Pianist gut ist, wird es bestimmt ein sehr schöner Abend. Ich hoffe nur, daß die Leute nicht so viel Lärm machen, daß wir ihn nicht mehr hören können.«

»Meine Liebe, Sie können wohl kaum erwarten, daß die Gäste aufhören, sich zu unterhalten, nur um einem Pianisten zuzuhören – doch nicht bei einer Soiree«, sagte Amaryllis sanft. »Schließlich ist es in der Hauptsache ein gesellschaftliches Ereignis, und die Musik ist lediglich als Ablenkung gedacht, als angenehme Untermalung. Und natürlich soll sie den Gästen Gesprächsstoff bieten, so daß man nicht allzu lange nach einem geeigneten Thema suchen muß. Mit einigen Menschen kann man sich leider nur sehr schwer unterhalten, finden Sie nicht auch, Mrs. Pitt?«

»In der Tat, da haben Sie völlig recht«, stimmte Charlotte ihr freimütig zu. »Einigen Leuten fällt nichts Passendes ein, was sie sagen könnten, während andere wiederum viel zu viel reden, und immer im falschen Moment. Ich persönlich schätze Menschen, die zur richtigen Zeit schweigen können, besonders, wenn gute Musik gespielt wird.«

Amaryllis Denbighs Gesicht wurde hart. Sie überhörte die Andeutung geflissentlich.

»Spielen Sie selbst auch, Mrs. Pitt?« fragte sie.

»Nein«, erwiderte Charlotte höflich. »Bedauerlicherweise nicht. Und Sie?«

Amaryllis blickte sie frostig an.

»Ich male«, antwortete sie. »Ich ziehe die Malerei vor. Viel unaufdringlicher, finde ich. Man kann hinsehen oder auch nicht, wie es beliebt. Oh!« – sie riß die Augen auf und biß sich auf die Lippen – »Sie müssen mir verzeihen, Eloise. Ich hatte völlig vergessen, daß Sie spielen. Sie habe ich natürlich nicht gemeint! Sie haben schließlich noch nie auf einer Soiree gespielt.«

»Nein, ich wäre bestimmt sehr aufgeregt«, sagte Eloise. »Obwohl es natürlich eine Ehre wäre, von jemandem darum gebeten zu werden. Aber ich glaube, es würde mich sehr verunsichern, wenn alle so viel reden würden, daß keiner mehr die Musik hörte.« Das Thema schien sie zu bewegen. »Musik sollte respektiert werden und nicht wie Straßenlärm behandelt werden oder wie Tapeten, lediglich als bloßer Hintergrund. Dann wirkt sie nur langweilig, und man spürt ihre wahre Schönheit nicht mehr.«

Amaryllis lachte, ein hohes, hübsches Lachen, das Charlotte ungemein irritierte – vielleicht, weil sie selbst gern auf diese Weise gelacht hätte und wußte, daß sie es nicht konnte.

»Wie philosophisch Sie doch sind!« sagte Amaryllis heiter. »Aber ich muß Sie warnen, meine Liebe, wenn Sie so etwas auf der Soiree sagen, werden Sie sich höchst unbeliebt machen. Die Leute werden nicht wissen, was sie von Ihnen halten sollen.«

Charlotte gab ihrer Mutter einen kleinen Tritt gegen den Knöchel, und als Caroline sich nach unten beugte, um die Stelle zu berühren, weil sie dachte, es wäre ihr vielleicht etwas auf den Fuß gefallen, gab sie vor zu glauben, daß Caroline sich zum Gehen fertigmachte.

»Darf ich dir behilflich sein, Mama?« bot sie ihr an, stand auf und reichte ihr den Arm.

Caroline sah sie an. »Noch benötige ich keine fremde Hilfe, Charlotte«, sagte sie spitz. Aber obwohl der Gedanke, sich nur aus Widerspruchsgeist erneut zu setzen, klar in ihren Augen zu lesen war, verabschiedete sie sich bald darauf höflich, und kurze Zeit später befanden sich beide wieder auf der Straße.

»Ich kann Mrs. Denbigh nicht leiden«, sagte Charlotte heftig. »Ganz und gar nicht.«

»Das war offensichtlich«, Caroline schlug ihren Mantelkragen hoch. Dann lächelte sie. »Ich übrigens auch nicht. Es ist natürlich absolut unfair, weil ich keine Ahnung habe, warum ich sie nicht mag, aber ich finde sie in der Tat äußerst irritierend.«

»Sie hat es auf Tormod Lagarde abgesehen«, bemerkte Charlotte, um ihre Abneigung wenigstens teilweise zu erklären. »Und sie zeigt es ziemlich deutlich.«

»Meinst du wirklich?«

»Selbstverständlich! Sag bloß, du hast es nicht bemerkt!«

»Natürlich habe ich es bemerkt!« Caroline fröstelte. »Aber ich habe bestimmt schon mehr Frauen gesehen, die hinter einem Mann her waren, als du, meine Liebe, und ich hatte nicht den Eindruck, daß Amaryllis dabei besonders ungeschickt vorging. Ganz im Gegenteil, ich halte sie sogar für ausgesprochen geduldig.«

»Trotzdem finde ich sie unsympathisch!«

»Das kommt daher, daß du Eloise magst und dir nicht vorstellen kannst, was nach Tormods Heirat aus ihr werden würde, da Amaryllis sie offenbar nicht allzu gut leiden kann. Vielleicht wird Eloise selbst heiraten, und damit wäre das Problem gelöst.«

»Dann wäre es bedeutend klüger, wenn Amaryllis sich auf die Suche nach einem passenden Mann für Eloise machen würde, statt sie so von oben herab zu behandeln, findest du nicht? Das wäre sicher nicht sehr schwierig – schließlich ist Eloise äußerst charmant. Was hast du, Mama? Du ziehst ständig die Schultern hoch, als würdest du den Wind spüren, dabei ist es hier doch wirklich geschützt.«

»Folgt uns irgend jemand?«

Charlotte drehte sich um. »Nein, wieso? Hast du jemanden erwartet?«

»Nein! Nein – ich – ich habe nur das Gefühl, daß uns jemand beobachtet. Um Gottes willen, Charlotte, schau nicht so auffällig, sonst glauben die Leute noch, wir wollten sie beobachten und würden versuchen, durch ihre Vorhänge zu spähen!«

»Welche Leute?« Charlotte zwang sich zu einem Lächeln, um vor Caroline ihre Angst zu verbergen. »Da ist niemand«, sagte sie vernünftig.

»Sie nicht albern!« fuhr Caroline sie an. »Es ist immer irgend jemand da – ein Butler oder ein Hausmädchen, das die Vorhänge zuzieht, oder ein Diener an der Tür.«

»Dann brauchst du dir ja auch keine Sorgen zu machen.« Charlotte spielte die Sache zwar verbal herunter, in Wirklichkeit konnte sie die ganze Angelegenheit allerdings keineswegs derart leicht abtun. Das Gefühl, beobachtet zu werden – nicht beiläufig oder zufällig, sondern vorsätzlich und systematisch –, war äußerst unangenehm.

Sicher bildete Caroline sich das alles nur ein. Warum sollte irgendein Mensch so etwas tun? Welche Motive konnten dahinterstecken?

Caroline ging schon zügig, doch jetzt beschleunigte sie ihre Schritte noch mehr. Sie liefen schließlich so schnell, daß Charlotte die Röcke um die Knöchel peitschten und sie Angst hatte, über einen Pflasterstein zu stolpern und hinzufallen.

Caroline wirbelte durch das Gartentor, dann die Stufen hoch, die zur Eingangstür ihres Hauses führten. Sie war bereits dort angekommen, bevor der Diener sie gesehen hatte und ihr die Tür öffnen konnte, und daher gezwungen zu warten. Sie trat unruhig von einem Fuß auf den anderen und drehte sich sogar nochmals um und starrte zurück auf die Straße.

»Mama, hat dich jemand auf der Straße belästigt?« fragte Charlotte und berührte den Arm ihrer Mutter.

»Nein, natürlich nicht! Es ist bloß –« Sie schüttelte sich verärgert. »Ich habe einfach das Gefühl, daß ich nicht allein bin, selbst wenn nichts darauf hinzuweisen scheint. Da ist jemand, den ich nicht sehen kann, obwohl ich absolut sicher bin, daß er mich sehen kann.«

Die Tür wurde geöffnet, Caroline stürmte ins Haus, und Charlotte folgte ihr auf dem Fuße.

»Schließen Sie bitte die Vorhänge, Martin«, trug sie ihrem Diener auf.

»Alle Vorhänge, Ma'am?« Seine Stimme klang erstaunt. Es blieb noch bestimmt zwei Stunden hell, und das Wetter war gut.

»Ja, bitte. In allen Zimmern, in denen wir uns aufhalten werden.« Caroline legte Mantel und Hut ab und reichte sie ihm, Charlotte tat das gleiche.

Im Salon saß die Großmutter vor dem Kaminfeuer.

»Nun?« Sie musterte sie von Kopf bis Fuß. »Irgendwelche Neuigkeiten?«

»Was für Neuigkeiten denn, Mama?« fragte Caroline und ging auf den Tisch zu.

»Nun, selbstverständlich alle, Kind! Wie kann ich nach bestimmten Neuigkeiten fragen, wenn ich sie noch gar nicht kenne? Wenn das der Fall wäre, würde es sich doch wohl kaum noch um Neuigkeiten handeln, wie?«

Diskussionen wie diese waren völlig sinnlos, doch Charlotte hatte schon lange aufgegeben zu versuchen, das ihrer Großmutter klarzumachen.

»Wir haben Mrs. Charrington und Miss Lagarde besucht«, sagte sie. »Ich fand sie beide sehr nett.«

»Mrs. Charrington ist exzentrisch.« Die Stimme der Großmutter klang säuerlich, als hätte sie gerade in eine unreife Pflaume gebissen.

»Das hat mir besonders gut gefallen.« Charlotte wollte auf keinen Fall klein beigeben. »Sie war sehr höflich, und das ist schließlich das Wichtigste.«

»Und Miss Lagarde – war die auch höflich? Sie ist viel schüchterner, als ihr guttut. Das Mädchen scheint vollkommen unfähig zu sein, anständig zu flirten!« polterte die Großmutter. »Sie wird nie einen Mann finden, wenn sie nur herumläuft und ätherisch aussieht, gleichgültig, wie hübsch ihr Gesicht ist. Männer heiraten schließlich nicht bloß ein hübsches Gesicht, das weiß man ja!«

»Was für die meisten von uns nur ein Glück ist.« Charlotte stand ihrer Großmutter an Schärfe in nichts nach und beobachtete ihr Gesicht, die leicht gebogene Nase und die Augen unter den schweren Lidern.

Die alte Dame tat so, als habe sie ihre Enkelin nicht verstanden. Sie wandte sich mit eisiger Miene an Caroline. »Während deiner Abwesenheit ist Besuch für dich dagewesen.«

»Tatsächlich?« Caroline schien nicht sonderlich interessiert. Es war nichts Außergewöhnliches, daß nachmittags mindestens ein Besuch seine Aufwartung machte, genauso wie sie und Charlotte heute ebenfalls Leute besucht hatten, es gehörte sozusagen zum Ritual. »Ich nehme an, die Person hat ihre Karte dagelassen, und Maddock wird sie mir gleich bringen.«

»Möchtest du nicht einmal wissen, wer es war?« meinte die Großmutter mißbilligend und starrte auf Carolines Rücken.

»Nicht unbedingt.«

»Es war dieser Franzose mit seinem ausländischen Gehabe. Ich habe seinen Namen vergessen.« Sie wollte sich absichtlich nicht erinnern, weil es kein englischer Name war. »Allerdings trug er den elegantesten Anzug, den ich seit 30 Jahren gesehen habe.«

Caroline erstarrte. Im Zimmer war es absolut still, so still, daß man glaubte, die Räder einer Kutsche zwei Straßen weiter hören zu können.

»Tatsächlich?« sagte Caroline erneut, wobei ihre Stimme auffällig unbeteiligt klang. Sie stockte, als ob sie unbedingt mehr sagen wollte und sich zwingen mußte, es nicht zu tun, damit ihre Worte nicht unkontrollierbar hervorsprudelten. »Hat er irgend etwas gesagt?«

»Selbstverständlich hat er das! Oder glaubst du etwa, er hat wie ein Schwachkopf dagestanden, ohne den Mund aufzumachen?«

Caroline drehte ihnen erneut den Rücken zu. Sie nahm eine der Narzissen aus der Vase, kürzte den Stiel und stellte sie wieder zurück.

»Irgend etwas Wichtiges?«

»Wer sagt denn heutzutage schon etwas Wichtiges?« antwortete die Großmutter mißmutig. »Es gibt eben keine Helden mehr. General Gordon ist in Khartum von diesen Wilden umgebracht worden. Sogar Mr. Disraeli ist tot – was natürlich nicht bedeuten soll, daß er ein Held war – oder auch nur ein Gentleman! Aber er war ein kluger Kopf. Es gibt heutzutage eben keine gebildeten Menschen mehr.«

»Ist Monsieur Alaric denn unhöflich gewesen?« fragte Charlotte erstaunt. Am Paragon Walk war er immer elegant und ungezwungen aufgetreten; er schien von Natur aus gute Manieren zu haben, auch wenn sie manchmal das Gefühl gehabt hatte, daß sein Sinn für Humor beunruhigend stark ausgeprägt war.

»Nein«, gab die Großmutter widerstrebend zu. »Er war schon sehr höflich, aber er ist schließlich Ausländer. Er kann sich wohl kaum leisten, unhöflich zu sein. Ich kann mir vorstellen, daß er trotz allem etwas aus sich gemacht hätte, wenn er 40 Jahre früher zur Welt gekommen wäre. Aber heutzutage gibt es nicht einmal mehr einen anständigen Krieg, in den ein Mann ziehen kann, um sich zu bewähren. Wenigstens gab es zu Edwards Zeiten den Krimkrieg – auch wenn er selbst nicht daran teilgenommen hat!«

»Die Krim ist im Schwarzen Meer«, erklärte Charlotte. »Ich sehe nicht ein, was das mit uns zu tun haben soll.«

»Du bist eben keine wirkliche Patriotin«, warf ihr die Großmutter vor. »Keine Beziehung zum Empire! Das fehlt der jungen Generation heutzutage! Ihr habt nicht das Zeug zum Großen!«

»Hat Monsieur Alaric eine Nachricht hinterlassen?« Endlich wandte sich Caroline wieder um. Sie war errötet, doch ihre Stimme klang wieder fest.

»Hast du denn eine erwartet?« argwöhnte die alte Dame.

Caroline atmete zuerst ein und wieder aus, bevor sie ihr antwortete.

»Da ich nicht weiß, warum er uns besuchen wollte«, sagte sie und ging hinüber zur Tür, »frage ich mich, ob er nicht irgendeine Erklärung hinterlassen hat. Ich glaube, ich gehe und erkundige mich bei Maddock.« Daraufhin schlüpfte sie aus dem Zimmer und ließ Charlotte mit der alten Dame allein zurück.

Charlotte zögerte. Sollte sie die Fragen stellen, die ihr so sehr auf der Zunge brannten? Die alte Dame sah nicht mehr besonders gut, sie hatte Carolines Reaktion sicher nicht bemerkt, die verspannten Muskeln, das langsame, kontrollierte Wenden des Kopfes. Aber sie hörte immer noch ausgezeichnet, wenn sie wollte, und ihr Verstand war genauso scharf und wach wie eh und je. Doch Charlotte erkannte, daß ihre Großmama ihr sowieso nicht mehr erzählen konnte, als sie bereits selbst erraten hatte.

»Ich glaube, ich gehe nachsehen, ob Mama die Kutsche entbehren kann, damit ich mich nach Hause fahren lassen kann«, sagte sie kurz darauf. »Bevor es dunkel wird.«

»Wie du möchtest«, sagte Großmama verächtlich. »Ich weiß sowieso nicht, warum du überhaupt gekommen bist – vermutlich nur so auf Besuch, wie?«

»Um Mama zu sehen«, antwortete Charlotte.

»Zweimal in ein und derselben Woche?«

Charlotte war nicht nach Streiten zumute. »Auf Wiedersehen, Großmama. Es hat mich sehr gefreut, dich zu sehen, noch dazu bei so guter Gesundheit.«

Die alte Dame rümpfte verächtlich die Nase. »Ganz und gar von dir selbst eingenommen«, sagte sie frostig. »Hast noch nie gewußt, wie man sich benimmt. Nur gut, daß du unter deinem Niveau geheiratet hast. In der richtigen Gesellschaft hättest du sowieso nie bestehen können.«

Während des ganzen Heimwegs in der Kutsche ihres Vaters, die sie bequem durch die Straßen fuhr, war Charlotte zu sehr mit ihren Gedanken beschäftigt, als daß sie wirklich genießen konnte, wieviel angenehmer eine Kutschfahrt doch im Vergleich mit einer Omnibusfahrt war.

Es war ihr schmerzhaft klargeworden, daß Carolines Interesse an Paul Alaric alles andere als gering war. Um sich in diesem Punkt täuschen zu lassen, konnte sich Charlotte nur allzu gut an die vielen törichten Einzelheiten erinnern, als sie selbst noch für ihren Schwager Dominic geschwärmt hatte, bevor sie Thomas kennengelernt hatte. Sie erkannte die gespielte Gleichgültigkeit, das unwillkürliche Verkrampfen des Magens, das wilde Herzklopfen, sobald auch nur der Name des Betreffenden erwähnt wurde oder wenn er einen anlächelte oder wenn der eigene Name zusammen mit dem seinen von anderen Personen erwähnt wurde. Heute erschien ihr das alles ungemein töricht, und die bloße Erinnerung trieb ihr bereits die Schamesröte ins Gesicht.

Doch sie konnte dasselbe Gefühl bei anderen sehr gut erkennen, und sie hatte Paul Alarics Wirkung auf Frauen mehr als einmal beobachtet. Sie verstand Carolines verspannten Rücken, die auffallend beiläufige Art zu sprechen, das vorgetäuschte Desinteresse, das sie nicht davon abhalten konnte, sofort zu Maddock zu eilen, um herauszufinden, ob Alaric eine Nachricht hinterlassen hatte.

Das Foto in dem Medaillon mußte Paul Alarics Bild sein. Kein Wunder, daß Caroline es unbedingt zurückhaben wollte! Es handelte sich schließlich nicht um irgendeinen unbekannten Bewunderer aus der Vergangenheit, sondern um ein Gesicht, das jeder Anwohner des Rutland Place wiedererkennen würde, selbst die Stiefeljungen und die Spülmädchen.

Und es gab keinerlei vernünftige Erklärung für dieses Foto. Es gab nur eine offensichtliche Erklärung, warum sie ein Medaillon mit seinem Bild bei sich tragen konnte.

Als Charlotte endlich ihr Heim erreichte, hatte sie beschlossen, Pitt von der ganzen Angelegenheit zu erzählen und ihn um Rat zu fragen, weil sie die Last mit jemandem teilen mußte. Sie verriet ihm allerdings nicht, wessen Porträt sich in dem Medaillon befand.

»Am besten, du unternimmst gar nichts«, sagte er ernst. »Mit ein wenig Glück hat sie es auf der Straße verloren, und es ist irgendwo in den Rinnstein gefallen oder von jemandem gestohlen worden, der es verkauft oder weitergegeben hat, und wird nie wieder am Rutland Place auftauchen oder von irgend jemand gesehen werden, der auch nur die entfernteste Vorstellung hat, wem es gehört und wer die Person auf dem Bild ist.«

»Aber was ist mit Mama?« drängte sie. »Offenbar fühlt sie sich von dem Mann geschmeichelt, findet ihn attraktiv – und hat nicht die Absicht, ihn wegzuschicken.«

Pitt wog seine Worte sorgfältig ab, wobei er Charlottes Gesicht genau beobachtete. »Vielleicht noch nicht sofort. Aber sie ist bestimmt diskret.« Er sah, daß Charlotte Luft holte und im Begriff war, Einwände zu erheben, und legte sanft seine Hand auf die ihre. »Meine Liebe, es gibt absolut gar nichts, das du tun könntest, und selbst wenn es so wäre, hättest du nicht das Recht, dich einzumischen.«

»Aber sie ist doch meine Mutter!«

»Das gibt dir zwar das Recht, dich um sie zu sorgen – aber lange nicht das Recht, in ihr Privatleben einzugreifen, zumal du dir nicht einmal sicher bist.«

»Ich habe sie doch selbst gesehen! Thomas, ich bin sehr wohl in der Lage, eine Verbindung herzustellen zwischen dem Medaillon und dem, was ich heute nachmittag gesehen habe, und ich weiß genau, was passieren wird, wenn Papa davon erfährt!«

»Dann tu dein möglichstes, daß er es nicht erfährt. Sag ihr, sie soll unbedingt vorsichtig sein und das Medaillon vergessen, aber mehr kannst du einfach nicht machen. Sonst wird alles nur noch schlimmer.«

Sie starrte ihn an, schaute in seine hellen, klugen Augen. Diesmal hatte er unrecht. Er mochte zwar im allgemeinen ein großer Menschenkenner sein, aber sie kannte die Gefühle einer Frau besser. Caroline brauchte mehr als lediglich eine Warnung. Sie brauchte Hilfe. Und ganz gleichgültig, was Pitt sagte, Charlotte würde ihr helfen müssen.

Sie schaute nach unten. »Ich werde sie warnen – ihr sagen, sie soll nicht weiter nach dem Medaillon suchen.«

Er verstand sie besser, als sie ahnte. Aber er würde sie nicht in eine Situation bringen, in der sie gezwungen wäre zu lügen. Er lehnte sich wieder zurück, resigniert und niedergeschlagen.

# Kapitel 3

Pitt war zu sehr mit seiner eigenen Arbeit beschäftigt, um sich zusätzlich noch mit der Sorge um Caroline belasten zu können. Er hatte bereits in einigen früheren Fällen mit Personen ähnlicher gesellschaftlicher Stellung zu tun gehabt, doch die Umstände, die zu diesen Begegnungen geführt hatten, waren zwangsläufig ungewöhnlich gewesen. Er war sich daher bewußt, daß er kaum einen wirklichen Einblick in ihre Gefühle und Wertvorstellungen gewonnen hatte. Noch weniger verstand er natürlich, was für diese Leute in ihren zwischenmenschlichen Beziehungen akzeptabel war und was nicht wiedergutzumachenden Schaden anrichten würde.

Pitt ahnte, daß es gefährlich werden könnte, wenn Charlotte sich in die Sache mit den Diebstählen am Rutland Place einmischte, doch er wußte, daß seine Bedenken vor allem in seinen Gefühlen und nicht in irgendwelchen logischen Überlegungen begründet waren. Er befürchtete einfach, daß ihr jemand weh tun könnte. Schließlich lebte sie nicht mehr bei ihren Eltern in der Cater Street; sie hatte inzwischen neue Erfahrungen gesammelt, auch wenn ihr dies zum Teil nicht bewußt war, und sie hatte viele Vorstellungen über Bord geworfen, die ganz selbstverständlich für sie gewesen waren, als sie noch in ihrem Elternhaus gelebt hatte. Sie hatte sich verändert, und er befürchtete, daß sie noch gar nicht erkannt hatte, wie sehr, oder daß sie erwartete, daß auch ihre Familie sich verändert hatte. Aber ihre entschlossene Einmischung, selbst wenn sie ihrem tiefen Mitgefühl entsprang, würde ihnen vielleicht allen große Schwierigkeiten bereiten.

Doch er wußte nicht, wie er sie davon abhalten konnte. Sie war zu sehr persönlich betroffen, um einen klaren Kopf zu behalten.

Er saß an seinem braunen Holzschreibtisch im Polizeirevier, sah eine nicht sehr vielversprechende Liste von gestohlenen Gegenständen durch und dachte dabei an Charlotte, als ein Constable mit einem hageren Gesicht, lebhaften Augen und einer spitzen Nase das Zimmer betrat.

»Todesfall«, sagte er einfach.

Pitt hob den Kopf. »Tatsächlich. Leider kein ungewöhnliches Ereignis, würde ich sagen. Und wieso ist dieser Fall von Interesse für uns?« Im Geiste stellte er sich die engen Gassen und die knarrenden Bretter aus verrottetem Holz in den Mietskasernen vor, den Elendsquartieren, die sich jenseits der gepflegten Häuser der ehrbaren Bürger befanden. Jeden Tag, jede Stunde starben dort Menschen, einige erfroren, andere erlagen Krankheiten oder verhungerten, wieder andere ereilte ein gewaltsamer Tod. Pitt konnte sich nur mit den Morden beschäftigen, und nicht einmal da mit allen.

»Wer?« fragte er.

»Eine Frau.« Der Constable geizte mit seinen Worten, als ob es um sein Geld ginge. »Wohlhabende Frau. Gute Adresse. Verheiratet.«

Pitts Interesse war geweckt. »Mord?« fragte er, halb hoffnungsvoll – und schämte sich deswegen. Mord bedeutete immer eine doppelte Tragödie; nicht nur das Opfer und die trauernden Hinterbliebenen waren betroffen, sondern auch der Mörder und all diejenigen, die diese verirrte Seele liebten, auf sie angewiesen waren oder Mitleid mit ihr empfanden. Doch ein solcher Tod war weniger düster, weniger Teil eines Problems, das zu riesig war, als daß man es angehen konnte, als der Tod durch Gewalt in den Straßen oder aufgrund von Armut, der untrennbar mit dem Leben in den Elendsquartieren verknüpft war.

»Keine Ahnung.« Der Blick des Constable blieb weiter auf Pitts Gesicht gerichtet. »Müßte geklärt werden. Könnte sein.«

Pitt fixierte ihn kühl.

»Wer ist tot?« verlangte er zu wissen. »Und wo?«

»Eine Mrs. Wilhelmina Spencer-Brown«, antwortete der Constable ruhig, jedoch endlich mit einem Hauch freudiger Erwartung in der Stimme. »Rutland Place 11.«

Pitt richtete sich auf. »Haben Sie gerade Rutland Place gesagt, Harris?«

»Ja, Sir. Sie kennen die Gegend, Sir?« Er fügte das »Sir« nur hinzu, um nicht respektlos zu erscheinen, für gewöhnlich kam er ohne derartige Höflichkeiten aus, aber Pitt war sein Vorgesetzter, und er wollte an diesem Fall mitarbeiten. Selbst wenn es sich nicht um einen Mord handelte, was höchstwahrscheinlich der Fall war, erschien ihm ein Todesfall in der feinen Gesellschaft immer noch interessanter als die üblichen Routinearbeiten, mit denen er sich normalerweise zu beschäftigen hatte. Nur viel zu selten hatte er es mit einem echten Kriminalfall zu tun.

»Nein«, antwortete Pitt mürrisch. »Kenne ich nicht.« Er stand auf und schob seinen Stuhl mit einem scharrenden Geräusch nach hinten. »Aber ich nehme an, das wird sich bald ändern. Was wissen Sie über Mrs. Spencer-Brown?«

»Nicht viel«, meinte Harris, als sie ihre Hüte, Mäntel und Schals holten, dann die Stufen des Polizeipräsidiums hinunterstiegen und sich dem kalten Märzwind aussetzten.

»Und was?« verlangte Pitt zu wissen und beobachtete dabei den Verkehr, in der Hoffnung, eine leere Droschke zu sehen.

Harris verdoppelte seine Schritte, um mithalten zu können.

»Anfang 30, sehr angesehen, einwandfreier Ruf. Aber«, fügte er hoffnungsvoll hinzu, »das haben schließlich alle hier in der feinen Gegend. Viele Diener, viel Geld, wie's aussieht. Doch das will nicht viel heißen. Hab' schon erlebt, daß einer drei Diener und Brokatvorhänge hatte und nicht mal ein ordentliches Essen auf dem Tisch. Der Schein trügt eben.«

»Hatte Mrs. Spencer-Brown Brokatvorhänge?« erkundigte sich Pitt und sprang zur Seite, als eine Kutsche an ihnen vorbeipreschte und eine Mischung aus Schmutz und Pferdemist auf den Bürgersteig spritzte. Er fluchte leise und brüllte wütend: »Droschke!«, so laut er konnte.

Harris zuckte zusammen. »Keine Ahnung, Sir. War selbst noch nicht da. Sie wünschen eine Droschke, Sir?«

»Selbstverständlich tue ich das!« Pitt funkelte ihn wütend an. »Dummkopf!« murmelte er leise, sah sich jedoch gezwungen, diesen Eindruck schnellsten wieder zu revidieren, als Harris im nächsten Moment dienstfertig auf die Straße direkt vor einen Hansom sprang und ihn anhielt.

Kurz darauf saßen sie in der warmen Droschke und ließen sich in scharfem Trab zum Rutland Place tragen.

»Wie ist sie gestorben?« fragte Pitt weiter.

»Gift«, erwiderte Harris.

Pitt war überrascht. »Woher wissen Sie das?«

»Hat der Arzt gesagt. Der hat uns auch benachrichtigt. Hat einen dieser neuen Apparate.«

»Was für Apparate? Wovon reden Sie überhaupt?«
»Telefone, Sir. Das sind Apparate, die an der Wand hängen und –«
»Ich weiß sehr wohl, was ein Telefon ist!« sagte Pitt scharf. »Der Arzt hat also angerufen. Und wen hat er angerufen? Wir haben schließlich kein Telefon!«
»Einen Freund, der direkt um die Ecke vom Revier wohnt – ein Mr. Wardley. Dieser Mr. Wardley hat einen Boten mit der Nachricht geschickt.«
»Verstehe. Und der Arzt sagt, sie sei vergiftet worden?«
»Ja, Sir, das war seine Diagnose.«
»Sonst noch was?«
»Noch nicht, Sir. Ist heute nachmittag vergiftet worden. Das Dienstmädchen hat sie gefunden.«
Pitt zog seine Uhr heraus. Es war Viertel nach drei.
»Wann genau?« fragte er.
»Gegen Viertel nach zwei oder kurze Zeit später.«
Also zu der Zeit, als das Dienstmädchen fragen kam, ob sie Nachmittagsbesuch erwartete oder selbst ausgehen wollte, dachte Pitt. Er wußte genug über die Gepflogenheiten der feinen Gesellschaft, um mit den Nachmittagsritualen vertraut zu sein.
Kurze Zeit später erreichten sie Rutland Place, und Pitt betrachtete interessiert die gepflegten, eleganten Fassaden der Häuser, die ein wenig vom Bürgersteig zurückgesetzt lagen, und ihre makellosen Vorplätze; einige Häuser lagen im Schatten von Bäumen und besaßen große Fenster, durch die das Licht in die Zimmer flutete. Vor einem der Häuser hielt eine Kutsche, und ein Diener half einer Dame beim Aussteigen und schloß den Kutschenschlag wieder. In einiger Entfernung fuhr gerade eine andere Kutsche los, das Pferdegeschirr glänzte in der Sonne. In einem dieser Häuser wohnte Caroline. Pitt war noch nie dort gewesen, man war sich stillschweigend einig, daß sein Erscheinen weder für die Bewohner noch für Pitt selbst angenehm sein würde.
Man traf sich zwar gelegentlich, doch immer auf neutralem Territorium, wo keine Vergleiche angestellt werden konnten, obwohl dies das letzte war, was beide Parteien beabsichtigten.
Der Hansom hielt, und sie stiegen aus und bezahlten.
»Nummer 11«, sagte Harris, als sie die Eingangstreppe hochstiegen.

Die Tür wurde bereits geöffnet, bevor sie überhaupt oben angekommen waren, und ein Diener beeilte sich, sie hereinzulassen, so rasch, wie es sich mit seiner Würde vereinbaren ließ. Man sah es nicht gern, wenn die Polizei vor der Tür wartete, so daß die gesamte Nachbarschaft wußte, daß man gezwungen gewesen war, sie zu rufen! Fehlendes Fingerspitzengefühl in einer derartigen Situation konnte ihn seine Stellung kosten.

»Inspector Pitt«, stellte sich Pitt leise vor, im Bewußtsein der Tragödie, die sich hier ereignet hatte, auch wenn die genauen Umstände noch nicht bekannt waren. Er war an den Tod gewöhnt, und trotzdem war er immer wieder persönlich betroffen und suchte jedesmal wieder hilflos nach den richtigen Worten im Angesicht eines derartigen Verlustes. Worte konnten sowieso nichts mehr ändern. Aber er haßte es, gefühllos oder abgedroschen zu klingen, befürchtete jedoch, daß dies trotzdem häufig der Fall war, einfach deswegen, weil er die Rolle des Außenstehenden zu spielen hatte. Er war ein Eindringling, dessen Erscheinen an die dunkelsten Möglichkeiten, die scheußlichsten Erklärungen denken ließ.

»Sehr wohl, Sir«, sagte der Diener. »Sicher wünschen Sie, Dr. Mulgrew zu sprechen. Wir haben zwar auch eine Kutsche nach Mr. Spencer-Brown geschickt, doch er ist noch nicht zurück.«

»Wissen Sie, wo er ist?« fragte Pitt routinemäßig.

»Ja, Sir. Er ist wie üblich in die Stadt gefahren. Er hatte verschiedene Geschäfte zu erledigen, glaube ich. Er sitzt im Aufsichtsrat mehrerer bedeutender Unternehmen und einer Zeitung. Wenn Sie mir bitte folgen wollen, Sir, ich werde Sie ins Frühstückszimmer führen, wo Dr. Mulgrew Sie bereits erwartet.«

Pitt und Harris gingen hinter ihm her durch die Diele zum rückwärtigen Teil des Hauses. Pitt betrachtete die Einrichtungsgegenstände und bemerkte, daß man sehr viel Geld in sie investiert hatte, wenn auch vielleicht nur aus Prestigegründen. Falls die Spencer-Browns finanzielle Probleme haben sollten, würden einige der Gemälde im Treppenhaus und in der Diele genügen, um ihnen einen Ertrag zu bescheren, von dem Pitt mehrere Jahre bequem hätte leben können. Er war inzwischen aufgrund seiner beruflichen Beschäftigung mit der Welt der Kunst recht gut in der Lage, den Wert von Bildern zu schätzen.

Im Frühstückszimmer prasselte ein mächtiges Kaminfeuer. Mulgrew stand so nahe an den Flammen, daß Pitt glaubte, den

Geruch seiner angesengten Hosenbeine wahrnehmen zu können. Er war ein stämmiger Mann mit vollem weißem Haar und einem gepflegten weißen Schnurrbart. Momentan tränten seine Augen, und seine Nase war auffallend rot. Er nieste gerade lautstark, als sie ins Zimmer traten, und zog ein großes Taschentuch aus der Tasche.

»Schnupfen«, sagte er völlig überflüssigerweise. »Scheußliche Sache. Kann man einfach nicht kurieren. Gibt es kein Mittel gegen. Mein Name ist Mulgrew. Ich nehme an, Sie sind von der Polizei?«

»Richtig, Sir. Inspector Pitt und Constable Harris.«

»Guten Tag. Ich hasse diese Frühlingsschnupfen – es gibt nichts Schlimmeres, außer einem Sommerschnupfen natürlich.«

»Man sagte mir, das Dienstmädchen habe Mrs. Spencer-Brown tot aufgefunden, als es hereinkam, um sich nach ihren Plänen für den Nachmittag zu erkundigen«, fragte Pitt. »Hat das Mädchen Sie benachrichtigt?«

»Nicht direkt.« Mulgrew steckte sein Taschentuch wieder fort. »Sie hat es zuerst dem Butler mitgeteilt, was wohl ganz natürlich ist, denke ich. Der Butler ging daraufhin selbst nachsehen und hat dann einen Boten zu mir geschickt. Ich wohne ganz in der Nähe. Bin sofort gekommen. Konnte aber nichts mehr ausrichten. Das arme Geschöpf war bereits mausetot. Ich habe das Telefon benutzt und einen Freund informiert, William Wardley. Und der hat Sie benachrichtigt.« Er nieste wieder und zückte erneut sein Taschentuch.

»Sie sollten etwas dagegen unternehmen«, sagte Pitt und trat einen Schritt zurück. »Etwas Heißes trinken und einen Senfumschlag.«

»Dagegen hilft nichts.« Mulgrew schüttelte den Kopf und fuchtelte mit den Armen. »Absolut gar nichts. Gift, doch ich kann noch nicht genau sagen, welches – noch nicht mit Sicherheit.«

»Sind Sie sich ganz sicher, daß es Gift war?« Pitt wollte dem Mann nicht zu nahe treten, indem er seine Kompetenz in Frage stellte. »Hätte es nicht auch irgendeine Krankheit sein können?«

Mulgrew kniff die Augen zusammen und blickte Pitt genau an. »Beschwören kann ich es nicht, aber ich wollte es Ihnen so früh wie möglich mitteilen! Wenn ich es genau weiß, ist es zu spät für Sie, und Sie können keine Spuren mehr sichern. Ich bin schließlich kein Schwachkopf, wissen Sie!«

Pitt ertappte sich dabei, daß er lächeln wollte, und bemühte sich, einen angemesseneren Gesichtsausdruck aufzusetzen.

»Vielen Dank für Ihre Hilfe!« Das schien ihm die höflichste Antwort zu sein. »Ich nehme an, Sie sind Mrs. Spencer-Browns Hausarzt?«

»Selbstverständlich. Deshalb hat man mich schließlich gerufen. Eine kerngesunde Frau. Natürlich ab und zu die üblichen Beschwerden, doch die haben wir schließlich alle, nicht wahr?«

»Halten Sie es für möglich, daß sie zufällig eine Überdosis irgendeines Medikamentes genommen hat?«

»Von mir hat sie nichts bekommen, was da in Frage käme. Sie hatte nur gelegentlich Schnupfen, und ihr war manchmal unwohl. Gehört einfach zum Leben dazu – am besten, man trägt's mit Fassung. Ein bißchen menschliches Mitgefühl und genügend Schlaf, mehr kann man da nicht tun.«

Pitt mußte sich wieder zusammennehmen, um den Mann nicht anzulächeln.

»Und die anderen Personen hier im Haus?«

»Wie bitte? Ach so. Ich bezweifle sehr, daß sie dumm genug war, die Medizin irgendeines anderen einzunehmen. Für eine Frau war sie alles andere als leichtfertig. Aber es wäre vielleicht doch möglich, denn was Medikamente betrifft, sind die meisten Menschen ziemlich unvernünftig.« Er nieste wieder heftig. »Ich habe Mr. Spencer-Brown ein Mittel gegen Magenbeschwerden gegeben, obwohl ich der Meinung bin, daß er sein Leiden größtenteils selbst zu verantworten hat. Hab' versucht, ihm das klarzumachen, und hab' für all meine Mühe auch noch eins aufs Dach gekriegt.«

»Magenschmerzen?«

»Durch falsche Ernährung größtenteils.« Mulgrew schüttelte den Kopf und putzte sich wieder die Nase. »Ißt die falschen Sachen, kein Wunder, daß er Bauchschmerzen bekommt. Ein merkwürdiger Kerl – aber das steht auf einem anderen Blatt.« Er blickte Pitt aus den Augenwinkeln heraus an, als erwarte er Widerspruch.

»Verstehe«, sagte Pitt. »Ist irgend etwas in dem Mittel von Mr. Spencer-Brown, das tödlich wirken könnte, wenn man zuviel davon nimmt?«

Mulgrew verzog das Gesicht. »Vielleicht – wenn man alles auf einmal einnehmen würde.«

»Ist es denn nicht möglich, daß sie aus Versehen eine Überdosis genommen hat? Wenn sie beispielsweise Magenschmerzen gehabt und gedacht hätte, sie könne etwas mit der Medizin ihres Mannes dagegen tun?«

»Hab' ihm ausdrücklich gesagt, er soll es in seinem Schrank einschließen, aber gesetzt den Fall, er hat es nicht getan, dann hätte sie es natürlich nehmen können. Trotzdem kann ich mir nicht vorstellen, daß sie aus Versehen so viel erwischt haben könnte, daß sie daran gestorben wäre.«

»Stand eine Gebrauchsanweisung auf der Flasche?«

»Schachtel. Es ist ein Pulver. Aber was Ihre Frage betrifft, natürlich war eine dabei. Ich verteile doch nicht nolens volens Gift an Leute, wissen Sie.«

»Gift?«

»Es ist Belladonna drin.«

»Verstehe. Aber noch wissen wir nicht, woran sie gestorben ist. Oder wenn wir es doch wissen sollten, haben Sie es uns jedenfalls noch nicht gesagt, oder?« Er beobachtete den Arzt erwartungsvoll.

Mulgrew blickte ihn über seinem Taschentuch hinweg an und schneuzte sich erneut feierlich die Nase. Dann suchte er in seinem Jackett nach einem weiteren Taschentuch, konnte jedoch keines finden. Pitt zog sein eigenes Reservetaschentuch heraus und reichte es ihm unauffällig.

»Vielen Dank.« Mulgrew nahm es in Empfang. »Sie sind ein wahrer Gentleman. Das macht mich ja gerade so betroffen. Ich kann es nicht beschwören, aber ich habe den starken Verdacht, daß sie an einer Belladonnavergiftung gestorben ist. Sieht ganz so aus. Offenbar hat sie aber niemandem gesagt, daß sie sich unwohl fühlte. Sie war gerade von einem Besuch bei jemandem ganz in der Nähe zurückgekommen, und 15 bis 20 Minuten, nachdem sie in den Salon gegangen war, lebte sie bereits nicht mehr. Also ziemlich plötzlich. Kein Erbrochenes, kein Blut. Auch keine besonders starken Krämpfe. Dann die erweiterten Pupillen, der trockene Mund – genau die Symptome wie bei Vergiftungen mit Belladonna. Und Herzstillstand.«

Plötzlich traf ihn die Wirklichkeit wie ein Schlag. Pitt konnte es geradezu selbst spüren: eine Frau, die ganz allein starb – die Atemnot, die Schmerzen, die Welt, die um sie herum verschwamm, sie allein in der Dunkelheit ließ, und dann die Lähmung und die schreckliche Angst.

»Die arme Frau«, sagte Pitt zu seiner eigenen Überraschung.
Harris ließ ein verlegenes Husten hören.

Mulgrews Gesichtsausdruck wurde sanft und in seinen Augen blitzte Verständnis auf, als er Pitt ansah.

»Es hätte natürlich auch Selbstmord sein können«, sagte er langsam. »Wenigstens theoretisch. Ich wüßte zwar keinen Grund, aber das ist ja in den meisten Fällen so. Gott allein weiß um die seelischen Qualen, die sich hinter den höflichen Gesichtern der Menschen verbergen. Ich bin da leider völlig hilflos!«

Pitt konnte darauf nichts erwidern; die einzig richtige Reaktion schien Schweigen zu sein. Er durfte nicht vergessen, Harris nach der Schachtel mit Mr. Spencer-Browns Medizin suchen zu lassen, damit sie genau feststellen konnten, wieviel davon verbraucht worden war.

»Wollen Sie sie sehen?« fragte Mulgrew kurz darauf.

»Ich vermute, das sollte ich wohl«, sagte Pitt.

Mulgrew ging langsam zur Tür, und Pitt und Harris folgten ihm nach draußen in die Diele, an dem Diener vorbei, der sich mit ernster Miene bereithielt, in den Salon, in dem aus Respekt vor dem Tod die Vorhänge zugezogen waren.

Es war ein großer Raum mit eleganten, pastellfarben bezogenen Stühlen und Sofas im französischen Stil, mit gebogenen Beinen und Füßen und mit zahlreichen Holzschnitzereien verziert. Überall sah man Petit-point-Stickereien, üppig arrangierte Kunstblumen aus Seide und einige hübsche Aquarelle mit ländlichen Szenen. Unter anderen Umständen wäre es ein reizendes, wenn auch etwas überladenes Zimmer gewesen.

Wilhelmina Spencer-Brown lag auf der Chaiselongue, ihr Kopf war nach hinten gefallen, die Augen hatte sie weit aufgerissen, der Mund war geöffnet. Vom Frieden des Schlafes keine Spur.

Pitt ging zu ihr und betrachtete sie, rührte sie jedoch nicht an. Es gab keine Persönlichkeit mehr, der er zu nahe treten konnte, keine Intimsphäre, in die er eindringen, und keine Gefühle, die er verletzen konnte, und dennoch behandelte er die Frau so, als sei dies immer noch der Fall. Er wußte nichts von ihr, sie konnte freundlich oder grausam, großzügig oder geizig, mutig oder feige gewesen sein, doch er wollte sie unbedingt genauso sehr um seiner selbst als auch um ihretwillen mit Respekt behandeln.

»Haben Sie alles gesehen, was Sie sehen wollten?« fragte er Mulgrew, ohne sich umzudrehen.

»Ja«, erwiderte Mulgrew.

Pitt bewegte den Körper vorsichtig ein wenig nach vorn, so daß es aussah, als habe sie sich nur entspannt, ein wenig zum Ausruhen hingelegt, legte ihre Hände aufeinander, obwohl er sie nicht öffnen konnte, und schloß ihr die Augen.

»Sie war nicht länger als 15 oder 20 Minuten hier im Zimmer, bevor das Mädchen sie so vorgefunden hat?« fragte er.

»Sagt das Mädchen jedenfalls.«

»Was immer es auch gewesen sein mag, es hat jedenfalls schnell gewirkt.« Er drehte sich um und blickte suchend umher, doch nirgendwo war ein Glas oder eine Tasse zu sehen. »Was hat sie denn bloß gegessen oder getrunken?« Er runzelte die Stirn. »Es scheint auf jeden Fall nicht mehr hier zu sein. Hat das Mädchen irgend etwas weggeräumt?«

»Hab' mich schon erkundigt.« Mulgrew schüttelte den Kopf. »Sie sagt nein. Scheint mir eigentlich recht zuverlässig zu sein. Weiß auch nicht, wieso sie lügen sollte. War viel zu schockiert, als sie ihre Herrin tot aufgefunden hat, um ans Aufräumen zu denken, könnte ich mir vorstellen.«

»Dann hat sie es offenbar nicht mit ins Zimmer genommen«, schlußfolgerte Pitt. »Schade. Das hätte die Sache erleichtert. Dann bleibt uns wohl nichts anderes übrig als eine Autopsie, und Sie sagen mir dann, was es war, wenn möglich, auch wieviel und wann sie es zu sich genommen hat.«

»Natürlich.«

Pitt blickte noch einmal hinüber zu der Leiche. Sie lieferte keine zusätzlichen Aufschlüsse. Nichts deutete auf die Anwendung von Gewalt hin, doch da die Frau allein gewesen war, konnte er dies auch nicht erwarten. Sie hatte das Gift freiwillig genommen; ob sie davon gewußt hatte oder nicht, würde man noch herausfinden müssen.

»Am besten gehen wir wieder ins Frühstückszimmer«, schlug er vor. »Ich kann hier nichts mehr sehen, das uns weiterhilft.«

Erleichtert kehrten sie an das Kaminfeuer zurück. Im Haus war es nicht kalt, doch sie spürten ein inneres Frösteln, das sich aus dem Körper mitteilte.

»Was war sie für eine Frau?« fragte Pitt, als sie die Tür geschlossen hatten. »Und berufen Sie sich jetzt bitte nicht auf Ihre ärztliche Schweigepflicht. Ich will wissen, ob es ein Unfall, Selbstmord oder Mord war, und je schneller ich es erfahre, desto weniger Fragen werde ich der Familie stellen müssen, und desto leichter wird es für alle Beteiligten sein. Sie haben schon genug zu ertragen.«

Mulgrew machte ein unglückliches Gesicht und schneuzte sich mit Pitts Taschentuch die Nase.

»Daß es ein Unfall gewesen sein soll, kann ich mir nicht vorstellen«, sagte er und starrte auf den Boden. »Sie war keine leichtfertige Frau – sehr tüchtig, auf ihre Art, sehr schnell, sehr aufmerksam. Hab' noch nie eine Frau gesehen, die weniger zerstreut gewesen wäre.«

Pitt stellte diese Fragen nur ungern, doch er mußte es tun, und beschönigen konnte er sie auch nicht.

»Könnten Sie sich irgendeinen Grund vorstellen, aus dem sie sich möglicherweise das Leben genommen haben könnte?«

»Nein, sonst hätte ich es Ihnen bereits gesagt.«

»Sie sieht aus, als wäre sie eine attraktive Frau gewesen, sehr feminin und anmutig. Hat sie vielleicht einen Liebhaber gehabt?«

»Sie hätte durchaus einen haben können, denke ich, wenn sie gewollt hätte. Aber wenn Sie mich fragen, ob ich Ihnen irgend jemanden nennen kann, muß ich passen. Mir ist noch nie irgendein Klatsch über sie zugetragen worden – auch nicht im Vertrauen.«

Er sah Pitt offen ins Gesicht.

»Und was ist mit ihrem Ehemann?« drängte Pitt. »Hat er vielleicht Beziehungen zu einer anderen Frau, einer Geliebten? Könnte sie sich deshalb umgebracht haben?«

»Alston?« Mulgrews Augenbrauen schnellten bei dieser Vorstellung erstaunt in die Höhe. Offenbar war ihm der Gedanke völlig neu. »Das halte ich für höchst unwahrscheinlich. Ziemlich blutlose Person. Aber – man kann nie wissen – die menschliche Natur steckt voller Überraschungen! Nichts ist erstaunlicher am Tier Mensch als seine Vorlieben in diesem Bereich. Ich bin 52 Jahre alt, und 27 davon bin ich Arzt, mich dürfte eigentlich nichts mehr erschüttern – und doch passiert es mir immer noch!«

Noch häßlichere Vorstellungen kamen Pitt in den Sinn, Vorstellungen über mögliche Kontakte zu anderen Männern, jungen Burschen, sogar Kindern. Das Wissen um derartige Geheimnisse konnte eine Frau sehr wohl dazu bringen, ihr Leben unerträglich zu finden. Doch das waren lediglich vage Vermutungen.

Diese wurden von wieder anderen Gedanken verdrängt, von Dingen, die wahrscheinlicher schienen und die mit den Begebenheiten zusammenhingen, von denen Charlotte gesprochen hatte: die Diebstähle, das Gefühl, beobachtet zu werden. War diese Frau möglicherweise die Diebin gewesen und hatte dann herausgefunden, daß die Person, von der sie beobachtet wurde, davon wußte, und sich angesichts der drohenden Schande umgebracht? Die feine Gesellschaft war grausam, verzieh nur selten und vergaß niemals.

Pitt verspürte ein Gefühl der Trübsal, so kalt wie Schneeregen im Januar.

Die arme Frau.

Falls sich herausstellen sollte, daß dies die Wahrheit war, würde er einen Weg finden, es geheimzuhalten.

»Messen Sie dem, was ich sage, nicht allzuviel Bedeutung bei, Inspector.« Mulgrew sah ihn nüchtern an. »Ich wollte damit nichts Bestimmtes sagen – es war nur eine allgemeine Feststellung.«

Pitt blinzelte. »So habe ich es auch verstanden«, sagte er vorsichtig. »Daß man sich bei diesen Dingen nie sicher sein kann.«

Draußen in der Diele waren erregte Stimmen zu hören, dann wurde die Tür aufgerissen.

Sie drehten sich alle gleichzeitig um; sie wußten genau, was ihnen bevorstand, und hatten Angst davor. Lediglich Harris blieb kerzengerade stehen, weil er wußte, daß er nichts zu sagen brauchte.

Alston Spencer-Brown stand vor ihnen, außer sich vor Schock und Wut.

»Wer zum Teufel sind Sie, Sir?« Er starrte Pitt wütend an. »Und was haben Sie in meinem Haus zu suchen?«

Pitt nahm ihm seinen Zorn nicht übel, doch er konnte dennoch nichts daran ändern, daß sie diesem Mann Schmerz zufügen und ihm peinliche Fragen stellen mußten.

»Inspector Pitt«, sagte er einfach. »Dr. Mulgrew hat mich gerufen, wie es seine Pflicht war.«

»Pflicht?« verlangte Alston zu wissen, wirbelte herum und starrte Mulgrew an. »In diesem Haus trage ich die Verantwortung, Sir, schließlich ist es meine Frau, die tot ist!« Er schluckte. »Gott sei ihrer Seele gnädig. Sie geht das überhaupt nichts an! Sie können für meine Frau nichts mehr tun. Sie muß einen Herzschlag bekommen haben, die Arme. Mein Butler hat mir berichtet, daß sie bereits tot war, bevor Sie hier eintrafen. Ich kann daher nicht verstehen, wieso Sie immer noch hier sind. Außer vielleicht aus Höflichkeit, um mich persönlich zu informieren. In diesem Fall möchte ich Ihnen natürlich danken. Sie können sich jetzt als von allen Pflichten entbunden betrachten, sowohl als Arzt als auch als Freund. Ich bin Ihnen für Ihre Mühe sehr verbunden.«

Niemand regte sich.

»Es war nicht ihr Herz«, sagte Mulgrew langsam, nieste wieder und suchte nach einem Taschentuch. »Das heißt, es war schon ihr Herz, aber das war nicht die Ursache.« Er schneuzte sich. »Ich befürchte, sie ist an einer Vergiftung gestorben.«

Alstons Gesicht wurde kalkweiß, und einen Augenblick lang schwankte sein ganzer Körper. Pitt konnte sich nicht vorstellen, daß jemand einen solchen Schock vortäuschen konnte.

»Vergiftung?« Alston konnte nur mit Mühe sprechen. »Was um Gottes willen wollen Sie damit sagen?«

»Es tut mir leid.« Mulgrew hob langsam den Kopf, um ihn anzusehen. »Es tut mir leid. Aber sie hat etwas gegessen oder getrunken, das Gift enthielt. Ich glaube, es war entweder Belladonna oder etwas Ähnliches, aber das kann ich jetzt noch nicht mit Sicherheit sagen. Ich mußte daher die Polizei rufen – ich hatte keine andere Wahl.«

»Das ist doch absurd! Mina hätte niemals –« Ihm fehlten die Worte, es schien gegen alle Vernunft, und er gab den Versuch auf, es verstehen zu wollen.

»Kommen Sie.« Mulgrew ging auf ihn zu und führte ihn vorsichtig zu dem großen, bequemen Sessel.

Pitt ging zur Tür und bat den Diener, Brandy zu holen. Der Brandy wurde gebracht, Pitt goß ein Glas ein und gab es Alston, der mechanisch trank, ohne überhaupt etwas zu schmecken.

»Ich verstehe das nicht«, wiederholte er. »Das ist doch absurd. Das kann einfach nicht wahr sein!«

Pitt haßte es zwar, doch er mußte Alston einige weitere Fragen stellen.

»Ich nehme an, Sie wissen nichts von irgendeiner Tragödie oder von Angstvorstellungen, die Ihre Frau in einen derartigen Zustand der Verzweiflung getrieben haben könnten«, begann er.

Alston starrte ihn an.

»Was wollen Sie damit andeuten, Sir? Daß meine Frau sich das Leben genommen hat? Wie – wie können Sie es wagen!« Sein Kinn zitterte vor Empörung.

Pitt senkte die Stimme. Er brachte es nicht fertig, dem Mann in die Augen zu schauen.

»Können Sie sich vorstellen, daß Ihre Frau das Gift aus Versehen zu sich genommen haben könnte, Sir?« fragte er.

Alston öffnete den Mund und schloß ihn wieder. Die ganze Bedeutung dieser Frage wurde ihm mit einem Mal bewußt. Er ließ mehrere Sekunden verstreichen, während er versuchte, eine andere Möglichkeit zu finden.

»Nein«, sagte er schließlich. »Das kann ich mir wirklich nicht vorstellen. Aber ich wüßte auch absolut keinen Grund, warum sie es bewußt genommen haben sollte. Sie war eine sehr glückliche Frau, sie besaß alles, was sie sich hätte wünschen können. Mir war sie eine ausgezeichnete Ehefrau, und ich habe ihr gern all das geboten, was ihr am Herzen lag – Komfort, eine angemessene Stellung in der Gesellschaft, Reisen, wenn sie es wünschte, Kleider, Schmuck, was immer sie wollte. Und ich bin ein äußerst verträglicher Mensch. Ich neige weder zu Wutanfällen, noch besitze ich irgendwelche Laster. Wilhelmina war überall beliebt und genoß den Respekt, der ihr zustand.«

»Dann muß es eine andere Erklärung geben, die wir noch nicht kennen.« Pitt versuchte, sich so rücksichtsvoll wie möglich auszudrücken. »Ich hoffe, Sie verstehen, Sir, daß wir die Angelegenheit so lange verfolgen müssen, bis wir ihren Tod aufgeklärt haben.«

»Nein – nein, das verstehe ich ganz und gar nicht! Warum können Sie die arme Frau nicht einfach in Frieden ruhen lassen?« Alston richtete sich ein wenig auf und stellte das Brandyglas auf den Tisch. »Keiner von uns kann auch nur das Geringste tun, um ihr jetzt noch zu helfen. Aber wir können sie in würdiger Erinnerung behalten. Und genau das verlange ich von Ihnen!«

Pitt verabscheute das, was er nun tun mußte. Er hatte Alstons Reaktion erwartet, sie war nur natürlich. Sie entsprach dem, was die meisten Menschen fühlten und taten, doch das machte es nicht einfacher. Er war mit solchen Dingen vertraut, er hatte diese Sätze bereits unzählige Male gesagt, doch für sein Gegenüber war es stets das erste Mal.

»Es tut mir außerordentlich leid, Mr. Spencer-Brown, doch die Umstände, die zum Tod Ihrer Frau geführt haben, sind noch ungeklärt. Möglicherweise handelt es sich um einen Unfall, doch Sie haben selbst gesagt, daß Sie dies für unwahrscheinlich halten.

Vielleicht war es Selbstmord, doch niemand kann sich einen Grund vorstellen, warum sie sich das Leben hätten nehmen sollen. Und es könnte sich um Mord handeln.« Er sah Alston an, und ihre Blicke trafen sich. »Ich muß es wissen – es ist meine Pflicht, das zu klären.«

»Das ist lächerlich«, sagte Alston leise, zu entsetzt, um wütend zu werden. »Warum um alles in der Welt sollte jemand Mina etwas antun wollen?«

»Ich weiß es nicht. Doch wenn es jemand getan hat, müssen wir ihn finden.«

Alston starrte auf das leere Glas, das vor ihm stand. Alle Möglichkeiten schienen ihm gleich unsinnig, und doch sagte ihm sein Verstand, daß eine davon zutreffen mußte.

»Also gut«, sagte er. »Aber ich wäre Ihnen dankbar, wenn Sie berücksichtigen würden, daß es sich hier um ein Trauerhaus handelt, und mit möglichst viel Taktgefühl und Rücksichtnahme vorgehen. Sie mögen ja an plötzliche Todesfälle gewöhnt sein, und für Sie war die Verstorbene lediglich eine Fremde – doch für mich war sie es nicht, sie war schließlich meine Frau.«

Er war Pitt zwar nicht auf Anhieb sympathisch gewesen – er war ein pedantischer, bedächtiger kleiner Mann, während Pitt selbst großzügig und impulsiv war –, doch er besaß eine Würde, die Respekt verlangte.

»Ja, Sir«, erwiderte Pitt sachlich. »Ich bin dem Tod viele Male begegnet, doch ich hoffe, daß ich ihm niemals ohne Betroffenheit oder Mitgefühl mit denen entgegentreten werde, die einen Menschen verloren haben, der ihnen nahegestanden hat.«

»Ich danke Ihnen.« Alston stand auf. »Ich gehe davon aus, daß Sie das Personal befragen möchten?«

»Ja, so ist es.«

Die Dienstboten wurden vorschriftsmäßig einer nach dem anderen hereingeführt, doch niemand konnte irgendeine Information geben, die über die simple Tatsache hinausging, daß Mina zu Fuß gekommen und wenige Minuten nach zwei zu Hause eingetroffen war, der Diener sie hereingelassen hatte und sie nach oben in ihr Ankleidezimmer gegangen war, um sich für den Nachmittag vorzubereiten. Das Mädchen hatte sie gegen Viertel nach zwei tot auf der Chaiselongue in ihrem Salon gefunden, wo Pitt und Mulgrew sie gesehen hatten. Keiner konnte sich vorstellen, daß sie verzweifelt oder bedrückt gewesen war, und keiner wußte jemanden zu nennen, der ihr feindselig gesonnen war. Und niemand wußte, was sie seit dem Frühstück gegessen oder getrunken haben könnte. Gefrühstückt hatte sie gegen halb zehn, und zu diesem Zeitpunkt konnte sie das Gift unmöglich zu sich genommen haben.

Als die Dienstboten gegangen waren und Harris den Auftrag bekommen hatte, die Schachtel mit Alstons Magenmedizin zu suchen und sich die Küche und andere Räume genau anzusehen, wandte sich Pitt an Mulgrew.

»Hätte sie das Gift bei den Leuten, die sie zwischen dem Lunch und ihrer Heimkehr besucht hat, zu sich nehmen können?« fragte er.

Mulgrew suchte wieder nach einem Taschentuch.

»Hängt ganz davon ab, was es gewesen ist. Wenn ich mich geirrt habe und es nicht Belladonna war, müssen wir wieder ganz von vorn anfangen. Aber wenn ich recht habe, können wir davon ausgehen, daß dem nicht so war. Es wirkt nämlich sehr schnell. Kann mir nicht vorstellen, daß sie es in einem anderen Haus zu sich genommen und den ganzen Weg nach Hause zu Fuß zurückgelegt hat, nach oben gegangen ist und sich frisch gemacht hat, wieder nach unten gekommen ist und ihr dann übel geworden ist. Tut mir leid. Fürs erste sollten Sie besser davon ausgehen, daß sie es hier genommen hat.«

»Also jemand vom Dienstpersonal?« Pitt konnte es nicht glauben. »In diesem Fall kann es doch nicht so schwer sein, herauszufinden, wer ihr etwas gebracht hat – aber den Grund kennen wir dann immer noch nicht!«

»Bin froh, daß Sie das herausfinden müssen und nicht ich.« Mulgrew blickte angeekelt auf sein Taschentuch, und Pitt reichte ihm sein bestes eigenes. »Danke. Was werden Sie jetzt unternehmen?«

Pitt zog sich den Schal fester um den Hals und steckte die Hände in die Manteltaschen.

»Ich werde einige Besuche machen«, sagte er. »Harris wird veranlassen, daß die Leiche abgeholt wird. Der Polizeiarzt wird natürlich bei der Autopsie anwesend sein. Sie sollten sich vielleicht ein wenig um Mr. Spencer-Brown kümmern, er wirkt ganz schön mitgenommen.«

»Mache ich.« Mulgrew hielt ihm die Hand hin, Pitt schüttelte sie.

Fünf Minuten später befand er sich draußen auf der Straße, ihm war kalt, und er fühlte sich unglücklich. Es gab nur einen logischen Schritt, den er jetzt tun konnte, und er sah keine Möglichkeit, dies zu umgehen. Wenn Charlotte recht hatte, spielte sich am Rutland Place etwas höchst Unangenehmes ab: Es wurden Gegenstände gestohlen, und vielleicht gab es auch jemanden, der mit böswilliger Absicht andere beobachtete und in ihrem Privatleben herumschnüffelte. Er mußte die Möglichkeit in Betracht ziehen, daß Minas tragischer Tod mit diesen Ereignissen in irgendeinem Zusammenhang stand.

Als er an Carolines Tür klopfte, zitterten seine Hände. Die Fragen, die er ihr stellen mußte, würden nicht angenehm sein. Sie würde sie als unerträgliche Einmischung in ihr Privatleben betrachten, und die Tatsache, daß er derjenige war, der sie aufsuchte, machte die ganze Angelegenheit nur noch schlimmer.

Das Hausmädchen kannte ihn nicht.

»Sie wünschen, Sir?« fragte es überrascht. Gentlemen pflegten normalerweise um diese Zeit nicht zu Besuch zu kommen, schon gar keine fremden, und dieser schlaksige, ungepflegte Mensch mit dem windzerzausten Haar und einem Mantel, der nicht einmal richtig geknöpft war, wurde ganz sicher nicht erwartet.

»Würden Sie bitte Mrs. Ellison ausrichten, daß Mr. Pitt hier ist, um sie zu sprechen?« Er ging einfach an der jungen Frau vorbei ins Haus, bevor sie Zeit hatte zu protestieren. »Es ist äußerst dringend.«

Der Name kam ihr irgendwie bekannt vor, doch sie konnte ihn nicht sofort einordnen. Sie überlegte, ob sie vielleicht besser einen der männlichen Dienstboten rufen oder den merkwürdigen Besucher direkt in eines der Zimmer führen sollte.

»Also gut, Sir, wenn Sie bitte im Frühstückszimmer warten würden«, sagte sie zögernd.

»Selbstverständlich.« Er ließ sich gehorsam aus der Diele in das stille Hinterzimmer drängen, und schon nach wenigen Minuten kam Caroline herein, das Gesicht vor Aufregung gerötet.

»Thomas! Ist Charlotte etwas zugestoßen?« verlangte sie zu wissen. »Ist sie krank?«

»Nein! Es geht ihr ausgezeichnet.« Er streckte seine Hände nach ihr aus, als wollte er sie durch seine Berührung beruhigen, doch dann wurde er sich seiner Rolle wieder bewußt. »Ich bin wegen etwas ganz anderem gekommen«, erklärte er schließlich.

Zunächst beruhigte sie sich wieder, doch dann, als habe sie einen Schrei gehört, wirkte sie erneut verstört. Ohne daß sie etwas zu sagen brauchte, wußte er, daß sie befürchtete, Charlotte habe ihm von dem Medaillon und dem kompromittierenden Foto erzählt. Aus rein taktischen Gründen wäre es besser gewesen, wenn er sie in diesem Glauben gelassen hätte, da sie sich dann vielleicht verraten hätte, doch brachte er es nicht übers Herz.

»Ich muß dir leider mitteilen, daß Mrs. Spencer-Brown heute nachmittag verstorben ist und die Todesursache noch nicht geklärt ist.«

»Mein Gott!« Caroline schlug entsetzt die Hand vor den Mund. »Oh, wie furchtbar! Weiß der arme Alston – Mr. Spencer-Brown – es schon?«

»Ja. Ist alles in Ordnung?« Ihr Gesicht war sehr blaß, doch ansonsten schien sie völlig gefaßt. »Soll ich vielleicht das Dienstmädchen rufen?«

»Nein, vielen Dank.« Caroline setzte sich auf das Sofa. »Es war sehr anständig von dir, mich zu informieren, Thomas. Bitte setz dich doch. Ich habe es nicht gern, wenn ich so zu dir hochschauen muß – ich fühle mich dabei unbehaglich.« Sie holte tief Luft und strich nachdenklich ihre Röcke glatt. »Ich nehme an, daß du hier bist, weil sie keines natürlichen Todes gestorben ist? War es ein Unfall? Vielleicht eine Fahrlässigkeit?«

Er nahm ihr gegenüber Platz.

»Das wissen wir selbst noch nicht. Doch es war kein Unfall mit einer Kutsche, sie ist auch nicht gestürzt, wenn du das meinst. Es scheint ganz so, als sei es Gift gewesen.«

Sie sah bestürzt aus, mit ungläubig aufgerissenen Augen.

»Gift! Das ist ja entsetzlich – das kann unmöglich sein! Es war bestimmt ein Herzschlag oder ein Schlaganfall oder etwas Derartiges. Sicher nur die Phantasie eines hysterischen Dienstmädchens mit zu vielen Groschenromanen im Schlafzimmer –« Sie schwieg wieder, die Hände auf dem Schoß verkrampft. »Willst du damit etwa andeuten, daß es Mord war, Thomas?«

»Ich weiß nicht, was es war. Es könnte sein – vielleicht auch ein Unfall oder Selbstmord.« Er mußte das Thema zur Sprache bringen. Je länger er es hinausschob, desto gekünstelter, bemühter würde es aussehen. »Charlotte hat mir erzählt, daß hier in der Nachbarschaft einige kleine Diebstähle verübt worden sind und daß du das unangenehme Gefühl hast, beobachtet zu werden.«

»Sie hat es dir also gesagt?« Carolines Körper erstarrte, sie hielt sich sehr gerade. »Ich hätte es lieber gesehen, wenn sie es für sich behalten hätte, doch dazu ist es jetzt wohl zu spät. Ja, mehrere Personen vermissen kleine Gegenstände, und falls du mir Vorwürfe machen willst, weil ich die Polizei nicht hinzugezogen habe –«

»Keineswegs«, sagte Pitt schärfer als beabsichtigt. Er ärgerte sich über Carolines Kritik an Charlotte. »Doch da wir es jetzt mit einem Todesfall zu tun haben, würde ich gern deine Meinung darüber hören, ob Mrs. Spencer-Brown möglicherweise die Diebin gewesen ist.«

»Mina?« Carolines Augen weiteten sich erstaunt; diese Möglichkeit hatte sie offenbar nicht in Betracht gezogen.

»Aus diesem Grund könnte sie sich vielleicht das Leben genommen haben«, argumentierte er. »Möglicherweise hat sie erkannt, daß es sich um einen Zwang handelte, den sie nicht mehr kontrollieren konnte.«

Caroline runzelte die Stirn.

»Ich verstehe nicht, was du damit meinst – ›nicht kontrollieren konnte‹? Stehlen ist niemals richtig. Ich kann verstehen, daß Menschen, die völlig mittellos sind, stehlen, aber Mina hatte schließlich alles, was sie brauchte. Außerdem ist keiner der fehlenden Gegenstände besonders wertvoll, es sind nur Kleinigkeiten, alberne kleine Dinge wie ein Taschentuch, ein Stiefelknöpfer, eine Schnupftabakdose – warum um alles in der Welt sollte Mina so etwas an sich genommen haben?«

»Manchmal stehlen Menschen Dinge, weil sie nicht anders können.« Er wußte bereits, als er es sagte, daß seine Erklärung zwecklos sein würde. Ihre Wertvorstellungen hatte man ihr in der Kinderstube beigebracht, wo es nur Gut und Böse gab, und obwohl das Leben sie die Komplexität menschlicher Beziehungen gelehrt hatte, gehörte ihr Verständnis von Eigentum zu den Eckpfeilern von Gesellschaft und Ordnung, bildete den Rahmen aller Moralvorstellungen, und deren Gebote und Regeln waren noch nie in Frage gestellt worden. Zwanghaftes Verhalten gehörte zu Angst und Hunger, wurde sogar akzeptiert, wenn auch mißbilligt, wenn es sich um gewisse fleischliche Gelüste handelte, allerdings nur bei Männern – für Frauen galt dies selbstverständlich nicht. Doch Zwangshandlungen, die in Einsamkeit oder Enttäuschung oder anderen nicht näher zu bezeichnenden Seelenqualen wurzelten, wurden gar nicht erst für möglich gehalten, befanden sich außerhalb des Vorstellbaren.

»Ich weiß immer noch nicht, was du meinst«, sagte sie leise.

»Vielleicht ahnte Mina, wer die Sachen genommen hatte. Sie hat manchmal Andeutungen gemacht, daß sie mehr wußte, als sie eigentlich sagen durfte. Doch bestimmt würde niemand einen anderen Menschen umbringen, nur um einige lächerliche kleine Diebstähle zu verheimlichen? Ich meine, man wird natürlich einen Dienstboten entlassen, der gestohlen hat, und vielleicht würde die Sache wegen der damit verbundenen Unannehmlichkeiten nicht weiterverfolgt werden – nicht nur im eigenen Interesse, sondern auch in dem seiner Freunde. Niemand möchte gern Erklärungen abgeben und Fragen beantworten. Doch wenn es sich um Mord handelt, hat man keine Wahl – der Mörder muß hängen. Dafür sorgt die Polizei.«

»Wenn wir die Mörder fassen – ja.« Pitt hatte keine Lust, über die Moral des Strafsystems zu diskutieren. Sie konnten einander unmöglich verstehen. Sie sprachen nicht einmal dieselbe Sprache, sie stellten sich zwei völlig verschiedene Welten vor, die sich an keinem Punkt berührten. Caroline hatte niemals eine Tretmühle oder einen Steinbruch gesehen, niemals den Geruch von völlig verlausten Körpern oder von Flecktyphuskranken riechen müssen oder die bis aufs Blut geschundenen Hände von Menschen gesehen, die Werg zupfen mußten – ganz zu schweigen von einer Todeszelle oder einem Galgen.

Sie sank tiefer in ihr Sofa zurück, zitternd, in Gedanken bei den Schrecken der Vergangenheit und dem Tod ihrer Tochter Sarah.

»Es tut mir leid«, sagte er, als ihm bewußt wurde, woran sie dachte. »Noch gibt es keinen Beweis dafür, daß es sich um Mord handelt. Wir müssen zuerst herauszufinden versuchen, ob es nicht doch Gründe für einen Selbstmord gegeben hat. Es ist eine sehr heikle Frage, doch in einem Fall wie diesem kann auf Gefühle keine Rücksicht genommen werden. Hast du irgendeine Ahnung, ob sie vielleicht in eine Romanze verstrickt war, die zu einer derartigen Verzweiflungstat hätte führen können?« Unwillkürlich dachte er dabei an Charlottes Überzeugung, daß Caroline selbst tiefe Gefühle für jemanden hegte, und seine Gedanken waren so intensiv, daß er beinahe erwartete, Caroline würde sie hören und ihm etwas Dementsprechendes sagen und nicht auf die ziemlich förmliche Frage antworten, die er tatsächlich gestellt hatte. Er fühlte sich schuldig, als habe er jemanden durch das Fenster eines Ankleidezimmers beobachtet.

Falls Caroline überrascht war, konnte man es ihr jedenfalls nicht anmerken. Vielleicht hatte sie eine derartige Frage auch erwartet.

»Wenn dies der Fall sein sollte«, erwiderte sie, »habe ich jedenfalls davon nichts gehört. Dann müßte sie äußerst diskret gewesen sein! Es sei denn –«

»Was?«

»Es sei denn, es war Tormod«, sagte sie nachdenklich. »Bitte, Thomas, versteh mich richtig. Das, was ich gerade sage, ist eine reine Vermutung, lediglich eine vage Möglichkeit – nichts weiter.«

»Das weiß ich. Wer ist Tormod?«

»Tormod Lagarde. Er wohnt hier am Rutland Place, Nummer 3. Sie kannte ihn seit einigen Jahren, und sie hat ihn zweifellos sehr gemocht.«

»Ist er verheiratet?«

»Oh, nein. Er lebt mit seiner jüngeren Schwester zusammen. Die beiden sind Waisen.«

»Was ist er für ein Mensch?«

Sie überlegte einen Moment, bevor sie ihm antwortete, sorgfältig abwägend, was wichtig für ihn sein konnte.

»Er sieht sehr gut aus«, sagte sie vorsichtig. »Auf eine romantische Art. Irgend etwas an ihm scheint einem unerreichbar – einsam. Er ist genau der Mann, in den sich die Frauen verlieben, weil man ihm nie nahe genug kommt, um die Illusion zu zerstören. Er bleibt immer unnahbar. Amaryllis Denbigh ist momentan in ihn verliebt, und früher waren es andere.«

»Und wie reagiert er –« Pitt wußte nicht genau, wie er das, was er sagen wollte, am besten in Worte kleiden sollte.

Sie lächelte ihn an, und er kam sich plötzlich sehr tolpatschig und sehr jung vor.

»Soweit ich weiß, überhaupt nicht«, antwortete sie. »Und ich glaube, wenn es anders wäre, hätte ich bestimmt davon gehört. Die Welt ist sehr klein, weißt du, besonders hier am Rutland Place.«

»Ich verstehe.« Er fühlte, wie er errötete. »Mrs. Spencer-Brown hätte also möglicherweise unglücklich verliebt sein können?«

»Möglicherweise.«

»Was weißt du über Mr. Spencer-Brown?« fragte er und wandte sich damit einer weiteren vielversprechenden Theorie zu. »Gehört er vielleicht zu den Männern, die mit anderen Frauen Beziehungen eingehen, und hat Mrs. Spencer-Brown damit derart verletzt, daß sie sich das Leben genommen hat, als sie es herausfand?«

»Alston? Du meine Güte, sicher nicht! Das kann ich mir ganz und gar nicht vorstellen. Natürlich ist er auf seine Art recht liebenswürdig, aber ganz sicher wird er nicht von irgendwelchen leidenschaftlichen Gefühlen beherrscht.« Sie lächelte matt. »Der arme Mann. Ich kann mir vorstellen, daß ihr Tod ihn schwer getroffen hat – sowohl das Unglück selbst als auch die Umstände. Du mußt die Sache unbedingt so schnell wie möglich aufklären, Thomas. Verdächtigungen und Spekulationen können einen Menschen mehr verletzen, als du dir wahrscheinlich vorstellen kannst.«

Er widersprach ihr nicht.

Wer konnte schon sagen, wie gut ein anderer Mensch die endlosen Wellen des Schmerzes verstehen konnte, die immer höher aufbrandeten?

»Das werde ich«, versprach er. »Kannst du mir sonst noch irgend etwas sagen?« Er war sich darüber im klaren, daß er sie eigentlich fragen müßte, von wem sie sich beobachtet fühlte, und ob diese Person, wer immer sie auch sein mochte, vielleicht von Mina und Tormod gewußt haben konnte (falls es überhaupt irgend etwas Wissenswertes gegeben hatte) oder informiert war, daß es sich bei der Diebin um Mina handelte. Die andere Möglichkeit bestand darin, daß Mina die Person des Diebes bekannt war und daß sie aus diesem Grunde sterben mußte.

Ihm kam ein weiterer Gedanke: Wenn Mina wirklich die Diebin gewesen war, hatte sich vielleicht unter den gestohlenen Gegenständen zufällig etwas befunden, das für den Eigentümer derart gefährlich war, daß er Mina umgebracht hatte, um sein Geheimnis zu wahren. Etwas wie ein Medaillon mit einem verräterischen Foto beispielsweise oder etwas, das noch kompromittierender war! Was hätte sie sonst noch stehlen können? Hatte sie etwas herausgefunden und versucht, den Betreffenden mit ihrem Wissen zu erpressen? Nicht unbedingt wegen des Geldes, sondern vielleicht aus einem Gefühl der Macht heraus?

Er betrachtete Carolines glattes Gesicht mit den pfirsichblütenfarbenen Wangen, den hohen Wangenknochen und dem schlanken Hals, der ihn an Charlotte erinnerte, die langen, zarten Hände, die den ihren so ähnlich sahen. Er brachte es nicht fertig, ihr diese Fragen zu stellen.

»Nein«, sagte sie offen, ohne den Kampf in seinem Inneren zu ahnen. »Leider fällt mir im Moment sonst gar nichts ein.«

Wieder ließ er die Gelegenheit ungenutzt.

»Wenn dir noch irgend etwas einfallen sollte, läßt du mich am besten benachrichtigen, und ich komme auf der Stelle.« Er stand auf. »Wie du schon sagtest, je schneller wir die Wahrheit herausfinden, desto leichter ist es für alle Beteiligten.« Er ging zur Tür und drehte sich noch einmal zu ihr um. »Ich nehme an, du weißt nicht, wo Mrs. Spencer-Brown heute am frühen Nachmittag gewesen ist? Sie hat offenbar jemanden ganz in der Nähe besucht, denn sie ist zu Fuß gegangen.«

Carolines Gesicht verspannte sich ein wenig, und sie holte tief Luft, denn sie verstand, was er damit andeuten wollte.

»Oh, wußtest du das noch nicht? Sie war bei den Lagardes. Ich bin kurze Zeit später bei den Charringtons gewesen, und jemand hat es erwähnt – ich kann mich allerdings nicht mehr erinnern, wer es war.«

»Vielen Dank«, sagte er sanft. »Vielleicht liegt darin die Erklärung für alles. Die arme Frau. Und der arme Mann. Bitte, sprich mit niemandem darüber. Es wäre das Beste, wenn es niemand erfahren würde – soweit das möglich ist.«

»Selbstverständlich.« Sie machte einen Schritt auf ihn zu. »Ich danke dir, Thomas.«

# Kapitel 4

Charlotte behandelte Caroline weitaus weniger sanft, als es Pitt getan hatte, hauptsächlich weil sie Angst hatte, und dieses Gefühl war so intensiv und heftig, daß es alle Nachsicht verdrängte, mit der ihr Verstand ihre Worte ansonsten gemildert hätte. Alte Erinnerungen fluteten zurück, als wäre die Geschichte, die ihr Weltbild so sehr ins Wanken gebracht hatte, erst gestern geschehen. Doch das Bedürfnis, die anderen zu schützen, war jetzt noch stärker, weil sie alles so viel klarer sehen konnte, und diesmal war sie nicht selbst betroffen, nicht wie damals von ihren eigenen Gefühlen wie betäubt.

»Mama, ich glaube nicht, daß wir davon ausgehen können, daß Mina das Gift aus Versehen genommen hat«, sagte sie offen heraus, als sie am folgenden Tag in Carolines Salon saß. Sie war so schnell sie konnte hergekommen, nachdem sie die schreckliche Neuigkeit von Pitt erfahren hatte. Es würde nur zu bald sehr viel geklatscht werden, und man konnte schon bei einer einzigen Unterredung einen entscheidenden Fehler machen.

»Der Gedanke, daß die arme Frau vielleicht so verzweifelt gewesen ist, daß sie sich das Leben genommen hat, ist einfach entsetzlich«, fuhr sie fort, »und die Vorstellung, daß jemand sie so sehr gehaßt haben könnte, daß er sie umgebracht hat, ist noch schlimmer. Aber es nutzt wirklich niemandem, die Augen vor der Wahrheit zu verschließen.«

»Ich habe Thomas bereits das wenige gesagt, was ich weiß«, sagte Caroline unglücklich. »Ich habe sogar einige wilde Vermutungen angestellt, die ich inzwischen bereue. Wahrscheinlich habe ich jemandem großes Unrecht getan.«

»Aber vor allem hast du ihm die Wahrheit verschwiegen«, wies Charlotte sie scharf zurecht. »Du hast ihm nämlich nichts von Monsieur Alarics Bild in deinem gestohlenen Medaillon gesagt.«

Caroline erstarrte, ihre Finger verspannten sich wie in einem plötzlichen Krampf, nur ihre Augen funkelten Charlotte aufgebracht und verächtlich an.

»Hast du es ihm etwa gesagt?« fragte Caroline langsam.

Charlotte erkannte sehr wohl Carolines Zorn, doch sie fürchtete die drohende Gefahr zu sehr, um ihre Mutter schonen zu können.

»Selbstverständlich nicht!« Sie tat die Frage ab, ohne auch nur den Versuch zu machen, sich zu verteidigen. »Aber das ändert nichts an der Tatsache, daß jemand anderem vielleicht genau dasselbe passiert ist wie dir.«

»Und falls dies wirklich der Fall sein sollte, was sollte das mit Minas Tod zu tun haben?« Caroline war vor Entsetzen immer noch wie gelähmt.

»Mutter, bitte denk doch mal nach!« Charlotte verzweifelte fast. Warum war Caroline bloß derart schwer von Begriff? »Wenn Mina die Sachen gestohlen hat, ist sie vielleicht umgebracht worden, weil jemand einen der Gegenstände, was immer es auch gewesen sein mag, unbedingt zurückhaben wollte. Und wenn sie selbst bestohlen worden ist, könnte es doch sein, daß der Gegenstand für sie derart wichtig war, daß sie lieber gestorben ist, als zu ertragen, daß alle davon erfahren!«

Es war totenstill im Zimmer. In der Spülküche fiel ein Topf auf den Boden, und das schwache Echo drang bis zu ihnen in den Salon. Ganz langsam erlosch der Zorn in Carolines Gesicht, endlich hatte sie verstanden. Charlotte beobachtete sie schweigend.

»Was könnte denn noch schlimmer sein als der Tod?« fragte Caroline schließlich.

»Das müssen wir eben herausfinden.« Charlotte war nun entspannt genug, um sich bequem hinsetzen zu können; sie lehnte sich zurück. »Thomas kann zwar die Fakten herausfinden, aber vielleicht ist er erst mit deiner oder meiner Hilfe in der Lage, sie richtig zu verstehen. Schließlich kann man von der Polizei kaum erwarten, daß sie die Gefühle einer Frau wie Mina nachvollzieht. Kleinigkeiten, die einem Polizisten vielleicht unwichtig erscheinen, waren für Mina möglicherweise von Bedeutung.«

Es war nicht notwendig, die Unterschiede zwischen den verschiedenen Klassen und Geschlechtern und das dazugehörige System von Werten, Gewohnheiten und Ritualen zu erläutern, das Pitt und Mina trennte. Sowohl Charlotte als auch Caroline wußten, daß er bei aller Phantasie und Sensibilität, die er zweifellos besaß, nicht in der Lage sein würde, mit Minas Augen zu sehen oder zu erkennen, was sie möglicherweise in den Tod getrieben hatte.

»Am liebsten würde ich gar nichts wissen«, sagte Caroline bedrückt und wandte den Blick von Charlotte ab. »Ich würde sie lieber in Frieden ruhen lassen. Ich verspüre keinerlei Neugier. Ich muß nicht unbedingt jedes Geheimnis aufdecken. Ich habe gelernt, daß es einen oft gar nicht glücklicher macht, wenn man alle Antworten findet, nach denen man gesucht hat.«

Charlotte wußte, daß ihre Mutter selbst ein gewisses Bedürfnis nach Privatsphäre verspürte, daß auch sie bestimmte Geheimnisse für sich behalten wollte. Aber der besondere Reiz eines Flirts bestand normalerweise darin, daß andere Personen Zeugen der »Eroberung« wurden. Diese Erkenntnis verstärkte Charlottes Angst nur noch. Caroline mußte wirklich sehr in Paul Alaric verliebt sein, wenn sie sich damit zufriedengab, daß niemand von ihrer Beziehung wußte. Das bedeutete, daß es sich um weit mehr als ein Spiel handelte; es gab offenbar etwas, das sich Caroline mehr wünschte als die bloße Bewunderung durch die anderen.

»Du kannst es dir nicht leisten, die Augen einfach zu verschließen!« sagte Charlotte scharf, in der Absicht, ihre Mutter derart aufzurütteln, daß sie endlich zur Vernunft kam. »Wenn Mina die Gegenstände gestohlen hat, ist dein Medaillon vielleicht immer noch bei ihr im Haus. Wenn man ihre Sachen durchsucht, könnte Alston es finden – oder vielleicht sogar Thomas!«

Diese Vorstellung war tatsächlich zuviel für Caroline. Ihr Gesicht erstarrte zu einer Maske. Sie schluckte mühsam.

»Wenn Thomas es wirklich findet –« begann sie, und die ganze Tragweite dieser Möglichkeit wurde ihr bewußt. »Mein Gott! Er könnte annehmen, daß ich Mina getötet habe! Charlotte – das würde er doch nicht etwa denken – oder?«

Die Gefahr war zu konkret, als daß Lügen und Beschwichtigungen am Platz gewesen wären.

»Ich glaube nicht, daß Thomas selbst so etwas glauben würde«, antwortete sie leise. »Andere Polizisten würden es vielleicht annehmen. Mina ist aus einem ganz bestimmten Grund gestorben, also sollten wir den am besten herausfinden, bevor das Medaillon auftaucht und noch ganz andere Personen die Gelegenheit haben, sich ihren Teil zu denken.«

»Aber was könnte es nur sein?« Caroline schloß verzweifelt die Augen, suchte im Dunkel ihres Bewußtseins blind nach einer möglichen Erklärung. »Wir wissen nicht einmal, ob es Selbstmord oder Mord gewesen ist! Und ich habe Thomas doch schon von Tormod Lagarde erzählt.«

»Was ist mit Tormod?« Thomas hatte ihn mit keinem Wort erwähnt.

»Mina war möglicherweise in ihn verliebt«, erwiderte Caroline. »Sie hat ihn jedenfalls sehr bewundert. Vielleicht war es mehr, als wir dachten. Und sie hat die Lagardes kurz vor ihrem Tod noch besucht. Vielleicht hatte sie irgendeine Unterredung mit ihm, und er hat sie auf eine Art und Weise abgewiesen, die sie nicht ertragen konnte.«

Die Vorstellung, daß das Ende einer derartigen Beziehung für eine verheiratete Frau so unerträglich sein konnte, daß sie nicht mehr weiterleben wollte, verstörte Charlotte. Es war ein so erschreckendes Bild des Jammers, daß sie sich abgestoßen fühlte, besonders weil sie den Gedanken an Caroline und Paul Alaric nicht loswerden konnte. Doch sie wußte natürlich nicht, wie unglücklich oder unbefriedigend die Ehe der Spencer-Browns gewesen war. Sie hatte nicht das Recht, über andere zu urteilen. Viele Ehen wurden aus reiner Konvention geschlossen, und selbst nach einer Liebesheirat konnten sich die Ehepartner entfremden. Sie machte sich Vorwürfe, vorschnell geurteilt zu haben, ein Verhalten, das sie bei anderen immer verachtete.

»Ich nehme an, daß Eloise Lagarde vielleicht davon weiß«, sagte Charlotte nachdenklich. »Aber wir müssen sehr taktvoll vorgehen, wenn wir sie fragen. Niemand möchte gern der Grund dafür sein, daß ein Mensch aus dem Leben scheidet, auch wenn man daran wirklich keinerlei Schuld trägt. Und Eloise wird ihren Bruder bestimmt schützen wollen.«

Die Hoffnung schwand aus Carolines Gesicht. »Ja. Die beiden stehen sich sehr nahe. Ich vermute, es kommt daher, daß sie ganz allein standen, als ihre Eltern so jung gestorben sind.«

»Es gibt noch diverse andere Möglichkeiten«, fuhr Charlotte fort. »Irgend jemand hat Diebstähle begangen. Vielleicht hat er Mina ein Geschenk gestohlen, das sie von Tormod bekommen hatte, und die Angst, daß alle davon erfahren könnten, war ihr einfach unerträglich. Vielleicht hat der Dieb sie sogar aufgesucht und ihr gedroht, es Alston zu geben, wenn sie ihm kein Schweigegeld bezahlen würde – oder was er sonst haben wollte.« Sie versuchte, sich andere Situationen vorzustellen, die einen Menschen dazu bringen konnten, an Selbstmord zu denken. »Vielleicht war es ein Mann, der sie begehrte. Und das war der Preis für sein Stillschweigen.«

»Charlotte!« Caroline setzte sich kerzengerade auf. »Was für eine entsetzliche Phantasie du doch hast, Kind! Als du noch in meinem Haus gelebt hast, wären dir derartige Gedanken nie in den Kopf gekommen!«

Charlotte lagen einige scharfe Erwiderungen auf der Zunge, was Caroline, Paul Alaric und Fragen der Moral betraf, doch sie hielt sich zurück.

»Das Leben ist voll von entsetzlichen Dingen, Mama«, sagte sie statt dessen. »Außerdem bin ich inzwischen ein paar Jahre älter als damals.«

»Und du scheinst in der Zwischenzeit vergessen zu haben, mit welchen Leuten du es hier zu tun hast. Kein Mann bei uns am Rutland Place würde sich derart erniedrigen!«

»Vielleicht nicht so offen«, sagte Charlotte ruhig. Sie hatte ihre eigenen Vorstellungen über das, was in diesen Kreisen sicher genauso geschah wie überall sonst, jedoch euphemistisch verbrämt wurde. »Aber es muß ja nicht unbedingt einer von euch gewesen sein. Es könnte doch auch ein Diener gewesen sein – oder ein Stiefeljunge. Wärst du dir bei den Bediensteten denn auch so sicher?«

»Großer Gott! Das kann doch unmöglich dein Ernst sein!«

»Warum denn nicht? Wäre das nicht schlimm genug gewesen, um Mina oder jede andere Frau in den Selbstmord zu treiben? Würdest du etwas Derartiges denn ertragen können?«

»Ich –« Caroline starrte zu ihr hoch. Sie atmete sehr langsam aus, als ob sie einen Kampf aufgegeben hätte. »Ich weiß nicht. Ich nehme an, so etwas ist einfach so entsetzlich, daß man erst richtig weiß, wie man reagieren würde, wenn es einem selbst passiert ist.« Sie blickte zu Boden. »Die arme Mina. Sie hat immer alles, was nur im geringsten ungehörig war, so gehaßt. Etwas Derartiges hätte sie bestimmt – bis ins Mark getroffen!«

»Wir wissen nicht, ob es wirklich so gewesen ist, Mama.« Charlotte beugte sich nach vorn und berührte sie. »Es hätte auch ganz anders sein können. Vielleicht war Mina die Diebin und konnte die Schande, entdeckt zu werden, nicht ertragen.«

»Mina? Oh, ganz bestimmt –« begann Caroline, brach jedoch ab, und auf ihrem Gesicht kämpften Ungläubigkeit und Zweifel miteinander.

»Irgend jemand muß es schließlich gewesen sein«, meinte Charlotte nüchtern. »Und wenn man bedenkt, wo die Gegenstände gestohlen worden sind, scheint es nicht so, als wäre ein Dienstbote in der Lage gewesen, sie alle zu stehlen. Aber jemand wie Mina hätte es durchaus tun können.«

»Aber sie hat doch selbst etwas vermißt«, gab Caroline zu bedenken. »Eine Schnupftabakdose.«

»Du meinst, daß sie das gesagt hat«, korrigierte Charlotte. »Und die gehörte ihrem Mann, nicht ihr selbst. Gewiß besteht die klügste Methode, den Verdacht von sich selbst abzulenken, darin, daß man auch etwas verschwinden läßt, was man selbst besitzt, glaubst du nicht auch? Dazu braucht man wirklich nicht viel Verstand.«

»Da magst du recht haben. Und du glaubst, daß die Person, die uns beobachtet, davon gewußt hat?«

»Das wäre immerhin möglich.«

Caroline schüttelte den Kopf. »Das scheint mir schwer vorstellbar.«

»Schwer vorstellbar ist alles. Immerhin war Mina gestern noch am Leben.«

»Ich weiß! Es ist alles so gräßlich und sinnlos und töricht. Manchmal kann ich gar nicht glauben, wieviel sich innerhalb von ein paar Stunden unwiderruflich ändern kann.«

Charlotte überlegte weiter. »Hast du eigentlich immer noch das Gefühl, daß dich jemand beobachtet?«

Caroline sah verblüfft aus. »Ich habe keine Ahnung! Daran habe ich gar nicht mehr gedacht. Doch spielt das jetzt noch eine Rolle, verglichen mit Minas Tod?«

»Es könnte ein Zusammenhang bestehen. Ich versuche lediglich, alle Möglichkeiten in Betracht zu ziehen.«

»Aber nichts scheint wichtig genug zu sein, als daß jemand dafür sein Leben lassen muß.« Caroline erhob sich. »Ich glaube, es ist Zeit für unseren Lunch. Ich habe ihn für Viertel vor eins bestellt, und es ist bereits später.«

Charlotte folgte ihr gehorsam, und sie begaben sich in das Frühstückszimmer, wo der kleine Tisch schon gedeckt war und das Mädchen sie schon erwartete.

Nachdem das Mädchen gegangen war, fing Charlotte an, ihre Suppe zu essen, und versuchte gleichzeitig, sich an das Gespräch zu erinnern, das sie mit Mina geführt hatte, als sie sich in der vergangenen Woche getroffen hatten. Mina hatte diverse Bemerkungen über Ottilie Charrington und deren Tod gemacht, sogar angedeutet, daß sie auf irgendeine mysteriöse Weise ums Leben gekommen war. Ein schrecklicher Gedanke, doch als er Charlotte erst einmal bewußt geworden war, wollte sie ihm auf jeden Fall nachgehen.

»Mama, Mina hat doch schon länger hier gewohnt, nicht?«

»Ja. Seit einigen Jahren.« Caroline klang überrascht. »Warum fragst du?«

»Dann hat sie doch sicher alle hier recht gut gekannt. Wenn sie also wirklich die Diebin gewesen wäre, hätte sie doch sicher gewußt, wem sie etwas von Bedeutung weggenommen hätte, meinst du nicht?«

»Beispielsweise was?«

»Ich weiß auch nicht. Vielleicht etwas, das mit Ottilie Charringtons Tod zusammenhing? Sie hat ziemlich viel davon gesprochen, als sie hier war – beinah, als ob sie vermutete, daß vielleicht ein Geheimnis dahintersteckt, etwas, das die Familie lieber für sich behalten würde.«

Caroline legte ihren Suppenlöffel zurück auf den Teller. »Du meinst, daß es vielleicht kein natürlicher Tod war?«

Charlotte runzelte unsicher die Stirn. »Nicht ganz so schrecklich. Aber vielleicht war sie nicht so ehrbar, wie Mr. Charrington, sagen wir einmal, es gern gesehen hätte. Mina sagte, sie wäre sehr temperamentvoll gewesen, und hat ganz klar angedeutet, daß sie auch ziemlich offenherzig gewesen ist. Vielleicht hätte es irgendeinen Skandal gegeben, wenn sie nicht gestorben wäre?«

Caroline brach ein Stückchen von ihrem Brot ab.

»Ein höchst unangenehmer Gedanke, aber ich vermute, daß du recht haben könntest«, sagte sie. »Mina hat tatsächlich mehrere Bemerkungen darüber gemacht, daß es über Ottilie in Wirklichkeit sehr viel mehr zu wissen gibt, als die meisten Leute sich vorstellen können. Ich habe nie nachgehakt, weil ich Ambrosine so gern mag, daß ich Klatsch nicht auch noch fördern wollte. Aber sie hat mich auch ein wenig neugierig gemacht, was Theodora betrifft, jetzt, wo ich darüber nachdenke.«

Charlotte war verwirrt. »Wer ist Theodora?«

»Theodora von Schenck. Amaryllis Denbighs Schwester. Sie ist eine Witwe mit zwei Kindern. Ich kenne sie nicht sehr gut, aber ich muß gestehen, daß sie mir wirklich äußerst sympathisch ist.«

Charlotte konnte sich nur schwer vorstellen, daß man jemanden sympathisch finden konnte, der mit Amaryllis verwandt war. »Tatsächlich«, sagte sie, ohne sich bewußt zu sein, wie skeptisch sie klang.

Caroline lächelte ein wenig. »Sie sind sich überhaupt nicht ähnlich. Zunächst einmal zeigt Theodora nicht die geringste Absicht, sich wieder zu verheiraten, obwohl sie nicht sehr begütert ist, soweit man weiß. Und du kannst dir sicher sein, daß die Leute hier bestens informiert sind! Als sie vor ein paar Jahren herzog, besaß sie nichts weiter als das Haus, das sie von ihren Eltern geerbt hatte. Jetzt hat sie einen neuen Mantel mit einem Pelzkragen und einem Pelzbesatz, der bis zum Boden reicht, und ich könnte wetten, daß beides aus Zobel ist! Ich erinnere mich noch daran, daß Mina eine Bemerkung machte, als Theodora ihn zum ersten Mal trug. Ich schäme mich zwar dafür, aber ich frage mich wirklich, wie sie wohl an den Mantel gekommen ist!«

»Vielleicht hat sie einen Liebhaber?« Charlotte zog die nächstliegende Schlußfolgerung.

»Dann muß sie aber äußerst diskret sein!«

»Es scheint mir jedenfalls nicht gerade diskret, aus heiterem Himmel plötzlich mit einem Zobelmantel daherzukommen, und das ohne jede Erklärung!« protestierte Charlotte. »Sie kann kaum so naiv sein zu glauben, daß es keiner bemerkt! Ich wette, daß jede Frau am Rutland Place genau bis auf Heller und Pfennig sagen kann, wieviel die Kleidungsstücke aller anderen Frauen gekostet haben. Und wahrscheinlich kann sie auch noch den Schneider nennen, der sie gemacht hat, und den Monat, in dem sie zugeschnitten wurden!«

»Oh, Charlotte! Das ist nicht fair! Wir sind nicht so – so mißgünstig oder oberflächlich, wie du anzunehmen scheinst!«

»Nicht mißgünstig, Mama, sondern praktisch und mit einem ausgezeichneten Blick für Qualität.«

»Da könntest du recht haben.« Caroline aß ihre Suppe zu Ende, und das Mädchen erschien wieder, um das nächste Gericht zu servieren. Die beiden Frauen aßen langsam weiter. Es war ein delikates Fischgericht, äußerst wohlschmeckend zubereitet, und zu jedem anderen Zeitpunkt hätte Charlotte es sehr genossen.

»Theodora hat offenbar momentan sehr viel mehr Geld zur Verfügung als früher«, fuhr Caroline zögernd fort. »Mina hat anklingen lassen, daß sie es sich auf höchst unehrenhafte Weise verdient hätte, aber ich war damals sicher, daß sie nur versuchte, witzig zu sein. Manchmal konnte sie sehr geschmacklos sein.« Sie schaute auf. »Charlotte, glaubst du vielleicht, daß es möglicherweise gestimmt hat und Mina davon gewußt hat?«

»Vielleicht.« Charlotte dachte nach. »Oder vielleicht war Mina auch nur gehässig – oder hat es lediglich gesagt, um sich in den Mittelpunkt zu stellen. Manchmal entstehen auf diese Weise die dümmsten Gerüchte.«

»Aber das paßte eigentlich nicht zu Mina«, meinte Caroline. »Sie hat sehr selten über andere gesprochen, außer auf die Art, wie es alle tun. Sie hat immer viel lieber zugehört.«

»Dann sieht es ganz so aus, als hätte es doch etwas mit Tormod zu tun«, meinte Charlotte. »Oder mit einem anderen Mann, den wir noch nicht kennen. Oder etwas mit Alston, wovon wir noch nichts wissen. Oder vielleicht war sie auch einfach die Diebin.«

»Also Selbstmord?« Caroline schob ihren Teller fort. »Wie schrecklich, daß eine andere Peson, von der man dachte, daß sie genau wie man selbst war, die nur ein paar Häuser weiter wohnte, so verzweifelt gewesen ist, daß sie sich lieber das Leben genommen hat, als auch nur einen Tag weiterzuleben – und man hat von alledem nichts geahnt. Man geht seinen alltäglichen kleinen Pflichten nach, plant die Mahlzeiten und sieht nach, ob die Wäsche geflickt worden ist, denkt darüber nach, wen man besuchen könnte, als gäbe es sonst nichts auf der Welt.«

Charlotte streckte ihre Hand über den Tisch, um Caroline zu berühren.

»Ich glaube nicht, daß du irgend etwas hättest tun können, selbst wenn du es gewußt hättest«, sagte sie leise. »Niemand konnte ahnen, daß sie so unglücklich war – und man kann schließlich nicht hingehen und Fragen stellen und sich in die Angelegenheiten anderer Leute einmischen. Manchmal läßt sich ein Kummer leichter ertragen, wenn niemand sonst davon weiß, und eine Demütigung ist das letzte, was man mit anderen teilen möchte. Das Beste, was man in einem solchen Fall macht, ist, sich so zu verhalten, als habe man nichts bemerkt.«

»Wahrscheinlich hast du recht. Aber ich fühle mich trotzdem schuldig. Bestimmt hätte ich irgend etwas für sie tun können.«

»Aber jetzt bestimmt nicht mehr; du kannst nur noch gut von ihr sprechen.«

Caroline seufzte. »Ich habe Alston natürlich schon einen Brief geschickt, aber ich glaube, es ist noch zu früh, um ihn zu besuchen. Bestimmt ist er zutiefst erschüttert. Aber der armen Eloise geht es auch nicht gut. Ich hatte vor, sie heute nachmittag gemeinsam mit dir zu besuchen und ihr unser Mitgefühl auszudrücken. Sie hat sich alles sehr zu Herzen genommen. Vielleicht ist sie sogar noch zarter, als ich gedacht habe.«

Charlotte fand die Aussicht auf diesen Besuch zwar nicht gerade verlockend, doch sie sah ein, daß sie ihn der Höflichkeit halber nicht umgehen konnten. Und wenn die Lagardes außer Minas Dienstboten tatsächlich die letzten gewesen waren, die sie lebend gesehen hatten, konnte man vielleicht irgend etwas von ihnen erfahren.

Als Charlotte hinter Caroline den Salon der Lagardes betrat, war sie wie vor den Kopf geschlagen. Eloise unterschied sich so sehr von der Frau, die sie noch vor einer Woche gesehen hatte, daß sie sie einen Augenblick lang sogar für eine Fremde hielt und erwartete, ihr vorgestellt zu werden. Aus Eloises Gesicht war fast alle Farbe gewichen, und sie bewegte sich so langsam, daß man sie für eine Schlafwandlerin hätte halten können. Sie zwang sich zu einem Lächeln, doch es war äußerst zaghaft. Man spürte die Gegenwart des Todes am Rutland Place, und niemand erwartete in dieser Situation noch Formalitäten wie die übertriebene Begeisterung, die bei der Begrüßung von Gästen für gewöhnlich an den Tag gelegt wurde.

»Wie nett von Ihnen, daß Sie gekommen sind«, sagte sie leise, zuerst zu Caroline, dann zu Charlotte. »Bitte, nehmen Sie doch Platz, und machen Sie es sich gemütlich. Draußen scheint es immer noch recht kalt zu sein.« Sie trug ein schweres Schultertuch über ihrem Kleid und hatte sich ganz darin eingehüllt.

Charlotte setzte sich auf der anderen Zimmerseite in einen Sessel, möglichst weit von dem mächtigen Feuer entfernt, das den Kamin hinauflohte, als sei draußen tiefster Winter. Draußen war angenehmes Frühlingswetter, mild, wenn auch noch nicht richtig warm.

Caroline schien nur mit Mühe die richtigen Worte finden zu können. Vielleicht waren ihre eigenen Ängste so stark, daß sie Schwierigkeiten hatte, ihre Gedanken in der angemessenen höflichen Form zu äußern. Charlotte kam ihr schnell zu Hilfe, bevor es Eloise auffallen konnte.

»Leider dauert es immer länger, bis der Sommer kommt, als man sich wünscht«, sagte sie nicht besonders geistreich. »Man glaubt, daß es schon wärmer ist, weil die Tage länger werden, doch es ist so selten der Fall.«

»Ja«, sagte Eloise und sah dabei auf das blaue Viereck hinter dem Fenster. »Ja, man läßt sich leicht täuschen. Es sieht so hell aus, aber man merkt erst, wie kalt es doch ist, wenn man nach draußen geht.«

Caroline besann sich auf ihre guten Manieren und den Grund ihres Besuches.

»Wir wollen nicht lange bleiben«, sagte sie, »weil dies eigentlich nicht die richtige Zeit für einen Besuch ist. Aber sowohl Charlotte als auch ich haben uns um Sie gesorgt, und wir wollten nur sehen, wie es Ihnen geht und ob es irgend etwas gibt, was wir sagen oder tun können, um Sie ein wenig zu trösten.«

Einen Moment lang schien es fast so, als habe Eloise sie nicht verstanden, doch dann schien sie Carolines Worte zu begreifen.

»Das ist sehr freundlich von Ihnen.« Sie lächelte ihnen beiden zu. »Aber ich kann mir vorstellen, daß uns dieser Vorfall allen sehr zu Herzen geht. Die arme Mina. Wie schnell sich die Welt doch von Grund auf ändern kann! In einem Augenblick ist noch alles beim alten, und bereits im nächsten passiert etwas Furchtbares, und alles ist vollkommen anders, als seien Jahre vergangen.«

»Manchmal kann ein furchtbarer Unfall alles verändern.« Charlotte wagte nicht, die Gelegenheit, mehr zu erfahren, ungenutzt verstreichen zu lassen, dazu war die Sache zu wichtig. »Aber es gibt auch Veränderungen, die sich lange vorher ankündigen. Wir können sie bloß nicht immer richtig deuten.«

Eloises Augen weiteten sich, sie schien zunächst verwirrt, versuchte zu verstehen, was Charlotte mit dieser merkwürdigen Bemerkung gemeint haben könnte.

»Wie meinen Sie das?«

»Ich bin mir nicht ganz sicher«, meinte Charlotte vorsichtig. Sie wollte nicht neugierig erscheinen. »Wenn ich allerdings daran denke, daß die arme Mrs. Spencer-Brown sich das Leben genommen hat, dann kann es sich nur um eine Tragödie gehandelt haben, die sich schon seit einiger Zeit zugespitzt hat, auch wenn wir nichts davon gewußt haben.« Sie hatte vorgehabt, sehr viel subtiler vorzugehen, doch Eloise war selbst so aufrichtig, daß Charlotte sich bei ihr die Wortspielereien sparen konnte, auf die sie bei einer Person, die weniger direkt gewesen wäre, zurückgegriffen hätte.

Eloise betrachtete die Falten ihres Rocks, die sie über den Knien geordnet hatte.

»Sie glauben, daß Mina Selbstmord begangen hat?« Sie betonte jedes Wort einzeln, artikulierte sehr deutlich, genau abwägend. »Das scheint mir allerdings eine recht feige Tat. Ich habe Mina immer für sehr viel stärker gehalten.«

Charlotte war verblüfft. Sie hatte mehr Mitleid, mehr Verständnis erwartet.

»Wir wissen nicht, welche Qualen sie litt«, sagte sie in etwas schärferem Ton. »Ich jedenfalls weiß es nicht.«

»Nein.« Eloise sah nicht auf. In ihrem Gesicht spiegelte sich ein plötzlicher Anflug von Zerknirschung. »Ich glaube, wir können uns oft das Leid anderer Menschen nicht vorstellen – wie groß es ist, wie entsetzlich, wie oft sie es spüren.« Sie schüttelte den Kopf. »Aber ich glaube immer noch, daß man kapituliert, wenn man sich das Leben nimmt.«

»Einige Menschen sind zu erschöpft, um zu kämpfen, oder ihre Verletzungen sind zu groß, als daß sie sie ertragen könnten«, insistierte Charlotte, fragte sich jedoch gleichzeitig, warum sie Mina wohl derart heftig verteidigte. Sie hatte sie nicht einmal besonders gemocht; eigentlich war ihr Eloise weitaus sympathischer.

»Wir wissen doch noch gar nicht, ob die arme Mina sich das Leben genommen hat«, schaltete sich Caroline schließlich ein. »Es hätte genausogut ein entsetzlicher Unfall sein können. Ich kann einfach nicht glauben, daß wir nichts gemerkt hätten, wenn sie wirklich ein derart schreckliches Problem bedrückt hätte.«

»Da bin ich anderer Meinung, Mama«, erwiderte Charlotte. »Glauben Sie auch, daß es sich so abgespielt hat, Miss Lagarde? Sie haben sie doch recht gut gekannt, nicht wahr?«

Eloise saß einige Sekunden schweigend da.

»Ich weiß es nicht. Ich habe geglaubt, alle wichtigen Dinge zu kennen, ich habe die meisten Klatschgeschichten irgendwie mitbekommen und gedacht, daß ich sie richtig einschätzen könnte, aber jetzt –« Ihre Stimme erstarb, und sie stand auf, drehte ihnen den Rücken zu und ging hinüber zum Gartenfenster. »Jetzt muß ich feststellen, daß ich so gut wie gar nichts gewußt habe.«

Charlotte hätte gern noch mehr von ihr erfahren, doch die Tür öffnete sich, und Tormod kam herein. Sein Blick wanderte sofort zu Eloise, die immer noch am Fenster stand, dann zu Charlotte und Caroline. In seinem Gesicht spiegelte sich Angst, sein Körper war verspannt.

»Guten Tag«, sagte er höflich. »Wie freundlich von Ihnen, uns zu besuchen.« Seine dunklen, besorgten Augen blickten wieder zu Eloise. »Ich befürchte, diese furchtbare Tragödie bedrückt Eloise sehr. Sie hat sie sich derart zu Herzen genommen, daß sie ganz krank davon geworden ist.« In seiner Stimme schwang eine Warnung mit, als bitte er sie, ihre Worte sorgsam abzuwägen, um ihr nicht noch mehr Kummer zuzufügen.

Caroline ließ ein verständnisvolles Murmeln hören.

»Das Ganze ist wirklich eine furchtbare Geschichte«, sagte Charlotte. »Ein sensibler Mensch leidet natürlich sehr stark mit. Und Sie waren, glaube ich, die letzten, die die arme Frau lebend gesehen haben.«

Tormod sah sie dankbar an. »Natürlich – und daher bleibt es nicht aus, daß die arme Eloise sich Gedanken macht, ob es nicht vielleicht doch irgend etwas gegeben haben könnte, was wir hätten tun können. Obwohl eigentlich Minas Dienstboten diejenigen waren –«

»Ach, Dienstboten«, sagte Charlotte und tat seinen Einwand mit einer Handbewegung ab. »Man kann sich seinen Dienstboten schließlich nicht so anvertrauen, wie man es bei guten Freunden tut.«

»Sehr richtig!« sagte Tormod. »Aber leider hat Mina das nicht getan. Ich bin davon überzeugt, daß es nur ein Unfall gewesen sein kann, vielleicht hat sie die falsche Dosis irgendeines Medikaments genommen.«

»Vielleicht«, sagte Charlotte skeptisch. »Ich habe sie natürlich nicht sehr gut gekannt. War sie denn derart zerstreut?«

»Nein.« Eloise drehte sich wieder zu ihnen um. »Sie hat immer den Eindruck gemacht, als wüßte sie genau, was sie tat. Falls ihr ein derart verhängnisvoller Fehler unterlaufen ist, muß irgend etwas sie abgelenkt haben, sonst hätte sie sicher sofort gemerkt, daß es sich um die falsche Flasche handelte oder um die falsche Schachtel, und sie hätte es weggeschüttet, statt es zu trinken.«

Tormod ging zu seiner Schwester und legte zärtlich seinen Arm um sie.

»Du mußt wirklich versuchen, nicht mehr daran zu denken, Liebes«, sagte er. »Wir können jetzt nichts mehr für sie tun, und so quälst du dich nur selbst. Du wirst noch krank davon werden, und damit ist keinem geholfen, und mich würde es sehr traurig machen. Morgen fahren wir aufs Land, zurück nach Five Elms, und versuchen, uns abzulenken. Das Wetter wird immer besser. Im Wald blühen bereits die ersten Narzissen, und wir werden die Kutsche nehmen und hinausfahren, um sie uns anzusehen – vielleicht können wir sogar einen Picknickkorb mitnehmen, wenn es warm genug ist. Das wird dir doch sicher gefallen, meinst du nicht?«

Sie lächelte ihm zu, und ihr Gesicht wurde ganz weich, nahm einen sanften, zärtlichen Ausdruck an. Beinah schien es, als wolle sie ihn trösten und nicht er sie.

»Ja, natürlich würde mir das gefallen.« Sie legte ihre Hand auf die seine. »Danke.«

Tormod wandte sich an Caroline. »Es war wirklich sehr freundlich von Ihnen, Mrs. Ellison, und auch von Ihnen, Mrs. Pitt. Wir sind Ihnen sehr dankbar. Derartige Freundschaftsbeweise machen alles viel leichter. Ich bin sicher, für Sie war das alles bestimmt auch ein großer Schock, schließlich waren Sie ebenfalls mit Mina befreundet.«

»Ich bin tatsächlich äußerst verwirrt«, sagte Caroline ein wenig vage.

Charlotte dachte immer noch darüber nach, was sie mit diesem Satz wohl gemeint hatte, als das Dienstmädchen die Tür öffnete und Mrs. Denbigh meldete. Amaryllis folgte ihr auf dem Fuße, so daß dem Mädchen nicht einmal die Zeit blieb, ihr zu sagen, ob man bereit war, sie zu empfangen oder nicht.

Eloise sah sie mit leerem Blick an, schaute beinahe durch sie hindurch. Tormod blieb neben seiner Schwester stehen, den Arm immer noch um ihre Schulter gelegt, und lächelte höflich.

Amaryllis Denbighs Gesicht erstarrte, und ihre runden Augen funkelten wachsam.

»Sind Sie krank, Eloise?« sagte sie überrascht, und ihre Stimme schwankte zwischen Mitgefühl und Ungeduld. »Wenn Sie sich schwach fühlen, könnte ich Ihnen nach oben helfen, und Sie legen sich ein wenig hin. Ich habe Riechsalz dabei; möchten Sie etwas?«

»Nein, vielen Dank. Ich fühle mich nicht schwach, aber es ist sehr lieb von Ihnen, daß Sie es mir anbieten.«

»Sind Sie sicher?« Amaryllis blickte sie mit kühler Herablassung von oben bis unten an. »Sie sehen aber wirklich ganz und gar nicht gut aus, meine Liebe. Sie schauen sogar ausgesprochen spitz aus, wenn Sie mir die Bemerkung verzeihen. Ich möchte Sie auf gar keinen Fall mit meinem Besuch überanstrengen.«

»Ich bin nicht krank«, sagte Eloise in einem etwas schärferen Ton.

Tormods Arm legte sich fester um sie, beinah so, als trage er ihr ganzes Gewicht, obwohl sie auf Charlotte eigentlich keinen unsicheren Eindruck machte.

»Natürlich nicht, Liebes«, sagte er. »Aber du hast einen schweren Schock erlitten –«

»Und Sie sind nicht sehr kräftig«, fügte Amaryllis hinzu. »Vielleicht sollten Sie eine Erfrischung zu sich nehmen, eine Tasse Tee vielleicht. Soll ich das Hausmädchen rufen?«

»Vielen Dank«, ging Tormod sofort auf ihren Vorschlag ein. »Das ist eine wirklich hervorragende Idee. Ich denke, daß auch Mrs. Ellison und Mrs. Pitt nichts gegen eine Tasse Tee einzuwenden hätten. Wir sind alle sehr betroffen von den Ereignissen. Sie nehmen doch auch eine Erfrischung, nicht wahr?«

»Vielen Dank«, sagte Charlotte sofort. Sie war zwar nicht sicher, was sie durch ihr Bleiben erfahren konnten, doch da sie bisher rein gar nichts herausgefunden hatte, wollte sie es wenigstens versuchen. »Ich habe die arme Mrs. Spencer-Brown zwar kaum gekannt, aber ihr Tod geht mir wirklich äußerst nahe.«

»Wie mitfühlend von Ihnen«, meinte Amaryllis mißtrauisch.

Charlotte stellte sich ganz naiv. »Fühlen Sie denn nicht genauso wie wir, Mrs. Denbigh? Ich kann die Gefühle von Miss Lagarde sehr gut nachempfinden. Das Wissen, der letzte Mensch gewesen zu sein, der eine Freundin gesehen und mit ihr geredet hat, bevor diese derart von Verzweiflung überwältigt wurde, daß sie ihr Leben als unerträglich empfand – ich glaube, mir ginge es in diesem Fall auch alles andere als gut.«

Amaryllis hob die Brauen. »Wollen Sie etwa damit sagen, Mrs. Pitt, daß Sie der Meinung sind, daß Mrs. Spencer-Brown sich das Leben genommen hat?«

»Ach, du liebe Güte!« Charlotte legte alles, was sie an Bestürzung aufbieten konnte, in ihre Stimme. »Sie glauben doch nicht, daß irgend jemand sie – ach, du liebe Güte – wie unvorstellbar schrecklich!«

Ausnahmsweise verschlug es Amaryllis regelrecht die Sprache. Das war offenbar das allerletzte, was sie hatte andeuten wollen.

»Aber selbstverständlich nicht! Ich meine nur –« Sie wußte nicht mehr weiter und verfiel wieder in Schweigen, ihr Gesicht verfärbte sich, und in ihren Augen spiegelte sich die Erkenntnis, daß man sie ausmanövriert hatte.

»Das halte ich für reichlich unwahrscheinlich«, kam Tormod ihr zu Hilfe – oder wollte er Charlotte unterstützen? »Mina gehörte ganz und gar nicht zu den Frauen, die in anderen Menschen derartig feindselige Gefühle hervorrufen. Ich kann mir nicht vorstellen, daß sie überhaupt einen Menschen kannte, der zu einer derart gräßlichen Tat fähig wäre.«

»Ganz genau!« sagte Amaryllis dankbar. »Ich habe mich eben nicht ganz klar ausgedrückt. Etwas Derartiges ist natürlich völlig undenkbar. Wenn Sie die Menschen, mit denen sie befreundet war« – dabei sah sie Charlotte an –, »besser kennen würden, hätten Sie mich sicherlich nicht derart mißverstanden.«

Charlotte zwang sich zu einem Lächeln, nach dem ihr ganz und gar nicht zumute war. »Da haben Sie sicher recht. Doch da dies leider nicht der Fall ist, werden Sie mir verzeihen müssen. Sie sind demnach der Meinung, daß es sich um einen Unfall gehandelt hat?«

Derart unverblümt ausgedrückt, war die Vorstellung, daß Mina nach Hause gegangen war und in aller Seelenruhe aus purem Zufall eine tödliche Dosis Gift zu sich genommen hatte, derart lächerlich, daß Amaryllis darauf nichts erwidern konnte. Ihre runden Augen musterten Charlotte mit kalter Abneigung.

»Ich habe keine Vorstellung von dem, was passiert sein könnte, Mrs. Pitt. Und ich bin wirklich der Meinung, daß wir unterlassen sollten, vor der armen Eloise über dieses Thema zu sprechen.« Ihre Stimme triefte vor Herablassung. »Sie haben sicher erkannt, daß sie äußerst zart und von höchst empfindsamer Natur ist. Wir quälen sie nur, wenn wir derartige Dinge so offen in ihrer Gegenwart erörtern. Eloise, Liebes.« Sie wandte sich wieder Eloise zu, ein Lächeln auf dem Gesicht, das so übertrieben strahlend war, daß Charlotte Schauern über den Rücken liefen und in ihr ein Gefühl des Abscheus aufstieg, das dermaßen intensiv war, daß sie sich kaum zurückhalten konnte. »Eloise, sind Sie sicher, daß Sie nicht doch lieber nach oben gehen und ein wenig ruhen möchten? Sie sehen wirklich äußerst blaß aus.«

»Vielen Dank«, sagte Eloise kühl. »Ich möchte mich noch nicht zurückziehen. Ich würde sehr viel lieber hier unten bleiben. Wir müssen unseren Kummer miteinander teilen und uns gegenseitig trösten, so gut es geht.«

Doch Tormod war noch nicht zufrieden. »Komm.« Er schob Amaryllis beiseite, führte Eloise zur Chaiselongue, damit sie sich hinlegen konnte, und legte ihr sogar die Füße hoch. Charlotte sah, wie in Amaryllis' Gesicht heiße Wut aufloderte, die Eloise bis auf die Haut verbrannt hätte, wenn sie etwas davon bemerkt hätte.

Diese Beobachtung verschaffte Charlotte ein Gefühl tiefer Befriedigung, auf das sie zwar nicht besonders stolz war, doch sie machte sich auch nicht die Mühe, es zu unterdrücken, genoß es vielmehr mit einer merkwürdigen Genugtuung. Sie kostete auch die Drehung von Tormods Schulter und die zärtliche Berührung seiner Hände aus, als er Eloises Rock glattstrich, während Amaryllis hinter ihm stand und alles mit ansah.

Die Tür wurde erneut geöffnet, und das Mädchen kam mit einem Tablett mit Tassen und heißem Tee herein. Amaryllis stellte es auf den Tisch und goß sofort ein wenig für Eloise ein, reichte ihr die Tasse und gab ihr ein Kissen, damit sie bequemer liegen konnte.

Charlotte ließ eine harmlose Bemerkung über ein gesellschaftliches Ereignis fallen, von dem sie in der Londoner *Illustrated News* gelesen hatte. Tormod griff das Thema dankbar auf, und nachdem sie alle ein wenig von ihrem Tee getrunken hatten, verabschiedeten sich Charlotte und Caroline. Amaryllis beschloß, ebenfalls zu gehen.

»Die arme Eloise«, sagte Amaryllis, sobald sie sich draußen auf der Straße befanden. »Sie sieht wirklich äußerst schlecht aus. Ich hatte nicht erwartet, daß sie die Sache derart schwer nehmen würde. Ich habe keine Ahnung, wie es zu einer derartigen Tragödie kommen konnte, doch da Eloise die letzte Person war, die Mina gesehen hat, bevor sie starb, werde ich den Gedanken nicht los, daß sie vielleicht doch etwas weiß.« Sie riß die Augen weit auf. »Oh! Aber natürlich muß Mina es ihr ganz im Vertrauen gesagt haben! Was die Ärmste natürlich in eine schreckliche Zwangslage bringt! Wie furchtbar, wenn man etwas Entscheidendes weiß und es niemandem verraten darf! Ich würde um nichts in der Welt mit ihr tauschen wollen.«

Charlotte hatte auch schon an diese Möglichkeit gedacht, besonders in Anbetracht der Tatsache, daß Tormod beschlossen hatte, seine Schwester von Rutland Place fort aufs Land zu bringen, wo Pitt sie nicht so leicht befragen konnte.

»In der Tat«, sagte sie unverbindlich. »Vertrauliche Mitteilungen sind immer etwas sehr Problematisches, wenn es einen triftigen Grund für die Annahme gibt, daß es moralisch richtig wäre, sie jemandem preiszugeben. Der Druck ist sogar noch größer, wenn der Mensch, der sich einem anvertraut hat, nicht mehr am Leben ist und einen daher auch nicht mehr von seinem Versprechen entbinden kann. Ein Mensch in dieser Lage ist wirklich nicht zu beneiden. Aber vielleicht trifft dies alles in unserem Fall gar nicht zu. Wir sollten nicht einfach voreilige Schlüsse ziehen und Klatschgeschichten Vorschub leisten.« Sie schenkte Amaryllis ein frostiges Lächeln. »Das wäre ziemlich unverantwortlich. Vielleicht ist Eloise lediglich mitfühlender, als wir es sind. Die ganze Geschichte tut mir zwar sehr leid, aber ich habe Mrs. Spencer-Brown nicht gut gekannt.« Sie ließ die Andeutung in der Schwebe.

Amaryllis reagierte sofort. »Sehr richtig. Und einige von uns tragen ihre Gefühle offen zur Schau, während andere sich um Zurückhaltung bemühen – aus einem Gefühl des Respekts heraus, den man einer toten Freundin schuldig ist. Schließlich will man ja nicht selbst im Zentrum der Aufmerksamkeit stehen. Immerhin ist die arme Mina diejenige, die gestorben ist, und nicht eine von uns!«

Charlotte lächelte noch breiter, sie hatte beinahe das Gefühl, als fletsche sie ihre Zähne.

»Wie einfühlsam von Ihnen, Mrs. Denbigh. Ich bin sicher, Sie werden allen ein großer Trost sein. Ich bin wirklich entzückt, Sie getroffen zu haben.« Sie waren an Amaryllis' Haus angelangt.

»Wie freundlich von Ihnen«, antwortete Amaryllis. »Ich bin sicher, ich habe unser Treffen ebenso genossen.« Sie wandte ihnen den Rücken zu, raffte ihre Röcke hoch und stieg die Stufen zur Eingangstür empor.

»Charlotte!« zischte Caroline tadelnd. »Also wirklich! Manchmal schäme ich mich regelrecht für dich. Ich hatte angenommen, daß du dich gebessert hättest, jetzt, wo du verheiratet bist!«

»Das habe ich doch auch«, erwiderte Charlotte, während sie weitergingen. »Ich kann inzwischen viel besser lügen. Früher habe ich immer nach Worten suchen müssen, jetzt kann ich genau wie die anderen lächeln und dabei das Blaue vom Himmel herunterlügen. Ich kann diese Frau einfach nicht ausstehen!«

»Das habe ich gemerkt«, sagte Caroline trocken.

»Du magst sie doch auch nicht.«

»Richtig, aber ich kann mich im Gegensatz zu dir wenigstens beherrschen!«

Charlotte schenkte ihr einen schwer durchschaubaren Blick und verließ den Bürgersteig, um die Straße zu überqueren.

Doch plötzlich bemerkte sie die schlanke, elegante Gestalt eines Mannes, der aus einem der Eingänge am Ende der Straße nach draußen trat. Sie hatte ihn bereits erkannt, bevor er sich überhaupt umgedreht hatte; sie erkannte den geraden Rücken, den eleganten, gepflegten Kopf, die Art, wie er seinen Mantel trug. Es war Paul Alaric, der Franzose vom Paragon Walk, dessen Existenz sie damals alle so sehr beschäftigt hatte und über den sie in Wirklichkeit doch kaum etwas gewußt hatten.

Er kam entspannt auf sie zu, die Andeutung eines Lächelns auf dem Gesicht, und lüftete höflich den Hut. Seine Augen trafen die von Charlotte, weiteten sich zunächst vor Überraschung und leuchteten dann einen Moment lang auf, ein Blick, der sowohl Wiedersehensfreude als auch Belustigung widerspiegeln mochte – oder auch nur Höflichkeit im Gedenken an eine nette Bekanntschaft, mit der man eine Zeitlang durch gemeinsam durchlebte Gefahren und Leid verbunden gewesen war. Doch natürlich begrüßte er Caroline als die ältere der beiden Frauen zuerst.

»Gute Tag, Mrs. Ellison.« Seine Stimme klang genauso weich, wie Charlotte sie in Erinnerung hatte, seine Aussprache war äußerst gebildet und korrekt, bedeutend angenehmer als die der meisten Männer, deren Muttersprache Englisch war.

Caroline stand mitten auf der Straße, den Rock mit der Hand noch ein wenig hochgerafft. Sie schluckte, bevor sie sprach, und ihre Stimme klang ziemlich hoch. »Guten Tag, Monsieur Alaric. Ein schöner Tag, nicht wahr? Ich glaube nicht, daß Sie meine Tochter, Mrs. Pitt, schon kennen?«

Er zögerte einen Moment und sah Charlotte direkt in die Augen, während ihr eine Unmenge von Erinnerungen durch den Kopf schossen – Erinnerungen an Ängste und widersprüchliche Empfindungen. Dann hatte er seine Entscheidung getroffen und verbeugte sich leicht.

»Guten Tag. Freut mich sehr, Sie kennenzulernen. Wie geht es Ihnen, Mrs. Pitt?«

»Sehr gut, vielen Dank, Monsieur«, erwiderte sie ebenso unverbindlich. »Obwohl die Tragödie, die sich hier gerade ereignet hat, mich natürlich sehr betroffen gemacht hat.«

»Sie meinen Mrs. Spencer-Brown.« Plötzlich war alle Verbindlichkeit aus seinem Gesicht verschwunden, und seine Stimme wurde leise. »Ja. Leider kann ich auch keine Erklärung finden, die nicht tragisch wäre. Ich habe verzweifelt nach einem Grund für ein derart sinnloses und entsetzliches Ereignis gesucht, aber keinen finden können.«

Charlotte verspürte den unwiderstehlichen Drang, nachzuhaken, obwohl sie wußte, daß es eigentlich angebracht war, lediglich eine mitfühlende Bemerkung zu machen und dann das Thema zu wechseln.

»Dann glauben Sie also nicht, daß es ein Unfall gewesen ist?« fragte sie.

Ihre Mutter stand jetzt direkt neben ihr, und sie spürte genau, wie sich die Muskeln in Carolines Körper anspannten und ihre Augen gebannt an Alarics Gesicht hingen.

Er strahlte Sanftheit aus, und einen Moment lang vermeinte sie sogar einen Anflug von Belustigung an ihm wahrzunehmen, als habe ihre Offenheit sekundenlang ein ganz anderes Gefühl in ihm geweckt.

»Nein, Mrs. Pitt«, sagte er. »Ich wollte, ich könnte daran glauben. Aber niemand trinkt aus Versehen eine Medizin, die er nicht verschrieben bekommen hat, und schon gar nicht aus einer Flasche ohne Etikett, es sei denn, derjenige wäre äußerst töricht, und Mrs. Spencer-Brown war nicht im geringsten töricht. Sie war eine außerordentlich vernünftige, praktisch denkende Frau. Meinen Sie nicht auch, Mrs. Ellison?« Er wandte sich Caroline zu, und ein Lächeln huschte über sein Gesicht.

Caroline stieg die Röte ins Gesicht. »Aber sicher, ja, natürlich glaube ich das. Ich kann mich in der Tat nicht erinnern, daß Mina je irgend etwas – Unbesonnenes getan hat.«

Charlotte war überrascht. Sie hatte nicht den Eindruck gehabt, daß Mina ausgesprochen intelligent gewesen war. Die Unterhaltung, die sie miteinander geführt hatten, hatte sich, soweit sie sich erinnern konnte, hauptsächlich um Trivialitäten gedreht, Dinge, die absolut unwichtig gewesen waren.

»Tatsächlich?« sagte sie mit beträchtlich mehr Skepsis in der Stimme, als sie eigentlich beabsichtigt hatte. Doch sie wollte nicht unhöflich erscheinen. »Vielleicht habe ich sie nur nicht gut genug gekannt. Aber vielleicht war sie durch irgend etwas derart abgelenkt, daß ihr dieser Fehler unterlaufen ist.«

»Du verwechselst Intelligenz mit gesundem Menschenverstand, Charlotte«, sagte Caroline energisch. »Mina hat sich zwar nicht mit hochgeistigen Dingen beschäftigt und auch nicht mit den merkwürdigen Angelegenheiten, für die du dich so interessierst.« Sie war zu diskret, um auf diese Angelegenheiten näher einzugehen, doch durch ein leichtes Senken der Augenlider und einen entsprechenden Seitenblick gab sie Charlotte zu verstehen, daß sie auf ihr politisches Engagement anspielte, was die Reformgesetze im Parlament, das Armenrecht und dergleichen betraf. »Doch sie war sich ihrer Stärken sehr wohl bewußt«, fuhr Caroline fort, »und wußte sie bestens einzusetzen. Sie hatte viel zu viel Mutterwitz, um Fehler zu machen – jeglicher Art. Meinen Sie nicht auch, Monsieur Alaric?«

Er blickte über ihre Schulter hinweg auf die Straße, in eine Ferne, die sie nicht sehen konnten, bevor er sich wieder Charlotte zuwandte.

»Wir versuchen nur, auf möglichst feine Art auszudrücken, daß Mrs. Spencer-Brown einen äußerst ausgeprägten Überlebensinstinkt hatte, Mrs. Pitt«, erwiderte er. »Sie kannte die Regeln genau, sie wußte, was man sagen durfte und was nicht – und was getan werden konnte. Sie war niemals nachlässig, Gefühle gewannen bei ihr nie die Oberhand. Sie mag manchmal oberflächlich gewirkt haben, aber nur, weil dies den gesellschaftlichen Normen entsprach. Männer schätzen es eben nicht, wenn Frauen auf intelligente Weise über anspruchsvolle Themen sprechen.« Er lächelte flüchtig. Caroline konnte nicht wissen, daß sie sich kannten und schon früher miteinander unterhalten hatten. »Wenigstens gilt das für die meisten Männer. Doch trotz ihres Geplauders war Mina eine fähige und besonnene Frau, die stets wußte, was sie wollte, und ihre Chancen einschätzen konnte.«

Charlotte starrte ihn an und versuchte, Ordnung in ihre Gedanken zu bringen. »Das klingt alles ein wenig doppeldeutig«, sagte sie langsam. »War sie berechnend?«

Caroline hakte sich bei ihr ein. »Unsinn. Man braucht schließlich einen gesunden Menschenverstand, um zu überleben! Monsieur

Alaric will damit nur sagen, daß sie nicht leichtfertig war, keine unvernünftige Person, die sich keine Gedanken darüber gemacht hat, was sie tat. Nicht wahr, Monsieur Alaric?« Sie blickte ihn an, ihr Gesicht glühte trotz der kühlen Luft, und ihre Augen strahlten. Charlotte war überrascht – und gleichzeitig voller Angst –, als sie sah, wie attraktiv ihre Mutter immer noch aussah. Ihr Teint, ihr leuchtender Blick, ihr Erröten hatten nichts mit dem Märzwind zu tun, sondern nur mit der Gegenwart dieses dunkelhaarigen, attraktiven Mannes, der hier vor ihnen auf der Straße stand und so einfühlsam über den Tod redete und so mitfühlend über die Tragödie, die sich ereignet hatte.

»Dann befürchte ich, daß es doch Selbstmord war!« sagte Charlotte plötzlich ziemlich laut. »Vielleicht war die arme Frau in eine Herzensangelegenheit verwickelt, hat sich in einen anderen Mann verliebt, und die Situation ist für sie unerträglich geworden. Ich kann mir gut vorstellen, wie leicht so etwas passieren kann.« Sie hatte nicht den Mut, die beiden dabei anzusehen, und auf der Straße war es auf einmal absolut still geworden, nicht einmal der Ruf eines Vogels oder das Klappern ferner Hufe war zu hören.

»Derartige Abenteuer enden oft in einer Katastrophe«, fuhr sie fort, nachdem sie tief Luft geholt hatte. »In irgendeiner Katastrophe. Vielleicht ist sie lieber in den Tod gegangen, als einen Skandal heraufzubeschwören, zu dem es vielleicht gekommen wäre, wenn die ganze Sache bekannt geworden wäre.«

Caroline stand wie versteinert da.

»Glauben Sie etwa, daß sie oder irgendein Mann zugelassen hätten, daß so etwas publik geworden wäre?« fragte Alaric mit einem Gesichtsausdruck, den Charlotte nicht zu deuten vermochte.

»Ich habe keine Ahnung«, sagte sie herausfordernd. Sie bereute ihren Ton zwar sofort wieder, sprach aber dennoch weiter. Alaric hatte schon immer verstanden, sie zu unvorsichtigen Äußerungen zu verleiten. »Vielleicht durch einen indiskreten Brief oder ein Geschenk? Menschen, die verliebt sind, verhalten sich häufig äußerst töricht, selbst wenn sie normalerweise sehr vernünftig sind.«

Carolines Körper war so starr geworden, daß Charlotte ihn hinter ihrer Schulter wie eine Eissäule spüren konnte.

»Du hast recht«, sagte Caroline leise. »Aber der Tod wäre ein schrecklicher Preis für eine derartige Torheit.«

»Allerdings!« Zum ersten Mal sah Charlotte ihre Mutter wieder direkt an. Danach wandte sie sich Alaric zu, dessen Augen rätselhaft dunkel und glänzend waren, der sie jedoch genauso deutlich zu verstehen schien, als könne er ihre Gedanken lesen.

»Aber wenn wir uns auf derartige Dinge einlassen«, fuhr Charlotte fort, und ihre Stimme klang dabei ein wenig gepreßt, »denken wir selten daran, welch hohen Preis wir am Ende bezahlen müssen – bis es schließlich zu spät ist.« Sie schluckte und versuchte plötzlich wieder, heiter und unbeschwert zu klingen, als habe sie nur von Mutmaßungen gesprochen, die mit der Realität nichts zu tun hatten. »Das habe ich jedenfalls beobachtet.« Sicher erinnerte er sich jetzt auch an den Paragon Walk und ihr erstes Treffen. Ob er wohl immer noch dort wohnte?

Sein Gesicht entspannte sich ein wenig, und seine Lippen verzogen sich zu einem winzigen Lächeln. »Wir wollen hoffen, daß wir unrecht haben und es eine weniger schreckliche Erklärung für alles gibt. Ich wünsche niemandem, daß er sich derart quälen muß.«

Sie erinnerte sich an ihre eigenen Gefühle. Doch das war längst Vergangenheit. »Ich auch nicht. Und ich bin sicher, du empfindest genauso, Mama.« Sie umschloß Carolines Hand mit der ihren. »Wir gehen besser jetzt nach Hause, unseren Besuch haben wir ja bereits gemacht. Papa erwartet uns bestimmt zum Tee.«

Caroline öffnete den Mund, um etwas zu sagen, schloß ihn jedoch wieder, doch auch so mußte Charlotte sie regelrecht mitziehen.

»Auf Wiedersehen, Monsieur Alaric«, sagte Charlotte. »Es freut mich sehr, Ihre Bekanntschaft gemacht zu haben.«

Er verbeugte sich und lüftete seinen Hut.

»Ganz meinerseits, Mrs. Pitt. Auf Wiedersehen, Mrs. Ellison.«

Sie gingen ein paar Schritte, Charlotte zog Caroline immer noch heftig am Arm neben sich her.

»Charlotte, manchmal bringst du mich regelrecht zur Verzweiflung!« Caroline schloß die Augen, um die unangenehme Szene möglichst schnell zu vergessen.

»Was du nicht sagst!« erwiderte Charlotte scharf, eilte aber genauso schnell weiter. »Mama, es ist nicht nötig, überflüssige Worte zu verlieren, mit denen wir einander doch nur weh tun würden. Wir verstehen einander auch so. Und du brauchst mir auch nicht zu sagen, daß Papa nicht zu Hause ist. Das weiß ich selbst.«

Caroline schwieg. Der Wind wurde schärfer, und sie vergrub den Kopf tiefer in ihren Kragen.

Charlotte wußte, daß sie ihre Mutter schroff, sogar grausam behandelt hatte, aber sie hatte einfach furchtbare Angst. Paul Alaric war kein Mann für eine oberflächliche Affäre, ein Mann, der sich nur angenehm auszudrücken und dem anderen mit kleinen Gesten zu schmeicheln wußte, der lediglich einen Hauch von Romantik in die Monotonie einer 30jährigen Ehe brachte. Er war kraftvoll und vital, voll Temperament und Leidenschaft, weckte Gedanken an Dinge, die unerreichbar waren, aufregend und vielleicht unendlich schön. Charlotte selbst bebte noch nach diesem Treffen.

# Kapitel 5

Charlotte erzählte Pitt nichts von ihren Gefühlen, was Paul Alaric und Caroline betraf, oder daß sie ihn noch von früher kannte. Im Grunde hätte sie es nicht einmal in Worte fassen können, wenn sie gewollt hätte. Die Begegnung mit Alaric hatte sie nur noch verwirrter denn je gemacht. Sie erinnerte sich an die leidenschaftlichen Gefühle und die Eifersucht, die er am Paragon Walk heraufbeschworen hatte, an die Unruhe, die er auch in ihr geweckt hatte. Es war nicht schwer, Carolines Verliebtheit zu verstehen. Alaric war weit mehr als nur charmant, mehr als ein attraktives Gesicht, von dem man träumen konnte. Er hatte die Fähigkeit, zu überraschen, zu verstören, er war ein Mensch, an den man sich auch noch lange nach dem Abschied erinnerte. Es wäre unsinnig, ihn als harmlosen Flirt, der von selbst vergehen würde, abzutun.

Das konnte sie Pitt unmöglich erklären, und sie wollte es gar nicht erst versuchen.

Doch natürlich mußte sie ihm mitteilen, daß Tormod und Eloise Lagarde beabsichtigten, Rutland Place am folgenden Tag zu verlassen, damit er mit ihnen noch vorher über Minas Tod reden konnte, falls er dies beabsichtigte.

Da die beiden Geschwister seines Wissens die letzten Personen gewesen waren, die Mina lebend gesehen hatten, gab es eine Menge Fragen, die Pitt ihnen gern gestellt hätte, obwohl es ihm bisher noch nicht gelungen war, seine Gedanken in die richtigen Worte zu kleiden, denn sie waren immer noch verwirrt, wirklich bewußt war ihm nur die ungeklärte Tragödie. Doch er durfte keine Zeit mit vagen Vermutungen und höflicher Rücksicht verlieren. Pünktlich um Viertel nach neun, der frühstmöglichen Zeit, jemanden aufzusuchen, ohne völlig unhöflich zu erscheinen, stand er auf der abweisenden Schwelle der Lagardes, Auge in Auge mit einem aufgeschreckten Diener, dessen Krawatte schief saß und dessen polierte Stiefel Schmutzspuren aufwiesen.

»Sie wünschen, Sir?« fragte der Mann, der Mund stand ihm vor Verblüffung offen.

»Inspector Pitt«, stellte sich Pitt vor. »Könnte ich bitte mit Mr. Lagarde sprechen? Und danach auch mit Miss Lagarde, sobald es ihr genehm ist?«

»Is' nich' genehm.« In seiner Fassungslosigkeit vergaß der Diener sogar seine gepflegte Ausdrucksweise, die der Butler ihm mit viel Mühe einzutrichtern versucht hatte. »Die fahren heute weg. Die ham keine – die wollen heute keinen empfangen. Miss Lagarde geht's nich' gut.«

»Es tut mir sehr leid, daß Miss Lagarde sich nicht wohl fühlt«, sagte Pitt, ließ sich jedoch nicht so ohne weiteres vor der Tür abfertigen. »Ich bin von der Polizei und bin leider gezwungen, Erkundigungen über den Tod von Mrs. Spencer-Brown einzuholen. Sie war mit den Lagardes eng befreundet, soweit ich weiß. Ich bin sicher, daß sie unter diesen Umständen bereit sind, mir zu helfen, soweit es in ihrer Macht steht.«

»Oh! Also dann –« Der Diener hatte eine derartige Situation offenbar nicht erwartet, und auch der Butler hatte ihn nicht darauf vorbereitet.

»Vielleicht wäre es weniger auffällig, wenn Sie mich nicht ausgerechnet vor der Tür warten lassen würden«, sagte Pitt und blickte hinunter auf die Straße, als wolle er damit andeuten, daß sämtliche Anwohner des Rutland Place seine Identität kannten und daher wußten, warum er gekommen war.

»Oh!« Der Diener wurde sich der drohenden Katastrophe bewußt. »Natürlich, am besten, Sie kommen mit ins Frühstückszimmer. Es gibt da aber kein Kaminfeuer –« Doch dann erinnerte er sich daran, daß Inspector Pitt Polizist war und man sich bei derartigen Personen sowohl Erklärungen als auch Kaminfeuer sparen konnte. »Warten Sie hier.« Er öffnete die Tür und sah zu, wie Pitt in das Zimmer ging. »Ich werd' dem Herrn sagen, daß Sie hier sind. Und wandern Sie bloß nicht auf eigene Faust hier herum! Ich komm' dann zurück und sag' Ihnen Bescheid!«

Pitt mußte lächeln, als sich die Tür hinter dem jungen Mann schloß. Er nahm ihm sein Benehmen nicht übel. Schließlich hing seine Stellung davon ab, daß er die gesellschaftlichen Regeln befolgte, und ein verärgerter Butler, dem man es nicht recht machte, konnte ihn teuer zu stehen kommen. Kein klärendes Gespräch, keine Gelegenheit für Ausreden oder Erklärungen – Fehler wurden nicht geduldet. Die Polizei im Haus zu haben, war schon unangenehm genug, doch sie vor der Tür warten zu lassen und mit ihr herumzustreiten, wo alle Welt es sehen konnte, war unverzeihlich. Pitt war mit den Gepflogenheiten des Dienstpersonals vertraut, sein eigener Vater war immerhin Wildhüter auf einem großen Landgut gewesen. Als kleiner Junge war Pitt zusammen mit dem Sohn des Hauses, einem Einzelkind, das für jeden Spielgefährten dankbar gewesen war, durch das Herrenhaus gestreift. Pitt hatte schnell gelernt, seine Manieren und seine Sprache nachzuahmen und das Unterrichtsmaterial abzuschreiben. Er kannte die Regeln auf beiden Seiten der Tür, die den Dienstbotentrakt und die Räume der Herrschaft voneinander trennte.

Tormod ließ nicht lange auf sich warten. Pitt hatte kaum genug Zeit gehabt, die freundlichen Landschaftsbilder an den Wänden und den antiken Rosenholzschreibtisch mit den hübschen Intarsien zu betrachten, als er bereits Schritte auf dem polierten Boden draußen vor dem Zimmer hörte.

Tormod entsprach ziemlich genau seinen Erwartungen: Er war breitschultrig und trug ein wunderschön geschnittenes Jackett mit etwas höherem Kragen. Sein dunkelbraunes Haar hatte er aus der breiten weißen Stirn gekämmt, seine Lippen waren voll, die Unterlippe war besonders ausgeprägt.

»Pitt?« erkundigte er sich förmlich. »Ich weiß nicht, was ich Ihnen sagen könnte. Ich habe wirklich nicht die geringste Ahnung, was der armen Mina – Mrs. Spencer-Brown – zugestoßen ist. Falls sie sich vor irgend etwas geängstigt oder gefürchtet haben sollte, hat sie es unglücklicherweise weder mir noch meiner Schwester anvertraut.«

Pitt hatte das Gefühl, vor einer weißen Wand zu stehen, und wußte nicht, wie er auch nur den kleinsten Eindruck auf sie machen sollte. Und doch waren die Lagardes die einzigen, von denen er sich bis jetzt konkrete Anhaltspunkte erhoffen konnte.

»Aber sie hat Sie an dem betreffenden Tag noch besucht und ist ungefähr eine Stunde vor ihrem Tod wieder gegangen?« sagte er ruhig. In Gedanken suchte er verzweifelt nach einer sachdienlichen Frage, die er stellen konnte, irgend etwas, das die glatte Fassade aufbrach und einen Einblick in die heftigen Gefühle gewährte, die es gegeben haben mußte – es sei denn, Minas Tod war wirklich die Folge eines Zufalls oder eines Unfalls gewesen.

»Oh ja«, sagte Tormod und zuckte mit leichtem Bedauern die Achseln. »Aber selbst nach allem, was ich jetzt weiß, kann ich mich nicht erinnern, daß sie irgend etwas gesagt hat, das darauf schließen ließ, daß sie sich das Leben nehmen wollte. Sie schien so ausgeglichen und war wie üblich gut gelaunt. Ich habe schon die ganze Zeit versucht, mich zu erinnern, worüber wir gesprochen haben, aber mir fallen nur unwichtige Kleinigkeiten ein.« Er sah Pitt mit dem Anflug eines Lächelns an. »Modefragen, Speisen für den Abendbrottisch, einige Klatschgeschichten über die Gesellschaft – alles absolut alltägliche Dinge, über die man spricht, wenn man sich die Zeit vertreiben möchte, weil man im Grunde nichts Wichtiges zu sagen hat. Angenehm, doch man hört nur mit halbem Ohr zu.«

Pitt kannte diese Art der Konversation nur zu gut. Das Leben war voll von derartigen nichtssagenden Unterhaltungen. Wichtig war lediglich, daß man miteinander sprach, die Worte waren unwesentlich. War es wirklich möglich, daß Mina nicht geahnt hatte, daß sie nur noch weniger als eine Stunde leben würde? War es ein Unfall gewesen, der sie wie ein Blitz aus heiterem Himmel getroffen hatte? Hatte ihn kein Sturm, kein fernes Donnergrollen, keine drückende Schwüle angekündigt? Für einen Mord war dies völlig untypisch. Selbst ein Wahnsinniger hatte seine Gründe, jemanden umzubringen, die Hitze des Irrsinns steigerte sich ganz langsam, wie die Wärme des Frühlings allmählich den Schnee eines langes Winters dahinschmolz, bis plötzlich aus den feinen Rinnsalen reißende Ströme wurden, die mit wilder, zerstörerischer Gewalt die Dämme durchbrachen.

Doch Pitt hatte gesehen, wie Wahnsinnige töteten, und sie hatten niemals Gift benutzt – schon gar nicht bei einer Frau, die sich ganz allein in ihrem Salon aufhielt und entspannt auf einer Chaiselongue lag.

Falls es sich hier um Mord handelte, dann war der Mörder kein Wahnsinniger gewesen – und er hatte ein Motiv für seine Tat gehabt.

»Ich frage mich«, kam er wieder auf das eigentliche Thema zu sprechen, »ob Mrs. Spencer-Brown vielleicht irgendein Problem hatte, das sie Ihnen anvertrauen wollte, dann aber, als sie es in Worte kleiden sollte, feststellte, daß sie dazu nicht in der Lage war? Vielleicht hat sie genau aus diesem Grund nur über belanglose Dinge gesprochen?«

Tormod schien diese Möglichkeit zu überdenken, sein Blick war ausdruckslos, während er sich zu erinnern versuchte.

»Es könnte möglich sein«, sagte er schließlich. »Obwohl ich es nicht glaube. Sie verhielt sich ganz genauso wie sonst. Ich meine, sie war in keiner Weise erregt, so weit ich mich erinnere, oder während des Gesprächs unaufmerksam, was man von einem Menschen erwartet, der nur auf eine Gelegenheit wartet, über etwas anderes zu sprechen.«

»Aber Sie sagten eben selbst, daß Sie nur mit halbem Ohr zugehört hätten«, bemerkte Pitt.

Tormod lächelte und verzog amüsiert das Gesicht.

»Nun ja« – er streckte die Hände mit den Innenflächen nach oben aus –, »wer hört schon einem Gespräch zwischen Frauen gebannt zu? Um die Wahrheit zu sagen, ich hatte eigentlich beabsichtigt, das Haus zu verlassen, mußte jedoch im letzten Moment meine Pläne ändern, sonst wäre ich gar nicht anwesend gewesen. Man muß eben höflich sein, doch wen interessiert es schon, welche Farben Lady Soundso auf irgendeinem Ball getragen hat oder was Mrs. Was-weiß-ich bei der Soiree zum besten gegeben hat? Das sind Frauenthemen. Ich hatte wirklich nicht den Eindruck, daß die Konversation in irgendeiner Weise anders verlief als sonst auch. Ich habe keinerlei Veränderungen in Tonfall und Stimme gehört und nicht die geringsten Anzeichen von Angst bemerkt – das wollte ich damit nur sagen.«

Pitt konnte ihn gut verstehen. Es mußte große Selbstdisziplin gekostet haben, das ganze Gespräch über höflich zu bleiben. Nur die konsequente Erziehung zur unbedingten Einhaltung perfekter Umgangsformen – vom Schoß der Amme bis hin zu Gouvernante und Privatschule – konnte eine derart vollkommene Selbstdisziplin schaffen, die es Tormod ermöglichte, in allen Situationen elegant und charmant zu wirken. Gleichwohl nutzte Pitt genau diese Verhaltensweise von Tormod für seine eigenen Zwecke.

»Vielleicht hat Ihre Schwester etwas bemerkt, irgendeine Nuance herausgehört, die nur eine Frau verstehen kann?« fragte er schnell.

Tormod zog die Augenbrauen ein wenig in die Höhe, entweder wegen der impliziten Aufforderung, die diese Frage enthielt, oder wegen Pitts Wortwahl.

Er zögerte. »Es wäre mir lieber, wenn Sie meine Schwester damit nicht belasten würden, Inspector«, sagte er langsam. »Minas

Tod hat ihr einen schweren Schock versetzt. Ich werde sie daher für eine Weile von Rutland Place fortbringen, damit sie sich wieder erholen kann. Die Erinnerungen, die diese Tragödie wachgerufen hat, sind höchst schmerzhaft. Meine Schwester und ich sind Waisen. Wir sind in der Vergangenheit bereits mit dem Tod konfrontiert worden, und ich fürchte, die arme Eloise hat dieses Erlebnis immer noch nicht ganz verwunden. Ich könnte mir schon vorstellen, daß Mina ihr an dem betreffenden Tag etwas anvertraut hat. Ich war schließlich nicht die ganze Zeit anwesend. Vielleicht macht Eloise sich Vorwürfe, daß sie nicht bemerkt hat, wie verzweifelt die arme Frau war, und nichts unternommen hat, und ist darüber zusätzlich bekümmert. Obwohl ich, um ehrlich zu sein, der Meinung bin, daß jemand, der wirklich entschlossen ist, sich das Leben zu nehmen, dies auf jeden Fall in die Tat umsetzen wird, man kann rein gar nichts tun, um ihn davon abzuhalten – lediglich das Unvermeidliche etwas hinauszögern.«

Dann hellte sich sein Gesicht mit einem Mal auf. »Wissen Sie, was? Ich frage Eloise einfach. Falls es irgend etwas geben sollte, wird sie sich mir sicher anvertrauen, und ich verspreche Ihnen, daß ich Ihnen alles mitteilen werde, wenn es in irgendeinem Zusammenhang mit Minas Tod stehen sollte. Wären Sie damit einverstanden? Ich bin sicher, Sie würden niemandem Kummer bereiten, wenn es nicht unbedingt nötig wäre.«

Pitt schwankte. Er dachte an die vielen bleichen, schmerzerfüllten Gesichter der Menschen, die dem Tod begegnet waren, besonders wenn er plötzlich und gewaltsam gewesen war. Jedesmal, wenn er sich in einer derartigen Situation befand, sah er sie wieder vor sich, die Bestürzung, den Schmerz, das langsame Begreifen der unvermeidlichen Wahrheit, wenn der Schock nachließ und nur die Realität blieb, wie ein kaltes Etwas, das größer wurde und näher und näher kroch.

Doch er konnte sich nicht auf Tormod Lagarde verlassen, er mußte sich sein eigenes Urteil bilden.

»Es gut mir leid, aber das genügt nicht.«

Er sah, wie Tormods Gesichtsausdruck sich veränderte, wie er die Lippen zusammenpreßte und sein Blick kühl wurde.

»Sie können meinetwegen gern dabeisein«, fuhr Pitt fort, ohne seinen Gesichtsausdruck oder seine Stimme zu verändern. Er lächelte Tormod weiter freundlich an. »Es wäre mir sogar ganz angenehm, wenn Sie die Fragen stellen würden. Ich verstehe Ihre

Sorge, daß Sie sie nicht belasten oder an andere tragische Erinnerungen rühren wollen. Doch da ich Einzelheiten über den Tod von Mrs. Spencer-Brown kenne, von denen Sie nichts wissen können, muß ich Miss Lagardes Antworten persönlich hören, und daher genügt es nicht, wenn Sie sie mir überbringen, selbst wenn dies in bester Absicht geschieht.«

Ihre Blicke trafen sich, und Tormod starrte ihn einige Sekunden überrascht an, trat einen Schritt zurück, streckte den Arm aus und griff nach der Klingelschnur.

»Würden Sie bitte Miss Lagarde ausrichten, sie möge zu uns in das Frühstückszimmer kommen, Bevan?« sagte er, als der Butler erschien.

»Das ist sehr freundlich von Ihnen«, sagte Pitt, dankbar für das Entgegenkommen.

Tormod erwiderte nichts, drehte sich um und blickte aus dem Fenster in den grauen Nieselregen hinaus, der allmählich dichter wurde und die Konturen der Häuser auf der gegenüberliegenden Seite der Place undeutlich werden ließ. An den Spitzen der Lorbeerblätter draußen vor dem Fenster hingen glitzernde Tropfen.

Als Eloise erschien, war sie blaß, jedoch völlig gefaßt. Sie hatte sich in ihr Schultertuch gehüllt und blickte Pitt offen an.

Sobald sie zur Tür hereingekommen war, ging Tormod zu ihr und legte seinen Arm um ihre Schultern.

»Eloise, Liebling, Inspector Pitt muß dir einige Fragen über die arme Mina stellen. Ich bin sicher, du verstehst, daß er etwas über ihren Gemütszustand wissen möchte, und wir waren schließlich die letzten Personen, die mit ihr zusammen waren, bevor sie starb.«

»Selbstverständlich«, sagte Eloise ruhig. Sie setzte sich auf das Sofa und blickte Pitt fest in die Augen, doch in ihrem Gesicht spiegelte sich nur ein rein höfliches Interesse.

Der Tod beschäftigte sie offenbar so sehr, daß für Neugier kein Raum blieb.

»Du brauchst keine Angst zu haben«, sagte Tormod sanft.

»Angst?« Sie schien überrascht. »Ich habe keine Angst.« Sie hob den Kopf und schaute Pitt an. »Aber ich glaube nicht, daß ich Ihnen irgend etwas mitteilen kann, was für Sie wichtig sein könnte.«

Tormod warf Pitt einen warnenden Blick zu und sah dann wieder seine Schwester an.

»Erinnerst du dich noch, daß ich euch eine Weile allein gelassen habe?« fragte er mit weicher Stimme, als wolle er einem Kind Mut zusprechen. »Bis dahin hattet ihr über unwichtige Dinge geredet – Mode und Klatschgeschichten. Hat sie dir irgend etwas anvertraut, als ihr allein wart? Irgendeine Herzensangelegenheit? Daß sie verliebt war vielleicht oder daß sie Angst hatte? Daß ihr irgend jemand besonders gut gefiel?«

Eloises Mund verzog sich zu einem winzigen Lächeln. »Falls du damit meinst, ob sie einen anderen Mann als ihren Ehemann geliebt hat«, sagte sie mit ausdrucksloser Stimme, »habe ich keinen Grund, dies anzunehmen. Ganz sicher hat sie mir gegenüber nichts davon erwähnt – weder bei unserem letzten Treffen noch zu irgendeinem anderen Zeitpunkt. Ich bin nicht sicher, ob sie an die Liebe glaubte, wie sie immer in den Romanen beschrieben wird. Sie glaubte an leidenschaftliche Gefühle – Lust und Mitleid und Einsamkeit –, doch dabei handelt es sich um ganz andere Empfindungen, nicht solche, die man Liebe nennen könnte. Sie vergehen wieder, wenn der Hunger gestillt ist oder der Grund für das Mitleid nicht mehr besteht – oder wenn man von der Einsamkeit genug hat. Um Liebe handelt es sich bei diesen Gefühlen nicht.«

»Eloise!« Tormods Arm legte sich fester um sie, er preßte ihren Arm so fest mit seiner Hand, daß weiße Druckstellen auf ihrer Haut erschienen, die Pitt sogar durch den Musselin ihres Kleides sehen konnte. »Es tut mir so leid!« Seine Stimme war leise, fast ein Flüstern. »Ich hatte keine Ahnung, daß Mina mit dir über derartige Dinge gesprochen hat, sonst hätte ich dich nie mit ihr allein gelassen.« Er wirbelte herum und starrte Pitt an. »Da haben Sie Ihre Antwort, Inspector! Mrs. Spencer-Brown war eine Frau, die auf irgendeine tragische Weise enttäuscht wurde, und sie wollte jemandem ihr Herz ausschütten. Bedauerlicherweise wählte sie meine Schwester, ein unverheiratetes junges Mädchen – was ich schwer verzeihlich finde, es sei denn, sie hat sich in ihrer Verzweiflung nicht anders zu helfen gewußt! Gott sei ihrer Seele gnädig!

Ich denke, Sie haben genug von uns erfahren. Ich werde Eloise von hier fortbringen, fort von Rutland Place, bis der schlimmste Schock vorüber ist. Sie kann sich auf dem Land ein wenig erholen und auf andere Gedanken kommen. Ich weiß nicht, was Mrs. Spencer-Brown ihr sonst noch über ihre persönlichen Qualen mitgeteilt hat, aber ich werde nicht zulassen, daß Sie sie noch weiter bedrängen. Es handelt sich offenbar um eine – ein äußerst vertrauliches und schmerzhaftes Thema. Ich kann doch davon ausgehen, daß Sie Kavalier genug sind, dies zu verstehen?«

»Tormod –«, begann Eloise.

»Nein, meine Liebe, der Inspector kann das, was er sonst noch wissen möchte, auf andere Weise herausfinden. Die arme Mina hat sich zweifellos selbst das Leben genommen. Es gibt nichts, was du hättest tun können, und ich werde nicht zulassen, daß du dich in irgendeiner Weise dafür verantwortlich fühlst! Wir werden vielleicht niemals erfahren, was es war, das sie nicht länger ertragen konnte, und vielleicht ist es auch besser so. Es sollte jedem Menschen gestattet sein, seine tiefsten Schmerzen mit ins Grab nehmen zu dürfen. Es gibt Dinge, die einem so sehr am Herzen liegen, daß man sie um Gottes willen in Frieden ruhen lassen sollte!« Er hob den Kopf und starrte Pitt durchdringend an, als wolle er ihn zwingen, ihm zuzustimmen.

Pitt schaute sie an, wie sie nebeneinander auf dem Sofa saßen. Er würde nichts mehr aus Eloise herausbekommen, und im Grunde neigte er ebenfalls zu der Ansicht, daß Minas Seelenqualen, wie auch immer sie ausgesehen haben mochten, mit ihr gemeinsam begraben und nicht von Fremden hervorgezerrt, betrachtet und beurteilt werden sollten, selbst wenn es sich um die Polizei handelte.

Er stand auf. »Sie haben recht«, sagte er nur. »Wenn ich sicher sein kann, daß es sich um eine private Tragödie handelt und nicht um ein Verbrechen, nicht einmal um Fahrlässigkeit, dann wäre es sehr viel besser, wir würden all dies vergessen und uns ihrer nur wohlwollend erinnern.«

Tormod beruhigte sich, seine Schultern entspannten sich, der Stoff seines Jacketts fiel wieder in seine natürlichen Falten zurück. Er stand ebenfalls auf und streckte seine Hand aus, um sich von Pitt mit einem kräftigen Händedruck zu verabschieden.

»Ich bin froh, daß wir uns verstehen. Guten Tag, Inspector.«

»Guten Tag, Mr. Lagarde.« Pitt wandte sich an Eloise. »Miss Lagarde. Ich wünsche Ihnen einen angenehmen Aufenthalt auf dem Land.«

Sie lächelte ihn unsicher an, sie schien Bedenken zu haben, vielleicht sogar Angst zu verspüren.

»Vielen Dank«, sagte sie kaum hörbar.

Draußen auf der Straße ging Pitt ganz langsam und versuchte seine Gedanken zu ordnen. Bisher schien alles auf einen ganz persönlichen Schmerz hinzudeuten, den Mina Spencer-Brown für sich behalten hatte und der sie schließlich überwältigt hatte, so daß sie ganz bewußt die Überdosis eines Mittels eingenommen hatte, das bereits in ihrem Besitz war. Wahrscheinlich würde sich herausstellen, daß es die Medizin ihres Mannes gewesen war, die das Belladonna enthielt, von dem Dr. Mulgrew gesprochen hatte.

Doch bevor er die Sache auf sich beruhen lassen konnte, mußte er noch die anderen Frauen befragen, die sie gekannt hatten. Falls überhaupt irgend jemand ihr Geheimnis kannte, war es sicher eine von ihnen, entweder weil sich Mina ihr anvertraut hatte oder weil sie etwas beobachtet hatte. Er wußte inzwischen, wieviel eine vergleichsweise müßige Frau an anderen Menschen wahrnehmen konnte, einfach weil sie keiner Arbeit nachging und nur wenige Pflichten zu erfüllen hatte. Andere Menschen waren ihr Lebensinhalt: Beziehungen, Geheimnisse, die man weitererzählte oder die man für sich behielt.

Er suchte zunächst Ambrosine Charrington auf, weil sie am weitesten entfernt wohnte und er das Bedürfnis nach einem kleinen Spaziergang hatte. Trotz des immer stärker werdenden Regens war er noch nicht in der Verfassung, irgend jemandem gegenüberzutreten. Einmal blieb er sogar stehen, als eine rote Katze steifbeinig vor ihm über den Bürgersteig stolzierte, sich ob der Nässe angewidert schüttelte und in ein schützendes Gebüsch verschwand. Vielleicht, dachte Pitt, sollte er warten, bis der Schmerz und die Trauer ein wenig nachgelassen hatten. Vielleicht war dies alles gar nicht die Aufgabe der Polizei, und er tat am besten daran, sich umzudrehen und fortzugehen, den Omnibus zurück zum Polizeirevier zu nehmen und sich mit irgendeinem anderen Fall, einem Diebstahl oder einer Fälschung, zu beschäftigen, bis Mulgrew und der Polizeiarzt ihre Berichte einreichten.

Immer noch in Gedanken versunken, ohne zu einer bewußten Entscheidung gekommen zu sein, begann er weiterzugehen. Der Regen wurde allmählich immer stärker und rann in kalten Rinnsalen unter seinen Kragen auf seine Haut und ließ ihn frösteln. Er war froh, als er endlich das Haus der Charringtons erreichte.

Der Butler empfing ihn mit leichtem Mißfallen, als sei er ein streunendes Tier, das durch das unfreundliche Wetter hergetrieben worden war, und keine Person, die hier irgend etwas zu suchen hatte. Pitt dachte an sein Haar, das ihm an der Stirn klebte, die nassen Hosenbeine, die ihm um die Knöchel klatschten, den zerrissenen Schnürriemen an einem seiner Schuhe und entschied, daß man dem Mann seinen Eindruck kaum verübeln konnte.

Pitt zwang sich zu einem Lächeln. »Inspector Pitt. Von der Polizei«, stellte er sich vor.

»Ach so! Tatsächlich!« Der Gesichtsausdruck des Butlers veränderte sich schlagartig, der Ausdruck von höflicher Geduld verschwand wie die Sonne hinter einer Wolke.

»Ich würde gern mit Mrs. Charrington sprechen, wenn es möglich ist«, fuhr Pitt fort. »Es handelt sich um den Tod von Mrs. Spencer-Brown.«

»Ich glaube nicht –« fing der Butler an, doch als er einen Blick auf Pitts Gesicht warf, sah er, daß sein Protest das Gespräch höchstens verlängern, jedoch nicht beenden würde. »Wenn Sie bitte im Frühstückszimmer warten würden. Ich werde nachsehen, ob Mrs. Charrington zu Hause ist.« Diese Erklärung war Pitt nur allzu vertraut. Es war unhöflich zu sagen: »Ich werde fragen, ob sie bereit ist, Sie zu empfangen«, obwohl man ihm auch das schon oft genug ins Gesicht gesagt hatte.

Er hatte sich kaum gesetzt, als der Butler bereits zurückkehrte, um ihn in den Salon zu führen, wo ein helles Feuer im Kamin brannte und drei Jardinieren mit Blumen an der Wand standen.

Ambrosine saß kerzengerade auf einem kleinen grünen Brokatsofa und musterte Pitt interessiert vom Kopf bis zu den Stiefeln.

»Guten Morgen, Inspector. Setzen Sie sich doch, und legen Sie den Mantel ab. Sie scheinen mir ziemlich durchnäßt zu sein.«

Er kam ihrer Aufforderung bereitwillig nach und reichte dem Butler das tropfende Kleidungsstück. Daraufhin setzte er sich so in einen der Sessel, daß er das Feuer besonders genießen konnte.

»Sehr freundlich von Ihnen, Ma'am«, sagte er dankbar.

Der Butler ging hinaus und schloß die Tür hinter sich. Ambrosine zog ihre schmalen Augenbrauen in die Höhe.

»Man sagte mir, Sie würden Nachforschungen über den Tod der armen Mrs. Spencer-Brown anstellen«, sagte sie. »Leider kann ich Ihnen absolut nichts mitteilen, was Sie interessieren könnte. Es ist in der Tat äußerst erstaunlich, wie wenig ich überhaupt weiß. Ich hatte erwartet, irgend etwas zu hören. Man muß wirklich außerordentlich geschickt sein, um in der Gesellschaft ein Geheimnis wahren zu können, wissen Sie. Es gibt zahlreiche Dinge, über die nicht gesprochen wird, weil es als unverzeihlich geschmacklos gilt, sie zu erwähnen, doch für gewöhnlich weiß trotzdem jeder davon. Man erkennt es an der gewissen Selbstgefälligkeit in den Gesichtern!«

Sie schaute ihn an, um herauszufinden, ob er sie verstanden hatte, und stellte offenbar mit Befriedigung fest, daß dies der Fall war. »Es ist unbeschreiblich angenehm, Geheimnisse zu kennen, besonders wenn andere genau merken, daß man etwas weiß – und selbst nichts wissen.«

Sie runzelte die Stirn. »Aber in der letzten Zeit habe ich diesen Gesichtsausdruck bei niemandem außer bei Mina bemerkt! Und ich habe nie erfahren können, ob sie wirklich etwas so außerordentlich Wichtiges gewußt hat oder es uns lediglich glauben machen wollte!«

Er war genauso ratlos wie sie. »Glauben Sie nicht, daß jemand bereit ist zu reden, jetzt, wo es sich um einen Todesfall handelt?« sagte er. »Um mögliche Mißverständnisse oder gar Ungerechtigkeiten zu vermeiden?«

Sie schenkte ihm ein mattes Lächeln. »Sie sind offenbar ein echter Optimist, Inspector. Sie geben mir das Gefühl, daß ich sehr alt bin – oder zumindest, daß Sie sehr jung sind. Der Tod ist die beste Ausrede, um bestimmte Dinge für immer zu vertuschen. Es gibt nur wenige Menschen, die auch nur das geringste an Ungerechtigkeiten auszusetzen haben – das ganze Leben dreht sich darum! Und schließlich gehört es immerhin zu unserem Glaubensbekenntnis: ›De mortuis nil nisi bene.‹«

Er wartete darauf, daß sie ihm die Bedeutung dieses Satzes erklärte, obwohl er das Gefühl hatte, auch so verstanden zu haben, was sie meinte.

»Über die Toten soll man nur Gutes sagen«, fuhr sie düster fort. »Natürlich spreche ich vom Glaubensbekenntnis der Gesellschaft und nicht von dem der Kirche. Auf den ersten Blick scheint es ein recht barmherziger Gedanke zu sein, aber er bürdet die ganze Last der Schuld den Lebenden auf – was natürlich von vornherein beabsichtigt war. Wer jagt schon gern einen toten Fuchs?«

»Die Schuld wofür?« erkundigte er sich nüchtern und zwang sich, das eigentliche Thema, nämlich Minas Tod, nicht aus dem Blick zu verlieren.

»Das hängt ganz davon ab, über wen wir sprechen«, erwiderte sie. »In Minas Fall kann ich es Ihnen leider auch nicht sagen. Es ist ein Bereich, in dem ich Sie für weitaus kompetenter halte als mich. Warum interessiert es Sie eigentlich so sehr? Es ist doch schließlich kein Verbrechen zu sterben. Natürlich verstehe ich, daß die Sache anders liegt, wenn sich jemand selbst das Leben nimmt – aber da es nun einmal unmöglich ist, den Täter zur Rechenschaft zu ziehen, kann ich den Sinn Ihrer Nachforschungen nicht ganz nachvollziehen.«

»Ich bin einzig und allein daran interessiert, herauszufinden, ob es sich wirklich so abgespielt hat«, antwortete er, »ob sie sich wirklich das Leben genommen hat. Aber keiner scheint auch nur die geringste Ahnung zu haben, warum sie es hätte tun sollen.«

»Nein«, sagte sie. »Wir wissen alle so wenig von einander, daß ich mich oft frage, ob uns überhaupt bewußt ist, warum wir die wirklich wichtigen Dinge tun. Ich glaube nicht, daß es die nächstliegenden Motive gewesen sind – wie Geld oder Liebe.«

»Mrs. Spencer-Brown war finanziell offenbar sehr gut abgesichert«, sagte er geradeheraus. »Könnten Sie sich vorstellen, daß ihr Tod irgend etwas mit einer Liebesaffäre zu tun hatte?«

Ihre Mundwinkel zuckten amüsiert, als sie versuchte, ein Lächeln zu unterdrücken.

»Wie zartfühlend, Inspector. Aber dazu kann ich Ihnen leider genausowenig sagen. Falls sie einen Liebhaber gehabt hat, war sie diskreter, als ich angenommen habe.«

»Vielleicht war sie in jemanden verliebt, der ihre Gefühle nicht erwiderte?« gab er zu bedenken.

»Möglicherweise. Aber wenn alle Menschen in dieser Situation sich das Leben nehmen würden, wäre halb London damit beschäftigt, die andere Hälfte der Bevölkerung zu begraben!« Sie machte eine wegwerfende Handbewegung. »Mina war keine melancholische Romantikerin, wissen Sie. Sie war außerordentlich praktisch eingestellt und stand mit beiden Beinen im Leben. Und außerdem war sie 35 und nicht 18!«

»Auch 35jährige können sich verlieben.« Er lächelte kaum wahrnehmbar.

Sie musterte ihn von Kopf bis Fuß und schätzte sein Alter ziemlich genau.

»Natürlich können sie das«, gab sie ihm recht; auf ihrem Gesicht zeigte sich der Anflug eines Lächelns. »Davon ist man in kei-

nem Alter gefeit. Aber mit 35 hat man diese Erfahrung höchstwahrscheinlich bereits mehrere Male gemacht und hält eine unglückliche Liebe nicht mehr für das Ende der Welt.«
»Aber warum glauben Sie dann, daß Mrs. Spencer-Brown sich umgebracht hat, Mrs. Charrington?« Seine Direktheit überraschte ihn selbst.
»Ich? Wollen Sie wirklich meine Meinung hören, Inspector?«
»Ja, das möchte ich.«
»Ich neige nicht zu der Auffassung, daß sie sich das Leben genommen hat. Mina war viel zu praktisch veranlagt, um nicht irgendeinen anderen Ausweg zu finden, falls sie sich tatsächlich in irgendwelchen Schwierigkeiten befunden haben sollte. Sie war keine emotionale Frau, und ich habe nie jemanden gekannt, der weniger hysterisch gewesen wäre.«
»Also ein Unfall?«
»Jedenfalls kein selbstverschuldeter. Ich könnte mir vorstellen, daß irgendein idiotisches Dienstmädchen die Flaschen oder Schachteln vertauscht oder zwei verschiedene Mittel zusammengegossen hat, um Platz zu schaffen, und dabei aus Versehen ein Gift zusammengemischt hat. Wahrscheinlich werden Sie es nie herausfinden, es sei denn, Ihre Polizisten haben sämtliche Gefäße aus dem Haus fortgeschafft, bevor die Dienstboten irgendeine Möglichkeit hatten, sie zu zerstören oder auszuleeren. Wenn ich an Ihrer Stelle wäre, würde ich mir darüber nicht den Kopf zerbrechen – es gibt nichts, aber auch gar nichts, was Sie daran ändern könnten, Sie können es weder ungeschehen machen noch verhindern, daß es irgendwo einem anderen Menschen wieder passiert.«
»Also ein Haushaltsunfall?«
»Wahrscheinlich. Wenn Sie jemals die Verantwortung für die Führung eines großen Hauses getragen hätten, Inspector, würden Sie wissen, welche unglaublichen Dinge sich manchmal dort abspielen. Wenn Sie wüßten, was manche Köchinnen anstellen und was alles den Weg in die Speisekammer findet, würden Sie höchstwahrscheinlich keinen Bissen mehr zu sich nehmen!«
Er stand auf, wobei er versuchte, das unpassende Bedürfnis zu lachen, das ihn plötzlich ankam, zu unterdrücken. Irgend etwas an dieser Frau gefiel ihm wirklich außerordentlich gut.
»Vielen Dank, Ma'am. Falls es sich tatsächlich so abgespielt haben sollte, haben Sie höchstwahrscheinlich recht – dann werde ich es tatsächlich nie herausfinden.«

Sie läutete nach dem Butler, damit er Pitt zur Tür begleitete.

»Es ist ein Zeichen von Weisheit zu lernen, etwas auf sich beruhen zu lassen, was man sowieso nicht mehr ändern kann«, sagte sie freundlich. »Sie werden mehr schaden als nutzen, wenn Sie die ganze feine Spreu dreschen, nur um ein winziges Körnchen Wahrheit darin zu finden. Viele Menschen werden es mit der Angst zu tun bekommen, vielleicht sogar ihre Stellung verlieren, und doch hätten Sie niemandem geholfen.«

Als nächstes suchte er Theodora von Schenck auf und fand einen völlig anderen Typ Frau vor: auf ihre Art attraktiv, jedoch völlig ohne die aristokratische Schönheit Ambrosines oder die ätherische Zerbrechlichkeit von Eloise. Am meisten erstaunte ihn jedoch, daß sie, wie Charlotte, mit völlig gewöhnlichen Haushaltsarbeiten beschäftigt war. Als Pitt eintraf, zählte sie gerade Wäsche und sortierte die Stücke aus, die geflickt oder ersetzt werden mußten. Offenbar schien es ihr nicht einmal peinlich zu sein, daß sie einige Teile beiseite gelegt hatte, die zerschnitten werden sollten und aus denen kleine Wäschestücke gefertigt werden sollten, etwa Kissenbezüge aus abgenutzten Laken oder Leinentücher zum Abtrocknen oder Polieren aus Wäsche, die noch kleiner oder noch abgenutzter war.

Trotz aller Offenheit war jedoch auch sie nicht in der Lage, ihm bei der Aufklärung von Minas Tod zu helfen. Sie war von der Vorstellung, daß jemand Selbstmord begangen haben konnte, sehr betroffen und fand es erschütternd, daß ein Mensch derart verzweifelt sein konnte, war sich jedoch bewußt, daß derartige Dinge passierten. Andererseits konnte sie sich nicht vorstellen, was Mina in eine solch ausweglose Lage getrieben haben konnte; allerdings mußte sie zugeben, sie nicht besonders gut gekannt zu haben. Theodora selbst war eine Witwe mit zwei Kindern, was ihre gesellschaftlichen Kontakte natürlich sehr stark einschränkte, und zog es vor, ihre Zeit ihrem Heim und ihren Kindern zu widmen, statt Pflichtbesuche zu absolvieren und Abendgesellschaften und dergleichen zu besuchen, daher hörte sie auch kaum Klatschgeschichten.

Pitt verließ sie genauso klug wie zuvor, was seine Stimmung natürlich nicht gerade besserte. Wenn er sich wirklich sicher sein konnte, daß es sich um eine persönliche Tragödie handelte, wovon Tormod Lagarde offenbar überzeugt war, wäre er sofort bereit, die Sache auf sich beruhen zu lassen. Andererseits war Ambrosine Charrington der Ansicht gewesen, daß eine derartige Verzweiflungstat absolut untypisch für Mina war. Falls es sich also um irgendeinen grotesken Unfall handelte, sollte er dann trotzdem mit seinen Ermittlungen fortfahren, bis er alles getan hatte, um die Sache aufzuklären? Aber war er es Mina nicht schuldig? Als Selbstmörderin begraben zu werden, war eine Schande, ein Stigma, das auch ihre Angehörigen belasten würde. Und war er es nicht auch Alston Spencer-Brown schuldig zu beweisen, daß seine Frau nicht so unglücklich gewesen war, daß sie den Tod dem Leben vorgezogen hatte? Würde Spencer-Brown sonst nicht damit fortfahren, sich selbst zu quälen, weiterhin Schmerz und Verwirrung empfinden, weil er glaubte, daß sie vielleicht jemand anderen geliebt hatte und ihr ein Leben ohne diesen Mann unerträglich erschienen war? Und würden die anderen Leute nicht vielleicht glauben, daß es irgendein dunkles Geheimnis gab, mit dem Alston seine Frau in den Tod getrieben hatte?

War es so, daß die Kenntnis der Tatsachen, gleichgültig, wie entsetzlich sie waren oder um welchen Preis man sie enthüllt hatte, dieser Ungewißheit vorzuziehen war? Die Wahrheit schaffte nur eine Wunde, Verdächtigungen und Mutmaßungen dagegen Tausende.

Da Theodora erwähnt hatte, daß sie und Amaryllis Schwestern waren, bedeutete Amaryllis Denbigh für Pitt eine vollkommene Überraschung. Ohne daß es ihm bewußt gewesen war, hatte er jemanden erwartet, der ihr ähnlich war, doch er mußte mit einem Anflug von Bedauern feststellen, daß dies nicht der Fall war. Amaryllis war jünger als ihre Schwester – und das nicht nur an Jahren, sondern noch viel mehr, was Kleidung, Umgangsformen und Haltung betraf.

Sie begegnete ihm mit kühler Höflichkeit, doch ihre Augen und die unterdrückte Verspannung ihres Körpers verrieten ihr Interesse. Er befürchtete daher auch keine Sekunde lang, daß sie sich vielleicht weigern würde, mit ihm zu sprechen. Es gab etwas Hungriges, Suchendes in ihr, aber gleichzeitig ließ sie ihre Verachtung für ihn durchblicken. Sie hatte nicht vergessen, daß er nur ein Polizist war.

»Selbstverständlich verstehe ich Ihre Situation, Inspector – Pitt?« Sie setzte sich und strich mit ihren weißen Fingern ihre Röcke glatt, wobei sie zart über die Seide fuhr. Er konnte beinahe selbst die fließende Weichheit des Stoffes spüren, wie er sich kühl an seine eigene Hand schmiegte.

»Vielen Dank, Ma'am.« Er machte es sich ihr gegenüber in dem Sessel auf der anderen Seite des kleinen Tischchens bequem.

»Sie haben die Pflicht, sich zu überzeugen, daß nichts Unrechtes passiert ist«, meinte sie. »Und das erfordert natürlich, daß Sie die Wahrheit herausfinden. Ich wünschte, ich könnte Ihnen irgendwie behilflich sein.« Ihr Blick blieb fest auf sein Gesicht geheftet, und er hatte das Gefühl, daß ihr kein Zug, keine Nuance entging. »Aber ich befürchte, ich weiß wirklich nicht viel.« Sie lächelte kühl. »Es handelt sich lediglich um Spekulationen, und es wäre alles andere als fair, sie als Fakten darzustellen.«

»Das kann ich verstehen.« Aus einem ihm unverständlichen Grund fiel es ihm schwer, diese Worte zu sagen. Er versuchte krampfhaft, sich auf Mina und den Grund seines Kommens zu konzentrieren. »Aber wenn irgend jemand Näheres gewußt hätte, dann hätte doch die Tragödie sicherlich verhindert werden können? Es erscheint alles doch deshalb so bestürzend, weil man jetzt nur noch Vermutungen anstellen und Erklärungen im nachhinein erwägen kann, wir mit ungeklärten Geheimnissen konfrontiert werden und Dinge glauben, die vielleicht völlig ungerechtfertigt sind.« Er hoffte, daß er nicht salbungsvoll klang, doch er versuchte schließlich nur, ihrem Gedankengang zu folgen und sie zum Sprechen zu bringen. Er glaubte sich in der Lage, beurteilen zu können, was wichtig war und was nicht.

»So hatte ich es noch gar nicht gesehen.« Ihre Augen waren rund und blau und sehr klar. Sie mußte bereits ganz ähnlich ausgesehen haben, als sie noch Zöpfe getragen und Röcke bis zum Knie angehabt hatte: dieselbe Offenheit, dieselbe ein wenig kokette Neugier, dieselbe Weichheit von Wangen und Hals. »Sie haben selbstverständlich völlig recht!«

»Dann wären Sie vielleicht so freundlich, mir von Ihren eigenen Eindrücken zu erzählen?« forderte er sie auf, verachtete sich jedoch bereits für seine Worte, während er noch sprach. Er haßte derartige boshafte Spekulationen, und doch war er gezwungen, Amaryllis dazu selbst zu animieren – er würde ebenso begierig lauschen wie eine Klatschbase, die sich den Schmutz heraus-pickte, darin begeistert herumstocherte, um schließlich ihre eigene Version lachend und verächtlich dem nächsten neugierigen Ohr mitteilen zu können.

Sie war zu klug, um sich ein zweites Mal herauszureden, denn falls sie dies tat, hätte man daraus schließen können, sie habe etwas zu verbergen. Statt dessen heftete sie ihren Blick auf eine Blumenschale auf einem kleinen Tisch an der Wand und begann zu reden.

»Natürlich hat Mina – das heißt, Mrs. Spencer-Brown – Mr. Lagarde sehr gemocht, wie Sie wahrscheinlich bereits wissen.« Sie schaute ihn auch jetzt nicht an. Sie hätte es zwar gern getan, das sah er an den angespannten Sehnen ihres Halses, doch sie gab der Versuchung nicht nach. »Ich will damit natürlich keineswegs andeuten, daß es sich um irgend etwas Unschickliches handelte. Aber es gibt immer Personen, die selbst die unschuldigsten Freundschaften mißverstehen. Ich habe mich selbst auch schon ein- oder zweimal gefragt, ob es nicht vielleicht jemanden gegeben hat, der Minas Gefühle vollkommen falsch gedeutet und dadurch möglicherweise unnötig gelitten hat.«

»Beispielsweise wer?« fragte er ein wenig überrascht. Diese Möglichkeit hatte er noch gar nicht in Erwägung gezogen: ein simples Mißverständnis, das zu Eifersucht geführt hatte. Er hatte nur an eine unerwiderte Liebe gedacht.

»Nun ja, ich nehme an, dabei würde einem wohl zunächst Mr. Spencer-Brown einfallen«, erwiderte sie und sah ihm endlich wieder in die Augen. »Aber das Nächstliegende muß nicht immer auch tatsächlich der Wahrheit entsprechen, nicht wahr?«

»Nein«, stimmte er ihr schnell zu. »Aber wenn er es nicht war, wer sollte es dann gewesen sein?«

Sie stieß einen tiefen Seufzer aus und schien einen Moment lang nachzudenken.

»Ich weiß es wirklich nicht!« Sie hob plötzlich den Kopf, als habe sie gerade eine Entscheidung getroffen. »Ich könnte mir vorstellen, daß es möglich wäre –« Sie schwieg wieder. »Nun ja, ich könnte mir alle möglichen Dinge vorstellen – alle möglichen Personen. Ich weiß, daß Inigo Charrington Eloise eine Zeitlang sehr zugetan gewesen ist. Doch sie hat ihn überhaupt nicht beachtet. Ich weiß auch nicht, warum! Er scheint doch ein sehr angenehmer junger Mann zu sein, aber was sie betraf, sie hat ihn nicht einmal wahrgenommen. Natürlich war sie sehr höflich zu ihm, aber das ist man schließlich immer.«

»Ich kann darin keinerlei Zusammenhang mit dem Tod von Mrs. Spencer-Brown erkennen«, meinte er offen.

»Nein.« Sie schaute ihn aus großen blauen Augen an. »Ich auch nicht. Ich nehme an, es hat wirklich nichts zu sagen. Ich suche nur nach möglichen Erklärungen, Personen, die vielleicht Mißverständnissen Vorschub geleistet haben. Ich sagte Ihnen ja bereits, Inspector, daß ich nicht das geringste weiß! Sie haben mich lediglich nach meinen Eindrücken gefragt.«

»Und Sie hatten den Eindruck, daß Mrs. Spencer-Brown genauso ausgeglichen und gut gelaunt war wie sonst auch, soweit Sie dies beurteilen können?« Ohne es zu beabsichtigen, hatte er genau Tormods Worte gebraucht.

»Oh ja. Falls sie irgend etwas bedrückt hat, muß es ganz plötzlich geschehen sein, ohne Vorwarnung. Vielleicht hat sie irgend etwas Schreckliches erfahren?« Wieder wurden ihre Augen weit und rund.

»Mr. Lagarde sagt, daß sie ganz und gar nicht verstört war, als sie sein Haus verließ«, führte er aus. »Und den Angaben des Dienstpersonals zufolge ist sie von dort aus sofort nach Hause gegangen.«

»Dann ist ihr vielleicht jemand auf der Straße begegnet? Oder sie hat bei ihrer Ankunft einen Brief vorgefunden?«

An einen Brief hatte er noch gar nicht gedacht. Er hätte die Dienstboten fragen sollen, ob jemand eine Nachricht für sie hinterlassen hatte. Aber vielleicht hatte Harris das erledigt.

Es war zu spät, seinen Fehler zu vertuschen, sein Gesicht hatte ihn bereits verraten. Ihr Lächeln wurde souveräner.

»Falls sie ihn vernichtet hat, was wohl das Nächstliegende ist«, sagte sie ruhig, »werden wir niemals herausfinden, was darin gestanden hat. Aber vielleicht wäre das auch das Beste, meinen Sie nicht?«

»Nicht, wenn es sich um Erpressung gehandelt hat, Ma'am!« sagte er bestimmt. Er war wütend auf sich und auch auf sie, weil ihr etwas eingefallen war, an das er selbst nicht gedacht hatte, und weil er das Gefühl hatte, daß dies sie amüsierte.

»Erpressung?« Sie sah verblüfft aus. »Was für eine abscheuliche Vorstellung! Ich wage gar nicht daran zu denken, daß sie recht haben könnten! Die arme Mina! Die arme, arme Frau!« Sie holte tief Luft, und ihre Finger verkrampften sich in der Seide auf ihren Oberschenkeln, preßten den Stoff so fest zusammen, daß ihre Knöchel weiß hervortraten. »Aber ich vermute, Sie wissen mehr über derartige Dinge als wir hier. Es wäre kindisch, einfach die Augen davor zu verschließen. Die Wahrheit verschwindet nicht dadurch, daß man sie nicht zur Kenntnis nimmt, sonst könnten wir uns schließlich von allen unangenehmen Dingen befreien, indem wir uns einfach weigern würden, sie zur Kenntnis zu nehmen. Sie müssen Geduld mit uns haben, Inspector, wenn es uns schwerfällt, hinzusehen, und wir ein wenig länger dazu brauchen. Wir sind an die angenehmen Seiten des Lebens gewöhnt, und einer solchen Scheußlichkeit kann man nicht so ohne weiteres ins Auge schauen, man muß sich erst langsam daran gewöhnen. Vielleicht gelingt dies auch nur mit ein wenig Druck.«

Er wußte, daß sie recht hatte, und sein Verstand zollte ihr Beifall. Vielleicht hatte er sie vorschnell verurteilt. Vorurteile waren schließlich nicht nur der wohlhabenden Schicht vorbehalten. Er kannte diese Empfindungen selbst: den bitteren Nachgeschmack, wenn man ungerechtfertigte Urteile, die aus Neid oder Angst entstanden waren, korrigieren mußte, und das Bedürfnis, Haß rational zu begründen.

»Selbstverständlich.« Er stand auf. Er hatte keine Lust, die Befragung fortzusetzen. Sie hatte ihm bereits mehr als genug Stoff zum Nachdenken geliefert. Er hatte nur von Erpressung gesprochen, um sie zu schockieren, nicht weil er diese Möglichkeit ernsthaft in Betracht gezogen hatte. Jetzt war er gezwungen, auch dies ins Auge zu fassen. »Bisher kennen wir keinerlei Fakten, weder angenehme noch unangenehme. Je weniger daher gesagt wird, desto weniger Leid wird verursacht. Es ist schließlich durchaus möglich, daß es sich lediglich um einen tragischen Unfall handelt.«

Ihr Gesicht war ganz ruhig, beinahe heiter, mit dem hellen Teint und dem mädchenhaften Gesichtsausdruck.

»Ich hoffe sehr, daß Sie recht haben. Alles andere würde den Kummer für alle Beteiligten nur noch vergrößern. Guten Tag, Inspector.«

»Guten Tag, Mrs. Denbigh.«

Er war gerade mit einigen Brandfällen beschäftigt, von denen zwei in seinem Bezirk stattgefunden hatten und bei denen es sich wahrscheinlich um Brandstiftung handelte, und hatte den Fall Mina Spencer-Brown vorübergehend zur Seite gelegt, als nachmittags um halb fünf ein Constable mit schwarzem Haar, das sorgfältig mit Wasser glatt an den Kopf gekämmt war, an seiner

Tür klopfte und einen Besucher meldete, offenbar einen vornehmen Gentleman.

»Wer ist es denn?« Pitt erwartete niemanden, und sein erster Gedanke war, daß der Mann wahrscheinlich sein Büro mit dem seines Vorgesetzten verwechselt hatte und sie ihn mit einigen hilfreichen Anweisungen schnell wieder loswerden könnten.

»Ein gewisser Mr. Charrington, Sir«, antwortete der Constable. »Ein Mr. Lovell Charrington, wohnhaft am Rutland Place.«

Pitt legte die Unterlagen, in denen er gerade las, mit der beschriebenen Seite nach unten auf den Schreibtisch.

»Bitten Sie ihn herein«, sagte er. Ihm schwante nichts Gutes. Er konnte sich beim besten Willen nicht vorstellen, warum ausgerechnet Lovell Charrington ihn auf dem Revier aufsuchen sollte, es sei denn, er wollte ihm etwas mitteilen, das sowohl vertraulich als auch dringlich war. Falls es sich um etwas weniger Eiliges handelte, hätte er entweder nach Pitt schicken lassen können, damit der ihn aufsuchte, oder einfach warten können, bis Pitt im Laufe der weiteren Ermittlungen wieder in sein Haus kam.

Lovell Charrington hatte seinen Hut noch auf, als er ins Zimmer trat, Regentropfen perlten daran, und er hielt seinen Schirm, der zwar zusammengeklappt, aber oben noch nicht wieder festgebunden war, in der Hand. Sein Gesicht war blaß, und an seiner Nasenspitze hing ein Wassertropfen.

Pitt erhob sich. »Guten Tag, Sir. Was kann ich für Sie tun?«

»Sie sind Inspector Pitt, nehme ich an?« sagte Lovell steif. Pitt hatte den Eindruck, daß er nicht absichtlich unhöflich, sondern lediglich verlegen war, hin- und hergerissen von dem Bedürfnis, etwas zu sagen, das ihm schwerfiel, und einer verständlichen Abneigung gegen den Ort, an dem er sich befand. Ganz sicher war er nie zuvor auf einem Polizeirevier gewesen, und in seiner Vorstellung existierten entsetzliche Bilder von Sünde und Schmutz.

»Ja, Sir.« Pitt versuchte, ihm zu helfen. »Möchten Sie sich vielleicht setzen?« Er deutete auf den Holzstuhl mit der harten Rückenlehne neben seinem Schreibtisch. »Hat es etwas mit dem Tod von Mrs. Spencer-Brown zu tun?«

Lovell nahm zögernd Platz. »Ja, ja, ich habe – mir überlegt – genau abgewogen, ob es angebracht wäre, mit Ihnen zu sprechen oder nicht.« Es war erstaunlich, wie er es schaffte, gleichzeitig beunruhigt und dennoch irgendwie wichtigtuerisch auszusehen – wie ein Hahn, der sich plötzlich dabei ertappt, daß er mitten am

Tag laut kräht: äußerst verunsichert. »Aber man wünscht selbstverständlich stets, seine Pflicht zu tun, auch wenn dies noch so unangenehm sein sollte.« Er fixierte Pitt feierlich.

Pitt schämte sich für den Mann. Er räusperte sich und versuchte, etwas Unverfängliches zu finden, das er jetzt sagen konnte und das sich aus seinem Mund nicht scheinheilig anhörte.

»Selbstverständlich«, antwortete er. »Das ist nicht leicht.«

»Genau.« Lovell hustete. »Ganz genau.«

»Was wünschen Sie mir denn mitzuteilen, Mr. Charrington?«

Lovell hustete erneut und suchte nach einem Taschentuch.

»Sie haben das falsche Wort gewählt. Es trifft nicht zu, daß ich Ihnen etwas mitzuteilen wünsche, Inspector, ich fühle mich vielmehr verpflichtet, was etwas völlig anderes ist.«

»In der Tat.« Pitt atmete ungeduldig aus. »Selbstverständlich, das ist etwas völlig anderes. Was ist es denn, was ich Ihrer Meinung nach unbedingt wissen sollte?«

»Mrs. Spencer-Brown –«  Lovell schniefte und hielt das Taschentuch einen Moment lang umklammert, bevor er es wieder zusammenfaltete und zurück in die Tasche steckte. »Mrs. Spencer-Brown war keine glückliche Frau, Inspector. Wenn ich ganz offen sein soll, würde ich sogar so weit gehen zu behaupten, daß sie etwas neurotisch war!« Er betonte das Wort, als sei es etwas Obszönes, etwas, das unter Männern bleiben mußte.

Pitt war verblüfft und befürchtete, daß sein Gesicht ihn verraten könnte. Alle anderen Personen hatten genau das Gegenteil gesagt, nämlich daß Mina ungewöhnlich praktisch und äußerst realistisch gewesen war.

»Tatsächlich?« Er war sich bewußt, daß diese Erwiderung nicht gerade geistreich klang, doch er war verwirrt. »Wie kommen Sie zu diesem Urteil, Mr. Charrington?«

»Wie bitte? Oh – also, Herr des Himmels, so verstehen Sie doch, Mann!« Lovell wurde langsam ungeduldig. »Ich habe diese Frau jahrelang beobachten können. Wohnte in derselben Straße, wissen Sie. War mit meiner Gattin befreundet. Bin in ihrem Haus gewesen, und sie war in meinem. Kenne ihren Gatten, wirklich ein armer Kerl. Sehr labile Frau, viel zu gefühlsbetont, viel zu unrealistische Vorstellungen. Wie die meisten Frauen, natürlich. Kann man nichts machen, liegt eben in ihrer Natur.«

Pitt hatte festgestellt, daß die meisten Frauen, besonders in den höheren Kreisen, höchst praktisch veranlagt waren und außerordentlich gut zwischen der Wirklichkeit und romantischen Vorstellungen unterscheiden konnten. Es waren die Männer, die ein hübsches Gesicht und eine schmeichelnde Zunge heirateten. Frauen – und Charlotte hatte ihm dies an zahlreichen Beispielen vor Augen geführt – wählten sehr viel häufiger einen angenehmen Charakter und eine wohlgefüllte Brieftasche.

»Eine Romanze?« Pitt blickte ihn verwundert an.

»Sehr richtig«, erwiderte Lovell. »Ganz genau. Leben in Tagträumen, nicht gewöhnt an die harten Tatsachen des Lebens. Sind dafür nicht geschaffen. Können nicht fertig werden damit. Anders als wir Männer. Die arme Mina Spencer-Brown hegte romantische Gefühle für den jungen Tormod Lagarde. Er ist ein ehrbarer Mann, selbstverständlich, anständig und rechtschaffen! Wußte, daß sie eine verheiratete Frau war und obendrein noch bedeutend älter als er –«

»Ich dachte, sie war ungefähr um die 35?« unterbrach Pitt.

»Das war sie wohl, denke ich.« Lovell riß die Augen auf und fixierte Pitt mit scharfem Blick. »Meine Güte, Mann, Lagarde ist erst 28. Wird sich ein Mädchen von 19 oder 25 suchen, wenn er wirklich heiraten will. Paßt viel besser zu ihm. Frauen sollten noch nicht ausgereift sein – sonst kann man sie nicht mehr korrigieren. Eine Frau muß geführt werden, wissen Sie, ihr Charakter muß geformt werden! Aber das würde jetzt zu weit führen. Mrs. Spencer-Brown war bereits verheiratet. Anzunehmen, daß sie gemerkt hat, daß sie sich lächerlich machte, und Angst hatte, daß ihr Gatte es herausfindet – und es nicht mehr ertragen konnte.« Er räusperte sich. »Mußte es Ihnen einfach sagen. Verdammt unangenehm, aber ich kann schließlich nicht mitansehen, wie Sie herumschnüffeln und Fragen stellen und dabei unschuldige Menschen in Verruf bringen. Äußerst unglückselig, die ganze Geschichte. Beklagenswert. Viel Leid. Arme Frau. Sehr töricht, aber was für ein schrecklicher Preis. Nichts Gutes daran.« Er schniefte erneut ein ganz klein wenig und betupfte seine Nase.

»Das ist selten der Fall«, sagte Pitt trocken. »Wie kommt es, daß Sie von Mrs. Spencer-Browns Zuneigung für Mr. Lagarde wußten, Sir?«

»Wie bitte?«

Pitt wiederholte seine Frage.

Lovells Gesicht verfinsterte sich.

»Das ist eine höchst taktlose Frage, Inspector – eh – Pitt!«

»Ich bin leider gezwungen, sie zu stellen, Sir.« Pitt konnte sich nur schwer beherrschen. Am liebsten hätte er diesen Mann aus seinem engen, idiotischen kleinen Panzer herausgeschüttelt – und doch wußte er tief in seinem Innern, daß das sinnlos und grausam wäre.

»Ich habe es selbstverständlich persönlich beobachtet!« fuhr Lovell ihn an. »Ich habe Ihnen bereits gesagt, daß ich Mrs. Spencer-Brown seit mehreren Jahren kenne. Ich habe sie bei zahlreichen gesellschaftlichen Anlässen gesehen. Glauben Sie etwa, ich hätte keine Augen im Kopf?«

Pitt überhörte die Frage. »Hat sonst noch jemand diese – Zuneigung bemerkt, Mr. Charrington?« erkundigte er sich statt dessen.

»Falls Ihnen sonst noch niemand davon Mitteilung gemacht hat, Inspector, dann nur aus Taktgefühl, nicht etwa aus Unwissenheit. Man erörtert schließlich nicht die Privatangelegenheiten anderer Leute mit Fremden, besonders wenn sie unangenehmer Natur sind.« Auf seiner Wange zuckte ein kleiner Muskel. »Es ist mir persönlich auch höchst unangenehm, mit Ihnen über diese Sache sprechen zu müssen, aber ich betrachte es als meine Pflicht, denjenigen, die noch am Leben sind, jede weitere Belastung zu ersparen. Ich hatte gehofft, Sie würden dies verstehen und zu würdigen wissen! Leider habe ich mich in diesem Punkt offenbar getäuscht.« Er stand auf und rückte die Schultern seines Jacketts gerade, indem er an beiden Aufschlägen zog. »Ich kann mich doch darauf verlassen, daß Sie sich dennoch Ihrer eigenen Verantwortung in diesem Fall bewußt sind und dementsprechend handeln?«

»Ich denke schon, Sir.« Pitt schob seinen Stuhl nach hinten und erhob sich ebenfalls. »Constable McInnes wird Sie hinausbegleiten. Vielen Dank für Ihren Besuch und für Ihre Offenheit.«

Er saß noch immer da und starrte auf die geschlossene Tür, die Berichte über die Brandstiftungen unberührt verkehrt herum auf dem Schreibtisch, als Constable McInnes 20 Minuten später zurückkehrte.

»Was gibt es?« fragte Pitt gereizt. Charrington hatte ihn aus der Fassung gebracht. Was er über Mina gesagt hatte, stand in krassem Gegensatz zu allem, was er bisher gehört hatte. Natürlich hatte auch Caroline ihm von Minas Gefühlen für Tormod Lagarde berichtet, doch sie war gleichzeitig davon überzeugt, daß

Mina eine ungewöhnlich vernünftige Frau gewesen war. Jetzt kam Charrington und behauptete, sie sei kokett und romantisch gewesen.

»Also, was gibt es?« wiederholte er ungeduldig seine Frage.

»Der Arztbericht, Sir.« McInnes reichte ihm mehrere Blätter.

»Arztbericht?« Einen Moment lang hatte Pitt keine Ahnung, was gemeint war.

»Über Mrs. Spencer-Brown, Sir. Sie starb an einer Vergiftung. Belladonna, Sir – eine Riesendosis.«

»Sie haben demnach den Bericht gelesen?« schloß Pitt logischerweise.

McInnes lief rot an. »Ich habe nur einen ganz kurzen Blick darauf geworfen, Sir. Hat mich irgendwie interessiert – wahrscheinlich, weil –« Er wußte nicht weiter, es wollte ihm keine gute Entschuldigung einfallen.

Pitt streckte die Hand nach den Blättern aus. »Vielen Dank.« Er sah sich den Bericht an, und sein Blick schweifte schnell über die gestochen klare Schrift. Bei der Obduktion hatte sich herausgestellt, daß Wilhelmina Spencer-Brown an Herzversagen gestorben war, hervorgerufen durch eine gewaltige Dosis Belladonna, die sie offenbar in einer Art Wein mit Ingwergeschmack zu sich genommen hatte, der einzigen Substanz, die sich zum Zeitpunkt ihres Todes in ihrem Magen befunden hatte, da sie seit dem Frühstück nichts mehr zu sich genommen hatte.

Harris hatte die Schachtel mit dem Medizinpulver, das Alston Spencer-Brown von Dr. Mulgrew erhalten hatte, mitgenommen und festgestellt, daß sie immer noch drei Viertel des Inhalts enthielt. Die gesamte fehlende Menge, inklusive der Dosen, die Spencer-Brown eigenen Angaben nach eingenommen hatte, war bedeutend geringer als die Menge, die man bei der Autopsie in Minas Körper gefunden hatte.

Demnach war Mina nicht an einer Medizin gestorben, die sie zufällig oder absichtlich eingenommen hatte. Das Gift stammte aus einer anderen, unbekannten Quelle.

# Kapitel 6

Charlotte verbrachte einen unerfreulichen Tag damit, sich den Kopf über Caroline und Paul Alaric zu zerbrechen. Dreimal kam sie zu dem zwingenden Schluß, daß die Angelegenheit im Grunde gar nicht so ernst war und daß es am besten wäre, Pitts Rat zu befolgen und nichts zu unternehmen. Caroline würde ihre Einmischung bestimmt nicht begrüßen, und Charlotte würde sie wahrscheinlich nur beide in Verlegenheit bringen und die ganze Sache viel wichtiger erscheinen lassen, als sie in Wirklichkeit war.

Aber viermal sah sie wieder Carolines Gesicht mit den hochroten Wangen und ihren angespannten Körper vor sich und erinnerte sich an die Aufregung in ihrer Stimme, als sie mit Paul Alaric auf der Straße gesprochen hatten. Und auch ihn selbst hatte sie noch ganz deutlich vor Augen, seine Eleganz, seine aufrechte Haltung, seine klaren Augen, seine weiche Stimme. Sie konnte sich nur zu gut an seine Art zu sprechen erinnern, seine nonchalante, gepflegte Ausdrucksweise, wobei er jeden Konsonanten deutlich betonte, als habe er alles, was er sagte, vorher gründlich durchdacht und wolle es genau so und nicht anders formulieren.

Ja, sie mußte auf jeden Fall etwas unternehmen, und zwar schnell – wenn es nur nicht bereits zu spät war!

Sie hatte schon bei einem ganzen Schub Brot das Salz vergessen und Gracies Gefühle damit verletzt, daß sie ihr aufgetragen hatte, den Küchenboden zu putzen, obwohl die Kleine gerade erst damit fertig geworden war. Inzwischen war es drei Uhr nachmittags, und sie hatte einen von Pitts Hemdkrägen abgetrennt, um ihn zu wenden, und ihn schließlich wieder genauso angenäht wie vorher.

Sie trennte ihn verärgert wieder los und benutzte dabei einige Wörter, für die sie sich sicher geschämt hätte, wenn sie jemand gehört hätte. Endlich beschloß sie, auf der Stelle an ihre Schwester Emily zu schreiben und diese zu bitten, sie direkt nach Erhalt des Briefes aufzusuchen, ob es Emily paßte oder nicht. Emily, die

Lord Ashworth ungefähr zur gleichen Zeit geheiratet hatte wie Charlotte Pitt, würde möglicherweise gezwungen sein, irgendeine interessante gesellschaftliche Verpflichtung kurzfristig ausfallen zu lassen. Die Fahrt selbst war jedoch kein Problem für sie, denn sie brauchte lediglich ihre Kutsche vorfahren zu lassen und einzusteigen. Und Charlotte hatte schließlich auch sofort Emily aufgesucht, als die schreckliche Geschichte am Paragon Walk passiert war und Emily ihr Baby erwartete. Es war zwar unfein, sie daran zu erinnern, doch jetzt war nicht der geeignete Zeitpunkt für höfliche Einladungen.

Sie suchte ihr Briefpapier und schrieb:

Liebe Emily,
ich habe Mama während der letzten beiden Wochen mehrfach besucht, und es ist etwas ziemlich Abscheuliches passiert, das nicht wiedergutzumachende Folgen nach sich ziehen könnte, wenn wir nicht sofort einschreiten und etwas unternehmen. Ich möchte mich schriftlich nicht gern dazu äußern, denn es handelt sich um eine komplizierte und verwickelte Angelegenheit. Ich würde Dir gern alles persönlich mitteilen und Dich um Rat fragen, was wir unternehmen können, bevor sich eine Tragödie ereignet und jede Hilfe zu spät kommt!

Ich weiß, wie beschäftigt Du bist, aber es handelt sich um Probleme, die unser sofortiges Einschreiten erforderlich machen. Lasse daher bitte alle Pläne, die Du momentan haben solltest, fallen, und besuche mich sofort, nachdem Du diesen Brief erhalten hast. Wir wissen beide seit den Ereignissen am Paragon Walk und anderswo, daß das Schicksal jederzeit zuschlagen kann und nicht wartet, bis eine Soiree oder andere Vergnügungen dieser Art zu Ende sind.

Es hat bereits einen Todesfall gegeben.
Deine Dich liebende Schwester
Charlotte

Sie faltete den Brief zusammen, steckte ihn in einen Umschlag, den sie an Lady Ashworth, Paragon Walk, London, adressierte, und ließ ihn von Gracie sofort in den Briefkasten werfen.

Sie wußte genau, daß sie übertrieben hatte. Emily würde vielleicht verärgert sein, sie vielleicht sogar der Lüge bezichtigen, weil sie ihr falsche Tatsachen vorgespiegelt hatte. Es gab keinerlei

Hinweise dafür, daß Minas Tod auch nur das geringste mit Caroline zu tun hatte oder daß Caroline sich in irgendeiner Gefahr befand.

Aber wenn sie lediglich geschrieben hätte, daß Caroline im Begriff war, sich wegen eines Mannes lächerlich zu machen, selbst wenn es sich um Paul Alaric handelte, würde sie damit sicher nicht viel ausrichten. Natürlich würde ihr Vater, wenn er davon erfahren sollte, zutiefst verletzt sein – er wäre nicht in der Lage, etwas Derartiges zu verstehen. Die Tatsache, daß er in der Vergangenheit selbst wenigstens bei einer Romanze viel weiter gegangen war, erschien ihm in einem völlig anderen Licht. Was bei einem Mann akzeptiert wurde, solange er sich nur diskret verhielt, war nicht im geringsten mit dem zu vergleichen, was die Ehefrau ebendieses Mannes tat. Und wenn man ganz ehrlich war, verhielt sich Caroline nicht einmal besonders diskret! Aber selbst diese Tatsachen würden Emily keineswegs auf dem schnellsten Weg herführen, denn sie würde ihnen schlichtweg gar keinen Glauben schenken.

Erwähnte sie jedoch, daß jemand gestorben war, und erinnerte sie ihre Schwester ganz direkt an die entsetzlichen Ereignisse am Paragon Walk, würde diese mit großer Wahrscheinlichkeit so schnell herkommen, wie die Kutsche sie fahren konnte.

Charlotte behielt recht. Emily klopfte bereits am folgenden Tag noch vor Mittag äußerst energisch an ihre Tür.

Charlotte selbst öffnete ihr.

Emily sah elegant aus, selbst um diese Zeit, ihr helles Haar war der neuesten Mode entsprechend hochfrisiert, und sie trug einen entzückenden Hut und ein Kleid in dem klaren Grünton, der ihr besonders gut stand.

Sie drängte sich an Charlotte vorbei ins Haus und marschierte geradewegs in die Küche, wo Gracie schnell einen Knicks machte und nach oben floh, um das Kinderzimmer aufzuräumen.

»Nun?« verlangte Emily zu wissen. »Was um alles in der Welt ist denn passiert? Erzähl es mir, um Gottes willen!«

Charlotte war hocherfreut, sie zu sehen, denn es war schon eine ganze Weile her, daß sie sich getroffen hatten. Sie nahm ihre Schwester in die Arme und drückte sie kurz an sich.

Emily erwiderte die Begrüßung herzlich, jedoch ungeduldig.

»Also, was ist passiert?« drängte sie wieder. »Wer ist tot? Wie ist es passiert? Und was hat es mit Mama zu tun?«

»Setz dich doch.« Charlotte deutete auf einen der Küchenstühle. »Das ist eine ziemlich lange Geschichte, und es macht nicht viel Sinn, wenn ich sie nicht von Anfang an erzähle. Möchtest du gern etwas mit mir zu Mittag essen?«

»Wenn du darauf bestehst. Aber sag mir erst, wer tot ist, bevor ich vor Neugier vergehe! Und was hat das alles mit Mama zu tun? Deinem Brief nach zu urteilen, ist sie selbst auch in Gefahr.«

»Eine Frau namens Mina Spencer-Brown ist tot. Zuerst sah es aus wie Selbstmord, aber jetzt sagt Thomas, daß alles auf Mord hinweist. Ich habe Zwiebelsuppe gemacht – möchtest du auch einen Teller?«

»Nein, ganz sicher nicht! Was ist denn bloß in dich gefahren, Zwiebelsuppe zu kochen?«

»Ich hatte Lust darauf. Ich habe schon seit Tagen einen Heißhunger auf Zwiebelsuppe.«

Emily betrachtete sie und verzog das Gesicht.

»Wenn du schon aufgrund deines Zustandes einen Heißhunger auf irgend etwas entwickelst, hättest du dir wohl etwas Zivilisierteres einfallen lassen können! Also wirklich, Charlotte, ausgerechnet Zwiebeln! Das ist doch gesellschaftlich völlig untragbar. Wen kann man denn noch besuchen, nachdem man Zwiebelsuppe gegessen hat?«

»Ich kann nichts dafür. Wenigstens sind sie jederzeit leicht zu bekommen und auch nicht lächerlich teuer. Du kannst es dir ja leisten, einen Heißhunger auf frische Aprikosen oder Fasan in Aspik zu entwickeln, wenn es dir gefällt, aber ich kann das nicht.«

Emily sah plötzlich sehr konzentriert aus. »Wer ist Mina Spencer-Brown? Und was hat sie mit Mama zu tun? Charlotte, falls du mich hergelockt hast, damit ich mich in einen von Thomas' Fällen einschalten soll« – sie holte tief Luft und verzog das Gesicht –, »muß ich dir gestehen, daß ich nur nach einem Grund suche, um mich einzumischen! Mord ist sehr viel aufregender als eine feine Gesellschaft, auch wenn mich Verbrechen manchmal in Angst und Schrecken versetzen und mich zum Weinen bringen, weil die Lösung immer so traurig ist.« Ihre Hand auf dem Tisch ballte sich zu einer Faust. »Aber ich finde wirklich, du hättest mir die Wahrheit sagen können, statt mir einen Haufen dummer Geschichten über Mama aufzutischen. Ich habe deinetwegen einen wirklich guten Lunch verschoben. Und du bietest mir dafür eine Zwiebelsuppe an!«

Erinnerungen zuckten einen Moment lang durch Charlottes Kopf: die grauenhafte Leiche im Garten am Callander Square; sie neben Emily, starr vor Angst, als Paul Alaric sie nach den Morden am Paragon Walk gefunden hatte. Doch dann kehrte sie wieder in die Gegenwart zurück, und ihr wild klopfendes Herz beruhigte sich.

»Es hat tatsächlich etwas mit Mama zu tun«, sagte sie ernst. Sie trug Suppe und Brot auf und setzte sich. »Du mußt sie noch salzen. Das habe ich vergessen. Erinnerst du dich an Monsieur Alaric?«

»Sei doch nicht albern!« sagte Emily mit hochgezogenen Brauen. Sie griff nach dem Salz und streute ein wenig davon in ihre Suppe. »Als ob ich ihn je vergessen könnte – selbst wenn er nicht mehr mein Nachbar wäre! Er ist einer der charmantesten Männer, die ich je getroffen habe. Er ist in der Lage, sich über fast jedes Thema anregend zu unterhalten, als ob er sich dafür interessieren würde. Warum hält es die feine Gesellschaft bloß für schicklich, immer so zu tun, als sei man gelangweilt? Das ist wirklich sehr ermüdend!« Sie lächelte. »Weißt du, ich habe nie genau gewußt, ob er sich überhaupt im klaren war, wie fasziniert wir alle von ihm waren, du vielleicht? Meinst du, daß wir uns im Grunde lediglich herausgefordert fühlten, weil er so geheimnisvoll war, und daß jede die andere ausstechen wollte, indem sie seine Aufmerksamkeit auf sich lenkte?«

»Nur zum Teil.« Charlotte sah ihn sogar hier in ihrer eigenen Küche so lebhaft vor sich, daß es einfach mehr als nur das gewesen sein mußte. »Er war in der Lage, sich über uns lustig zu machen und uns gleichzeitig das Gefühl zu geben, daß er uns mochte.«

»Wirklich?« Emilys Augen weiteten sich, und ihre zarten Nasenflügel bebten ein wenig. »Ich finde, das ist eine höchst ärgerliche Mischung. Und ich bin mir absolut sicher, daß zumindest Selena von ihm bedeutend mehr erwartet hat, als einfach nur ›gemocht‹ zu werden. Freundschaft ist kein Gefühl, das einen Menschen derart aufwühlt und quält.«

»Inzwischen hat Mama ihn kennengelernt.« Charlotte hatte damit gerechnet, daß Emily von dieser Mitteilung beeindruckt sein würde.

Doch sie wurde enttäuscht: Emily interessierte sich offenbar gar nicht für diese Neuigkeit.

»Die Suppe schmeckt wirklich gut, wenn man sie richtig salzt«, stellte sie überrascht fest. »Aber ich werde gezwungen sein, mich in die äußerste Ecke zu verkriechen und mich schreiend zu unterhalten. Daran hättest du doch denken müssen! Mama hat also Monsieur Alaric kennengelernt? Die Gesellschaft ist eben sehr klein.«

»Mama trägt ein Bild von ihm in ihrem Medaillon.«

Dieser Satz erzielte endlich die erwünschte Wirkung. Emily ließ ihren Löffel fallen und starrte sie entgeistert an.

»Was hast du da gerade gesagt? Das glaube ich einfach nicht! Sie kann unmöglich derart – derart dumm sein!«

»War sie aber.«

Emily schloß erleichtert die Augen. »Dann ist es also jetzt wieder vorbei.«

»Nein. Sie hat das Medaillon verloren – wahrscheinlich wurde es gestohlen. Eine Menge kleiner Gegenstände ist am Rutland Place gestohlen worden – ein silberner Stiefelknöpfer, eine Goldkette, eine Schnupftabakdose.«

»Aber das ist ja schrecklich!« Emilys Augen weiteten sich und wurden dunkel vor Angst. »Charlotte, das ist einfach furchtbar! Ich weiß zwar, daß es heutzutage schwer ist, gute Dienstboten zu bekommen, aber das ist einfach zu viel! Man schuldet es seinen Freunden, wenigstens dafür zu sorgen, daß das Personal ehrlich ist. Und wenn jemand das Medaillon findet – und weiß, daß es Mama gehört, und dann das Bild von diesem – Franzosen – darin entdeckt? Was würden die Leute wohl sagen? Und was würde Papa denken?«

»Genau«, sagte Charlotte. »Und jetzt ist Mina Spencer-Brown tot – wahrscheinlich ermordet –, und sie hat so gut wie nebenan gewohnt. Aber Mama beabsichtigt trotzdem nicht, damit aufzuhören, ihn zu treffen. Ich habe versucht, sie davon abzubringen, aber es war genauso, als hätte sie mich gar nicht gehört.«

»Hast du ihr denn nicht klarzumachen versucht –« begann Emily ungläubig.

»Selbstverständlich habe ich das!« fiel ihr Charlotte ins Wort, bevor ihre Schwester zu Ende sprechen konnte. »Aber hast du je einen Rat angenommen, wenn du verliebt warst?«

Emily sah entgeistert aus. »Red doch keinen Unsinn! Was um Himmels willen meinst du mit ›verliebt‹? Mama ist schließlich 52! Und sie ist verheiratet –«

»Jahre bedeuten nichts«, sagte Charlotte scharf und unterstrich die Bedeutungslosigkeit der Zeit mit einer wegwerfenden Bewegung ihres Suppenlöffels. »Ich glaube nicht, daß sich Empfindungen auch nur im geringsten ändern. Und sich vorzustellen, daß man durch die Ehe davor geschützt sein soll, sich zu verlieben, ist absolut naiv. Wenn du schon mit beiden Händen nach dieser feinen Gesellschaft greifst, Emily, dann solltest du neben den ganzen Spitzfindigkeiten und albernen Umgangsformen auch ein wenig von dem Sinn für Realität annehmen, der in diesen Kreisen üblich ist.«

Emily schloß die Augen und schob ihren Suppenteller fort.

»Charlotte, das ist ja schrecklich!« sagte sie mit gepreßter, zitternder Stimme. »Das würde zu einer riesigen Katastrophe führen. Hast du auch nur die blasseste Ahnung, was mit einer Frau passiert, die sich – unmoralisch verhält? Oh, es wäre vielleicht noch akzeptabel, wenn es sich um irgendeinen Grafen oder Herzog handelte und man selbst eine wichtige Persönlichkeit wäre – aber für eine Frau wie Mama – niemals! Papa könnte sich sogar von ihr scheiden lassen! Ach, du liebe Güte! Ich will es mir gar nicht erst vorstellen! Das wäre für uns alle das Ende! Keiner wird mich mehr empfangen wollen!«

»Ist das alles, woran du denkst?« fragte Charlotte aufgebracht. »Irgendwo eingeladen zu werden? Liegt dir denn gar nichts an Mama? Und was denkst du wohl, wie sich Papa fühlen wird? Ganz zu schweigen von dem, was mit Mina Spencer-Brown passiert ist!«

Emilys Gesicht war weiß geworden. Ihre Wut war verflogen, plötzlich schämte sie sich für ihre Gedanken.

»Du kannst doch unmöglich glauben, daß Mama irgend etwas mit Mord zu tun hat«, sagte sie sehr leise. »Das ist einfach unvorstellbar.«

»Natürlich«, sagte Charlotte, »aber es ist durchaus vorstellbar, wenn nicht sogar recht wahrscheinlich, daß dieser Mord etwas mit den Diebstählen zu tun hat. Und das ist noch nicht alles. Mama sagt, daß sie schon seit einiger Zeit das Gefühl hat, daß sie von jemandem beobachtet wird, daß ihr jemand nachspioniert. Das könnte ebenfalls etwas mit dem Mord zu tun haben.«

Auf Emilys Wangen erschienen zwei rote Flecken.

»Warum hast du das nicht gleich gesagt?« Ihre Entrüstung war wieder zurückgekehrt, die Scham vergessen. »Du hättest auf der

Stelle nach mir schicken sollen. Es ist mir gleichgültig, für wie klug du dich hältst, du hättest es einfach nicht auf eigene Faust versuchen sollen. Sieh nur, wie die Dinge sich inzwischen entwickelt haben! Du überschätzt dich wirklich ungemein, Charlotte. Bloß weil du in ein oder zwei von Thomas' Fällen über die Wahrheit gestolpert bist, glaubst du schon, daß du unfehlbar bist und daß dich niemand täuschen kann. Und sieh nur, was trotz deines Eingreifens alles passiert ist!«

»Ich habe erst einen Tag, bevor ich dir geschrieben habe, erfahren, daß es Mord war.« Charlotte konnte sich nur mit Mühe zurückhalten. Sie wußte, daß Emily Angst hatte, und sie wußte außerdem insgeheim, daß sie ihre eigenen Fähigkeiten tatsächlich überschätzt hatte. Es wäre vielleicht wirklich besser gewesen, wenn sie Emily früher benachrichtigt hätte oder sie zumindest über Caroline und Paul Alaric informiert hätte.

Emily griff wieder nach ihrem Suppenteller.

»Jetzt ist sie kalt. Ich kann wirklich nicht verstehen, warum du keinen Heißhunger auf irgend etwas Ordentliches entwickeln kannst, beispielsweise Gewürzgurken. Als ich in anderen Umständen war, wollte ich immer nur Erdbeermarmelade. Zu allem habe ich Erdbeermarmelade gegessen. Könntest du mir bitte noch etwas heiße Suppe aus dem Topf nachschenken?«

Charlotte stand auf und schöpfte Suppe für sie beide. Sie stellte den Teller vor Emily auf den Tisch und setzte sich wieder.

»Was sollen wir tun?« fragte sie leise.

Emily schaute sie an, und ihre ganze Wut verrauchte wieder. Sie war sich ihrer eigenen Selbstsucht sehr wohl bewußt, doch es war weder für sie noch für Charlotte notwendig, daß sie sich dazu äußerte.

»Am besten, wir gehen sofort zu Mama, heute nachmittag noch, überzeugen sie davon, daß sie in Gefahr ist, und halten sie davon ab, Monsieur Alaric weiter zu treffen – außer wenn es der Zufall so will, was sich schließlich nicht vermeiden läßt. Es soll ja nicht auffallen. Das würde nur zu Gerede führen. Falls die Geschichte wirklich etwas mit den Diebstählen zu tun hat und jemand das verflixte Medaillon besitzt, versuchen wir am besten herauszufinden, wer diese Frau – Spencer-Brown – umgebracht hat. Ich habe genug Geld. Ich kann das Medaillon zurückkaufen, falls es sich um Erpressung handelt.«

Charlotte war überrascht. »Das würdest du wirklich tun?«

Emilys blaue Augen weiteten sich. »Selbstverständlich würde ich das! Zuerst kaufen wir das Medaillon zurück, und dann schalten wir die Polizei ein. Es ist gleichgültig, was dann geredet wird – ohne das Medaillon würde es niemand mehr glauben. Der Betreffende erschiene dann nur in einem noch schlechteren Licht. Wir könnten das Bild vernichten, und Mama würde alles abstreiten. Monsieur Alaric wird ihr wohl kaum in den Rücken fallen! Er mag zwar Ausländer sein, aber er ist schließlich auch ein Gentleman.« Emilys Gesicht verdüsterte sich. »Es sei denn, er ist derjenige, der Mrs. Spencer-Brown getötet hat.«

Daß Paul Alaric der Mörder sein könnte, war eine Vorstellung, die Charlotte aus irgendeinem Grund nicht akzeptieren mochte. Er war ihr eigentlich noch nie verdächtig vorgekommen, nicht einmal am Paragon Walk, und jetzt erschien ihr der Gedanke erst recht abstrus und häßlich.

»Oh, ich glaube auf keinen Fall, daß er es getan hat!« sagte sie.

Emily starrte sie an. »Und warum nicht?«

Doch dann verstand sie plötzlich. Sie kannte ihre Schwester besser, als ihr lieb war. Überdies hatte sie immer schon ein ungemein scharfes Auge für die meisten Menschen gehabt, sowohl in bezug auf das, was sie wollten, als auch – was ausschlaggebender war – für die Gründe, warum sie es wollten. Dieser Gabe, verknüpft mit einem absoluten Realismus, was ihre eigenen Wünsche betraf, und der Fähigkeit, ihre Zunge in Zaum zu halten, hatte sie ihren beträchtlichen Erfolg in der feinen Gesellschaft zu verdanken. Charlotte besaß eine weitaus lebhaftere Phantasie, ihr mangelte es jedoch an Selbstbeherrschung. Sie nahm keine Rücksicht auf gesellschaftliche Konventionen, und daher entgingen ihr viele Motive, die das Handeln anderer bestimmten. Wenn es jedoch um die grundlegenden verborgenen und tragischen Empfindungen und Leidenschaften ging, besaß sie den richtigen Instinkt, oft gepaart mit einem starken, für sie schmerzhaften Gefühl von Mitleid.

»Warum nicht?« wiederholte Emily und aß ihre Suppe zu Ende. »Glaubst du das nur, weil er attraktiv ist und du ihn deshalb für anständig hältst? Sei doch nicht kindisch! Du solltest es eigentlich besser wissen. Nur weil einer gut aussieht, heißt das doch noch lange nicht, daß er nicht auch völlig oberflächlich empfinden kann und zu den abscheulichsten Taten fähig ist. Gutaussehende Menschen sind oft äußerst selbstsüchtig. Die Fähigkeit, andere bezaubern zu können, ist gefährlich für den Charakter. Oft empfinden sie es als Schock, als Niederlage, die sie nicht akzeptieren können, wenn es plötzlich etwas gibt, das sie haben möchten und doch vielleicht nie bekommen können. Er wäre nicht der erste, der es sich daraufhin einfach mit Gewalt genommen hätte. Wenn er so erzogen ist, daß er glaubt, er brauche nur zu lächeln, und schon tun alle Leute, was er will – um Himmels willen, Charlotte, erinnere dich doch nur an Selena! Sie war völlig verdorben, weil man ihr immer wieder gesagt hat, sie sei eine Schönheit!«

»Du brauchst dieses Thema nicht weiter auszuführen«, unterbrach Charlotte sie verärgert. »Ich verstehe dich genau. Ich habe schließlich auch schon verwöhnte Menschen gekannt! Und ich habe durchaus nicht vergessen, wie sich alle angestellt haben wegen Monsieur Alaric. Er brauchte nur aufzutauchen, und schon machte sich die Hälfte aller Frauen am Walk lächerlich!«

Emily warf ihr einen kühlen Blick zu, denn die Erinnerung an ihr eigenes Verhalten war auch nicht gerade schmeichelhaft.

»Dann solltest du lieber dein bestes Kleid anziehen und sofort mit mir Mama besuchen«, sagte sie energisch. »Bevor sie ausgeht oder jemand anderen empfängt. Wenn wir mit ihr allein sind, können wir offen mit ihr sprechen.«

Caroline war überrascht und erfreut, sie zu sehen.

»Meine Lieben, wie wundervoll! Kommt doch herein, und setzt euch. Wie schön, euch beide zusammen zu sehen!« Sie trug ein wunderhübsches lavendelfarbenes Kleid, hochgeschlossen bis zum Hals, und dazu ein Fichu aus zarter Spitze. Zu jedem anderen Zeitpunkt hätte Charlotte sie beneidet, denn ein solches Kleid hätte ihr nicht nur hervorragend gestanden, sie wäre sich vor allem selbst darin schön vorgekommen. Aber jetzt konnte sie nur daran denken, wie erhitzt ihre Mutter aussah, wie sie ihre Lebenslust, ja Erregung kaum verbergen konnte. Sie schaute hinüber zu Emily und erkannte das Erschrecken in ihren Augen.

»Emily, setz dich hierher, wo ich dich sehen kann«, sagte Caroline fröhlich. »Du bist schon seit einer Ewigkeit nicht mehr hier gewesen – wenigstens kommt es mir ganz so vor. Es ist noch viel zu früh für den Nachmittagstee, aber ich nehme an, ihr habt schon zu Mittag gegessen?«

»Zwiebelsuppe«, sagte Emily und rümpfte dabei ein ganz klein wenig die Nase.

Caroline blickte sie entgeistert an. »Ach herrje! Warum denn das bloß?«

Emily griff nach ihrer Handtasche, öffnete sie und nahm ihr Parfüm heraus. Sie betupfte sich ausgiebig damit und bot es dann Charlotte an.

»Mama, Charlotte hat mir gesagt, daß sich hier in der letzten Zeit tragische Dinge ereignet haben«, begann sie und überging die Frage nach der Suppe. »Es tut mir ja so leid. Ich wünschte, du hättest mir geschrieben. Ich wäre gern bei dir gewesen, um dich zu trösten.«

Wenn man bedachte, wie strahlend Caroline aussah, schien diese Bemerkung reichlich deplaziert. Charlotte hatte noch nie jemanden gesehen, der weniger trostbedürftig aussah.

Caroline wurde ernst. »Oh ja, Mina Spencer-Brown. Wirklich sehr traurig – tatsächlich, äußerst tragisch. Ich kann mir wirklich nicht erklären, was sie dazu getrieben haben kann. Ich fühle mich schrecklich schuldig, aber ich hatte wirklich keine Ahnung, daß irgend etwas nicht stimmte.«

Charlotte war sich bewußt, daß ihnen die Zeit davonlief, da jederzeit nach drei Uhr andere Besucher eintreffen konnten.

»Sie hat sich nicht das Leben genommen«, sagte sie brutal. »Sie ist ermordet worden.«

Es herrschte absolute Stille. Das Leuchten auf Carolines Gesicht erlosch, und ihr Körper fiel in sich zusammen; plötzlich sah sie viel dünner aus.

»Ermordet?« wiederholte sie. »Wie kannst du das wissen? Versuchst du, mir Angst zu machen, Charlotte?«

Genau das versuchte sie tatsächlich, doch dies zuzugeben, würde die erhoffte Wirkung nur abschwächen.

»Thomas hat es mir natürlich erzählt«, sagte sie. »Sie ist an einer Belladonnavergiftung gestorben, aber die Dosis war viel höher als alles, was sie im Haus hatte. Das Gift muß von irgendwo anders stammt haben. Niemand hätte ihr das Gift gegeben, damit sie sich umbringen konnte, also kann es doch nur Mord gewesen sein, oder?«

»Das kann ich nicht verstehen.« Caroline schüttelte den Kopf. »Warum sollte irgend jemand Mina töten wollen? Sie hat doch niemandem geschadet. Sie besaß kein Geld, das sie vererben konnte, und es bestand auch für sie keine Aussicht auf irgendeine Erbschaft, soweit ich weiß.« Verwirrung spiegelte sich auf ihrem

Gesicht. »Das gibt doch alles keinen Sinn. Alston wäre der letzte, der – der eine Affäre mit einer anderen Frau anfangen würde und sich wünschte, daß sie – nein, das ist doch einfach lächerlich!« Ihre Stimme wurde fester, und sie schaute hoch. »Thomas muß sich geirrt haben – es gibt sicher eine andere Erklärung. Wir haben sie nur noch nicht gefunden.« Sie richtete sich ein wenig in ihrem Sessel auf. »Sie muß es sich irgendwo besorgt haben. Ich bin sicher, wenn er genauer nachforscht –«

»Thomas ist ein hervorragender Polizist und irrt sich nie«, sagte Emily zu Charlottes Verblüffung. Das war eine sehr verallgemeinernde Feststellung und entsprach natürlich auch nicht ganz der Wahrheit, doch Emily fuhr ungerührt fort: »Er hat sicher schon alle anderen Möglichkeiten in Erwägung gezogen. Wenn er sagt, daß es sich um Mord handelt, dann stimmt es auch! Wir sollten der Wahrheit lieber ins Gesicht schauen und uns dementsprechend verhalten.« Sie starrte bedeutungsvoll Caroline an, dann wandte sie ihren Blick ab, weil sie es nicht schaffte, ihrer Mutter in die Augen zu sehen und gleichzeitig ihren letzten Trumpf auszuspielen. »Das bedeutet natürlich auch, daß die Polizei hier überall Nachforschungen anstellen und jede mögliche Spur aufgreifen wird! Es wird in der Nachbarschaft kein einziges Geheimnis geben, das nicht aufgedeckt werden wird!«

Caroline verstand sie nicht sofort. Sie sah zwar die Unannehmlichkeiten, die dies mit sich bringen würde, denn sie hatte natürlich die Ereignisse in der Cater Street nicht vergessen, und sie erkannte die Gefahren für die Menschen, die Mina nahegestanden hatten, doch die Gefahr, in der sie selbst schwebte, bemerkte sie nicht.

Emily lehnte sich zurück, das Gesicht vor Mitleid verzogen, voll Schuldgefühl, weil sie nicht diejenige sein wollte, die ihrer Mutter Schmerz zufügte.

»Mama«, sagte sie langsam. »Charlotte sagt, daß du ein Medaillon verloren hast und daß es sich dabei um etwas derart Persönliches handelt, daß es dir lieber wäre, wenn überhaupt niemand es finden würde, wenn du es selbst nicht aufspüren kannst. Aber in der gegenwärtigen Lage ist äußerste Diskretion angebracht, weil selbst ganz harmlose Angelegenheiten sehr merkwürdig aussehen können, wenn sie aufgedeckt werden und die ganze Gesellschaft anfängt, sich darüber den Mund zu zerreißen. Du weißt ja, daß die Leute oft gern etwas dazuerfinden.«

Sie erfanden leider immer etwas dazu, dachte Charlotte unglücklich, und fast ausnahmslos Negatives – es sei denn, man war selbst derjenige, der die Neuigkeit weitererzählte! Sie fragte sich inzwischen, ob es richtig von ihr gewesen war, Emily mitzubringen. Sie hätte selbst genausogut mit Caroline reden können, doch dabeizusitzen, zuzusehen und zuzuhören ließ alles sehr viel härter erscheinen, als sie beabsichtigt hatte. Irgendwie klang das Ganze auch ein wenig selbstsüchtig, als ob Emily vor allem um ihren eigenen Ruf fürchtete und Charlotte lediglich selbstgerecht und neugierig gehandelt hätte, fasziniert von ihrer selbstgewählten Rolle als Detektivin.

Sie waren nicht besonders subtil vorgegangen.

Sie schaute zu Emily hinüber und sah die leichte Röte auf ihrem Gesicht, die ihr bis zu den Augen hochgestiegen war, und sie wußte, daß die Situation auch Emily plötzlich bewußt geworden war.

Charlotte beugte sich vor und ergriff Carolines Hände. Sie waren ganz steif und reagierten überhaupt nicht auf die Berührung.

»Mama!« sagte Charlotte. »Wir müssen alles über Minas Tod herausfinden, so daß die Untersuchungen abgeschlossen werden können, bevor Thomas oder sonst irgend jemand Zeit hat, über das Leben der anderen nachzudenken! Sie ist aus einem ganz bestimmten Grund umgebracht worden – entweder Liebe oder Haß, Eifersucht oder Habgier – irgend etwas in der Art!« Sie atmete hörbar aus. »Höchstwahrscheinlich ist es auch Angst gewesen. Du hast selbst gesagt, daß Mina intelligent war. Sie besaß viel praktischen Verstand, sie hat gut beobachtet. Vielleicht wußte sie etwas über jemanden, das so wichtig war, daß derjenige bereit war, einen Mord zu begehen, um es weiterhin geheimzuhalten. Es gibt hier einen Dieb, das steht jedenfalls fest. Vielleicht wußte Mina, wer der Dieb war, und ist so unvernünftig gewesen, den Betreffenden wissen zu lassen, daß sie sein Geheimnis kannte. Oder sie war möglicherweise selbst die Diebin und hat etwas gestohlen, das für den Besitzer eine so große Bedeutung hat, daß er nicht einmal vor einem Mord zurückgeschreckt ist, um es zurückzubekommen.«

Emily griff ein, froh, etwas sagen zu können, das die aufgewühlten Emotionen wieder ein wenig glättete. »Um Himmels willen, hat Thomas denn das Haus nicht durchsucht? Daran hätte er doch denken müssen! Das ist doch wirklich das wenigste!«

»Selbstverständlich hat er das!« brauste Charlotte auf, doch dann wurde ihr der Klang ihrer Stimme bewußt. Sie brauchte Thomas gar nicht zu verteidigen, Emily hielt sowieso große Stücke auf ihn und hatte ihn auf ihre Art wirklich gern. »Sie haben nichts gefunden«, fuhr sie daher fort. »Wenigstens nichts, das sie für wichtig hielten. Aber wenn wir Fragen stellen und ein wenig nachforschen, entdecken wir vielleicht etwas, das ihnen entgangen ist. Die Leute sagen der Polizei schließlich nur das, was unbedingt notwendig ist, nicht?«

»Selbstverständlich!« sagte Emily eifrig. »Aber mit uns werden sie sprechen! Und wir können Nuancen heraushören, die Thomas nicht auffallen würden – Zwischentöne, Lügen –, weil wir die Leute hier kennen. Genau das müssen wir unbedingt machen! Mama, wir werden dich heute nachmittag bei deinen Besuchen begleiten, am besten, wir brechen sofort auf! Wen sollen wir zuerst besuchen?«

Caroline lächelte resigniert. Jede Gegenwehr war sinnlos.

»Alston Spencer-Brown«, erwiderte Charlotte an ihrer Stelle. »Wir werden ihm unser Beileid aussprechen und ihm sagen, wie erschüttert wir sind. Das ist schließlich so üblich. Wir werden so sehr unter dem Eindruck der Tragödie stehen, daß wir an nichts anderes denken können.«

»Natürlich«, sagte Emily, stand auf und zupfte ihren Rock so zurecht, wie es ihren Vorstellungen entsprach. »Ich bin geradezu untröstlich.«

»Du hast sie nicht einmal gekannt!« warf Caroline ein.

Emily schenkte ihr einen kühlen Blick.

»Man muß eben praktisch sein, Mama. Ich habe sie bei diversen Soireen getroffen. Ich habe sie sehr gern gemocht. Ich bin sogar davon überzeugt, daß wir gerade am Anfang einer langen, engen Freundschaft gestanden haben. Er weiß doch nicht, daß nichts davon stimmt. Wie hat sie ausgesehen? Es würde einen schlechten Eindruck machen, wenn ich sie auf einem Porträt oder auf einer Fotografie nicht erkennen würde. Obwohl ich mich natürlich immer noch damit herausreden könnte, ich sei kurzsichtig – aber das möchte ich lieber nicht tun. Dann müßte ich auch über alle möglichen Gegenstände stolpern, um überzeugend zu wirken.«

Caroline schloß entnerviert die Augen und bedeckte sie matt mit der Hand.

»Sie war etwa so groß wie du«, sagte sie. »Aber äußerst schlank, fast schon dünn, und sie hatte einen sehr langen Hals. Sie sah jünger aus, als sie war. Sie war hübsch und besaß einen äußerst schönen Teint.«

»Wie sah ihr Gesicht aus, und welche Haarfarbe hatte sie?«

»Oh, sie hatte ziemlich regelmäßige Züge – ihr Gesicht war vielleicht ein wenig klein. Und sehr weiches Haar, hellbraun, würde ich sagen. Sie konnte wirklich sehr charmant sein, wenn sie wollte. Und sie wußte sich hervorragend zu kleiden, trug fast immer dezente Farben, vor allem Cremetöne. Sehr geschickt gewählt. Es gab ihr genau den Ausdruck von zarter Unschuld, den Männer so schätzen.«

»Gut«, meinte Emily. »Dann können wir jetzt gehen. Wir wollen schließlich dort nicht mit wer weiß wie vielen anderen Leuten zusammentreffen. Wir dürfen nicht zu lange bleiben, sonst schöpft er Verdacht, aber wir müssen ihn unbedingt allein sehen. Du lieber Himmel! Ich hoffe doch, daß er uns überhaupt empfängt? Er hütet doch nicht etwa das Bett?«

»Das glaube ich nicht.« Caroline erhob sich widerstrebend. »Ich glaube, ich hätte davon erfahren, wenn dem so wäre. Dienstboten reden immer über alles.«

Charlotte sah, daß sie zögerte, daß sie sich auch jetzt noch dem Unumgänglichen am liebsten entzogen hätte.

»Du mußt einfach mitkommen, Mama. Wir können schlecht allein gehen. Es würde sehr merkwürdig aussehen. Du bist schließlich die einzige, die ihn kennt.«

»Ich komme ja mit«, sagte Caroline matt. »Aber ich kann nicht leugnen, daß ich es wirklich höchst ungern tue. Diese ganze Angelegenheit ist äußerst unangenehm, und ich wünschte mir nur, es wäre Selbstmord gewesen und wir könnten Mina in Frieden ruhen lassen – wir würden Mitleid und Trauer empfinden, aber wir wären nicht gezwungen, uns unablässig damit zu beschäftigen.«

»Gewiß!« sagte Emily. »Aber das ist leider unmöglich. Und wenn wir möchten, daß die ganze Sache zu einem annehmbaren Ende kommt, dann müssen wir selbst dafür sorgen! Charlotte hat völlig recht!«

Charlotte war es unangenehm, daß Emily es so darstellte, als ob das Ganze ihre Idee gewesen sei, doch sich jetzt darüber zu streiten, würde überhaupt nichts ändern. Also folgte sie den beiden gehorsam nach draußen.

Alston Spencer-Brown empfing sie in einem abgedunkelten Raum, wie es bei Trauerfällen üblich war. Alle Rouleaus an den Fenstern waren halb herabgelassen, und um den Spiegel war schwarzer Crêpe befestigt, ebenso an den verschiedenen Fotografien und auf dem Klavier. Er selbst trug Trauerkleidung, nur ein weißes Hemd lockerte das Schwarz ein wenig auf.

»Wie freundlich, daß Sie gekommen sind«, sagte er mit schwacher Stimme. Er wirkte wie betäubt und war viel kleiner und schmaler, als Charlotte ihn sich vorgestellt hatte.

»Das ist doch das wenigste, das wir tun können«, murmelte Caroline unglücklich, als sie seiner Aufforderung, Platz zu nehmen, nachkamen. »Wir haben Mina sehr gemocht.«

Alston blickte fragend zu Emily herüber, offenbar war er nicht sicher, wer sie war und warum sie gekommen war.

Emily log, ohne mit der Wimper zu zucken; darin war sie sehr geschickt.

»Wir hatten sie sehr gern«, sagte sie mit einem traurigen Lächeln. »Wirklich sehr gern. Ich habe sie auf verschiedenen Soireen getroffen und fand sie äußerst charmant. Wir hatten gerade angefangen, einander etwas besser kennenzulernen, und entdeckten, daß wir viel gemeinsam hatten. Sie war wirklich eine kluge Frau.«

»Ja, das war sie«, sagte Alston mit einem Anflug von Überraschung, der Emily nicht entgangen sein konnte. »Eine äußerst scharfsichtige Frau.«

»Genau.« Emilys Stimme klang sehr verständnisvoll. »Sie hat immer so viel wahrgenommen, was anderen, weniger feinfühligen Menschen entgangen wäre.«

»Meinst du wirklich?« Charlotte sah fragend von einem zum anderen.

»Oh ja!« Alston nickte. »Ich fürchte, die arme Mina war oft scharfsichtiger, als ihr guttat. Sie war in der Lage, bei anderen Charakterzüge und Eigenschaften zu sehen, die nicht immer anziehend waren.« Er schüttelte den Kopf. »Nicht immer ehrenwerte Eigenschaften.« Er seufzte tief und blickte zuerst Emily und darauf Caroline an, dann wieder Emily. »Doch das haben Sie sicher selbst bemerkt?«

»Selbstverständlich!« Emily saß kerzengerade da. »Aber man besitzt eben auch eine gewisse« – sie zögerte feinfühlig – »Welterfahrenheit, wenn man über eine derartige Intelligenz verfügt.

Doch ich bin sicher, ich habe Mina nie schlecht über andere reden hören, sie ist nie eine Klatschbase gewesen!«

»Nein«, sagte er matt. »Nein, sie hat genau gewußt, wie man seine Meinung für sich behält, das arme Geschöpf. Vielleicht war gerade das ihr Verderben.«

Charlotte griff diesen Punkt auf, bevor das Gespräch eine sentimentale Wendung nahm. Mina hatte eine recht scharfe Zunge besessen, auch wenn Emily dies offenbar noch nicht erraten hatte.

»Aber es ist schließlich einfach unmöglich, bestimmte Dinge zu überhören.« Charlotte hörte sich überrascht in genau demselben Ton wie Emily fortfahren. »Oder sie zu übersehen, wenn man in einer kleinen Gemeinschaft lebt, wo jeder jeden kennt. Ich erinnere mich ganz genau, wie die arme Mrs. Spencer-Brown mit großem Mitgefühl« – sie mußte schlucken; was für eine Heuchlerin sie doch war! – »über den Tod von Mrs. Charringtons Tochter sprach. Das ist sicher ein schrecklicher Schock gewesen, und man fragt sich immer wieder, was wohl Furchtbares passiert sein kann, und sei es auch nur, um die richtigen Worte des Trostes zu finden.«

Caroline fuhr ein wenig in die Höhe, als Emily sie heftig anstieß.

»Ja, wirklich«, sagte Caroline. »Niemand weiß, was sie so plötzlich dahingerafft hat. Wirklich entsetzlich. Ich erinnere mich auch, daß Mina es erwähnt hat.«

»Sie war äußerst scharfsichtig«, wiederholte Alston. »Sie wußte, daß irgend etwas nicht stimmte, daß irgend etwas Schreckliches – daß viel mehr dahintersteckte. Die meisten Menschen haben sich täuschen lassen, aber Mina nicht!« Er schien merkwürdig stolz auf diese Eigenschaft seiner Frau zu sein. »Ihr ist nichts entgangen.« Sein Gesichtsausdruck wurde wieder ganz sachlich. »Selbstverständlich hat sie außer mit mir mit niemandem darüber geredet. Aber sie wußte, daß sich bei den Charringtons eine Tragödie ereignet hatte, über die keiner zu sprechen wagte. Sie hat mehr als einmal zu mir gesagt, daß es sie nicht überraschen würde, wenn Ottilie einen gewaltsamen Tod gefunden hätte! Die Familie würde es natürlich geheimhalten, wenn es irgendwo geschehen wäre, wo wir es nicht mitbekommen hätten – ich meine, wenn es ein – entehrender Tod war!«

Charlottes Gedanken überschlugen sich. Meinte er damit, daß auch Ottilie ermordet worden war? War sie vielleicht von einem

Liebhaber getötet worden? Oder war Ottilie gestorben, während sie ein uneheliches Kind erwartet hatte – oder, was noch schlimmer war, an den Folgen einer mißglückten Abtreibung? Oder hatte man sie an einem schändlichen Ort gefunden, im Schlafzimmer eines Mannes – oder sogar in einem Bordell?

Sollte eine derart junge Frau bereits an einer dieser abscheulichen Krankheiten gestorben sein?

Doch das mochte sie sich nicht vorstellen.

Bestimmt waren diese Krankheiten sehr langwierig und führten ganz langsam zum Tode, vielleicht sogar erst nach einigen Jahren.

Aber man konnte feststellen, daß man sich angesteckt hatte – und vielleicht sogar still und heimlich von der eigenen Familie zum Schweigen gebracht werden, bevor die verheerenden Symptome offenbar wurden!

Diese Gedanken mochten abstoßend sein, aber sie konnten durchaus der Wahrheit entsprechen. Und jeder einzelne stellte das Motiv für einen Mord dar – wenn Mina töricht genug gewesen war, sich ihr Wissen anmerken zu lassen.

Emily sprach wieder und versuchte, weitere Einzelheiten in Erfahrung zu bringen, ohne neugierig zu erscheinen. Sie wechselten das Thema, bevor es zu delikat wurde, und unterhielten sich jetzt über Theodora von Schenck. Charlotte und Caroline hatten Emily genau vorbereitet.

»Natürlich«, sagte Emily und nickte wissend. »Geheimnisse sind immer beliebte Klatschthemen. Das liegt in der Natur der Sache. Ich kann Mina gut verstehen. Ich muß sogar zugeben, daß ich mich selbst bereits gefragt habe, wie Theodora ihre Lage auf einmal derart verbessern konnte. Sie müssen zugeben – dafür gibt es keine Erklärung.« Sie beugte sich erwartungsvoll vor. »Es ist nur menschlich, sich darüber Gedanken zu machen! Man braucht sich deshalb nicht im geringsten schuldig zu fühlen.«

Charlotte errötete an ihrer Stelle und verspürte gleichzeitig einen Anflug von Stolz auf ihre Schwester. Sie war wirklich äußerst geschickt.

Alston ging prompt darauf ein.

»Oh, Mina hat das alles genau erkannt«, sagte er mit einem Anflug von trauriger Genugtuung. »Sie hat nicht darüber gesprochen, weil sie sehr diskret war, wissen Sie – sie besaß sehr viel Taktgefühl. Aber sie hat viel gesehen, und ich persönlich glaube, daß sie die Wahrheit gekannt hat – was die verschiedensten Angelegenheiten betraf!« Er lehnte sich zurück und blickte sie nacheinander an.

Emilys Augen weiteten sich vor Erstaunen. »Glauben Sie wirklich? Sie hat niemandem auch nur ein Sterbenswörtchen davon verraten! Oh, wie ich ihre Zurückhaltung bewundere!«

Eine scheußliche, ekelhafte Idee schoß Charlotte durch den Kopf und ließ sich nicht wieder vertreiben. Auch sie beugte sich vor und starrte Alston an; ihr Gesicht brannte vor Widerwillen gegen den eigenen Gedanken.

»Sie muß wirklich sehr aufmerksam gewesen sein«, sagte sie leise. »Sie hat sicher eine Menge bemerkt.«

»Oh ja«, sagte Alston. »Es war wirklich erstaunlich, was sie alles beobachtet hat. Ich fürchte, daß ich selbst eine Menge übersehen habe, ohne auch nur das geringste davon zu erkennen.« Plötzlich wurde er von seinen Erinnerungen überwältigt und von Schuldgefühlen gepeinigt, weil er die letztendliche Tragödie möglicherweise hätte verhindern können, wenn er nicht so blind gewesen wäre. Wenn er so viel gesehen und verstanden hätte wie Mina, wäre sie vielleicht nicht ermordet worden. Seine Gefühle spiegelten sich in seinem Gesicht, im Zucken seiner Lippen, den heruntergezogenen Mundwinkeln, dem Ausweichen seiner Augen, in die Tränen der Scham geschossen waren.

Charlotte konnte es nicht länger ertragen. Auch wenn sie glaubte, die Wahrheit zu kennen und Mina gegenüber genausoviel Wut wie Mitleid empfand, beugte sie sich vor und legte mitfühlend ihre Hand auf Alstons Arm.

»Aber wie Sie bereits gesagt haben und wie wir auch alle wissen«, sagte sie mit fester Stimme, »war Mina alles andere als klatschsüchtig. Sie war viel zu klug, um ihre Beobachtungen weiterzuerzählen. Ich bin sicher, Sie waren der einzige, der überhaupt von ihren – Erkenntnissen gewußt hat.«

»Glauben Sie wirklich?« Er sah sie gespannt an, begierig, von seiner Verantwortung, seiner Schuld, blind gewesen zu sein, erlöst zu werden. »Es wäre mir unerträglich, wenn ich denken müßte, daß sie – daß sie schwatzhaft gewesen sein könnte! Derartigen Dingen sollte immer Einhalt geboten werden.«

»Selbstverständlich«, beruhigte sie ihn. »Findet ihr nicht auch, Mama, Emily?«

»Oh ja«, antworteten beide, obwohl Charlotte in ihren Augen lesen konnte, daß sie den Sinn der Frage nicht ganz verstanden.

Charlotte nahm ihre Hand wieder von Alstons Arm und erhob sich. Jetzt, wo sie soviel erfahren hatte, wollte sie gehen. Es erschien ihr ungehörig, zu bleiben und Mitgefühl vorzutäuschen, das sowieso nichts half, wohl wissend, daß keine von ihnen echte Trauer empfand, außer auf eine recht unpersönliche Weise, wie man sie für jeden Menschen, der gestorben war, auch verspürte.

Emily blieb weiter entschlossen auf ihrem Platz sitzen.

»Sie müssen jetzt gut auf sich achtgeben«, sagte sie teilnahmsvoll und blickte Alston offen an. »Natürlich können Sie in der nächsten Zeit nicht ausgehen. Es wäre nicht schicklich, und ich bin sicher, Sie verspüren dazu auch kein Bedürfnis.« Emily kannte die gesellschaftlichen Konventionen genau. »Aber Sie dürfen auf keinen Fall zulassen, daß Sie krank werden.«

Caroline erstarrte, ihre Hände umkrampften die Sessellehnen. Sie blickte Charlotte an.

Charlotte fühlte, wie sich ihre eigenen Muskeln verspannten. Spielte Emily auf einen weiteren möglichen Mord an?

Alstons Augen weiteten sich, und anstelle des Kummers trat nackte Angst in sein Gesicht.

Bevor irgend jemand die Möglichkeit hatte, die richtigen Worte zu finden, um etwas Beruhigendes zu sagen, öffnete das Hausmädchen die Tür und meldete, daß Monsieur Alaric gekommen sei und fragen ließ, ob Mr. Spencer-Brown in der Lage sei, ihn zu empfangen. Alston murmelte etwas Unverständliches, das von dem Mädchen als Zustimmung gedeutet wurde, und nach einem Moment betroffenen Schweigens, in dem Charlotte zu Emily hinüberschaute, jedoch nicht wagte, Caroline anzublicken, kam Paul Alaric ins Zimmer.

»Guten Tag –«, er zögerte, offenbar hatte das Hausmädchen ihn nicht darauf vorbereitet, daß noch andere Gäste anwesend waren. »Mrs. Ellison, Mrs. Pitt.« Er wandte sich Emily zu, doch bevor er sprechen konnte, hatte sich Alston gesammelt und war wieder Herr der Lage, erleichtert, daß er sich einem gesellschaftlich genau festgelegten Ritual zuwenden konnte.

»Lady Ashworth, darf ich Ihnen Monsieur Paul Alaric vorstellen.« Er wandte sich an Alaric. »Lady Ashworth ist die jüngere Tochter von Mrs. Ellison.«

Alaric warf Charlotte einen kurzen Blick zu, erstaunt und fragend, dann ergriff er mit vollendeter Höflichkeit Emilys ausgestreckte Hand.

»Wie reizend, Sie kennenzulernen, Lady Ashworth. Ich hoffe, es geht Ihnen gut?«

»Recht gut, vielen Dank«, erwiderte Emily kühl. »Wir sind gekommen, um Mr. Spencer-Brown unser Mitgefühl auszusprechen. Da wir das bereits getan haben, sollten wir Ihnen vielleicht die Möglichkeit geben, Ihren Besuch ungestört abzustatten, ohne die lästige Pflicht, eine höfliche Konversation mit uns führen zu müssen.« Sie erhob sich anmutig und schenkte ihm ein Lächeln, das kaum mehr als reine Höflichkeit ausdrückte.

Auch Charlotte war aufgestanden, sie hatte sich sowieso gerade verabschieden wollen, als das Hausmädchen erschienen war und Alaric gemeldet hatte.

»Komm, Mama«, sagte sie schnell. »Vielleicht können wir Mrs. Charrington noch besuchen? Ich fand sie wirklich sehr sympathisch.«

Doch Caroline machte keine Anstalten, aufzubrechen. »Also wirklich, meine Liebe.« Sie lehnte sich zurück und lächelte. »Wenn wir genau in dem Augenblick gehen, in dem Monsieur Alaric eintrifft, muß er uns für äußerst unhöflich halten. Für weitere Besuche bleibt uns noch genügend Zeit.«

Emily fing einen Blick von Charlotte auf und erkannte plötzlich die prekäre Situation, in der sie sich befanden. Dann wandte sie sich wieder an ihre Mutter.

»Ich bin sicher, Monsieur Alaric wird nicht schlecht von uns denken.« Diesmal schenkte sie ihm ein strahlendes Lächeln. »Wir möchten uns aus Rücksicht auf Mr. Spencer-Brown zurückziehen und nicht etwa, weil wir nicht gern in Monsieur Alarics Gesellschaft sein möchten. Wir müssen zuerst an die anderen denken und dann erst an uns. Nicht wahr, Charlotte?«

»Natürlich«, stimmte Charlotte ihr schnell zu. »Ich bin sicher, daß ich, wenn ich betrübt wäre, in gewissen Zeiten den Zuspruch einer anderen Frau mehr als den eines Mannes schätzen würde.« Sie wandte sich ebenfalls um und lächelte Alaric zu, war allerdings etwas verwirrt, als sie bemerkte, daß seine Augen, glänzend und ein wenig verwundert, auf ihr ruhten.

»Ich würde mich über alle Maßen geschmeichelt fühlen, Ma'am, wenn es irgendeinen Mann gäbe, der meine Anwesenheit der Ihren vorzöge«, sagte er mit einer Sanftheit in der Stimme, von der sie nicht zu sagen vermochte, ob sie Ironie oder nur Humor ausdrückte.

»Dann vielleicht ein wenig von beidem?« schlug Charlotte mit hochgezogenen Brauen vor. »Selbst die süßesten Dinge werden nach kurzer Zeit langweilig, und man sehnt sich nach Abwechslung.«

»Die süßesten Dinge«, murmelte er, und diesmal wußte sie genau, daß er sich über sie lustig machte, obwohl er keine Miene verzog und sie glaubte, daß es außer ihr niemand im Zimmer bemerkt hatte.

»Ganz zu schweigen von den Dingen, die ausgesprochen sauer sind«, sagte sie.

Alston war dem Gespräch nicht gefolgt, aber seine angeborene Höflichkeit besiegte seine Verwirrung. Konventionen waren beruhigend, wenigstens wußte man genau, wie man sich zu verhalten hatte.

»Ich kann mir nicht vorstellen, daß Sie uns bereits verlassen wollen.« Er machte eine Handbewegung, die sie alle einschloß. »Bitte, bleiben Sie doch noch ein wenig länger. Sie waren wirklich sehr freundlich zu mir.«

Caroline nahm die Einladung sofort an, und Charlotte und Emily blieb nichts anderes übrig, als sich ebenfalls wieder zu setzen und mit so viel Charme, wie sie aufbringen konnten, ein neues Gespräch anzuknüpfen.

Caroline machte es ihnen leicht. Nachdem sie bisher lediglich höfliche Zwischenbemerkungen gemacht und ansonsten in stummem Mitgefühl verharrt hatte, begann sie plötzlich zu glühen, und die Intensität ihrer Gefühle war im ganzen Raum spürbar.

»Wir haben gerade Mr. Spencer-Brown zugeredet, gut auf sich achtzugeben«, sagte sie herzlich und blickte von Alston zu Alaric. »Es geschieht so leicht, daß man aus Trauer um einen geliebten Menschen die eigene Person vernachlässigt. Ich bin sicher, Sie können ihm in dieser Hinsicht besser helfen, als wir es können.«

»Deswegen bin ich auch gekommen«, sagte Alaric. »An gesellschaftliche Zusammenkünfte ist natürlich noch nicht zu denken, doch allein zu Hause zu bleiben, macht alles nur noch schwerer.« Er wandte sich an Alston. »Ich dachte mir, Sie hätten vielleicht Lust, irgendwann in den nächsten Tagen gemeinsam mit mir eine Kutschfahrt zu unternehmen. Es kann sehr angenehm sein, wenn das Wetter gut ist, und wir würden dabei ganz unter uns bleiben.«

»Meinen Sie, daß ich das tun sollte?« Alston schien unschlüssig zu sein.

»Warum denn nicht? Jeder Mensch muß mit seinem Leid auf seine Weise fertig werden, und die Menschen, die wirklich an Ihrem Wohlergehen interessiert sind, werden Ihnen jede Ablenkung gönnen, die sich Ihnen bietet. Ich selbst habe Freude an der Musik und der Betrachtung großer Kunstwerke, deren Schönheit das Leben und den Tod ihres Schöpfers überdauert und jeden Schmerz und jede Sehnsucht lindert. Ich würde mich sehr glücklich schätzen, Sie zu einer Kunstgalerie Ihrer Wahl begleiten zu dürfen – oder an irgendeinen anderen Ort Ihrer Wahl.«

»Glauben Sie nicht, daß man von mir erwartet, daß ich mich hier im Haus aufhalte?« Alston runzelte besorgt die Stirn. »Zumindest bis nach der Beerdigung? Sie wird erst in einigen Tagen stattfinden. Freitag. Ja, Freitag.«

Er sah verlegen aus. »Aber das wissen Sie natürlich selbst. Wie dumm von mir.«

»Soll ich bei diesem Anlaß nicht mit Ihnen fahren?« fragte Alaric sanft. »Ich wäre nicht im geringsten beleidigt, wenn Sie es vorzögen, für sich zu bleiben, aber ich habe mir gedacht, wenn ich in Ihrer Situation wäre, würde ich es vorziehen, nicht allein zu sein.«

Alstons Stirn glättete sich wieder. »Meinen Sie wirklich? Das ist sehr großzügig von Ihnen.«

Charlotte dachte genau dasselbe und ärgerte sich darüber. Sie hätte es vorgezogen, wenn Paul Alaric ihr begründeten Anlaß geboten hätte, sein Verhalten zu mißbilligen. Sie schaute Caroline von der Seite an und sah das Leuchten in ihren Augen, ihre sanfte Zustimmung.

Dann blickte sie Emily an und wußte daß auch sie es bemerkt hatte.

»Wie freundlich von Ihnen«, sagte Emily, aber ihre Stimme klang etwas gereizt, denn ihre eigenen Ängste waren sehr viel stärker als ihre Sorge um Alston. »Ich bin sicher, daß es eine wirklich hervorragende Idee ist, es wird Ihnen bestimmt guttun. In einer derartigen Situation ist Gesellschaft wirklich von unschätzbarem Wert. Ich erinnere mich noch genau daran, daß mich die Gesellschaft meiner Mutter und meiner Schwester am meisten getröstet hat, als ich einen geliebten Menschen verloren habe.«

Charlotte hatte keine Ahnung, wovon sie sprach – doch nicht etwa von Sarahs Tod? Schließlich waren sie davon alle gleich betroffen gewesen –, aber sie wußte von keinem anderen Trauerfall im Leben ihrer Schwester.

Emily fuhr unbekümmert fort: »Und ich sehe keinen Grund, warum Sie diesen kleinen Ausflug nicht machen sollten, wenn Monsieur Alaric so liebenswürdig ist, Ihnen dazu seine Gesellschaft anzubieten. Kein auch nur halbwegs vernünftiger und mitfühlender Mensch – jedenfalls keiner, der für Sie wichtig sein könnte – würde dies mißverstehen.« Sie reckte das Kinn empor. »Die Leute mögen zwar manchmal Freundschaften zwischen zwei Menschen falsch auslegen, was ganz natürlich ist, doch hauptsächlich dann, wenn es sich um eine Dame und einen Herrn handelt. Dann reden die Leute ganz bestimmt, darauf kann man sich verlassen, ganz gleichgültig, wie harmlos die Wahrheit auch sein mag. Meinen Sie nicht auch, Monsieur Alaric?«

Charlotte beobachtete ihn ganz genau, damit ihr auch nicht die kleinste Bewegung in seinem Gesicht entging, die verriet, daß er verstand, was Emily in Wirklichkeit meinte und was ihren scheinbar nichtssagenden Worten zugrunde lag.

Doch er blieb weiterhin völlig entspannt und unbefangen, seine ganze Aufmerksamkeit war offenbar auf Alston gerichtet.

»Es gibt immer Menschen, die schlecht von anderen denken, Lady Ashworth«, erwiderte er. »Ganz gleichgültig, wie die Umstände auch sein mögen. Man kann es unmöglich allen recht machen. Man sollte daher auf sein eigenes Gewissen hören und die wichtigsten Konventionen beobachten, um niemanden unnötig vor den Kopf zu stoßen. Das ist, glaube ich, alles, was man tun kann. Darüber hinaus sollte man meiner Meinung nach so handeln, wie man es selbst für richtig hält.« Er wandte sich Charlotte zu, mit einem durchbohrenden Blick, als ob er irgendwie wüßte, daß sie genau dasselbe gesagt hätte, wenn sie ehrlich gewesen wäre. »Meinen Sie nicht auch, Mrs. Pitt?«

Sie stand vor einem Dilemma. Sie haßte jede Art von Heuchelei, und ihre eigene Zunge hatte bereits so viele gesellschaftliche Katastrophen heraufbeschworen, daß sie sich lächerlich machte, wenn sie vorgab, anderer Meinung zu sein. Außerdem hatte sie das Bedürfnis, freundlich zu ihm zu sein, denn er besaß irgend etwas, das weit über bloße Eleganz oder sogar Intelligenz hinausging und sie in seinen Bann zog – verborgene Gefühle, an die noch niemand gerührt hatte und die sie faszinierten, wie ein Gewitter oder die Schönheit eines aufkommenden Sturms, weit draußen auf dem Meer, gefährlich und überwältigend schön.

Sie schloß die Augen, um sie kurz darauf wieder weit zu öffnen.

»Ich glaube, das kann eine sehr selbstsüchtige Nachsicht sein, Monsieur Alaric«, sagte sie mit einer Förmlichkeit, die sie selbst anwiderte, noch während sie sprach. »Auch wenn man es gelegentlich noch so gern möchte, die Gesellschaft läßt sich so einfach nicht ignorieren. Wenn man immer nur selbst derjenige wäre, der dafür bezahlen müßte, die Gefühle anderer verletzt zu haben, ganz gleichgültig, wie deplaziert deren Empörung auch wäre, läge die Sache anders. Doch leider ist es nicht so. Klatschgeschichten verletzen meistens auch völlig Unschuldige. Wir leben schließlich nicht allein. Wir haben Familien, deren Ruf in Mitleidenschaft gezogen wird. Die Vorstellung, man könne frei nach eigenem Gutdünken handeln, ohne anderen zu schaden, ist eine Illusion, und eine äußerst unreife dazu. Zu viele Menschen benutzen dies als Entschuldigung für Zügellosigkeiten aller Art und behaupten am Ende obendrein auch noch, von nichts gewußt zu haben, und geben sich absolut überrascht, wenn sie sehen, daß sie andere mit ins Unglück gestürzt haben, obwohl man dies mit einem Funken Verstand hätte voraussehen müssen!« Sie unterbrach sich, um wieder zu Atem zu kommen, wagte jedoch nicht, einen von ihnen anzusehen, am allerwenigsten Alaric.

»Bravo«, flüsterte Emily so leise, daß die anderen es für nichts weiter als einen Seufzer halten mußten.

»Charlotte!« Caroline war mehr als verblüfft und wußte nicht, was sie sagen sollte.

»Wie scharfsichtig von dir«, Emily griff ein, um das betroffene Schweigen zu brechen. »Und wie treffend du es in Worte gekleidet hast! Es ist ein Thema, über das man schon längst ein klares Wort hätte sprechen müssen! Wir geben uns so oft irgendwelchen Illusionen hin, um alle möglichen Verhaltensweisen zu entschuldigen. Vielleicht sollte ich es nicht sagen, denn immerhin bist du meine Schwester, aber ich bewundere deine Ehrlichkeit sehr!«

Da Charlotte gerade einen Grundsatz vertreten hatte, den sie in ihrem eigenen Leben so gut wie nie befolgt hatte, konnte Emilys Bemerkung nur ironisch gemeint sein, auch wenn in ihren blauen Augen nichts als reine Aufrichtigkeit zu sehen war.

Charlotte strahlte sie an, obwohl ihre Gedanken alles andere als freundlich waren.

»Vielen Dank!« säuselte sie. »Du schmeichelst mir.« Sie erhob sich. »Aber jetzt muß ich mich wirklich verabschieden, sonst bleibt mir nicht mehr genug Zeit, um Mrs. Charrington zu besuchen, dabei finde ich sie doch so charmant. Möchtest du mich nicht begleiten, Mama? Oder soll ich ihr ausrichten, du hättest es als deine Pflicht angesehen, Mr. Spencer-Brown – und Monsieur Alaric – Gesellschaft zu leisten?«

Da für Caroline ein solches Verhalten natürlich nicht in Frage kam, blieb ihr nichts anderes übrig, als ebenfalls aufzustehen.

»Selbstverständlich nicht«, sagte sie spitz. »Ich werde dich natürlich begleiten. Ich mag Ambrosine sehr und würde sie gern besuchen. Ich muß sie mit Emily bekanntmachen. Oder kennst du auch sie bereits?« fügte sie gereizt hinzu.

Emily ließ sich nicht aus der Ruhe bringen. »Nein, ich glaube nicht. Aber Charlotte hat so nett von ihr gesprochen, daß ich mich auf das Treffen richtig freue.«

Auch das entsprach nicht der Wahrheit. Charlotte hatte sie überhaupt noch nicht erwähnt, doch es war ein ausgezeichneter Schlußsatz.

Alaric erhob sich, sehr gerade, mit wunderschönen breiten Schultern, ein Flackern seines alten Lächelns in den Augen. Er sah sie alle so klar, wie es Ausländer manchmal tun.

»Sie werden sie bestimmt außergewöhnlich finden«, sagte er mit einer leichten Verbeugung. »Vor allem ist sie niemals langweilig.«

»Eine seltene Eigenschaft«, murmelte Charlotte und errötete. »Niemals langweilig zu sein.«

Caroline war derart frustriert, daß sie die Selbstbeherrschung verlor und versuchte, Charlotte unter ihrem Rock einen Tritt zu versetzen. Sie verfehlte sie zwar zuerst, traf sie jedoch beim zweiten Versuch. Ihre Mundwinkel hoben sich vor Befriedigung. »Sehr richtig«, sagte sie. Dann schaute sie Alston an, der sich erhoben hatte, um sich von ihnen zu verabschieden. »Falls es irgend etwas gibt, was wir für Sie tun können, lassen Sie es mich bitte wissen.« Merkwürdigerweise erwähnte sie Edward nur indirekt. »Wir wohnen so nah beieinander, und wir würden uns freuen, Ihnen jede mögliche Unterstützung und jeden uns möglichen Trost zuteil werden zu lassen – vielleicht könnten wir Ihnen bei den praktischen Vorbereitungen behilflich sein?«

»Das ist äußerst liebenswürdig«, erwiderte Alston. »Ich wäre Ihnen sehr dankbar.«

Charlotte schaute Alaric direkt ins Gesicht, und ihre Blicke trafen sich. Sie holte tief Luft.

»Ich bin sicher, Monsieur Alaric, daß mein Vater Ihnen sehr gern zur Seite stehen wird, was Ihre Unterstützung für Mr. Spencer-Brown beim Begräbnis betrifft, falls Sie Hilfe gebrauchen können.« Sie schob das Kinn vor. »Vielleicht könnte er Sie aufsuchen und alles mit Ihnen durchsprechen? Wir haben selbst schon Trauerfälle in der Familie gehabt, und er ist wirklich äußerst feinfühlig. Ich bin überzeugt, daß Sie ihn mögen werden.« Sie schaute nicht fort, obwohl sie merkte, wie ihr die Röte ins Gesicht schoß.

Endlich wurde sie durch ein Aufflackern von Verständnis in den Tiefen von Alarics Augen belohnt, und auch er errötete.

»Vielen Dank, Mrs. Pitt.« Seine Stimme war sehr leise. »Ich weiß Ihre Absicht zu schätzen. Ich werde mich eingehend mit Ihrem Vorschlag beschäftigen.«

Sie versuchte zu lächeln, was ihr jedoch nicht gelang. »Ich danke Ihnen.«

Sie verabschiedeten sich mit den üblichen Höflichkeitsfloskeln und begaben sich zur Tür, wo das Hausmädchen sie schon erwartete, denn Alston hatte geläutet. Beide Türflügel wurden geöffnet, so daß sie nicht hintereinander hinauszugehen brauchten. Charlotte drehte sich um, als sie in die Eingangshalle hinausgingen, und stellte zu ihrer großen Verlegenheit fest, daß Paul Alaric ihnen immer noch nachblickte und seine Augen, weit geöffnet und schwarz, nicht auf Caroline oder Emily, die ebenfalls zurückgeschaut hatten, ruhten, sondern auf ihr.

Sie wollte jetzt auf keinen Fall Caroline ansehen, doch sie mußte feststellen, daß sie genau das tat. Ihre Blicke trafen sich, und plötzlich waren sie nur noch zwei Frauen, nicht mehr, sie hätten genausogut Fremde sein können. In Carolines Blick lag nichts als die plötzliche, tiefe Erkenntnis ihrer Rivalität.

# Kapitel 7

Charlotte konnte Pitts Heimkehr kaum erwarten. Sie kochte ein ganz einfaches Essen, stellte es in die Ofenröhre und überließ es sich selbst, während sie sich hektisch mit allen möglichen Arbeiten beschäftigte, jedoch nichts zu Ende brachte. Um Viertel nach sechs hörte sie endlich, wie die Haustür geöffnet wurde, ließ sofort das Leinenhandtuch fallen, das sie in der Hand gehalten hatte, und rannte aus der Küche, um ihren Mann zu begrüßen. Für gewöhnlich zwang sie sich zu warten, bis er in die Nähe des großen warmen Kochherdes gekommen war, seinen Mantel abgelegt und sich gesetzt hatte, bevor sie ihm von den Tagesereignissen berichtete, doch diesmal rief sie ihm bereits die große Neuigkeit zu, als er gerade erst den Fuß in die Diele gesetzt hatte.

»Thomas! Thomas! Ich habe heute Alston Spencer-Brown getroffen und etwas Wichtiges herausgefunden!« Sie lief zu ihm in den Flur und ergriff seine Hände. »Ich glaube, ich weiß etwas über Mina – vielleicht sogar, warum sie umgebracht wurde!«

Thomas war durchnäßt und müde und nicht gerade bester Laune. Seine Vorgesetzten beharrten noch immer auf der Theorie, daß es sich um Selbstmord handelte und Mina sich in einem Zustand geistiger Verwirrung umgebracht hatte. Auf diese Weise konnte man den Fall sehr viel leichter für abgeschlossen erklären, ohne das Leben zahlreicher Menschen durch Nachforschungen überprüfen zu müssen, die man besser gar nicht erst anstellte. Die Aufdeckung von Motiven war immer eine scheußliche, unangenehme Angelegenheit und wirkte sich nur selten positiv auf die Karriere desjenigen aus, der damit betraut war – sofern er sich aufgrund seines Dienstgrades nicht damit herausreden konnte, lediglich Befehle von oben befolgt zu haben.

Pitts Vorgesetzter, Dudley Athelstan, war der jüngere Sohn eines einflußreichen adligen Hauses, der eine gute Partie gemacht hatte und noch dazu sehr ehrgeizig und vom Erfolg verwöhnt war. Er hatte den ganzen Nachmittag mit dem Versuch verbracht, Pitt klarzumachen, daß der Fall bereits aufgeklärt sei. Es gab schließlich unzählige Wege für eine labile Frau, sich Gift zu beschaffen, um sich damit umzubringen, wenn sie sich dies erst einmal in den Kopf gesetzt hatte. Im Laufe des Gesprächs war Athelstans Laune zunehmend schlechter geworden, weil er nicht einmal sich selbst, ganz zu schweigen von Pitt und Harris, davon überzeugen konnte, daß seine Theorie hieb- und stichfest war, denn kein einziger Apotheker oder Drogist ließ sich finden, der eine derartige Substanz verkauft hatte, und ganz sicher gab es keinen Arzt, der sie verschrieben hatte, auch wenn sie noch so sorgfältig nach ihm gesucht hatten.

Pitt begann, seinen Mantel aufzuknöpfen. Wasser tropfte auf den Flurboden, obwohl Pitt sich noch am Vortag eine sehr heftige und berechtigte Kritik von Gracie hatte gefallen lassen müssen, die ihm geschildert hatte, wie mühselig es war, den Boden derart blank zu polieren, nur damit rücksichtslose Leute daherkamen und Wasser darauf verspritzten.

»Warum hast du Alston Spencer-Brown besucht?« erkundigte er sich ein wenig mürrisch. »Er hat doch sicher weder mit dir noch mit deiner Mutter auch nur das geringste zu tun.«

Charlotte spürte seine Gereiztheit, als habe er die Kälte von der Straße mit ins Haus gebracht, doch sie war viel zu aufgeregt, um darauf Rücksicht zu nehmen.

»Der Mord hat schon etwas mit Mama zu tun«, sagte sie schnell, nahm ihm den Mantel ab und hängte diesen an einen Haken, obwohl er dort weiter auf die Dielen tropfte, anstatt ihn zum Trocknen mit in die Küche zu nehmen. »Wir müssen unbedingt das Medaillon zurückbekommen. Jedenfalls wollte Emily Mama besuchen, und ich habe sie begleitet!« Wenn die Flamme der Gaslampe im Flur heller gewesen wäre, hätte er vielleicht sehen können, wie sie bei dieser Halbwahrheit errötete. Sie drehte sich um und ging forsch zurück in die warme Küche. »Mama hat ihn besucht, weil sie ihm ihr Beileid aussprechen wollte«, erklärte sie, »aber das ist eigentlich gar nicht so wichtig!« Sie wirbelte herum und blickte ihn an. »Ich kenne jetzt wenigstens einen guten Grund, warum Mina Spencer-Brown ermordet worden sein könnte – wenn nicht sogar zwei!« Sie wartete, glühend vor Aufregung.

»Ich wüßte sogar ein Dutzend«, stellte er nüchtern fest. »Aber es gibt keinerlei Beweise. Möglichkeiten hat es immer genug gegeben, aber das reicht schließlich nicht. Superintendent Athelstan will den Fall zu den Akten legen. Selbstmord würde bedeuten, daß die trauernden Hinterbliebenen in Ruhe gelassen würden.«

»Keine Möglichkeiten«, platzte sie ungeduldig heraus. »Ich spreche von richtigen Motiven! Erinnerst du dich noch daran, wie ich dir erzählt habe, daß Mama mir gesagt hat, daß sie sich beobachtet fühlt, als würde ihr jemand die ganze Zeit nachspionieren?«

»Nein«, antwortete er wahrheitsgemäß.

»Aber ich habe es dir ganz bestimmt erzählt! Mama hat es genau gespürt – fast ständig! Und Ambrosine Charrington hat genau dasselbe gesagt. Also, ich glaube, daß es Mina gewesen ist! Sie hat den Leuten nachspioniert – sie hat überall herumgeschnüffelt. Alston selbst hat es indirekt bestätigt – natürlich war ihm nicht bewußt, was er damit wirklich sagte. Verstehst du, Thomas? Wenn sie nun jemandem nachspioniert hat, der ein Geheimnis hatte, ein wirkliches Geheimnis, dann hat sie vielleicht etwas herausgefunden, das so wichtig war, daß man sie dafür umgebracht hat. Und ich weiß von Alston, daß es wenigstens zwei Möglichkeiten gibt!«

Er setzte sich und zog sich die nassen Stiefel aus. »Und welche?«

»Glaubst du mir etwa nicht?« Sie hatte erwartet, daß er die Neuigkeit mit großem Interesse aufnehmen würde, doch er sah ganz so aus, als höre er ihr nur zu, weil er ihr einen Gefallen tun wollte.

Er war zu müde, um höflich zu sein.

»Ich glaube, die Geschichte mit deiner Mutter ist überhaupt nicht so bedeutsam, wie du dir einbildest. Es gibt viele Menschen, die irgendwann einmal einen kleinen Flirt haben, besonders Frauen aus den feinen Kreisen, die sonst kaum etwas zu tun haben. Das solltest du eigentlich inzwischen wissen. Ich nehme an, sie hat ihr Taschentuch fallengelassen, und jemand hat ihr Blumen geschickt – also keinesfalls eine ernsthafte Sache. Und wenn ihr wirklich jemand nachspionieren sollte, dann höchstens aus Langeweile. Nimm es doch nicht so wichtig, Charlotte. Wenn sie nicht deine Mutter wäre, würdest du darüber sicher nicht einmal ein Wort verlieren.«

Sie konnte sich nur mit größter Mühe zurückhalten. Einen Moment lang erwog sie, ihrem Temperament freien Lauf zu lassen und ihm klipp und klar auseinanderzusetzen, daß der äußere Anschein vielleicht banal wirken mochte, doch die dahinter verborgenen Gefühle genauso echt und leidenschaftlich sein konnten wie all das, was sich in den Seitenstraßen abspielte oder in den Gesellschaftsgeschichten geschah, die weniger Restriktionen unterworfen waren. Aber dann erkannte sie, wie erschöpft er war, wie entmutigt durch Athelstans Bestreben, alles, was seinem Ehrgeiz nicht dienlich war, unter den Teppich zu kehren und zu ignorieren. Wut ihrerseits würde gar nichts bewirken.

»Möchtest du vielleicht eine Tasse Tee?« fragte sie statt dessen und sah auf seine nassen Füße und die weiße Haut an seinen Händen, die von der Kälte ganz taub geworden waren. Ohne seine Antwort abzuwarten, füllte sie den Wasserkessel wieder auf und stellte ihn auf den vorderen Teil des Herdes.

Sie schwiegen eine Zeitlang, dann zog Pitt sich trockene Socken an und blickte wieder auf.

»Und wie sehen diese beiden Möglichkeiten aus?«

Sie wärmte die Teekanne vor und gab die abgemessene Menge Tee hinein.

»Theodora von Schenck hat seit kurzem eine geheime Einkommensquelle, die sich niemand erklären kann. Ihr Ehemann hat ihr nichts hinterlassen, und sonst hat sie offenbar auch nichts geerbt. Als sie an den Rutland Place zog, besaß sie nichts weiter als das Haus. Jetzt hat sie Mäntel mit Zobelkrägen, und Mina hat einige hochinteressante Spekulationen über die mögliche Geldquelle angestellt.«

»Beispielsweise?« erkundigte er sich.

Sie bewegte ungeduldig die Teekanne hin und her, während der Wasserkessel schwache, dünne Dampfwölkchen ausstieß. Das Wasser war offenbar heiß, kochte aber noch nicht.

»Ein Bordell«, antwortete Charlotte. »Oder ein Liebhaber. Oder vielleicht auch Erpressung? Es gibt alle möglichen Dinge, die ein Mensch geheimhalten möchte und deretwegen er morden könnte, wenn Geld im Spiel ist. Vielleicht hat Theodora mit dem, was Mina herausgefunden hat, andere erpreßt, und sie haben sich um das Geld gestritten?«

Er lächelte säuerlich. »Interessant. Die Mina, die du beschreibst, scheint eine äußerst verdorbene Phantasie und die dazu passende scharfe Zunge besessen zu haben. Bist du dir sicher, daß sie das wirklich gesagt hat, oder ist es das, was du glaubst, daß sie gesagt haben könnte?«

»Alston hat mehrfach erwähnt, wie scharfsichtig sie war, was den Charakter anderer Menschen betraf, besonders wenn es sich um die unangenehmen Seiten handelte. Aber er hat auch gemeint, daß sie nur mit ihm darüber gesprochen hat.« Endlich griff sie nach dem Kessel. »Aber das ist sowieso die weniger wahrscheinliche Möglichkeit, denke ich. Die andere Möglichkeit hat Mina in meinem Beisein selbst angesprochen, und noch dazu mit einer gewissen Genugtuung, als ob sie Genaueres wüßte.« Sie goß das Wasser auf den Tee und tat den Deckel auf die Kanne, trug sie zum Tisch und stellte sie auf den Untersatz aus poliertem Zinn. Während sie den Tee ziehen ließ, fuhr sie mit ihren Ausführungen fort. »Es hat mit dem plötzlichen mysteriösen Tod von Ottilie Charrington zu tun. In der einen Woche war sie noch kerngesund, in der nächsten kehrte ihre Familie von einem Aufenthalt auf dem Lande zurück und behauptete, sie sei in der Zwischenzeit gestorben. Einfach so! Keiner hat je gesagt, woran sie gestorben ist, keiner war zu irgendeiner Beerdigung eingeladen, und die Familie verliert kein Wort darüber. Mina hat offenbar anklingen lassen, daß irgend etwas Anrüchiges passiert sei – vielleicht eine mißglückte Abtreibung?« Ihr schauderte bei dem Gedanken an die schlafende Jemima in ihrem Kinderbettchen. »Oder sie wurde von einem Liebhaber ermordet oder starb an einem anrüchigen Ort, beispielsweise in einem Bordell. Oder sie hat vielleicht irgend etwas so Schreckliches getan, daß ihre eigene Familie sie umgebracht hat, um es zu vertuschen.«

Pitt sah sie mit ernstem Gesicht schweigend an.

Sie schenkte ihm Tee ein und reichte ihm seine Tasse.

»Ich weiß, daß es furchtbar und unwahrscheinlich klingt«, fuhr sie fort. »Aber ich glaube, daß jeder Mord unwahrscheinlich ist – bis er schließlich passiert. Und Mina ist immerhin ermordet worden, nicht? Du weißt doch jetzt mit Sicherheit, daß sie sich nicht das Leben genommen hat.«

»Nein, sie hat sich nicht umgebracht.« Er trank einen kleinen Schluck Tee und verbrannte sich den Mund. Seine Hände waren so taub, daß er nicht einmal gemerkt hatte, wie heiß die Tasse war. »Nein, ich glaube, jemand hat Gift in das Getränk getan, das wir bei der Autopsie in ihrem Magen gefunden haben. Wir haben den Bodensatz in einer leeren Flasche in ihrem Schlafzimmer gefunden und auch das Glas, aus dem sie getrunken hat. Es war purer Zufall, daß sie es zu diesem Zeitpunkt zu sich genommen hat, sie hätte es auch zu jeder anderen Zeit trinken können. Jeder hätte es irgendwann in die Flasche tun können.«

»Nicht, wenn man sie zum Schweigen bringen wollte«, warf Charlotte ein. »Wenn man vor jemandem Angst hat, will man, daß er stirbt, bevor er die Möglichkeit hat zu reden, und das heißt, so schnell wie möglich. Thomas, ich glaube wirklich, daß es Mina war, die den anderen nachspioniert hat. Je länger ich darüber nachdenke, desto mehr Sinn hat es. Sie hat einmal zuviel spioniert und etwas gesehen, das sie das Leben gekostet hat.« Sie starrte in ihren Tee und beobachtete, wie sich der Dampf kräuselte und langsam nach oben stieg. »Ich frage mich, ob Menschen, die ermordet werden, in der Regel unangenehme Personen sind, ob sie nicht vielleicht irgendeinen Makel besitzen, der einen Mord herausfordert? Ich meine natürlich Menschen, die nicht wegen ihres Geldes ermordet werden – wie die tragischen Helden bei Shakespeare, eine verhängnisvolle Mißbildung der Seele, die alles andere, was gut hätte sein können, ebenfalls verunstaltet.« Sie rührte in ihrem Tee, obwohl sie gar keinen Zucker hineingetan hatte. Der Dampf drehte sich noch mehr. »Zu große Neugier lockt den Vogel in die Schlinge. Wenn Mina nicht soviel über andere hätte herausfinden wollen – ich wüßte nur gern, ob sie von Monsieur Alaric und Mamas Medaillon gewußt hat!« Merkwürdigerweise hatte sie keine Angst. Caroline war zwar unvernünftig, aber sie war weder so bösartig noch so verzweifelt, daß sie jemanden umbringen würde. Und Paul Alaric hatte gar keinen Grund für eine derartige Tat.

Pitt schaute verblüfft hoch, und zu spät erkannte sie, daß sie Alarics Namen gerade das erste Mal erwähnt hatte. Pitt kannte ihn natürlich von den Ereignissen am Paragon Walk und hatte ihn bestimmt nicht vergessen. Damals hatten sie ihn eine Zeitlang sogar des Mordes – und noch schlimmerer Dinge – verdächtigt!

»Alaric?« sagte er langsam und blickte sie forschend an.

Sie spürte, wie sie errötete, und war wütend. Es war schließlich Caroline, die sich töricht verhielt, sie, Charlotte, hatte überhaupt nichts Unpassendes getan.

»Monsieur Alaric ist der Mann, dessen Bild Mama in ihrem Medaillon trägt«, sagte sie kampflustig und sah ihm direkt ins Gesicht. Doch seine Augen waren einfach zu offen und wissend, daher wandte sie den Blick wieder ab und rührte kräftig weiter ihren ungezuckerten Tee. Sie versuchte, unbeschwert zu klingen. »Hatte ich das nicht bereits gesagt?«

»Nein.« Sie wußte, daß er sie wie immer genau beobachtete. »Nein – das hast du ganz sicher nicht.«

»Oh.« Sie starrte wie gebannt in ihren dampfenden Tee. »Aber so ist es.«

Eine Weile sprach keiner von beiden ein Wort.

»Tatsächlich?« sagte er schließlich. »Das Medaillon haben wir leider nicht gefunden – wir haben überhaupt keinen der gestohlenen Gegenstände gefunden. Und falls Mina tatsächlich den anderen nachspioniert und Dinge gestohlen hat, weil sie ihre krankhafte Neugier befriedigen und etwas von ihnen besitzen wollte –« Er sah sie erschauern und stieß einen Seufzer aus. »Hast du das nicht gerade zu sagen versucht? Daß sie abnorm war, pervers?«

»Vermutlich habe ich das.«

Er trank wieder an seinem Tee. »Aber natürlich gibt es noch eine zweite Möglichkeit«, fügte er hinzu. »Vielleicht hat sie gewußt, wer die Sachen gestohlen hat.«

»Das wäre tragisch und lächerlich!« sagte sie, plötzlich sehr aufgebracht. »Jemanden wegen ein paar alberner Kleinigkeiten wie einem Medaillon und einem Stiefelknöpfer umzubringen!«

»Es sind schon viele Menschen aus viel trivialeren Gründen ermordet worden.« Er dachte an die Not und das Elend in den Armenvierteln. »Einige nur wegen eines Shillings, andere versehentlich, weil sie irgend etwas nicht besaßen oder weil man sie mit jemandem verwechselt hatte.«

Sie trank einen Schluck Tee. »Wirst du der Sache nachgehen?« fragte sie schließlich.

»Ich habe keine andere Wahl. Ich werde sehen, was ich über die Charringtons herausfinden kann. Das arme Mädchen! Ich hasse es, im Unglück und Leid anderer Menschen herumzuwühlen. Es ist schon schlimm genug, eine Tochter zu verlieren, ohne daß die Polizei jede Indiskretion hervorzerrt und alle Gefühle, sei es Liebe oder Haß, genau unter die Lupe nimmt. Kein Mensch will den Blicken anderer derart ausgesetzt sein!«

Doch auch am nächsten Morgen sah er keine andere Möglichkeit, als der Angelegenheit nachzugehen. Wenn Charlotte recht hatte und Mina wirklich anderen Menschen nachspioniert und Nachforschungen über sie angestellt hatte, war es mehr als wahrscheinlich, daß sie auf diese Weise etwas erfahren hatte, was sie schließlich das Leben gekostet hatte. Er hatte schon früher von Menschen gehört, die nach außen hin völlig normal erschienen – oft waren es ehrbare Bürger –, heimlich aber von dem zwanghaften Verlangen getrieben wurden, andere zu beobachten, in ihre intimsten Geheimnisse einzudringen, ihnen nachzustellen, Vorhänge zur Seite zu schieben, sogar fremde Briefe zu öffnen und an Türen zu horchen. Dieser Zwang führte immer dazu, daß der Betreffende in anderen Abneigung und Angst erweckte, oft auch dazu, daß er im Gefängnis endete oder sogar von jemandem umgebracht wurde.

Pitt konnte unmöglich auf direktem Weg zu den Charringtons gehen. Es gab keinerlei Grund, sie aus heiterem Himmel plötzlich nach dem Tod ihrer Tochter zu befragen, es sei denn, er beabsichtigte, sie über seine Verdächtigungen zu informieren, was natürlich zum jetzigen Zeitpunkt unmöglich war. Vielleicht handelte es sich um Verleumdung. Und mit derart fadenscheinigen Argumenten wären sie nicht verpflichtet, ihm Rede und Antwort zu stehen.

Er beschloß, statt dessen Mulgrew aufzusuchen. Der Arzt hatte die meisten Familien, die am Rutland Place lebten, behandelt, und falls er Ottilie nicht persönlich gekannt hatte, würde er bestimmt in der Lage sein, Pitt jemanden zu nennen, an den er sich wenden konnte.

»Richtiges Sauwetter!« begrüßte ihn Mulgrew aufgekratzt. »Schulde Ihnen noch zwei Taschentücher. War sehr nobel von Ihnen. Haben sich verhalten wie ein echter Gentleman. Wie geht es Ihnen? Kommen Sie doch rein, und wärmen Sie sich ein bißchen auf. Sie sind ja ganz naß.« Er fuchtelte mit den Armen, um Pitt den Weg durch den Flur zu weisen. »Die Straße ist der reinste Fluß, oder vielleicht sollte ich besser Gosse sagen! Was ist denn los? Sie sind doch nicht etwa krank, oder? Schnupfen kann ich nämlich nicht kurieren, wissen Sie. Und Rückenschmerzen auch nicht. Das kann niemand! Und wenn es wirklich jemanden geben sollte, habe ich ihn jedenfalls noch nicht getroffen!« Er führte Pitt in ein vollgestopftes Zimmer mit Unmengen von Fotografien, Erinnerungsstücken, Bücherregalen an allen Wänden, Papierbergen und Folianten, die sich auf Tischen und Hockern stapelten. Ein großer Labrador lag schlafend vor dem Kaminfeuer.

»Nein, ich bin nicht krank.« Pitt folgte ihm mit einem Gefühl der Erleichterung, sogar Hochstimmung. Plötzlich schienen ihm all die häßlichen Seiten des Lebens erträglicher, die Dunkelheit, die vor ihm lag, weniger von angsteinflößenden Schatten bevölkert, sondern eher von vertrauten Dingen, Dingen, die man ertragen konnte.

»Setzen Sie sich doch.« Mulgrew machte eine einladende Handbewegung. »Oh, werfen Sie die Katze ruhig runter. Sie legt sich sofort dorthin, sobald ich ihr den Rücken zuwende. Schade, daß sie so viele weiße Stellen hat – die verdammten weißen Haare bleiben mir immer an der Hose hängen. Ich hoffe, Katzenhaare machen Ihnen nichts aus?«

Pitt schob das kleine Tier vorsichtig vom Stuhl und nahm lächelnd Platz.

»Überhaupt nichts. Vielen Dank.«

Mulgrew setzte sich ihm gegenüber.

»Also, wenn Sie nicht krank sind, was führt Sie dann zu mir? Doch nicht etwa wieder Mina Spencer-Brown? Dachte, wir hätten bewiesen, daß sie an Belladonnavergiftung gestorben ist?«

Die kleine Katze strich Pitt um die Beine, sprang dann auf seinen Schoß und rollte sich zusammen, den Kopf in den Pfoten vergraben, und schlief sofort ein.

Pitt genoß es, sie zu streicheln. Charlotte hatte sich auch eine Katze gewünscht. Er mußte ihr unbedingt ein Kätzchen schenken, eines wie dieses hier.

»Sind Sie der Hausarzt der Charringtons?« fragte er.

Mulgrews Augen weiteten sich vor Erstaunen.

»Werfen Sie sie ruhig runter, wenn sie Sie stört«, sagte er und zeigte auf die Katze. »Ja, bin ich. Warum? Es ist doch niemand von ihnen krank, oder?«

»Ich glaube nicht. Aber die Tochter ist verstorben. Haben Sie sie gekannt?«

»Ottilie? Ja, ein wirklich nettes Mädchen.« Sein Gesicht nahm mit einem Mal einen höchst bekümmerten Ausdruck an. »Eine der schlimmsten Tragödien, die ich je erlebt habe. Fehlt mir sehr. So ein nettes Mädchen.«

Pitt spürte die aufrichtige Trauer des Mannes, nicht die professionelle Niedergeschlagenheit des Arztes, der eine Patientin verloren hatte, sondern einen persönlichen Verlust, ein Glück, das nun für immer zerstört war. Es war ihm peinlich, weitere Fragen stellen zu müssen. Er hatte keine Gefühle erwartet, lediglich ein sachliches, wissenschaftliches Gespräch. Der ungelöste Mordfall schien mit einem Mal unwichtig, sogar bedeutungslos, es waren die Emotionen, der brennende Schmerz, das Gefühl einer inneren Leere, die wirklich zählten.

Seine Hand berührte wieder den warmen, kleinen Körper der Katze, und er streichelte sie vorsichtig, wobei er gleichzeitig selbst Trost suchte und dem Tier Wohlbehagen verschaffte.

»Woran ist sie gestorben?« fragte er.

Mulgrew blickte auf. »Ich weiß es nicht. Sie ist nicht hier gestorben. Irgendwo auf dem Land – Herfordshire.«

»Aber Sie sind doch der Hausarzt der Familie. Hat man Ihnen denn nicht mitgeteilt, woran sie gestorben ist?«

»Nein. Die Charringtons haben nur sehr wenig gesagt. Schienen nicht darüber sprechen zu wollen. Verständlich, nehme ich an. Schock. Menschen werden auf unterschiedliche Art mit ihrem Kummer fertig.«

»Dann ist es sehr plötzlich passiert?«

Mulgrew schaute in sein Kaminfeuer, den Blick abgewandt, als sähe er etwas, das er mit niemandem teilen konnte.

»Ja, völlig unerwartet.«

»Und man hat Ihnen nicht gesagt, was es war?«

»Nein.«

»Haben Sie denn nicht gefragt?«

»Höchstwahrscheinlich habe ich das. Aber ich kann mich nur noch an den Schock erinnern und daran, daß keiner darüber reden wollte, beinahe so, als könnte man es ungeschehen machen, wenn man nicht darüber sprach, als wäre es dann nicht mehr wahr. Ich habe nicht nachgefragt. Ich konnte es einfach nicht.«

»Aber soweit Sie wissen, fehlte ihr nichts, als sie Rutland Place verließ?« erkundigte sich Pitt.

Endlich sah Mulgrew ihn wieder an.

»Sie war kerngesund. Warum? Offenbar ist es wichtig für Sie, sonst wären Sie nicht hier und würden mir so viele Fragen stellen. Glauben Sie, es könnte etwas mit Mrs. Spencer-Brown zu tun haben?«

»Ich weiß es nicht. Es könnte eine von vielen Möglichkeiten sein.«

»Was für Möglichkeiten?« Mulgrew sah gequält aus. »Ottilie war exzentrisch, viele mögen ihre Art sogar für vulgär gehalten haben, aber sie war ein durch und durch guter Mensch. Sie war einer der großzügigsten Menschen, dich ich je in meinem Leben getroffen habe. Ich meine, sie war großzügig mit ihrer Zeit – sie war immer bereit, zuzuhören, wenn sie das Gefühl hatte, daß sie damit jemandem helfen konnte. Und großzügig mit ihrem Lob – sie hat stets die Leistungen anderer gewürdigt und niemandem seinen Erfolg mißgönnt.«

Der Arzt hatte sie also auf seine Weise geliebt. Pitt brauchte gar nicht mehr zu wissen. Die Wärme in Mulgrews Stimme verriet, daß er immer noch um sie trauerte, verriet seine innere Leere.

Pitts eigene Gedanken, auf die ihn Charlottes Entdeckungen gebracht hatten, wurden noch quälender. Sein Mitgefühl war so stark, daß er Zuflucht zu einer Notlüge nahm. Er mußte noch ein wenig über alles nachdenken, alles langsam auf sich wirken lassen. Er schaute Mulgrew nicht an, als er wieder zu sprechen begann.

»Aufgrund von Aussagen, die mir gerade erst zu Ohren gekommen sind«, formulierte er vorsichtig, »scheint es möglich, daß Mina Spencer-Brown außergewöhnlich neugierig war, was die Privatangelegenheiten anderer Menschen betraf, und daß sie andere belauschte und beobachtete. Könnte dies der Wahrheit entsprechen?«

Mulgrews Augen weiteten sich erneut, und er starrte Pitt überrascht an, sagte jedoch minutenlang kein Wort. Das Kaminfeuer knisterte, und die Katze auf Pitts Schoß wachte auf und reckte sich.

Zerstreut schob Pitt sie vorsichtig auf seine Jacke, wo er ihre Krallen durch den Stoff nicht spüren würde.

»Ja«, sagte Mulgrew schließlich. »Hab' mir zwar noch nie Gedanken darüber gemacht, aber sie hat wirklich alles genau beobachtet, ihr ist nie etwas entgangen. Solche Menschen gibt es. Ihr Wissen verschafft ihnen irgendwie die Illusion von Macht, nehme ich an. Aber dann wird es zwanghaft. Auf Mina könnte diese Beschreibung durchaus zutreffen. Intelligente Frau, aber ihr Leben war nicht ausgefüllt – nichts als alberne, sinnlose Partys und oberflächliches Geplauder. Armes Geschöpf.« Er beugte sich vor und legte ein neues Stück Kohle ins Feuer. »Den ganzen Tag, tagaus, tagein, immer dasselbe, und nie etwas wirklich Sinnvolles. Was für ein verflucht unsinniger Tod – zu sterben, nur weil sie irgend etwas gewußt hat, auf das sie durch ihre törichte Neugier gestoßen ist, etwas, das für sie überhaupt nicht wichtig war.« Er hörte auf, in die Flammen zu starren, und sah Pitt wieder an. »Und Sie glauben, daß es irgend etwas mit Ottilie Charrington zu tun hat?«

»Ich weiß es nicht. Mina glaubte, daß Ottilie auf mysteriöse Weise gestorben sei, und hat anklingen lassen, daß wohl eine Menge mehr dahintersteckte, als den Leuten erzählt wurde, und daß sie die Wahrheit kannte.«

»Törichte, bedauernswerte, grausame Frau«, sagte Mulgrew leise. »Was um alles in der Welt hat sie bloß vermutet?«

»Ich weiß es nicht. Es gibt unzählige Möglichkeiten.« Er wollte diesen Mann nicht noch weiter quälen, doch er mußte wenigstens eine dieser Möglichkeiten aussprechen, und sei es auch nur, um sie danach ausschließen zu können. »Eine mißglückte Abtreibung beispielsweise?«

Mulgrew regte sich nicht.

»Das glaube ich nicht«, sagte er schließlich ruhig. »Ich kann es zwar nicht beschwören, aber das glaube ich nicht. Müssen Sie der Sache nachgehen?«

»Zumindest so weit, daß ich mich davon überzeugen kann, daß es nicht stimmt.«

»Dann fragen Sie ihren Bruder Inigo Charrington. Die beiden haben sich sehr nahegestanden. Fragen Sie auf keinen Fall Lovell. Er ist ein aufgeblasener Schwachkopf – er ist derart beschränkt, daß er nicht weiter sieht als bis zum Namenszug auf einer Visitenkarte! Ottilie hat ihn zur Weißglut getrieben. Manchmal hat sie Lieder aus den Varietétheatern gesungen – der Himmel allein weiß, wo sie sie aufgeschnappt hat! Einmal hat sie an einem Sonntag ein Lied gesungen – irgendein Trinklied, in dem irgend etwas mit Bier vorkam – nicht mal ein anständiger Rotwein! Ambrosine hat mich kommen lassen. Hat gedacht, Lovell würde jeden Moment einen Schlaganfall kriegen. Purpurrot bis zum Haaransatz, der arme Trottel.«

Normalerweise hätte Pitt jetzt gelacht, aber das Wissen, daß Ottilie tot war, daß sie vielleicht sogar ermordet worden war, machte es unmöglich, diese Anekdote amüsant zu finden.

»Traurig«, sagte er. »Wir setzen unsere Prioritäten oft ganz falsch und merken es erst, wenn es zu spät ist und wir nichts mehr daran ändern können. Vielen Dank für Ihre Hilfe. Ich werde mich an Inigo wenden.« Er stand auf und plazierte die Katze auf die warme Stelle, auf der er bis jetzt gesessen hatte. Sie räkelte sich ausgiebig und rollte sich dann völlig zufrieden wieder zusammen.

Mulgrew sprang auf. »Aber das kann doch nicht alles sein! Wenn Mina, die unglückliche Frau, wirklich herumspioniert hat, muß sie auch andere Dinge gesehen haben – Gott weiß was alles! Affären beispielsweise! Es gibt bestimmt mehr als einen Butler hier in der Gegend, der es verdiente, seine Stellung zu verlieren, soweit ich weiß – und mehr als ein Zimmermädchen, falls die Herrin etwas herausfände!«

Pitt zog ein Gesicht. »Allerdings. Ich werde sie alle unter die Lupe nehmen müssen. Übrigens, haben Sie gewußt, daß es am Rutland Place einen Gelegenheitsdieb gibt?«

»Oh Gott, auch das noch! Nein, das habe ich nicht gewußt, aber es wundert mich nicht im geringsten. So etwas kommt ab und zu vor.«

»Kein Dienstbote. Es ist einer der Anwohner.«

»Oh mein Gott!« Mulgrew sah bestürzt aus. »Sind Sie sicher?«

»Ziemlich sicher.«

»Wie fürchterlich. Hätte es denn nicht auch Mina sein können?«

»Möglich wäre es schon. Es hätte aber auch ihr Mörder sein können.«

»Und ich habe manchmal gedacht, meine Arbeit sei scheußlich, aber Ihre ist offenbar noch verflucht viel unangenehmer. Ich würde nicht mit Ihnen tauschen.«

»Würde ich an Ihrer Stelle auch nicht«, sagte Pitt. »Aber leider würde selbst das nichts ändern. Ich könnte Ihre Arbeit nicht einmal verrichten, wenn Sie bereit wären, meine zu übernehmen. Vielen Dank für Ihre Hilfe.«

»Sie können gern wieder vorbeikommen, falls ich irgend etwas für Sie tun kann.« Mulgrew streckte seine Hand aus, und Pitt drückte sie herzlich. Einige Minuten später stand er wieder draußen im Regen.

Er brauchte zweieinhalb Stunden, bis er Inigo Charrington gefunden hatte. Inzwischen war es bereits nach zwölf, und Inigo befand sich beim Mittagessen in seinem Club. Pitt war gezwungen, im Rauchsalon auf ihn zu warten, unter den mißbilligenden Blicken eines schlechtgelaunten Bediensteten, der sich mit irritierender

Regelmäßigkeit räusperte, bis Pitt sich dabei ertappte, daß er die Sekunden bis zum nächsten Räuspern zählte.

Schließlich erschien Inigo und wurde im Flüsterton darüber aufgeklärt, daß Pitt anwesend sei. Er kam zu ihm herüber, wobei sein Gesicht eine Mischung aus Belustigung über das Dilemma des Dieners – und sein eigenes, da diverse Personen bereits herüberschielten – und einer gewissen Besorgnis widerspiegelte, weil er nicht wußte, was Pitt von ihm wollte.

»Inspector Pitt?« Er ließ sich recht heftig in den gegenüberstehenden Sessel fallen. »Von der Polizei?«

»Sehr richtig, Sir.« Pitt musterte ihn interessiert. Er war schlank, höchstens 30, besaß ein ungewöhnliches, lebhaftes Gesicht und kastanienbraunes Haar.

»Ist schon wieder etwas passiert?« fragte er besorgt.

»Nein, Sir.« Pitt bedauerte, ihn beunruhigt zu haben. Er konnte sich irgendwie nicht vorstellen, daß dieser Mann seine Schwester oder Mina ermordet haben könnte, nur um einen Skandal zu vertuschen. Inigos Gesicht drückte zu viel Aufrichtigkeit aus. »Nein, gar nichts, soweit ich weiß. Aber wir haben immer noch keine zufriedenstellende Antwort auf die Frage finden können, wie Mina Spencer-Brown ums Leben gekommen ist. Es scheint inzwischen alles darauf hinzuweisen, daß es weder Selbstmord noch ein Unfall war.«

»Oh.« Inigo lehnte sich ein wenig zurück. »Ich vermute, das bedeutet, daß es sich nur noch um Mord handeln kann. Die arme Frau.«

»Allerdings. Und ich befürchte, daß noch sehr viel mehr Leid verursacht werden wird, bis der Fall geklärt ist.«

Inigo sah ihn ernst an. »Das kann ich mir gut vorstellen. Und wie kann ich Ihnen helfen? Ich befürchte, ich weiß überhaupt nichts. Ich habe Mina nicht einmal besonders gut gekannt.« Sein Mund verzog sich zu einem säuerlichen Lächeln. »Ich jedenfalls hatte keinen Grund, sie umzubringen – obwohl ich vermute, daß Ihnen mein Wort sicher nicht genügt. Schließlich würde ich es ja wohl kaum zugeben, wenn ich es getan hätte!«

Pitt lächelte ebenfalls. »Das ist wohl wahr. Ich hatte eigentlich gehofft, daß Sie mir ein paar Informationen liefern könnten.« Er konnte es sich nicht leisten, zu direkt zu sein. Inigo war viel zu aufmerksam, er würde den Verdacht Pitts erahnen und im Zweifel alle wichtigen Hinweise vertuschen.

»Über Mina? Da sollten Sie sich besser an einige der Frauen wenden – sogar meine Mutter könnte Ihnen in diesem Punkt mehr helfen als ich. Sie ist zwar häufig zerstreut und bringt manchmal die Klatschgeschichten ein wenig durcheinander, aber im Grunde verfügt sie über eine recht gute Menschenkenntnis. Sie mag sich bei irgendwelchen Einzelheiten irren, aber ihr Gefühl trügt sie nie.«

»Ich werde sie fragen«, sagte Pitt. »Aber sie wird vielleicht viel offener mit mir sprechen, wenn ich mich zuerst mit Ihnen unterhalte. Normalerweise vertrauen Ladies wie Mrs. Charrington ihre Ansichten weder ihren Nachbarn noch der Polizei an.«

Über Inigos Gesicht zuckte ein plötzliches Lächeln, das sofort wieder verschwand.

»Sehr taktvoll ausgedrückt, Inspector. Wahrscheinlich haben Sie recht. Obwohl Mama einen Sinn für das Absonderliche hat. Unter Umständen wird sie Sie überraschen und Ihnen alles mögliche erzählen, obwohl sie, ehrlich gesagt, eigentlich überhaupt keine Klatschbase ist. Dafür ist sie nicht boshaft genug. Als sie noch jünger war, hat es ihr manchmal Spaß gemacht, die Leute zu schockieren. Sie fand es langweilig, sich jeden Abend überall den gleichen Unsinn anhören zu müssen – immer wurde nur über irgendwelche Kleider und Häuser gesprochen, immer haargenau dasselbe. Sie war ein bißchen so wie Tillie.«

»Tillie?« Pitt war verwirrt.

»Meine Schwester – Ottilie. Ich sollte sie besser nicht so nennen. Mein Vater hat jedesmal einen Wutanfall bekommen, wenn ich sie Tillie genannt habe, als wir noch Kinder waren.«

»Und ihr hat es auch Spaß gemacht, die Leute zu schockieren?«

»Absolut. Ich habe noch nie jemanden so lachen hören wie Tillie. Ein wunderbares, tiefes Lachen; man mußte einfach mitlachen, wenn man es hörte, selbst wenn man gar nicht wußte, was denn so lustig war.«

»Sie klingt sehr sympathisch. Wie schade, daß ich sie nicht kennenlernen kann.« Er sagte dies nicht nur aus reiner Höflichkeit, er meinte es wirklich. Ottilie war offenbar eine liebenswürdige Person gewesen, die er tatsächlich gern getroffen hätte.

Inigos Augen weiteten sich einen Moment lang, als verstehe er nicht, was Pitt meinte, doch dann stieß er einen Seufzer aus.

»Oh ja. Sie hätten sie bestimmt gemocht. Alles scheint irgendwie kälter zu sein, seit sie fort ist, alles scheint farbloser. Aber deshalb sind Sie doch sicher nicht gekommen. Was möchten Sie gern wissen?«

»Ich nehme an, sie ist sehr plötzlich gestorben?«

»Ja. Warum?«

»Es muß ein großer Schock für Sie gewesen sein. Es gut mir wirklich sehr leid.«

»Vielen Dank für Ihr Mitgefühl.«

»So ein Fieber kann sehr plötzlich auftreten – ohne jede Vorwarnung«, versuchte er weiter sein Glück.

»Wie? Ach so, ja, sehr plötzlich. Aber wir wollen doch Ihre Zeit nicht verschwenden. Zurück zu Mina Spencer-Brown. Sie ist schließlich nicht an einem Fieber gestorben. Und Tillie hat kein Belladonna verschrieben bekommen, das kann ich Ihnen versichern. Außerdem waren wir damals die ganze Zeit auf dem Land, nicht hier in der Stadt.«

»Sie haben ein Landhaus?«

»Abbots Langley, in Hertfordshire.« Er lächelte. »Aber Belladonna finden Sie dort bestimmt nicht. Wir haben alle eine ausgezeichnete Verdauung – ist auch dringend notwendig, bei den Köchinnen, die wir schon hatten! Wenn Papa sie aussucht, gibt es immer nur Suppen und Soßen, und wenn Mama sie aussucht, immer nur Kuchen und Pasteten.«

Pitt kam sich aufdringlich vor. Er konnte sich gar nicht vorstellen, wie ein Mensch es genießen konnte, anderen nachzuspionieren.

»An das Belladonna hatte ich eigentlich gar nicht gedacht«, sagte er offen. »Ich suche nur nach Motiven. Mrs. Spencer-Brown muß irgend jemandem Grund genug gegeben haben, ihr den Tod zu wünschen. Das Belladonna zu finden ist dabei gar nicht so wichtig.«

»Tatsächlich?« Inigo zog die Brauen hoch. »Wollen Sie denn nicht lieber auch den Täter finden und nicht nur bloß das Motiv?«

»Natürlich möchte ich das. Aber jeder kann aus Tollkirschen Belladonna gewinnen. In diesen alten Gärten wächst genug davon. Es hätte überall gepflückt werden können. Es ist nicht wie Strychnin oder Zyanid, das die meisten Menschen kaufen müßten.«

Inigo erschauerte. »Was für ein abscheulicher Gedanke – sich etwas zu besorgen, um damit einen anderen Menschen umzubringen.« Er zögerte einen Moment. »Aber ich weiß wirklich nicht, warum jemand Mina hätte töten wollen. Ich habe sie nicht besonders gemocht, sie war mir zu« – er zögerte einen Moment – »zu berechnend, zu raffiniert. Viel Kopf und wenig Herz. Ihr Verstand hat ununterbrochen gearbeitet, ihr ist nie auch nur das Geringste entgangen. Ich ziehe Menschen vor, die entweder weniger klug sind oder sich nicht ständig nur für andere interessieren. Die es einem verzeihen, wenn man mal eine Dummheit begeht.« Er lächelte spitzbübisch. »Aber man geht ja wohl kaum hin und mischt sich ein Gift, nur weil man jemanden nicht sonderlich gut leiden kann. Ich könnte nicht einmal sagen, daß ich sie abstoßend fand – ich habe mich einfach nur unwohl gefühlt, wenn sie da war, was allerdings nicht oft der Fall war.«

Es paßte alles so gut mit dem zusammen, was Charlotte gesagt hatte, verschmolz zu einem sinnvollen Gesamtbild: Jemand beobachtete andere, belauschte sie, wertete alle Informationen aus, begriff Zusammenhänge, die zum Intimbereich anderer gehörten.

Aber was hatte dazu geführt, daß sich jemand in ihrer Gegenwart nicht nur »unwohl« gefühlt hatte, sondern daß sie für ihn »unerträglich« geworden war?

Er wollte eine sinnvolle Frage stellen, irgend etwas, das bei Inigo den Eindruck erweckte, daß er sich nach Mina und nicht nach Ottilie erkundigte.

»Ich habe sie nur gesehen, als sie bereits tot war. Hat sie attraktiv gewirkt – auf Männer?«

Inigos Gesicht verzog sich zu einem spontanen Lachen.

»Nicht sehr subtil gefragt, Inspector. Nein, hat sie nicht – jedenfalls nicht, was mich betrifft. Ich mag Frauen, die etwas weniger gebildet sind und dafür etwas mehr Sinn für Humor haben. Wenn Sie sich am Place einmal umhören, wird man Ihnen bestätigen, daß ich mich, wenn's ums Vergnügen geht, von warmherzigen, ein wenig exzentrischen Frauen angezogen fühle. Und wenn ich einmal heiraten würde – keine Ahnung, was für eine Frau das wohl wäre. Jemand, den ich wirklich mag – aber ganz gewiß nicht jemand wie Mina!«

»Sie mißverstehen mich«, sagte Pitt mit einem gelassenen Lächeln. »Ich dachte eigentlich mehr an einen Liebhaber, vielleicht sogar einen abgewiesenen. Man sagt immer, Frauen, deren Liebe nicht erwidert wird, würden zu Furien, aber ich habe festgestellt, daß Männer genauso heftig reagieren, besonders wenn sie eitel und vom Erfolg verwöhnt sind. Es gibt viele Menschen, die der

Meinung sind, daß die Tatsache, daß sie jemanden lieben, den anderen ihnen gegenüber in eine Art Schuldnerrolle versetzt und ihnen gewisse Rechte gibt. Schon viele Männer haben eine Frau getötet, weil sie der Meinung waren, sie habe sich an einen Unwürdigen verschwendet – das heißt natürlich, an jemand anderen als sie selbst. Ich habe Männer kennengelernt, die glaubten, sogar ein Anrecht auf die Tugend einer Frau zu besitzen, und wenn sie beschmutzt wurde, hatte sich die Frau nicht etwa gegen sich selbst oder gegen Gott versündigt, sondern einzig und allein gegen diesen Mann.«

Inigo starrte auf die polierte Tischplatte und lächelte über etwas, das er Pitt nicht mitzuteilen gedachte und das offenbar gleichzeitig lustig und bitter war.

»Allerdings«, sagte er offen. »Ich glaube, im Mittelalter hatte eine Frau, die ihre Jungfräulichkeit verlor, eine Geldstrafe an ihren Gutsherrn zu entrichten, weil sie dann für ihn weniger Wert besaß; denn wenn jemand sie heiraten wollte, mußte der natürlich den Gutsherrn für dieses Privileg bezahlen. Sehr viel hat sich seitdem nicht verändert! Wir sind selbstverständlich viel zu vornehm, heute noch mit Geld zu bezahlen, aber bezahlen müssen wir trotzdem!«

Pitt hätte gern gewußt, was er damit meinte, doch nachzufragen wäre unfein gewesen, und wahrscheinlich hätte er auch gar keine Antwort bekommen.

»Hätte Sie denn einen Liebhaber haben können?« kehrte er zu seiner Ausgangsfrage zurück. »Oder einen Verehrer?«

Inigo dachte einen Moment lang intensiv nach, bevor er antwortete.

»Mina? Der Gedanke ist mir noch nie gekommen, aber vermutlich wäre es durchaus möglich. Die merkwürdigsten Menschen haben schließlich Liebhaber oder Verehrer.«

»Warum sagen Sie das? Ich hatte den Eindruck, daß sie recht attraktiv, wenn nicht sogar schön war.«

Inigo schien selbst überrascht zu sein. »Es war ihre Persönlichkeit. Sie schien kein Feuer zu besitzen, keine – Zärtlichkeit. Aber Sie sprachen von einem Verehrer, nicht wahr? Sie war sehr zierlich, sie besaß eine gewisse Zartheit, die einigen Männern vielleicht sehr zusagt – eine Art asketische Reinheit. Und sie hat sie immer durch ihre Kleidung zu unterstreichen gewußt.« Er lächelte entschuldigend. »Aber es ist zwecklos, mich nach irgendwelchen Namen zu fragen, denn ich könnte Ihnen wirklich niemanden nennen.«

»Vielen Dank.« Pitt erhob sich. »Mir fällt nichts mehr ein, was ich Sie sonst noch fragen könnte. Es war sehr freundlich von Ihnen, sich mit mir zu treffen, besonders hier.«

»Wohl kaum.« Inigo stand ebenfalls auf. »Ihr Erscheinen im Club ließ mir überhaupt keine andere Wahl. Entweder ich war bereit, Sie zu treffen, oder ich hätte mich wie ein arroganter Schnösel benommen – oder, was noch schlimmer gewesen wäre, man hätte denken können, ich wollte etwas verbergen.«

Pitt hatte natürlich genau dies vorausgesehen, und er beabsichtigte nicht, Inigo zu beleidigen, indem er es abstritt.

Am nächsten Tag suchte er nicht Ambrosine Charrington auf, sondern packte ein paar saubere Hemden und Socken in eine Reisetasche, ging zur Euston Station und nahm den Zug nach Abbots Langley, um zu sehen, was er über den Tod von Ottilie Charrington in Erfahrung bringen konnte.

Dort blieb er zwei Tage und wurde immer verwirrter, je mehr er herausfand. Es war nicht schwierig, zum Haus der Charringtons zu gelangen, denn die Familie war überall bekannt.

Er nahm ein gemütliches Mittagessen im Gasthof ein und machte sich anschließend auf den Weg zum Gemeindefriedhof, doch dort waren keine Mitglieder der Familie Charrington begraben – weder Ottilie noch sonst jemand.

»Oh, die wohnen hier erst seit 20 Jahren«, erklärte der Totengräber. »Sind also noch neu. Die werden Sie nich' finden. Müssen wohl irgendwo in London begraben sein.«

»Auch die Tochter?« fragte Pitt. »Sie ist doch vor etwas über einem Jahr hier gestorben!«

»Kann schon sein, aber auf diesem Friedhof is' sie nich'«, versicherte der Totengräber. »Überzeugen Sie sich doch selbst! Und ich bin die letzten 25 Jahre bei jeder Beerdigung dabeigewesen. Von den Charringtons liegt hier niemand – kein einziger.«

Plötzlich fiel Pitt eine andere Möglichkeit ein.

»Vielleicht liegt sie auch auf dem Friedhof der Katholiken oder der Freikirche?« fragte er. »Welche anderen Kirchen gibt es denn noch in der Nähe?«

»Ich weiß von jeder Beerdigung in der Gegend«, sagte der Totengräber hitzig. »Das is' schließlich mein Beruf. Und die Charringtons haben nich' zu irgendeiner von diesen exotischen Konfessionen gehört. Die gehören zur Oberschicht – also Church of England, ganz genau wie alle, die wissen, was gut für sie is'. Sind immer in der Kirche, jeden Sonntag, wenn sie im Dorf sind. Wenn sie irgendwo hier begraben läg', dann bestimmt auf diesem Friedhof. Vermute, Sie haben sich geirrt, und sie is' irgendwo in London gestorben, oder die Familie hat sie mit nach London genommen, auch wenn sie hier gestorben is'. Haben wahrscheinlich 'ne Familiengruft da. Am besten liegt man neben seinen Verwandten, das sag' ich jedenfalls immer. Die Ewigkeit is' 'ne enorm lange Zeit.«

»Glauben Sie denn nicht an die Auferstehung?« erkundigte sich Pitt interessiert.

Das Gesicht des Totengräbers verzog sich vor Empörung darüber, daß ein Mensch sich anmaßte, abstrakte Vorstellungen in den praktischen Umgang mit Leben und Tod einzubringen.

»Was soll denn das für 'ne Frage sein?« verlangte er zu wissen. »Können Sie mir etwa sagen, wann das sein wird? Im Grab liegt man lang, sehr lang. Sollt' daher alles seine Ordnung haben. Man bleibt schließlich länger drin als in irgendeinem von all den vornehmen Häusern hier!«

Dem konnte Pitt natürlich nichts entgegensetzen, also dankte er ihm und machte sich auf die Suche nach dem örtlichen Arzt.

Der Arzt kannte die Charringtons zwar, hatte jedoch Ottilie während ihrer letzten Krankheit nicht behandelt und auch keinen Totenschein ausgestellt.

Gegen Mittag des folgenden Tages hatte Pitt mit den Dienstboten, den Nachbarn und der Postmeisterin gesprochen und nahm den Zug zurück nach London, überzeugt, daß Ottilie Charrington zwar die Woche vor ihrem Tod in Abbots Langley verbracht hatte, jedoch nicht dort gestorben war.

Der Fahrkartenverkäufer am Bahnhof erinnerte sich daran, sie ein oder zweimal gesehen zu haben, konnte jedoch nicht mit Sicherheit sagen, zu welchem Zeitpunkt dies gewesen war, und obwohl sie eine Fahrkarte nach London erstanden hatte, wußte er nicht mit Gewißheit, ob sie tatsächlich zurückgefahren war oder nicht.

Es schien eindeutig festzustehen, daß sie nicht in Abbots Langley, sondern an einem noch unbekannten Ort an einer unbekannten Todesursache gestorben war.

Jetzt ließ sich der Besuch bei Ambrosine und Lovell Charrington nicht länger hinauszögern. Selbst Superintendent Athelstan fiel zu seinem großen Bedauern kein Gegenargument mehr ein, und so wurde ordnungsgemäß ein Termin verabredet – ganz offiziell, als handelte es sich um einen Höflichkeitsbesuch. Pitt hatte sich die Sache eigentlich anders vorgestellt. Er wäre lieber weniger förmlich vorgegangen und hätte es vorgezogen, Ambrosine und Lovell einzeln zu sprechen, doch nach seinem Bericht über seinen Besuch in Abbots Langley hatte sich Athelstan persönlich eingeschaltet.

Lovell empfing Pitt im Salon. Ambrosine war nicht anwesend.

»Ja, bitte, Inspector?« fragte er frostig. »Ich weiß wirklich nicht, was ich Ihnen sonst noch über diese unglückselige Geschichte mitteilen könnte. Ich habe meiner Pflicht bereits Genüge getan und Sie genauestens über alles, was ich wußte, in Kenntnis gesetzt. Die arme Mina Spencer-Brown war höchst labil, auch wenn ich es noch so ungern sage. Ich interessiere mich nicht für das Privatleben anderer. Daher habe ich keine Ahnung, welche Art von Krise zu dieser Tragödie geführt hat.«

»Nein, Sir«, sagte Pitt. Beide standen noch, Lovell steif und nicht bereit, ihm auch nur einen Stuhl anzubieten. »Nein, Sir, aber es weist inzwischen alles darauf hin, daß Mrs. Spencer-Brown sich nicht das Leben genommen hat. Sie ist ermordet worden.«

»Tatsächlich?« Lovells Gesicht war ganz weiß geworden, und er tastete plötzlich nach dem Sessel, der hinter ihm stand. »Ich vermute, Sie sind sich da ganz sicher? Sie haben nicht etwa voreilige Schlüsse gezogen? Warum sollte jemand sie ermordet haben? Das ist einfach lächerlich! Sie war schließlich eine ehrbare Frau!«

Pitt setzte sich ebenfalls. »Ich habe keinen Grund, dies zu bezweifeln, Sir.« Er beschloß, die Unwahrheit zu sagen, zumindest anzudeuten, da er keine andere Möglichkeit sah, das Thema, das ihm eigentlich am Herzen lag, anzusprechen. »Sogar die unschuldigsten Menschen werden manchmal umgebracht.«

»Vielleicht ist es ein Wahnsinniger gewesen?« Lovell nahm Zuflucht zu der einfachsten Erklärung. Wahnsinn war wie eine Krankheit – und Krankheiten machten vor niemandem halt. War nicht sogar Prinz Albert an Typhus gestorben? »Natürlich. So ist es bestimmt gewesen. Aber ich habe hier in der Gegend keinen

Fremden gesehen, und wir haben unser Dienstpersonal sehr sorgfältig ausgewählt. Wir überprüfen stets sämtliche Referenzen.«

»Sehr umsichtig von Ihnen«, hörte Pitt sich pflichtbewußt sagen und kam sich wie ein richtiger Heuchler vor. »Sie haben, glaube ich, auch Ihre Tochter auf tragische Weise verloren, nicht wahr, Sir?«

Lovells Gesicht wurde verschlossen, beinahe feindselig.

»Allerdings. Ich ziehe es jedoch vor, über dieses Thema nicht zu sprechen, und mit dem Tod von Mrs. Spencer-Brown hat es schließlich nicht das geringste zu tun.«

»Dann wissen Sie mehr über den Tod von Mrs. Spencer-Brown als ich, Sir«, erwiderte Pitt kühl. »Denn bis jetzt habe ich noch keinerlei Information über die Umstände ihres Todes oder die Identität des Täters, ganz zu schweigen von einem Motiv.«

Lovell war sehr blaß geworden, um seinen Mund zeigten sich schmerzliche Falten. Muskelstränge traten an seinem Hals hervor, wodurch der hohe Hemdkragen ungewöhnlich verzogen aussah.

»Meine Tochter ist nicht ermordet worden, Sir, falls Sie dies annehmen sollten. Daran gibt es auch nicht den geringsten Zweifel. Ein Zusammenhang ist daher völlig unmöglich. Lassen Sie sich nicht durch Ihren beruflichen Ehrgeiz dazu verleiten, einen Mord zu sehen, wo lediglich eine persönliche Tragödie stattgefunden hat.«

»Woran ist sie gestorben, Sir?« Pitt sprach immer noch mit gedämpfter Stimme. Er war sich des Schmerzes bewußt, den sein Gegenüber empfinden mußte, und dieses Bewußtsein war stärker als die Kluft aus Empfindungen und Überzeugungen, die zwischen den beiden Männern lag.

»An einer Krankheit«, erwiderte Lovell. »Ganz plötzlich. Aber es war kein Gift. Falls Sie daran gedacht haben, befinden Sie sich in einem Irrtum. Sie täten besser daran, Ihre Zeit damit zu verbringen, den Tod von Mrs. Spencer-Brown zu recherchieren, als sich mit Todesfällen anderer Leute zu befassen. Und ich erlaube nicht, daß Sie meine Frau mit diesen idiotischen Fragen quälen. Sie hat bereits genug gelitten. Sie wissen offenbar nicht, was Sie im Begriff sind anzurichten!«

»Ich habe selbst eine Tochter, Sir«, sagte Pitt, genauso sehr zu sich selbst wie zu dem verbissenen kleinen Mann, den er vor sich hatte. Was wäre, wenn Jemima plötzlich sterben würde, aus heiterem Himmel – an einem Tag noch voller Leben und am nächsten nur noch eine liebe, wunderschöne, quälende Erinnerung? Würde er es nicht vielleicht ebenso unerträglich finden, darüber zu sprechen, wie Lovell?

Er wußte es nicht. Eine derartige Tragödie ging über jede Vorstellungskraft hinaus.

Aber auch Mina hatte Eltern gehabt.

»Wo ist sie gestorben, Sir?«

Lovell starrte ihn an. »In unserem Haus in Hertfordshire. Aber das kann Sie doch unmöglich interessieren?«

»Und wo wurde sie begraben, Sir?«

Lovells Gesicht verfärbte sich purpurrot. »Ich weigere mich, weitere Fragen zu beantworten! Das ist eine bodenlose Unverschämtheit, einfach unglaublich! Sie werden dafür bezahlt, daß Sie den Tod von Mina Spencer-Brown aufklären, und nicht dafür, daß Sie Ihre teuflische Neugier befriedigen, was meine Familie und unseren Trauerfall betrifft. Falls Sie mich sonst noch irgend etwas zu diesem Thema fragen wollen, so tun Sie es! Ich werde mein Bestes tun, Ihnen zu antworten, wie es meine Pflicht ist. Andernfalls möchte ich Sie bitten, mein Haus sofort zu verlassen und nicht wiederzukommen, bis Sie im Rahmen Ihrer Arbeit hier zu tun haben! Ich hoffe, Sie verstehen mich, Sir?«

»Ja, Mr. Charrington«, sagte Pitt sehr ruhig. »Ich verstehe Sie sehr gut. War Ihre Tochter mit Mrs. Spencer-Brown befreundet?«

»Nicht daß ich wüßte. Ich glaube, sie haben lediglich Höflichkeiten miteinander ausgetauscht. Der Altersunterschied war immerhin beträchtlich.«

Ein Gedanke schoß Pitt durch den Kopf.

»Hat Ihre Tochter Mr. Lagarde gut gekannt?«

»Sie kannten sich seit langem«, erwiderte Lovell förmlich. »Aber es bestand keine« – er zögerte und suchte nach dem passenden Wort – »keine Zuneigung zwischen den beiden. Sehr bedauerlich. Sie hätten hervorragend zueinander gepaßt. Meine Gattin und ich haben versucht, sie in dieser Hinsicht günstig zu beeinflussen, doch Ottilie hatte keine –« Er unterbrach sich, und sein Gesicht verhärtete sich wieder. »Aber das ist wohl kaum von Bedeutung für Ihre Untersuchungen, Inspector. Es dürfte inzwischen sogar vollkommen unwichtig sein. Verzeihen Sie mir, aber ich glaube, Sie verschwenden hier lediglich Ihre und meine Zeit.

Es gibt wirklich nichts, was ich Ihnen noch zu sagen hätte. Ich wünschen Ihnen einen guten Tag.«

Pitt überlegte, ob er insistieren sollte, glaubte jedoch nicht, daß Lovell ihm noch irgend etwas mitteilen würde.

Er stand auf. »Vielen Dank für Ihre Unterstützung. Ich hoffe, es wird nicht notwendig sein, Sie ein weiteres Mal zu stören. Guten Tag, Sir.«

»Das hoffe ich ebenfalls.« Lovell erhob sich. »Der Diener wird Sie hinausbegleiten.«

Die Sonne hatte Rutland Place in ein blasses Licht getaucht. In ein oder zwei Gärten ragten grüne Narzissenblätter wie Bajonette empor, überragt von gelben Blütenstandarten. Er wünschte, die Leute würden sie nicht immer in Reihen pflanzen; sie erinnerten ihn an eine Armee.

Ob Mina Spencer-Brown recht gehabt hatte, was die anrüchigen Umstände von Ottilie Charringtons Tod betraf, oder nicht, geheimnisumwittert war er allemal. Sie war weder an dem Ort gestorben, den die Familie angab, noch dort begraben.

Aber warum sagten die Charringtons die Unwahrheit? Woran war sie wirklich gestorben – und wo?

Die Antwort auf diese Frage konnte nur sein, daß die Begleitumstände ihres Todes so schmerzlich oder gräßlich gewesen waren, daß niemand wagte, die Wahrheit zu sagen.

# Kapitel 8

Drei Tage lang führten die Ermittlungen zu keinem Ergebnis. Pitt ging allen Hinweisen nach, die er finden konnte, und Sergeant Harris befragte die Dienstboten sowohl in der Küche als auch außerhalb des Hauses. Keiner wußte irgend etwas, das von Bedeutung zu sein schien. Es wurde immer deutlicher, daß Mina, wie Charlotte vermutet hatte, davon besessen gewesen war, andere zu beobachten. Bruchstücke von Informationen, Eindrücke, die hier und da haften geblieben waren, bestätigten den Verdacht immer mehr. Aber was mochte sie nur herausgefunden haben? Doch sicher etwas Erschreckenderes als die Identität eines Gelegenheitsdiebes?

Am Nachmittag des vierten Tages, kurz nach vier Uhr, stand Charlotte in ihrem Wohnzimmer, öffnete die Glastüren, die in den Garten führten, und genoß die Luft, die endlich etwas wärmer geworden war und nach Erde duftete, als Gracie hereintrabte, wobei ihre Absätze den neuen Teppich in Unordnung brachten.

»Oh, Mrs. Pitt, Ma'am, ein Eilbote hat gerade einen Brief für Sie gebracht, in einer Kutsche, und er sagt, es sei schrecklich dringend. Und bitte, Ma'am, die Kutsche steht noch draußen und wartet, auf der Straße, riesengroß und so furchtbar vornehm!« Sie hielt Charlotte mit ausgestrecktem Arm den Umschlag hin.

Charlotte brauchte nur einen Blick darauf zu werfen, um Carolines Handschrift zu erkennen. Sie riß den Umschlag auf und las:

Meine liebe Charlotte,
etwas Schreckliches ist geschehen. Ich weiß kaum, wie ich es Dir sagen soll, es scheint so unfaßbar tragisch.

Wie Du weißt, hat sich Eloise Lagarde Minas Tod und dessen Umstände sehr zu Herzen genommen, und Tormod ist mit ihr zu ihrem Landhaus gefahren, damit sie sich dort ein wenig ausruhen und erholen konnte.

Meine liebe Charlotte, heute morgen sind sie zurückgekehrt, nach dem furchtbarsten Unfall, von dem ich je gehört habe! Der Gedanke daran macht mich ganz krank, er ist geradezu unerträglich. Als sie an einem Abend nach einem Picknick mit der Kutsche nach Hause fuhren, ist der arme Tormod, der die Zügel hielt, vom Kutschbock gerutscht und gestürzt, genau unter die Räder. Als ob das nicht schon schlimm genug wäre! Doch einige ihrer Freunde fuhren genau hinter ihnen. Es war schon dunkel, und sie haben den Unfall nicht bemerkt! Charlotte, sie haben ihn auch überrollt! Die Pferde und die Kutsche!

Der arme junge Mensch, kaum älter als Du, ist hoffnungslos verstümmelt! Er liegt in seinem Bett am Rutland Place und wird es für den Rest seines Lebens nicht mehr verlassen können, auch wenn wir es noch so sehr glauben möchten und noch so sehr für ihn beten!

Ich bin so entsetzt, daß ich keinen klaren Gedanken mehr fassen kann und nicht weiß, was ich tun soll. Wie können wir helfen? Was kann man angesichts einer derart unfaßbaren Tragödie überhaupt tun?

Ich dachte, Du solltest so schnell wie möglich davon erfahren, und habe deshalb die Kutsche geschickt, falls Du den Wunsch hast, mich noch heute nachmittag aufzusuchen. Ich würde mich sehr über Deine Gesellschaft freuen, und sei es auch nur, um meine Erschütterung über diesen schweren Schicksalsschlag mit jemandem teilen zu können. Dein Vater ist geschäftlich unterwegs und wird heute abend auswärts essen, und Großmama ist mir kein großer Trost.

Ich habe auch an Emily geschrieben und den Brief per Boten zustellen lassen.

Deine Dich liebende Mutter
Caroline Ellison

Charlotte las den Brief ein zweites Mal, nicht, weil sie glaubte, ihn nicht verstanden zu haben, sondern um ein wenig Zeit zu gewinnen, damit der Inhalt des Briefes mit all dem Leid, das darin enthalten war, langsam in ihr Bewußtsein eindringen konnte.

Sie versuchte, sich die Unfallnacht vorzustellen, die dunkle Straße, Tormod Lagarde, wie sie ihn zuletzt gesehen hatte, mit seiner blassen, hohen Stirn und dem zurückgekämmten, gewellten schwarzen Haar, wie er auf dem Kutschbock stand. Vielleicht war ein Pferd ausgebrochen, vielleicht hatte die Straße eine unerwartete Biegung gemacht, und plötzlich lag er im Schlamm unter der Kutsche, über sich den Lärm und das Rattern, die Räder, die ihm den Arm oder das Bein zermalmten, das erdrückende Gewicht, das Splittern von Knochen. Einen Moment war es ganz still, über ihm der Nachthimmel, und dann näherten sich die trommelnden Hufe der Pferde und die Räder der zweiten Kutsche, die ihn zerquetschten – und dann die unerträglichen Schmerzen, als sein Körper zermalmt wurde –

Gütiger Gott! Es wäre besser, unendlich gnädiger gewesen, wenn er sofort den Tod gefunden und das Bewußtsein nicht wiedererlangt hätte.

»Ma'am?« Gracies Stimme klang bestürzt. »Ma'am? Is' alles in Ordnung? Sie sind ganz weiß im Gesicht! Ich glaub', Sie sollten sich besser setzen! Ich hol' das Riechsalz und 'ne schöne heiße Tasse Tee!« Sie machte Anstalten zu gehen, entschlossen, sich der Lage gewachsen zu zeigen und etwas Vernünftiges zu tun.

»Nein!« sagte Charlotte schließlich. »Vielen Dank, Gracie. Es ist alles in Ordnung. Ich werde nicht in Ohnmacht fallen. Es ist eine schreckliche Nachricht, doch es handelt sich nicht um ein Familienmitglied oder einen engen Freund, sondern um einen Bekannten. Ich werde meine Mutter noch heute nachmittag aufsuchen. Sie ist mit dem Betreffenden befreundet. Ich weiß noch nicht, wie lange ich bleiben werde. Aber ich muß etwas Passenderes anziehen als dieses Kleid. Es ist viel zu heiter. Ich habe noch ein schwarzes Kleid, das recht elegant ist. Falls mein Mann vor mir zurück sein sollte, zeig ihm bitte diesen Brief. Ich lege ihn in den Sekretär.«

»Sie sehen schrecklich blaß aus, Ma'am«, sagte Gracie ängstlich. »Ich glaube, Sie sollten doch lieber 'ne schöne Tasse Tee trinken, bevor Sie irgendwohin gehen. Und soll ich den Diener nich' fragen, ob er auch Tee möchte?«

Charlotte hatte gar nicht mehr an den Diener gedacht. Ihre Gedanken waren in die Vergangenheit zurückgeglitten, und sie hatte daher völlig vergessen, daß die Kutsche draußen nicht ihre eigene war.

»Ja, ja, bitte tu das. Eine ausgezeichnete Idee. Ich gehe schnell nach oben und ziehe mich um, und du kannst mir den Tee hochbringen. Bitte richte dem Diener aus, daß ich nicht lange brauchen werde.«

»Ja, Ma'am.«

Caroline war sehr ernst, als sie Charlotte empfing. Zum ersten Mal seit Minas Tod war sie ganz in Schwarz gekleidet und trug keine Spitzen am Hals.

»Danke, daß du so schnell gekommen bist«, sagte sie, sobald das Mädchen die Tür hinter sich geschlossen hatte. »Was geht nur vor am Rutland Place? Eine furchtbare Tragödie nach der anderen!« Sie schien nicht in der Lage zu sein, sich zu setzen, mit ineinander verkrampften Händen stand sie mitten im Raum. »Vielleicht ist es schlecht von mir, so etwas zu sagen, aber Tormods Schicksal scheint mir fast noch schlimmer als Minas Tod! Ich weiß natürlich nur, was die Diener sagen, und ich sollte gar nicht darauf hören, aber es ist schließlich der einzige Weg, überhaupt etwas zu erfahren«, entschuldigte sie sich wahrheitsgetreu. »Wenn das, was Maddock sagt, stimmt, dann ist der arme Tormod« – sie holte tief Luft – »vollkommen zerschmettert! Sein Rückgrat und seine Beine sind gebrochen.«

»Es ist nicht schlecht von dir, Mama.« Charlotte schüttelte kaum merklich den Kopf und streckte den Arm aus, um Caroline zu berühren. »Wenn man gläubig ist, kann der Tod selbst so schrecklich nicht sein – nur manchmal die Art, wie man stirbt. Und wenn er tatsächlich so schwer verletzt ist, wie du sagst, wäre es dann nicht besser gewesen, wenn er schnell gestorben wäre, wenn sowieso keine Aussicht auf Besserung besteht? Aber vielleicht hat Maddock auch übertrieben. Ich vermute, er hat es von der Köchin, und die hat es von einem der Hausmädchen, die es wiederum von einem der Botenjungen haben und so weiter. Hast du vor, hinzugehen und dein Mitgefühl auszudrücken?«

Caroline hob rasch den Kopf. »Oh ja, ich glaube, das wäre das wenigste. Natürlich würde ich nicht lange bleiben, doch ich finde, man sollte sie schon spüren lassen, daß man mit ihnen fühlt und ihnen jede mögliche Hilfe anbietet. Die arme Eloise! Sie ist bestimmt völlig außer sich. Die beiden stehen sich doch so nahe. Sie sind immer so liebevoll miteinander umgegangen.«

Charlotte versuchte, sich vorzustellen, wie es wohl sein würde, wenn man jemanden innig liebte und gezwungen war, ihn Tag für Tag zu sehen, hoffnungslos verstümmelt, bei vollem Bewußtsein, und unfähig wäre, ihm zu helfen. Doch die Realität übertraf selbst die schlimmsten Vorstellungen. Sie erinnerte sich natürlich an Sarahs Tod, doch es war ein schneller Tod gewesen – gewaltsam und schrecklich, doch Gott sei Dank hatte sie nicht lange gelitten, hatte nicht Tag für Tag unerträgliche Schmerzen ertragen müssen.

»Was können wir bloß machen?« fragte sie hilflos. »Einfach nur hingehen und unser Mitgefühl auszudrücken scheint mir so entsetzlich wenig.«

»Wir können sonst gar nichts tun«, antwortete Caroline sanft. »Versuch nicht, alles an einem Tag zu schaffen. Vielleicht können wir bald mehr helfen – und wenn wir ihnen bloß beistehen und für sie da sind.«

Charlotte hörte schweigend zu. Das Sonnenlicht, das über den Teppich flutete und die Blumengirlanden darauf hervorhob, schien weit entfernt zu sein, eher eine Erinnerung als die Gegenwart. Die Blumenvase mit den rosa Tulpen auf dem Tisch sah künstlich aus, ein bloßes Dekorationsstück, starr und fremd.

Das Mädchen öffnete die Tür. »Lady Ashworth, Ma'am.« Sie machte einen Knicks, und unmittelbar hinter ihr erschien Emily, blaß und nicht so perfekt und makellos wie gewöhnlich.

»Mama, was für eine entsetzliche Geschichte! Wie konnte so etwas nur passieren?« Sie griff nach Charlottes Arm. »Wie hast du davon erfahren? Thomas ist doch nicht etwa auch hier? Ich meine, es ist doch nicht etwa –«

»Nein, natürlich nicht!« sagte Charlotte schnell. »Mama hat mir die Kutsche geschickt.«

Caroline schüttelte verstört den Kopf. »Es war ein Unfall. Sie haben einen Ausflug gemacht. Es war ein schöner Tag, und sie haben irgendwo ein Picknick veranstaltet und dann auf der Rückfahrt einen längeren, schöneren Weg gewählt. Es ist alles so absurd!« Zum ersten Mal klang Wut in ihrer Stimme mit, als ihr die ganze Sinnlosigkeit bewußt wurde. »Es hätte nie zu geschehen brauchen! Ein nervöses Pferd, nehme ich an, oder irgendein Tier, das über die Landstraße gehuscht ist und die Pferde scheu gemacht hat. Oder ein überhängender Ast an einem Baum.«

»Also dafür sind schließlich Waldarbeiter da!« sagte Emily entrüstet. »Sie sollten eigentlich dafür sorgen, daß keine überhängenden Äste die Kutschen behindern.« Doch ihr Zorn verschwand wieder genauso schnell, wie er gekommen war. »Was können wir tun, um zu helfen? Ich weiß wirklich nicht, wie wir ihnen beistehen können, außer durch unser Mitgefühl. Aber was kann das schon nützen!«

»Es ist immer noch besser als gar nichts.« Caroline ging auf die Tür zu. »Wenigstens weiß Eloise dann, daß wir an ihrem Schicksal Anteil nehmen, und wenn sie irgendwann das Bedürfnis nach Beistand haben sollte, und sei es nur, daß sie nicht allein sein möchte, weiß sie, daß wir für sie da sind.«

Emily seufzte. »Wahrscheinlich hast du recht. Aber es scheint mir genauso, als biete man jemandem einen Eimer an, um das Meer auszuschöpfen!«

»Manchmal ist es bereits ein Trost zu wissen, daß man nicht allein ist«, sagte Charlotte, ebenso zu sich selbst wie zu ihrer Schwester und ihrer Mutter. Draußen im Flur wurden sie bereits von Maddock erwartet.

»Werden Sie heute nachmittag zum Tee wieder zurück sein, Ma'am?« erkundigte er sich, während er Carolines Umhang bereithielt.

»Ja, sicher.« Caroline nickte und ließ sich den Umhang über die Schultern legen. »Wir wollen nur Miss Lagarde besuchen. Wir werden bestimmt nicht lange bleiben.«

»Ich verstehe«, sagte Maddock ernst. »Wirklich eine entsetzliche Tragödie. Manchmal fahren die jungen Männer viel zu unvorsichtig. Ich war immer der Meinung, daß Wettfahrten eine höchst gefährliche und törichte Angelegenheit sind. Die meisten Fahrzeuge sind dafür überhaupt nicht ausgerüstet.«

»Haben sie denn ein Wettrennen veranstaltet?« fragte Charlotte schnell, drehte sich um und sah Maddock direkt an.

Maddocks Gesicht blieb unbewegt. Er war ein Bediensteter und kannte seinen Platz, doch er war schon bei den Ellisons gewesen, als Charlotte noch ein kleines Mädchen gewesen war, sie konnte ihn daher kaum überraschen.

»Das deutet man an, Miss Charlotte«, erwiderte er ausdruckslos. »Obwohl es recht töricht anmutet, dies auf einer Landstraße zu tun, weil es beinahe unweigerlich zu Verletzungen führen muß, und wenn es nur bei den Pferden ist. Doch ich habe keine Ahnung, ob es der Wahrheit entspricht oder ob es sich lediglich um Spekulationen handelt. Dienstboten neigen dazu, ihrer Phantasie bei derartigen Katastrophen freien Lauf zu lassen. Sie sind auch durch strenge Bestrafungen nicht davon abzubringen.«

»Nein, natürlich nicht«, sagte Caroline. »Ich würde meine Zeit auch gar nicht damit verschwenden, es zu versuchen – solange es nicht Ausmaße annimmt, die nicht mehr zu verantworten sind.«

Sie zog die Brauen in die Höhe. »Und sie dabei nicht ihre Pflichten vernachlässigen!«

Maddock sah ein wenig verletzt aus. »Selbstverständlich, Ma'am. Dergleichen würde ich in meinem Haus niemals dulden.«

»Nein, natürlich nicht«, sagte Caroline beschwichtigend, es tat ihr leid, daß sie seine Integrität durch ihre Gedankenlosigkeit in Frage gestellt hatte.

Emily stand an der Tür, die der Diener für sie öffnete. Draußen wartete bereits die Kutsche.

Die Lagardes wohnten nur einige 100 Meter entfernt, doch es war ein regnerischer Tag, die Straßen standen unter Wasser, und es handelte sich um einen sehr wichtigen Besuch. Charlotte stieg in die Kutsche und nahm schweigend Platz. Was um alles in der Welt sollte sie zu Eloise sagen? Wie konnte ein Mensch aus der Sicherheit und Geborgenheit seines eigenes Lebens einen Menschen wie Eloise erreichen, einen derartigen Abgrund überbrücken?

Sie sprachen kein Wort, bis die Kutsche wieder hielt und der Diener ihnen hinaushalf. Er blieb neben den Köpfen der Pferde wartend auf der Straße stehen, ein stummes Zeichen ihrer Anwesenheit für andere mögliche Besucher.

Ein Zimmermädchen ohne das übliche weiße Häubchen öffnete die Tür und sagte mit angespannter, leiser Stimme, sie werde nachfragen, ob Miss Lagarde in der Lage sei, sie zu empfangen. Ungefähr fünf Minuten später kehrte sie zurück und führte sie ins Frühstückszimmer, das im hinteren Teil des Hauses lag, mit Blick auf den regennassen Garten. Eloise erhob sich vom Sofa, um sie zu begrüßen.

Sie bot einen herzzerreißenden Anblick. Ihre zarte Haut war weiß wie Seidenpapier und sah genauso leblos aus. Ihre Augen waren eingesunken und riesig groß, sie schienen bis in die dunklen Ränder darunter hineinzureichen. Ihr Haar war makellos, doch sie war offenbar von ihrer Zofe frisiert und angekleidet worden; ihre Kleidung war elegant und adrett, aber sie trug sie wie etwas Künstliches, beinahe wie Leichentücher, die einen Körper umgaben, den der Geist längst verlassen hatte. Sie wirkte noch dünner als gewöhnlich, ihre geschnürte Taille noch zerbrechlicher. Das Schultertuch, das Charlotte bei ihrem letzten Treffen an ihr gesehen hatte, trug sie nicht mehr, als sei es ihr inzwischen gleichgültig, ob ihr kalt war oder nicht.

»Mrs. Ellison.« Ihre Stimme war vollkommen tonlos. »Wie freundlich von Ihnen, herzukommen.« Sie hätte genausogut einen Text in einer fremden Sprache vorlesen können, deren Bedeutung sie nicht verstand. »Lady Ashworth, Mrs. Pitt – bitte, nehmen Sie doch Platz.«

Befangen kamen sie der Aufforderung nach. Charlotte spürte, wie ihre Hände kalt wurden, obwohl ihr Gesicht rot vor Verlegenheit war. Sie kam sich vor, als sei sie in etwas eingedrungen, das so überaus qualvoll war, daß es sogar stärker war als alle Konventionen, stärker als die Rituale, die der persönliche Stolz vorschrieb, und stärker auch als das Bedürfnis nach Privatsphäre. Der Schmerz, der Eloise überwältigt hatte, war überall im Raum zu spüren.

Charlotte war zu niedergeschlagen, um sprechen zu können. Selbst Caroline suchte verzweifelt nach Worten und fand keine. Nur Emily mit ihrer unerschütterlichen Disziplin zeigte sich der Situation gewachsen.

»Auch unser tiefstes Mitgefühl vermag den unsagbaren Schmerz nicht zu lindern, den Sie empfinden müssen«, sagte sie leise. »Aber seien Sie versichert, daß wir mit Ihnen fühlen, und falls es irgendwann etwas geben sollte, was wir für Sie tun können und das Sie trösten könnte, werden wir jederzeit für Sie dasein.«

»Vielen Dank«, erwiderte Eloise tonlos. »Das ist sehr freundlich von Ihnen.« Sie schien sie als Personen kaum wahrzunehmen, reagierte lediglich, wenn jemand sprach und sie sich zu antworten verpflichtet fühlte. Ihre Erwiderungen waren förmlich, als hätte sie sich alles vorher zurechtgelegt.

Charlotte suchte nach Sätzen, die sie sagen konnte und die halbwegs vernünftig klangen.

»Vielleicht haben Sie momentan das Bedürfnis nach ein wenig Gesellschaft«, schlug sie vor. »Oder nach Begleitung, falls Sie irgendwohin gehen möchten?« Sie dachte dabei eher an Emily und Caroline als an sich, da sie nur selten die Möglichkeit hatte, zum Rutland Place zu kommen, und auch keine eigene Kutsche besaß.

Sekundenlang trafen sich ihre Blicke, doch dann glitt Eloise wieder in einen Zustand hinüber, in dem sie außer einer erschreckenden Leere nichts weiter wahrzunehmen schien, als ob sich die ganze Welt, die sie kannte, nur noch in ihrem Kopf befände.

»Vielen Dank. Ja, vielleicht werde ich das. Doch ich befürchte, meine Gesellschaft wird sicher nicht sehr angenehm sein.«

»Meine Liebe, wie können Sie so etwas sagen«, meinte Caroline beschwichtigend. Sie hob die Hände, um sie nach Eloise auszustrecken, doch diese schien von einer unsichtbaren Mauer umgeben, von einer fast körperlichen Unnahbarkeit, und Caroline ließ ihre Hände wieder sinken, ohne sie berührt zu haben. »Ich habe Sie immer nur als einen sehr liebenswerten Menschen erlebt.«

»Liebenswert!« Eloise wiederholte das Wort, und zum ersten Mal lag wieder ein Gefühl in ihrer Stimme, doch sie klang hart, voll Ironie. »Glauben Sie wirklich?«

Caroline konnte nur nicken.

Sie versanken wieder in Schweigen, das so lange währen würde, wie sie es ertrugen.

Erneut zermarterte sich Charlotte das Gehirn, um etwas zu finden, das sie sagen konnte, nur um die Stille zu brechen. Aber es wäre taktlos, ja neugierig, zu fragen, wie es Tormod ging oder was der Arzt vielleicht gesagt hatte. Und doch war es undenkbar, über irgend etwas anderes zu sprechen.

Die Sekunden vergingen. Das Zimmer schien riesig groß zu werden, und der Regen draußen entfernte sich scheinbar immer weiter; selbst der Klang der fallenden Tropfen war leiser geworden. Die Alptraumpferde galoppierten durch ihre Gedanken, die Kutschräder knirschten.

Als Charlotte gerade wieder ansetzen wollte, etwas zu bemerken, wie absurd es auch sein mochte, bloß um endlich die unerträgliche Stille zu übertönen, erschien das Mädchen wieder und meldete Amaryllis Denbigh. Auch wenn Charlotte Amaryllis noch so wenig mochte, in diesem Moment war sie richtig dankbar, da sie nun nichts sagen mußte.

Amaryllis folgte dem Mädchen auf dem Fuße. Sie stand an der Tür und starrte alle nacheinander entgeistert an, obwohl sie zweifellos draußen die Kutsche gesehen hatte.

Schließlich richtete sie ihren Blick vorwurfsvoll auf Charlotte. Ihr Gesicht war völlig weiß, und ihr sonst so sorgfältig frisiertes Haar sah zerzaust aus, die rosa Schminke auf ihren Lippen war verschmiert.

»Mrs. Pitt! Sie habe ich allerdings nicht hier erwartet!«

Auf eine derartig unhöfliche Bemerkung erübrigte sich natürlich jede Erwiderung, also beschloß Charlotte, sie zu übergehen und dem erregten Zustand ihres Gegenübers zuzuschreiben.

»Ich bin sicher, Sie sind wie wir gekommen, um Ihr Mitgefühl auszusprechen«, sagte sie ruhig. Sie wartete kurz, damit Eloise etwas antworten konnte, und als dies ausblieb, fuhr sie fort: »Bitte, setzen Sie sich doch. Dieses Sofa hier ist sehr bequem.«

»Wie können Sie in einer derartigen Situation von Bequemlichkeit sprechen?« verlangte Amaryllis in einem plötzlichen Anflug von Zorn zu wissen. »Tormod wird sich zwar wieder erholen, doch im Moment leidet er schreckliche Schmerzen!« Sie schloß die Augen, und heiße Tränen rannen ihre Wangen herab. »Unerträgliche Schmerzen! Und Sie sitzen hier wie bei einer Abendgesellschaft und reden von Bequemlichkeit!«

Charlotte spürte, wie Wut und Schmerz gleichzeitig in ihr hochstiegen, weil Amaryllis nur aus ihrem eigenen Gefühl heraus sprach, ohne sich im geringsten darum zu kümmern, wie sehr sie Eloise damit verletzte.

»Dann bleiben Sie eben stehen, wenn es Ihnen lieber ist«, bemerkte sie spitz. »Wenn Sie der Auffassung sind, damit irgend jemandem dienlich zu sein, wird es sicher niemanden stören.«

Amaryllis griff nach einem Stuhl und setzte sich.

»Wenn er sich wieder erholen wird, besteht wenigstens noch Hoffnung«, sagte Emily, bemüht, die geladene Atmosphäre ein wenig zu entschärfen.

Amaryllis wirbelte herum, öffnete den Mund und schloß ihn wieder.

Eloise saß völlig bewegungslos da, mit ausdruckslosem Gesicht, die Hände leblos auf dem Schoß.

»Er wird sich nicht mehr erholen«, sagte sie vollkommen tonlos, als habe sie dem Tod ins Auge geblickt und sich an den Anblick gewöhnt, das Schicksal ohne jede Hoffnung angenommen. »Er wird niemals wieder aufstehen können.«

»Das ist nicht wahr!« Amaryllis Denbighs Stimme klang schrill, fast wie ein Schrei. »Wie können Sie es wagen, etwas so Furchtbares zu sagen? Das ist eine Lüge! Eine Lüge! Er wird wieder aufstehen, und mit der Zeit wird er auch wieder gehen können. Das wird er ganz bestimmt! Ich weiß es.« Sie stand auf, ging zu Eloise hinüber und blieb vor ihr stehen, zitternd vor Erregung, doch Eloise sah sie nicht an und blieb regungslos sitzen.

»Sie träumen«, sagte sie sehr leise. »Eines Tages werden Sie die Wahrheit annehmen. Auch wenn es noch so lange dauert, die Wahrheit bleibt, und irgendwann werden auch Sie sie erkennen.«

»Das stimmt nicht! Das stimmt nicht!« Die Röte schoß Amaryllis ins Gesicht. »Ich weiß nicht, warum Sie das sagen. Sie haben Ihre eigenen Gründe – Gott allein kennt sie!« Ihre Stimme klang anklagend, schrill und häßlich – angsterfüllt. »Er wird wieder gesund. Ich weigere mich aufzugeben, zu resignieren!«

Eloise blickte sie an, als sei sie gar nicht da oder völlig bedeutungslos, als sei sie unwirklich, ebenso eine Illusion wie ein Bild in einer Laterna magica.

»Wenn Sie es glauben wollen«, sagte sie leise, »dann tun Sie es ruhig. Es ist für niemanden von Bedeutung, aber ich möchte Sie bitten, es nicht zu wiederholen, besonders nicht, wenn es Tormod einmal gut genug gehen sollte, daß er Sie empfangen kann.«

Amaryllis' Körper erstarrte, ihre Arme wurden steif wie Holz, ihre Brust war wie versteinert.

»Sie wollen nur, daß er hier liegt!« schrie sie, die Worte fast verschluckend. »Sie bösartige Person! Sie wollen ihn hier wie einen Gefangenen halten! Nur Sie und er, für den Rest Ihres Lebens! Sie sind wahnsinnig! Sie werden ihn niemals gehen lassen – Sie –«

Charlotte erwachte plötzlich aus ihrer Erstarrung. Sie sprang auf und gab Amaryllis eine heftige Ohrfeige.

»Machen Sie sich doch nicht lächerlich!« rief sie aufgebracht. »Sie denken wirklich nur an sich! Wem glauben Sie denn dadurch zu helfen, daß Sie hier herumkreischen wie ein Dienstmädchen? Nehmen Sie sich zusammen, und erinnern Sie sich daran, daß nicht Sie es sind, die dieses Leid ertragen muß, sondern Eloise! Sie ist es, die ihm ihr Leben lang nahegestanden hat! Können Sie sich etwa vorstellen, daß es dem armen Mr. Lagarde recht wäre, daß seine Schwester zu allem anderen auch noch von jemandem beschimpft wird? Der Arzt allein kann sagen, ob Tormod wieder gesund wird oder nicht, und sich falschen Hoffnungen hinzugeben ist schmerzhafter, als die Wahrheit geduldig zu ertragen lernen, auch wenn sie noch so schrecklich ist, und als abzuwarten, was geschieht!«

Amaryllis starrte sie an. Höchstwahrscheinlich war sie in ihrem ganzen Leben noch nie geschlagen worden, und sie war zu entsetzt, um zu reagieren. Und die Beleidigung, mit einem Dienstmädchen verglichen zu werden, war unverzeihlich!

Emily stand auf, schob Charlotte zur Seite und führte Amaryllis zu ihrem Stuhl zurück. Eloise saß während der ganzen Zeit völlig regungslos da, als ob sie weder irgend etwas gehört noch gesehen hätte, ganz in sich selbst versunken. Sie hätten genausogut Schatten sein können, die draußen auf dem Rasen vorbeiglitten, so wenig Eindruck machten sie auf sie.

»Es ist ganz natürlich, daß Sie unter Schock stehen«, sagte Emily zu Amaryllis, verzweifelt bemüht, sie zu beruhigen. »Aber Menschen reagieren nun einmal völlig unterschiedlich auf diese schrecklichen Dinge. Und Sie dürfen nicht vergessen, daß Eloise mit dem Arzt gesprochen hat und weiß, was er gesagt hat. Das Beste wäre sicher, wenn wir alle seine Anweisungen abwarten würden. Ich bin sicher, Mr. Lagarde sollte so wenig wie möglich gestört werden.« Sie wandte sich an Eloise. »Nicht wahr?«

Eloise starrte immer noch auf den Boden.

»Ja.« Sie hob ihre Augenbrauen ein wenig, beinahe erstaunt. »Ja, wir sollten ihn nicht mit unseren Gefühlen belasten. Ruhe – das hat Dr. Mulgrew gesagt. Zeit. Die Zeit wird es zeigen.«

»Wird er bald wieder nach ihm sehen?« fragte Caroline. »Wäre es Ihnen lieber, wenn jemand bei Ihnen wäre, wenn er kommt?«

Zum ersten Mal war der Hauch eines Lächelns auf Eloises Gesicht zu erkennen, als hätte sie endlich nicht nur die Worte, sondern auch deren Bedeutung verstanden.

»Das ist wirklich sehr freundlich von Ihnen. Wenn es Ihnen keine Umstände bereitet? Ich erwarte ihn jeden Moment.«

»Ganz und gar nicht. Wir bleiben gern bei Ihnen«, versicherte Caroline. Ihre Stimme klang erleichtert, weil es endlich etwas gab, das sie für Eloise tun konnten.

Amaryllis zögerte, als sich alle Blicke auf sie richteten, besann sich dann jedoch anders.

»Ich glaube, wir sollten noch einige andere Besuche machen, wo ich schon einmal in der Gegend bin«, sagte Emily. »Charlotte kann hierbleiben. Vielleicht möchte Mrs. Denbigh mich begleiten?« Sie sprach mit bemerkenswerter Unbefangenheit. »Ich würde Ihre Gesellschaft sehr begrüßen.«

Amaryllis' Augen weiteten sich. Offenbar hatte sie mit dieser Wendung nicht gerechnet, und sie wollte gerade Einspruch erheben, als Caroline die Gelegenheit nutzte.

»Was für eine hervorragende Idee.« Sie erhob sich und strich ihre Röcke glatt, so daß die Falten elegant nach hinten fielen. »Charlotte wird gern hier bleiben, und ich werde euch begleiten, so daß wir unsere Besuche fortsetzen können. Ich bin sicher, Ambrosine würde sich freuen, uns zu sehen. Du würdest doch gern hier bleiben, nicht wahr, Charlotte?« Sie blickte nervös zu Charlotte hinüber.

»Natürlich«, antwortete Charlotte aufrichtig. Diesmal dachte sie gar nicht mehr an Mina und ihren geheimnisvollen Tod, sondern nur an Eloise. »Ich glaube, das ist wirklich das Beste. Und zu Hause ist nur einen Katzensprung von hier entfernt. Ich werde später einfach zu Fuß gehen.«

Amaryllis blieb noch eine Weile unschlüssig stehen und versuchte, eine annehmbare Entschuldigung zu finden, um länger bleiben zu können, doch ihr fiel nichts ein, und sie sah sich daher gezwungen, Emily nach draußen in die Diele zu folgen. Caroline hakte sich bei ihr ein, um sie zu begleiten, und das Mädchen schloß die Tür hinter ihnen.

»Nehmen Sie ihr ihre Worte nicht übel«, sagte Charlotte kurz darauf zu Eloise. Sie würde nicht so töricht sein zu sagen, daß Amaryllis nicht gemeint hatte, was sie gesagt hatte. Es war unmißverständlich klar gewesen, daß sie in voller Absicht gesprochen hatte. »Ich vermute, der Schock hat ihr Urteilsvermögen beeinträchtigt.«

Auf Eloises Gesicht zeigte sich der Anflug eines bitteren Lächelns.

»Ihr Urteilsvermögen sicher nicht«, sagte sie. »Normalerweise hätte sie sicher dasselbe gedacht, aber ihre guten Manieren hätten sie davon abgehalten, es zu sagen.«

Charlotte setzte sich ein wenig bequemer hin, es konnte noch eine Weile dauern, bis Dr. Mulgrew eintraf.

»Sie ist wirklich nicht gerade liebenswürdig«, bemerkte sie.

Eloise schaute sie an; sie schien tatsächlich Charlotte wahrzunehmen und nicht nur in sich selbst gefangen zu sein.

»Sie mögen sie nicht«, stellte sie fest.

»Nicht sonderlich«, gab Charlotte zu. »Vielleicht, wenn ich sie besser kennen würde –« Sie beließ es bei dieser höflichen Andeutung.

Eloise stand auf, ging langsam zu den hohen Glastüren hinüber und blickte hinaus in den Regen.

»Ich glaube, sehr viel von dem, was wir an anderen Menschen mögen, beruht auf Dingen, die wir nicht wissen, sondern nur zu sehen glauben. So können wir uns einreden, daß das Unbekannte irgend etwas ist, was wir uns wünschen.«

»Können wir das wirklich?« Charlotte betrachtete Eloises Rükken, der sehr schlank war, und die eckigen Schultern. »Es ist doch bestimmt unmöglich, weiter an etwas festzuhalten, das nicht wahr ist, es sei denn, man verläßt völlig die Realität und verfällt dem Wahnsinn?«

»Vielleicht.« Eloise verlor plötzlich das Interesse, und ihre Stimme wurde matt. »Was spielt das schon für eine Rolle?«

Charlotte überlegte, ob sie, rein aus Prinzip, widersprechen sollte, doch sie fühlte sich derart überwältigt vom Schmerz und der Sinnlosigkeit, die den Raum erfüllten, daß sie es unterließ. Sie suchte immer noch nach einer sinnvollen Erwiderung, als das Hausmädchen erschien, um zu melden, daß Dr. Mulgrew eingetroffen war.

Kurz darauf, als der Arzt oben bei Tormod war und Eloise auf dem Treppenabsatz wartete, kam das Mädchen wieder und erkundigte sich, ob Charlotte Monsieur Alaric empfangen könne, bis Eloise wieder zurück wäre.

»Oh.« Sie hielt den Atem an. Selbstverständlich war es undenkbar, abzulehnen. »Ja, natürlich – bitten Sie ihn herein. Ich bin sicher, daß Miss Lagarde es so wünscht.«

»Ja, Ma'am.« Das Mädchen entfernte sich, und einen Moment später erschien Paul Alaric, dunkel gekleidet, mit ernstem Gesicht.

»Guten Tag, Mrs. Pitt.« Er schien nicht überrascht zu sein, war also offenbar über ihre Anwesenheit unterrichtet worden. »Ich hoffe, es geht Ihnen gut?«

»Mir geht es gut, vielen Dank, Monsieur. Miss Lagarde ist oben, der Arzt ist gerade da, aber das wissen Sie wahrscheinlich bereits.«

»Ja, man hat es mir gesagt. Wie geht es ihr?«

»Sie ist schrecklich erschöpft«, erwiderte sie offen. »Ich kann mich nicht erinnern, jemals einen Menschen gesehen zu haben, der derart unter Schock stand. Ich wünschte, es gäbe irgend etwas, das man sagen oder tun könnte, um sie zu trösten – es ist furchtbar, derart hilflos zu sein.«

Sie hatte befürchtet, daß er irgend etwas Banales antworten würde, hatte es sogar beinahe zornig erwartet, doch sie hatte sich geirrt.

»Ich weiß.« Seine Stimme war sehr leise, während er sich bemühte, das ganze Ausmaß des Schmerzes zu verstehen. »Ich befürchte, ich kann auch nicht das geringste tun, um zu helfen, doch nicht einmal herzukommen würde so gleichgültig erscheinen, als ob dies alles mich gar nicht berühren würde.«

»Sind Sie eng mit Mr. Lagarde befreundet?« erkundigte sie sich überrascht. Sie hatte nicht damit gerechnet, daß es Gemeinsamkeiten zwischen ihm und einem Mann wie Tormod Lagarde geben könnte, der so viel jünger war und relativ oberflächlich gewirkt hatte. »Bitte, nehmen Sie doch Platz«, bat sie ihn betont höflich. »Ich vermute, es kann noch eine Weile dauern.«

»Vielen Dank«, sagte er und hob seine Rockschöße hoch, damit er sich nicht darauf setzte. »Nein, ich kann nicht sagen, daß wir sehr viel gemeinsam haben. Doch Tragödien dieser Art machen schließlich alle unbedeutenden Unterschiede hinfällig, finden Sie nicht?«

Sie blickte auf und sah, daß er sie anschaute, neugierig und ganz ohne jenen unpersönlichen Ausdruck, an den sie bei gesellschaftlichen Konversationen gewöhnt war. Sie lächelte schwach, um zu zeigen, daß sie ruhig, ernst und gelassen war, doch dann lächelte sie ein weiteres Mal, um anzudeuten, daß sie seine Meinung teilte.

»Ich sehe, daß auch Sie sich dadurch nicht haben abhalten lassen zu kommen«, fuhr er fort. »Dabei wäre es durchaus verzeihlich gewesen, wenn Sie diesem schmerzhaften Besuch unter irgendeinem Vorwand aus dem Wege gegangen wären. Sie kennen die Lagardes nicht näher, vermute ich? Und dennoch hatten Sie das Bedürfnis zu kommen.«

»Aber ich fürchte, wir haben überhaupt nicht helfen können«, sagte sie mit plötzlicher Niedergeschlagenheit. »Außer vielleicht, daß Mama und Emily Mrs. Denbigh weggebracht haben.«

Er lächelte, und sie konnte die Belustigung in seinen Augen erkennen.

»Ach ja, Amaryllis! Ich kann mir vorstellen, daß Sie damit schon etwas Gutes bewirkt haben. Ich weiß zwar nicht, warum, aber sie und Eloise scheinen nicht viel füreinander übrig zu haben. Es wäre wahrscheinlich für beide sehr qualvoll geworden, wenn sie Schwägerinnen geworden wären.«

»Sie wissen nicht, warum?« Charlotte war verblüfft. So blind konnte er doch nicht sein! Amaryllis war krankhaft eifersüchtig, und ihre Gefühle für Tormod waren derart stark, daß sie geradezu von Leidenschaft verzehrt wurde. Allein der Gedanke, mit

Eloise im selben Haus zu leben, mußte unerträglich für sie sein. Wenn zwei Frauen unter einem Dach zusammenlebten, war immer eine stärker und dominierender als die andere. Es war reichlich unwahrscheinlich, daß es sich dabei um Eloise handeln würde; Amaryllis hätte dies sicher niemals ertragen. Aber wenn Eloise, wie subtil auch immer, in eine untergeordnete Rolle gedrängt worden wäre, hätte Tormod sich ihr gegenüber verpflichtet gefühlt, vielleicht sogar Mitleid mit ihr verspürt, was alles nur noch schlimmer gemacht hätte. Nein, wenn Paul Alaric die Gefühle von Amaryllis nicht nachvollziehen konnte, zeigte er erstaunlich wenig Sensibilität.

Aber dann schaute sie ihn an, und ihr wurde klar, daß er die Möglichkeit, daß Eloise im Fall einer Ehe weiterhin im Haus ihres Bruders gelebt hätte, gar nicht in Erwägung gezogen hatte. Doch Tormod konnte sie schließlich nicht allein lassen! Sie war so jung und schrecklich verletzlich – selbst wenn die Gesellschaft einen solchen Lebensstil akzeptieren würde, wäre so etwas nicht in Frage gekommen.

»Ich hatte den Eindruck, daß Mrs. Denbigh äußerst angetan ist von Mr. Lagarde«, begann sie. Was für ein lächerlich unzureichendes Wort für die leidenschaftlichen Gefühle, die sie bei Amaryllis gesehen hatte, das Verlangen von Geist und Körper, das so dicht unter der Oberfläche loderte.

Auf seinem Gesicht erschien ein zögerndes, freudloses Lächeln. Auch ihm war dies nicht entgangen.

»Vielleicht bin ich nicht einfühlsam genug, aber mir scheint es möglich zu sein, sowohl eine Ehefrau als auch eine Schwester zu haben.«

»Also wirklich, Monsieur.« Allmählich verlor sie die Geduld mit ihm. »Wenn Sie unsterblich in jemanden verliebt wären, falls Sie sich ein derartiges Gefühl überhaupt vorstellen können« – ihr ganzer Zorn über Caroline lag in ihrer Stimme –, »würden Sie dann gern tagtäglich mit jemandem zusammensein wollen, der diese Person viel besser kennt als Sie selbst? Der mit dem geliebten Menschen ein ganzes Leben voll Erinnerungen teilt, gemeinsame Freuden und Geheimnisse, Freunde und Bilder aus der Kindheit –?«

»Das genügt, Charlotte – ich habe Sie schon verstanden.« Mit einem Mal knüpfte er an den Augenblick ihrer Freundschaft an, die sie in jenen schrecklichen Tagen am Paragon Walk miteinander verbunden hatte, als die Eifersucht und der Haß einer anderen Person zu einem Mord geführt hatten. »Ich habe mich unsensibel, wenn nicht sogar töricht aufgeführt. Ich kann verstehen, daß es für eine Frau wie Amaryllis undenkbar gewesen wäre. Aber wenn Tormod tatsächlich so schwer verletzt ist, wie ich gehört habe, kann von einer Heirat niemals mehr die Rede sein.«

Er sprach damit eine Wahrheit aus, die offensichtlich war, und dennoch fielen seine Worte wie Eis in den Raum. Sie schwiegen immer noch, jeder in seiner eigenen Vorstellung dieser grauenhaften Wahrheit gefangen, als Eloise zurückkehrte.

Sie blickte Monsieur Alaric gleichgültig an, als erkenne sie ihn gar nicht und nehme lediglich seinen Schatten wahr, der nichts war als eine andere Gestalt, die begrüßt werden mußte.

»Guten Tag, Monsieur Alaric. Es ist sehr freundlich von Ihnen, daß Sie gekommen sind.«

Der Anblick ihres Gesichts, so starr und mit eingesunkenen Augen, machte ihn mehr betroffen als alles, was Charlotte hätte sagen können.

Er vergaß seine guten Manieren, das höfliche Benehmen, das er sein ganzes Leben lang an den Tag gelegt hatte. In diesem Moment spürte er nur ein echtes, tiefes Mitgefühl.

Er streckte seinen Arm aus und ergriff Eloises Hand, mit seiner anderen Hand berührte er ihren Arm so sanft, als fürchte er, ihre Haut zu verletzen.

»Eloise, es tut mir so leid. Geben Sie die Hoffnung nicht auf, meine Liebe. Man kann nie wissen, was die Zeit noch zu bessern vermag.«

Sie stand ganz still, wandte sich nicht von ihm ab, und man konnte nicht erkennen, ob sie sich durch seine Nähe getröstet fühlte oder sie gar nicht bemerkte.

»Ich weiß gar nicht, auf was ich noch hoffen soll«, sagte sie einfach. »Vielleicht ist das ganz falsch?«

»Nein, es ist nicht falsch«, sagte Charlotte schnell. »Man müßte allwissend sein, um zu erkennen, was das Beste wäre. Sie dürfen sich deswegen auf keinen Fall schuldig fühlen!«

Eloise schloß die Augen und drehte sich fort, entzog dabei Alaric ihren Arm und ließ ihn verwirrt zurück, in dem Bewußtsein, einem Menschen gegenüberzustehen, der Schreckliches durchlitt, und doch unfähig zu sein, den anderen zu erreichen und seinen Schmerz zu lindern.

Charlotte verspürte ein gewisses Mitleid für ihn, doch vor allem sorgte sie sich um Eloise. Sie stand auf und ging zu ihr, nahm sie in die Arme und hielt sie fest. Eloises Körper fühlte sich schlaff und leblos an, doch Charlotte hielt sie weiter umschlungen. Aus den Augenwinkeln heraus sah sie Alarics betroffenes Gesicht. Schließlich wandte er sich ab und ging. Er zog die Tür hinter sich zu, und es klickte leise, als das Schloß zuschnappte.

Eloise bewegte sich nicht, sie weinte auch nicht; Charlotte hätte genausogut eine Schlafwandlerin festhalten können, die in ihrem Alptraum gefangen war und deren Seele und Geist unerreichbar fern waren. Aber Charlotte spürte, daß ihre Anwesenheit, die Wärme ihrer Berührung Eloise trotzdem guttaten.

Minuten vergingen. Jemand polterte die Hintertreppe herauf. Ein Windstoß ließ den Regen gegen das Fenster prasseln. Beide Frauen schwiegen.

Schließlich wurde die Tür geöffnet, und das Hausmädchen begann mit verlegener Stimme zu sprechen. »Mr. Inigo Charrington, Ma'am. Soll ich ihm ausrichten, daß Sie nicht zu Hause sind?«

»Sagen Sie Mr. Charrington, daß Miss Lagarde sich nicht wohl fühlt«, sagte Charlotte ruhig. »Bitten Sie ihn, im Empfangszimmer zu warten, ich werde in wenigen Minuten bei ihm sein.«

»Ja, Ma'am.« Das Mädchen zog sich dankbar zurück, ohne auf eine Bestätigung von Eloise zu warten.

Charlotte blieb noch einen Augenblick stehen und führte dann Eloise zum Sofa, sorgte dafür, daß sie sich hinlegte, und kniete sich neben dem Sofa auf den Boden.

»Meinen Sie nicht auch, daß es das beste wäre, wenn Sie sich jetzt ein wenig ausruhen würden?« schlug sie vor. »Vielleicht möchten Sie eine Tasse Tee oder einen Kräutertee?«

»Wenn Sie meinen.« Eloise gehorchte, zu matt, um zu widersprechen.

Charlotte zögerte, unsicher, ob es nicht doch noch irgend etwas gab, das sie tun konnte, sah jedoch ein, daß es zwecklos war, und ging zur Tür.

»Charlotte!«

Sie wandte sich um. In Eloises Gesicht, selbst in ihren Augen, war wieder etwas Leben eingekehrt.

»Vielen Dank. Sie waren sehr gut zu mir. Es mag aussehen, als würde ich es nicht würdigen, doch das stimmt nicht. Sie haben recht. Vielleicht sollte ich etwas trinken und ein wenig schlafen. Ich bin sehr erschöpft.«

Charlotte verspürte eine Welle der Erleichterung, als ob sich in ihrem Innern ein fester Knoten gelöst hätte.

»Ich werde Ihrem Mädchen sagen, daß sie heute niemanden mehr vorlassen soll.«

»Vielen Dank.«

Nachdem sie dem Mädchen und dem Diener entsprechende Anweisungen gegeben hatte, begab sich Charlotte in das Empfangszimmer, wo Inigo Charrington mit besorgtem Gesicht am Kamin stand, den Mantel noch über dem Arm, als sei er unschlüssig, ob er bleiben oder gehen sollte.

»Geht es ihr gut?« fragte er ohne jede Rücksicht auf Formalitäten.

»Nein«, erwiderte Charlotte ebenso offen. »Nein, es geht ihr nicht gut, aber ich weiß nicht, was wir noch tun können, um ihr zu helfen.«

»Wären Sie nicht besser bei ihr geblieben?« Inigos Gesicht sah angespannt aus. »Ich möchte ihr mit meinem Besuch auf keinen Fall noch mehr Kummer bereiten.«

»Das Dienstmädchen bringt ihr gleich eine Tasse Kräutertee. Ich glaube, sie möchte sich ein wenig ausruhen. Der Schlaf kann zwar die Realität nicht ändern, sie wird wieder damit konfrontiert werden, wenn sie aufwacht, doch vielleicht kommt sie dadurch ein wenig zu Kräften.«

»Es ist einfach entsetzlich!« sagte er erregt. »Erst die arme Mina, und jetzt das!«

Charlotte hörte sich entsetzt hinzufügen: »Und Ihre arme Schwester –«

»Was?« Sein ausdrucksvolles Gesicht sah verdutzt aus, wirkte auf beinahe komische Weise verständnislos.

Diesmal hielt sie vor Verlegenheit den Mund.

»Oh.« Endlich verstand er, was sie gemeint hatte. »Ach ja. Sie sprechen von Ottilie.«

Sie wollte sich entschuldigen, ihre Taktlosigkeit ungeschehen machen, doch sie wußte, wie eng Ottilies Schicksal möglicherweise mit Minas Tod, ihrer Ermordung verknüpft war. Sie selbst hatte schließlich auf schreckliche Weise erfahren müssen, wie ein Mord zum nächsten führen konnte – und wieder zum nächsten. Mina war möglicherweise nicht das letzte Opfer gewesen.

»Ich vermute, sie ist sehr plötzlich gestorben – ich meine, sehr unerwartet. Es muß ein entsetzlicher Schock für Sie alle gewesen sein.« Sie hatte so subtil sein wollen und hatte genau das Gegenteil erreicht.

»Unerwartet?« Erneut wiederholte er ihre Worte. »Mrs. Pitt! Natürlich, wie dumm von mir! Der Polizist! Aber warum dieses Interesse an Ottilie? Sie war zwar exzentrisch, um es einmal ganz vorsichtig auszudrücken, aber sie hat ganz sicher niemals irgend jemandem etwas zuleide getan – am allerwenigsten Mina.«

»Das ist das dritte Mal, daß sie jemand als exzentrisch bezeichnet hat«, sagte Charlotte nachdenklich. »War sie tatsächlich derart ungewöhnlich?«

»Oh ja.« Er lächelte bei der Erinnerung. »Sie hat einige abscheuliche Dinge verbrochen. Einmal ist sie beim Essen auf den Tisch gestiegen und hat ein frivoles Lied gesungen. Ich habe gedacht, Papa würde es nicht überleben. Gott sei Dank waren nur Familienmitglieder und ein oder zwei meiner Freunde anwesend.« Seine Augen leuchteten, strahlten bei dem Gedanken an diese Geschichte, spiegelten Lachen und Zärtlichkeit wider.

»Wie peinlich, wenn sich so etwas wiederholt hätte.« Er hatte Charlotte verwirrt; unmöglich konnte ein Mann so überzeugend Gefühle vortäuschen und doch lügen? »Etwas Derartiges kann man sich kaum leisten, wenn man weiterhin in der Gesellschaft akzeptiert werden will.«

Sein Gesicht sah heiter aus, spöttisch zwar, doch ganz so, als mache er sich auch über sich selbst lustig.

»Wissen Sie, Mrs. Pitt, ich habe das dumpfe Gefühl, daß Sie trotz Ihres Nachmittagstee-Gehabes sehr viel mehr die Frau Ihres Mannes als die Tochter Ihrer Mutter sind! Sie glauben offenbar, daß wir Ottilie heimlich fortgeschafft haben, nicht wahr? Daß wir sie vielleicht in unserem Landhaus gefangen halten, sie in einen leerstehenden Flügel des Hauses eingesperrt haben, mit einem alten Familienfaktotum zur Bewachung?«

Charlotte fühlte, wie sie dunkelrot wurde. Sie verpatzte alles, machte einen Fehler nach dem anderen, doch sie durfte nicht aufhören, dies war ihre einzige Chance.

»Ich habe sogar mit dem Gedanken gespielt, daß Sie sie vielleicht ermordet haben«, sagte sie spitz, »und daß Mina es vielleicht gewußt hat. Sie hat anderen nachspioniert, müssen Sie wissen. Und vielleicht war sie sogar eine Diebin.«

Seine Augen weiteten sich überrascht.

»Nachspioniert, ja, aber eine Diebin? Wie um Himmels willen kommen Sie denn bloß darauf?«

»In der letzten Zeit sind am Rutland Place verschiedene Gegenstände verschwunden.« Ihr Gesicht glühte immer noch. »Keiner davon ist besonders wertvoll, doch zumindest einer enthält ein Geheimnis, das sehr kompromittierende Folgen hätte, wenn es bekannt würde. Vielleicht war Mina die Diebin und wurde getötet, weil jemand irgend etwas, das sie gestohlen hat, zurückhaben wollte?«

»Nein«, sagte er mit Überzeugung. »Weswegen auch immer man sie umgebracht haben sollte, mit den Diebstählen hatte es bestimmt nichts zu tun. Außerdem sind die meisten Gegenstände inzwischen wieder zurückgegeben worden. Wie gewöhnlich.«

Sie starrte ihn an. »Wieder zurückgegeben? Woher wissen Sie das?«

Er holte langsam tief Luft. »Ich weiß es eben. Belassen wir es dabei. Ich habe die Gegenstände selbst gesehen. Fragen Sie die Leute, die sie verloren haben, und sie werden es Ihnen bestätigen.«

»Meine Mutter hat auch etwas verloren. Aber sie hat mir nicht gesagt, daß sie es wiedergefunden hat.«

»Wahrscheinlich war es der Gegenstand mit dem kompromittierenden Geheimnis, den Sie eben erwähnt haben, da Sie offenbar davon wissen. Vielleicht hatte sie Angst, Sie könnten annehmen, sie habe ihn zurückgestohlen. Sie sind schließlich außerordentlich mißtrauisch, Mrs. Pitt!«

»Ich würde wohl kaum meine Mutter verdächtigen –« Sie hielt inne.

»Mina umgebracht zu haben?« beendete er ihren Satz. »Sie vielleicht nicht, aber wäre die Polizei ebenso wohlwollend?«

»Wo ist Ottilie gestorben? Es war nicht in Ihrem Landhaus, wie Sie gesagt haben.«

»Oh.« Er schwieg minutenlang, einen Fuß auf der Kaminplatte, während sie auf seine Antwort wartete.

»Wissen Sie was«, meinte er schließlich, »kommen Sie mit, und ich zeige es Ihnen!«

Ihre Enttäuschung machte sie wütend. »Machen Sie sich nicht lächerlich! Wenn es sich wirklich um ein derart wichtiges Geheimnis handelt –«

»Nehmen Sie doch Ihre eigene Kutsche«, unterbrach er sie. »Und bringen Sie auch Ihren eigenen Diener mit, wenn Sie wollen.«

»Polizisten haben keine Kutschen!« fuhr sie ihn an. »Und auch keine Diener!«

»Nein, das haben sie wahrscheinlich wirklich nicht. Tut mir leid. Dann nehmen Sie eben die Kutsche Ihrer Mutter. Ich werde Ihnen beweisen, daß wir Ottilie nicht umgebracht haben.«

Sie suchte verzweifelt nach einer wenigstens halbwegs sicheren Möglichkeit, das Angebot anzunehmen. Falls er oder seine Familie zuerst Ottilie und dann auch noch Mina getötet hatten, würden sie kaum davor zurückschrecken, auch sie umzubringen. Aber vielleicht kam sie einer ganz anderen Lösung auf die Spur, wenn sie sich auf das Unternehmen einließ. Doch wenn die gestohlenen Gegenstände wirklich wieder aufgetaucht waren, woher konnte Inigo davon wissen? Warum hatte Caroline ihr davon nichts gesagt? Und warum sollte ein Dieb Dinge stehlen und sie dann wieder zurückgeben? Das Ganze ergab keinen Sinn – es sei denn, es hatte mit dem Mord zu tun. War Mina die Diebin gewesen, und hatte der Mörder alles Gestohlene zurückgelegt, um zu verhindern, daß der Gegenstand gefunden wurde, der ihn entlarvt hätte? Plötzlich kam ihr der rettende Gedanke. Emily würde sich eine derartige Gelegenheit bestimmt auf keinen Fall entgehen lassen und konnte Charlotte die notwendigen Mittel zur Verfügung stellen, damit sie das Angebot annehmen konnte.

»Ich werde die Kutsche meiner Schwester nehmen«, erwiderte sie mit einer Selbstsicherheit, die, so hoffte sie, gerechtfertigt war. »Und selbstverständlich werde ich sie genauestens unterrichten, wozu ich die Kutsche benötige, und auch darüber, wer mich begleitet.«

»Hervorragend! Haben Sie übrigens schon einmal erwogen, selbst der Polizei beizutreten?«

»Werden Sie bitte nicht unverschämt!« sagte sie hitzig, doch innerlich glühte sie bereits vor Aufregung und Ungeduld.

Er lächelte. »Ich glaube, es würde Ihnen sehr gut gefallen. Mir selbst wahrscheinlich auch. Ich hole Sie um sechs Uhr ab. Was Sie gerade tragen, können Sie ruhig anlassen, aber lassen Sie das Ding an Ihrem Hals weg.«

»Um sechs Uhr?« Sie war verblüfft. »Warum denn nicht schon jetzt?«

»Weil es erst kurz nach drei ist, also noch viel zu früh.«

Sie verstand nicht, was er meinte, doch wenigstens würde sie bis sechs Uhr genügend Zeit haben, sich mit Emily zu arrangieren, was die Kutsche betraf. Auch konnte sie so sicher sein, daß Inigo Charrington nicht auf die Idee kam, ihr in irgendeiner Weise Schaden zuzufügen, weil er wußte, daß er dafür zur Rechenschaft gezogen würde.

Als sie sich zum Haus ihrer Mutter begeben und ihrer Schwester alles geschildert hatte – selbstverständlich in Carolines Abwesenheit –, war Emily zunächst entsetzt. Sie war sich ziemlich sicher, daß Inigo seine Schwester umgebracht hatte und nun beabsichtigte, Charlotte aus dem Weg zu räumen.

»So dumm würde er wohl kaum sein«, erwiderte Charlotte und versuchte, möglichst selbstsicher zu klingen. »Schließlich wißt ihr alle, daß er mich begleitet hat, falls mir irgend etwas passieren sollte, also würde er sich damit nur selbst ins Unglück stürzen. Ich glaube, er will mir tatsächlich sagen, auf welche Weise Ottilie gestorben ist, und mir dafür Beweise liefern. Ohne Beweise glaube ich ihm auf keinen Fall!«

»Dann begleite ich dich«, sagte Emily sofort.

Nur mit Mühe gelang es Charlotte, sie davon zu überzeugen, daß ihre Gegenwart das ganze Unternehmen gefährden würde. Wenn die Familie bereit gewesen wäre, die Ursache von Ottilies Tod preiszugeben, hätte Pitt sie bei seinen Nachforschungen sicher herausgefunden. Sie konnte sich zwar nicht erklären, warum Inigo plötzlich bereit war, sie einzuweihen, aber vielleicht befürchtete er, des Mordes verdächtigt zu werden, was natürlich noch unangenehmer war als die Aufdeckung des Geheimnisses. Doch es entwickelte sich möglicherweise eine äußerst peinliche, wenn nicht sogar demütigende Situation, und je weniger Menschen die Wahrheit erfuhren, desto besser für die Familie. Und da Charlotte nicht zu denselben Kreisen gehörte wie Inigos Familie, war es ihnen vielleicht weniger unangenehm, wenn nur sie die Wahrheit erfuhr.

Emily gab widerwillig nach, mußte jedoch zugeben, daß Charlotte möglicherweise recht hatte. Jedenfalls überließ sie ihr anstandslos sowohl ihre Kutsche als auch ihren Diener. Sie würde sich in der Kutsche ihrer Mutter nach Hause fahren lassen.

Inigo erschien Punkt sechs Uhr. Er trug einen eleganten dunkelgrünen Mantel und einen vornehmen Zylinder.

Charlotte hätte ihn am liebsten gefragt, wo um alles in der Welt sie bloß hinführen, doch sie hielt sich zurück, denn sie wußte schließlich, daß Diskretion vonnöten war. Caroline hatte ihr bereits deutlich genug mitgeteilt, was sie von ihren Manieren hielt, und sie wollte sich vor Inigo keineswegs wieder eine Blöße geben.

Er sorgte dafür, daß sie im Inneren der Kutsche bequem saß, verzichtete auf jede weitere Erklärung und hüllte sich in Schweigen, ein leichtes Lächeln in den Mundwinkeln, während sie durch Straßen fuhren, die mit Gaslaternen beleuchtet waren und die Charlotte noch nie zuvor gesehen hatte, offenbar mitten ins Herz von London.

Sie verlor jedes Zeitgefühl. Sie bogen um unzählige Ecken, bis auch ihr Orientierungssinn, der nie besonders gut gewesen war, völlig verschwunden war, und als sie schließlich anhielten, hätte sie nicht einmal mehr raten können, wo sie sich befanden.

Inigo stieg aus der Kutsche und half ihr heraus. Das Licht der Laternen auf dieser Straße war hell, und an dem großen Gebäude, vor dem sie sich befanden, leuchteten sogar bunte Lichter.

»Elektrisch«, erläuterte Inigo aufgekratzt. »Davon gibt es inzwischen eine ganze Menge.«

Sie schaute sich entgeistert um. Von irgendwoher kam Musik, und sie sah ein Dutzend oder mehr Personen auf dem Bürgersteig, in der Hauptsache Männer, einige im Abendanzug.

»Wo sind wir?« fragte sie verwirrt. »Was ist das hier?«

»Das ist ein Varietétheater, meine Liebe«, sagte er mit einem plötzlichen, strahlenden Lächeln. »Eines der besten. Ada Church singt heute abend hier, und es wird bestimmt brechend voll werden!«

»Ein Varietétheater!« Charlotte war sprachlos. Sie hatte einen Friedhof erwartet, ein Krankenhaus, vielleicht sogar eine Irrenanstalt – aber kein Varietétheater! Es war lächerlich – wie eine schlechte Posse.

»Kommen Sie.« Er nahm ihren Arm und schob sie in Richtung Eingang. Sie dachte daran, Widerstand zu leisten, war aber sowohl ängstlich als auch äußerst neugierig. Sie hatte von Ada Church gehört – angeblich sollte sie sehr attraktiv sein, ihre Nummer galt als eine der besten. Sogar Pitt hatte einmal bemerkt, sie habe wunderschöne Beine – ausgerechnet! Er hatte gelächelt, als er es sagte, und sie hatte gemerkt, daß er sie nur necken wollte, und sich daher die Frage verkniffen, woher er ihre Beine kannte.

»Guten Abend, Mr. Charrington, Sir.« Der Türsteher hob die Hand zum Gruß, obwohl seine Augen beim Anblick von Charlotte Verwunderung verrieten. »Schön, Sie wieder einmal hier zu sehen, Sir.«

»Sie sind schon hier gewesen!« fragte Charlotte entrüstet. »Und zwar oft!«

»Allerdings.«

Sie blieb stehen und versuchte, sich loszureißen. »Und Sie haben die Frechheit, mich hierher zu bringen! Ich weiß, daß ich mit einem Polizisten verheiratet bin, aber das heißt noch lange nicht, daß ich an derartigen Orten verkehre! Ich darf Sie daran erinnern, daß es eine Menge Dinge gibt, die für Männer angehen mögen, sich aber für eine Frau nicht schicken! Sie haben jetzt Gelegenheit gehabt, Ihren reichlich dummen, schlechten Scherz mit mir zu treiben. Ich gebe zu, daß es taktlos und grausam von mir gewesen ist, Sie nach dem Schicksal Ihrer Schwester zu fragen. Aber jetzt hatten Sie Ihre Rache, und hier haben Sie meine Entschuldigung. Sie können mich daher getrost wieder nach Hause bringen!«

Doch er hielt ihren Arm weiterhin fest, zu fest, als daß sie sich hätte befreien können.

»Tun Sie doch nicht so aufgeblasen«, sagte er leise. »Das paßt überhaupt nicht zu Ihnen. Sie wollten wissen, was mit Ottilie passiert ist. Ich werde es Ihnen sagen und Ihnen Beweise dafür liefern. Und jetzt hören Sie bitte auf, mir eine Szene zu machen, und kommen Sie mit. Sie werden es hier wahrscheinlich sogar genießen, wenn Sie nur ein bißchen aus sich herausgehen. Und wenn Ihnen so viel daran liegt, nicht gesehen zu werden, sollten Sie nicht im Eingang stehen und Aufsehen erregen, wo Sie jeder sehen kann!«

Er hatte völlig recht. Sie warf den Kopf in den Nacken und rauschte an seinem Arm hinein, blickte dabei weder nach links noch nach rechts und ließ sich von ihm an einen der zahlreichen Tische in der Mitte des Saales führen. Wie im Traum bemerkte sie die Logen und Ränge, die hellerleuchtete Bühne, die grellen Farben, die weitausgeschnittenen, volantbesetzten Kleider, die schwarzweiße Kleidung der reichen Männer und die langweiligen braunen Anzüge der weniger Betuchten, sogar karierte Anzüge der Männer aus den hiesigen Straßen. Kellner bahnten sich ihren Weg durch die Menge, Gläser blitzten, als Hände sie erhoben und wieder sinken ließen, und die ganze Zeit hörte man Stimmengewirr und schwungvolle Musik.

Inigo sprach kein Wort, doch sie wußte, daß er sie beobachtete, spürte sein fröhliches Gesicht, konnte seine Heiterkeit und Neugier fühlen, als würde er sie berühren.

Ein Kellner kam, und Inigo bestellte Champagner, was ihn offenbar aus irgendeinem Grund belustigte. Als der Champagner kam, goß er ihnen beiden ein, hob sein Glas und prostete ihr zu.

»Auf die Detektive!« sagte er, und seine Augen glänzten silbern im Licht. »Der Himmel gebe, daß alle Geheimnisse derart simpel wären!«

»Allmählich fange ich an zu glauben, daß Detektive simpel sind!« erwiderte sie scharf, doch sie probierte trotzdem den Champagner. Er schmeckte angenehm herb, weder süß noch sauer, und nachdem sie getrunken hatte, war sie ihm nicht mehr ganz so böse. Als er nachschenkte, hatte sie nichts dagegen.

Zunächst erschien ein Jongleur auf der Bühne, und sie sah ihm ohne sonderliches Interesse zu. Sie mußte zwar zugeben, daß seine Kunststückchen äußerst schwierig waren, doch sie schienen ihr kaum der Mühe wert. Nach ihm trat ein Komiker auf, der einige recht merkwürdige Witze zum Besten gab, die das Publikum köstlich zu amüsieren schienen. Sie wurde den Verdacht nicht los, daß sie die Pointen vielleicht nicht ganz verstanden hatte.

Der Kellner brachte erneut Champagner, und sie stellte fest, daß sie allmählich die Farben und die Musik immer angenehmer fand.

Eine Mädchentanzgruppe erschien und trug ein Lied vor, bei dem sie glaubte, es irgendwo schon einmal gehört zu haben, und dann trat ein Mann auf, der mit seinem Körper die merkwürdigsten Verrenkungen vollführte.

Schließlich wurde es ganz still, und ein Trommelwirbel ertönte. Der Conférencier hob die Hände.

»Ladies und Gentlemen, exklusiv für Sie, zu Ihrer Unterhaltung und zu Ihrem Vergnügen, darf ich Ihnen den Höhepunkt des heutigen Abends ankündigen, den Inbegriff von Schönheit und Verwegenheit, Amüsement und Temperament in Person – Miss Ada Church!«

Es ertönte donnernder Applaus, sogar Pfiffe und Rufe waren zu hören, und dann hob sich der Vorhang. Auf der Bühne stand eine Frau, schlank, mit einer Wespentaille und sehr langen Beinen, die durch eine scharze Hose noch stärker zur Wirkung kamen. Ein Frack und ein weißes Hemd unterstrichen ihre Figur, und auf ihrem flammendroten Haar thronte keck ein Zylinder. Sie lächelte, und die Heiterkeit, die von ihr ausging, schien den ganzen Saal zu erfüllen.

»Bravo, Ada!« rief jemand, und der Applaus wurde noch stärker. Als das Orchester zu spielen begann, stimmte sie mit tiefer, wohltönender Stimme ein fröhliches, mitreißendes, frivoles Lied an. Es war zwar keinesfalls vulgär, doch gespickt mit versteckten Anspielungen und Vertraulichkeiten.

Das Publikum toste vor Begeisterung und sang den Refrain mit. Beim dritten Lied mußte Charlotte zu ihrem großen Entsetzen feststellen, daß sie ebenfalls mitsang, Musik stieg in ihr auf, sie spürte in ihrem Innern ein kribbelndes, ausgelassenes Glücksgefühl. Rutland Place schien mit einem Mal 1 000 Meilen entfernt, und sie wollte die Dunkelheit und den Schmerz dort vergessen. Alles, was gut und angenehm war, befand sich hier in diesem Saal, durchströmt von Licht und Wärme, und sang mit Ada Church, erfüllt von reiner Lebenskraft.

Caroline wäre sicher schockiert gewesen, wenn sie gehört hätte, wie Charlotte genauso laut wie der Rest des ausgelassenen Publikums eifrig mitsang: »Champagner-Charlie heiße ich!«

Als der Vorhang sich schließlich zum letzten Mal senkte, hörte sie auf zu klatschen und drehte sich zu Inigo um, der sie amüsiert beobachtete. Sie hätte sich eigentlich schämen müssen, doch irgendwie war sie so fröhlich, daß es ihr völlig gleichgültig war.

Er hielt die letzte Flasche Champagner hoch, doch sie war leer. Er signalisierte daher dem Kellner, eine neue zu bringen. Inigo hatte sie gerade erst geöffnet, als Charlotte sah, wie Ada Church persönlich auf sie zukam, sie winkte den Gästen zu, wich jedoch geschickt den Händen aus, die sich nach ihr ausstreckten. Sie blieb an ihrem Tisch stehen, und Inigo stand sofort auf und bot ihr seinen Stuhl an.

Sie küßte ihn auf die Wange, und er legte seinen Arm um sie.

»Hallo, mein Lieber«, begrüßte sie ihn lässig und warf Charlotte ein strahlendes Lächeln zu.

Inigo verbeugte sich leicht. »Mrs. Pitt, darf ich Ihnen meine Schwester Ottilie vorstellen? Tillie, darf ich dich mit Charlotte Pitt bekannt machen? Sie ist die Tochter einer Nachbarin, die ihre

Familie ziemlich enttäuscht hat, indem sie einen Polizisten geheiratet hat! Sie hat sich in den Kopf gesetzt, wir hätten dich ermordet, also habe ich sie mitgebracht, damit sie sich überzeugen kann, daß du gesund und munter bist.«

Ausnahmsweise war Charlotte so verblüfft, daß sie sprachlos war.

»Mich ermordet?« sagte Ottilie ungläubig. »Was für eine köstliche Idee! Weißt du, ich glaube, Papa hat tatsächlich mit dem Gedanken gespielt, aber er hatte nicht die Nerven dazu!« Sie begann zu lachen, zuerst leise und kehlig, dann kräftig und glockenhell. »Einfach herrlich!« Sie klammerte sich an Inigos Arm. »Willst du damit etwa sagen, daß die Polizei Papa tatsächlich gefragt hat, was er mit mir gemacht hat, weil sie ihn für einen Mörder hält? Jammerschade, daß ich sein Gesicht nicht sehen kann, wenn er versucht, sich herauszureden! Er würde wahrscheinlich eher sterben, als jemandem zu verraten, was ich wirklich tue!«

Inigo hielt sie weiterhin im Arm, doch plötzlich war ihm nicht mehr nach Scherzen zumute.

»Es ist sehr viel schlimmer, als du denkst, Tillie. Es hat tatsächlich einen Mord gegeben, einen richtigen Mord. Mina Spencer-Brown ist vergiftet worden. Sie hat anderen nachspioniert, und es sieht ganz so aus, als ob sie etwas herausgefunden hat, das so wichtig war, daß man sie getötet hat, damit die Wahrheit nicht ans Licht kommt. Da war es nur natürlich, daß die Polizei auf den Gedanken kam, daß es etwas mit deinem Verschwinden zu tun hatte.«

Ottilies Lachen erstarb auf der Stelle, und ihre Hände umklammerten Inigos Arm, lange, schlanke Hände, an denen die Knöchel weiß hervortraten, so fest hielt sie den Stoff seines Ärmels.

»Oh Gott! Du glaubst doch nicht etwa –«

»Nein«, sagte er schnell. »Das ist es nicht. Papa hat keine Ahnung davon – und ich glaube nicht einmal, daß es ihr etwas ausmachen würde. Ich hatte sogar den Eindruck, als ich sie beim Essen beobachtet habe, daß Mama im Grunde möchte, daß es alle wissen, besonders Papa.«

»Aber du hast doch alles wieder zurückgelegt?« fragte sie aufgeregt. »Du hast es doch versprochen –«

»Natürlich habe ich das. Ich mußte nur zuerst herausfinden, wem was gehörte. Aber sonst weiß keiner davon.« Er wandte sich an Charlotte. »Leider hat unsere Mutter die bedauerliche Angewohnheit, kleine Gegenstände, die ihr nicht gehören, mitzunehmen. Ich tue mein Bestes, sie immer so schnell wie möglich wieder zurückzubringen. Leider hat es länger als gewöhnlich gedauert, das Medaillon Ihrer Mutter zurückzulegen, weil sie den Verlust nicht erwähnt hat und ich daher nicht wußte, wem es gehörte. Ich brauche die Gründe dafür sicher nicht zu erklären?«

»Nein«, sagte Charlotte leise. »Nein, besser nicht.« Sie war verwirrt. Sie hatte Ambrosine Charrington wirklich gern. »Warum um alles in der Welt sollte sie denn die ganzen Kleinigkeiten gestohlen haben?«

Inigo zog einen weiteren Stuhl an den Tisch, und er und Ottilie setzten sich. Als Charlotte die beiden so nah nebeneinander sah, fiel ihr auf, wie ähnlich sie einander doch waren. Es konnte keinen Zweifel mehr über die Identität von »Ada Church« geben.

»Eine Art Flucht«, sagte Ottilie einfach. »Das können Sie sich wahrscheinlich nicht vorstellen. Aber wenn Sie 30 Jahre mit Papa gelebt hätten, könnten Sie es vielleicht. Manchmal wird man durch die Vorstellungen, Gewohnheiten und Erwartungen eines anderen Menschen derart eingeengt, daß ein Teil von einem beginnt, sie zu hassen, und man das Bedürfnis hat, diese Ideale zu zerstören, sie in Stücke zu schlagen, die Menschen zu schockieren, damit sie einen endlich wirklich ansehen, die Glaswand durchbrechen und einen wirklich berühren.«

»Das kann ich verstehen.« Charlotte nickte. »Sie brauchen es mir nicht weiter zu erklären. Ich habe auch schon ein oder zweimal das Bedürfnis gehabt, auf einen Stuhl zu steigen und laut zu schreien, allen mitzuteilen, was ich wirklich dachte. Vielleicht hätte ich es nach 30 Jahren wirklich getan. Gefällt es Ihnen hier?« Sie schaute sich um, sah die Tische, das Meer von Körpern und Gesichtern.

Ottilie lächelte sie offen an. »Ja. Ich liebe das alles. Ein paarmal habe ich mich in den Schlaf geweint, und es gab auch lange, einsame Tage – und Nächte. Aber wenn die Musik ertönt und ich höre, wie die Leute mitsingen, wie sie applaudieren – ja, dann liebe ich es. Vielleicht werde ich in zehn oder fünfzehn Jahren nichts als Erinnerungen besitzen und mir wünschen, ich wäre zu Hause geblieben und hätte mich standesgemäß verheiratet – aber irgendwie kann ich es mir auch wieder nicht vorstellen.«

Charlotte ertappte sich dabei, daß sie ebenfalls lächelte. Sie spürte noch die Wärme des Champagners in ihrem Inneren.

»Vielleicht machen Sie ja auch eine gute Partie«, sagte sie, doch dann merkte sie, wie ihre Zunge sich merkwürdig schwer anfühlte, und der nächste Satz klang nicht ganz so, wie sie beabsichtigt hatte. »Leute aus dem Varieté tun das doch manchmal, habe ich mal gehört – oder nicht?«

Ottilie sah ihren Bruder an. »Du hast sie mit Champagner vollgeschüttet«, sagte sie vorwurfsvoll.

»Natürlich. So hat sie morgen früh wenigstens eine Entschuldigung. Und auf diese Weise vergißt sie vielleicht auch, wie sehr sie es genossen hat, hier zu versumpfen!« Er stand auf. »Trink doch auch was, Tillie. Ich muß Charlotte jetzt nach Hause bringen, bevor ihr Ehemann die halbe Polizei von London mobilisiert, um nach ihr zu suchen!«

Charlotte hörte nicht mehr, was er sagte. In ihrem Kopf hatte die Musik wieder eingesetzt, und sie war glücklich, als Inigo sie zur Tür führte, ihren Umhang holte und die Kutsche vorfahren ließ. Die Luft draußen war schneidend und machte sie ein wenig schwindelig.

Er half ihr in die Kutsche und schloß die Tür, und die Pferde klapperten gemächlich durch die stillen Straßen.

Charlotte begann, leise vor sich hin zu singen, und wiederholte den Refrain zum siebten Mal, als Inigo ihr wieder aus der Kutsche half. Sie befand sich bereits vor ihrer eigenen Haustür.

»Champagner-Charlie heiße ich!« sang sie ausgelassen und recht laut. »Champagner, oh, wie lieb' ich dich! Wie es prickelt, fizz, fizz, fizz! Wie es prickelt, fizz, fizz, fizz! Ich bin der Liebling aller –« sie zögerte, doch dann fiel es ihr wieder ein – »Frauen! Bis zum frühen Morgengrauen! Ja, Champagner-Charlie heiße ich!«

Die Tür wurde aufgerissen, und als sie aufschaute, sah sie, wie Pitt sie entgeistert anstarrte, mit bleichem, wütenden Gesicht. Die Gaslampe hinter ihm in der Diele zauberte einen Heiligenschein um seinen Kopf.

»Es ist ihr nicht das geringste passiert«, sagte Inigo beschwichtigend. »Ich habe sie bloß mitgenommen, damit sie meine Schwester treffen konnte – für deren Verbleib auch Sie sich, soweit ich weiß, interessiert haben?«

»Ich –« Charlotte mußte aufstoßen und glitt zu Boden.

»Tut mir wirklich leid«, sagte Inigo mit dem Anflug eines Lächelns. »Gute Nacht.«

Charlotte merkte nicht einmal mehr, wie Pitt sich zu ihr herabbeugte, um sie hochzuheben und ins Haus zu tragen, mit einem Kommentar, der ihr ganz und gar nicht gefallen hätte, wenn sie ihn gehört hätte.

# Kapitel 9

Charlotte wachte mit den schlimmsten Kopfschmerzen ihres Lebens auf. Pitt stand auf der anderen Seite des Schlafzimmers und öffnete die Vorhänge, und sie konnte nicht einmal die roten Blumen darauf erkennen. Das Licht tat ihren Augen weh, also schloß sie sie wieder und drehte sich zur Seite, um ihren Kopf im Kissen zu vergraben. Die Bewegung war ein Fehler. Das Hämmern in ihrem Kopf wurde unerträglich und schoß ihr durch die Schläfen, tief hinein bis in die Knochen.

Als sie mit Jemima schwanger gewesen war, hatte sie sich nie so schlecht gefühlt! Ein wenig übel war ihr am Morgen natürlich gewesen, doch hatte sie nie einen Kopf wie diesen gehabt, der schier zu platzen drohte!

»Guten Morgen.« Pitts Stimme schnitt durch das bleierne Schweigen, kalt und alles andere als besorgt.

»Ich fühle mich schrecklich«, jammerte sie.

»Das kann ich mir vorstellen«, sagte er.

Sie setzte sich sehr langsam auf, den Kopf mit beiden Händen umklammernd.

»Ich glaube, ich muß mich übergeben.«

»Würde mich kein bißchen wundern.« Er schien völlig ungerührt.

»Thomas!« Sie hievte sich aus dem Bett, den Tränen nahe, völlig niedergeschmettert, daß er sich derart ablehnend verhielt. Dann fiel ihr plötzlich der gestrige Abend wieder ein – das Varietétheater, Ottilie, Inigo Charrington, der Champagner und das alberne Lied.

»Oh Gott!« Ihre Beine gaben nach, und sie landete unsanft auf der Bettkante. Sie trug immer noch ihre Unterwäsche, und in ihrem Haar steckten unbequeme Nadeln, die sich ihr in die Kopfhaut bohrten. »Oh Thomas! Es tut mir so leid!«

»Mußt du dich wirklich übergeben?« fragte er, wobei seine Stimme nur ein ganz klein wenig besorgter klang.

»Ja, ich glaube schon.«

Er kam zu ihr herüber und zog den Nachttopf unter dem Bett hervor. Er stellte ihn ihr auf den Schoß und strich ihr das Haar aus der Stirn.

»Ich hoffe, dir ist klar, was dir alles hätte passieren können?« fragte er; nun klang seine Stimme nicht länger eisig, sondern wütend. »Wenn Inigo Charrington oder sein Vater Ottilie wirklich umgebracht hatten, wäre es für sie ein Kinderspiel gewesen, dich ebenfalls zu ermorden!«

Es dauerte eine ganze Weile, bevor sich Charlotte wieder kräftig genug fühlte, daß sie sich verteidigen und ihre diversen Vorsichtsmaßnahmen erläutern konnte.

»Ich habe doch Emilys Kutsche und ihren Diener mitgenommen!« sagte sie endlich, nach Luft schnappend. »Ich bin schließlich nicht von allen guten Geistern verlassen!«

Er nahm ihr den Nachttopf wieder ab, bot ihr ein Glas Wasser an und reichte ihr ein Handtuch.

»Über dieses Thema würde ich an deiner Stelle jetzt nicht diskutieren«, meinte er. »Fühlst du dich wieder etwas besser?«

»Ja, vielen Dank.« Sie hätte lieber würdevoller, ja überlegen gewirkt, doch daran war natürlich in ihrer Situation nicht zu denken. »Aber es war doch allen bekannt, daß ich mit ihm zusammen war! Er hätte mir gar nichts tun können, ohne daß es jemand gemerkt hätte, und ich habe dafür gesorgt, daß er das genausogut wußte wie ich.«

»Alle?« Er hob die Augenbrauen, und seine Stimme klang gefährlich unbeteiligt.

Glücklicherweise bemerkte sie ihren Fehler selbst, bevor er sie darüber aufklären mußte.

»Ich meine natürlich, Mama und Emily«, korrigierte sie sich. Sie überlegte noch, ob sie sagen sollte, sie hätte den Diener mit einer Nachricht für ihn losgeschickt, doch da sie ihn nur schlecht anlügen konnte und ihr der Kopf viel zu sehr brummte, als daß sie sich nicht in Widersprüche verwickelt hätte, unterließ sie es. Eine gute Lüge durfte keine Unstimmigkeiten aufweisen. »Ich habe dir nichts davon gesagt, weil ich dachte, ich würde noch vor dir zu Hause sein.« Sie begann, ungehalten zu klingen. »Ich konnte doch nicht ahnen, daß er mit mir in ein Varietétheater gehen würde! Er sagte lediglich, er würde mir zeigen, was mit Ottilie geschehen wäre, und beweisen, daß sie ihr nichts angetan hätten.«

»Ein Varietétheater?« Einen Moment lang vergaß er seinen Zorn.

Sie saß jetzt aufrecht auf der Bettkante. Wenigstens war die Übelkeit inzwischen vorbei, und es fiel ihr etwas leichter, zumindest ein bißchen würdevoller auszusehen.

»Was hast du denn gedacht, wo ich gewesen bin? In einem Bordell war ich jedenfalls nicht, falls du das angenommen hast.«

»Und warum war es notwendig, in einem Varietétheater nach Ottilie Charrington Ausschau zu halten?« fragte er mißtrauisch.

»Weil sie ganz genau dort war«, antwortete sie mit Genugtuung. »Sie ist von zu Hause weggelaufen, um in einem Varietétheater zu arbeiten! Sie ist Ada Church.« Plötzlich fiel ihr noch etwas ein. »Du weißt schon, die mit den hübschen Beinen!« fügte sie boshaft hinzu.

Pitt hatte den Anstand zu erröten. »Ich hatte schließlich beruflich mit ihr zu tun«, sagte er spitz.

»War es dein Beruf oder ihrer?« erkundigte sich Charlotte.

»Wenigstens bin ich nüchtern nach Hause gekommen!« Seine Stimme wurde lauter, er fühlte sich berechtigterweise gekränkt.

Ihr Kopf war nahe daran zu platzen, wie ein gekochtes Ei, das oben aufgeschlagen wird, und sie verspürte nicht die geringste Lust, sich weiter mit ihm zu streiten.

»Thomas, es tut mir leid. Ganz ehrlich. Ich habe nicht geahnt, daß der Champagner solche Folgen haben würde. Er war prikkelnd und angenehm. Und ich bin nur mitgegangen, weil ich Ottilie Charrington sehen wollte.« Sie strich sich das Haar aus dem Gesicht und begann, die schmerzhaften Nadeln herauszuziehen. »Schließlich ist Mina umgebracht worden! Wenn es die Charringtons nicht waren, dann ist es vielleicht Theodora von Schenck gewesen.«

Er setzte sich auf das Fußende des Bettes, das Hemd hing ihm aus der Hose, seine Krawatte war noch nicht geknotet.

»Ist Ada Church wirklich Ottilie Charrington?« fragte er ernst. »Charlotte, bist du dir auch absolut sicher? Das ist nicht etwa irgendein merkwürdiger Scherz?«

»Nein, ich bin mir absolut sicher. Sie sieht Inigo sehr ähnlich. Man kann sehen, daß sie miteinander verwandt sind. Und da ist noch etwas, das ich beinah vergessen hätte! Ambrosine hat die Sachen gestohlen! Offenbar hat sie schon eine ganze Weile kleinere Diebstähle begangen. Inigo legt alles immer so schnell wie möglich wieder zurück, sobald er weiß, wem die Sachen gehören. Ich nehme an, niemand hat diesmal zugeben wollen, daß die gestohlenen Gegenstände wieder aufgetaucht sind, weil alle Angst hatten, du könntest denken, sie hätten Mina wegen der Sachen umgebracht.«

»Ambrosine Charrington?« Er starrte sie an, verwirrt und ungläubig. »Aber warum denn bloß? Warum um alles in der Welt sollte ausgerechnet sie Diebstähle begehen?«

Charlotte holte tief Luft. »Hast du etwas dagegen, wenn ich mich wieder hinlege? Gracie kümmert sich schon um Jemima. Ich glaube nicht, daß ich dazu imstande bin. Wenn ich aufstehe, fällt mir bestimmt der Kopf ab.«

»Warum sollte Ambrosine Charrington Diebstähle begehen?« wiederholte er.

Sie versuchte sich zu erinnern, was Ottilie gesagt hatte. Soweit sie sich erinnern konnte, hatte sie es gut nachvollziehen können, als sie es gehört hatte.

»Wegen Lovell.« Sie suchte nach Worten, um es besser zu erklären. »Er ist ossifiziert!« Sie legte sich vorsichtig wieder ins Bett, und der Schmerz ließ ein wenig nach.

»Er ist was?«

»Ossifiziert«, wiederholte sie, das Wort gefiel ihr. »Verknöchert. Er hört und sieht nichts. Ich glaube, ein Teil von ihr haßt ihn. Schließlich ist ihre Tochter von zu Hause weggegangen, und sie müssen so tun, als sei sie tot –«

»Meine Güte, Charlotte, Leute aus diesen Kreisen können es sich nicht erlauben, Töchter zu haben, die im Varieté auftreten. Für Lovell wäre das völlig undenkbar!«

»Das weiß ich auch!« Sie zog die Bettdecke bis ans Kinn. Ihr war mit einem Mal kalt geworden. »Aber das kann Ambrosine schließlich nicht davon abhalten, Ottilie zu lieben. Ich habe sie getroffen. Sie ist wirklich nett – am liebsten würde man sie sofort anlächeln. Man hat das Gefühl, daß durch sie alles ein wenig schöner wird. Wenn Lovell nicht so ein Spießer wäre, wäre sie vielleicht gar nicht zum Varieté gegangen. Vielleicht hätte es ihr genügt, hin und wieder zu Hause über die Stränge zu schlagen.«

Pitt blieb eine Weile ganz ruhig sitzen. »Die arme Ambrosine«, sagte er schließlich.

Ein schrecklicher Gedanke kam ihr in den Sinn. Sie setzte sich kerzengerade auf und riß das gesamte Bettzeug mit hoch.

»Du wirst sie doch nicht etwa verhaften?« wollte sie wissen.

Er sah sie entgeistert an. »Nein, selbstverständlich nicht! Das könnte ich gar nicht, selbst wenn ich wollte. Es gibt überhaupt keine Beweise. Und Inigo würde bestimmt alles abstreiten. Was nicht heißen soll, daß ich ihn fragen werde.« Er verzog das Gesicht. »Jedenfalls fallen die Diebstähle somit als Motiv für den Mord an Mina weg – obwohl die Charringtons sie theoretisch trotzdem ermordet haben könnten, nehme ich an.«

»Und warum? Ottilie ist doch gar nicht tot!«

Er sah plötzlich verächtlich drein. »Und was meinst du wohl, wie es Lovell gefiele, wenn die Gesellschaft wüßte, daß seine Tochter die berühmte Ada Church ist, der große Varietéstar? Er würde bestimmt lieber als ihr Mörder dastehen! Wenigstens würde er so weniger lächerlich wirken!«

Sie verzog schmerzlich das Gesicht, hin- und hergerissen zwischen Belustigung und Frustration. Sie wollte lachen, aber allein der Gedanke daran tat schon weh.

»Was willst du jetzt tun?« fragte sie.

»Einen Brief an Dr. Mulgrew schreiben.«

Sie verstand überhaupt nichts mehr, die Antwort schien keinen Sinn zu haben.

»Dr. Mulgrew? Warum?«

Endlich lächelte er. »Weil er in Ottilie verliebt ist. Er freut sich bestimmt, wenn er erfährt, daß sie noch am Leben ist. Ich kann mir nicht vorstellen, daß es ihm viel ausmacht, daß sie im Varieté auftritt. Jedenfalls sollte er das Recht haben, es selbst herauszufinden.«

Charlotte ließ sich zurück auf ihr Kopfkissen sinken und stieß einen Seufzer der Erleichterung aus.

»Du mischst dich ein«, sagte sie vergnügt. Die Vorstellung, daß Ottilie jemanden finden würde, der sie liebte, gefiel ihr.

Er knurrte und stopfte sich ziemlich nachlässig das Hemd in die Hose.

»Ich weiß.«

Charlotte schlief noch, als sie kurz vor elf aus weiter Ferne ein Klopfen an der Tür hörte. Einen Moment später stand Emily bereits neben ihrem Bett.

»Was ist los mit dir?« verlangte Emily zu wissen. »Gracie wollte mich gar nicht hereinlassen! Bist du krank?«

Charlotte öffnete die Augen. »Du hast dich offenbar von ihr nicht abhalten lassen!« Sie blinzelte von der Seite zu Emily hoch, ohne sich zu bewegen. »Ich habe wahnsinnige Kopfschmerzen.«

»Ist das alles? Das ist doch nicht weiter schlimm«, meinte Emily wegwerfend und setzte sich auf das Bett. »Was ist passiert? Was ist mit Ottilie Charrington? Wie ist sie gestorben, hat ihre Familie sie wirklich umgebracht? Wenn du es mir nicht sofort erzählst, werde ich dich schütteln, bis du dich wirklich schlecht fühlst!«

»Rühr mich nicht an! Ich fühle mich schon schlecht genug. Sie ist nicht tot. Es geht ihr ausgezeichnet, und sie singt im Varieté.«

»Sei doch nicht albern.« Emily machte ein ungläubiges Gesicht. »Wer hat dir das erzählt?«

»Das hat mir keiner erzählt. Ich war selbst im Varietétheater und habe sie getroffen. Deswegen geht es mir ja so schlecht.«

»Du warst was?« fragte Emily skeptisch. »Du warst in einem Varietétheater? Was um Himmels willen sagt Thomas dazu? Also wirklich!«

»Ja, ich war da. Und Thomas ist nicht gerade erfreut.« Dann kehrten die Erinnerungen zurück, und Charlotte begann zu lächeln. »Ja, es stimmt. Mit Inigo Charrington, und ich habe Champagner getrunken. Eigentlich war es ganz lustig, als ich einmal angefangen hatte.«

Emilys Gesicht spiegelte eine komische Mischung von Gefühlen: Schock, Belustigung, sogar Neid.

»Tut dir gut, daß es dir jetzt schlecht geht«, sagte sie mit einiger Befriedigung. »Ich wollte, ich wäre auch dabeigewesen! Wie war sie denn?«

»Wunderbar. Sie kann wirklich gut singen, und irgendwie möchte man mitsingen. Sie ist – so lebenslustig!«

Emily zog die Beine aufs Bett und machte es sich bequem.

»Dann hat sie ja gar keiner ermordet. Also kann Mina deswegen nicht umgebracht worden sein.«

»Das ist nicht gesagt.« Charlotte wiederholte Pitts Theorie. »Vielleicht sollte es auf keinen Fall bekannt werden. Schließlich ist sie Ada Church!«

»Was bedeutet denn das schon wieder, wer ist Ada Church?« Emily war verwirrt.

»Ottilie natürlich! Stell dich doch nicht so dumm an!«

»Was soll das heißen?« Emily war zu neugierig, um beleidigt zu sein.

»Ada Church gehört zu den berühmtesten Sängerinnen im Varieté.«

»Tatsächlich? Ich kenne mich mit dem Varieté bedauerlicherweise nicht so gut aus wie du!« erwiderte Emily ziemlich bissig. »Aber das wäre natürlich Grund genug, es geheimzuhalten. Und dann sollte ja auch noch Theodoras Geldquelle näher untersucht werden. Ich nehme an, Thomas kümmert sich schon darum. Aber wir müssen immer noch etwas wegen Mama und Monsieur Alaric unternehmen!«

»Ach ja, das Medaillon hatte ich ganz vergessen. Es ist wieder aufgetaucht.«

»Davon hat sie mir keinen Ton gesagt!« Emily war wütend, fühlte sich durch die vermeintliche Zurücksetzung ihrer Mutter verletzt.

Charlotte setzte sich sehr langsam auf und stellte zu ihrem Erstaunen fest, daß sich ihr Kopf bedeutend besser anfühlte.

»Mir hat sie doch auch nichts davon gesagt. Ich weiß es von Inigo Charrington. Seine Mutter hat die Sachen weggenommen, und er hat sie wieder zurückgelegt.«

»Ambrosine Charrington hat es getan? Aber warum denn bloß? Drück dich bitte etwas klarer aus! Charlotte, bist du etwa betrunken gewesen?«

»Ja, ich glaube schon. Ich habe zuviel Champagner getrunken. Aber das hat Inigo selbst gesagt. Und da war ich noch nicht betrunken.« Sie versuchte Emily alles so genau wie möglich zu erklären. »Aber das heißt natürlich nicht, daß Mamas Beziehung mit Monsieur Alaric so weitergehen kann.«

»Nein, natürlich nicht«, sagte Emily. »Am besten unternehmen wir etwas, bevor es noch schlimmer wird. Ich habe mir einige Gedanken gemacht und bin zu einer Entscheidung gekommen. Wir müssen versuchen, Papa dazu zu bringen, sich mehr um sie zu kümmern, ihr Komplimente zu machen, mehr Zeit mit ihr zu verbringen. Dann braucht sie Monsieur Alaric gar nicht.« Sie schaute Charlotte an, um auch ihre Meinung zu dem Thema zu hören. Über Ambrosine Charrington und Charlottes Champagnergeschichte konnten sie ein anderes Mal reden.

Charlotte dachte kurz nach. Es würde nicht leicht sein, Edward zu überzeugen, wie wichtig die Sache war, und ihn zu einer Veränderung seines Verhaltens zu bewegen, ohne ihm den wirklichen Grund für ihr Anliegen zu enthüllen, die Gefahr, daß Caroline eine richtige Affäre mit Paul Alaric beginnen konnte – daß sie ihre Leidenschaft nicht länger unterdrücken, sondern etwas anfachen würde, das möglicherweise im Schlafzimmer endete. Sie runzelte die Stirn und holte tief Luft.

»Oh nein, du ganz bestimmt nicht!« sagte Emily sofort. »Ich möchte dich nur zu meiner Unterstützung dabeihaben, damit du mir den Rücken stärkst. Du sagst am besten keinen Ton, sonst wird es doch nur eine absolute Katastrophe.«

Es war nicht der richtige Zeitpunkt, sich darüber zu streiten, verteidigen konnte sie sich ein andermal.

»Wann gehen wir?« fragte Charlotte.

»Sobald du dich angezogen hast. Du solltest dir das Gesicht mit kaltem Wasser waschen und dich ein paarmal in die Wangen kneifen. Du siehst reichlich käsig aus.«

Charlotte schenkte ihr einen Blick, der alles andere als freundlich war.

»Und am besten trägst du irgend etwas in einem kräftigen Farbton«, fuhr Emily fort. »Hast du kein rotes Kleid?«

»Nein, natürlich nicht.« Charlotte stieg vorsichtig aus dem Bett. »Zu welcher Gelegenheit sollte ich schon ein rotes Kleid anziehen? Aber ich habe einen weinroten Rock und ein dazu passendes Jackett.«

»Dann zieh das an, und trink eine Tasse Tee. Danach gehen wir Papa besuchen. Ich habe schon alles vorbereitet. Er ist heute zu Hause, und Mama ist zum Lunch bei einer meiner Freundinnen.«

»Hast du das auch arrangiert?«

»Selbstverständlich habe ich das!« Emily sprach betont geduldig, wie mit einem schwierigen Kind. »Wir wollen doch nicht, daß sie mitten im Gespräch hereinplatzt! Jetzt beeil dich, und mach, daß du fertig wirst!«

Edward war hocherfreut, seine beiden Töchter gleichzeitig zu Besuch zu haben. Er saß am Kopfende des Eßtisches, ein Lächeln auf dem Gesicht, das vollkommene Zufriedenheit verriet.

»Wie ich mich freue, dich zu sehen, meine Liebe«, sagte er zu Charlotte. »Ich bin so froh, daß Emily dich zu Hause angetroffen hat und du herkommen konntest. Es scheint schon so lange her zu sein, daß ich dich zuletzt gesehen habe.«

»Du warst in der letzten Zeit nie zu Hause, wenn wir zu Besuch gekommen sind«, fing Charlotte an, ohne auf Emily zu warten.

»Das könnte möglich sein«, sagte Edward, ohne sich dabei etwas zu denken.

»Wir sind ziemlich häufig hier gewesen«, warf Emily lässig ein und spießte ein kleines Stückchen gebratenes Hühnchenfleisch auf ihre Gabel. »Und haben mit Mama allerlei Besuche gemacht. Eine sehr angenehme Art, die Zeit zu verbringen, vorausgesetzt, man ist nicht gezwungen, es zu oft zu tun. Dann kann es recht langweilig werden – die Gespräche sind immer dieselben.«

»Ich dachte immer, es sei eine Beschäftigung, die ihr genießt?« Edward sah ein wenig erstaunt aus. Er hatte noch nie ernsthaft darüber nachgedacht, es lediglich für selbstverständlich gehalten.

»Oh, das tun wir auch.« Emily aß ihr Hühnchenfleisch und blickte ihn dann stirnrunzelnd an. »Aber die ständige Gesellschaft anderer Frauen birgt nur höchst begrenzte Freuden. Ich bin sicher, wenn George abends nicht zu Hause wäre und mich nicht gelegentlich zum Essen ausführen würde, würde ich sicher bald anfangen, mich nach der Gesellschaft irgendeines anderen Mannes zu sehnen. Einer Frau geht es erst dann wirklich gut, wenn der Mann, den sie bewundert, sich um sie kümmert, weißt du.«

Edward lächelte nachsichtig. Er hatte Emily immer für die unkomplizierteste seiner Töchter gehalten, ohne zu ahnen, daß sie nur diejenige war, die seine Stimmungen am besten einschätzen konnte, sich darauf einstellte und sich dementsprechend verhielt. Sarah war zu ungeduldig gewesen und, da sie die älteste und hübscheste gewesen war, auch ein klein wenig selbstsüchtig, und Charlotte war viel zu direkt und sprach einfach über völlig unpassende Themen, was ihm peinlich war.

»George ist zu beneiden, meine Liebe«, sagte er und nahm sich noch etwas Gemüse. »Ich hoffe, er weiß es auch zu schätzen.«

»Das hoffe ich auch.« Emilys Gesicht verfinsterte sich ein wenig. »Es gehört zu den traurigsten Dingen, die einer Frau zustoßen können, Papa, wenn ihr Ehemann ihr keine Aufmerksamkeit mehr schenkt, kein Bedürfnis mehr hat, mit ihr zusammen zu sein, sich nicht mehr um ihr Wohlergehen kümmert. Du glaubst nicht, wie viele Frauen ich kenne, die anderswo nach Bewunderung suchen, weil ihr Ehemann sie nicht mehr beachtet.«

»Anderswo suchen?« Er war ein wenig verblüfft. »Wirklich, Emily, ich hoffe, du meinst es nicht so, wie es sich anhört. Ich würde es nicht gern sehen, wenn du dich mit derartigen Frauen treffen würdest. Man könnte dasselbe von dir denken!«

»Das wäre mir höchst unangenehm.« Sie war sehr ernst geworden. »Ich habe George niemals auch nur den geringsten Grund gegeben, mit meinem Verhalten unzufrieden zu sein, besonders nicht in diesem Bereich.« Sie riß ihre blauen Augen weit auf. »Und doch kann ich es andererseits im Grunde keiner Frau verübeln, wenn sie sich in ihrer Einsamkeit, nachdem ihr Mann begonnen hat, sie zu vernachlässigen, von einem anderen Mann mit guten Manieren und einem angenehmen Wesen bewundern läßt und seine Komplimente genießt – und sich in ihrer Einsamkeit ebenso zu ihm hingezogen fühlt –«

»Emily!« Jetzt war er wirklich schockiert. »Soll das etwa eine Entschuldigung für einen Ehebruch sein? Denn danach klingt es leider sehr!«

»Oh, ganz sicher nicht!« sagte sie leidenschaftlich. »So etwas ist immer falsch. Doch es gibt einige Situationen, bei denen kann ich nicht anders als zugeben, daß ich ein solches Verhalten verstehe.« Sie lächelte ihn an. »Nimm beispielsweise Monsieur Alaric, den Franzosen. So ein attraktiver Mann mit so guten Manieren, mit so viel Ausstrahlung. Findest du nicht auch, Charlotte? Ich habe mich gefragt, ob die arme Mina nicht vielleicht in ihn verliebt war und nicht in Tormod Lagarde. Monsieur Alaric ist so viel reifer, meinst du nicht? Sogar irgendwie geheimnisvoll, was äußerst anziehend wirkt. Ich habe schon oft darüber nachgedacht, ob er wirklich Franzose ist. Wir haben es immer nur angenommen. Wenn also Alston Spencer-Brown zu viel Zeit für seine geschäftlichen Unternehmen opferte und anfing, Mina als etwas so Selbstverständliches anzusehen, daß er ihr selten Komplimente machte oder die Mühe auf sich nahm, ihr kleine romantische Gefälligkeiten zu erweisen, beispielsweise Blumen zu schenken oder sie ins Theater auszuführen« – sie holte Atem –, »hätte Monsieur Alaric ihr nur ein wenig zu schmeicheln und ihr nur das kleinste Kompliment auszusprechen brauchen, und schon hätte er sie verzaubern können. Er hätte sie aus ihrer Langeweile erlöst, ihr das Gefühl gegeben, wieder glücklich sein zu können und geschätzt zu werden.«

»Das ist keine Entschuldigung –« begann Edward, doch sein Gesicht war merklich blasser geworden, und er hatte sein Hühnchen völlig vergessen. »Und du solltest nicht derart respektlos über andere Menschen reden, Emily! Die arme Frau ist tot und nicht mehr in der Lage, sich zu verteidigen.«

Emily war ungerührt. »Ich sehe dies nicht als Entschuldigung an, Papa. Es geht nicht um Entschuldigungen – nur um Gründe.« Sie aß den letzten Happen von ihrem Teller und legte Messer und Gabel hin. »Jetzt, wo die arme Mina tot ist, habe ich beobachtet, daß Monsieur Alaric Mamas Gesellschaft als sehr angenehm empfindet und sie aufsucht, um sich mit ihr zu unterhalten und Spaziergänge mit ihr zu machen.« Sie lächelte herzlich. »Was darauf schließen läßt, daß sich sein Geschmack sehr verbessert hat! Charlotte hat auch schon bemerkt, daß er ihr sehr sympathisch ist. Ich glaube sogar, daß Charlotte sich ebenfalls sehr zu ihm hingezogen fühlt.«

Charlotte blickte Emily über den Tisch hinweg nicht gerade freundlich an. Sie glaubte, einen Hauch bösartigen Vergnügens in Emilys Stimme hören zu können.

»Er ist charmant«, stimmte sie ihrer Schwester zu, vermied aber dabei, ihren Vater anzusehen. »Doch ich vermute, daß Mama nicht in derselben unglücklichen Situation ist wie Mrs. Spencer-Brown?«

Edward starrte sie beide nacheinander an. Zweimal öffnete er den Mund, um sie zu bitten, sich etwas klarer auszudrücken. Doch beide Male kam er zu dem Schluß, daß er lieber doch keine Erklärung hören wollte.

Das Mädchen erschien, räumte die Teller ab und servierte den Nachtisch.

»Es ist schon einige Zeit her, seit wir gemeinsam im Theater waren«, bemerkte Edward schließlich sehr beiläufig, als sei dies ein völlig neuer Gedanke. »Ich glaube, es gibt etwas Neues von Gilbert und Sullivan. Vielleicht sollten wir hingehen und es uns ansehen.«

»Eine hervorragende Idee«, antwortete Emily ebenso leichthin. »Ich kann dir auch einen guten Juwelier empfehlen, wenn du Mama vielleicht ein kleines Geschenk machen möchtest? Er hat die phantastischsten Schmuckstücke, die trotzdem recht erschwinglich sind. Ich weiß, daß er wunderschöne Kameen hat, weil ich mir von George eine gewünscht habe. Ich finde immer, daß sie ein so persönliches Geschenk sind.«

»Ich brauche deinen Rat nicht, Emily!«

»Es tut mir leid, Papa.« Sie lächelte ihn charmant an. »Es war nur ein Vorschlag. Ich bin sicher, du kennst dich selbst sehr viel besser in solchen Sachen aus.«

»Vielen Dank.« In seinem Blick lag trockener Humor, doch seine Hände hielten immer noch die Serviette fest, und er saß sehr aufrecht auf seinem Stuhl.

Emily nahm sich noch etwas Nachtisch.

»Das schmeckt einfach köstlich, Papa«, säuselte sie. »Es war wirklich sehr nett von dir, uns einzuladen.«

Edward unterließ es, sie darauf hinzuweisen, daß sie sich in Wirklichkeit selbst eingeladen hatte.

Um halb drei Uhr fuhr Edward zurück in die Stadt.

»Was unternimmst du jetzt in bezug auf Mina?« fragte Emily, sobald sie wieder mit Charlotte allein war. »Wir wissen immer noch nicht, wer sie umgebracht hat, und auch nicht, warum.«

»Nun, wahrscheinlich war der Grund, daß sie zuviel herumgeschnüffelt hat«, antwortete Charlotte.

»Stell dir vor, daran hatte ich selbst auch schon gedacht!« Emily war ein wenig gereizt, jetzt, wo das Gespräch mit Edward vorüber war und die Spannung allmählich etwas nachließ. »Aber über wen hat sie etwas herausgefunden?«

»Vielleicht waren es doch die Charringtons – wenn es nicht die Sache mit Ottilie war, dann vielleicht die Tatsache, daß Ambrosine die Diebstähle begangen hat.« Charlotte dachte laut. »Ich persönlich glaube allerdings eher, daß es sich um Theodora von Schenck handelt. Ich kann mich erinnern, daß Mina Bemerkungen über ihre ominöse Geldquelle gemacht hat. Vielleicht hat sie da bereits irgend etwas gewußt und sich einen Spaß daraus gemacht, unsere Neugier zu wecken. Vielleicht hätte sie es uns irgendwann sogar selbst gesagt.« Ihr Gesicht verdüsterte sich, als sie die ganze Häßlichkeit erkannte, die dieser Gedanke beinhaltete. »Einfach erbärmlich, nicht? Zu versuchen, andere zu beeindrucken und sich interessant zu machen, indem man vielsagende Bemerkungen über andere fallenläßt, die auf irgendwelche schrecklichen Geheimnisse schließen lassen.«

»Und außerdem auch noch schrecklich gefährlich!« Emily preßte die Lippen zu einem harten, unversöhnlichen Strich zusammen. »Denk doch bloß daran, welchen Schaden sie anderen Leuten damit zufügen konnte, ganz zu schweigen von dem, was ihr schließlich selbst zugestoßen ist! Ich glaube zwar nicht, daß sie es verdient hat, dafür umgebracht zu werden, aber was sie getan hat, war sehr wohl gemein und niederträchtig!«

»Und erbärmlich«, wiederholte Charlotte. »Sie hatte offenbar überhaupt nichts Eigenes, sonst hätte sie nicht immer nur andere beobachtet und versucht, alles über deren Leben zu erfahren.«

»Das ist wohl kaum eine Entschuldigung für das, was sie getan hat!« Emily war wütend. »Jeder ist irgendwann einmal unglücklich – aber wir gehen schließlich auch nicht hin und schnüffeln herum und erzählen es überall weiter!«

Charlotte hatte keine Lust, sich mit Emily zu streiten. »Sie war noch viel schlimmer«, sagte sie. »Sie hat dazuerfunden, hat alle möglichen üblen Gerüchte ausgestreut. Ich vermute, daß es in fast allen Menschen irgendeine Seite gibt, die für derartige häßliche Gedanken empfänglich ist, wenn man nur versucht, sie zu aktivieren.« Ihr Gesichtsausdruck veränderte sich völlig. »Das mit Papa hast du eben großartig gemacht, aber wir müssen trotzdem Monsieur Alaric noch ein wenig entmutigen. Ich habe übrigens gehört, daß er Theodora recht gut kennt. Ich werde ihn heute nachmittag aufsuchen und herauszufinden versuchen, ob er eine Ahnung hat, woher sie ihr Geld bekommt.«

Emilys Augenbrauen fuhren in die Höhe. »Was du nicht sagst! Und wie willst du einen derartigen Besuch rechtfertigen, ganz zu schweigen davon, wie du ihm diese Information zu entlocken gedenkst?«

»Ich werde mich ihm auf Gedeih und Verderb ausliefern.« Charlotte kam zu einer schnellen und recht radikalen Entscheidung.

»Du wirst was?« Emily war schockiert.

»In bezug auf Mama natürlich – du Dummkopf!« fuhr Charlotte sie an; ihr Gesicht war plötzlich wieder ganz heiß. »Ich werde mir etwas ausdenken, womit ich ihm klarmache, daß Papa über diese – Freundschaft – im Bilde ist und sie nicht billigt.«

»Du hast dir in deinem Leben noch nie etwas ›ausgedacht‹!«

»Ich habe ja auch nicht gesagt, daß ich subtil vorgehen werde! Und wenn ich das hinter mich gebracht habe, werde ich das Gespräch auf Mina bringen und darauf, wie betroffen wir alle sind. Warum? Was hast du denn vor?«

»Wenn du das wirklich tun willst, werde ich zur gleichen Zeit Theodora von Schenck besuchen, so daß Monsieur Alaric keine Chance hat, sie zu warnen, falls sie zufällig gemeinsame Sache machen sollten. Falls tatsächlich etwas dahinterstecken sollte. Es wird ein wenig schwierig werden, irgend etwas herauszufinden, weil ich sie überhaupt nicht kenne, aber wenn du mit Inigo Charrington ins Varieté gehen kannst, dann werde ich wohl auch in der Lage sein, Madame von Schenck unangemeldet einen Besuch abzustatten!«

»Daß du schon wieder das Varieté mit ins Spiel bringen mußt!« sagte Charlotte verärgert. »Das war wirklich nicht nötig.«

»Nun, keine Sorge, ich werde Thomas nicht verraten, daß du ganz allein zu Monsieur Alaric gegangen bist«, erwiderte Emily. »Ich würde sogar sagen, daß es klug von dir wäre, wenn du ihn überhaupt nicht wissen läßt, daß du die Angelegenheit immer noch weiterverfolgst.«

»Falls du dir einbildest, daß er denkt, ich hätte die Sache vergessen, kennst du Thomas schlecht.« Charlotte machte ein klägliches Gesicht. »Er würde es keinen Moment lang glauben!«

»Dann sei aber vernünftig – und sorg dafür, daß du nüchtern bleibst!« erwiderte Emily. »Du kannst meine Kutsche nehmen, wenn du zu Monsieur Alarics Haus fährst, und ich werde zu Fuß gehen. Dann machst du wenigstens einen etwas besseren Eindruck.«

»Vielen Dank!«

Charlotte zweifelte bereits an der Richtigkeit ihres Unternehmens, als die Kutsche den Rutland Place verließ, und wenn sie dadurch nicht in Gefahr gelaufen wäre, sich vollkommen lächerlich zu machen, hätte sie am liebsten dem Kutscher gesagt, er solle wenden und sie nach Hause zurückfahren.

Doch sie hatte nun einmal diese Entscheidung getroffen. Es war ein sehr gewagtes Unternehmen, und Alaric würde sicher ihre Motive völlig falsch verstehen. Beim bloßen Gedanken daran wurde ihr Gesicht heiß. Caroline war sicherlich nicht die einzige Frau, die von ihm derart geblendet war, daß sie völlig den Sinn für Schicklichkeit verlor!

Als die Kutsche schließlich am Paragon Walk hielt und der Diener ihr herausgeholfen hatte, hoffte sie inständig, daß Paul Alaric nicht zu Hause war, damit sie ihren Plan nicht durchzuführen brauchte, sondern sich würdevoll zurückziehen konnte. Doch das Schicksal wollte es anders – er war nicht nur zu Hause, sondern zudem auch noch hocherfreut, sie begrüßen zu können.

»Wie reizend, Sie zu sehen, Charlotte.« Er stand ganz nah vor ihr und lächelte sie an. Falls er wirklich überrascht war, zeigte er es jedenfalls nicht. Doch das gehörte sich schließlich so, alles andere wäre unhöflich gewesen.

»Sehr freundlich von Ihnen, Monsieur Alaric«, erwiderte sie und fühlte sich sofort befangen. Sie war kaum durch die Tür, und schon verlief das Gespräch völlig anders, als sie geplant hatte. Vielleicht war es in Frankreich oder wo auch immer er herkam – sie waren einfach immer davon ausgegangen, daß er Franzose war, obwohl er es selbst nie gesagt hatte –, weniger vertraulich, jemanden mit dem Vornamen anzusprechen.

Er lächelte weiterhin, und sie versuchte krampfhaft, ihre Fassung wiederzugewinnen.

»Bitte verzeihen Sie, daß ich Sie so einfach uneingeladen oder unangemeldet aufsuche.« Das war eine lächerliche Entschuldigung, das wußte sie ebenso gut wie er, doch so konnte sie wenigstens auf ihr Thema zu sprechen kommen.

»Ich bin sicher, die Umstände, die zu Ihrem Besuch geführt haben, sind äußerst ungewöhnlich«, sagte er sanft. »Darf ich Ihnen eine Erfrischung anbieten – vielleicht eine Tasse Tee?«

Das würde ihr die Möglichkeit geben, ihre Hände auf anmutige Art zu beschäftigen, und es würde zudem bedeuten, daß ihr Besuch wenigstens eine halbe Stunde dauerte.

»Vielen Dank«, sagte sie. »Das wäre wirklich sehr liebenswürdig.« Sie nahm auf einem äußerst bequem aussehenden Sessel Platz, und er läutete nach dem Mädchen, gab ihr seine Anweisungen und setzte sich ihr gegenüber auf ein einfaches Sofa mit dunklem Samtbezug.

Der Raum war ungewöhnlich sparsam eingerichtet. In einem Mahagonischrank standen zahlreiche in Leder gebundene Bücher mit Goldprägung, ein dezentes graues Seestück hing über dem Kamin, und ein türkischer Gebetsteppich, der wie ein Kirchenfenster leuchtete, bedeckte den Boden. Alles war fremd – und doch wunderschön.

Er saß entspannt, immer noch lächelnd, ein Bein über das andere gekreuzt, doch seine Augen sahen ernst aus. Er wußte, daß sie nicht aus irgendeinem trivialen oder gesellschaftlichen Anlaß hergekommen war, und er wartete darauf, daß sie sich erklärte.

Ihr Mund war trocken, ihr wollte nichts Unverbindliches einfallen, das sie sagen konnte.

»Emily und ich haben mit Papa diniert«, begann sie ziemlich abrupt.

Er unterbrach sie nicht, sondern beobachtete sie weiter mit festem, offenen Blick.

Sie atmete tief ein und fuhr fort. »Wir waren gezwungen, ein recht schmerzliches Thema zu bereden – das allerdings nichts mit Minas Tod oder den Verletzungen des armen Tormod zu tun hatte.«

Ein Anflug von Besorgnis zeigte sich auf seinem Gesicht. »Das tut mir leid.«

Sie hatte keine Ahnung, inwieweit Carolines Gefühle von ihm erwidert wurden. Sie mußte sehr vorsichtig vorgehen, denn er hatte bisher nichts weiter an den Tag gelegt als äußerste Höflichkeit. Entweder er war sehr viel diskreter als Caroline, oder – was wahrscheinlicher war – er wußte nicht, wie tief ihre Gefühle für ihn waren. Schließlich kannte er Caroline nicht so gut wie Charlotte.

Sie räusperte sich. Sie konnte das Thema jetzt entweder direkt angehen oder ganz fallenlassen und das Gespräch auf etwas vollkommen anderes bringen. Die Entscheidung fiel ihr wider Erwarten schwer. Die Tatsache, daß er nur ein wenig von ihr entfernt saß, machte sie befangen.

Einmal hatte sie ihn sogar verdächtigt, der Anführer einer Gruppe zu sein, die der Schwarzen Magie anhing – heute erschien ihr diese Vorstellung geradezu grotesk. Doch vielleicht war er selbstgefälliger und weniger gefühlvoll, als sie glaubte? Vielleicht genoß er einfach die Faszination, die er scheinbar ohne sein eigenes Zutun auf Frauen ausübte?

Sie schluckte und versuchte es erneut, klang jedoch viel schwülstiger, als sie beabsichtigt hatte. »Es scheint, daß Papa in der letzten Zeit sehr viel Zeit mit seinen Geschäften verbracht hat und daher seinem Privatleben nicht so viel Aufmerksamkeit geschenkt hat wie sonst. Die arme Mama hat sich ein wenig vernachlässigt gefühlt, glaube ich. Selbstverständlich hat sie sich nie beklagt. Man kann seinen Gatten schließlich nicht um kleine Aufmerksamkeiten bitten, weil sie, selbst wenn er sie einem daraufhin erweist, völlig wertlos wären – da man genau weiß, daß man selbst darum gebeten hat und sie nicht von Herzen kommen.«

»Also haben Sie und Ihre Schwester ihn dazu veranlaßt?« vermutete er, und allmählich schien er zu verstehen, was sie meinte.

»Sehr richtig«, gab sie zu. »Wir wären zutiefst bekümmert, wenn unsere Familie durch ein bloßes Mißverständnis Schaden nehmen würde. Wir sind auch keineswegs willens, es soweit kommen zu lassen. Derartige Dinge können sehr leicht außer Kontrolle geraten – neue Gefühle können entstehen, man kann sich zu anderen hingezogen fühlen, und bevor man es verhindern kann, ist es bereits –«

Er sah sie direkt an, und sie war nicht in der Lage, weiterzusprechen. Es war offensichtlich, daß er sie verstanden hatte.

»Zu einer häuslichen Tragödie gekommen«, beendete er ihren Satz. Sie bemerkte überrascht, daß er leicht errötet war, daß er sich seiner selbst bewußt geworden war, sich in einem völlig anderen, nicht sehr schmeichelhaften Licht sah.

Plötzlich wallte ein Gefühl der Wärme für ihn in ihr auf, und sie erkannte, daß er von seiner Macht über andere nichts geahnt hatte, die Emotionen, die er geweckt hatte, völlig unterschätzt hatte. Entweder er hatte in der Vergangenheit andere Frauen nicht verstanden, oder er hatte ihr Verhalten auf ihre Persönlichkeit zurückgeführt und sich selbst lediglich als den unglücklichen Katalysator ihrer Gefühle gesehen.

»Ich glaube, Tragödie ist genau das richtige Wort«, fuhr sie fort. »Vielleicht sollten wir uns ein wenig näher damit beschäftigen, wohin Leidenschaften führen können. Nehmen wir einmal Mrs. Denbigh. Haben Sie sie gesehen? Ihre Verzweiflung über Mr. Lagarde kann man wohl kaum mit einem so schwachen und banalen Wort wie Traurigkeit beschreiben, finden Sie nicht auch?«

Er schwieg minutenlang, und sie fühlte sich immer unbehaglicher, als sie bemerkte, daß seine Augen die ganze Zeit auf ihr ruhten. Es war ihr bewußt, daß sie allein mit ihm in diesem Zimmer war. Ihn ohne jede Begleitung in seinem Haus aufzusuchen, war eine absolut lächerliche Idee gewesen, und sie hätte darauf bestehen sollen, daß Emily mitkam. Irgend jemand hatte sie bestimmt gesehen, es waren immer irgendwelche Dienstboten in der Nähe. Es würde Gerede geben! Sie selbst hatte nichts zu verlieren – die Leute am Paragon Walk scherten sich nicht um ihren Ruf –, aber was war mit Emily? Jemand hatte Charlotte vielleicht erkannt, denn sie hatte damals, als am Paragon Walk die Morde passiert waren, viel Zeit bei Emily verbracht.

Und wie stand es mit dem Ruf von Paul Alaric?

Sie errötete vor Scham über ihre eigene Gedankenlosigkeit – und dennoch hatte sie nicht gewünscht, daß Emily sie begleitete!

Sehr langsam hob sie die Augen, so daß ihre Blicke sich trafen, und erschrak, als sie das Verständnis darin sah, eine Nähe, als habe er sie berührt. Sie hatte das Gefühl, auf der Haut eine plötzliche Wärme, ein Prickeln zu spüren.

Sie mußte unbedingt sofort gehen. Sie hatte das gesagt, weswegen sie gekommen war.

Emilys Kutsche stand vor der Tür und würde sie zurück zum Rutland Place bringen. Sie konnte zu Theodora von Schencks Haus fahren und Emily dort treffen.

Dieser Gedanke erinnerte sie an den anderen Grund ihres Kommens. Sie mußte sich zwingen, ihm die Frage jetzt zu stellen, noch einmal zurückzukommen war undenkbar.

Das Mädchen brachte den Tee und zog sich wieder zurück. Sie trank dankbar einen Schluck, ihr Mund war trocken und ihre Kehle wie zugeschnürt.

»Emily besucht gerade Mrs. von Schenck«, bemerkte sie so beiläufig wie möglich. »Ich nehme an, Sie kennen sie sehr gut?«

Er war überrascht, und seine dunklen Augen weiteten sich. »Relativ gut. Unsere Beziehung ist eher geschäftlicher als privater Natur, obwohl ich sie ausgesprochen sympathisch finde.«

Jetzt war sie verblüfft. Sie hatte nicht erwartet, daß er so direkt sein würde.

»Geschäftlicher Natur? Was für eine Art von Geschäften meinen Sie?« Doch dann wurde ihr bewußt, wie taktlos sie sich verhielt, und sie fuhr fort: »Ich wußte gar nicht, daß Madame von Schenck geschäftliche Beziehungen hat. Oder haben Sie vielleicht ihren Ehemann gekannt?« Sie begann zu stammeln. »Ich – ich meine –«

»Nein.« Er lächelte schwach über ihre Verlegenheit, doch es lag nichts Unfreundliches darin. »Nein, das habe ich nicht, obwohl ich annehme, daß er ein sehr liebenswerter Mensch gewesen sein muß. So liebenswert, daß sie keinerlei Bedürfnis verspürt hat, sich erneut zu verheiraten.«

Charlotte gab vor, etwas Derartiges schwer verstehen zu können, obwohl ihr in Wirklichkeit der Gedanke an eine neue Heirat, falls Pitt irgend etwas zustoßen sollte, ebenfalls völlig absurd erschien.

»Nicht einmal, um sich finanziell abzusichern?« Sie versuchte, überzeugend zu klingen. »Schließlich hat sie zwei Kinder zu ernähren.«

»Und sie hat einen ausgezeichneten Geschäftssinn.« Er schien sich offensichtlich über sie zu amüsieren. »Was allerdings höchst ungewöhnlich ist, weshalb sie sich wohl auch so diskret verhält. Besonders da ihr Interesse im Bereich von Sanitäreinrichtungen liegt.« Sein Lächeln wurde breiter. »Nicht gerade das, was die Damen am Rutland Place als passend empfinden würden – Badewannen und ähnliches zu entwerfen. Sie ist höchst geschickt, was den Verkauf betrifft, und sehr gewissenhaft, was ihre Geldangelegenheiten betrifft. Ich glaube, sie macht inzwischen bereits ordentliche Profite.«

Sie wußte, daß ein albernes Lächeln auf ihrem Gesicht lag. Diese Enthüllung war derart lächerlich harmlos, sogar lustig, daß sie am liebsten gelacht hätte. Sie nahm sich zusammen und wollte gerade aufstehen, doch bevor sie die richtigen Worte gefunden hatte, um sich zu verabschieden, öffnete das Mädchen erneut die Tür, um eine Auswahl von Gebäck hereinzubringen. Unmittelbar hinter ihr betrat Caroline das Zimmer.

Charlotte erstarrte, sie hatte sich bereits halb erhoben, das Lächeln auf ihren Lippen erstarb.

Einen Moment lang nahm Caroline sie überhaupt nicht wahr, ihr Gesicht war Alaric zugewandt, weich vor Aufregung und Freude.

Dann sah sie Charlotte, und alle Farbe schwand aus ihrem Gesicht. Sie sah aus, als sei ihr der Leibhaftige persönlich erschienen.

Es herrschte ein betretenes Schweigen. Das Mädchen war so verängstigt, daß sie nicht einmal wagte, den Teewagen loszulassen.

Mit äußerster Anstrengung holte Caroline erst einmal, dann ein zweites Mal tief Luft.

»Es tut mir sehr leid, Monsieur Alaric«, sagte sie mit zitternder Stimme. »Offenbar habe ich Sie gestört. Bitte, entschuldigen Sie mich.« Sie ging rückwärts an dem Mädchen vorbei und verließ den Raum wieder.

Charlotte blickte Paul Alaric an und sah, daß sein Gesicht bleich und entsetzt aussah, genau wie ihr eigenes wahrscheinlich, denn sie las darin die gleiche Erkenntnis und die gleiche Schuld, die auch sie empfand. Dann rannte sie durch das Zimmer, schob das Mädchen aus dem Weg und riß die Tür auf.

»Mama!«

Caroline war in der Diele und konnte sie unmöglich überhört haben, doch sie bewegte nicht einmal den Kopf.

»Mama!«

Der Diener öffnete die Eingangstür, und Caroline ging nach draußen in die Sonne. Charlotte folgte ihr. Sie entriß dem Diener ihren Umhang, als sie an ihm vorbeilief, und stürmte die Treppe hinab nach draußen auf die Straße.

Sie holte Caroline ein und ergriff ihren Arm. Er war ganz starr, und Caroline schüttelte sie unwillig ab. Sie starrte weiterhin geradeaus.

»Wie konntest du nur?« sagte sie sehr leise. »Meine eigene Tochter! Ist deine Eitelkeit so groß, daß du mir so etwas antun mußtest?«

Charlotte griff wieder nach ihrem Arm.

»Laß mich bitte in Ruhe.« Caroline riß sich abrupt los. »Laß mich bitte in Ruhe. Ich möchte nie wieder mit dir sprechen. Ich will nichts mehr mit dir zu tun haben.«

»Du hast alles falsch verstanden!« sagte Charlotte, so heftig sie konnte, ohne dabei so laut zu werden, daß die ganze Straße sie hören konnte. »Ich bin doch nur dort gewesen, weil ich herausfinden wollte, woher Theodora von Schenck ihr Geld hat!«

»Lüg mich nicht an, Charlotte. Ich kann sehr wohl sehen, was zwischen euch vorgeht!«

»Tatsächlich?« erwiderte Charlotte aufgebracht, wütend auf ihre Mutter, nicht, weil sie ihr etwas Falsches unterstellte, sondern weil sie so verwundbar war, weil sie es zuließ, einem Traum nachzuhängen, dessen Ende alles gefährdete, was wirklich wichtig war. »Kannst du das wirklich, Mama? Ich glaube, wenn du richtig hinsehen würdest, wüßtest du genau wie ich, daß er dich überhaupt nicht liebt.« Sie sah die Tränen in Carolines Augen, doch sie mußte einfach weitersprechen. »Mit mir hat das überhaupt nichts zu tun, auch nicht mit irgendeiner anderen Frau! Es ist ihm einfach überhaupt nicht bewußt, daß deine Gefühle für ihn mehr sind als nur Sympathie – eine kleine Abwechslung – reine Freundlichkeit! Du hast dir um ihn herum eine romantische Illusion aufgebaut, die mit der wirklichen Person nicht das geringste mehr zu tun hat. Du kennst ihn nicht einmal richtig! Du siehst nur das, was du sehen willst!« Sie hielt Carolines Arm weiter fest, jedoch diesmal war ihr Griff so fest, daß sich ihre Mutter nicht losreißen konnte.

»Ich weiß genau, was du fühlst!« fuhr sie fort, während sie neben ihr herlief. »Mir ist es mit Dominic ganz genauso gegangen. Ich habe meine ganzen romantischen Vorstellungen auf ihn übertragen, ihn darin eingeschlossen wie in einer Rüstung, bis ich überhaupt nicht mehr sehen konnte, wie er wirklich war. Es ist einfach nicht fair! Wir haben nicht das Recht, andere zu einer Figur in unseren Träumen zu machen und von ihnen zu erwarten, daß sie sie für uns ausgestalten. Das ist keine Liebe. Das ist Schwärmerei, das ist kindisch – und gefährlich. Denk doch nur, wie unerträglich einsam das einen Menschen macht! Würdest du gern mit jemandem leben, der dich nicht ansieht und dir nicht zuhört und dich nur als seine eigene Phantasiefigur wahrnimmt? Jemand, über den er Illusionen hat, jemand, dem er die Schuld für alle seine Gefühle gibt, den er verantwortlich dafür macht, daß er selbst glücklich oder unglücklich ist? Wir haben nicht das Recht, einem anderen Menschen so etwas anzutun.«

Caroline blieb stehen und starrte sie an, während ihr die Tränen über die Wangen liefen.

»Du hast gerade schreckliche Dinge gesagt, Charlotte«, flüsterte sie, und ihre Stimme klang angestrengt und heiser. »Ganz schreckliche Dinge.«

»Nein, so schrecklich sind sie gar nicht.« Charlotte schüttelte heftig den Kopf. »Es ist nur die Wahrheit, und wenn du dich erst ein bißchen daran gewöhnt hast, wird sie dir vielleicht sogar gefallen!« Gott gebe, daß es wirklich so war!

»Gefallen! Du wirfst mir vor, daß ich mich verhalten habe wie eine Närrin, weil ich mich an einen Mann hänge, der sich nicht das geringste aus mir macht, und behauptest, daß sogar meine eigenen Gefühle nichts als Illusion waren und selbstsüchtig dazu, daß sie nichts mit Liebe zu tun hatten – und das soll mir dann auch noch gefallen!«

Charlotte schlang ihre Arme um ihre Mutter, weil sie ihr nahe sein wollte, ihren Schmerz teilen und ihr Trost spenden wollte. Außerdem wäre es unverzeihlich gewesen, ihr jetzt, im Moment ihrer Schwäche, ins Gesicht zu sehen.

»Vielleicht ist ›gefallen‹ nicht das richtige Wort dafür, aber wenn du erkennst, daß es wahr ist, willst du dich vielleicht gar nicht mehr an all die Lügen erinnern. Glaub mir, jeder Mensch, der zur Leidenschaft auch nur fähig ist, hat sich wenigstens einmal im Leben zum Narren gemacht. Wir verlieben uns alle irgendwann einmal in unser eigenes Wunschbild. Wichtig ist nur, daß man wieder aufwacht und weiter lieben kann!«

Lange Zeit sprachen sie beide nicht mehr, sondern standen auf dem Bürgersteig und hielten einander umschlungen. Dann begann Caroline sich langsam zu entspannen, ihr Körper lockerte sich, und der Schmerz, der sich zunächst in Wut geäußert hatte, wurde schließlich zu Tränen.

»Ich schäme mich so«, sagte sie leise. »Ich schäme mich so furchtbar!«

Charlotte drückte sie noch fester an sich. Es gab nichts, das sie sagen konnte. Die Zeit würde die Wunden heilen, Worte vermochten dies nicht.

Aus der Ferne erklang das Klappern von Hufen, ein anderer früher Besucher kündigte sich an.

Caroline richtete sich wieder auf und schluchzte noch einmal auf. Einen Moment lang ruhte ihre Hand in der von Charlotte, dann zog sie sie fort und suchte in ihrem Ridikül nach einem Taschentuch.

»Ich glaube nicht, daß ich heute nachmittag noch weitere Besuche machen werde«, sagte sie ruhig. »Möchtest du vielleicht zum Tee mit nach Hause kommen?«

»Sehr gern«, sagte Charlotte. Dann begannen sie, ganz langsam weiterzugehen. »Weißt du, daß Mina unrecht hatte, was Theodora betraf? Ihr Geld stammt weder aus einem Bordell noch aus irgendeiner Erpressung – sie entwirft und verkauft Badezimmereinrichtungen.«

Caroline war sprachlos. Ihre Augenbrauen fuhren in die Höhe.

»Du meinst –«

»Ja, Wasserklosetts!«

»Oh, Charlotte!«

# Kapitel 10

Zwei Tage später war Pitt noch kein bißchen klüger als zuvor, was den Mord an Mina Spencer-Brown betraf. Er hatte zwar eine Menge Fakten zusammengetragen, jedoch keinerlei Beweise gefunden – und was noch schlimmer war, nicht einmal irgend etwas entdeckt, das ihn selbst zufriedengestellt hätte.

Er stand auf der Straße am Rutland Place in der Sonne. Es war warm hier, die hohen Häuser hielten den Ostwind ab, und er war stehengeblieben, um sich ein wenig zu sammeln, bevor er zu Alston ging, um ihm weitere Fragen zu stellen.

Er hatte mit Ambrosine Charrington gesprochen, und nach dem Gespräch war er noch unsicherer gewesen als vorher. Ambrosine hatte den Verdacht, daß Mina sie bei einem der Diebstähle beobachtet hatte, nicht entkräften können. Wenn es wirklich so gewesen war, hatte Mina ihr vielleicht mit einer Enthüllung gedroht.

Aber hätte es Ambrosine überhaupt etwas ausgemacht? Nach dem zu urteilen, was Charlotte ihm berichtet hatte, war dies keinesfalls so! Vielleicht hätte sie bei einer Aufdeckung der Diebstähle sogar eine Art perverse Freude empfunden. Hatte Ottilie nicht gesagt, daß dies eigentlich der Grund ihrer Diebstähle war – daß sie sich heimlich wünschte, ihren Gatten zu schockieren und zu treffen, aus der Rolle auszubrechen, in die er sie gezwungen hatte? Möglicherweise waren Ambrosine ihre Motive selbst nicht so klar. Doch er konnte sich einfach nicht vorstellen, daß sie einen Mord begehen würde, nur um ein Geheimnis zu bewahren, was sie im Grunde selbst aufgedeckt wissen wollte.

Haßte sie Lovell so sehr, daß sie zugelassen hatte, daß Mina ihn erpreßte? Theoretisch war dies möglich. Es lag eine gewisse Ironie darin, die Ambrosine möglicherweise gefallen hätte.

Er glaubte aber, daß er die Wut und Spannung bei Lovell und die bittere Genugtuung bei Ambrosine irgendwie gespürt hätte; dies war jedoch nicht der Fall gewesen. Sie war ihm genauso elegant in ihrer Rolle gefangen vorgekommen wie vorher auch, und Lovell erschien noch ebenso ungerührt in seiner kolossalen, unerschütterlichen Selbstsicherheit wie eh und je.

Die Erwähnung seiner Tochter Ottilie hatte Lovell allerdings beträchtlich aus der Ruhe gebracht, seine Lippen waren bleich geworden, Schweißperlen hatten sich auf seiner Stirn gezeigt. Er hatte mit allen Mitteln versucht, die Wahrheit zu vertuschen. Ambrosine dagegen war ganz entspannt geblieben.

Vielleicht war es doch Alston Spencer-Brown gewesen? Vielleicht waren Minas intensive Gefühle für Tormod Lagarde schließlich doch zuviel für ihn geworden, und als Alston herausgefunden hatte, daß sie immer noch in Tormod verliebt war, hatte er sich bei einem anderen Arzt, vielleicht in der Stadt, zusätzlich Belladonna verschafft, den Wein damit vergiftet und darauf gewartet, daß sie ihn trinken würde.

Alle Nachforschungen Pitts ließen darauf schließen, daß Minas Schwärmerei für Tormod zwar diskret, aber durchaus real gewesen war. Viele Ehemänner hatten schon aus geringeren Anlässen einen Mord begangen, und Alstons unauffällige Erscheinung verbarg möglicherweise eine tyrannische Eifersucht, ein Gefühl der Wut, das so stark war, daß er einen Mord lediglich als gerechtfertigte Strafe ansah.

Doch Pitt mußte sich an die Tatsachen halten. Der Wein war selbstgemacht, eine Mischung aus Holunderbeeren und Johannisbeeren. Und am Rutland Place setzte niemand seinen eigenen Wein an! Natürlich war es unmöglich nachzuprüfen, wer ihn vielleicht verschenkt hatte, und falls man ihn benutzt hatte, um den Geschmack des Gifts zu überdecken, würde der Betreffende jetzt wohl kaum zugeben, daß es sein Wein gewesen war.

Das Gift hätte jeder destillieren können oder sogar aus der Pflanze einfach auspressen können. Die Tollkirsche kam zwar weniger häufig vor als andere, üppiger blühende Nachtschattengewächse, war jedoch weitaus giftiger. Man benötigte nicht einmal die Beeren, die im Herbst reiften, die Blätter genügten bereits. Und man konnte die Pflanze in Hecken und an Waldrändern überall im Südosten Englands finden.

Vielleicht war es noch ein wenig früh für eine zweijährige Pflanze, doch an einer geschützten Stelle – oder vielleicht war der Samen in einen Wintergarten oder ein Gewächshaus geweht, wo die Pflanze jetzt wuchs? Ein kleiner Schößling genügte bereits.

Aber auch das bewies gar nichts. Jeder konnte ihr die Flasche gegeben haben, zu jedem möglichen Zeitpunkt. Minas Dienstboten hatten weder diese noch irgendeine ähnliche Flasche je vorher gesehen, doch man zeigte seinem Dienstpersonal schließlich nicht jede Flasche Beerenwein. Bei Tisch wurde er nicht getrunken. Jeder hätte die Tollkirschen pflücken, die Blätter auspressen und den Saft in den Wein geben können. Dazu waren weder Geschick noch besondere Kenntnisse notwendig. Es war allgemein bekannt, daß die Pflanze hochgiftig war, jedes Kind wußte es. Schon der Name klang gefährlich.

Er überlegte wieder, was nur das Motiv gewesen sein konnte, eine Frage, die sich natürlich äußerst schwer beantworten ließ. Manche Menschen töteten schon wegen ein wenig Kleingeld oder weil sie sich beleidigt fühlten. Andere konnten alles verlieren, ihren guten Ruf, ihr Vermögen, ihre große Liebe – und würden trotzdem niemals einen Mord begehen.

Er stand immer noch in der Sonne, als ein Hansom am Ende der Straße um die Ecke bog, eilig näherkam und jäh vor dem Haus der Lagardes anhielt.

Pitt war nahe genug, um zu sehen, wie Dr. Mulgrew praktisch aus der Kutsche fiel, die Arzttasche in der Hand, und die Stufen emporstürmte. Die Tür öffnete sich bereits, bevor er oben angekommen war, und Mulgrew verschwand im Inneren des Hauses.

Pitt zögerte. Rein instinktiv hätte er am liebsten eine Zeitlang gewartet, um zu sehen, was als nächstes geschehen würde. Doch schließlich befand sich ein schwerverletzter Mann in diesem Haus. Es war daher nur zu erwarten, daß bei jeder Verschlechterung seines Zustandes der Arzt gerufen wurde, mit Minas Tod hatte dies sicher nichts zu tun. Wenn Pitt ehrlich war, mußte er zugeben, daß er den Besuch des Doktors nur als Ausrede benutzte, um seine weiteren Befragungen aufzuschieben.

Als Pitt zum Haus der Spencer-Browns kam, war Alston nicht da, was er im Grunde erleichtert zur Kenntnis nahm, obwohl es lediglich bedeutete, daß er ein andermal wiederkommen und die Fragen dann stellen mußte. Er gab sich also damit zufrieden, die Dienstboten ein weiteres Mal zu verhören und sich wieder die unzähligen Erinnerungen, Eindrücke und Ansichten anzuhören.

Er war immer noch da, allerdings in der Küche, denn er hatte bereitwillig das Angebot der Köchin angenommen, mit den restlichen Dienstboten zu Mittag zu essen, als die Tür, die von der

Spülküche nach draußen führte, aufgerissen wurde, ein Dienstmädchen hereinstürmte, und der Duft von Eintopf und Puddings vom Geruch von Gemüseabfällen überdeckt wurde, den der scharfe Wind hereinblies.

»Um Himmels willen, Elsie, mach bloß die Tür zu!« fuhr die Köchin sie an. »Wo bist du bloß erzogen worden, Mädchen?«

Elsie gehorchte aus Gewohnheit und gab der Tür einen Tritt.

»Mr. Lagarde is' tot, Mrs. Abbotts!« rief sie mit weit aufgerissenen Augen. »Heute morgen gestorben, sagt May von gegenüber! Hat gesehen, wie der Doktor ers' gekommen un' dann wieder gegangen is'. Ich sag' ja, es is' 'ne Gnade! Der arme Herr! So 'n schöner Mann. Hat wohl früh sterben sollen. So was gibt's halt. Soll ich die Rouleaus runterlassen?«

»Das läßt du schön sein!« sagte die Köchin spitz. »Er hat schließlich nicht in diesem Haus gewohnt. Mr. Lagardes Ableben ist nicht unsere Sache. Wir haben schon genug mit unserer eigenen Trauer zu tun. Mach du nur mit deiner Arbeit weiter. Wenn du zu spät zum Mittagessen kommst, Mädchen, mußt du eben hungrig bleiben!«

Elsie machte sich eilig davon, und die Köchin ließ sich auf einen Stuhl fallen.

»Tot.« Sie sah Pitt von der Seite her an. »Ich vermute, ich sollte so etwas nicht sagen, aber vielleicht ist es besser so, der arme Mensch. Sie müssen entschuldigen, Mr. Pitt, aber wenn er wirklich so schwer verletzt war, wie die Leute sagen, dann hat Gott gut daran getan, ihn von seinen Schmerzen zu erlösen.« Sie wischte sich die Augen mit der Schürze.

Pitt schaute sie an, eine dralle Frau mit dickem, bereits ergrauendem Haar und einem sympathischen Gesicht, in dem sich jetzt eine Mischung aus Erleichterung und Schuldgefühl spiegelte.

»Trotzdem ein scheußlicher Schock«, sagte er leise. »Zu allem, was in der letzten Zeit schon passiert ist. Nimmt einen natürlich arg mit. Sie sehen etwas blaß aus. Was halten Sie von einem Schluck Brandy? Bewahren Sie welchen hier in der Küche auf?«

Sie sah ihn aus zusammengekniffenen Augen mißtrauisch an.

»Ich bin an derartige Dinge gewöhnt«, sagte Pitt, der genau wußte, was sie dachte. »Aber Sie sind es nicht. Soll ich Ihnen welchen holen?«

Sie sträubte sich ein wenig, wie eine Henne, die ihre Federn aufplustert.

»Also – wenn Sie wirklich meinen – oben auf dem Regal da drüben hinter dem Glas mit den Erbsen. Aber lassen Sie es Mr. Jenkins nicht sehen, sonst landet die Flasche wieder in seiner Vorratskammer, bevor man ›piep‹ sagen kann.«

Pitt unterdrückte ein Lächeln, stand auf, goß großzügig Brandy in eine Tasse und reichte sie ihr.

»Trinken Sie selbst etwa nichts?« erkundigte sie sich augenzwinkernd.

»Nein, vielen Dank«, sagte er, stellte die Flasche wieder zurück und die Erbsen an ihren alten Platz. »Altes Mittel bei Schock. Leider bringt es mein Beruf mit sich, daß ich mich gelegentlich mit dem Tod beschäftigen muß.«

Sie trank die Tasse in einem Zug leer, und er nahm sie und wusch sie in der Spüle aus.

»Sehr freundlich von Ihnen, Mr. Pitt«, stellte sie zufrieden fest. »Schade, daß wir Ihnen nicht helfen können, aber wir können es nun mal nicht, das steht fest. Wir haben solchen Beerenwein hier noch nie gesehen und auch keine derartige Flasche. Und wir haben auch keine Ahnung, warum irgendwer unsere Herrin hätte ermorden wollen. Ich bleibe immer noch dabei, es war bestimmt ein Irrer!«

Er war hin und her gerissen zwischen seiner Pflicht, weitere Nachforschungen anzustellen – was bisher völlig ergebnislos verlaufen war –, und dem intensiven Wunsch, die ganze Geschichte auf sich beruhen zu lassen und sich einzig und allein den Freuden von Mrs. Abbots' Mittagessen hinzugeben. Er entschied sich schließlich für das Essen.

Danach überlegte er, ob er mit seiner Befragung fortfahren sollte, doch der Schock über Tormods Tod überschattete alles. In vielen Häusern waren die Vorhänge zugezogen, und die Menschen unterhielten sich mit gedämpfter Stimme, so daß sogar die höflichsten Wortwechsel irgendwie unschicklich klangen.

Kurz nach zwei gab er es auf und kehrte zum Polizeirevier zurück. Er holte das ganze Material hervor, das sie bisher zusammengetragen hatten, und begann darin zu lesen, in der vagen Hoffnung, etwas Neues zu entdecken, einen Zusammenhang, der ihm bisher entgangen war.

Er hatte auch um Viertel vor vier noch nichts gefunden, als Harris seinen Kopf ins Zimmer steckte und Amaryllis Denbigh meldete.

Pitt war verblüfft. Er hatte erwartet, daß sie nach Tormods Tod derart außer sich vor Schmerz war, daß man möglicherweise sogar einen Arzt hatte kommen lassen müssen, da Tormods Unfall sie bereits in tiefste Verzweiflung gestürzt hatte, wie Charlotte ihm erzählt hatte. Und er vertraute auf Charlottes Urteil, was andere betraf, auch wenn sie sich selbst nicht immer ganz realistisch einschätzte; obwohl er in Wirklichkeit über ihr Abenteuer im Varieté, wenn er in Ruhe darüber nachdachte, viel weniger ärgerlich war, wie er sie glauben machte.

Aber warum um alles in der Welt war Amaryllis hier?

»Soll ich sie hereinbringen, Sir?« fragte Harris nervös. »Sie scheint völlig aufgelöst zu sein. Sie sollten sich vorsehen mit dieser Frau!«

»Ja, lassen Sie sie ruhig herein. Und bleiben Sie bitte auch im Raum, für den Fall, daß sie ohnmächtig oder hysterisch wird«, sagte Pitt. Der Gedanke war äußerst unangenehm, doch er konnte sich schlecht weigern, sie zu empfangen. Vielleicht lag ja auch hier der Schlüssel zu dem Geheimnis, vielleicht konnte sie ihm genau den entscheidenden Hinweis geben, nach dem er so verzweifelt suchte.

»Ja, Mr. Pitt, Sir«, sagte Harris förmlich, wodurch er seine Mißbilligung zum Ausdruck brachte, und zog sich zurück. Kurz darauf kam er zurück, Amaryllis unmittelbar hinter sich.

Amaryllis' Gesicht war schneeweiß, ihre Augen funkelten, ihre Hände fuhren nervös über ihre Rockfalten, in ihren Muff und wieder über ihren Rock. Sie hatte den Raum mit einem schwarzen Schleier über dem Gesicht betreten, den sie sich nun herunterriß.

»Inspector Pitt!« Sie war so angespannt, daß ihr Körper zitterte.

»Ja, Mrs. Denbigh.« Er mochte sie zwar nicht, doch sie weckte dennoch sein Mitleid. »Bitte, setzen Sie sich doch. Sie sind sicher erschöpft. Darf ich Ihnen eine Erfrischung anbieten, vielleicht eine Tasse Tee?«

»Nein, vielen Dank.« Sie setzte sich mit dem Rücken zu Harris. »Ich möchte gern unter vier Augen mit Ihnen sprechen. Ich habe Ihnen etwas sehr Schmerzliches mitzuteilen.«

Pitt zögerte. Er wollte nicht mit ihr allein sein. Die Frau stand offenbar kurz vor einem hysterischen Anfall, und er befürchtete, sie könne jeden Moment in einen Weinkrampf ausbrechen, dem er völlig hilflos gegenüberstehen würde. Er dachte schon daran, den Polizeiarzt holen zu lassen, und warf Harris einen unsicheren Blick zu.

»Würden Sie bitte so freundlich sein?« Amaryllis' Stimme war hart, klang verzweifelt. »Es ist meine Pflicht, Inspector, weil es den Mord an Mina Spencer-Brown betrifft, doch es fällt mir außerordentlich schwer, es Ihnen zu sagen, und ich möchte es mir ersparen, dies im Beisein eines Sergeant zu tun!«

»Natürlich«, sagte Pitt sofort. Jetzt gab es kein Zurück mehr. »Sergeant Harris wird draußen warten.«

Harris erhob sich und warf Pitt über Amaryllis' Schulter einen mißmutigen, warnenden Blick zu, verließ dann den Raum und schloß die Tür hinter sich.

»Nun, Mrs. Denbigh?« fragte Pitt. Es war ein merkwürdiger Moment. Er wußte inzwischen so viel über diese Menschen, daß sie ihn sogar noch im Schlaf verfolgten, und jetzt war ausgerechnet sie es, die hier einfach völlig unerwartet hereinkam und ihm vielleicht die Lösung des ganzen Rätsels lieferte.

Ihre Stimme war heiser, leise, als ob ihr jedes Wort weh tat.

»Ich weiß, wer Mina Spencer-Brown getötet hat, Mr. Pitt. Ich habe es Ihnen nicht früher sagen können, weil ich es nicht über mich gebracht habe, einen Freund zu verraten. Sie war tot, und es gab nichts, was man noch für sie hätte tun können. Jetzt liegt die Sache anders. Tormod lebt ebenfalls nicht mehr.« Ihr Gesicht war weiß und ausdruckslos wie das Gesicht einer unbemalten Puppe. »Es gibt keinen Grund mehr zu lügen. Er war zu edelmütig. Er hat sie ihr ganzes Leben lang beschützt, doch ich werde das nicht tun! Der Gerechtigkeit muß Genüge getan werden. Ich werde dem nicht im Wege stehen.«

»Ich glaube, Sie sollten sich vielleicht ein wenig klarer ausdrükken, Mrs. Denbigh.« Er wollte sie zum Weiterreden animieren, doch im Raum hing etwas unaussprechlich Ekelerregendes, das er genauso stark spüren konnte, wie man Feuchtigkeit in der Luft wahrnimmt. »Von welchen Lügen sprechen Sie? Wen hat Mr. Lagarde beschützt?«

Sie riß ihre Augen noch weiter auf. »Seine Schwester natürlich!« Ihre Stimme zitterte. »Eloise.«

Er war überrascht, doch er antwortete nicht sofort, damit sie seine Gefühle nicht bemerkte, und schaute sie nur ruhig an.

»Eloise hat Mrs. Spencer-Brown umgebracht?«

»Ja.«

»Woher wissen Sie das, Mrs. Denbigh?«

Sie atmete so tief ein und aus, daß er sehen konnte, wie sich ihr Busen hob und senkte.

»Ich habe es von Anfang an vermutet, weil ich ihre Gefühle kannte«, fing sie an. »Sie hat ihren Bruder vergöttert, sie hat ihn besitzen wollen – hat ihr ganzes Leben nach ihm ausgerichtet. Die beiden haben ihre Eltern verloren, als sie noch klein waren, und er hat sich immer um sie gekümmert, was am Anfang sicher ganz natürlich war. Doch als die Zeit verging und sie älter wurden, hat sie immer noch an ihrer kindlichen Abhängigkeit festgehalten. Sie hat sich an ihn geklammert, hat ihn überall hin begleitet, seine ganze Aufmerksamkeit in Anspruch genommen. Und immer, wenn er versucht hat, eigene Interessen zu entwickeln, wurde sie eifersüchtig, täuschte Krankheiten vor – alles nur, um ihn für sich allein zu haben.«

Sie holte tief Luft. Sie beobachtete Pitt, seine Augen, sein Gesicht.

»Natürlich war Eloise völlig außer sich, sobald Tormod auch nur das kleinste Interesse für andere Frauen zeigte«, fuhr sie fort. »Sie hat nie geruht, bis sie die andere Frau verjagt hat, entweder mit Lügen oder mit dem Vortäuschen von Krankheiten oder indem sie den armen Tormod derart geängstigt und gequält hat, daß er es nicht weiter versucht hat. Und er war so gutherzig, daß er sie trotzdem immer weiter beschützt hat, auch wenn er sich dafür selbst verleugnen mußte.

Ich bin sicher, Sie haben bei all Ihren Befragungen erfahren, daß Mina sich sehr zu Tormod hingezogen fühlte? Sie war sogar in ihn verliebt. Es wäre töricht, diese Tatsache mit freundlichen Worten verschleiern zu wollen. Es kann sie jetzt sowieso nicht mehr treffen. Natürlich war Eloise deshalb außer sich vor Eifersucht. Der Gedanke, daß Tormod seine Aufmerksamkeit einer anderen Frau schenken könnte, war für sie geradezu unerträglich. Sie muß darüber den Verstand verloren haben. Sie hat den Wein vergiftet, nach dem Sie die ganze Zeit so eifrig suchen. Sie haben ihn mir in ihrem Haus auch schon angeboten. Sie bringen ihn immer von ihren Aufenthalten auf dem Land, von Hertfordshire, mit. Ich habe ihn persönlich schon mehrfach getrunken.«

Sie saß kerzengerade auf ihrem Stuhl, die Augen immer noch starr auf Pitt gerichtet.

»Mina ist an dem betreffenden Tag zu den Lagardes gegangen, um Eloise zu besuchen, wie Sie bereits wissen. Eloise hat ihr den Wein zum Abschied geschenkt. Sie hat ihn getrunken, als sie nach Hause kam – und ist gestorben – wie Eloise es geplant hatte.

Tormod hat sie gedeckt – natürlich. Er hat sie als kleines Kind großgezogen. Er hat sich für sie verantwortlich gefühlt – Gott weiß aus welchem Grund. Sie wäre irgendwann sowieso in irgendein Sanatorium oder dergleichen eingeliefert worden. Ich glaube, tief in seinem Inneren wußte er es. Doch er konnte es nicht ertragen, ihr so etwas anzutun.

Fragen Sie jeden, der sie kannte. Alle werden Ihnen mitteilen, daß Eloise auch mich gehaßt hat – weil Tormod mich gern hatte.«

Pitt blieb regungslos sitzen. Alles ergab einen Sinn. Er erinnerte sich an Eloises Gesicht, ihre dunklen Augen, die nur noch nach innen gerichtet schienen, voller Schmerz. Sie gehörte zu den Frauen, die in einem Mann den Beschützer wecken. Sie wirkte so zerbrechlich wie ein Traum, als würde sie sich schon bei einem lauten Wort oder einer unbedachten Bewegung in Luft auflösen. Er wollte nicht glauben, daß sie dem Wahnsinn verfallen war und einen Mord begangen hatte; doch fiel ihm nicht das geringste Gegenargument ein, das sie entlastet hätte; er konnte an dem, was Amaryllis gesagt hatte, keine Schwachstelle ausmachen.

»Ich danke Ihnen, Mrs. Denbigh«, sagte er kühl. »Jetzt ist es bereits spät, aber ich werde morgen sofort zum Rutland Place gehen und genauestens nachprüfen, was Sie mir gerade berichtet haben.« Er konnte der Versuchung nicht widerstehen, hinzuzufügen: »Schade, daß Sie nicht vorher so offen gewesen sind.«

Schwache rote Flecken erschienen auf ihren Wangen.

»Das konnte ich nicht. Und es hätte sowieso niemandem genutzt. Tormod hätte alles abgestritten. Er hat sich für sie verantwortlich gefühlt. Im Laufe der Jahre hat sie ihn dazu getrieben. Sie ist eine Parasitin! Sie hat nie gewollt, daß er sein eigenes Leben lebt, und das ist ihr auch gelungen! Sie hat ihr ganzes Leben, jeden Tag, damit verbracht, ihm Schuldgefühle einzujagen, wenn er auch nur das Geringste ohne sie getan hat, ohne sie fortgegangen ist – selbst wenn er über einen Scherz gelacht hat, den sie nicht lustig fand!« Ihre Stimme schwoll wieder an, wurde schrill und hart. »Sie ist wahnsinnig! Sie haben keine Ahnung, was sie ihm alles angetan hat! Sie hat ihn zerstört! Sie verdient es, eingesperrt zu werden – für immer und ewig.«

»Mrs. Denbigh!« Er wollte, daß sie aufhörte zu schreien, wollte das glänzende Gesicht mit den mädchenhaft weichen Zügen und den hohlen, haßerfüllten Augen nicht mehr sehen. »Mrs. Denbigh, bitte beruhigen Sie sich doch wieder! Ich werde morgen Miss Lagarde aufsuchen und mit ihr reden. Ich werde Sergeant Harris mitnehmen, und wir werden alles genau nachprüfen, was Sie gesagt haben. Falls wir irgendwelche Beweise finden, werden wir sofort dementsprechend handeln. Jetzt wird Sie Sergeant Harris zu Ihrer Kutsche begleiten, und ich schlage vor, Sie nehmen ein Schlafmittel und gehen heute früh zu Bett. Dieser Tag war äußerst schwer für Sie. Sie sind bestimmt sehr erschöpft.«

Sie stand mitten im Raum und starrte ihn an. Offenbar überlegte sie, ob er wirklich tun würde, was sie von ihm erwartete.

»Ich werde sie morgen aufsuchen«, fügte er ein wenig schärfer hinzu.

Ohne ein Wort zu erwidern, drehte sie sich um und verließ das Zimmer, zog die Tür hinter sich ins Schloß und ließ ihn allein und merkwürdig niedergeschlagen zurück.

Es gab keine Möglichkeit, diesem unangenehmen Gang auszuweichen, dieser Pflicht, die ihm keinerlei Befriedigung verschaffte, keinerlei Gefühl der Erleichterung. Doch Morde führten immer zu Tragödien.

Er schickte Harris wieder los. Diesmal sollte er sich besonders auf die Schlafzimmer und Ankleidezimmer konzentrieren und nach Wein suchen, der dem glich, den Mina getrunken hatte, oder nach leeren Flaschen, die der ähnelten, die man in Minas Zimmer gefunden hatte. Er zeigte Harris sogar ein Bild, auf dem eine Tollkirsche abgebildet war, damit er in Wintergärten und Gewächshäusern danach suchen konnte. Dabei war es vollkommen gleichgültig, ob Harris die Pflanze fand oder nicht, denn in beiden Fällen war dies keinerlei Beweis, obwohl es zugegebenermaßen reichlich ungewöhnlich wäre, die Pflanze, die man normalerweise auf dem Land antraf, hier mitten in London zu entdecken. Doch die Lagardes hatten ein Haus auf dem Land, und er konnte sich denken, daß es in Hertfordshire in jeder Hecke und an jedem Waldrand Tollkirschen gab.

Eloise empfing ihn vollkommen in Schwarz. Die Vorhänge waren halb zugezogen, wie es in einem Trauerhaus üblich war, die Dienstboten hatten bleiche, ernste Gesichter. Sie saß auf der

Chaiselongue in der Nähe des Kamins, doch sie sah aus, als ob sie die Wärme des Feuers niemals mehr spüren würde.

»Es tut mir leid«, sagte Pitt instinktiv – er meinte damit nicht nur sein Erscheinen, sondern auch alles andere, ihre Einsamkeit, den Tod, seine Unfähigkeit, ihr zu helfen, die Tatsache, daß er jetzt ihren Schmerz nur noch vergrößern würde.

Sie erwiderte nichts. Was er tat, was irgendwer tat, konnte sie nicht mehr erreichen. Sie befand sich in einer Welt der Verzweiflung, die ihm verschlossen war, jenseits von Gut und Böse.

Er setzte sich. Stehenzubleiben erschien ihm lächerlich, als ob seine Hände und Füße irgend etwas umstoßen könnten.

Es war sinnlos, irgend etwas hinauszögern zu wollen, indem er taktvoll vorging. Das machte es irgendwie noch schlimmer, ja abstoßend, als respektiere er den Tod nicht.

»Mrs. Spencer-Brown hat Sie an dem Tag besucht, an dem sie gestorben ist.« Es war lediglich eine Feststellung, schließlich hatte niemand dies je abgestritten.

»Ja.« Sie war völlig unbeteiligt.

»Haben Sie ihr eine Flasche Beerenwein gegeben?«

Sie starrte in die Flammen. »Beerenwein? Nein, ich glaube nicht. Haben Sie das nicht schon einmal gefragt?«

»Ja.«

»Ist es wichtig?«

»Ja, Miss Lagarde, weil sich darin das Gift befand.«

Ein Lächeln huschte über ihr Gesicht, schattenhaft wie die feinen Wellen, die ein kalter Wind auf einem See verursacht. »Und Sie glauben, ich hätte den Wein vergiftet? Ich bin es nicht gewesen.«

»Aber Sie haben ihr den Wein gegeben?«

»Ich kann mich nicht mehr erinnern. Vielleicht habe ich das. Vielleicht hat sie blaß ausgesehen und gesagt, daß sie müde ist oder irgend etwas Ähnliches. Wir haben tatsächlich Beerenwein im Haus. Ein Nachbar in Hertfordshire gibt ihn uns immer.«

»Haben Sie noch welchen hier im Haus?«

»Das nehme ich an. Ich mag ihn nicht, aber Tormod trank ihn gern. Der Butler bewahrt ihn in der Speisekammer auf – dort ist er sicher. Er ist ziemlich stark.«

»Miss Lagarde –« Sie schien die Tragweite dessen, worüber sie sprachen, nicht zu verstehen. Sie schien weit fort zu sein, als handele es sich nur um die Angelegenheiten eines völlig Fremden. »Miss Lagarde, es geht um ein sehr ernstes Problem.«

Sie schaute endlich zu ihm hoch, und er erschrak, als er den Schmerz und die Verzweiflung in ihren Augen sah – sie fürchtete nicht ihn, sondern etwas anderes, das für ihn unsichtbar blieb. Ihr Gesicht war völlig frei von Wut oder Haß – nur Schrecken war darin zu lesen, namenloser, endloser Schrecken.

Blickte er dem Wahnsinn ins Gesicht? Oder vielleicht dem Wissen um Wahnsinn in einem Menschen, dessen Verstand noch immer klar genug war, um sich selbst zu sehen und zu erkennen, was vor ihm lag, der endlose Abstieg in die schwarzen Labyrinthe des Irrsinns?

Kein Wunder, daß Tormod versucht hatte, sie zu schützen! Er selbst verspürte das Bedürfnis, sie zu beschützen, sie mit allen Mitteln, die ihm zur Verfügung standen, ins Leben zurückzuholen. Er wußte nicht, was er sagen sollte. Es gab nichts, das stark genug gewesen wäre, um dem Grauen, das er zu sehen glaubte, entgegenzutreten.

Er konnte es nicht länger ertragen. Er stand auf. Es war nicht notwendig, mit seinen Fragen ihre Qualen noch zu vergrößern. Nur Beweise zählten. Ohne Beweise konnte er sowieso nichts tun, was immer er auch wußte – oder ahnte.

»Es tut mir leid, daß ich Sie gestört habe«, sagte er unbeholfen. »Ich werde Sergeant Harris helfen gehen. Wenn es noch irgend etwas geben sollte, das ich wissen müßte, werde ich einen der Dienstboten befragen. Ich werde versuchen, Sie nicht mehr zu behelligen.«

»Ich danke Ihnen.« Sie saß ganz still und bewegte nicht einmal den Kopf, als er zur Tür ging und sie öffnete. Sie blieb bewegungslos sitzen, schaute weder ins Feuer noch auf die weißen Blumen auf dem Tisch; sie sah etwas, das er nicht wahrnehmen konnte und nie wahrgenommen hatte.

Es dauerte nicht lange, bis sie zumindest eine Antwort gefunden hatten. Sergeant Harris hatte die leere Flasche mitgebracht, die sie in Minas Schlafzimmer gefunden hatten, und sie den Dienstboten gezeigt. Der Butler erkannte sie wieder.

»Haben Sie Miss Lagarde eine derartige Flasche gegeben, bevor Mrs. Spencer-Brown an ihrem Todestag hergekommen ist?« fragte Pitt grimmig.

Der Mann war nicht dumm. Er wußte genau, wie wichtig die Frage war, und sein Gesicht war bleich, ein kleiner Muskel zuckte an seinem Mund.

»Nein, Sir. Miss Eloise hat sich aus diesem Wein nichts gemacht.«

»Mr. Bevan –« begann Pitt.

»Nein, Sir. Ich verstehe genau, was Sie sagen wollen. Wir bringen immer ein halbes Dutzend Flaschen davon mit, wenn wir aus Hertfordshire zurückkommen. Aber Miss Eloise trinkt nie etwas davon. Sie mag den Wein nicht. Sie besitzt auch keinen Schlüssel zur Speisekammer. Ich habe einen Satz Schlüssel, Mr. Tormod hatte den anderen, doch er hat ihn vorige Weihnachten in Abbots Langley vergessen, wo er sich immer noch befindet.«

Pitt holte tief Luft. Den Mann anzuschreien würde überhaupt nichts nützen.

»Mr. Bevan –« begann er wieder geduldig.

»Ich weiß, was Sie sagen wollen, Sir«, unterbrach ihn Bevan. »Ich habe Mr. Tormod den Wein gegeben, wenn er mich darum gebeten hat, allerdings immer nur eine Flasche. Er hat sich tatsächlich an dem Abend, bevor Mrs. Spencer-Brown kam, eine Flasche von mir aushändigen lassen. Er hat manchmal davon getrunken, und ich habe mir nichts dabei gedacht.«

Pitt konnte es dem Mann nicht verdenken. Als er und Harris hier gewesen waren, hatten sie diskret überall gesucht, doch da sie befürchtet hatten, daß ein schuldiger oder besonders fürsorglicher Dienstbote die Flasche wegschaffen würde, hatten sie sie weder genau beschrieben, noch die Flasche, die sie bereits gefunden hatten, mitgebracht.

»Was ist mit der Flasche geschehen, wissen Sie das vielleicht?« fragte er. »Kann ich das Zimmermädchen sprechen, das für die obere Etage verantwortlich ist?«

»Das wird nicht notwendig sein, Sir. Ich habe sie vorhin selbst gefragt, da Mr. Harris davon sprach. Sie weiß von nichts, Sir. Sie hat sie nicht mehr gesehen.«

»Dann könnte es möglicherweise die Flasche sein, die bei Mrs. Spencer-Brown gefunden wurde?«

»Ja, Sir. Ich vermute, daß es sich so verhält.«

»Über alle anderen Flaschen können Sie Rechenschaft ablegen?«

»Ja, Sir. Der Wein ist ziemlich stark, daher habe ich immer ein wachsames Auge darauf.«

»Warum haben Sie uns nichts davon gesagt, als wir Sie neulich befragt haben, Mr. Bevan?«

»Es handelte sich nicht um Tafelwein, Sir, daher habe ich angenommen, die anderen Dienstboten hätten ihn nicht gesehen. Derartige Substanzen werden normalerweise im Medizinschrank aufbewahrt oder neben dem Bett. Da es sich um die letzte Flasche handelte, wurde bei der Suche nichts weiter gefunden.«

Pitt war irritiert, weil der Butler ihm dies alles so detailliert erklärte. Vielleicht waren seine Gedanken aber auch noch bei Eloise, die er allein und unerreichbar zurückgelassen hatte. Dieser Mann trug keine Schuld. Er hatte nicht ahnen können, mit welchem Wein Mina ermordet worden war.

»Mr. Tormod hatte also die letzte Flasche?«

»Ja, Sir.«

»In seinem Schlafzimmer?«

»Ja, Sir.« Das Gesicht des Mannes war sehr ernst.

»Hat er Ihnen mitgeteilt, daß er sie vermißte?«

»Nein, Sir. Und wenn es so gewesen wäre, hätte ich davon erfahren. Wir sind sehr streng mit alkoholhaltigen Getränken.«

Aber wann hatte Eloise den Wein vergiftet und ihn Mina gegeben?

Bevan trat nervös von einem Fuß auf den anderen.

»Entschuldigen Sie bitte, aber wie kommen Sie darauf, daß Miss Eloise den Wein hatte oder ihn Mrs. Spencer-Brown gegeben hat?«

»Man hat uns darüber informiert«, sagte Pitt trocken.

»Aber sicher niemand aus unserem Haus, Sir!«

»Nein.« Es bestand kein Grund, es zu verheimlichen. »Mrs. Denbigh.«

Bevans Gesichtsausdruck veränderte sich. »Tatsächlich. Mrs. Denbigh ist eine sehr wohlhabende Dame, Sir, wenn Sie mir eine derart ungehörige Bemerkung gestatten. Äußerst wohlhabend, und dazu noch sehr attraktiv. Sie war Mr. Tormod außerordentlich zugetan, und ich vermute, daß die beiden vielleicht sogar geheiratet hätten. Vorausgesetzt natürlich, daß Mr. Tormod keine anderen Pläne hatte.«

Pitt verstand ihn nur zu gut.

»Wollen Sie damit andeuten, Mr. Bevan, daß nicht Miss Eloise, sondern Mr. Tormod Mina Spencer-Brown ermordet hat?«

Bevan schaute ihn offen an.

»Es scheint ganz so, Sir. Warum hätte Miss Eloise sie ermorden sollen?«

»Aus Eifersucht, weil ihr Bruder seine Gefühle einer anderen Frau zuwandte«, erwiderte Pitt.

»Die Beziehung mit Mrs. Spencer-Brown liegt bereits einige Zeit zurück, Sir. Falls er geheiratet hätte, wäre es auf keinen Fall Mrs. Spencer-Brown gewesen – aber es hätte sehr wohl Mrs. Denbigh sein können – eine wohlhabende, attraktive Dame, unverheiratet, und, wenn Sie mir die Bemerkung verzeihen, mehr als willig. Und doch lebt Mrs. Denbigh noch und erfreut sich bester Gesundheit.«

Pitt wandte sich an Harris. »Haben Sie im Wintergarten nachgesehen, Harris?«

»Ja, Sir. Keine Tollkirschen. Was allerdings nicht heißt, daß sie niemals dort waren. Ich kann mir nicht vorstellen, daß unser Mörder töricht genug war, das Zeug dort zu lassen.«

»Nein.« Pitts Gesicht verhärtete sich. »Nein, wahrscheinlich nicht.«

»Kann ich sonst noch irgend etwas für Sie tun, Sir?« erkundigte sich Bevan.

»Nein, vielen Dank. Im Moment nicht.« Pitt fiel es zwar schwer, die Worte zu sagen, aber der Mann hatte ein Recht darauf. »Vielen Dank für Ihre Hilfe.«

Bevan deutete eine Verbeugung an. »Keine Ursache, Sir.«

»Verdammt!« fluchte Pitt, als er annehmen konnte, daß der Butler ihn nicht mehr hören konnte. »Hol's der Teufel!«

»Ich wette meinen Kopf, daß er recht hat«, sagte Harris aufrichtig. »Klingt sehr schlüssig. Wohlhabende, attraktive Witwe, wie er sagt. Alte Geliebte macht Probleme, droht, alles zu erzählen, sehr peinliche Situation. Es winkt ein schöner Batzen Geld, sie steht ihm im Weg. Wär' nicht das erste Mal. Und keinerlei Beweise!«

»Das weiß ich selbst«, fuhr Pitt ihn an. »Verdammt noch mal, Mann, das weiß ich schließlich selbst!«

Sie gingen in die Diele und trafen Dr. Mulgrew, der gerade die Treppe herunterkam. Seine Augen waren verschwollen, und sein Haar sah zerzaust aus. Er war sicher gekommen, um nach Eloise zu sehen.

»Guten Morgen«, sagte Pitt kurz angebunden.

»Scheußliche Geschichte«, erwiderte Mulgrew, der Pitts Mißmut richtig interpretierte. »Wir haben Tormod verloren, wissen Sie. Die Verletzungen waren zu schwer – zum Schluß hat das

Herz nicht mehr mitgemacht.« Dann warf er Pitt ein zaghaftes Lächeln zu. »Hab' einen richtigen Brummschädel. Vielleicht sollte ich noch was nachschütten! Bin Ihnen sehr zu Dank verpflichtet, Pitt. Sie sind ein Pfundskerl. Trinken Sie einen mit mir? Rufen Sie Bevan. Ich brauch' unbedingt was gegen diese Kopfschmerzen. In meinem Alter sollte man keinen Champagner trinken und dann in aller Herrgottsfrühe wieder auf den Beinen sein! Nicht gesund.«

»Champagner?« Pitt starrte ihn entgeistert an.

»Genau. Sie wissen doch, das prickelnde Zeug! ›Champagner, oh, wie lieb ich dich!‹« sang er kaum hörbar in einem erstaunlich angenehmen Bariton. »›Wie es prickelt, fizz, fizz, fizz!‹«

Pitt konnte ein Lächeln nicht unterdrücken, auch wenn ihm sonst eigentlich nicht danach zumute war.

»Danke«, sagte Mulgrew wieder und drückte seinen Arm. »Sie sind ein sehr freundlicher Mensch.«

Als Pitt am Abend nach Hause kam, wartete Charlotte bereits auf ihn. Sobald er zur Tür herein war, sah sie an seinem Gesicht, daß etwas geschehen war, das ihn bedrückte und verwirrte. Es war ein warmer Tag gewesen, und das Zimmer lag nach Süden. Die Fenster zum Garten waren geöffnet gewesen, und der Geruch von frischem Gras lag noch in der Luft. Einige weiße Narzissen standen in einem schlanken Krug, ihr Duft war intensiv und klar wie ein Frühlingsregen.

»Was ist denn los?« Ein andermal hätte sie vielleicht gewartet, doch heute abend brachte sie es nicht fertig. »Was ist passiert, Thomas?«

»Tormod ist tot.« Er zog seinen Mantel aus und ließ ihn auf das Sofa fallen. »Er ist heute morgen gestorben.«

Sie machte sich nicht die Mühe, den Mantel aufzuheben.

»Oh.« Sie betrachtete sein Gesicht und spürte, daß ihn noch mehr bekümmern mußte. Dafür war sein Schmerz zu groß. »Was noch?«

Er warf ihr ein Lächeln zu, in dem eine plötzliche Zärtlichkeit lag. Er griff nach ihrer Hand.

Sie umklammerte seine Hand. »Was noch?« wiederholte sie.

»Amaryllis Denbigh ist aufs Polizeirevier gekommen und hat mir mitgeteilt, daß Eloise Mina umgebracht hätte. Sie sagte, sie habe es schon eine Weile geahnt, jedoch nichts gesagt, weil sie

Tormod schützen wollte. Jetzt, wo er tot ist, habe sie nichts mehr zu verlieren.«

»Glaubst du ihr denn?« fragte sie vorsichtig. Rein instinktiv wollte sie diese Lösung nicht akzeptieren, doch sie wußte, daß ein Mord nicht immer leicht zu verstehen war und daß nicht alle Mörder hassenswerte Menschen waren. Manchmal lauerte die Dunkelheit direkt unter dem, was hell und licht erschien.

»Ich bin hingegangen, um es nachzuprüfen.« Er seufzte und setzte sich, dann zog er sie sanft zu sich auf das Sofa. »Ich habe Beweise gefunden. Ich weiß nicht, ob sie dem Gericht reichen werden – vielleicht. Doch das ist gleichgültig, denn alles, was ich sagen könnte, ist, daß es jemand im Haus der Lagardes war, und der Butler beschwört, daß es Tormod gewesen ist. Dabei bleibt er – doch ich kann nicht feststellen, ob er die Wahrheit sagt oder ob er nur Eloise schützen will. Wahrscheinlich werde ich es nie herausfinden.«

»Warum hätte Eloise Mina töten sollen?« fragte sie.

»Aus Eifersucht. Weil sie krankhaft eifersüchtig auf Tormod war.«

»Dann hätte sie Amaryllis umbringen müssen. Amaryllis war diejenige, die er hätte heiraten können«, warf sie ein. »Er hätte doch nicht Mina geheiratet – von ihr drohte keine Gefahr. Sie hätte niemals mehr für ihn sein können als seine Geliebte, und ich bezweifle sogar, daß sie das jemals gewesen ist!«

»Das sagt auch Bevan –«

»Der Butler?«

»Ja.«

»Amaryllis war die krankhaft Eifersüchtige von den beiden.« Charlotte dachte nach, durchforschte ihr Gehirn nach Eindrücken und Erinnerungen. »Sie haßt Eloise genug, um zu dir zu kommen und dir eine derartige Lüge aufzutischen. Selbst jetzt, wo Tormod tot ist, haßt sie Eloise noch.«

»Du brauchst dir keine Sorgen zu machen, ich werde Eloise nicht verhaften.« Er legte den Arm fester um ihre Schultern. »Ich habe keine Beweise.«

Sie entzog sich ihm und sah ihn an. »Und was glaubst du?«

Er dachte einen Moment nach, wobei auch er sie anschaute, als versuche er, ihre Gedanken zu erraten.

»Ich denke, daß Tormod es getan hat«, antwortete er schließlich. »Ich denke, Mina war ihm lästig, hat ihm keine Ruhe gegeben, und er wollte Amaryllis heiraten – unter anderem wegen ihres Geldes – und hat Mina umgebracht, damit sie den Mund hielt. Vielleicht hat sie ihm auch gedroht.«

Charlotte lehnte sich langsam zurück und überlegte. Die arme Amaryllis war so verliebt in Tormod gewesen, daß sie alle Sanftheit und Freundlichkeit verloren hatte, sogar ihre Fähigkeit zur Freundschaft, bis es in ihrem Leben keinen Platz mehr gab für irgendwelche anderen Gefühle oder auch nur Höflichkeiten. Jetzt konnten Eloise und sie sich nicht einmal gegenseitig trösten.

»Merkwürdig, was die Leidenschaft aus einem Menschen machen kann«, sagte sie laut. »Man bekommt richtig Angst. Sie scheint alles andere zu verschlingen. Alle anderen Werte werden davon aufgesogen.«

Sie dachte an Caroline und Paul Alaric, doch sie wollte darüber nicht reden. Es war sicher das beste, diese Geschichte möglichst schnell wieder zu vergessen, sogar Pitt sollte das tun, besonders, wo Edward mittlerweile wirklich versuchte, sich zu ändern. Gestern abend hatte er Caroline ins Savoy-Theater mitgenommen, um den *Mikado* zu sehen, und ihr außerdem eine Granatbrosche geschenkt.

Hatte Paul Alaric je geahnt, welche Gefühle er in Frauen entfachen konnte? Er besaß ein Gesicht, das zum Träumen anregte, man vermutete dahinter heftige Leidenschaften – eine Vermutung, zu der romantische Frauen nur allzu schnell neigten, weil sie nach einem Mysterium Ausschau hielten, weil sie genug hatten von den Männern, die ihnen vertraut waren und die sie so genau zu kennen glaubten. Ob Paul Alaric jemals selbst diese tosenden Gefühle empfunden hatte, wußte sie nicht, doch in den letzten Augenblicken, als sie und Caroline ihn zurückgelassen hatten und er ihnen hilflos nachgeschaut hatte, hatte der Schock über ihr Weggehen wie eine Wunde in seinem Gesicht gebrannt. Allein deshalb schon würde sie sich immer mit freundlichen Gefühlen an ihn erinnern.

Tormod hatte in Amaryllis einen noch viel heftigeren Hunger geweckt. Irgend etwas an ihm, sei es etwas Körperliches oder Geistiges, hatte sie so sehr in seinen Bann gezogen, daß sie zum Schluß an nichts anderes und niemand anderen mehr denken konnte. Er mußte einen überwältigenden Charme besitzen, eine Anziehungskraft, die ihr Urteilsvermögen völlig außer Kraft gesetzt hatte.

Und natürlich hatte auch Eloise ihn geliebt, sie hatten immerhin ihr ganzes bisheriges Leben miteinander verbracht. Kein Wunder, daß Amaryllis eifersüchtig war, ausgeschlossen von seiner Vergangenheit –

Plötzlich kam ihr ein abscheulicher, ein so unaussprechlich häßlicher Gedanke, daß sie ihn nicht einmal ausdrücken konnte, und bei der bloßen Ahnung schon kroch die Kälte in ihr hoch.

»Was ist los?« fragte Pitt. »Du zitterst ja!«

Diese Möglichkeit war derart grauenhaft, daß sie es nicht über sich brachte, sie in Worte zu fassen, nicht einmal Pitt gegenüber. Jetzt, wo ihr dieser Gedanke in den Kopf gekommen war, mußte sie unbedingt mit Eloise sprechen, um herauszufinden, ob er wirklich der Wahrheit entsprach, aber nicht heute abend – und vielleicht war es besser, Pitt gar nichts davon zu sagen?

»Ich bin froh, daß alles vorbei ist«, antwortete sie und rückte näher an ihn heran. Sie nahm seine Hand und hielt sie fest. Die Lüge machte ihr nichts aus. Schließlich handelte es sich lediglich um eine Idee.

Am nächsten Morgen zog sie ihre dunkelsten Kleidungsstücke an und nahm den Omnibus. Sie stieg an der Haltestelle aus, die dem Rutland Place am nächsten lag, und legte den Rest des Weges zu Fuß zurück. Sie besuchte Caroline nicht; wenn möglich, wollte sie niemandem gegenüber diesen Besuch erwähnen.

Der Diener öffnete ihr die Tür.

»Guten Morgen, Mrs. Pitt«, sagte er mit gedämpfter Stimme und machte einen Schritt zur Seite, um sie hereinzulassen.

»Guten Morgen«, erwiderte sie ernst. »Ich bin gekommen, um mein Mitgefühl auszusprechen. Geht es Miss Lagarde gut genug, daß sie mich empfangen kann?«

»Ich werde nachfragen, Ma'am. Wenn Sie mir folgen wollen. Mr. Tormod ist im Frühstückszimmer, doch es ist kalt dort.«

Einen Augenblick lang war sie etwas verblüfft, als er von Tormod sprach, als sei er noch am Leben, doch dann erkannte sie, daß er natürlich meinte, daß Tormod dort aufgebahrt war, und daß es in manchen Häusern üblich war, den Verstorbenen mit einem letzten Besuch zu ehren. Vielleicht erwartete man dies auch von ihr?

»Vielen Dank.« Sie zögerte, dann ging sie hinein, um den Toten zu sehen.

Der Raum war dunkel und so kühl, wie der Diener gesagt hatte, erfüllt von der merkwürdigen Kälte des Verfalls. Die Wände und der Tisch waren mit schwarzem Crêpe verhängt, und auf der Anrichte lag eine schwarze Decke. Tormod lag in einem dunklen, polierten Sarg auf dem Tisch in der Mitte des Zimmers. Die Gaslampen waren nicht angezündet, und die Sonne, die von draußen durch die Rouleaus fiel, tauchte den Raum in ein diffuses, aber klares Licht. Gegen ihren Willen fühlte sie sich genötigt, an den Tisch zu treten, um einen Blick auf den Toten zu werfen.

Seine Augen waren geschlossen, und doch hatte sie den Eindruck, als ob der Gesichtsausdruck unnatürlich war. Es lag kein Frieden auf seinem Gesicht. Der Tod mochte dem Körper zwar seinen Geist geraubt haben, doch Tormods Züge vermittelten unverkennbar, daß das letzte Gefühl, das er verspürt haben mußte, Haß gewesen war, ohnmächtiger, zerstörerischer Haß.

Sie wandte die Augen ab. Dieser Anblick erfüllte sie mit Angst, und mehr noch als zuvor wuchs in ihr eine schreckliche Ahnung, die immer mehr zur Gewißheit wurde.

Die Tür wurde leise geöffnet, und Eloise stand einen Moment regungslos da, bevor sie den Raum betrat.

Jetzt, wo sie einander wirklich gegenüberstanden, den Toten zwischen sich, fiel es Charlotte schwerer zu sprechen, als sie erwartet hatte.

»Es tut mir leid«, sagte sie unbeholfen. »Eloise, es tut mir so leid.«

Eloise sagte nichts, doch sie starrte Charlotte unverwandt an – ihr Blick war direkt, beinahe neugierig.

»Sie haben ihn sehr geliebt«, fuhr Charlotte fort.

Ein Zucken huschte über Eloises Gesicht, doch sie sagte immer noch nichts.

»Haben Sie ihn auch gehaßt?« Plötzlich fiel es Charlotte nicht mehr so schwer zu sprechen. Ihr Mitleid war stärker als ihre Verlegenheit und ihre Angst. Sie wollte die Arme ausstrecken, um Eloise zu berühren, sie umarmen, sie so fest an sich drücken, daß sie ihre Wärme spürte, ihrem erstarrten Körper etwas von ihrem eigenen Leben geben.

Eloise atmete tief ein und stieß einen leisen Seufzer aus. »Woher wissen Sie das?«

Charlotte konnte es selbst nicht erklären. Der Gedanke war ganz von selbst gekommen, hatte sich aus Eindrücken geformt, die sie gesammelt hatte, aus Blicken, Gesten, ihrem Wissen um die dunklen Geheimnisse der Seele, die man aus dem Bewußtsein verbannt, weil sie verboten sind, zu häßlich, um sie vor sich selbst zugeben zu können.

»Mina hat das gewußt, nicht wahr?« sagte Charlotte. »Deshalb hat er sie getötet – es hatte nichts mit irgendwelchen Affären aus der Vergangenheit zu tun und auch nichts mit der geplanten Heirat mit Amaryllis.«

»Er wollte Amaryllis heiraten«, sagte Eloise leise. »Es hätte mir nichts ausgemacht, auch nicht, daß er mich nicht mehr – geliebt hätte.«

»Aber sie hätte ihn nicht mehr heiraten wollen«, erwiderte Charlotte. »Nicht, wenn Mina überall erzählt hätte, daß Tormod und Sie ein Liebespaar waren und nicht nur Bruder und Schwester.« Jetzt, wo sie die Worte ausgesprochen hatte, war ihre Angst nicht mehr so groß – sie hatte sie gesagt, und sie konnten der Wahrheit ins Auge blicken.

»Vielleicht nicht.« Eloise schaute auf das tote Gesicht ihres Bruders. Es schien ihr nichts auszumachen, und Charlotte spürte mit einem Mal, daß es etwas gab, das sie noch nicht wußte. Die Wahrheit war noch schlimmer, noch viel schrecklicher. Der Selbsthaß, den Eloise verspürte, die Verzweiflung waren mehr als das Wissen um Inzest und die mögliche Zurückweisung durch den anderen, tiefer als alles, das sie bisher verstanden hatte.

»Wie alt waren Sie, als es anfing?« fragte Charlotte.

Eloise streckte den Arm aus und berührte das Leichentuch.

»Dreizehn.«

Charlotte fühlte die Tränen in sich hochsteigen und verspürte einen Haß auf Tormod, der so stark war, daß sie seinen entstellten Körper und sein totes Gesicht ohne Bedauern ansehen konnte, genauso kalt, als wäre er ein Fisch, der auf einem Markt feilgeboten wurde.

»Sie haben Mina nicht ermordet, nicht wahr?«

Eloise schüttelte müde den Kopf. »Nein, aber es ist gleichgültig, ob die Polizei das denkt oder nicht, denn ich bin trotzdem schuldig.«

Charlotte öffnete den Mund, schloß ihn dann aber wieder.

»Ich habe zugelassen, daß Tormod mein Baby umgebracht hat.« Eloises Stimme war nicht mehr als ein Flüstern. »Ich habe ein Kind erwartet, ich war im vierten Monat. Lange Zeit habe ich gar nichts davon geahnt – ich wußte zu wenig. Doch als ich es schließlich gemerkt habe, habe ich es Tormod erzählt. Das war an dem Tag, als ich Sie zum ersten Mal gesehen habe. Wir sind nicht wegen Minas Tod aufs Land gefahren. Ich habe dort abtreiben lassen. Ich habe erst davon erfahren, als wir da waren. Tormod hat gesagt, es müßte sein, weil ich nicht verheiratet bin und weil das, was wir taten, falsch sei. Er hat gesagt, das Baby sei noch gar nicht richtig da, daß es nur wie ein wenig – wie ein wenig Blut sein würde.«

Sie sah so aschfahl aus, daß Charlotte Angst hatte, sie würde jeden Moment zusammenbrechen, doch sie wagte nicht, sich zu bewegen, um ihr zu helfen. Eloises Worte drückten eine Seelenqual aus, die so tief war, daß sie einfach hervorbrechen mußte.

»Er hat mich angelogen. Es war mein Kind!«

Charlotte fühlte, wie ihr Tränen über die Wangen rannen, und legte instinktiv die Hände auf ihren Bauch, in dem ihr eigenes Kind heranwuchs.

»Es war mein Baby«, sagte Eloise. »Sie haben mir nicht erlaubt, es zu berühren. Sie haben es einfach nur weggemacht.«

Schweigen erfüllte den Raum, doch es schien, als sei der Schmerz so grenzenlos, daß nichts groß genug war, um ihn aufnehmen zu können.

»Deshalb habe ich ihn getötet«, sagte Eloise schließlich. »Als es mir wieder etwas besser ging, hat er eine Kutschfahrt mit mir unternommen. Ich habe ihn heruntergestoßen, und die andere Kutsche und die Pferde haben ihn überrollt. Ich habe ihn nicht umgebracht. Ich habe ihn zum Krüppel gemacht. Wir haben ihn nach oben in sein Bett gebracht, seine Schmerzen waren unerträglich. Er wußte, daß er nie mehr gehen konnte. Ich bin immer wieder hineingegangen und habe ihn angesehen. Er war gelähmt, wissen Sie. Er konnte sich nicht mehr bewegen, konnte nicht einmal mehr sprechen. Er hat mich nur immer angestarrt, mit einem Haß, der so stark war, daß ich das Gefühl hatte, daß er seinen Körper verbrannte. Mein eigener Bruder, den ich mein ganzes Leben lang geliebt hatte. Ich habe am Fußende des Bettes gestanden und zurückgestarrt. Ich habe keine Reue verspürt. Ich habe mich selbst gehaßt, und ich habe ihn gehaßt. Ich habe sogar daran gedacht, mich selbst umzubringen. Ich weiß auch nicht, warum ich es nicht getan habe. Aber er hat mir nicht leid getan. Ich habe kein Mitleid für ihn empfunden.

Ich sehe immer noch den Körper meines Kindes vor mir. Der Arzt hat gesagt, daß ich nie wieder Kinder haben werde. Sie haben irgend etwas mit mir gemacht.«

Endlich erwachte Charlotte aus ihrer Erstarrung. Sie ging um den Sarg herum und schloß den Deckel, dann nahm sie Eloises Hand und hielt sie sehr sanft in ihren Händen.

»Werden Sie es der Polizei sagen?« fragte Eloise leise.

»Nein.« Charlotte nahm sie in die Arme und hielt sie ganz fest. Am liebsten hätte sie laut geweint, doch sie mußte sich beherrschen. Sie atmete tief ein. »Nein. Er hat Mina getötet – dafür hätte man ihn sowieso gehängt. Es war nicht richtig, ihn umzubringen, aber es ist nun einmal geschehen. Ich werde niemandem davon etwas sagen.«

Langsam entspannte sich Eloise und legte schließlich ihren Kopf auf Charlottes Schulter. Endlich, zum ersten Mal, seit sie den winzigen Körper ihres Kindes gesehen hatte, begann sie zu weinen.

Lange, fast eine Ewigkeit, standen sie neben dem verschlossenen Sarg, ließen ihren Tränen freien Lauf, gaben sich gemeinsam dem Schmerz hin.

Erst als Inigo Charrington in der Tür stand, die Augen voll Mitgefühl und Zuneigung, ließ Charlotte Eloise wieder los.

# Nachwort

Der Philosoph Ernst Bloch hat einmal gesagt, der Detektivroman fiele gleichsam mit der Leiche ins Haus. In Anne Perrys 1983 erschienenem Roman *Rutland Place* ist es ein sehr viel unbedeutenderes Ereignis als ein Mord, das Charlotte Pitt, nun schon bewährte Amateurdetektivin an der Seite ihres offiziell ermittelnden Gatten, mit ihrem neuesten Fall konfrontiert: Ihre Mutter Caroline Ellison bittet sie um Hilfe bei der Suche nach einem kleinen verschwundenen Schmuckstück. Charlotte ist verwundert, daß Caroline bei ihrer langen Erfahrung mit Dienstboten – denn die werden ja wohl damit zu tun haben – nicht allein mit einer solchen Bagatelle fertig wird.

Doch bei ihrem Besuch am nächsten Tag stellt sich heraus, daß mehr hinter der Angelegenheit steckt. Zwar ist der materielle Wert des Schmuckes gering, und auch die Tatsache, daß Caroline das vermutlich nur vergoldete Schmuckstück von ihrer argwöhnischen, neugierigen und spitzzüngigen Schwiegermutter geschenkt bekommen hat, die den Verlust bald bemerken wird, ist nicht entscheidend. Aber – es handelt sich um ein Medaillon, und sein verschlossenes Inneres birgt offensichtlich ein Porträt, das Charlottes Mutter schwer kompromittieren, ja erpreßbar machen könnte, selbst wenn Mutter und Tochter das kaum auszusprechen wagen. Zudem hat Caroline das Gefühl, jemand beobachte sie, belaure sie, und ihre zerrütteten Nerven kann sie kaum noch verbergen.

Caroline leidet keinesfalls unter Verfolgungswahn, wie sich bald herausstellt: Auch in den vornehmen Nachbarhäusern werden Gegenstände vermißt, und eine ansonsten recht robuste und patente Nachbarin klagt ebenfalls, sie fühle sich ständig beobachtet. Soviel findet man bei den sich täglich wiederholenden Visiten heraus – mehr jedoch nicht. Wie die Häuser am Rutland Place zeigt man einander nur die gepflegten Fassaden und redet verzweifelt über Banalitäten, um etwas zu sagen, macht auch gelegentlich Andeutungen über abwesende Dritte; aber sobald Dinge berührt werden, die einen selbst betreffen, die tiefer gehen, weicht man aus. Viel weiß man nicht voneinander; selbst wenn man sich täglich sieht, ahnen die Frauen doch kaum, was die Männer machen, wenn sie »in der City« tätig sind. Dies ist die allgemeine Formel; sie deckt von einer regelmäßigen Geschäftstätigkeit bis zur Verwaltung des eigenen Vermögens und gelegentlichen Aufsichtsratssitzungen alles ab. Die Formel ist so bequem, daß auch Charlotte die Frage, ob ihr Gatte »in der City« tätig sei, besten Gewissens bejahen kann, ermittelt er doch gerade dort. Den Umstand, daß sie mit einem Polizisten verheiratet ist – und etwas Besseres ist in den Augen der feinen Gesellschaft zur Zeit der Königin Victoria ein Inspector nicht –, hat ihre Mutter gegenüber den Nachbarn natürlich verschwiegen.

Wer unter ihnen könnte die andern verfolgen und ausspionieren? Wer unter ihnen würde unbedeutende Dinge stehlen und in welcher Absicht? Denn ein Diener oder Hausmädchen – dieser Menschensorte ist in den Augen der Herrschaft alles zuzutrauen – kann kaum für die Diebstähle verantwortlich gemacht werden. Dafür ist in zu vielen Häusern etwas abhanden gekommen, zu denen fremdes Dienstpersonal einfach keinen Zugang hätte. Erste Ahnungen stellen sich bei Charlotte ein, daß die Taten Folge einer kranken Psyche sein mögen, aber Caroline und ihrer Generation, zwei Jahrzehnte vor Sigmund Freud geboren, sind solche Überlegungen völlig fremd. Für sie gibt es nur gut und böse, und was das ist, haben Kirche und Gesellschaft für immer geregelt. Die einzige Grauzone, in der Zugeständnisse gemacht werden, ist das Gebiet der Sexualität, der männlichen wohlgemerkt. Daß auch Frauen in erotische Verstrickungen geraten können, wie Caroline soeben selbst erfahren muß, wird die Gesellschaft immer leugnen.

Der plötzliche Tod einer Nachbarin verschärft die Situation und läßt alle bislang hinter vorgehaltener Hand gestellten Fragen plötzlich offen ausgesprochen werden. Mina Spencer-Brown ist nach einem der zahllosen Höflichkeitsbesuche in einem Nachbarhaus zurückgekehrt, auf ihr Zimmer gegangen und wird wenig später vom Personal tot aufgefunden. Der sogleich herbeigerufene Hausarzt vermutet eine Belladonnavergiftung und läßt über eins der soeben in Mode kommenden Telefone die Polizei verständigen. Inspector Pitt, Charlottes Ehemann, wird mit dem Fall betraut. Ein Unfall, ein Verwechseln von Flaschen, eine versehentlich genommene Überdosis, all diese Erklärungen können rasch ausgeschlossen werden. Es bleiben also zwei Möglichkeiten: Selbstmord oder Mord, und beide sind gleich schrecklich. Was kann eine gesunde, anscheinend glückliche Ehefrau in gesicherten Vermögensumständen dazu bringen, so plötzlich ihr Leben zu beenden? Wurde sie erpreßt, war sie unglücklich verliebt, hatte sie plötzlich abgrundtiefe, dunkle Seiten an ihrem Ehemann entdeckt? War sie die Diebin? Wie steht es mit Mord? Hat sie jemanden erpreßt? Wußte sie etwas von den Diebstählen? Stand sie jemandem – wobei? – im Wege? Am liebsten schlösse die Gesellschaft am Rutland Place vor all dem die Augen, doch die Mutmaßungen, die Ungewißheit, das Zwielicht sind schlimmer, als es die Wahrheit und die Klarheit sein können.

Damit ist wieder die Situation eingetreten, die das Muster von Anne Perrys Detektivromanen um Charlotte Ellison und Thomas Pitt bildet. Bei einer Mordserie in der Cater Street, bei der Charlotte eine Schwester verlor und in der Inspector Pitt ermittelte, haben sie sich einst kennengelernt (*Der Würger von der Cater Street*, DuMont's Kriminal-Bibliothek Band 1016). Bei weiteren Fällen Pitts haben sie dann ihre unterschiedliche Position in der Gesellschaft für die Detektionsarbeit genutzt: Pitt sammelte offiziell die der Polizei zugänglichen Fakten, während Charlotte, unterstützt von ihrer mit einem Lord verheirateten Schwester, sich in die hochgestellten Gesellschaftskreise begab und nach den vor der Polizei verborgenen Informationen suchte. Gemeinsam – meist allerdings mit einem Vorsprung Charlottes – fanden sie dann die Lösung (*Callander Square, Nachts am Paragon Walk*, DuMont's Kriminal-Bibliothek Band 1025 und 1033).

Doch diesmal liegen die Dinge etwas anders. Einen denkbaren Schritt vom Wege der Tugend im Fall der eigenen Mutter möchte Charlotte selbst mit ihrem Mann nicht erörtern, zumal Caroline unter Polizeigesichtspunkten durchaus des Mordes an ihrer Nachbarin verdächtig ist. Die Aufdeckung einer Affäre bedeutete für eine Frau den gesellschaftlichen und ökonomischen Ruin, ja, fast das physische Ende – man denke an die harten Strafen, die sich Tolstoi, Flaubert und Fontane bei aller Einfühlung in die individuelle Situation für Carolines Generationsgenossinnen Anna Karenina, Emma Bovary und Effi Briest haben einfallen lassen. So kommt es am *Rutland Place* zu einem Wettlauf zwischen Thomas und Charlotte Pitt, die wieder ihre Schwester zur Verstärkung herangezogen hat. Die beiden Schwestern beschließen, den Mord möglichst rasch auf eigene Faust aufzuklären, ehe unnötig viele Geheimnisse – darunter die Verirrung ihrer Mutter – von der Polizei, und das heißt eben auch von Thomas Pitt, ans Licht gezerrt werden. Und so geschieht es, daß Charlotte im Rahmen der sich nun überstürzenden Ereignisse nicht nur eine hochgestellte Dame ohrfeigt, sondern auch mit einem attraktiven jungen Mann ein von anständigen Frauen zu meidendes Varieté aufsucht und sich dort mit Champagner betrinkt, was sie vor ihrem Ehemann nun wirklich nicht mehr verheimlichen kann. Überdies macht sie sogar als Dame noch einen Besuch bei einem alleinstehenden Mann, was gesellschaftlich ein absolutes Ding der Unmöglichkeit ist.

Schritt für Schritt nähert sie sich dabei der Lösung des Geheimnisses, besser, der Geheimnisse, die sich hier durchkreuzen, dringt tiefer in das Labyrinth ein, das sich hinter den gepflegten Fassaden am Rutland Place aufgetan hat. Jede Kammer scheint die innerste zu sein, doch hinter jeder tut sich noch eine weitere auf – in den Peripetien der Lösungen kann dieses Werk Anne Perrys berühmten Vorbildern wie E.C. Bentleys *Trent's Last Case* oder Michael Innes' *Lament for a Maker* an die Seite gestellt werden. Erst ganz zum Schluß steht sie schaudernd vor dem Minotaurus, der dann jedoch schon tot ist. Und Charlotte Pitt wird nie verraten, wer ihn getötet hat – auch nicht ihrem Mann, dem Polizeiinspector Thomas Pitt.

*Volker Neuhaus*

# Tod in Devil's Acre

# Kapitel 1

Constable Withers nieste, als der eisige Januarwind von der Themse her die Gasse hochfegte. Bis Tagesanbruch waren es noch drei Stunden, und das Licht der Gaslaternen auf der Hauptstraße erleuchtete diesen düsteren, vor Schmutz starrenden Durchgang am Rande von Devil's Acre im Schatten von Westminster nur schwach.

Er mußte wieder niesen. Der Geruch des nur fünfzig Yard entfernten Schlachthauses, der Gestank der verrottenden Abflußrohre, die Abfälle und der Schmutz vieler Jahre schnürten ihm die Kehle zu.

Aber das war in der Tat merkwürdig – das Tor zum Hof des Schlachthauses stand offen! Es hätte eigentlich geschlossen sein müssen – jedenfalls so früh am Morgen. Wahrscheinlich gab es dafür eine einfache Erklärung. Einer der Lehrjungen hatte wieder einmal vergessen, es zuzumachen – die jungen Burschen waren heutzutage einfach viel zu nachlässig. Hauptsache das Fleisch, das sich noch im Schlachthaus befand, war sicher in den Kühlräumen untergebracht. Trotzdem würde er nachsehen, immerhin ein Grund, den eintönigen Rundgang auf dem grauen Pflaster zu unterbrechen.

Er ging hinüber zu den Kühlräumen. Er sah besser schnell nach, ob alles in Ordnung war.

Er blickte sich suchend um. Alles ruhig – bloß ein alter Trunkenbold, der mitten im Hof lag und seinen Rausch ausschlief. Am besten, er sorgte dafür, daß der Mann von hier verschwand, zu seinem eigenen Besten, bevor die Schlachter eintrafen und ihn hinauswarfen. Es gab immer ein paar Männer, die sich mit Saufbrüdern wie diesem ihre Späße erlaubten.

»Aufwachen, alter Knabe«, sagte er laut, als er sich zu dem Mann hinunterbeugte und seine kräftigen Schultern schüttelte.

»Du sollst von hier verschwinden. Hier hast du nichts zu suchen. Und warum du dir ausgerechnet diesen Platz hier zum Pennen ausgesucht hast, ist mir wirklich schleierhaft.«

Doch der Mann regte sich nicht.

»Jetzt komm schon, alter Knabe!« Er schüttelte ihn noch heftiger und hob die Laterne hoch, um besser sehen zu können. Der arme alte Kerl war doch wohl nicht etwa erfroren? Nicht daß Constable Withers so etwas zum ersten Mal sah – und alt waren die Erfrorenen beileibe auch nicht immer. Wenn der Winter hart war, lagen oft auch Kinder, kaum ein paar Jahre alt, erfroren auf der Straße.

Das Licht seiner Laterne fiel auf das Gesicht des Mannes. Tatsächlich, der arme Teufel war wirklich tot, seine Augen waren weit offen und glasig.

»Komisch«, sagte er laut. »Sonst erwischt's die doch immer im Schlaf.« Dieses Gesicht dagegen hatte einen erstaunten Ausdruck, als wäre der Tod überraschend gekommen. Er hielt die Laterne ein wenig tiefer.

»Gott im Himmel!« Der Schritt und die Schenkel waren blutverschmiert, die Hose aus braunem Wollstoff mit einem Messer aufgeschlitzt worden, und jemand hatte die Genitalien vollkommen entfernt. Sie lagen nutzlos zwischen den Knien des Mannes – ein blutiger, zerfetzter Fleischklumpen, eine formlose, rote Masse.

Schweiß sammelte sich auf Constable Withers' Gesicht und gefror auf der Stelle. Übelkeit stieg in ihm auf, und seine Beine begannen, unkontrolliert zu zittern. Gütiger Herrgott – welche Kreatur konnte einem Menschen so etwas antun? Er wankte rückwärts und lehnte sich gegen die Wand, neigte den Kopf ein wenig, um gegen den aufkommenden Brechreiz anzukämpfen..

Mehrere Minuten verstrichen, bevor er wieder klar genug denken konnte, um zu entscheiden, was zu tun war. Auf jeden Fall mußte er Hilfe holen. Und von hier fort, weg von diesem grausigen Fund, der vor ihm auf dem Boden lag.

Er richtete sich auf, eilte durch das Tor hinaus und zog es heftig hinter sich zu. Er war froh über den eisigen Ostwind, der die beißende Kälte des Meeres mit sich führte. Morde waren in den überfüllten Londoner Slums im Jahre des Herrn 1887 nichts Ungewöhnliches, doch hier handelte es sich um eine bestialische Tat, und in seinem ganzen Leben hatte er noch nie etwas Ähnliches zu Gesicht bekommen.

Er mußte zunächst einen Kollegen finden, der bei der Leiche Wache stand, dann erst konnte er den Vorfall melden und seinem Vorgesetzten überlassen. Gott sei Dank war er aufgrund seines niedrigen Ranges nicht befugt, diesen Fall selbst zu übernehmen!

Zwei Stunden später schloß Inspector Thomas Pitt, eine Laterne in der Hand, das Tor zum Schlachthaus hinter sich und trat in den Hof. Er starrte auf die Leiche, die noch genauso dalag, wie der Constable sie gefunden hatte. Im grauen Licht des Morgens sah sie geradezu grotesk aus.

Pitt beugte sich herab und hob die Schulter des Toten an, um nachzusehen, ob irgend etwas darunter lag, eine Waffe vielleicht, oder ob es eine weitere Verletzung gab. Die Verstümmelung selbst konnte nicht zum Tode geführt haben. Und ganz gewiß hätte ein Mann, der auf so grausame Weise zugerichtet worden war, jeden Versuch unternommen, sich zu schützen und den hervorquellenden Blutstrom aufzuhalten. Allein der Gedanke daran bereitete ihm Übelkeit, und er verbannte ihn mit aller Macht wieder aus seinem Kopf. Er achtete nicht einmal auf den kalten Schweiß, der sich auf seiner Haut sammelte und sein Hemd durchnäßte.

Er schaute sich die Leiche genau an. An den Händen des Toten befand sich kein Blut, nicht die geringste Spur. Sogar die Nägel waren sauber, höchst ungewöhnlich für jemanden, der eine Gegend wie diese aufsuchte, erst recht, wenn sich dieser Mensch auch noch ausgerechnet im Hof eines Schlachthauses zum Schlafen niederlegte!

Als er den Toten genauer untersuchte, fand er auf dem Boden unter dem Körper des Mannes einen großen, dunklen Fleck, der von dem Blut stammte, das durch die Jacke gesickert war, direkt neben der Wirbelsäule, genau an den Rippen, hinter denen das Herz lag. Er hielt die Laterne höher, um besser sehen zu können, doch sonst befand sich kein Blut auf den Steinen. Er atmete heftig aus und erhob sich wieder, wobei er sich unbewußt die Hände an seinen Hosenbeinen abwischte. Jetzt erst konnte er sich dem Gesicht des Toten zuwenden.

Er hatte mächtige Kiefer und eine breite Nase, die Haut war bläulichrot, der Mund umgeben von Lachfältchen. Die Augen wirkten klein und rund – das Gesicht eines Menschen, der ein Leben in Wohlstand geführt hatte. Der Körper erschien Pitt gut genährt und von durchschnittlicher Größe, die Hände waren kräftig, feist, aber tadellos gepflegt, Haarfarbe graubraun.

Der Anzug aus dickem braunem Wollstoff war an einigen Stellen vom häufigen Tragen ausgebeult und wies über dem Bauch Knitterfalten auf. In den Falten der Weste waren ein paar Krümel hängengeblieben. Pitt nahm einen heraus, zerdrückte ihn vorsichtig zwischen den Fingern und roch daran. Eindeutig Käse, Stilton oder eine ähnliche Sorte, wenn ihn nicht alles täuschte. Doch die Bewohner von Devil's Acre konnten sich ganz bestimmt keinen Stilton leisten!

Er hörte hinter sich ein Geräusch, jemand scharrte mit den Füßen. Er drehte sich um, um herauszufinden, wer es war, froh darüber, endlich Gesellschaft zu haben.

»Morgen, Pitt. Was haben Sie denn diesmal für mich?« Es war Meddows, der Polizeiarzt, ein Mann mit unverwüstlichem Humor, der ihn selbst in den unpassendsten Situationen nicht im Stich ließ. Doch diesmal wirkte seine Art nicht anstößig, seine Stimme drang vielmehr wie ein tröstlicher Hauch in diesen furchtbaren Alptraum.

»Ach, du lieber Gott!« Er stand neben Pitt und starrte auf den Toten. »Der arme Kerl.«

»Er wurde von hinten erstochen«, sagte Pitt schnell.

»Tatsächlich?« Meddows zog eine Augenbraue hoch und sah Pitt von der Seite an. »Da hätten wir ja schon mal etwas für den Anfang.« Er hockte sich auf den Boden, brachte seine Blendlaterne in die richtige Position und begann, den Körper zu untersuchen. »Nicht nötig, daß Sie dabei zuschauen«, bemerkte er, ohne den Kopf zu bewegen. »Ich sage Ihnen Bescheid, wenn ich was Interessantes finde. Zunächst einmal die Verstümmelung, ganz schön wüst – da hat einfach jemand ein scharfes Messer genommen und wild drauflos geschnitten! Und sowas kommt dann dabei heraus!«

»Also kein Fachmann?« fragte Pitt leise, als er über Meddows' Kopf hinweg auf die Fenster des Schlachthofes starrte, in denen sich das Licht der Morgendämmerung brach.

»Ganz im Gegenteil, nur ...« Meddows seufzte. »Nur blanker, gottverdammter Haß.«

»Ein Wahnsinniger?«

Meddows verzog das Gesicht. »Wer weiß? Fangen Sie ihn, dann werde ich es Ihnen sagen können – wenn Sie Glück haben. Aber wer ist dieser arme Teufel überhaupt? Wissen Sie es schon?«

Pitt hatte gar nicht daran gedacht, den Toten zu durchsuchen. Das hätte er als erstes tun müssen. Ohne zu antworten, beugte er sich herunter und begann, die Taschen des Mannes zu inspizieren.

Er fand genau das, was er erwartet hatte, mit Ausnahme von Geld – aber vielleicht hatte er dies auch gar nicht erwartet. Der Mann trug eine goldene Uhr bei sich, recht zerkratzt, aber noch immer funktionstüchtig, und einen Schlüsselring mit vier Schlüsseln. Einer der Schlüssel schien zu einem Tresor zu gehören, zwei waren Türschlüssel, und einer paßte der Größe nach möglicherweise zu einem Schrank oder einer Schublade – alles Dinge, die wohl jeder relativ wohlhabende Mann mittleren Alters bei sich führte. Außerdem fand er zwei Taschentücher, beide schmutzig, doch aus guter ägyptischer Baumwolle, mit fein gerollten Säumen. Zum Schluß stieß er noch auf drei Quittungen, zwei über einfache Haushaltsausgaben, die dritte über ein Dutzend ziemlich teurer Flaschen Burgunder. Der Tote war anscheinend ein Mann, der sich sein Vergnügen etwas hatte kosten lassen – jedenfalls was seine Tafelfreuden anging.

Viel wichtiger war jedoch, daß auf den Rechnungen ein Name und eine Adresse standen: Dr. Hubert Pinchin, 23 Lambert Gardens – ziemlich weit entfernt von Devil's Acre, sowohl was die gesellschaftliche Stellung als auch alle anderen Aspekte der Lebensführung betraf. Was hatte Dr. Pinchin bloß hier im Hof dieses Schlachthauses zu suchen gehabt, warum war er auf so grausame Weise ermordet und zugerichtet worden?

»Haben Sie was gefunden?« fragte Meddows.

Pitt wiederholte Namen und Adresse.

Meddows Gesicht nahm den Ausdruck amüsierten Erstaunens an. »Na sowas!« bemerkte er. »Übrigens war er höchstwahrscheinlich bewußtlos und schon halbtot, als man ihm das hier angetan hat.« Er wies auf den Unterleib der Leiche. »Immerhin ein schwacher Trost. Ich vermute, Sie wissen bereits von dem anderen?«

»Dem anderen? Wovon sprechen Sie überhaupt? Welcher andere?«

Meddows Gesicht erstarrte. »Von der anderen Leiche, Mann. Wir haben vor kurzem jemanden gefunden, der genauso kastriert wurde wie dieser Mann hier. Sagen Sie bloß, Sie haben noch nichts davon gehört?«

Pitt war wie vor den Kopf geschlagen. Wieso hatte er von dieser Abscheulichkeit noch nichts erfahren?

»Irgendein Spieler oder Zuhälter«, fuhr Meddows fort. »Auf der anderen Seite des Acres – nicht Ihr Zuständigkeitsbereich. Aber, wie ich bereits sagte, der arme Teufel ist auch entmannt worden, selbst wenn er nicht ganz so gräßlich zugerichtet war wie der hier. Sieht ganz so aus, als hätten wir es mit einem Wahnsinnigen zu tun, der die Gegend hier unsicher macht. Glücklicherweise haben wir die Zeitungen davon abhalten können, zu viel Wind um die erste Geschichte zu machen. Das Opfer gehörte zu der Sorte Männer, die sowieso früher oder später erstochen werden – in dem Beruf durchaus üblich.« Er stand langsam mit knackenden Kniegelenken auf. »Aber hier liegt die Sache anders. Dieser Mann hat vielleicht schon bessere Tage gesehen, aber gegessen hat er anscheinend immer noch gut. Und wenn ich mir seine schäbige Kleidung ansehe, würde ich eher auf einen Exzentriker tippen als auf fehlende finanzielle Mittel. Der Anzug sieht zwar reichlich ramponiert aus, aber die Unterwäsche ist neu – und ziemlich sauber. Er kann sie kaum länger als einen Tag angehabt haben, wenn Sie mich fragen.«

Pitt dachte an den Stilton und die makellos gepflegten Fingernägel. »Ja«, sagte er tonlos. Er wußte, daß Meddows ihn erwartungsvoll ansah. »In Ordnung. Wenn Sie hier fertig sind, sollten wir ihn wohl besser fortbringen lassen. Machen Sie eine Autopsie, und teilen Sie mir alles weitere mit – falls Sie überhaupt etwas finden sollten.«

»Natürlich.«

Jetzt kam der schlimmste Teil, und Pitt erwog wieder einmal im stillen, ob er nicht jemand anderen mit der unangenehmen Aufgabe, die Familie zu informieren, betrauen sollte – in diesem Fall wahrscheinlich die Witwe, falls der Mann überhaupt verheiratet gewesen war. Und wie immer kam er zu dem Schluß, daß er es selbst erledigen mußte. Andernfalls würde er das Gefühl haben, sowohl den Untergebenen, den er damit beauftragt hatte, als auch die Trauernden, denen er vielleicht Trost hätte spenden können, betrogen zu haben.

Er gab den draußen wartenden Männern die notwendigen Anweisungen. Die Leiche mußte weggebracht werden, der Hof abgesperrt und nach möglichen Spuren, die Aufschluß über den Täter liefern konnten, durchsucht werden. Es mußte nach Vagabunden, die sich in der Gegend herumgetrieben hatten, geforscht werden, nach Anwohnern, die vielleicht beim Heimweg etwas gesehen hatten, nach Prostituierten, die draußen nach Freiern Ausschau gehalten hatten, nach Zeugen, denen etwas Verdächtiges aufgefallen war.

In der Zwischenzeit würde er zum Haus 23 Lambert Gardens gehen – um diese Zeit saß man dort wahrscheinlich bereits beim Frühstück – und die Bewohner informieren, daß der Hausherr ermordet worden war.

Pitt wurde an der Haustür von einem äußerst stilbewußten Butler empfangen. »Guten Morgen, Sir«, sagte der Mann zuvorkommend. Pitt war ihm nicht bekannt, und für einen Höflichkeitsbesuch war es noch zu früh.

»Guten Morgen«, antwortete Pitt leise. »Ich bin von der Polizei. Wohnt hier ein gewisser Dr. Hubert Pinchin?«

»Sehr richtig, Sir, aber Dr. Pinchin ist leider momentan nicht zu Hause. Ich könnte Ihnen jedoch einen anderen Arzt empfehlen, falls es sich um einen dringenden Fall handeln sollte.«

»Ich benötige keinen Arzt. Es tut mir sehr leid, aber ich habe schlechte Nachrichten für Sie. Dr. Pinchin ist tot.«

»Du meine Güte.« Das Gesicht des Butlers erstarrte, doch seine Haltung blieb untadelig. Er ging einen Schritt zurück, damit Pitt eintreten konnte. »Am besten, Sie kommen ins Haus, Sir. Wären Sie wohl so freundlich, mir mitzuteilen, was genau sich zugetragen hat? Es könnte mir möglicherweise die Aufgabe erleichtern, Mrs. Pinchin davon in Kenntnis zu setzen. Ich bin zwar sicher, daß Sie sehr taktvoll vorgehen würden, aber ...« Er beließ es diskret bei dieser Andeutung.

»Ja, sicher«, sagte Pitt und empfand dabei ein so intensives Gefühl der Erleichterung, daß er sich schuldig fühlte. »Natürlich.«

»Wie ist es passiert, Sir?«

»Jemand hat ihn überfallen und von hinten erstochen. Ich glaube nicht, daß er lange gelitten hat. Es tut mir leid.«

Der Butler starrte ihn einen Augenblick entgeistert an, dann schluckte er. »Er ist ermordet worden?«

»Ja. Es tut mir leid«, wiederholte Pitt. »Gibt es jemanden, der ihn identifizieren könnte – vielleicht nicht ausgerechnet Mrs. Pinchin? Es wird sehr unangenehm sein.« Sollte er jetzt schon die Verstümmelung erwähnen?

Der Butler hatte seine Haltung wiedergewonnen, er war wieder ganz der souveräne Repräsentant seines Haushalts. »Selbstverständlich, Sir. Ich werde Mrs. Pinchin über Dr. Pinchins Tod informieren. Sie hat eine äußerst fähige Kammerzofe, die sich um sie kümmern wird. Außerdem gibt es einen anderen Arzt in unserer Nachbarschaft, der nach ihr sehen kann. Einer unserer Diener, Peters, ist seit zwölf Jahren bei uns. Er wird die Leiche identifizieren.« Er zögerte. »Ich vermute, es besteht nicht der geringste Zweifel? Dr. Pinchin war ein wenig kleiner als ich, Sir, von kräftiger Statur, glatt rasiert, er besaß eine gesunde Gesichtsfarbe...« In seiner Stimme lag eine letzte, vage Hoffnung. Doch er hoffte vergebens.

»Ja«, antwortete Pitt. »Besaß Dr. Pinchin einen Anzug aus grobem braunem Tweed, möglicherweise schon etwas abgetragen, könnte man sagen?«

»In der Tat, Sir. Er trug ihn gestern, als er das Haus verließ.«

»Dann gibt es leider kaum Zweifel an der Identität des Toten, fürchte ich. Doch vielleicht sollte der Diener ihn erst eindeutig identifizieren, bevor Sie etwas zu Mrs. Pinchin sagen.«

»Selbstverständlich, Sir.«

Pitt gab ihm zuerst die Adresse des Leichenschauhauses und unterrichtete ihn dann über die Art der anderen Verletzungen und über seine Befürchtungen, daß die Zeitungen unweigerlich in allen Einzelheiten darüber berichten würden. Dabei wäre es ein Akt der Barmherzigkeit, die Reporter so lange wie möglich von diesem Haus fernzuhalten, bis ein neues Geschehen den Mord aus dem Bewußtsein der Öffentlichkeit verdrängt hatte.

Pitt ging wieder, ohne die Witwe überhaupt gesehen zu haben. Sie war noch nicht aufgestanden, und nur in seiner Vorstellung sah er ihr Entsetzen, gefolgt von Ungläubigkeit, dem langsamen Erkennen der Wahrheit und schließlich dem Einsetzen einer überwältigenden Trauer.

Natürlich mußte er den Polizeibeamten aufsuchen, der in dem ähnlichen Mordfall die Ermittlungen leitete. Vielleicht hatten die beiden Verbrechen nichts miteinander zu tun, doch es wäre unsinnig, die Möglichkeit einer Verknüpfung außer acht zu lassen. Vielleicht würde man Pitt sogar von dem Fall entbinden, was ihn nicht im geringsten stören würde, denn er verspürte keinerlei Ehrgeiz, ihn aufzuklären, wie es bei anderen Fällen vorkam. Wer auch immer der Mörder gewesen war, er hatte mit dieser grauenvollen Tat den Bereich des gewöhnlichen Verbrechens und dessen Bestrafung überschritten.

Während er gegen den heftigen Wind ankämpfte, der den Unrat von der Straße hochwirbelte, wurde ihm klar, daß es ihm tatsächlich überhaupt nichts ausmachen würde, wenn man ihm diesen Fall entzog. Er überquerte die Straße noch gerade rechtzeitig, bevor eine Droschke an ihm vorbeiklapperte. Ein Junge, der den Pferdemist zur Seite kehrte, hielt inne und lehnte sich auf seinen Besen. Seine kleinen Hände waren rot und rissig, die Finger ragten aus den verschlissenen Fäustlingen heraus. Ein Brougham donnerte vorbei und bespritzte sie beide mit einer Mischung aus Matsch und Pferdemist.

Der Junge grinste, als er Pitts Verärgerung bemerkte. »Sie hätten lieber hier auf meinem gepflegten Weg gehen sollen, Mister«, sagte er fröhlich. »Dann hätten Sie auch den Dreck nich' abgekriegt.«

Pitt schenkte ihm ein Geldstück und mußte ihm wohl oder übel recht geben.

Auf dem Polizeirevier wurde er mit unerwarteter Wärme begrüßt. »Inspector Pitt? Wir haben Sie schon erwartet, Sir. Vermute, Sie kommen wegen dem Mord, Sir – weil Sie ja heute morgen auch so einen Fall hatten, nich'?«

Pitt war verblüfft. Wie konnte dieser junge Constable von Hubert Pinchins Tod wissen? Sein Gesicht hatte wohl wie so oft seine Gedanken verraten, denn der Constable beantwortete seine Frage schon, bevor Pitt sie überhaupt gestellt hatte.

»Is' schon in allen Extrablättern drin, Sir. Überall redet man von nichts anderem. Wirklich furchtbar. Ich weiß natürlich, daß die Zeitungsleute immer alles aufbauschen und wer weiß was dazuerfinden, damit die Leute richtig hysterisch werden. Aber trotzdem . . .!«

»Ich vermute, in diesem Fall war das gar nicht nötig«, erwiderte Pitt trocken. Er wickelte sich den Wollschal vom Hals und nahm seinen Hut ab. Sein Mantel sah unordentlich aus, eine Seite war viel länger als die andere, Pitt hatte ihn wieder einmal falsch zugeknöpft. »Könnte ich vielleicht mit dem Beamten sprechen, der Ihren Mordfall bearbeitet, falls er erreichbar ist?«

»Sicher, Sir, das is' Inspector Parkins. Ich nehm' an, er wird heilfroh sein, Sie zu sehen.«

Pitt wagte dies zwar zu bezweifeln, folgte dem Constable aber dennoch bereitwillig in ein warmes, dunkles Büro, das nach altem Papier und Bohnerwachs roch. Es war größer als sein eigenes, und auf dem Schreibtisch stand eine Fotografie, auf der eine Frau und vier Kinder zu sehen waren. Parkins war ein dunkler, gepflegter Mann, der auf seinem Stuhl saß und finster auf ein Bündel Papiere in seiner Hand starrte. Der Constable stellte Pitt mit einem triumphierenden Unterton in der Stimme vor.

Sofort verschwand der sorgenvolle Ausdruck aus Parkins' Gesicht. »Kommen Sie herein«, sagte er herzlich. »Kommen Sie herein – bitte, nehmen Sie Platz. So, die Akten hier schieben wir weg – machen Sie es sich bequem. Wirklich eine scheußliche Geschichte. Sie wollen sicher alles darüber erfahren? Wir haben ihn in der Gosse gefunden! Mausetot. Schon ganz kalt – was ja auch kein Wunder ist, bei dem Wetter! Fürchterlich! Und es soll noch schlechter werden. Jemand hat den armen Teufel von hinten erstochen – mit einer langen, scharfen Klinge, wahrscheinlich war es ein Küchenmesser oder etwas ähnliches.« Er hielt einen Moment inne, um Luft zu holen, verzog das Gesicht und fuhr sich mit den Händen durch sein spärliches Haar. »Der Mann war ein Kuppler – eine hiesige Prostituierte hat die Leiche gefunden. Unter anderen Umständen hätte ich dies nicht mal für besonders wichtig gehalten. Ich nehme an, Sie möchten den Fall gern auch übernehmen, da er höchstwahrscheinlich mit Ihrem Mord in Verbindung steht.« Es klang, als sei das bereits beschlossene Sache.

Pitt war entsetzt. »Nein!« sagte er unwillkürlich. »Ich dachte eigentlich, daß Sie...«

»Aber ich bitte Sie!« Parkins fuchtelte mit den Armen, als könne er ein derart großzügiges Angebot unmöglich annehmen. »Auf gar keinen Fall. Schließlich sind Sie der Dienstältere, außerdem haben Sie viel mehr Erfahrung als ich. Habe Sie immer schon dafür bewundert, wie Sie damals den Bluegate Fall aufgeklärt haben.« Er bemerkte Pitts erstaunten Gesichtsausdruck. »O ja, man erfährt hier so einiges, wissen Sie. Man hat schließlich Freunde – hier ein Wort, da ein Wort.« Er hielt einen Finger hoch und machte eine Handbewegung, die wohl sein Verständnis bekunden sollte.

Pitt war überrascht und fühlte sich geschmeichelt. Er war eitel genug, um es zu genießen, wenn man seinen Mut bewunderte – es war ein einzigartiges, wärmendes Gefühl. Während der Ermittlungen im Bluegate Fall hatte er große Angst gehabt, schließlich hatte er damals Kopf und Kragen riskiert.

»Der Bursche, den wir gefunden haben, war nur ein Zuhälter«, fuhr Parkins fort. »Eigentlich ist es nicht schade um ihn – aber was heißt das schon. Kaum ist er weg, schon tritt der nächste an seine

Stelle – ist wahrscheinlich schon längst passiert. Genausogut könnte man einen Eimer voll Wasser aus einem Fluß schöpfen, Ebbe und Flut würden sich dadurch nicht im geringsten stören lassen – man merkt nicht mal, daß was fehlt. Nicht das geringste! Ihr Toter war Arzt? Ein rechtschaffener Mann. Am besten Sie nehmen alle Unterlagen an sich, die wir hier haben – Autopsiebericht und so weiter. Und Sie wollen sich bestimmt auch noch die Leiche ansehen.«

»Ist sie denn noch hier?« fragte Pitt.

»O ja, ist ja erst eine Woche her, wissen Sie. Bei diesem Wetter, wenn es so kalt ist, kann man Leichen fast endlos aufbewahren. Sie sollten sich den Mann wirklich mal ansehen. Man kann nie wissen, vielleicht können Sie sogar erkennen, ob er von demselben Irren umgebracht worden ist.«

Pitt folgte ihm schweigend in das Leichenschauhaus. Parkins öffnete die Tür, sprach leise mit dem diensthabenden Beamten und führte Pitt hinein. Der Raum war kalt und trocken, ein schwacher, schaler Geruch wie nach alter Medizin hing in der Luft.

Parkins ging zu einem der weißen Tische, die mit einem Laken bedeckt waren, und zog das Tuch vollständig herunter, so daß man nicht nur das Gesicht, sondern den ganzen Körper sehen konnte. Es war eine eigenartig respektlose Geste, selbst einem Toten gegenüber. Pitt verspürte den Impuls, das Laken zu greifen und den Unterkörper wieder zu bedecken, aber er wußte, daß dies lächerlich war. Schließlich war er hergekommen, um genau das zu sehen.

Die Wunde war anders als bei Pinchins Leiche. Hier handelte es sich um eine stümperhaft und äußerst dilettantisch durchgeführte Kastration. Die Hoden waren entfernt worden und das Glied war fast völlig abgetrennt.

»In Ordnung.« Pitt schluckte, seine Stimme klang belegt.

Parkins legte das Laken zurück, schaute Pitt an und verzog den Mund zu einem gequälten, traurigen Lächeln. »Scheußlich, finden Sie nicht?« sagte er leise. »Wirklich widerlich. Ich vermute, Sie kennen den Mann nicht zufällig, oder? Wäre zwar reichlich unwahrscheinlich, aber man kann ja nie wissen.« Er schlug den oberen Teil des Lakens wieder zurück.

Pitt hatte bis jetzt noch keinen Blick auf das Gesicht des Toten geworfen. Als er es jetzt tat, durchzuckte ihn ein jäher Schreck. Er hatte diese düsteren, groben Züge, die schweren Lider und die aufgeworfenen, sinnlichen Lippen schon einmal gesehen. Er war sich ziemlich sicher, daß er diesen Mann kannte.

»Wer ist es?« fragte er.

»Ein gewisser Max. Hat zwei oder drei verschiedene Nachnamen benutzt: Bracknall, Rawlins, Dunmow. Hat mehr als ein Etablissement geführt. Äußerst unternehmungslustiger Bursche. Wieso? Kennen Sie ihn etwa?«

»Ich glaube schon«, erwiderte Pitt langsam. »Zumindest sieht er jemandem sehr ähnlich, mit dem ich vor einigen Jahren zu tun hatte – bei den Morden am Callander Square.«

»Callander Square?« Parkins war überrascht. »Wohl kaum eine Gegend für eine Kreatur dieser Art. Sind Sie auch ganz sicher?«

»Nein, sicher bin ich mir nicht. Er war dort als Diener beschäftigt. Damals nannte er sich Max Burton – falls es sich tatsächlich um denselben Mann handelt.«

Parkins' Stimme bebte vor Aufregung. »Können Sie es nicht herausfinden? Es könnte sehr wichtig sein.« Doch dann wurde seine Stimme wieder ruhig, und er lächelte resigniert über seinen Eifer. »Aber das ändert wahrscheinlich gar nichts. Er hat seine Lebensweise seit damals mehr als drastisch geändert!«

»Ich denke schon, daß ich es herausfinden kann«, sagte Pitt nachdenklich. »So schwierig ist es sicher nicht. Oh, wo ist übrigens die Wunde, die seinen Tod verursacht hat?«

»Hier«, erwiderte Parkins, als habe auch er dieses wichtige Detail bis jetzt vergessen. »Es war ein Stich in den Rücken, etwa hier.« Er wies auf eine Stelle an Pitts Körper, einige Zentimeter links neben der Wirbelsäule, etwas tiefer als die Stichwunde in Pinchins Rücken, doch nur ganz wenig, und sie befand sich noch dazu auf derselben Seite. Aber Max war auch größer gewesen als Pinchin.

»Welche Waffe wurde benutzt? Wie lang war sie? Wie breit?«

»Etwa zwanzig Zentimeter lang und am Schaft vier Zentimeter breit. Hätte ein gewöhnliches Küchenmesser sein können. Wie man es in jedem Haus findet. Mehr kann ich leider auch nicht sagen.« Parkins zog eine Augenbraue hoch, er hatte genau verstanden, worauf Pitts Frage hinauslief. »Genau wie bei Ihrem Fall, nicht?«

Pitt gefiel es nicht, daß Pinchin als »sein« Fall angesehen wurde, doch er wußte, was Parkins meinte. »Ja«, gab er zu. »Fast identisch.« Doch leider war dies noch nicht alles. »Nur daß bei der Leiche, die wir heute gefunden haben, die Geschlechtsorgane völlig abgetrennt waren und zwischen seinen Knien lagen.«

Parkins Gesicht verhärtete sich. »Fangen Sie ihn«, sagte er leise. »Fangen Sie das Schwein, Mr. Pitt.«

Pitt war seit den Morden vor drei Jahren nicht mehr am Callander Square gewesen. Er fragte sich, ob die Balantynes immer noch dort wohnten. Er stand in der bitteren Nachmittagskälte unter den kahlen Bäumen, deren Rinde naß war vom Regen, den der Wind vor sich her trieb. Es würde schon früh dunkel werden. Er befand sich nur zwanzig Fuß entfernt von der Stelle, wo man damals die Leichen gefunden hatte, die ihn später veranlaßt hatten, die Bewohner der eleganten georgianischen Häuser mit den hohen Fenstern und makellosen Fassaden zu verhören. Hier lebten Leute, die Diener hatten, um Besuchern die Tür zu öffnen, Hausmädchen, um sie zu empfangen, und Butler, die sich um die Vorratskammern kümmerten, die Kellerschlüssel in Verwahrung hielten und mit eiserner Hand ihre eigene Domäne hinter den mit grünem Boi bespannten Türen regierten.

Er schlug den Kragen höher, setzte seinen Hut ein klein wenig lässiger auf und versenkte seine Hände tief in die Taschen, die sich bereits ausbeulten, weil sich darin diverse Kordelstückchen, Münzen, ein Messer, drei Schlüssel, zwei Taschentücher, ein Stück Siegelwachs und unzählige Papierfetzen befanden. Er weigerte sich, den Lieferanteneingang zu benutzen, obwohl er wußte, daß man dies von ihm erwartete, sondern begab sich wie jeder andere Besucher zur Vordertür.

Der Diener empfing ihn mit kühler Verachtung. »Guten Tag ... Sir.« Das Zögern war kaum merklich, doch es genügte, um anzudeuten, daß er Pitt nur aus Höflichkeit »Sir« nannte und sein Gegenüber diese Bezeichnung seiner Meinung nach nicht verdiente.

»Guten Tag«, erwiderte Pitt vollkommen gelassen. »Mein Name ist Thomas Pitt. Ich hätte gern General Balantyne in einer geschäftlichen Angelegenheit gesprochen, die äußerst dringend ist. Anderenfalls wäre ich nicht hergekommen, ohne vorher sicherzugehen, daß mein Besuch genehm ist.«

Das Gesicht des Dieners zuckte, denn Pitt war ihm mit seiner Erklärung zuvorgekommen.

»General Balantyne empfängt keine Besucher, nur weil sie sich zufällig gerade in dieser Gegend aufhalten, Mr. Pitt«, sagte er, noch eisiger als zuvor. Er musterte Pitt mit Expertenblick von oben bis unten. Ein Mann in diesem Aufzug konnte wohl kaum von vornehmem Stand sein, auch wenn er es verstand, sich gewählt auszudrücken. Seine Kleidung war sicher nicht das Werk eines Schneiders, und was den Kammerdiener betraf – jeder Kammerdiener, der diese Bezeichnung wirklich verdiente und seine Stelle ernstnahm, würde sich eher selbst die Kehle durchschneiden als seinen Herrn in diesem Aufzug der Öffentlichkeit preiszugeben. Die Weste paßte nicht zum Hemd, die Jacke war eine Katastrophe, und die Krawatte sah aus, als habe sie ein Blinder mit zwei linken Händen gebunden.

»Tut mir leid«, wiederholte er, inzwischen absolut von der Richtigkeit seines Verhaltens überzeugt. »General Balantyne empfängt keinen Besucher ohne vorherige Anmeldung – es sei denn, der Betreffende gehört zu seinem Bekanntenkreis. Vielleicht möchten Sie sich schriftlich an ihn wenden? Oder dies von jemand anderem erledigen lassen?«

Die Andeutung, daß Pitt möglicherweise des Schreibens nicht mächtig sein könnte, setzte dem ganzen schließlich die Krone auf.

»Ich bin mit General Balantyne bereits bekannt«, fuhr Pitt ihn an. »Und es handelt sich um eine polizeiliche Angelegenheit. Wenn Sie es allerdings vorziehen sollten, den Fall hier vor der Haustüre zu besprechen, möchte ich Sie keinesfalls daran hindern. Doch ich könnte mir sehr gut vorstellen, daß der General es lieber sähe, wenn wir unsere Unterhaltung im Inneren des Hauses fortsetzen würden! Es wäre schließlich bedeutend diskreter – finden Sie nicht?«

Der Diener war verblüfft und machte keinen Hehl daraus. Vor den Augen der gesamten Nachbarschaft von der Polizei aufgesucht zu werden war ungeheuerlich. Zum Teufel mit der Impertinenz dieses Mannes! Er versuchte, sein Gesicht wieder unter Kontrolle zu bekommen, doch es ärgerte ihn, daß Pitt beinahe einen ganzen Kopf größer war als er, so daß er nicht einmal den Vorteil nutzen konnte, eine Stufe höher zu stehen als er, um in angemessener Weise auf den Mann herabzuschauen.

»Falls es sich um einen Diebstahl oder etwas dergleichen handeln sollte«, erwiderte er, »sollten Sie besser um das Haus herumgehen und den Lieferanteneingang benutzten. Der Butler wird Ihnen dort zweifellos weiterhelfen – falls es wirklich nötig sein sollte.«

»Es handelt sich keineswegs um Diebstahl oder dergleichen«, sagte Pitt frostig. »Sondern um einen Mord, und ich bestehe darauf, General Balantyne persönlich zu sprechen und nicht seinen

Butler. Ich kann mir schlecht vorstellen, daß er sehr entzückt sein wird, wenn Sie mich zwingen, mit einer amtlichen Vollmacht zurückzukehren!«

Der Diener gab sich schließlich geschlagen. Er trat zurück. »Wenn Sie mir bitte folgen würden.« Das »Sir« ließ er wohlweislich weg. »Wenn Sie im Frühstückszimmer warten würden, der General wird zu Ihnen kommen, sobald es ihm möglich ist.« Er ging federnden Schrittes durch die Diele und öffnete eine Tür, die in einen großen Raum mit einem Kamin führte, dessen Glutreste zwar die Kälte etwas milderten, jedoch nicht mehr warm genug waren, um Pitts verfrorene Hände aufzutauen oder seinen Körper durch die eisige Kleidung hindurch zu wärmen.

Der Diener schaute auf die Asche und gönnte sich ein befriedigtes Lächeln. Er drehte sich um und verließ den Raum wieder, wobei er die polierte Holztür mit einem leisen Klicken hinter sich schloß. Er hatte Pitt nicht angeboten, ihm Hut oder Mantel zu geben. Fünf Minuten später kehrte er mit ärgerlich verkniffenem Gesicht zurück. Diesmal nahm er Pitts Sachen an sich und bat ihn, dem Hausmädchen in die Bibliothek zu folgen.

In diesem Raum loderte ein mächtiges Feuer, dessen Schein die ledernen Buchrücken rötlich färbte und sich in den glänzenden Trophäen an der gegenüberliegenden Wand spiegelte. Der General stand hinter einem großen Schreibtisch, der mit Tintenfässern, Schreibgeräten, Briefbeschwerern, geöffneten Büchern und einer Miniaturkanone aus Messing, einer detailgetreuen Imitation eines Krimgeschützes, beladen war. Äußerlich hatte er sich seit ihrem letzten Treffen nicht verändert: dieselben breiten, steifen Schultern, das stolze Gesicht, das hellbraune Haar war vielleicht ein wenig grauer geworden, doch ganz sicher war sich Pitt nicht. Sein Gesicht wurde fast ausschließlich von den ausgeprägten Backenknochen dominiert, Haar- und Augenfarbe erschienen eher unwesentlich.

»Nun, Mr. Pitt?« sagte er förmlich. Er war ein Mann, der unfähig war, sich zwanglos zu geben. Sein ganzes Leben hatte er sich stets streng an Regeln gehalten, selbst in Momenten des Schreckens oder tiefsten Schmerzes. Als junger Soldat, fast noch ein Kind, hatte er entsetzt am Rande der Felsen über Balaclawa gestanden und den Angriff der leichten Brigade gesehen. Das Blutbad auf der Krim war unauslöschlich in sein Gedächtnis eingebrannt. Er kannte die Männer der »dünnen roten Linie«, die sich der geballten Gewalt der russischen Armee entgegengestellt hatten, Männer, die selbst im Angesicht des Unmöglichen ihren Posten nicht verlassen hatten. Hunderte waren gefallen, doch kein einziger war von der Stelle gewichen.

»Mein Diener sagt, Sie wünschen mich wegen eines Mordfalls zu sprechen? Trifft dies zu?«

Pitt ertappte sich dabei, daß er etwas aufrechter stand als gewöhnlich – er nahm zwar nicht direkt Haltung an, doch seine Füße standen eindeutig fest zusammen, und er hielt den Kopf hoch erhoben. »Richtig, Sir. Vor einer Woche geschah ein äußerst unangenehmer Mord in einer Gegend, die unter dem Namen Devil's Acre bekannt ist, in unmittelbarer Nähe von Westminster.«

»Ich weiß, wo das ist.« Der General runzelte die Stirn. »Aber deshalb sind Sie doch sicher nicht gekommen?«

»Leider haben wir heute morgen eine zweite Leiche gefunden. Der erste Mord hat bei der Presse nicht viel Beachtung gefunden. Ich leite die Ermittlungen in diesem Mordfall, und als ich von dem früheren hörte, bin ich natürlich hingegangen und habe mir die Leiche angesehen.«

»Selbstverständlich«, der General runzelte noch stärker die Stirn. »Und inwiefern kann ich Ihnen behilflich sein?«

Nun da sie auf das eigentliche Thema zu sprechen kamen, war es Pitt peinlich, diesen Mann zu bitten, mitzukommen und sich die Leiche eines Zuhälters anzusehen. Was machte es schon aus, ob dieser Tote tatsächlich der Mann war, der zur Zeit der Morde am Callander Square bei ihm als Diener gearbeitet hatte? Was tat dies jetzt noch zur Sache.

Er räusperte sich, jetzt war es zu spät, es gab kein Zurück mehr. »Ich glaube, daß es sich dabei um einen Mann handelt, den Sie gekannt haben.«

Der General hob überrascht die Augenbrauen. »Den ich gekannt habe?«

»Ja, Sir, das nehme ich an.« Pitt schilderte so kurz wie möglich die Umstände von Pinchins Tod und berichtete über das, was Inspector Parkins ihm gezeigt hatte.

»Wenn Sie meinen«, sagte der General zögernd und griff nach der Klingelschnur, um die Kutsche vorfahren zu lassen.

Die Tür öffnete sich, aber statt des Dieners erschien eine der beeindruckendsten Frauen, denen Pitt je in seinem Leben begegnet war: Lady Augusta Balantyne. Ihr Gesicht war so zart wie Porzellan, wirkte dabei jedoch keineswegs zerbrechlich. Ihre Kleidung war außergewöhnlich elegant, in der dezenten Art derer, die schon immer wohlhabend gewesen waren und daher nicht das Bedürfnis verspürten, ihren Reichtum aufdringlich zur Schau zu stellen. Der Blick, mit dem sie Pitt fixierte, verriet ihre Abneigung, ihre ganze Körperhaltung schien nach einer Erklärung zu verlangen, nicht nur was seine Anwesenheit in ihrem Haus betraf, sondern sogar was seine bloße Existenz anging.

Pitt ließ sich nicht einschüchtern. »Guten Tag, Lady Augusta«, sagte er mit einer leichten Verbeugung. »Ich hoffe, es geht Ihnen gut?«

»Es geht mir immer gut, vielen Dank, Mr. ...« Sie konnte unmöglich seinen Namen vergessen haben, immerhin waren sie einander schon mehrere Male begegnet, und der Anlaß war viel zu grotesk und schmerzlich gewesen. »Mr. Pitt.« Sie zog ihre Brauen kaum merklich hoch, und die Augen darunter waren eisig. »Welchem unangenehmen Umstand verdanken wir diesmal die Ehre Ihres Besuches?«

»Es handelt sich um eine Identifizierung, Madam«, antwortete er ruhig. Er spürte, wie der General sich entspannte, obwohl er ihn nur im äußersten Blickfeld wahrnehmen konnte. »Ein Mann, dessen Namen General Balantyne uns möglicherweise nennen kann, was unsere Arbeit beträchtlich erleichtern würde.«

»Meine Güte – warum kann der Mann seinen Namen denn nicht selbst nennen?«

»Die Menschen pflegen nicht immer die Wahrheit zu sagen, Ma'am«, sagte er trocken.

Sie errötete über ihre eigene Kurzsichtigkeit, ärgerlich darüber, daß sie an das Nächstliegende nicht gedacht hatte.

»Außerdem ist der Mann, um den es in diesem Fall geht, bereits tot, soweit ich weiß«, fügte der General spitz hinzu. »Mach dir bitte keine Gedanken, meine Liebe. Es ist meine Pflicht, in dieser Angelegenheit behilflich zu sein. Ich werde ganz bestimmt nicht lange fort sein.«

»Du hast hoffentlich nicht vergessen, daß wir heute abend mit Sir Harry und Lady Lisburne dinieren?« Sie ignorierte Pitt, als wäre er einer ihrer Dienstboten. »Ich will auf keinen Fall zu spät kommen. Ich möchte nicht, daß man mich für unhöflich hält, ganz gleich, was du für richtig hältst.«

»Der Mann liegt in einem Leichenschauhaus, die Fahrt dorthin dauert weniger als eine halbe Stunde.« Das Gesicht des Generals zuckte ärgerlich. Er verabscheute Dinner Partys, und mit Harry Lisburne als Gastgeber konnte der Abend nur unendlich langweilig werden. »Ich werde ihn mir nur kurz ansehen und sagen, ob er mir bekannt ist oder nicht. Ich bin wieder zurück, bevor es dunkel wird.«

Sie stieß einen resignierten Seufzer aus und verließ den Raum, ohne Pitt auch nur eines Blickes zu würdigen. General Balantyne ging in die Diele, ließ sich von seinem Butler, der schon bereitstand, den Mantel reichen und ging gemeinsam mit Pitt in den Regen hinaus, während der Kutscher den Wagen um die Ställe herumlenkte und neben ihnen am Straßenrand anhielt, um sie einsteigen zu lassen.

Während der Fahrt entstand kein Gespräch. Pitt wollte Balantyne nicht beeinflussen, indem er ihm den Fall vor der Identifizierung darlegte, und er verspürte keine Lust, sich über Belangloses zu unterhalten.

Die Kutsche hielt in unmittelbarer Nähe des Leichenschauhauses, und Pitt und der General stiegen aus und gingen gemeinsam den Weg hoch, immer noch in Schweigen versunken. Der diensthabende Beamte im Inneren des Gebäudes wirkte erstaunt, einen vornehmen Gentleman wie Balantyne an diesem Ort zu sehen, doch dann erkannte er Pitt und führte die Männer ohne Umschweife zu der Leiche.

»Hier ist der Tote, Sir.« Er schlug das Laken hoch mit dem Gebaren eines Zauberers, der aus seinem Hut ein Kaninchen hervorzieht.

Der General reagierte genau wie Pitt, als dieser die Leiche zum ersten Mal gesehen hatte. Er schaute zuerst auf die gräßliche Wunde am Unterkörper und nicht auf das Gesicht des Toten. Er holte tief Luft und atmete heftig aus. Er hatte dem Tod schon oft ins Auge geschaut, viele Male, aber fast immer hatte es sich um Menschen gehandelt, die im Krieg ihr Leben hatten lassen müssen oder von Krankheiten dahingerafft worden waren. Was diesen Fall so abscheulich machte, war die Tatsache, daß es absichtlich geschehen war, hier zu Hause, in den Straßen Londons. Die grauenhafte Verstümmelung war nicht zufällig durch ein Kanonenfeuer verursacht worden, sondern war die Folge eines leidenschaftlichen, persönlichen Hasses gegen diesen Menschen.

Wer war der Tote? Der General lenkte seinen Blick auf das Gesicht. Pitt, der ihn genau beobachtete, sah den erschrockenen Ausdruck des Erkennens.

»General?« Er hob seine Stimme nur ein klein wenig.

Balantyne sah langsam wieder hoch. Pitt konnte in seinen Augen keine Gefühle erkennen. Balantyne war ein äußerst reservierter Mann, der Trost menschlichen Mitgefühls war ihm fremd. Es gelang Pitt nicht, ihn zu verstehen, ihre Herkunft trennten Welten. Balantyne gehörte zu den letzten Vertretern von Generationen von Soldaten, die im Dienst an König und Vaterland in jedem Krieg seit den Tagen von Agincourt alles gegeben hatten. Pitt war der Sohn eines Wildhüters, den man für eine geringfügige Straftat, die er nie begangen hatte, zur Rechenschaft gezogen hatte. Pitt war auf dem Landgut seines Arbeitgebers aufgewachsen und hatte dort seine gepflegte, angenehme Ausdrucksweise erlernt, da er dem Sohn des Hauses als Spielgefährte gedient und ihn bei seinen Studien unterstützt hatte. Pitts Wißbegierde war eine Herausforderung gewesen und hatte oft genug als Ansporn gedient, um seinen Kameraden aus seiner Trägheit zu reißen.

Pitt mochte Balantyne, er bewunderte ihn sogar. Der General war ein Mann, der sich streng an seine Prinzipien hielt, an die er glaubte, wie es einst die Ritter oder Mönche getan hatten.

»Kennen Sie ihn?« erkundigte er sich, obwohl die Frage inzwischen überflüssig war, denn die Antwort stand dem General im Gesicht geschrieben.

»Allerdings«, erwiderte Balantyne leise. »Es ist Max Burton, mein ehemaliger Diener.«

# Kapitel 2

Gracie kam mit den Frühausgaben der Nachmittagszeitungen ins Wohnzimmer gestürmt. Ihr Gesicht war hochrot, ihre Augen weit aufgerissen. »Oh, Ma'am! Da hat es 'nen ganz grausigen Mord gegeben – der schlimmste, der je in London passiert is', steht hier drin. So furchtbar, daß selbs' dem stärksten Mann die Knie zittern!«

»Tatsächlich?« Charlotte ließ sich beim Nähen nicht stören. Zeitungen neigten stets zu Übertreibungen – wer blieb schon mitten im Januar auf einer kalten Straße stehen, um eine Zeitung zu kaufen, wenn nicht Haarsträubendes darin stand?

Gracie war über ihre Gleichgültigkeit entsetzt. »Also, Ma'am – ich mein's wirklich ernst! Es is' schrecklich! Er war ganz in Stücke gehackt, an 'nem Ort, von dem 'ne Lady nich' mal weiß, daß es ihn gibt! Und wenn, dann würd' sie es bestimmt nich' zugeben, weil man sie dann nämlich nich' mehr für 'ne Lady halten würde. Es stimmt wirklich, was die Zeitungen da schreiben, Ma'am. Da draußen in Devil's Acre läuft 'n Wahnsinniger frei rum – un' vielleicht stimmt das doch, was die Prediger immer sagen, daß unsere Tage gezählt sind, un' es is' der Satan persönlich!« Gracies Gesicht wurde bei der bloßen Vorstellung ganz blaß.

»Unsinn!« sagte Charlotte scharf. Sie sah genau, daß das Mädchen jeden Moment in Hysterie ausbrechen würde, wenn sie nicht vorsichtig vorging. »Also gut, dann gib mir endlich die Zeitungen, und geh zurück zu deinem Gemüse, sonst müssen wir noch auf das Abendbrot verzichten. Wenn der Herr aus diesem Wetter nach Hause kommt und es nichts Heißes für ihn zu essen gibt, wird er sehr verärgert sein.«

Es war eine leere Drohung. Gracie brachte Pitt größte Hochachtung entgegen, schließlich war er der Hausherr. Außerdem war er Polizist und vertrat somit das Gesetz. Und dann all die faszinierenden und gefährlichen Dinge, mit denen er immer zu tun hatte! Schockierende Dinge! Viel schlimmer als in den Zeitungen! Trotzdem hatte sie kein bißchen Angst vor ihm. Er gehörte nicht zu den Leuten, die einen Dienstboten wegen einer einzigen verpatzten Mahlzeit auf die Straße setzten, und das wußte sie genau.

»Es is' wirklich schrecklich, Ma'am«, wiederholte sie kopfschüttelnd, als wolle sie beweisen, daß sie es von Anfang an gewußt habe. »Möchten Sie, daß ich heut' abend den Kohl koche oder doch lieber die Rüben?«

»Beides«, antwortete Charlotte abwesend, inzwischen selbst in die Lektüre der Zeitungen vertieft.

Gracie gab sich zufrieden und ging zurück in die Küche, in Gedanken immer noch bei den Ereignissen des Morgens. Sie war wirklich sehr stolz darauf, für eine Lady arbeiten zu dürfen, noch dazu eine echte, keine dieser hochnäsigen Emporkömmlinge, die sich für besser hielten, als sie in Wirklichkeit waren, sondern eine Lady aus einer richtig vornehmen Familie, die in einem Haus mit richtigem Hauspersonal aufgewachsen war, mit echten Dienstboten, einem Butler, der eine eigene Vorratskammer hatte, einer Köchin und Küchenhilfen, Kammerzofen und Hausmädchen und weiß der Himmel was sonst noch – und noch dazu richtigen Dienern! Keine von Gracies Schwestern oder Freundinnen hatte eine Herrin wie sie! Gracie war deshalb bei ihnen hochangesehen und konnte den anderen Mädchen genau sagen, wie der Hase lief und wie man seine Arbeit ordentlich erledigte.

Natürlich war Charlotte in der Achtung der Gesellschaft ein wenig gesunken, als sie einen Polizisten und keinen Gentleman geheiratet hatte – jeder wußte das. Aber manchmal war es bei ihr schon sehr aufregend! All die Geschichten, die sie erzählen konnte, wenn sie nur wollte! Aber natürlich war es viel feiner, bloß Andeutungen fallenzulassen, als alles haarklein zu erörtern. Man durfte schließlich nicht indiskret sein.

Doch um ganz ehrlich zu sein, es war ihr gar nicht recht, wie ihre Herrin sich manchmal in die Arbeit der Polizei einmischte. Mehr als einmal hatte sie Auge in Auge mit Leuten gestanden, die einen richtigen Mord auf dem Gewissen hatten. Solche Leute aufzuspüren, selbst wenn sie aus vornehmen Kreisen stammten, war nun wirklich nicht Sache einer Lady.

Gracie schüttelte den Kopf, kippte die Rüben ins Spülbecken und begann sie zu waschen und zu schälen. Wenn sie sich nicht allzusehr täuschte, war ihre Herrin auch jetzt wieder im Begriff, sich irgendwo einzumischen. Sie sah wieder so unruhig aus, trödelte mit diesem und jenem herum und legte es halbfertig wieder weg oder schrieb Briefe an ihre Schwester Emily, die jetzige Vicomtesse Ashworth. Die hatte es richtig angefangen, sie hatte in eine vornehme Familie eingeheiratet. Aber sie war trotzdem sehr nett gewesen, die paar Male, die Gracie ihr begegnet war. Meistens ging Charlotte ja zu ihr, in das große vornehme Haus am Paragon Walk. Und wer konnte ihr das schon verübeln?

Gracie gab sich einem angenehmen Tagtraum hin, in dem sie sich ausmalte, wie das Haus einer Vicomtesse wohl aussehen mochte. Bestimmt gab es dort wunderschöne Diener, alle großgewachsen und gutaussehend, und natürlich in Livree! Männer sahen in Livree einfach hinreißend aus, egal, was die Leute auch sagten!

Als Pitt abends nach Hause kam, wurde er bereits von Charlotte erwartet. Sie hatte die Zeitungen sorgfältig gelesen. Die grauenhaft zugerichtete Leiche war in Pitts Bezirk gefunden worden, und jetzt wußte sie, daß der Grund dafür, daß man ihn am Morgen noch vor Tagesanbruch aus dem Haus geholt hatte, mit dem Mord in Zusammenhang stand.

Leider konnte sie ihm natürlich in diesem Fall in keiner Weise behilflich sein. Sie war zwar bereit für eine neue Herausforderung, sie war sogar auf die Gefahren einer weiteren Nachforschung auf eigene Faust gefaßt, doch der Mann war in einer Gegend gefunden worden, die sie nur kannte, weil sie so verrufen war. Und Lambert Gardens, wo der Mann anscheinend gewohnt hatte, gehörte auch nicht zu den Orten, an denen ihre Familie gesellschaftlichen Umgang pflegte, daher konnte sie auch in diesem Punkt nicht hilfreich sein.

Aber wenn Pitt bereit war, den Fall mit ihr zu besprechen, konnte er vielleicht doch von ihrem Wissen profitieren. Sie hatte bislang Geschick bewiesen, wenn es darum ging das Motiv einer Tat zu erkennen, und die Natur des Menschen blieb schließlich ein und dieselbe, auch wenn die jeweiligen Lebensumstände noch so sehr variieren mochten.

Sie eilte ihrem Ehemann entgegen, sobald sie die Eingangstür ins Schloß fallen hörte, und war noch vor Gracie bei ihm. Sie nahm seinen Mantel in Empfang, hängte ihn zum Trocknen auf, drehte sich sofort wieder zu Pitt um und küßte ihn. Sein Gesicht fühlte sich kalt an. Sie wußte, daß er müde war, er war über zwölf Stunden fort gewesen und hatte vorher nicht einmal gefrühstückt. Ihr Instinkt riet ihr, ihre Neugier wenigstens so lange in Zaum zu halten, bis er fertig zu Abend gegessen hatte. Sie ging ihm voran ins Wohnzimmer und sprach über Belangloses, während Pitt sich vor dem Feuer aufwärmte, bis Gracie schließlich das Abendessen auftrug.

Gegen neun jedoch glaubte sie, dem Takt mehr als Genüge getan zu haben. »Dieser Constable, der dich heute morgen abgeholt hat«, begann sie. »War er wegen des Toten in Devil's Acre hier?«

Ein schwaches Lächeln huschte über sein Gesicht. Wenn Charlotte versuchte, subtil zu sein, durchschaute er sie meist sofort, daher hatte sie es inzwischen aufgegeben. Außerdem hatte sie nicht genug Zeit gehabt, sich eine raffiniertere Vorgehensweise zurechtzulegen.

»Ja«, sagte er vorsichtig. »Aber er wohnte in Lambert Gardens, was nicht zu der Gegend gehört, in der deine Eltern normalerweise verkehren. Diesmal kannst Du mir also überhaupt nicht helfen.«

Sie ließ sich nicht beirren. »Nein, natürlich nicht«, sagte sie. »Aber es interessiert mich trotzdem. Alle Zeitungen sind heute abend voll davon.«

Er zog ein Gesicht.

Sie änderte ihre Taktik. »Sei bitte vorsichtig, Thomas. Es scheint ganz so, als liefe da ein gefährlicher Wahnsinniger frei herum. Ich meine, es handelt sich schließlich nicht um ein normales Verbrechen, oder? Was glaubst du eigentlich, was ein Mann wie Dr. Pinchin in einer Gegend wie Devil's Acre gesucht haben mag? Hatte er etwa seine Praxis dort? In einer der Zeitungen stand, er sei ein sehr ehrbarer Mann gewesen.« Doch was hatte das schon zu sagen, sie hatte schließlich selbst genügend »ehrbare« Bürger gekannt. Alles, was diese Bezeichnung im Grunde aussagte, war, daß jemand klug genug oder in der glücklichen Lage war, den äußeren Schein zu wahren. Dahinter konnte sich alles Mögliche verbergen.

Pitt lächelte, sein Blick war beunruhigend durchdringend. »Vielen Dank, meine Liebe, aber um mich brauchst du dir wirklich keine Sorgen zu machen. Ich habe nicht vor, allein in dieser Gegend herumzuspazieren. Von Wahnsinnigen droht mir also keinerlei Gefahr.«

Sie überlegte, ob sie so tun sollte, als sei sie beleidigt oder als habe sie ihn mißverstanden, entschied sich jedoch dagegen, weil sie wußte, daß es sinnlos gewesen wäre. »Natürlich nicht«, sagte sie schließlich. »Wahrscheinlich rede ich nur Unsinn. Aber ich vermute, daß Dr. Pinchin gar nicht so ehrbar gewesen ist, wie die Zeitungen uns glauben machen wollen. Immerhin müssen sie sehr vorsichtig sein mit dem, was sie sagen. Außerdem ist der arme Mann schließlich gerade erst tot.« Sie sah ihn direkt an, mit großen Augen und vollkommen offenem Blick. »Hatte er Familie?«

»Charlotte!«

»Ja, Thomas?«

Er seufzte. »Das ist wirklich kein Fall, mit dem du dich beschäftigen solltest. Dr. Pinchin war nicht das einzige Opfer – er war das zweite, von dem wir wissen, und was immer da auch vor sich gehen mag, es hat etwas mit Devil's Acre zu tun. Die andere Leiche wurde ebenfalls dort gefunden. Es ist diesmal kein Verbrechen aus Leidenschaft, Charlotte. In diesem Fall geht es ganz und gar nicht um die Art von Motiven, mit denen du dich so gut auskennst.«

Sie ignorierte das Kompliment. »Noch eine Leiche? Davon weiß ich ja noch gar nichts! In den Zeitungen hat nichts davon gestanden. Wollt ihr das geheimhalten? Wer war es denn?«

Einen Augenblick lang sah er etwas irritiert aus. Charlotte war sich nicht sicher, ob sie der Grund war oder ob es mit den besonderen Umständen zusammenhing.

Pitt wartete einige Sekunden, bevor er antwortete, und als er schließlich sprach, klang seine Stimme resigniert. »Es war jemand, den du gekannt hast.«

Ein Schrecken durchfuhr sie, doch gleichzeitig verspürte sie eine prickelnde Aufregung, für die sie sich sofort schämte.

»Jemand, den ich gekannt habe?« wiederholte sie ungläubig.

»Erinnerst du dich noch an General Balantyne – vom Callander Square?«

Ihre Aufregung verwandelte sich in blankes Entsetzen, so daß ihr beinahe übel wurde. Das Zimmer begann sich zu drehen, sie befürchtete schon, ohnmächtig zu werden. Die Vorstellung, daß der General mit seinem Stolz, seiner Verschlossenheit und Einsamkeit, seinem tiefempfundenen Pflichtbewußtsein – wie konnte es möglich sein, daß er so tief gesunken war, daß er in Devil's Acre den Tod gefunden hatte, nicht etwa im Dienst für das Vaterland, sondern auf diese grauenhafte Weise.

»Charlotte!«

Sicher mußte es eine Möglichkeit geben, es geheimzuhalten? Er war der letzte Mensch auf Erden, der es verdiente, auf so furchtbare Art zu sterben!

»Charlotte!« Endlich gelang es Pitts Stimme, in ihre Gedanken einzudringen.

Sie sah wieder hoch.

»Es war nicht Balantyne!« sagte er schroff. »Es war sein ehemaliger Diener, Max – erinnerst du dich noch an ihn?«

Natürlich! Wie hatte sie nur etwas so Lächerliches denken können. Sie holte tief Luft. »Max – ja, natürlich erinnere ich mich an Max. Ein wirklich widerlicher Mensch. Immer wenn er mich ansah, hatte ich das Gefühl, daß er durch meine Kleider hindurchsehen könnte.«

Einen Moment wirkte Pitts Gesicht beunruhigt, doch dann weiteten sich seine Augen belustigt. »Wie anschaulich! Ich hatte keine Ahnung, daß du so gut beobachten kannst!«

Sie fühlte, wie sie errötete. Sie hatte nicht beabsichtigt, ihn merken zu lassen, wie gut sie diesen Blick verstanden hatte, besonders wenn er von einem Dienstboten kam. Warum hatte sie sich bloß verraten!

»Nun ja, ich ...« Sie versuchte, eine Erklärung zu finden, gab aber schließlich auf.

Er wartete, doch Charlotte verspürte keine Lust, sich noch mehr bloßzustellen. »Was hatte Max in Devil's Acre zu suchen?« fragte sie. »Ich hatte keine Ahnung, daß Leute, die in so einer Gegend leben, Diener haben.«

»Haben sie auch nicht. Er hat dort ein Bordell geführt – und nicht nur eins, wenn du es genau wissen willst.«

Charlotte behielt die Fassung. Im Laufe der Jahre hatte sie auf verschiedensten Wegen sowohl über Armut als auch über die Prostitution von Erwachsenen und von Kindern erfahren müssen.

»Oh.« Sie erinnerte sich an Max' dunkles Gesicht mit den zusammengekniffenen Augen und dem ausgeprägten, sinnlichen Mund. Er hatte auf sie immer so gewirkt, als sei er sich seiner körperlichen Kraft in höchstem Maße bewußt, als sei er sowohl Sklave als auch Herr seiner Leidenschaft. »Ich kann mir vorstellen, daß er das sehr gut gekonnt hat.«

Pitt sah sie erstaunt an.

»Ich meine natürlich ...« begann sie von neuem, hielt jedoch inne. Warum sollte sie sich rechtfertigen? Sie wußte vielleicht nicht soviel wie Pitt, aber sie war keineswegs naiv! »Dann hatte er bestimmt auch ziemlich viele Feinde«, folgerte sie. »Wenn er mehrere dieser Häuser geführt hat, muß er viel Geld gehabt haben – und ich kann mir vorstellen, daß Menschen in diesem Gewerbe nicht allzu wählerisch sind, wenn es darum geht, Konkurrenten auszuschalten.«

»Nein, allzu wählerisch sind sie nicht«, stimmte er ihr zu, wobei sein Gesicht so viele unterschiedliche Gefühle gleichzeitig widerspiegelte, daß sie nicht in der Lage war, sie zu deuten.

»Vielleicht hatte Dr. Pinchin auch ein Bordell«, mutmaßte sie. »Auch ehrbare Bürger besitzen manchmal in solchen Gegenden Häuser, weißt du.«

»Ja, das weiß ich allerdings«, erwiderte er gelassen.

Ihre Blicke trafen sich. »Natürlich weißt du das. Entschuldige bitte.«

»Du kannst in diesem Fall wirklich nichts unternehmen, Charlotte. Das ist einfach nicht deine Welt.«

»Nein, natürlich nicht«, sagte sie gehorsam. Es war im Moment nicht ratsam, den Fall weiter zu verfolgen, weil ihr kein geeignetes Argument mehr einfiel. »Ich weiß so gut wie gar nichts über Devil's Acre.«

Trotzdem begann Charlotte schon am nächsten Morgen, sofort nachdem Pitt das Haus verlassen hatte, alle möglichen Vorbereitungen zu treffen, da sie beabsichtigte, den größten Teil des Tages abwesend zu sein. Gracie, die sich viel lieber damit beschäftigte, Kinder zu hüten als den Herd zu polieren, den Dielenboden zu schrubben oder die Eingangstreppe zu putzen, nahm Charlottes Anweisungen begeistert entgegen – sie brauchte gar nicht erst darauf hingewiesen zu werden, daß sie strengstes Stillschweigen zu bewahren hatte. Sie wußte genau, wann sie es mit einer Verschwörung zu tun hatte, selbst wenn sie persönlich nicht viel davon hielt. Die Neugier einer Lady sollte sich auf die romantischen Abenteuer anderer Leute beschränken, darauf, wer was anhatte und wieviel es gekostet hatte – und selbst dann sollte sie stets würdevoll auftreten. Wenn ein Gentleman ermordet wurde, mochte es ja noch angehen – aber bei einem Arzt, der in Devil's Acre praktizierte, war wohl kaum etwas anderes zu erwarten! Gracie hatte schon viel über solche Gegenden gehört – und auch über die Leute, die dort verkehrten!

Charlotte hatte zwar gesagt, sie wolle ihre Schwester Emily besuchen, aber Gracie hatte ihre eigenen Vermutungen, warum sie dies tat! Sie wußte genau, daß auch Lady Ashworth keine Scheu empfand, sich in die entsetzlichsten Angelegenheiten einzumischen.

»Ja, Ma'am.« Sie machte einen artigen Knicks. »Ich hoff', Sie haben 'nen schönen Tag, Ma'am. Un' daß Sie wieder heil nach Haus' kommen.«

»Selbstverständlich werde ich das!« Charlotte manövrierte ihren Rock an einem Stuhl vorbei und nahm ihren Mantel aus Gracies ausgestreckten Händen entgegen. »Ich gehe schließlich nur zum Paragon Walk.«

»Ja, Ma'am, natürlich.«

Charlotte sah sie von der Seite an, war jedoch anscheinend der Meinung, sich bereits klar genug ausgedrückt zu haben, was die Frage der Diskretion betraf. Jedes weitere Wort würde Gracies Verdacht nur noch bestärken.

»Was soll ich dem Herrn sagen, Ma'am?« fragte Gracie.

»Nichts. Ich werde lange vor ihm wieder zu Hause sein. Falls Lady Ashworth eine Verabredung hat, bin ich sogar schon zum Lunch zurück.« Mit diesen Worten rauschte sie aus dem Haus, die Eingangsstufen hinunter und eilte zur Straßenecke, wo sich eine Haltestelle für den öffentlichen Bus befand.

Die Wintersonne warf ihr Licht auf die prächtigen Häuser am Paragon Walk. Charlotte schritt selbstbewußt über den Bürgersteig und ging die glatte Kutschenauffahrt hoch bis zum Vordereingang von Emilys Haus. Noch bevor sie nach der Klingelschnur gegriffen hatte, wurde die Tür von einem Diener geöffnet. Alle vornehmen Häuser verfügten selbstverständlich über eine Vorratskammer, die auf die Auffahrt hinausging, so daß jeder Besucher sofort bemerkt wurde.

»Guten Morgen, Mrs. Pitt«, sagte er höflich.

»Guten Morgen, Albert«, erwiderte sie befriedigt, nahm seine stumme Einladung an und trat ins Haus. Es war wirklich überaus angenehm, so schnell erkannt zu werden. Es gab ihr das flüchtige Gefühl, wieder zu dieser Welt zu gehören.

»Lady Ashworth erledigt gerade ihre Korrespondenz«, sagte der Diener fast im Plauderton, als er vor ihr durch die große Eingangshalle ging. An den Wänden hingen farbenprächtige Gemälde,

Portraits von Mitgliedern der Familie Ashworth, die zurückreichten bis in die Zeit der Halskrausen und elisabethanischen Pantalons. »Aber ich bin sicher, sie wird hocherfreut sein, Sie zu sehen.«

Charlotte, die wußte, wie sehr Emily Briefeschreiben haßte, war sich dessen genauso sicher. Und sie würde geradezu entzückt sein, wenn sie die unerhörten Neuigkeiten von Charlotte erfuhr.

Der Diener öffnete die Tür zum Frühstückszimmer. »Mrs. Pitt, M'Lady«, sagte er.

Emily erhob sich und schob Schreibgerät und Papier zur Seite, noch bevor Charlotte eingetreten war. Sie war nicht ganz so groß wie Charlotte, hatte helleres Haar und Locken, die so weich fielen, daß Charlotte sie ihr ganzes Leben darum beneidet hatte. Sie eilte ihr entgegen und umarmte sie herzlich, wobei ihr Gesicht vor Freude strahlte.

»Wie reizend von dir, mich zu besuchen! Ich bin es wirklich leid, den ganzen Tag Briefe zu schreiben. Sie sind alle an Georges Cousinen, die ich samt und sonders nicht ausstehen kann. In dieser Ballsaison scheinen die jungen Mädchen tatsächlich noch alberner zu sein als im letzten Jahr, weißt du. Und die waren weiß Gott schon töricht genug! Ich wage gar nicht daran zu denken, wie es im nächsten Jahr sein wird! Wie geht es dir?« Sie trat einen Schritt zurück und musterte Charlotte kritisch. »Du siehst viel zu gesund aus, um der Mode zu entsprechen. Du solltest zerbrechlich und zart aussehen, wie eine Lilie, nicht wie eine große Rosenknospe, die gerade erblüht! Das ist nämlich augenblicklich das Schönheitsideal. Und du weißt sicher, daß es vulgär ist, so aufgeregt auszusehen? Was in aller Welt ist denn geschehen? Wenn du es mir nicht auf der Stelle erzählst, werde ich ...« Ihr fiel keine geeignete Strafe ein, daher begab sie sich zu einem der bequemen Sessel vor dem Kaminfeuer und kuschelte sich hinein.

Charlotte machte es sich auf dem gegenüberliegenden Sofa bequem, sie fühlte sich behaglich, wohlig warm und selbstsicher. »Erinnerst du dich noch an die Morde am Callander Square?« begann sie.

Emily setzte sich ein wenig gerader, ihre Augen leuchteten. »Was für eine schwachsinnige Frage! Wer vergißt schon einen Mord? Warum fragst du? Ist wieder jemand umgebracht worden?«

»Erinnerst du dich noch an diesen abscheulichen Diener, Max?«

»Vage. Warum? Charlotte, um Himmels willen, hör endlich auf, in Rätseln zu reden! Was in aller Welt willst du damit sagen?«

»Hast du heute morgen oder gestern in den Zeitungen von dem Mord an Dr. Hubert Pinchin gelesen?«

»Nein, selbstverständlich nicht!« Emily saß so kerzengerade auf dem äußersten Rand ihres Sessels, als habe sie einen Stock verschluckt. »Du weißt doch genau, daß George mir immer nur die Gesellschaftsseiten gibt. Wer ist dieser Hubert Pinchin und was hat er mit diesem unsympathischen Diener zu tun? Du kannst mich wirklich ganz schön hinhalten!«

Charlotte schmiegte sich tiefer in die Sofakissen und berichtete ihrer Schwester alles, was sie wußte.

Emilys Hände verkrampften sich und zerknitterten den blaßrosa Seidenstoff ihres Kleides. »Du liebe Zeit – das ist ja grauenhaft! Obwohl ich den Mann nie habe leiden können«, fügte sie freimütig hinzu. »Er hat die Balantynes damals verlassen, nicht wahr – bevor die Sache ganz geklärt war, wenn ich mich recht erinnere?«

»Richtig. Und es sieht ganz so aus, als sei er danach ein ziemlich erfolgreicher Kuppler geworden.«

Emily schüttelte sich. »Dann war es vielleicht gar nicht so unpassend, daß man ihn in der Gosse gefunden hat. Und daß er ausgerechnet von einer Prostituierten entdeckt wurde. Meinst du, Gott hat Sinn für Humor? Oder hältst du so etwas für Blasphemie?«

»Er hat schließlich den Menschen erschaffen«, antwortete Charlotte. »Also muß er zumindest einen ausgeprägten Sinn für das Abwegige besitzen. In den Zeitungen steht, daß Dr. Pinchin ein sehr ehrenhafter Mann war.«

»Und was hatte er dann in Devil's Acre zu suchen? Hat er sich dort etwa als Wohltäter oder dergleichen betätigt?«

»Ich weiß es nicht. Ich nehme an, Thomas wird es schon herausfinden.«

»Nun ja, wenn ein Mann, der etwas auf sich hält, auf der Suche nach einer Frau für eine Nacht ist, könnte er doch in ein Varieté oder zum Haymarket gehen. Aber er würde sich bestimmt nicht an einem so gefährlichen Ort wie Devil's Acre herumtreiben.«

Charlotte fühlte sich ein wenig enttäuscht. Ihre Gedanken überstürzten sich. Dann hatten sie das Geheimnis möglicherweise bereits gelüftet? »Vielleicht waren ihm die Frauen am Haymarket zu teuer. Wenn Max ein Bordell geführt hat, muß es in Devil's

Acre auch Freier geben! Wenn nun Dr. Pinchin einer dieser Männer war ...«

»Aber warum hätte man ihn dann getötet?« unterbrach Emily sie mit einem unangenehm logischen Gegenargument. »Bloß ein Idiot tötet seine eigenen Kunden.«

»Vielleicht war es seine Frau.«

Emily zog die Augenbrauen hoch. »In Devil's Acre?«

»Nicht persönlich, du Dummkopf! Sie hat vielleicht jemanden dafür bezahlt. Man muß einen Menschen schon leidenschaftlich und abgrundtief hassen, um ihm so etwas anzutun.«

Emilys Gesicht wurde mit einem Mal sehr ernst. »Da hast du recht. Aber, meine Liebe, alle Männer geben sich von Zeit zu Zeit mit losen Frauenzimmern ab, und solange sie es diskret anfangen, wird jede auch nur halbwegs vernünftige Ehefrau sich in diese Dinge nicht einmischen. Wenn ein Mann nicht von sich aus sagen will, wo er gewesen ist, ist es dem eigenen Glück zuträglicher, wenn man ihn nicht weiter bedrängt.«

Charlotte fiel keine passende Antwort ein, die nicht verletzend oder naiv gewesen wäre. Jeder Mensch mußte selbst wissen, wie er mit seiner Wahrheit fertig wurde.

Aber Emilys Gedanken kreisten um etwas ganz anderes. »Kaum zu glauben, daß dieser scheußliche Diener auf einmal wieder aufgetaucht ist. In seiner Gegenwart habe ich mich immer sehr unwohl gefühlt. Ich würde zu gern wissen, wer ihm das Geld gegeben hat, ein Bordell aufzumachen. Ich meine, wem hat das Haus gehört und wer hat für die Einrichtung bezahlt? Vielleicht war es Dr. Pinchin?«

Doch Charlotte schoß ein weit häßlicherer Gedanke durch den Kopf, der mit den Erinnerungen an das Haus der Balantynes, den Morden am Callander Square und dem plötzlichen, unauffälligen Verschwinden von Max in Zusammenhang stand.

»Ja«, sagte sie abrupt. »Ja, das könnte sehr wohl sein. Ich denke mir, daß Thomas es schon herausfinden wird.«

Emily sah sie mit zusammengekniffenen Augen an, eine Spur von Mißtrauen im Blick, verfolgte jedoch das Thema nicht weiter. »Du bleibst doch zum Lunch?«


Während Charlotte sich für ihren Besuch bei Emily vorbereitet hatte, war Pitt aus seiner Droschke geklettert und die Stufen zur Eingangstür des Hauses 23 Lambert Gardens hochgestiegen. Es war ein hohes Haus mit einer stattlichen Vorderfront, obwohl natürlich heute alle Vorhänge zugezogen waren und man an den Fenstern schwarzen Crêpe und an der Tür einen Trauerkranz befestigt hatte. Das Haus wirkte merkwürdig blind.

Es hatte keinen Zweck, den Besuch aufzuschieben, also hob er die Hand und klopfte an die Tür. Es vergingen mehrere Minuten, bevor ein niedergeschlagen aussehender Diener öffnete. Der Todesfall im Hause hatte ihn verunsichert, er hatte keine Ahnung, was man von ihm erwartete, wieviel Trauer er zeigen sollte, besonders unter diesen grotesken Umständen. Vielleicht sollte er einfach so tun, als wisse er von nichts? Wie sollte er sich auch verhalten? Das Küchenmädchen hatte bereits die Kündigung eingereicht, und er überlegte noch, ob er es ihr nachtun sollte.

Er erkannte Pitt nicht. »Mrs. Pinchin empfängt keine Besucher«, sagte er hastig. »Aber wenn Sie so nett sind, Ihre Karte hierzulassen, wird sie Ihre Kondolenzwünsche sicher annehmen.«

»Ich heiße Thomas Pitt und bin von der Polizei«, erklärte Pitt. »Auch ich empfinde natürlich tiefes Mitgefühl für Mrs. Pinchin, aber es ist leider unerläßlich, daß ich sie persönlich spreche.«

Der Diener befand sich in einem peinlichen Dilemma, denn er wußte nicht, welche seiner Pflichten Priorität hatte; einerseits war es seine Aufgabe, das Trauerhaus vor Eindringlingen wie Pitt zu schützen, andererseits war dieser Mann eindeutig ein Vertreter des Gesetzes, dem man zu gehorchen hatte.

»Sie könnten vielleicht den Butler rufen«, schlug Pitt taktvoll vor. »Und lassen Sie mich bitte nicht vor dem Haus stehen. Wir möchten schließlich nicht die Aufmerksamkeit der Nachbarn erregen und dem Geschwätz von Hausmädchen und Stiefeljungen Vorschub leisten.«

Das Gesicht des Dieners wirkte mit einem Mal beinahe komisch vor Erleichterung. Das war die perfekte Lösung. Es würde unweigerlich geklatscht werden, doch er wollte auf keinen Fall mitverantwortlich dafür sein.

»Oh – ja, Sir – ja – das werde ich tun. Wenn Sie bitte mitkommen wollen, Sir.« Er führte Pitt durch die Diele, die von einem leicht muffigen Geruch erfüllt war, ganz so, als habe man seit Tagen die Türen nicht geöffnet. Die Spiegel waren wie die Fenster schwarz verhangen. Auf einer Säule stand eine Vase mit Lilien, die Blüten sahen künstlich aus, obwohl sie echt waren, und hatten zweifellos zu dieser Jahreszeit ein Vermögen gekostet.

Der Diener ließ Pitt in einem Zimmer mit einem schwarzen Eisenrost ohne Feuer zurück. Hinter den zugezogenen Vorhängen war es dunkel, und es schien ganz so, als wolle jeder in diesem Haus alles tun, um die Kälte des Grabes nachzuempfinden, selbst wenn der Leichnam des Hausherrn nicht in seinem eigenen Heim ruhen konnte.

Es dauerte nur wenige Minuten, bis Mr. Mullen, der Butler, eintraf, das schüttere, sandfarbene Haar sorgfältig zurückgekämmt, einen Ausdruck der Entschlossenheit auf dem Gesicht. »Es tut mir leid, aber es wird noch mindestens eine halbe Stunde dauern, bis Mrs. Pinchin in der Lage ist, Sie zu empfangen. Vielleicht hätten Sie gern eine Tasse Tee, während Sie auf sie warten? Es ist ein sehr unfreundlicher Tag.«

Pitt fühlte sich schon etwas wärmer. Er respektierte diesen Mann, der offenbar seine Arbeit verstand und sie mit mehr als gewöhnlichem Geschick zu meistern schien.

»Das würde ich sehr gern, Mr. Mullen, sehr freundlich von Ihnen. Und falls es Ihre Pflichten erlauben, hätten Sie vielleicht einige Minuten Zeit für mich?«

»Gewiß, Sir.« Mullen zog an der Klingelschnur, und als der Diener eintrat, bat er ihn, eine Kanne Tee und zwei Tassen zu bringen. Er hätte sich niemals erdreistet, mit einem Gentleman Tee einzunehmen, und einen Händler hätte er durch die mit grünem Boi bespannte Tür in die Küche geschickt. Doch Pitt stand seiner Meinung nach ungefähr auf der gleichen gesellschaftlichen Stufe wie er selbst, was dieser durchaus als eine Art Kompliment auffaßte. Ein Butler war in vielerlei Hinsicht der wahre Haushaltsvorstand, ihm unterstanden manchmal ein Dutzend oder mehr Diener. Unter Umständen verfügte er sogar über mehr Intelligenz als der Hausherr und genoß zweifellos auch beim Personal größeren Respekt.

»Sie sind schon seit längerem bei Dr. Pinchin tätig?« begann Pitt das Gespräch.

»Seit elf Jahren, Mr. Pitt«, erwiderte Mullen. »Vorher war ich bei Lord und Lady Fullerton am Tavistock Square beschäftigt.«

Pitt war neugierig, warum der Mann wohl eine offensichtlich bessere Stellung aufgegeben hatte, wußte aber nicht so recht, wie er sich nach dem Grund erkundigen sollte, ohne sein Gegenüber vor den Kopf zu stoßen. Eine direkte Frage wäre nicht nur unhöflich, sondern zu diesem Zeitpunkt aus taktischen Gründen auch höchst unklug gewesen.

Mullen beantwortete sie jedoch aus freien Stücken. Vielleicht war es ihm wichtig, über jeden Verdacht der Inkompetenz erhaben zu sein. »Die Herrschaften pflegten sich jeden Winter nach Devon zurückzuziehen.« Ein Anflug von Unmut huschte über sein Gesicht. »Ich machte mir nichts aus der Reise, verspürte jedoch auch nicht den Wunsch, jedes Jahr mehrere Monate lang untätig mit dem Reinigungspersonal in dem leeren Haus zurückzubleiben.«

»Das kann ich gut verstehen«, gab Pitt mitfühlend zu. Ein Haus in der Nähe von London wäre natürlich etwas ganz anderes, dort hätte man zweifellos Bälle geben, Jagdgesellschaften veranstalten und zu Weihnachten Gäste einladen können. Doch der Rückzug in die Abgeschiedenheit von Devon glich eher einem Exil. »Ich nehme an, Dr. Pinchin war kein uninteressanter Dienstherr?« versuchte er ein wenig nachzuhaken.

Mullen lächelte höflich. Er war viel zu diskret, um das umfassende, detaillierte Wissen, das er sich im Haushalt von Dr. Pinchin angeeignet hatte, einem Fremden gegenüber preiszugeben. Butler, die das ihnen entgegengebrachte Vertrauen enttäuschten, waren in seinen Augen verachtenswert und bedeuteten eine Schande für den gesamten Berufsstand.

Er mißverstand Pitt daher ganz absichtlich, und beide wußten es. »Das war er, Sir, obwohl er hier kaum praktiziert hat. Er besitzt eine Praxis in Highgate. Aber verschiedene distinguierte Gentlemen haben gelegentlich hier bei uns diniert.«

»Tatsächlich?«

Mullen nannte einige bedeutende Chirurgen und Ärzte. Pitt versuchte, sich die Namen einzuprägen, er beabsichtigte, die Betreffenden später aufzusuchen, um festzustellen, ob er von ihnen noch zusätzliche Informationen über Hubert Pinchin erhalten hatte, obwohl er aus Erfahrung wußte, daß Kollegen sich gegenseitig zu decken und gegen Außenstehende zusammenzuhalten pflegten, selbst wenn dies manchmal lächerliche Formen annahm. Doch es bestand immer noch die Möglichkeit, daß er auf einen persönlichen und beruflichen Neider stieß, dem die Gefühle die Zunge lockerten.

Er erfuhr von Mullen noch ein wenig mehr über Pinchins Gewohnheiten, besonders daß er abends oft erst sehr spät nach Hause gekommen war. Es war sogar schon vorgekommen, daß er die ganze Nacht fortgeblieben war. Es wurde keine andere Erklärung dafür gegeben als der diskrete Hinweis, daß Krankheiten eben auf die Sprechstunden eines Arztes keine Rücksicht nahmen.

Einige Momente später klopfte Mrs. Pinchins Zofe an die Tür. Ihre Herrin sei jetzt bereit, mit Mr. Pitt zu sprechen, er möge sich doch bitte in das Frühstückszimmer begeben.

Valeria Pinchin war eine Frau von wahrhaft wagnerianischer Statur, üppig und blauäugig, über der breiten Stirn eine Welle aus ergrauendem Haar. Sie war ganz in Schwarz, wie es einer Witwe anstand, die gerade erst vom Hinscheiden ihres Gatten erfahren hatte und sich in tiefer Trauer befand, schließlich war ihr Ehemann nicht nur völlig unerwartet, sondern noch dazu auf die grausamste Weise aus dem Leben geschieden. Ihr Gesicht war bleich und verriet eine grimmige, wachsame Entschlossenheit. Sie blickte Pitt argwöhnisch an.

»Guten Morgen, Ma'am«, begann er mit einer Mischung aus Respekt, wie es der Situation angemessen war, und echtem Mitgefühl. »Darf ich Ihnen zu dem traurigen Verlust mein aufrichtiges Beileid aussprechen.«

»Vielen Dank«, erwiderte sie mit einem kaum hörbaren Schnauben und hob ihr ausgeprägtes Kinn. »Nehmen Sie doch bitte Platz, Mr. – eh, Pitt.«

Er wählte den Stuhl direkt gegenüber auf der anderen Tischseite. Sie trank weiter ihren Tee, bot ihm jedoch nichts an. Für sie war es nichts weiter als eine äußerst unangenehme Notwendigkeit, Teil der grauenhaften Katastrophe, die so unerwartet über sie hereingebrochen war – wie der Kammerjäger oder der Kanalreiniger. Es war nicht notwendig, ihn wie einen gesellschaftlich Gleichgestellten zu behandeln.

»Es tut mir sehr leid, Ma'am«, begann er erneut, »aber ich bin gezwungen, Ihnen einige Fragen zu stellen.«

»Ich kann Ihnen nicht im geringsten helfen.« Sie starrte ihn entrüstet an, der bloße Gedanke machte sie bereits schaudern. »Sie nehmen doch wohl nicht an, daß ich irgend etwas weiß, das mit diesem unsagbaren ...« Sie hielt inne, unfähig, ein Wort zu finden, das extrem genug war.

»Natürlich nicht.« Sie gehörte nicht zu den Frauen, die Pitt auf Anhieb sympathisch waren. Er mußte sich zwingen, an andere Menschen zu denken, mit denen er hatte reden müssen, während sie unter Schock gestanden hatten, an die unterschiedlichen Schutzmechanismen, mit denen sie ihre Wunden zu verbergen versucht hatten.

Mrs. Pinchin schien etwas beschwichtigt, funkelte ihn jedoch weiterhin an, und ihr mit schwarzen Perlen geschmückter Busen hob und senkte sich vor Entrüstung.

»Sie können mir dabei helfen, mehr über Ihren Gatten herauszufinden«, versuchte er ein weiteres Mal sein Glück. »Vielleicht können wir auf diese Weise feststellen, ob er irgendwelche Feinde hatte.« Er versuchte, so höflich wie möglich zu sein, konnte jedoch nicht umhin, die Tatumstände genauestens zu erforschen. Hubert Pinchin war ermordet worden. Jemand mußte ein persönliches Motiv gehabt haben, gewöhnliche Räuber entmannten ihre Opfer schließlich nicht.

Sie wollte gerade etwas sagen, besann sich jedoch anders und trank einen weiteren Schluck Tee.

Pitt wartete.

»Mein Gatte war ...« Sie fand es anscheinend schwierig, ihre Gedanken in Worte zu fassen, ohne dabei einen Teil ihres Lebens preiszugeben, der viel zu persönlich – und zu schmerzlich – war, um vor einem Außenstehenden bloßgelegt zu werden, und es war geradezu undenkbar, ausgerechnet mit diesem – Polizisten darüber zu sprechen! »Er war ein unkonventioneller Mann, Mr. Pitt«, sagte sie. »Er hat es vorgezogen, sein ärztliches Können einigen äußerst merkwürdigen Leuten zugute kommen zu lassen. Man könnte sie sogar als ›unwürdig‹ bezeichnen.« Sie rümpfte die Nase. »Es liegt mir fern, mich bedauernswerten Menschen gegenüber hartherzig zu zeigen, doch er hätte eine blendende Karriere machen können, müssen Sie wissen. Mein Vater ...«, sie schob ihr Kinn vor, »Dr. Albert Walker-Smith. Sie haben sicher von ihm gehört?«

Pitt hatte den Namen noch nie gehört, nahm jedoch seine Zuflucht zu einer Lüge. »Ein sehr berühmter Mann, Ma'am«, pflichtete er ihr bei.

Ihr Gesicht nahm einen friedfertigeren Ausdruck an, und Pitt befürchtete einen Moment lang, daß sie jetzt eine qualifizierte Bemerkung von ihm erwartete. Er hatte nicht die leiseste Ahnung, wer dieser Albert Walker-Smith gewesen war, außer daß er anscheinend das Ideal war, an dem Mrs. Pinchin ihren eigenen Gatten gemessen hatte.

»Sie sagten gerade, Dr. Pinchin sei unkonventionell gewesen, Ma'am«, sagte Pitt. »Haben Sie damit nur gemeint, daß er seine beruflichen Fähigkeiten nicht zu seinem Besten genutzt hat?«

Sie zerknitterte eine Serviette in ihren kräftigen Händen. »Ich bin nicht sicher, was Sie damit sagen wollen, Mr. Pitt. Er hatte jedenfalls keine verwerflichen Gewohnheiten – wenn Sie darauf anzuspielen versuchen!« Alle erahnten männlichen Verirrungen, alle widernatürlichen Praktiken, die sie in ihrer Unwissenheit aus dem Dunkel ihrer Phantasie heraufbeschwor, schwangen in ihren Worten mit.

Pitt sah sie ratlos an. Ihr Stolz umgab sie wie ein Panzer, und sie war so sehr in den Formalitäten ihrer Trauer befangen, daß er mit seinen vorhersehbaren Fragen nichts erreichen würde. Ihre Gedanken verliefen in Bahnen, die so festgelegt waren wie das Bett eines alten Flusses, der in das immer gleiche Meer mündet.

»Hat er gern Stilton gegessen?« fragte er statt dessen.

Ihre schmalen Augenbrauen hoben sich, und ihre Stimme wurde hart. »Wie bitte?«

Er wiederholte seine Frage.

»Ja, das hat er, aber ich empfinde Ihre Frage als beleidigend nebensächlich, Mr. Pitt. Ein Wahnsinniger hat meinen Gatten angefallen und auf die ...«, Tränen schossen ihr in die Augen, und sie schluckte, »gräßlichste Weise ermordet, und Sie sitzen hier in seinem Haus und wagen es, mir die Frage zu stellen, ob er gern Käse gegessen hat!«

»Die Frage ist durchaus relevant, Ma'am«, erwiderte Pitt und bemühte sich, nicht die Geduld zu verlieren. Die Frau konnte schließlich nichts dafür, daß die gesellschaftlichen Normen und ihr Stolz ihre einzigen Waffen gegen die schreckliche Angst waren. »Wir haben nämlich Stiltonkrümel auf seiner Kleidung gefunden.«

»Oh.« Sie entschuldigte sich steif. »Es tut mir leid. Ich nehme an, Sie verstehen Ihr Handwerk. Ja, mein Gatte war kulinarischen Genüssen sehr zugetan. Er hat immer gut gegessen.«

»Habe ich eben richtig verstanden, daß Ihr Gatte oft seine medizinischen Fähigkeiten für wohltätige Zwecke eingesetzt hat?«

»Für unrentable Zwecke!« erwiderte sie mit plötzlich aufwallender Verachtung. »Er hat den Großteil seiner Zeit mit Menschen verschwendet, die – man kann es einfach nicht anders nennen – seiner nicht würdig waren. Falls Sie beabsichtigen, unter seinen Kollegen nach Konkurrenten zu suchen, Mr. Pitt, verschwenden Sie nur Ihre Zeit. Mein Gatte war hochbegabt, doch er hat sein Talent nicht so genutzt, wie er es hätte tun sollen.«

In ihrer Stimme schwang die jahrelange Enttäuschung über unzählige verpaßte Gelegenheiten mit.

»Trotzdem war er sehr geachtet, glaube ich.« Pitt war hin- und hergerissen zwischen seiner instinktiven Abneigung gegen die Frau und einem Gefühl des Mitleids, weil man sie so enttäuscht hatte. Sie war an einen Mann gebunden gewesen, der ihren Erwartungen nicht entsprochen hatte, und es hatte für sie keine Möglichkeit gegeben, der Situation zu entkommen. Ihre Träume waren zum Greifen nah gewesen, und er hatte sich geweigert, sie zu erfüllen.

Sie seufzte. »O ja, auf seine Weise war er das wohl. Er ist sehr unterhaltsam gewesen, wissen Sie. Die Leute mochten ihn.« Ihre Stimme klang ein klein wenig überrascht, als könne sie den Grund dafür selbst nicht verstehen; vielleicht teilte sie diese Meinung auch einfach nicht. Ihre eigene Enttäuschung war so tief, daß sie seine Kavaliersdelikte nicht amüsant finden konnte. »Gelegentlich hat er wirklich brilliante Diagnosen gestellt. Diagnosen waren nämlich sein Spezialgebiet, wissen Sie.«

Pitt stellte die nächstliegende Frage. »Können Sie sich an irgend etwas erinnern, Ma'am, das uns weiterhelfen könnte – vielleicht an jemanden, der sich an ihrem Gatten rächen wollte? Vielleicht ein ehemaliger Patient oder jemand, der den Tod eines Familienmitgliedes nicht verwinden konnte und den Arzt dafür verantwortlich gemacht hat? Hat sich Dr. Pinchin in der letzten Zeit irgendwie ungewöhnlich verhalten oder die Bekanntschaft eines Menschen gemacht, der Ihnen sonderbar vorgekommen ist?«

»Mein Gatte hat seine weniger angesehenen Freunde nicht in dieses Haus gebracht, Mr. Pitt.« Ihre Lippen wurden schmal. »Es hat gewisse Menschen gegeben, die er an anderen Orten unterhalten hat, wie Sie sicher verstehen werden. Und ich habe in der letzten Zeit nichts Ungewöhnliches an seinem Verhalten bemerkt – er war genauso wie sonst auch.« Einen Moment lang sah ihr Gesicht unglücklich aus, eine Mischung aus Mißbilligung, was die Gewohnheiten des Toten betraf, und ein plötzliches Gefühl der Einsamkeit, weil er nicht mehr da war. Trotz seiner Schwächen und ärgerlichen Eigenheiten hatte sie sich an ihn gewöhnt, hatte dreißig Jahre lang ihr Leben mit ihm geteilt. Jetzt war sie ganz allein.

Einen Augenblick lang fühlte Pitt tiefes Mitleid mit ihr, doch er wußte, daß die Kluft zwischen ihnen so groß war, daß sie nicht überbrückt werden konnte. Sein Verständnis würde ihren Schmerz nicht im geringsten mildern, ganz im Gegenteil, sie würde es als anmaßend empfinden.

Er stand auf. »Vielen Dank für Ihre Hilfe, Ma'am. Ich hoffe, daß ich Sie nicht noch einmal belästigen muß. Ich bin sicher, Mr. Mullen kann mir alles weitere mitteilen, falls ich noch Fragen haben sollte.«

»Guten Tag, Mr. Pitt.« Sie schaute ihn trübsinnig an, bis er die Tür erreicht hatte. Dann nahm sie die Teekanne, goß sich eine neue Tasse Tee ein und betupfte mit der Serviette zuerst ihren Mund und dann die Wangen, auf denen die Tränen herunterrannen.

Pitt verließ das Zimmer und schloß die Tür mit einem leisen Klicken.

Mullen wartete bereits in der Eingangshalle auf ihn. »Kann ich Ihnen sonst noch behilflich sein, Sir?«

Pitt seufzte. »Ja, das können Sie. Ich möchte Sie bitten, mir die Haushaltsbücher und Ihren Keller zu zeigen. Ich vermute, Sie haben selbst das Personal begutachtet, bevor es eingestellt wurde, und die Referenzen überprüft?«

Mullen erstarrte, sein Gesicht nahm einen frostigen Ausdruck an. »Das habe ich in der Tat. Darf ich fragen, was Sie zu finden erwarten, Mr. Pitt? Die Bücher sind vollkommen einwandfrei, das kann ich Ihnen versichern, und die Dienstboten sind über jeden Zweifel erhaben, sowohl was die Moral als auch die Ehrlichkeit betrifft, sonst hätten wir uns längst von ihnen getrennt! Und falls Sie vermuten sollten, daß einer der Dienstboten sich nachts außer Haus aufgehalten hätte, kann ich Ihnen versichern, daß dies unmöglich ist.«

Pitt tat es leid, den Mann beleidigt zu haben. In Wirklichkeit verdächtigte er keinen der Hausangestellten. Er suchte lediglich nach Anhaltspunkten für Pinchins Lebensstandard, um seine Auslagen beurteilen zu können. Normalerweise ging ein Mann aus seiner Gesellschaftsschicht nicht auf den Acre, selbst wenn er auf billige Unterhaltung aus war. War Pinchin weitaus weniger vermögend, als es den Anschein hatte, oder viel wohlhabender, als seine Arztpraxis es ihm erlaubte? Gab er Geld in Bordellen oder Spielhöllen aus? Oder verdiente er es dort? Er wäre bei weitem nicht der erste äußerlich unbescholtene Mann, der in einem Armenviertel über Immobilien verfügte und sich daran bereicherte.

»Es handelt sich um eine reine Routineuntersuchung, Mr. Mullen«, sagte er freundlich. »Genauso wie Sie die Referenzen Ihrer zukünftigen Dienstboten auch dann noch überprüfen, wenn Sie von ihrer Richtigkeit überzeugt sind.«

Mullen entspannte sich ein wenig. Er respektierte es, wenn jemand seine Arbeit ernst nahm. »Sie haben vollkommen recht, Mr. Pitt. Ich bin mit Polizeiarbeit vertraut. Wenn Sie mir bitte folgen würden ...«

Nach seinem Besuch in Pinchins Haus verbrachte Pitt den Nachmittag damit, die Praxis in Highgate zu überprüfen und mit den entsetzten und äußerst zurückhaltenden Kollegen zu sprechen. Als er schließlich gegen fünf nach sieben zu Hause ankam, war er müde, durchgefroren und mit seinen Ermittlungen kaum einen Schritt weiter. Wenn Pinchin tatsächlich Immobilien in Devil's Acre besaß, hatte er jeden Hinweis darauf gut versteckt – dasselbe galt für etwaige andere geschäftliche Transaktionen außerhalb seiner Praxis in Highgate. Sein Lebensstandard ließ jedoch darauf schließen, daß er auf beträchtlich mehr Einnahmen zurückgreifen konnte, als seine medizinischen Fähigkeiten vermuten ließen. Eine Erbschaft? Besaß er Sparguthaben? Hatte er Geschenke erhalten? Vielleicht die Bücher ein bißchen frisiert? Oder vielleicht Patienten erpreßt mit Indiskretionen über seine medizinische Hilfe bei Geschlechtskrankheiten oder ungewollten Schwangerschaften – es gab unzählige Möglichkeiten.

Gracie empfing Pitt an der Tür und nahm seinen Mantel zum Trocknen mit in die Spülküche. »Scheußliches Wetter heut' abend, Sir«, sagte sie und schüttelte den großen Mantel wie eine Decke, wobei sie fast das Gleichgewicht verlor. Sie eilte ihm voraus, murmelte etwas vor sich hin, wie schrecklich es doch sei, daß er so spät arbeiten müsse und noch dazu bei diesem Wetter. Dabei schaute sie ihm kein einziges Mal in die Augen. Aus irgendeinem Grund tat er ihr leid, und ihr verspannter kleiner Rücken drückte tiefste Mißbilligung aus.

Es dauerte nicht lange, bis er zwei und zwei zusammengezählt hatte, vor allem als er Charlotte übertrieben aufmerksam und äußerst redselig vorfand. »Bist du fort gewesen?« fragte er sie.

»Nur ganz kurz«, sagte sie beiläufig. »Ich war schon wieder zurück, bevor es zu regnen angefangen hat. Es war wirklich nicht so schlimm.«

»Und du bist sicher mit der Kutsche gekommen«, fügte er hinzu.

Sie schaute kurz hoch, die Wangen leicht gerötet. »Kutsche?«
»Dann hast du Emily also nicht besucht?«
Ihr Gesicht verriet unverhohlene Bewunderung. »Woher weißt du das?«
»Von Gracies Rücken.«
»Wie bitte?«
»Von Gracies Rücken. Er ist vor Mißbilligung ganz verspannt. Da ich gerade erst nach Hause gekommen bin, kann es mit mir nichts zu tun haben. Demnach mußt du der Grund sein. Ich nehme an, du hast Emily besucht, um ihr alles mitzuteilen, was du über die Morde in Devil's Acre weißt – besonders da es sich bei einem der Toten um den ehemaligen Diener einer euch bekannten Familie handelt. Und jetzt sag mir bitte, ob ich mich irre.«
»Ich ...«
Er wartete.
»Natürlich haben wir darüber gesprochen!« Ihre Augen glänzten, das Blut stieg ihr ins Gesicht. »Aber das war alles – ich schwöre! Was können wir denn schon tun? Schließlich können wir kaum selbst auf den Acre gehen. Wir haben uns allerdings gefragt, was in aller Welt Dr. Pinchin dort zu suchen hatte. Es gibt bedeutend bessere Orte, um sich eine Frau für eine Nacht zu suchen, falls er wirklich darauf aus gewesen sein sollte, weißt du.«
»Ja, das weiß ich, vielen Dank für die Belehrung.«
Ihre Augen blitzten ihn kurz an, dann nahm ihr Gesicht wieder den Ausdruck völliger Unschuld an. »Hast du schon daran gedacht, daß er vielleicht Max das Geld gegeben haben könnte, Thomas? Du weißt ja, daß auch Leute, denen man es überhaupt nicht zutrauen würde, in dunkle Machenschaften ...«.
»Vielen Dank für den Hinweis«, erwiderte er und konnte sich ein Lächeln kaum verkneifen. »Der Gedanke ist mir tatsächlich auch schon gekommen.«
»Oh.« Sie sah enttäuscht aus.
Er nahm ihre Hand und zog sie zu sich herüber. »Charlotte«, sagte er zärtlich.
»Ja, bitte?«
»Kümmere dich bitte um deine eigenen Angelegenheiten!«

# Kapitel 3

Am nächsten Tag fuhr Pitt mit seinen Ermittlungen fort. Er nahm dazu seinen ältesten Mantel und einen arg zerbeulten Hut, den selbst er normalerweise nicht mehr getragen hätte, ging hinaus in den Nieselregen und begab sich nach Devil's Acre, um dort nach Max' Etablissements – oder wenigstens einem davon – zu suchen.

Die Gegend war nicht viel anders als die meisten der älteren Londoner Armenviertel, in denen eine merkwürdige Mischung von Bewohnern auf engstem Raum zusammengepfercht lebte. In den höchsten, stattlichsten Häusern, deren Vorderfronten auf beleuchtete Straßen hinausgingen, wohnten wohlhabende Kaufleute und Privateigentümer. Unter ihnen, in den kleineren Häusern in den Nebenstraßen, befanden sich die Wohnungen der Schreiber und Händler. Darunter wiederum hausten die Ärmsten der Armen in schäbigen, verfallenen Behausungen und Kellerlöchern, die manchmal so vollgestopft mit Menschen waren, daß zwei oder drei Familien sich ein einziges Zimmer teilen mußten. Der Gestank von Unrat und Exkrementen schnürte einem die Kehle zu. Überall wimmelte es von Ratten, und es konnte durchaus vorkommen, daß ein unbeaufsichtigter Säugling von ihnen bei lebendigem Leibe gefressen wurde. Es war bedeutend wahrscheinlicher, als Kind an Unterernährung oder einer unbehandelten Krankheit zu sterben, als das erwerbsfähige Alter von sechs oder sieben Jahren zu erreichen, die übliche Zeit, sich einer Schule für Taschendiebe und angehende Einbrecher anzuschließen.

In diesem Gewirr von engen Straßen fand man die berüchtigten Sweatshops, die Büros der heruntergekommenen Anwälte oder Schreiber, die falsche eidesstattliche Erklärungen aufsetzten, Geschäftsbücher und Belege manipulierten, der Fälscher und der Hehler, die mit gestohlenem Gut Geschäfte machten. Und natürlich gab es hier Spelunken, billige Absteigen, Freudenhäuser – und Polizeispitzel.

Über allem lag der Schatten der großen Türme von Westminster Abbey, der Krönungskathedrale der Könige, in der Edward der Bekenner seine letzte Ruhestätte gefunden hatte, lange bevor der Normanne Wilhelm der Eroberer von Frankreich herübergesegelt war, um den Sachsenkönig zu besiegen und die Herrschaft über England an sich zu reißen. Und hinter Westminster Abbey lagen Big Ben und der Palast von Westminster, das Parlamentsgebäude, die berühmte »Mutter der Parlamente«, seit der Zeit Simon de Montforts vor sechshundert Jahren.

Pitt hegte keinerlei Hoffnung, in diesem wimmelnden Rattennest Antworten auf seine Fragen zu finden. Hier war die Polizei der Erzfeind, und die unzähligen Bewohner witterten mit den geschärften Sinnen eines Jagdhundes sofort jeden Fremden. Im Laufe der Jahre hatte er hier einige Verhaftungen durchgeführt, doch er hatte auch etliche Täter entkommen lassen. Er hatte Freunde hier – zwar keine richtigen, aber er kannte jedenfalls Leute, die Bescheid wußten und ihr Wissen dazu benutzten, den eigenen Hals aus der Schlinge zu ziehen.

Pitt schritt durch graue Gassen, vorbei an finsteren jungen Burschen, die sich herumdrückten und ihn mit hinterhältigen Blicken verfolgten. Er zog die Schultern hoch, um den verstohlenen Gang der ewig Unterdrückten nachzuahmen. Er schaute sich nicht um. Sie würden seine Angst riechen und wie geifernde Hunde seiner Fährte folgen. Er ging zielstrebig, als wisse er genau wohin, als seien die schmalen Gassen, von denen manche gerade breit genug waren, daß zwei Männer sich aneinander vorbeidrücken konnten, ihm genauso vertraut wie sein eigenes Heim.

Balken krachten, Holz verfaulte und zerfiel. Ein Dutzend Ratten stob auseinander, als er sich näherte, man konnte ihre kleinen Füße auf den nassen Steinen scharren hören. Alte Männer lagen zusammengesunken in Hauseingängen, vielleicht waren sie nur bis zur Besinnungslosigkeit betrunken, vielleicht waren sie auch tot.

Es dauerte eine halbe Stunde, bis Pitt den Mann, nach dem er suchte, gefunden hatte, auf einem halbverfallenen Dachboden, wo er seiner Arbeit nachging. Squeaker Harris, der seinen Namen seiner schrillen, hohen Stimme verdankte, war ein kleiner Mann mit schmalen Augen und einer spitzen Nase – er sah einer Ratte ziemlich ähnlich, dachte Pitt. Es fehlte nur noch der lange, haarlose Schwanz. Er war ein Schreiber, der Referenzen und amtliche Dokumente fälschte.

»Was woll'n Sie von mir?« verlangte er angriffslustig zu wissen. »Ich hab' nix auf'm Kerbholz, was Sie mir beweisen könnten!«

»Das habe ich auch gar nicht vor, Squeaker«, entgegnete Pitt. »Obwohl ich mir gut vorstellen kann, daß ich es durchaus könnte, wenn ich nur wollte.«

»Nee!« Squeaker wies diese Möglichkeit entrüstet von sich. »Nee – nie im Leben!«

»Wir werden es nie herausfinden, nicht wahr – solange ich es nicht versuche«, konterte Pitt.

»Also, was woll'n Sie dann von mir? Sind ja wohl sicher nich' zum Vergnügen nach Devil's Acre gekommen, oder was?«

»Ich brauche ein paar Informationen.« Pitt blickte ihn mißbilligend an. Der Mann wußte genau, was er meinte, seine gespielte Entrüstung war reine Zeitverschwendung.

»Ich weiß nix, aber auch gar nix von irgendwelchen Verbrechen!« sagte Squeaker warnend.

»Selbstverständlich nicht«, sagte Pitt trocken. »Du bist nichts weiter als ein ehrbarer Bürger, der sich ein paar Pence verdient, indem er Briefe für Leute aufsetzt, die selbst des Schreibens nicht mächtig sind.«

»Haargenau – Sie ham den Nagel auf'n Kopf getroffen!« Squeaker nickte heftig.

»Aber du kennst dich in Devil's Acre aus«, insistierte Pitt.

»Na klar doch – bin ja schließlich verdammt noch mal hier geboren!«

»Jemals von einem Zuhälter namens Max gehört? Und lüg' mich bloß nicht an, Squeaker, oder ich sperre dich ein, weil du mir Informationen vorenthältst, die im Zusammenhang mit einem Mordfall stehen, und dann kannst du lange schmoren! Diesmal ist es wirklich ernst.«

»O, mein Gott! Sie meinen den armen Teufel, dem man – o Gott!« Squeakers Gesicht wurde unter der Schmutzschicht ganz blaß. »O Gott!« wiederholte er.

»Und?« bohrte Pitt weiter. »Was weißt du also über Max?«

»Keine Ahnung, wer den umgebracht hat, ich schwör's Ihnen, Mr. Pitt. Muß 'n Irrer gewesen sein! Wer sons' würd' sowas 'nem anderen Menschen antun? Sowas Widerliches.«

»Natürlich hast du keine Ahnung, wer ihn umgebracht hat«, räumte Pitt mit einem nachsichtigen Lächeln ein, »denn sonst hättest du uns natürlich schon längst alles darüber gesagt.«

»Genau«, stimmte Squeaker zu und wandte nervös den Blick ab. Er vermutete, daß Pitt sich über ihn lustig machte, doch er wollte es lieber nicht darauf ankommen lassen. »Ich schwör's Ihnen.«

»Und was ist mit Max?« wollte Pitt wissen. »Wie war er?«

»Hat sein Geschäft verstanden«, mußte Squeaker widerwillig zugeben. Zuhälterei war bedeutend einträglicher als kleine Fälscherarbeiten und wahrscheinlich auch weitaus unterhaltsamer. »Der Kerl war'n echtes Naturtalent – jedenfalls für die Art von Arbeit!« Sein Lob durfte auf keinen Fall übertrieben klingen. Schließlich war Max absolut unbegabt gewesen, was gute Fälschungen betraf. Squeaker war sich nicht einmal sicher, ob Max überhaupt fähig gewesen war, leserlich zu schreiben! Eine schöne Handschrift erforderte großes Geschick, eine Tatsache, die auf keinen Fall unterschätzt werden durfte.

Wenn Pitt an das derbe, sinnliche Gesicht mit den dunklen Augen dachte, konnte er sich dieses Talent bei Max sehr gut vorstellen. »Ja«, sagte er, »das habe ich auch schon gehört. Er hatte mehrere Häuser, nicht wahr?«

Squeaker sah ihn mißtrauisch an. »Das wissen Sie also auch schon?«

»Allerdings. Wie sah sein Kundenkreis aus?«

»Kommt ganz drauf an, welches von den Häusern Sie meinen«, sagte Squeaker. »Wenn Sie das in der Partridge Lane meinen – na ja, da konnte jeder hin, der bezahlen konnte. Richtige Flittchen laufen da rum. Aber wenn Sie das an der George Street meinen – na ja, da liegt die Sache völlig anders. Da gibt's auch Mädchen mit richtig Klasse. Un' ich hab' läuten hören, daß er 'nem Gentleman mit genug Geld richtig feine Damen verschafft, wie man so schön sagt.« Er grinste anzüglich, als wisse er genau Bescheid, und entblößte dabei seine braunen Zähne. Die Vorstellung amüsierte ihn anscheinend, als sei sie eine obszöne Form der Rache an einer Gesellschaft, die ihn vollständig ausgeschlossen hatte.

»Feine Damen, sagst du?« Pitt zog die Augenbrauen hoch. Das klang vielversprechend. Er fixierte Squeaker mißtrauisch. »Feine Damen?« wiederholte er zweifelnd.

»Ja, das hab' ich gesagt – ob Sie's nun glauben oder nich'.« Squeaker wußte, daß er Pitts Interesse geweckt hatte, und genoß dieses Gefühl. »Könnte ja sein, daß Sie da Ihren Mörder finden, nich'? Laß dich nie mit den feinen Leuten ein – das is' 'ne goldene Regel von mir. Die sind nich' gewöhnt, daß man ihnen auf die Schliche kommt, das können die nich' ertragen – kann schlimme Folgen haben. Halt dich an deine eignen Leute – dann gibt's auch keinen, der die Regeln nich' kennt un' dir krumm kommt un' dir 'n Messer in'n Bauch rammt. Aber was die mit Max gemacht ham, das war schlimm, Mr. Pitt – wirklich schlimm. Ich weiß wirklich nich', wie ihr Polypen sowas zulassen könnt!«

Pitt mußte lächeln. »Grauenhaft«, stimmte er zu. »Aber ein eifersüchtiger Mann ist zu unvorstellbaren Dingen fähig, wenn man ihm die Frau wegnimmt und sie anderen Männern als Hure anbietet.«

Squeaker seufzte. Er hatte weder Frau noch Kinder, doch manchmal träumte er davon: von einer Frau, deren Wärme man nicht erkaufen oder bezahlen mußte, von jemandem, der einem mit der Zeit vertraut wurde, von Kindern, die einen mit Respekt behandelten – etwas, das jeder Mann besitzen sollte, jedenfalls eine Zeitlang.

»Ich denk', da könnten Sie recht haben, Mr. Pitt«, sagte er langsam. »Mit 'ner Frau, die 'nen Mann hat, soll man sich nie einlassen – noch 'ne goldene Regel, die man sich hinter die Ohren schreiben sollte. So gesehen, denk' ich mir, is' Zuhälter sein doch nich' so'n gesunder Beruf. Mit Frauen zu handeln kann ganz schön gefährlich sein – ganz zu schweigen von dem, auf was manche Männer so aus sind; hab' mir sagen lassen, daß die Männer oben aus'm Westen merkwürdige Vorstellungen haben. Da gibt's Geschichten, kann ich Ihnen sagen! Da steh' ich mich mit meinen Papieren noch besser. Da weiß man wenigstens, woran man is'. Wegen Papieren dreht so schnell keiner durch.«

Pitt hatte nicht die Absicht, weiter darauf einzugehen. »Und was ist mit dem teureren Haus, das Max in der George Street hatte?«

»Hab' ich das nich' grade gesagt?« Squeaker zeigte sich so geduldig wie ein Schullehrer bei einem Schüler, der ungewöhnlich schwer von Begriff ist.

»Ja – vielen Dank.« Pitt griff in eine seiner Taschen und holte einen Shilling hervor. Er reichte ihn Squeaker, der ihn rasch mit seiner schmutzigen Hand umschloß. Er führte das Geldstück zum Mund und biß kräftig hinein. Das Ergebnis fiel zu seiner Zufriedenheit aus, und er schob die Münze in seine Tasche.

»Besten Dank, Mr. Pitt«, sagte er.

»Und wehe, wenn du den Acre verläßt«, warnte Pitt. »Falls du mich angelogen hast, komme ich zurück und ziehe dir das Fell über die Ohren!«

Squeaker schien entsetzt. »Ihnen würd' ich bestimmt keine Lügen erzählen, Mr. Pitt! Das wär' doch wirklich dumm von mir, oder nich'? Sie würden doch bloß zurückkommen un' mir mein Geschäft ruinieren. Is' nich' gut für's Geschäft, wenn man Polypen im Haus hat, wenn Sie mir die Bemerkung gestatten, kann einem glatt den guten Ruf vermasseln!«

Pitt schnaubte und verließ das »Geschäft« und ging an dem faulenden Holz im Hof, einem Haufen Unrat und zwei Betrunkenen in der Gosse vorbei. Er eilte durch den Regen in Richtung George Street. Sie lag in einem bedeutend angenehmeren Teil des Acres, nur einige Minuten vom Parlamentsgebäude entfernt.

Max hatte offenbar wirklich ein außergewöhnliches Geschäftstalent besessen. Falls er es tatsächlich geschafft hatte, einige »richtig feine« Damen, wie Squeaker so schön sagte, aufzutreiben, und dazu noch drei oder vier wirklich attraktive Huren, die ihr Gewerbe verstanden, hätte er innerhalb von wenigen Jahren ein reicher Mann sein können.

Pitt fand das Haus ohne große Schwierigkeiten. Ein Mann, der nach einem solchen Ort fragte, war nichts Ungewöhnliches, und diejenigen, die gewillt waren, ihm Auskunft zu geben, wurden von den Inhabern des betreffenden Etablissements häufig für ihre Mühe entschädigt.

Das Haus, nach dem er gesucht hatte, war unauffällig, äußerlich vielleicht sogar ein wenig heruntergekommen. Man hätte es leicht für eines der vielen Absteigequartiere halten können; Anonymität war ein wichtiger Bestandteil dieses Gewerbes.

Im Inneren des Hauses sah es allerdings völlig anders aus. Die Eingangshalle war von diskreter Eleganz. Pitt fühlte sich an die vornehmen Häuser erinnert, in denen Max gearbeitet hatte und in denen Menschen lebten, deren Geschmack durch den Wohlstand und vornehmen Lebenswandel von Generationen vor ihnen geprägt war. Menschen, die mit den Gemälden der alten Meister und den Feinheiten von Stilmöbeln ebenso selbstverständlich vertraut waren wie mit dem korrekten Gebrauch der Grammatik und die selbstbewußt und mit erhobenem Haupt einherzuschreiten verstanden.

Von der Diele aus gelangte man in den großen Empfangsraum, dessen Harmonie durch keinerlei Opulenz oder Anstößigkeit gestört wurde. Ruhige, warme Farben vermittelten Sinnlichkeit und täuschten darüber hinweg, wie sorgfältig jedes Möbelstück und jedes Gemälde ausgesucht und auf die übrige Einrichtung abgestimmt war. Die besonderen Reize, die dieser Raum vermittelte, waren auch taktiler Art: weiche Samtstoffe, ein Teppich, der so dick war, daß man sich geräuschlos darauf bewegen konnte, beinahe als ginge man auf Gras. Max hatte in der Tat einen erlesenen Geschmack besessen!

Ein Mann in Livree, eine Art Kreuzung zwischen einem Diener und einem Butler, kam auf ihn zu. Seine Funktion bestand anscheinend darin, zu entscheiden, wer als möglicher Kunde in Frage kam und wen man besser diskret an eine andere Adresse weiterverwies.

»Guten Tag, Sir.« Er musterte Pitts Kleidung und entschied mit einer kaum merklichen Veränderung seines Gesichtsausdrucks, daß sein Gegenüber höchstwahrscheinlich nicht in der Lage sein würde, den in diesem Haus üblichen Preis zu zahlen. Doch er war zu erfahren, um ihn sofort wegzuschicken. Man wußte schließlich, daß die vornehmsten und wohlhabendsten Gentlemen zuweilen in die merkwürdigsten Verkleidungen schlüpften.

»Guten Tag.« Pitt verstand genau, was in seinem Gegenüber vor sich ging, und spielte seine Rolle leicht amüsiert weiter, indem er sich so vornehm wie möglich gab. »Sie wurden mir empfohlen.« Er achtete darauf, daß er kerzengerade stand, als erfülle seine unglaubliche Aufmachung nur den Zweck, die anderen glauben zu machen, er sei ein Bewohner des Acres – was ja auch zutraf, wenn auch aus völlig anderen Gründen. »Ich habe von verschiedenen Freunden gehört« – falls man Squeaker Harris als einen Freund bezeichnen konnte –, »daß Sie über Damen von weitaus besserer Qualität verfügen als jedes andere Etablissement.«

Das Gesicht des Mannes entspannte sich. Er entschied, daß es sich bei Pitt allem Anschein zum Trotz nur um einen Gentleman handeln konnte. Seine Stimme, nicht seine Kleidung hatte ihn verraten: seine gewählte Ausdrucksweise, seine vornehme Haltung.

»Das ist richtig, Sir. An welche Qualitäten hatten Sie denn gedacht? Wir können sowohl mit Erfahrung als auch, falls Sie dies vorziehen sollten, mit vornehmer Herkunft dienen – obwohl letzteres selbstverständlich einige besondere Vorbereitungen erforderlich macht.«

Das Geschäft lief also auch nach Max Burtons dramatischem Ableben genauso gut wie zuvor!

Pitt blähte kaum merklich die Nasenflügel und sah den Mann mit erstaunten Augen und einer Spur von Herablassung an. »Vornehme Herkunft«, erwiderte er in einem Ton, der keinen Zweifel daran ließ, daß für ihn keine andere Antwort in Frage kam.

»Selbstverständlich, Sir«, erwiderte der Mann. »Wenn Sie einen festen Termin im voraus mit mir vereinbaren würden, werde ich alles Nötige veranlassen. Sie verstehen sicher, daß wir unter diesen besonderen Umständen etwas weniger Rücksicht auf den individuellen Geschmack nehmen können. Aber wenn Sie mir verraten, welche Haarfarbe und welchen Typ Sie bevorzugen, werde ich mich bemühen, Ihren Wünschen zu entsprechen.«

Max hatte nicht nur Talent gehabt, er war geradezu genial gewesen!

»Hervorragend«, antwortete Pitt ungeniert. »Am liebsten ist mir Kastanienbraun« – er stellte sich automatisch Charlotte vor –, »anderenfalls Dunkelbraun oder Schwarz. Außerdem schätze ich weder dicke noch sehr dünne Frauen. Also geben Sie mir bitte keine Dame, bei der man die Knochen fühlen kann!«

»Selbstverständlich, Sir«, sagte der Mann noch einmal und verbeugte sich. »Wirklich ein exzellenter Geschmack, wenn ich mir die Bemerkung erlauben darf.« Er hätte genausogut ein Butler sein können, der die Qualität eines Tafelweines kommentierte. »Wenn Sie in drei Tagen wiederkommen, werden wir etwas für Sie gefunden haben, das zu Ihrer vollsten Zufriedenheit ausfallen wird. Die Bezahlung beträgt fünfzig Guineen – im voraus zu entrichten –, aber natürlich erst dann, wenn Sie die Dame kennengelernt und für gut befunden haben.«

»Natürlich«, erwiderte Pitt. »Ich muß sagen, mein Freund hatte recht. Sie scheinen wirklich das bei weitem anspruchsvollste Etablissement in dieser Gegend zu sein.«

»Wir haben keinerlei Konkurrenz, Sir«, sagte der Mann arglos. »Männer wie Mr. Mercutt, die glauben, sie könnten uns nachahmen, können sich mit uns nicht messen – wie Sie vielleicht schon gehört haben.«

»Mercutt?« wiederholte Pitt mit leichtem Stirnrunzeln. »Ich glaube nicht, daß mir der Name bekannt ist.« Seine Stimme klang fragend, als erwarte er nähere Informationen.

»Ambrose Mercutt.« Der Mann hob mit einem Ausdruck leiser Verachtung kaum merklich die Augenbrauen. »Ein Dilettant, kann ich Ihnen versichern, Sir, allerdings mit Ambitionen.« Eine Herzogin hätte sich möglicherweise über einen Emporkömmling mit dergleichen müder Herablassung geäußert.

Pitt kannte nun den Namen, nach dem er gesucht hatte. Er hatte sein Ziel erreicht. Das hiesige Polizeirevier würde ihm sagen können, wo er diesen Mr. Mercutt finden konnte.

»Nein.« Er schüttelte den Kopf. »Ich kann mich nicht entsinnen, daß jemand mir gegenüber diesen Namen erwähnt hat. Er kann nicht sehr bedeutend sein.« Er hielt es für das Beste, dem Mann zu schmeicheln und ihn in Sicherheit zu wiegen. Unbefangene Menschen verrieten sich sehr viel leichter als mißtrauische.

Der Mann lächelte zufrieden. »Sehr richtig, Sir – wirklich völlig unbedeutend. Wenn Sie bitte in drei Tagen nachmittags um diese Zeit wiederkommen würden?«

Pitt nickte zustimmend und verabschiedete sich, auch er war mit dem Ausgang des Gesprächs sehr zufrieden.

Inspector Parkins empfing Pitt mit dem Gesichtsausdruck erwartungsvoller Entspannung. Der Fall Max Burton war in der Zwischenzeit Pitt übertragen worden, und Parkins war heilfroh, von dieser Bürde befreit zu sein. Es gab mehr als genug ungelöste Fälle in seiner Abteilung, und dieser Mord war besonders unerfreulich.

»Ah! Mr. Pitt, kommen Sie herein. Grauenhafter Tag. Was kann ich für Sie tun?«

Pitt zog seinen Mantel aus, nahm den abscheulichen Hut ab und fuhr sich mit den Fingern durch die Haare, die danach so aussahen, als habe ihm etwas einen entsetzlichen Schrecken eingejagt. Er nahm auf dem Stuhl gegenüber von Parkins Platz.

»Ambrose Mercutt?« fragte er.

Parkins' Gesicht verzog sich zu einem schwachen Lächeln. »Ambrose Mercutt«, wiederholte er. »Ein eleganter Zuhälter mit Ambitionen. Sie glauben, er könnte Max aus Konkurrenzgründen ermordet haben?«

»Max hat ihm das Geschäft kaputtgemacht.«

Parkins zuckte mit den Schultern und verdrehte die Augen. »Wissen Sie, wie viele Bordelle es hier bei uns gibt?« Es war eine rhetorische Frage.

Pitt nahm sie wörtlich. »Es gibt in London etwa fünfundachtzigtausend Prostituierte«, antwortete er.

Parkins verbarg sein Gesicht in seinen Händen. »O Gott – sind es wirklich so viele? Manchmal sehe ich sie mir an und frage mich, wie sie wohl zu diesem Beruf gekommen sind. Albern, nicht? Aber es gibt allein hier in meinem Zuständigkeitsbereich wenigstens ein paar Tausend. Wir können sie nicht loswerden – außerdem würde es sowieso nichts nützen, sie würden nur irgendwo anders hingehen und dort genau dasselbe tun. Man nennt es nicht umsonst das älteste Gewerbe der Welt. Und eine Menge Stammkunden sind wohlhabend – und einflußreich. Aber das wissen Sie vermutlich genauso gut wie ich. Ein Police Inspector, der diese Leute in Schwierigkeiten bringt, hat mehr Mut als Verstand.«

Pitt wußte, daß er völlig recht hatte, doch es war eine häßliche, bittere Wahrheit. »Sie haben sich also weder für Max noch für Ambrose Mercutt sonderlich interessiert?«

Parkins zog ein Gesicht. »Wir können uns schließlich nicht um alles kümmern. Besser wir konzentrieren uns auf die Verbrechen, bei denen es eindeutige Opfer gibt und wir jemanden verhaften können, falls wir ihn erwischen – Diebstahl, Fälschung, Raub, Überfälle. Es gibt so viele davon, daß wir die ganze Zeit beschäftigt sind.«

»Was hat man denn über Ambrose Mercutt und Max gemunkelt?«

Parkins entspannte sich wieder und lehnte sich auf seinem Stuhl zurück. »Bevor Max aufgetaucht ist, hatte Mercutt die Kutschenkundschaft. Aber Max konnte die besseren Frauen anbieten – soweit ich gehört habe, sollen einige sogar aus sehr gutem Hause stammen. Der Himmel weiß, warum sie so etwas tun!« Auf seinem Gesicht spiegelten sich Betroffenheit, der Versuch zu verstehen und schließlich Resignation: »Ja, Mercutt hatte wirklich allen Grund, Max zu hassen. Aber da war er bestimmt nicht der einzige! Zuhälterei ist ein gnadenloses Geschäft – lauter Halsabschneider . . .« Er hielt inne, als ihm einfiel, daß der Täter bei diesen Morden tatsächlich ein Messer benutzt hatte.

»Wie ist Max an diese Frauen herangekommen?« Pitt sprach seine Gedanken laut aus. »Die Gesellschaft weiß sich doch sonst auch sehr gut zu helfen, wenn es darum geht, ein paar Damen Zerstreuung zu verschaffen, die auf ein kleines außereheliches Abenteuer aus sind.«

Parkins schaute Pitt interessiert an. Er hatte seine gesamte Dienstzeit hier auf dem Acre oder in ähnlichen Gegenden, beispielsweise Whitechapel oder Spitalfields, verbracht, samt und sonders Orte, an denen man nie die Gelegenheit hatte, mit der ›feinen Gesellschaft‹ auch nur zu sprechen. »Ist das wirklich wahr?« Parkins tat einen flüchtigen Blick in eine Welt, die jenseits seines Erfahrungsbereiches lag.

Pitt bemühte sich verzweifelt, nicht überheblich zu klingen. »Ich habe einige Fälle erlebt, in denen es so war«, antwortete er mit einem matten Lächeln.

»Frauen der Gesellschaft?« Parkins war schockiert.

Pitt zögerte. Parkins arbeitete in Devil's Acre inmitten von Schmutz und Verzweiflung, wo die meisten Bewohner nur geboren werden, um sich mühsam durchs Leben zu schlagen und jung zu sterben. Aber jeder Mensch hatte das Recht, Ideale zu haben, selbst wenn sie für immer unerreichbar blieben – Träume durften nicht zerstört werden.

»Sehr wenige.« Er sagte bewußt die Unwahrheit. »Nur sehr wenige.«

Parkins schien sich wieder zu entspannen, und die Angst wich aus seinem Gesicht. Vielleicht wußte er selbst, daß er Illusionen nachhing, doch er wollte sie trotzdem nicht verlieren. »Wollen Sie wissen, wo Sie Ambrose Mercutt finden können?« bot er Pitt an.

»Ja, bitte.« Pitt schrieb sich die Adresse auf, die Parkins nannte, unterhielt sich noch ein wenig mit ihm, verabschiedete sich und begab sich nach draußen in den bitterkalten Abend. Der Himmel war aufgeklart, und der Ostwind peitschte ihm so scharf ins Gesicht, daß ihm die Haut brannte.

Am folgenden Tag ging er zuerst in sein Büro, um nachzusehen, ob es neue Informationen gab, fand jedoch nur den Autopsiebericht von Hubert Pinchins Leiche vor, der lediglich das bestätigte, was er bereits wußte. Also machte er sich auf den Weg zum Acre, um Ambrose Mercutt aufzuspüren.

Es stellte sich jedoch heraus, daß dieses Unterfangen schwieriger war, als er angenommen hatte. Ambrose überwachte den größten Teil seiner Geschäfte persönlich und war um elf Uhr morgens weder aufgestanden noch in der Stimmung, Besucher zu empfangen, schon gar nicht, wenn sie von der Polizei kamen. Es dauerte eine halbe Stunde, bis Pitt schließlich seinen Diener überzeugt hatte und Ambrose unter Protest im Eßzimmer mit dezentem Teppichboden, imitierten Sheraton-Möbeln und erotischen Gemälden von ›dekadenten‹ Künstlern erschien. Er war ein schlanker Mann, der auf elegante Weise erschöpft wirkte und einen seidenen Morgenmantel trug. Sein welliges Haar fiel ihm tief ins Gesicht und verbarg seine recht dünnen Brauen und verquollenen, hellen Augen.

Pitt sah sofort, warum Max ihm die Kutschenkundschaft hatte ausspannen können. Max hatte eine Sinnlichkeit besessen, die die Frauen, die für ihn gearbeitet hatten, fasziniert hatte, und einen ausgeprägten Geschmack, der ihn befähigt hatte, die besten neuen Huren für seinen Betrieb aufzuspüren und auszuwählen – vielleicht hatte er ihnen sogar noch etwas beigebracht? Die Natur hatte ihn mit einer Gabe ausgestattet, die Ambrose trotz aller Intelligenz für immer versagt bleiben würde.

»Ich habe noch nie von Ihnen gehört!« sagte Ambrose, der Pitt kritisch von oben bis unten musterte. »Sie müssen neu auf dem Acre sein. Ich kann mir nicht vorstellen, was Sie hier wollen. Ich habe einige sehr einflußreiche Kunden. Es wäre unklug von Ihnen, mir Unannehmlichkeiten zu bereiten, Inspector.« Er hielt inne, als wolle er sehen, ob Pitt scharfsinnig genug war, ihn zu verstehen.

Pitt lächelte. »Ich glaube Ihnen gern, daß Sie einige sehr einflußreiche Kunden haben«, erwiderte er kühl. »Wenn auch vielleicht nicht mehr ganz so viele wie damals, bevor Max Burton hergekommen ist?«

Ambrose war bestürzt. Seine Hand bewegte sich nach unten und schloß sich um den Seidenstoff des Morgenmantels, den er ein wenig enger um seinen Körper zog. »Dann sind Sie also wegen dem Mord an Max hier?«

Er hatte also nicht vor, sich dumm zu stellen. Das war eine Erleichterung. Pitt war nicht in der Stimmung, sich auf irgendwelche Spielchen einzulassen. »Ja. Ich interessiere mich nicht für Ihre Geschäfte. Aber Max hat Ihnen eine Menge Kunden abgeworben, und vielleicht sogar einige Ihrer Frauen – und verschwenden Sie bitte Ihre Zeit nicht damit, dies abzustreiten.«

Ambrose zuckte die Achseln und wandte sich ab. »Es ist ein riskanter Beruf. In einem Jahr läuft alles hervorragend, im nächsten klappt gar nichts mehr – hängt ganz von den Mädchen ab. Max hatte gerade eine Glückssträhne – seine Mädchen hätten ihn früher oder später sowieso verlassen. Bei Frauen der Gesellschaft bleibt das nicht aus. Entweder sie fangen an, sich zu langweilen, oder sie haben ihre Schulden ausgeglichen oder heiraten jemanden und steigen ganz aus. Es hätte nicht ewig gedauert.«

Ambrose konnte sich einreden, was er wollte, Pitt war weiterhin davon überzeugt, daß Max problemlos in der Lage gewesen wäre, jede Frau, die ihn verlassen hätte, durch eine neue zu ersetzen.

Anscheinend spürte Ambrose seine Zweifel, denn er wandte sich wieder um und starrte Pitt herausfordernd an. »Jemals daran gedacht – Inspector«, in seiner Stimme schwang ein Hauch von Sarkasmus, als ob Pitt diesen Titel nicht verdiente, »jemals daran gedacht, wie sich Max seine feinen Damen beschafft hat? Frauen wie diese kommen schließlich nicht von selbst darauf, hier in Devil's Acre als Huren zu arbeiten, wissen Sie, bloß weil sie sich ein bißchen Abwechslung wünschen! In ihren Kreisen gibt es für sie mehr als genug Möglichkeiten herumzuhuren, falls das alles ist, was sie im Sinn haben. Das überrascht Sie wohl, wie?« Er schaute Pitt in die Augen und sah, daß er sich geirrt hatte. Sein Gesicht wurde hart.

»Wenn Sie herausfinden wollen, wer Max umgebracht und dann kastriert hat, schauen Sie sich am besten mal die Ehemänner oder Liebhaber von einigen der vornehmen Frauen an, die er hergebracht hat! Sie können mir glauben, wenn ich tatsächlich einen Rivalen beseitigen wollte, würde ich ihm vielleicht ein Messer in den Rücken bohren und ihn anschließend in den Fluß werfen – oder ihn in einem der Rattenlöcher hier mitten auf dem Acre verschwinden lassen. Aber ich würde bestimmt nicht an ihm herumschneiden und ihn ausgerechnet da herumliegen lassen, wo ihr ihn finden würdet! Nein – Inspector«, wieder hielt er einen Moment lang inne, so daß der Titel wieder wie eine Beleidigung wirkte »wenden Sie sich lieber an einen der Männer, die er zum Hahnrei gemacht hat oder deren Frau oder Tochter er zur Hurerei verleitet hat.«

Pitt provozierte ihn noch ein wenig mehr. »Und wie hätte er eine Dame der Gesellschaft zur Hurerei verleiten können?« fragte er mit einem Anflug von Zweifel. »Wie hätte er an diese Frauen überhaupt herankommen können?«

»Er hat früher mal irgendwo als Diener gearbeitet. Hat wahrscheinlich noch andere sogenannte ›Diener‹ gekannt.« Ambrose legte seinen ganzen Haß und seine ganze Verachtung für Max im besonderen und Dienstboten im allgemeinen in dieses Wort.

»Wahrscheinlich steckt Erpressung dahinter. Da finden Sie Ihren Mörder, wenn Sie mich fragen!«

»Vielleicht«, gab Pitt zu und tat dabei so, als falle es ihm sehr schwer, dies zu glauben. Er empfand zwar keinerlei Sympathie für Ambrose, doch was er sagte, klang absolut überzeugend. »Und was war mit Dr. Hubert Pinchin?«

Ambrose riß mit einer theatralischen Geste die Hände hoch. »Weiß der Himmel! Vielleicht hat er die Leute erpreßt. Vielleicht hat er seine Arztpraxis dazu benutzt, die Frauen für Max ausfindig zu machen oder ihnen ihre Geheimnisse zu entlocken. Vielleicht waren die beiden auch Partner. Woher soll ich das wissen? Wollen Sie etwa, daß ich die ganze Arbeit für Sie erledige?«

Pitt lächelte und bemerkte eine Spur von Gereiztheit auf Ambrose' Gesicht, denn er hatte ihn lediglich beleidigen, nicht aber amüsieren wollen.

»Ich bin immer wieder froh, wenn mir ein Experte zur Seite steht«, erwiderte Pitt ruhig. »Ich habe schon mit den unterschiedlichsten Mordfällen zu tun gehabt. Auch mit Brandstiftung, Einbruch – und ich weiß eine Menge über Kunstgegenstände –, aber wie man ein Bordell führt, das weiß ich beim besten Willen nicht.«

Ambrose atmete tief ein, um etwas zu erwidern, aber ihm wollte nichts Passendes einfallen. Doch schon hatte Pitt sich umgedreht und den eleganten Raum mit seiner dezenten Ausstattung verlassen und Ambrose in seinem Seidengewand einfach stehen gelassen.

Pitt ging hinaus in die verregnete Straße zwischen den grauen Mauern. Er verspürte ein tiefes Gefühl der Befriedigung, weil er es Mercutt einmal richtig gezeigt hatte.

Außerdem war es durchaus möglich, daß Ambrose mit seiner Vermutung recht hatte.

# Kapitel 4

Lady Augusta Balantyne sah dem Morgen mit Unbehagen entgegen. Sie hatte beschlossen, daß es an der Zeit war, endlich ihre Tochter Christina aufzusuchen, um sich mit ihr in aller Offenheit über ihr Benehmen zu unterhalten. Christina und Alan Ross würden zwar am Abend zum Dinner kommen, doch was Augusta zu sagen hatte, konnte nur unter vier Augen besprochen werden. Wie immer, wenn es um Christinas Indiskretionen ging, beabsichtigte Augusta auch diesmal, die Angelegenheit vor General Balantyne geheimzuhalten. Was Kanonen und Pferde anging, mochte er zwar ein hervorragender militärischer Stratege sein, doch wenn es sich um Gefühlsdinge und einen drohenden Skandal handelte, war er ein richtiges Kind.

Während des Frühstücks führten sie wie gewöhnlich ein höfliches Gespräch über die üblichen Nebensächlichkeiten. General Balantyne erwähnte natürlich mit keinem Wort die Morde in Devil's Acre, über die alle Zeitungen ausführlich berichteten, um seine Frau nicht unnötig zu beunruhigen, wußte jedoch nicht, daß sie bereits alles gelesen hatte. Und ihr machte es nichts aus, ihm seine Illusionen zu lassen, wenn es ihn glücklich machte.

Um zehn Uhr ließ Lady Augusta die Kutsche vorfahren und gab dem Kutscher Anweisung, sie zum Haus ihrer Tochter zu bringen. Sie wurde mit einiger Überraschung empfangen.

»Guten Morgen, Mama!«

»Guten Morgen, Christina.« Sie betrat das Haus, ausnahmsweise einmal ohne darauf zu achten, ob die Blumen frisch waren oder ob es neue Nippsachen gab – sie bemerkte nicht einmal, ob Christina nach der neuesten Mode gekleidet war. Sie hatte oft genug gesagt, was sie von Extravaganzen hielt, von jetzt an war es die Sache ihres Ehemannes. Heute war sie mit weitaus ernsteren Problemen beschäftigt.

Christina sah immer noch überrascht aus. »Ich bin gerade erst mit dem Frühstück fertig. Möchtest du vielleicht eine Tasse Tee, Mama?«

»Nein, vielen Dank. Ich möchte nicht von hin- und hereilenden Dienstboten gestört werden oder mich mit lästigen Tassen aufhalten.«

Christina öffnete den Mund, um etwas zu sagen, entschied sich jedoch dagegen. Sie setzte sich auf das Sofa und nahm eine Stickarbeit in die Hand. »Ich hoffe doch nicht, daß du mir mitteilen willst, daß unser Dinner heute abend nicht stattfinden kann?«

»Ich habe Dienstboten, die solche Aufgaben für mich erledigen«, sagte Augusta trocken. »Ich möchte ein persönliches Gespräch mit dir führen, und heute abend wird sich diese Möglichkeit nicht ergeben.« Sie betrachtete das hübsche Profil ihrer Tochter, ihr weiches Kinn, ihre großen, schräg geschnittenen Augen. Wie konnte jemand einen so leidenschaftlichen Willen besitzen und gleichzeitig einen so wenig ausgeprägten Überlebensinstinkt? Augusta hatte immer wieder versucht, ihrer Tochter ihre eigenen Erfahrungen von dem, was erlaubt war, und von dem, was ausgeschlossen war, zu vermitteln, aber sie hatte versagt. Dieses Gespräch würde unangenehm werden, doch es ließ sich nicht vermeiden.

»Würdest du das bitte weglegen, ich wünsche deine ungeteilte Aufmerksamkeit! Es hat sich eine Situation ergeben, die es mir unmöglich macht, dein gegenwärtiges Betragen weiter zu tolerieren.«

Christinas blaue Augen weiteten sich vor Erstaunen über die Beanstandung ihres Verhaltens. Sie war immerhin eine verheiratete Frau und höchstens ihrem Ehemann verantwortlich, aber ganz gewiß nicht ihrer Mutter.

»Mein Betragen, Mama?«

»Behandle mich bitte nicht, als sei ich dumm, Christina. Ich weiß sehr genau, daß du dich an einigen höchst anstößigen Orten zu amüsieren pflegst. Ich kann deine Langeweile verstehen.«

»Kannst du das wirklich?« sagte Christina scharf. »Hast du auch nur die leiseste Ahnung, was es bedeutet, sich so zu langweilen, daß man das Gefühl hat, das ganze Leben glitte an einem vorbei, und daß man so wenig damit anfängt, daß man es genausogut schlafend verbringen könnte?«

»Natürlich kann ich das. Bildest du dir etwa ein, du wärst die einzige Frau, die ihren Ehemann langweilig findet und ihre Bekannten und Freunde so unoriginell, daß sie genau weiß, was sie sagen werden, so daß sie schon vor einer Unterhaltung das gesamte Gespräch herunterbeten kann?«

»Aber Papa!« Ein Schatten glitt über Christinas Gesicht. War es Schmerz oder nur Verwirrung? »Aber er ist doch sicher aufregend gewesen, als er noch jung war und in der Armee gekämpft hat?«

»Mein liebes Kind, was meinst du wohl, wie faszinierend es für mich ist, mir wieder und wieder seine detaillierten Berichte über die genaue Position der Geschütze in Balaclava oder sonstwo anzuhören? Er hat es immer für nicht loyal gehalten, über die Fehler und Ambitionen anderer Offiziere zu sprechen, und für vulgär, in Gegenwart von Frauen über ihre Liebesverhältnisse zu reden. Gütiger Gott! Es hat Zeiten gegeben, da hat er mich so sehr gelangweilt, daß ich ihn am liebsten angeschrien und mitten ins Gesicht geschlagen hätte, wenn ich keine Lady gewesen wäre, nur um ihn aus seiner verdammten Selbstzufriedenheit zu reißen! Aber es hätte rein gar nichts genutzt. Er hätte es nicht verstanden. Er hätte lediglich angenommen, ich sei hysterisch geworden, und mir vorgeschlagen, mich auszuruhen oder mir zur Beruhigung eine Tasse Tee bringen zu lassen. Also habe ich gelernt, so zu tun, als hörte ich interessiert zu, und dabei meine Gedanken schweifen zu lassen. Ein wenig Selbstdisziplin würde auch dir sehr gut anstehen und dir außerdem die Möglichkeit geben, zu erkennen, was wirklich wichtig für dich und dein Leben ist. Alan verwöhnt dich.«

»Verwöhnt mich? Er gibt mir alles, was ich brauche, und dann behandelt er mich wie jedes andere gesellschaftliche Wesen, wie jemand, zu dem man höflich zu sein hat!« Christinas Gesicht war rot vor Wut. »Er ist so fromm, daß ich es kaum noch ertragen kann! Er hätte lieber eine Nonne heiraten sollen! Manchmal wundere ich mich, ob er auch nur die Spur von Leidenschaft besitzt – echte Leidenschaft!«

Augusta verspürte einen Anflug von Mitleid, den sie jedoch unterdrückte. Dazu war jetzt nicht der richtige Zeitpunkt. »Du darfst nicht Leidenschaft mit bloßer Erregung verwechseln«, sagte sie kühl. »Erregung ist genauso, als wenn man mit Karten um Streichhölzer spielt – man gewinnt, man verliert, man spielt unentschieden, aber am Ende bleibt einem nichts weiter als ein Haufen Holzstückchen.«

Christinas Gesicht verhärtete sich, sie schob trotzig das Kinn vor. »Du brauchst mich gar nicht so zu bevormunden. Ich werde ohnehin das machen, was ich für richtig halte.«

Augusta änderte ihre Taktik. »Hast du die Zeitungen gelesen?«

»Und wenn es so wäre? Wenn es Alan nicht stört, hat es dich nicht zu kümmern.«

»Dann hast du bestimmt auch gelesen, daß es in Devil's Acre zwei besonders unerfreuliche Morde gegeben hat«, fuhr Augusta fort.

Die Farbe wich aus Christinas Gesicht. Max Burton hatte im Haus ihrer Eltern als Diener gearbeitet, bevor sie Alan Ross geheiratet hatte. Es schmerzte Augusta, sie an diese unglückselige Angelegenheit zu erinnern, doch Christinas törichtes Verhalten und jetzt auch noch der Starrsinn, mit dem sie es abstritt, ließen ihr keine andere Wahl. »Eines der Opfer hat früher in unserem Haus als Diener gearbeitet.«

»Ich weiß«, sagte Christina leise. Sie holte mühsam Luft. »Es ist äußerst unangenehm.«

»Die Polizei ermittelt in beiden Fällen.«

»Natürlich. Obwohl ich zu bezweifeln wage, daß etwas dabei herauskommt. Leute wie diese legen es manchmal regelrecht darauf an, ermordet zu werden. Ich kann mir nicht vorstellen, daß sie den Täter aufspüren werden, und seine Motive sind ohnehin kaum von Bedeutung. Ich glaube nicht einmal, daß sie sich ernsthaft Mühe geben. Sie müssen nur so tun als ob, weil man es von ihnen erwartet.«

»Zweifellos. Aber das tut jetzt nichts zur Sache. Inspector Pitt ist mit den Ermittlungen beauftragt worden – du erinnerst dich doch noch an Pitt?«

Christina zuckte zusammen.

»Es gibt Häuser auf dem Acre«, fuhr Augusta fort, »in denen sich wohlhabende Frauen gelegentlich die Zeit vertreiben. Ich kann mir gut vorstellen, daß es ihnen ein gewisses Gefühl der Erregung bereitet, sich in diese Welt aus Schmutz und Gefahr zu begeben. Vielleicht erscheint ihnen ihre eigene danach um so angenehmer?«

Christinas Augen nahmen einen harten, wütenden Ausdruck an, die Haut über ihren Wangenknochen spannte sich. »Ich habe wirklich keine Ahnung!«

Augusta seufzte. »Stell' dich nicht dumm, Christina. Und tu vor allem nicht so, als sei ich es! Alan zieht es vielleicht vor, so zu tun, als bemerke er vieles von dem, was du tust, nicht – er scheint mir wirklich erstaunlich geduldig zu sein. Aber er kann unmöglich einen Skandal ignorieren – das kann niemand. Man wird Devil's Acre genau unter die Lupe nehmen. Die Verbrechen haben die Öffentlichkeit schockiert – und da Pinchin ein recht angesehener Mann war, haben die Leute Angst bekommen. Wenn du es schon nicht lassen kannst, dich unter das gemeine Volk zu mischen, such' dir wenigstens einen anderen Ort dafür aus. Obwohl es wohl das Vernünftigste wäre, wenn du es ganz aufgeben würdest. London ist sehr viel kleiner, als du denkst – man bleibt nicht lange unerkannt. Deine feinen Freundinnen werden zwar die Spielhöllen und Varietés nicht aufsuchen, aber ihre Ehemänner könnten es tun. Für dich mag es ja ein gefährliches Abenteuer bedeuten, aber für sie ist es vielleicht nur ein Ulk?«

»Heuchler!« fauchte Christina.

»Mein liebes Mädchen, hör' bitte auf, dich wie ein Kind zu gebärden. Dafür bist du viel zu alt. Naivität mit zwanzig mag entschuldbar sein, mit fünfundzwanzig ist sie langweilig, mit dreißig nur noch lächerlich. Du bist dabei, deinen guten Ruf zu verlieren. Bitte denk' genau darüber nach, was das bedeutet!«

»Ganz im Gegenteil, ich bin sehr beliebt, und man hält mich für höchst unterhaltsam!«

»Das sind Possenreißer und Huren auch! Möchtest du etwa eine von ihnen sein?«

Christinas Gesicht war bleich geworden. »Es tut mir leid, daß du mir zutraust, ich würde in billige Varietés gehen, Mama. Ich habe noch nie in meinem Leben einen Fuß in diese Häuser gesetzt, daher weiß ich auch nicht, was dort geboten wird. Und wenn ich Lust hätte, mich im Glücksspiel zu versuchen, wüßte ich genügend absolut respektable Häuser, in denen ich dies tun könnte. Außerdem habe ich es überhaupt nicht nötig, mir einen Liebhaber zu suchen – ich habe auch so schon mehr Angebote, als ich annehmen könnte!«

Augusta zeigte sich unbeeindruckt. Christinas verletzter Stolz war nichts Neues für sie. »Tatsächlich? Willst du mir etwa weismachen, du wärst noch nie in Devil's Acre gewesen?«

»Ich hege nicht die Absicht, mich mit dir darüber zu unterhalten!«

Die Angelegenheit war zu wichtig, als daß Augusta es sich hätte leisten können, die Geduld zu verlieren. Sie wollte auf keinen

Fall, daß Christina erfuhr, daß sie durch die Loyalität eines alten Dieners von ihren Ausflügen in die Armenviertel im Schatten von Westminster erfahren hatte. Es könnte den Diener seine Stellung kosten – was sie wiederum ihrer Informationsquelle berauben würde, und da Christina so unberechenbar war, konnte nur Augusta sie schützen.

»Das bezweifle ich nicht«, sagte sie spitz. »Daher ist es auch gut, daß ich es ohnehin weiß. Man hat dich gesehen. Du mußt auf der Stelle damit aufhören.«

Christina bekam allmählich Angst. Augusta kannte sie zu gut, um sich von ihrer arroganten Haltung, den starren Schultern unter dem dicken Satin täuschen zu lassen. Gütiger Gott – sie war immer noch ein richtiges Kind, unbekümmert wie ein Sommertag. Sie machte sich über die Folgen ihres Handelns keine Gedanken. Wenn sie etwas sah, das sie haben wollte, griff sie danach. Von wem in aller Welt hatte sie diese Hemmungslosigkeit nur? Ganz sicher nicht von ihrem Vater! Er war in seinem ganzen Leben noch nie verschwenderisch mit seinen Gefühlen umgegangen – Gott sei's geklagt! Und Augusta selbst hatte immer genügend Willensstärke besessen, um wenigstens diskret zu sein. Sie kannte die Grenze zwischen Vergnügen und Verpflichtung sehr genau und bewegte sich darauf mit der Sicherheit einer Seiltänzerin. Warum war Christina bloß so töricht?

»Du stellst meine Geduld wirklich auf eine harte Probe!« sagte sie aufgebracht. »Manchmal scheinst du nicht einmal mehr die Intelligenz zu besitzen, die du bei deiner Geburt hattest!«

»Wenn du noch nie eine richtige Affäre gehabt hast, die auch nur der Rede wert gewesen ist, tust du mir wirklich leid!« schrie Christina ihre Mutter an und ließ ihre ganze Enttäuschung, ihre Sehnsucht und ihren Stolz in die brennende Verachtung einfließen, die sie für all die Frauen empfand, die sich mit ihrem traurigen Dasein kampflos abfanden. »Ja, ich war auf dem Acre und habe ein Haus aufgesucht, das einem Freund von mir gehört. Und wenn du es genau wissen willst, ich habe dort tatsächlich einen Liebhaber getroffen. Aber du wirst Alan nichts davon erzählen, denn du willst meine Ehe noch viel weniger zerstören, als ich es will! Du hast schließlich gewollt, daß ich Alan Ross heirate!«

»Er war der beste Kandidat, den du hattest, mein Kind, und du warst darüber genauso glücklich wie ich – jedenfalls damals«, erinnerte sie Augusta. »Wer ist dieser Liebhaber?«

»Sei lieber froh, daß ich es an einem äußerst diskreten Ort tue und nicht bei einer dieser Landhauspartys, wo sich die Leute heimlich von einem Schlafzimmer ins andere schleichen«, fuhr Christina sie an. »Wer es war, geht dich überhaupt nichts an. Auf jeden Fall handelt es sich um einen Gentleman – wenn es das ist, was du wissen willst.«

»Dann muß sich dein Geschmack aber bedeutend verfeinert haben!« sagte Augusta brutal und erhob sich. »Aber von jetzt an wirst du dich auf dein eigenes Haus beschränken. Vergiß nicht, Christina, daß die Gesellschaft einer Frau einen Fehltritt nicht verzeiht und ihn niemals vergißt. Ein kleiner Flirt wird vielleicht noch toleriert – möglicherweise sogar eine Affäre, wenn sie diskret genug verläuft. Doch eine Frau, die Gefallen daran findet, sich in den Häusern in Devil's Acre herumzutreiben, ist für alle Zeiten gebrandmarkt. Es ist ein Verrat an deiner eigenen Klasse.« Sie ging zur Tür und öffnete sie. Es befand sich kein Diener im Flur. »Sei vorsichtig, meine Liebe. Du kannst dir keinen Fehler mehr leisten.«

»Ich habe noch überhaupt keinen gemacht!« fauchte Christina. »Ich bin dir für deine Sorge zu Dank verpflichtet, aber sie ist wirklich grundlos.«

Augusta hatte beschlossen, das Dinner ganz formell zu gestalten. Die Dienstboten trugen Livree, und das beste Kristall wurde herausgestellt. Auf dem Tisch standen drei georgianische Kerzenleuchter aus Silber und ein Blumenarrangement, das wahrscheinlich aus einem ganzen Dutzend Treibhäusern stammte. General Balantyne zog es vor, über den Preis gar nicht erst nachzudenken.

Augusta trug ihre Lieblingsfarben, Schwarz und Weiß, die ihr dunkles Haar mit den Silberfäden und ihre immer noch makellosen weißen Schultern zur Geltung brachten. General Balantyne mußte sich zu seiner Überraschung eingestehen, daß sie großartig aussah. Er konnte in ihr auch jetzt noch die Schönheit und Vornehmheit erkennen, die ihn als jungen Mann so entzückt hatten. Natürlich war es eine Standesehe gewesen. Er selbst stammte aus einer ausgezeichneten Familie, die überall hoch angesehen war und einen ausgezeichneten Leumund hatte. Doch sämtliche Titel seiner Familie waren militärischer Natur, und es war auch kein großes Vermögen vorhanden. Augustas Vater dagegen war ein Earl gewesen, sie konnte ihren Titel auf Lebenszeit führen, ganz gleich, wen sie auch heiratete – ausgenommen natürlich, sie heiratete jemanden mit einem noch höheren Titel! Und sie verfügte über eine großzügige Aussteuer und hatte einmal ein stattliches Erbe zu erwarten.

Ihre Persönlichkeit und ihr Charakter hatten ihn schließlich veranlaßt, mit beträchtlichem Enthusiasmus um ihre Hand anzuhalten, und sie war anscheinend glücklich über seinen Antrag gewesen und hatte ihn angenommen. Überraschenderweise hatte auch ihr Vater der Verbindung zugestimmt.

Dieser Gedanke erinnerte den General wieder an seine eigene Tochter Christina und ihre Ehe mit Alan Ross. Das war natürlich etwas ganz anderes. Christina war mit ihrer Mutter nicht zu vergleichen, auch wenn sie, jedenfalls soweit er es beurteilen konnte, mit ihm sogar noch weniger Ähnlichkeit aufwies. Sie besaß zwar nicht die vornehme Schönheit ihrer Mutter, war aber dennoch ausgesprochen hübsch. Und sie war immer bezaubernd gewesen und besaß noch dazu einen ausgeprägten Sinn für Humor – den sie allerdings für seinen Geschmack zu häufig auf Kosten anderer einsetzte. Doch die feine Gesellschaft fand dies offenbar höchst amüsant. Ein Witz ohne Stachel galt sozusagen als Widerspruch in sich.

Er war sich nicht sicher, ob sie Alan Ross je wirklich geliebt hatte oder ob sie überhaupt in der Lage war, einen anderen Menschen zu lieben. Aber sie war zweifellos fest entschlossen gewesen, ihn zu heiraten, und Augusta hatte jede Diskussion darüber abgelehnt. Diese Erinnerungen riefen ihm die schreckliche Zeit vor drei Jahren ins Gedächtnis, als hier am Callander Square mysteriöse Morde verübt worden waren, die sie wochenlang in Angst und Schrecken versetzt hatten.

Sein Mißtrauen erfüllte ihn auch jetzt noch mit Unbehagen. Er mochte Alan Ross, er war ein ungewöhnlich schweigsamer Mensch. Auf den ersten Blick wirkte er durch seine markante Adlernase stark, sogar arrogant. Doch dieser Eindruck wurde sofort durch seinen überaus sensiblen Mund wieder zunichte gemacht, der eine Ahnung von den Leidenschaften vermittelte, die vielleicht unerreichbar tief in ihm verborgen lagen. Balantyne hatte nie ganz herausfinden können, was Ross wirklich für Christina empfand.

Andererseits hatte er durch die traurigen Vorfälle seinen Sohn sehr viel besser kennengelernt. Brandy hatte Augustas dunkle Schönheit geerbt, doch er war sanfter als sie. Er war immer zum

Lachen aufgelegt – man konnte sogar sagen, er habe ein Gespür für die Absurdität des Lebens –, und Balantyne beneidete ihn darum. Diese Gabe brachte eine spontane Fröhlichkeit mit sich, die er selbst auch gern besessen hätte.

Und Brandy hatte damals, als er darauf bestanden hatte, Reggie Southerons Gouvernante Jemima zu heiraten, außerdem großen Mut bewiesen, eine Charakterstärke, die ihm niemand zugetraut hätte! Sie war eine charmante junge Frau mit ausgezeichneten Manieren und offenbar noch dazu sehr gebildet, auch wenn sie vor ihrer Heirat kaum mehr als eine höhere Dienstbotenstellung bekleidet hatte.

Die beiden waren anscheinend glücklich miteinander. Sie hatten ihre Tochter nach Balantynes Mutter genannt – eine Geste, die ihn sehr gerührt hatte. Ja, Brandy hatte wirklich eine gute Wahl getroffen.

Das Dinner bestand aus sieben Gängen und nahm daher eine beträchtliche Zeit in Anspruch. Augusta beaufsichtigte alles vom anderen Ende des Tisches aus, obwohl dies eigentlich Balantynes Aufgabe war, denn er saß, wie es ihm gebührte, an der Stirnseite. Die moosgrünen Samtvorhänge waren zugezogen, um die Nacht und den heftigen Schneeregen auszusperren. Auf der Fensterseite saß Alan Ross, dessen helles Haar im Licht der Kerzen glänzte. Wie gewöhnlich sprach er kaum. Neben ihm saß Jemima. Sie trug Blaßgrün und Weiß, und die Blumen auf ihrem Kleid sahen so echt aus, als brauche man nur die Hand auszustrecken, um sie zu pflücken. Sie erinnerte Balantyne viel mehr an den Frühling oder einen milden Frühsommertag als an diesen eisigen Januar. Jemima hatte immer diese Wirkung auf ihn, sie ließ ihn an Gänseblümchen und junge Schößlinge denken, die sich im Wind wiegten. Sie unterhielt sich gerade mit Augusta, und Brandy schaute sie vom anderen Ende des Tisches lächelnd an.

Neben ihm saß Christina, perfekt gekleidet in einem satten Goldton, ihr dunkles Haar glänzte. Balantyne konnte verstehen, warum die Männer sie schön fanden, obwohl ihre Nase ein wenig klein war, ihre Augenbrauen zu sehr nach außen geschwungen und ihre Lippen zu voll für den klassischen Geschmack waren. Doch sie strahlte etwas ganz Besonderes aus, eine Art Verwegenheit. Sie besaß einen Anflug von Brandys Humor, jedoch ohne seine Großzügigkeit und seinen Sinn für das Absurde.

Der letzte Gang wurde abgeräumt und der nächste aufgetragen.

»Erinnert ihr euch noch an einen gewissen Pitt?« fragte Brandy und schaute von seinem Teller hoch. Sie aßen gerade Weißfisch, gerollt und gebacken, mit Mandelsauce, ein Gericht, das Balantyne nicht sonderlich zusagte.

»Nein«, sagte Augusta kühl. »Der einzige Pitt, den ich kenne, war First Minister von England und hat während der Napoleonischen Kriege die Einkommenssteuer eingeführt.«

Alan Ross verkniff sich ein Lächeln, und Jemima senkte den Kopf. Die Wölbung ihres Nackens verriet Balantyne, daß sie ebenfalls lächelte.

»Der Polizist, der immer so aussah, als käme er gerade aus einem Sturm«, fuhr Brandy fort, als bemerke er die frostige Reaktion nicht. »Vor drei Jahren.« Selbst er vermied es, die tragischen Ereignisse beim Namen zu nennen, die damals alle so erschüttert hatten.

»Warum in aller Welt sollte ich mich an eine solche Person erinnern?« fragte Augusta tadelnd.

Brandy schien das Eis in ihrer Stimme nicht wahrzunehmen – auch nicht die Warnung, die darin mitschwang. »Ein recht ungewöhnlicher Mensch.«

»Du lieber Himmel!« unterbrach ihn Christina. »Er war ein Polizist! Genausogut könntest du erwarten, daß man sich an die Dienstboten anderer Leute erinnert!«

Brandy ignorierte auch diesen Einwurf. »Er leitet die Ermittlungen bei den Mordfällen, die auf das Konto dieses Wahnsinnigen in Devil's Acre gehen«, fuhr er fort. »Wußtet ihr das?«

Augustas Gesicht erstarrte, doch bevor sie etwas erwidern konnte, wandte sich Christina ihrem Bruder zu, ihre Stimme klang ungewöhnlich spröde. »Ich finde es höchst ungehörig von dir, dieses Thema hier am Tisch zur Sprache zu bringen, Brandy. Ich sehe außerdem wirklich keinen Grund, mich über diese Begebenheiten auch nur zu unterhalten! Und ich wäre dir äußerst dankbar, wenn wir während des Essens über etwas Erfreulicheres sprechen könnten. Weißt du beispielsweise schon, daß Lady Summervilles älteste Tochter sich mit Sir Frederick Byers verlobt hat?«

Augusta beruhigte sich wieder, die Anspannung ihrer Schultern unter der straffen Seide des Kleides löste sich. Doch sie aß noch nicht weiter, als sei sie darauf gefaßt, jeden Moment die Situation retten zu müssen.

»Ich weiß nur, daß Freddie Byers von seinem Glück noch nichts weiß«, erwiderte Brandy trocken. »Jedenfalls wußte er es am Dienstag noch nicht.«

Christina lachte, doch ihr Lachen klang nicht so kehlig und fröhlich wie sonst.

»Oh, wie wundervoll! Das könnte einen echten Skandal heraufbeschwören, meint ihr nicht auch? Ich kann Rose Summerville sowieso nicht ausstehen. Habe ich euch schon erzählt, wie sie der Prinzessin von Wales vorgestellt wurde und was dann mit ihren Federn passiert ist?«

Balantyne konnte sich beim besten Willen nicht erinnern, auf was sie anspielte. »Federn?« wiederholte er ungläubig.

»Ach, Papa!« Christina winkte mit ihrer kleinen, zarten Hand, an der zwei wunderschöne Diamantringe blitzten. »Wenn man bei Hofe vorgestellt wird, muß man die Federn der Prinzessin von Wales als Kopfschmuck tragen. Es ist wirklich furchtbar schwierig, sie gerade zu halten, besonders wenn man so dünnes Haar hat wie Rose.« Sie fuhr fort, die Katastrophe auf so scharfzüngige Weise zu schildern, daß sogar Balantyne, dem die Vorstellung von Debütantinnen bei Hofe eher wie eine recht grausame Farce erschien, gezwungen war zu lächeln.

Er schaute wieder zu Jemima herüber, die natürlich niemals in ihrem Leben auch nur in die Nähe des Hofes gekommen war. Doch ihre Augen leuchteten vor Vergnügen, auch wenn ihr Mund verriet, daß sie ein wenig unsicher war, wieviel Mitleid sie mit den armen Mädchen haben sollte, die wie konkurrierendes Vieh zusammengetrieben und eine nach der anderen vorgeführt wurden, in sündhaft teure Gewänder gehüllt, nur weil sie an diesem Tag in die »Gesellschaft« eingeführt wurden. Es war zudem eine Frage der Ehre, daß sie vor Jahresfrist einen geeigneten Ehemann finden mußten.

Das Geschirr wurde abgeräumt und der nächste Gang, Hühnchen in Gelee, hereingebracht. Farbe und Textur erinnerten Balantyne an die Haut eines Toten, und einen Augenblick lang verwandelte sich das Gesicht des Dieners in das von Max, als er sich vorbeugte, um die Silberplatten anzureichen.

Plötzlich verspürte er keinen Appetit mehr. Auf dem Tisch stand nicht mehr Essen als sonst, und doch erschien es ihm zuviel. Er dachte an den kalten Körper auf dem Seziertisch. Auch das war Fleisch, grauweißes Fleisch, wie Geflügel, alles Blut im Rücken und im Unterkörper gestaut. Und selbst als verstümmelte, entmannte Leiche war ihm Max nicht fremd vorgekommen wie die meisten Männer, die er tot gesehen hatte. Das grobe Gesicht hatte seine Erinnerungen an den lebenden Mann wach gerufen.

Augusta starrte ihn an. Er konnte ihr unmöglich erklären, was ihm gerade durch den Kopf ging. Besser er zwang sich, noch etwas zu essen, selbst wenn es ihm im Hals steckenblieb. Zur Not konnte er es mit einem Schluck Chablis hinunterspülen, und das körperliche Unbehagen war immer noch erträglicher als der qualvolle Versuch einer Erklärung.

»Ich fand übrigens Miss Ellison auch sehr sympathisch«, sagte Brandy aus heiterem Himmel. »Sie war eine der eigenwilligsten Frauen, die ich je kennengelernt habe.«

»Miss Ellison?« Augusta sah verblüfft aus. »Ich glaube nicht, daß ich jemanden kenne, der Ellison heißt. Wann ist sie bei Hofe vorgestellt worden?«

»Überhaupt nicht, würde ich sagen.« Brandy lächelte breit. »Sie war die junge Dame, die Papa geholfen hat, seine Unterlagen zu ordnen, als er angefangen hat, über die militärische Vergangenheit unserer Familie zu schreiben.«

»Du meine Güte, warum sollen wir denn jetzt ausgerechnet über sie reden?« Christina warf ihm einen verächtlichen Blick zu. »Sie war eine höchst gewöhnliche Kreatur. Das einzige, was mir an ihr bemerkenswert schien, war ihr schönes Haar. Aber schönes Haar findet man auch bei einem einfachen Stubenmädchen.«

»Meine liebe Christina, ein Stubenmädchen muß schönes Haar haben«, antwortete Brandy spöttisch. »Und alle anderen körperlichen Vorzüge ebenfalls. Jedes Haus, das etwas auf sich hält, wählt seine Stubenmädchen aufgrund ihres Aussehens aus. Aber das weißt du schließlich genauso gut wie ich.«

»Gibt es wirklich kein anderes Thema mehr für uns als das Aussehen von Zimmermädchen?« Augustas Nasenflügel bebten, als habe sie einen leicht unangenehmen Geruch wahrgenommen.

Balantyne fühlte sich gezwungen, Charlotte zu verteidigen – oder war es nur seine Erinnerung an sie? Etwas, das ihm sehr wichtig war, mußte beschützt werden. »Miss Ellison war wohl kaum ein Stubenmädchen«, sagte er rasch. »Sie war alles andere als ein Dienstmädchen!«

»Eine Lady war sie jedenfalls auch nicht!« brauste Christina eine Spur zu schnell auf. »Ich kann den Unterschied sehr wohl feststellen, selbst wenn Brandy dazu nicht in der Lage ist! Manchmal habe ich wirklich den Eindruck, daß alles, was auch nur annähernd hübsch ist und einen Rock trägt, bestimmten Männern jedes Urteilsvermögen raubt.«

»Christina!« Augustas Stimme klang wie brüchiges Eis, und Balantyne konnte sich nicht erinnern, daß ihr Gesicht je so weiß ausgesehen hatte. War sie nur deshalb so aufgebracht, weil seine Tochter ihn an seinem eigenen Tisch beleidigt hatte? Oder war es wegen Jemima, die selbst einst kaum mehr als ein einfaches Dienstmädchen gewesen war? Merkwürdigerweise erschien ihm der Gedanke, daß Jemima der Grund war, angenehmer.

Er wandte sich seiner Tochter zu und starrte sie an. »Eine der Tugenden einer Lady, Christina«, sagte er leise, »besteht darin, daß sie gute Manieren besitzt und niemals, nicht einmal versehentlich, andere Menschen durch ihre Taktlosigkeit vor den Kopf stößt.«

Christina saß bewegungslos auf ihrem Stuhl, mit blitzenden Augen und blutleeren Wangen, und preßte mit der Hand ihre Serviette zusammen.

»Ganz im Gegenteil, Papa, es sind die Dienstboten und die gesellschaftlich Aufgestiegenen, die niemals Anlaß zu Tadel geben, weil sie nämlich genau wissen, daß sie es sich nicht leisten können.«

Die Anwesenden versanken in peinliches Schweigen. Alan Ross sprach schließlich als erster, nachdem er seine Gabel neben seinen Teller gelegt hatte. Er hatte schöne Hände, sie waren stark und muskulös.

»Dienstboten geben keinen Anlaß zum Tadel, weil sie es nicht wagen, meine Liebe,« sagte er leise zu seiner Frau. »Eine Dame tut es nicht, weil sie es nicht möchte. Das ist der Unterschied. Es gibt Menschen, die keinem verantwortlich sind, aber weder Selbstbeherrschung noch genügend Sensibilität besitzen, um sich in die Gefühle anderer zu versetzen, die tadelnswert sind.«

»Das hast du dir wirklich fein zurechtgelegt, Alan!« Sie sagte es so, als habe er sie herausgefordert, sogar beleidigt, als wolle sie ihm unterstellen, daß er nur darauf gewartet habe, ihr dies zu sagen.

Balantyne spürte, daß Traurigkeit wie eine kalte Welle über ihm zusammenschlug, und schob seinen Teller fort. Alan Ross besaß Würde, er hatte ein Gefühl für Anstand. Er verdiente es nicht, von seiner Frau so schlecht behandelt zu werden. Schönheit allein war nicht alles. Ein Mann sehnte sich auch nach der Zärtlichkeit einer Frau, ganz gleichgültig, wie sprühend ihr Witz, wie hübsch ihr Gesicht oder wie begehrenswert ihr Körper sein mochte.

Christina tat besser daran, dies zu erkennen, bevor es zu spät war und sie Alans Zuneigung für immer verlor. Er mußte Augusta unbedingt veranlassen, mit Christina darüber zu reden. Jemand mußte sie warnen.

Brandy brachte die Sprache auf ein noch schlimmeres Thema. »Der Mann, der in Devil's Acre umgebracht worden ist, war Max Burton, unser früherer Diener, nicht wahr?« Er sah alle der Reihe nach an.

Seine Bemerkung erzielte die gewünschte Wirkung, indem sie das vorherige Gesprächsthema gänzlich in den Hintergrund drängte. Augustas Hände hingen wie gelähmt über ihrem Teller. Christina ließ ihr Messer fallen. Alan Ross saß bewegungslos auf seinem Stuhl.

Ein Blütenblatt fiel von einer der Blumen auf den Tisch herab, es war noch weißer, noch makelloser als das gestärkte Tischtuch.

Christina schluckte. »Also wirklich, Brandy, woher um Himmels willen sollen wir das wissen? Und warum sollten wir uns überhaupt dafür interessieren? Max arbeitet seit Jahren nicht mehr bei uns, und die ganze Sache ist mehr als widerwärtig!«

»Wir haben wirklich mit Devil's Acre und seinen Bewohnern nicht das Geringste zu tun«, stimmte ihr Augusta mit belegter Stimme zu. »Und ich lehne es entschieden ab, die Obszönitäten dieser Leute hier an meinem Tisch zum Gesprächsthema zu machen.«

»Da bin ich anderer Meinung.« Brandy zeigte sich nicht sonderlich beeindruckt. »So lange niemand bereit ist, darüber zu reden ...«

»Ich kann mir gut vorstellen, daß die halbe Stadt von nichts anderem spricht«, schnitt ihm Augusta das Wort ab. »Es gibt genug Menschen, die sich liebend gern über diese Dinge auslassen. Ich habe jedoch nicht die Absicht, mich zu ihnen zu gesellen – und du wirst dies auch nicht tun, so lange du dich in meinem Haus befindest, Brandon!«

»Ich interessiere mich nicht für die Einzelheiten.« Brandy beugte sich mit ernstem Gesicht nach vorn. »Ich spreche von den allgemeinen sozialen Bedingungen in unseren Armenvierteln. Anscheinend hat Max dort als Zuhälter gearbeitet. Er hat Frauen als Prostituierte ...«

»Brandon!«

Er ignorierte die Unterbrechung. »Weißt du, wie viele Prostituierte es hier in London gibt, Mama?«

Balantyne beobachtete Augustas Gesicht und hatte das Gefühl, daß er diesen Gesichtsausdruck sein ganzes Leben lang nicht vergessen würde.

Ihre Augenbrauen fuhren in die Höhe, und ihre Augen weiteten sich. »Soll ich etwa daraus schließen, daß du es weißt, Brandon?« fragte sie mit einer Stimme, die einen Stein hätte zertrümmern können.

Brandys Wangen röteten sich ein wenig, doch sein Gesicht nahm denselben trotzigen Ausdruck an, den er vor vielen Jahren schon als Kind gezeigt hatte, wenn es um unwichtige Dinge wie Reisbrei oder Mittagsschlaf gegangen war. Er schluckte. »Fünfundachtzigtausend.« Wenn er »ungefähr« hinzugefügt hätte, wäre die Feststellung weniger schlagkräftig gewesen. »Und einige von ihnen sind nicht älter als zehn oder elf Jahre.«

»Unsinn!« fuhr sie ihn an.

Zum ersten Mal griff Alan Ross in das Gespräch ein. »Es tut mir leid, dir widersprechen zu müssen, Schwiegermutter, aber es stimmt wirklich. Verschiedene bekannte und ehrenhafte Personen haben sich in der letzten Zeit für diese Menschen eingesetzt, und es sind umfangreiche Untersuchungen angestellt worden.«

»Mach dich doch nicht lächerlich!« Christina lachte, doch es klang schrill und freudlos. »Mama hat vollkommen recht. Warum sollte ein ehrenhafter Mensch sich ausgerechnet für dieses Problem einsetzen? Das ist einfach grotesk. Es ist wirklich nicht wert, daß wir uns darüber streiten. Wir sinken damit in den Bereich der Absurdität herab, und es ist außerdem höchst unerquicklich.«

Balantyne wunderte sich, daß Christina ihrer Mutter ohne weiteres zustimmte, es paßte so gar nicht zu ihr. Er war überrascht, als er seine eigene Stimme hörte. »Fünfundachtzigtausend gefallene Mädchen in London!« Er hatte unbewußt den gängigen Euphemismus für Prostituierte benutzt. Das Wort ließ das düstere, gestaltlose Elend weniger schrecklich erscheinen und erlaubte einem zu glauben, die Menschen würden Mitgefühl für diese Wesen verspüren.

»Gefallene Mädchen!« Brandy hatte seine Augen verächtlich zusammengekniffen. Er zerriß Balantynes Überlegungen genauso, als hätte er seine Gedanken gelesen. »Das klingt ganz so, als hätten wir Mitleid mit ihnen, Papa. Dabei wollen wir doch überhaupt nichts von ihnen wissen! Gerade haben wir noch festgestellt, daß sie nicht das geeignete Gesprächsthema für unseren Tisch sind.

Wir ziehen es vor, so zu tun, als gäbe es sie nicht oder als führten sie dieses Leben nur aus Lust und Sündhaftigkeit, nur weil sie es selbst nicht anders wollten.«

»Hör endlich auf mit dem Unsinn, Brandy!« brauste Christina auf. »Du hast keine Ahnung, wovon du sprichst. Und Mama hat vollkommen recht. Es ist wirklich ein unerfreuliches Thema, und ich finde es ungehörig, daß du uns zwingen willst, darüber zu sprechen. Wir haben bereits klar genug ausgedrückt, daß wir von diesen unanständigen Themen nichts mehr hören wollen! Jemima.« Sie starrte ihre Schwägerin über den Tisch weg an. »Ich bin sicher, du möchtest beim Essen auch nichts über Prostituierte hören, oder?«

Balantyne beugte sich vor, bereit, Jemima zu verteidigen. Sie war ganz besonders verletzlich. Sie war in Brandy verliebt – und sie hatte ihn geheiratet, obwohl er gesellschaftlich weit über ihr stand.

Doch Jemima lächelte Christina an, ihre grauen Augen waren klar und ruhig. »Ich finde es zwar ebenfalls äußerst unerfreulich«, antwortete sie, »aber wenn ich dem Unglück anderer Frauen, sei es moralischer oder körperlicher Art, ohne ein Gefühl der Betroffenheit begegnen könnte, müßte ich mir den Vorwurf gefallen lassen, meine Verpflichtungen als Mensch vernachlässigt zu haben.«

Einen Moment lang war alles still.

Ein strahlendes Lächeln überzog Brandys Gesicht, und seine Hand bewegte sich einen Moment vorwärts, als wolle er sie über den Tisch hinweg ausstrecken, um seine Frau zu berühren.

»Eine wahrhaft fromme Einstellung«, sagte Christina mit leiser Verachtung. »Du klingst immer noch genau wie eine Erzieherin. Du solltest wirklich lernen, etwas phantasievoller zu sein, meine Liebe. Wie langweilig das alles ist! Und es gibt wirklich nichts auf der Welt, das die Gesellschaft so sehr haßt wie eine Langweilerin!«

Die Farbe wich aus Brandys Gesicht. »Aber den Heuchlerinnen verzeiht sie, Liebste.« Er wandte sich seiner Schwester zu. »Daher wirst du auch in Zukunft erfolgreich sein. Du mußt nur darauf achten, nicht allzu deutlich zu werden – was du momentan allerdings vergessen zu haben scheinst. Plumpe Heuchler sind weiß Gott schlimmer als Langweiler – sie sind kränkend und verletzend!«

»Du hast wirklich keine Ahnung von der Gesellschaft.« Christinas Stimme klang schneidend, ihr Gesicht war heiß. »Ich wollte ihr doch nur einen Rat geben. Schließlich ist Jemima meine Schwägerin. Keine Frau möchte gern wie eine Gouvernante klingen, selbst wenn sei wie eine denkt! Um Himmels willen, Brandy – diese Belehrungen haben wir uns als Kinder schließlich lange genug anhören müssen!«

»Dem kann ich nur zustimmen.« Augusta wurde endlich wieder aktiv. »Wer läßt sich schon gern über gesellschaftliche Mißstände belehren, Brandy. Werde doch Parlamentsmitglied, wenn du dich so brennend für diese Themen interessierst. Christina hat recht. Aber die arme Jemima ist gar nicht langweilig – sie verhält sich nur loyal dir gegenüber, wie es einer Ehefrau ansteht. Du bist derjenige, der uns heute über alle Maßen langweilt. Und jetzt unterhalte uns entweder mit etwas Angenehmem oder halte endlich den Mund und überlasse diese Aufgabe jemand anderem.«

Sie wandte sich Alan Ross zu und ignorierte Balantyne am Kopfende des Tisches. Er war immer noch niedergeschlagen und suchte nach Worten, denn es war seine ehrliche Überzeugung, daß man dieses Thema keineswegs einfach abtun konnte. Ganz gleich, ob es den Anwesenden angenehm war oder nicht, es war allein die Wahrheit, die zählte.

»Alan«, sagte Augusta mit dem Anflug eines Lächelns. »Christina hat mir erzählt, daß du die Ausstellung in der Royal Academy besucht hast? Was gibt es Interessantes zu berichten? Hat Sir John Millais diesmal ein Bild ausgestellt?«

Es blieb Ross nichts anderes übrig als zu antworten. Er ging höflich auf die gestellte Frage ein und schilderte anschaulich und mit feinfühligem Humor die Gemälde, die er in der Academy gesehen hatte.

Wieder einmal wurde Balantyne bewußt, wie sehr er diesen Mann schätzte.

Nachdem der Nachtisch abgeräumt worden war, erhob sich Augusta, und die Damen zogen sich in den Salon zurück. Den Männern war es nun überlassen zu rauchen, falls ihnen der Sinn danach stand, und den Portwein zu trinken, den der Diener Stride in einer Kristallkaraffe aus Waterfordglas mit silbernem Hals und einem exquisiten Stöpsel hereintrug. Er stellte sie auf den Tisch und verließ diskret den Raum.

Balantyne, dem die Geschehnisse schon seit Tagen nicht mehr aus dem Kopf gehen wollten, kam automatisch wieder auf Max und den Acre zu sprechen. »Der Ermordete war tatsächlich unser ehemaliger Diener.« Er füllte sein Glas, nahm es in die Hand, drehte es hin und her und betrachtete, wie sich das Licht in den rubinrot schimmernden Facetten brach. »Pitt ist hier gewesen. Er hat mich gebeten, mitzukommen und den Toten zu identifizieren.«

Das Gesicht von Alan Ross blieb ausdruckslos. Er war ein sehr zurückhaltender Mann. Es war oft nicht festzustellen, was er wirklich dachte oder fühlte. Balantyne erinnerte sich an Helena Doran, die Ross geliebt hatte, bevor er Christina kennenlernte, und der schmerzliche Gedanke, daß er vielleicht nie ganz aufgehört hatte, sie zu lieben, ging ihm durch den Kopf. Es tat ihm für sie beide leid – für Ross, aber auch für Christina. Vielleicht war sie deshalb manchmal so – so zerbrechlich und verhielt sich so lieblos. Jemimas Glück mußte auf sie wirken wie Salz in einer Wunde.

Doch basierte nicht das Glück der meisten Ehen lediglich darauf, daß man gemeinsam durchs Leben ging und gemeinsame Erfahrungen machte, die einen zusammenschweißten? Eine glückliche Ehe konnte mit der Zeit zu einer Art Freundschaft reifen. Aber hatte Christina überhaupt versucht, Alan Ross' Liebe zu gewinnen? Intelligenz und Schönheit waren ihr in die Wiege gelegt worden, doch Zärtlichkeit und Großzügigkeit mußte sie sich selbst erarbeiten und ihren Mann spüren lassen. Wieder dachte er daran, daß er unbedingt Augusta veranlassen mußte, mit Christina zu sprechen.

Brandy starrte ihn an. »Pitt ist hier gewesen? Wußte die Polizei denn nicht, wer der Tote war?«

Balantynes Gedanken kehrten zu Max zurück. »Anscheinend nicht. Er hat verschiedene Namen benutzt, aber Pitt hat sein Gesicht wiedererkannt oder hat zumindest vermutet, daß er es sein könnte.«

Die drei Männer schwiegen. Vielleicht hatten sie doch noch gehofft, es wäre ein anderer gewesen. Jetzt wußten sie, daß dem nicht so war, und es bestand kein Zweifel mehr daran, daß sie den Mann gekannt hatten, einmal mit ihm unter einem Dach gelebt und ihn jeden Tag gesehen hatten, selbst wenn er als Diener mehr ein Bestandteil des Haushalts gewesen war und weniger ein Individuum wie sie selbst.

»Der arme Teufel«, sagte Brandy schließlich.

»Glaubst du, daß man je herausfinden wird, wer es getan hat?« fragte Ross und blickte dabei Balantyne an. Er wirkte äußerst angespannt. »Wenn er tatsächlich als Zuhälter gearbeitet hat, kann man seinen Mörder vielleicht sogar irgendwie verstehen. Tiefer kann ein Mensch, der über einen gesunden Verstand verfügt, wohl kaum noch sinken.«

»Kinderprostitution ist noch abstoßender«, sagte Brandy leise. »Besonders, wenn es Knaben sind.«

Ross zuckte zusammen. »O Gott!« stieß er hervor. »Daran habe ich noch gar nicht gedacht. Wie unverzeihlich naiv wir doch sind, was Verbrechen betrifft! Ich kann mir überhaupt nicht vorstellen, was einen Menschen veranlassen könnte, so etwas zu tun. Und doch muß es Tausende davon geben, hier in unserer Heimatstadt. Und ich gehe vielleicht jeden Tag auf der Straße an ihnen vorbei.«

»Knaben«, wiederholte Balantyne. Er hätte es eigentlich wissen müssen. Dreißig Jahre in der Armee hatten ihn gelehrt, daß Männer fern der Heimat unter dem Druck des Krieges die absonderlichsten Gelüste und Verirrungen entwickelten. Wahrscheinlich waren diese Neigungen schon unterschwellig vorhanden gewesen, bevor die Einsamkeit und die Abwesenheit von Frauen sie in körperlichen Drang verwandelten. Aber er hatte nie daran gedacht, daß es Menschen geben könnte, die davon lebten, daß sie die Körper unschuldiger Kinder an diese Menschen verkauften. Es war ihm unmöglich, sich auch nur vorzustellen, was diese Personen fühlten oder dachten.

»Hat Max denn Knaben verkauft?« fragte er.

»Ich glaube, es waren Frauen«, erwiderte Brandy. »Das stand jedenfalls in den Zeitungen. Aber vielleicht hätten sie genau dasselbe geschrieben, wenn es Knaben gewesen wären. Die Leute wollen von Kinderprostitution nichts hören. Erwachsene Frauen kann man verantwortlich machen, man kann sie als unmoralische Wesen abstempeln, und wenn ihnen etwas zustößt, ist die Gesellschaft dafür nicht verantwortlich. Prostitution ist so alt wie die Menschheit und wird wahrscheinlich erst enden, wenn es keine Menschen mehr gibt. Wir ignorieren sie einfach – selbst gebildete Frauen tun so, als wüßten sie von nichts. Auf diese Weise brauchen sie auch nichts dagegen zu unternehmen. Unwissenheit ist immer noch der beste Schutz.«

Balantyne wurde plötzlich bewußt, wie wenig er Brandy wirklich kannte. Es war eine Wut und Bitterkeit in ihm, die er nie zuvor bemerkt hatte. Es waren viele Jahre vergangen, und die Tatsache, daß Balantyne selbst sich kaum verändert hatte, verleitete ihn zu der Annahme, daß auch Brandy ganz der alte geblieben sei. Der Unterschied zwischen fünfundvierzig und fünfzig war kaum der Rede wert, doch zwischen dreiundzwanzig und achtundzwanzig konnten Welten liegen.

Er schaute seinen Sohn an, betrachtete sein Profil, das so ganz anders aussah als das von Alan Ross: sehr dunkle, glatte, gerade Linien, und der eigensinnige, leidenschaftliche Mund. Irgendwie erwartete man als Vater wohl immer, daß der Sohn so werden würde wie man selbst. War Brandy ihm je wirklich ähnlich gewesen? Wenn er ihn jetzt so betrachtete – vielleicht niemals?

»Sind wir denn wirklich so oberflächlich?« fragte er laut.

»Wir versuchen, uns zu wehren«, erwiderte Brandy. »Uns zu schützen.«

Alan Ross strich sich mit der Hand über das Haar. »Die meisten von uns vermeiden den Anblick des Unerträglichen«, sagte er so leise, daß man ihn kaum verstehen konnte. »Besonders dann, wenn wir nichts daran ändern können. Wer will schon eine Frau verurteilen, die lieber die Augen davor verschließt, daß ihr Mann zu einer Prostituierten geht – besonders wenn diese Prostituierte noch ein Kind ist. Wenn sie sich der Tatsache stellen müßte, daß dieses Kind gar kein Mädchen, sondern ein Junge ist, wäre sie gezwungen, ihren Mann zu verlassen. Und wir alle wissen, daß eine Scheidung diese Frau ruinieren würde. Selbst für die relativ großzügige Gesellschaft würde sie danach einfach aufhören zu existieren. Sie würde zum Gegenstand unerträglichen Mitleids, ganz zu schweigen von den obszönen Phantasien und Anspielungen der weniger Rücksichtsvollen. Nein.« Er schüttelte den Kopf. »Sie hat nur die eine Wahl, sein Geheimnis schweigend zu dulden und unter allen Umständen an ihren letzten kostbaren Zweifeln festzuhalten. Sonst kann sie gar nichts tun.«

Seine Ausführungen hatten selbst Brandy zum Schweigen gebracht.

Balantyne starrte in die Flammen eines Kerzenleuchters. Er versuchte sich vorzustellen, wie es wohl sein könnte, in so einer Beziehung gefangen zu sein, den Ehemann zwar zu verdächtigen, aber nicht wagen zu dürfen, der Wahrheit ins Gesicht zu sehen. Ganz im Gegenteil, um das eigene Überleben und vielleicht auch das der Kinder zu sichern, mußte man selbst sogar am meisten darauf bedacht sein, daß niemand das Geheimnis entdeckte. Augusta war in seinen Augen immer eine tugendhafte und zufriedene Ehefrau gewesen. War dies unverzeihlich selbstgefällig von ihm gewesen – war er auf blinde, törichte Weise unsensibel gewesen? Oder war seine Haltung vielmehr ein Zeichen seines Vertrauens oder vielleicht sogar eine Art von Glück? Er war noch nie in seinem Leben zu einer Prostituierten gegangen, nicht einmal als junger Mann in der Armee. Natürlich war er vor seiner Heirat hin und wieder schwach geworden – doch nur, weil beide das Bedürfnis danach verspürt hatten, nie für Geld. Seit seiner Heirat hatte er seine moralische Verpflichtung zur Enthaltsamkeit niemals in Frage gestellt, auch nicht, wenn er oder Augusta unpäßlich oder außer Haus waren. Augusta war keine leidenschaftliche Frau, vielleicht wurde sie durch ihre Sittsamkeit daran gehindert? Und er selbst besaß seit langem soviel Selbstdisziplin, daß er Herr seiner Begierden war, Selbstbeherrschung war schließlich Bestandteil seines Soldatendaseins. Erschöpfung, Schmerzen und Einsamkeit mußten gemeistert werden.

Alan Ross lehnte sich zurück. »Es tut mir leid«, sagte er und strich sich wieder mit der Hand über das Haar. »Es war wirklich nicht das richtige Gesprächsthema. Ich habe euch das Dinner verdorben.«

»Nein.« Balantyne schluckte und zwang seine Gedanken wieder zurück in die Realität. »Was du gesagt hast, entspricht der Wahrheit«, stellte er schnell richtig. »Die Situation ist wirklich abscheulich. Aber man darf die Menschen nicht verurteilen, wenn sie die Augen vor dem verschließen, was sie nur zerstören würde. Bei Gott – ein Mann, der als Zuhälter arbeitet, verdient es nicht zu leben. Aber Mord ist keine Lösung. Und diese Verstümmelung ist barbarisch.«

»Bist du je in Devil's Acre gewesen, Papa?« Brandys Stimme klang jetzt ganz ruhig, sein Gesicht war ernst. »Oder in einem unserer anderen Armenviertel?«

Balantyne wußte, was sein Sohn dachte. Wenn Menschen gezwungen waren, in dieser schmutzstarrenden, hoffnungslosen Armut um ihr Überleben zu kämpfen, wurden sie unweigerlich zu Barbaren. Erinnerungen an Armeelager stiegen in ihm auf, an die Krim, Scutari, an den plötzlichen, grausamen Tod – an das, was Männer während der Wochen und Nächte, in denen sie auf den Kampf warteten, in den Städten machten. Sie mußten jeden Tag damit rechnen, daß ihre Körper zerfetzt und unkenntlich unter der afrikanischen Sonne oder vergessen und erfroren im Schnee des Himalaya enden konnten. Möglich, daß er Brandy nicht wirklich kannte, doch Brandy wußte auch nicht mehr über ihn.

»Ich bin seit dreißig Jahren in der Armee, Brandy«, antwortete er. »Ich weiß, was mit Menschen geschehen kann. Genügt dir das als Antwort?«

»Nein.« Brandy trank seinen letzten Schluck Portwein. »Ich kann es einfach nicht mehr ertragen, das Thema immer wieder totzuschweigen.«

Balantyne stand auf. »Ich glaube, wir sollten uns allmählich in den Salon begeben und den Damen Gesellschaft leisten, bevor sie herausfinden, daß wir wieder darüber gesprochen haben.«

Alan Ross erhob sich ebenfalls. »Ich kenne einen Abgeordneten, den ich gern aufsuchen würde. Hast du Lust, mich zu begleiten, Brandy? Vielleicht können wir ihm von Nutzen sein. Ich habe gehört, er hat einen Gesetzentwurf ausgearbeitet, den er der Kammer vorlegen will.«

»In welcher Angelegenheit?« Brandy folgte ihnen.

»Kinderprostitution natürlich«, antwortete Ross und öffnete die Tür. »Aber sprich bitte nicht vor Christina darüber, wenn es dir nichts ausmacht. Ich glaube, das Thema geht ihr nahe.«

Balantyne war angenehm überrascht. Er hatte aus Christinas Bemerkungen geschlossen, daß sie das Thema mied, weil es ihr geschmacklos erschien, und nicht, weil es sie betroffen machte. Plötzlich sah er alles in einem anderen Licht. Er schämte sich, sie falsch eingeschätzt zu haben. Aber er konnte ihr nicht sagen, daß es ihm leid tat; eine Entschuldigung hätte ihn bloßgestellt.

Kurz vor Mitternacht, als die anderen bereits gegangen waren, stieg Balantyne langsam hinter Augusta die Treppe hinauf. »Weißt du, Alan Ross wird mir immer sympathischer, je öfter ich ihn sehe. Christina sollte sich glücklich schätzen«, bemerkte er.

Sie wandte sich um und schaute ihn frostig an. »Und wie meinst du das?«

»Genauso, wie ich es gesagt habe – auch mit den besten Vorsätzen kann es passieren, daß man irgendwann feststellen muß, daß ein Mensch nicht so ist, wie man erwartet hat. Aber Alan Ross übertrifft sogar alle Erwartungen, die wir anfänglich in ihn gesetzt haben.«

»Meine nicht«, antwortete sie bestimmt. »Glaubst du etwa, ich hätte zugelassen, daß meine Tochter einen Mann heiratet, dessen Vorzüge ich nicht genau kenne?«

Ihre Worte hatten ihn verletzt, und er sprach die Wahrheit aus, ohne nachzudenken. »Es fragt sich nur, ob wir bei Christina überhaupt noch eine andere Wahl hatten.«

Augustas Augen erschienen ihm genauso fremd wie die eines Unbekannten, den man zufällig auf der Straße anrempelte. Das Gefühl der Behaglichkeit, das er beim Dinner zwischen den Weingläsern empfunden hatte, war nichts weiter als eine Illusion gewesen.

»Ich kann jede Wahl treffen, die mir beliebt«, sagte sie schneidend. »Dafür habe ich stets gesorgt. Hältst du mich etwa für unfähig?«

Dieser Gedanke war ihm wirklich noch nie gekommen, seit er Augusta auf ihrem Debütantinnenball zum ersten Mal gesehen hatte. Selbst damals war sie erstaunlich gelassen gewesen. Sie war weder nervös gewesen, noch hatte sie geflirtet oder gekichert, Eigenschaften, die ihm damals so gut gefallen hatten. Doch diese Tage lagen weit zurück. Er versuchte, die Empfindungen, die ihn damals bewegt hatten, wieder aufleben zu lassen – die Aufregung, das Gefühl der Erwartung –, doch es gelang ihm nicht. Er spürte einen diffusen Schmerz. Genau die Vorzüge, die ihn damals so entzückt hatten, waren heute eher beängstigend, wie eine verschlossene Tür.

»Mach dich doch nicht lächerlich!« Sie hatte ihn so gekränkt, daß er das Bedürfnis hatte, sich zu schützen, indem er die Arroganz vortäuschte, die ihm einst seine zweite Natur gewesen war. »Ich kenne Christina ebensogut wie du.« Eine dreiste Lüge. »Sie besitzt einen unerbittlichen Willen. Und selbst du, meine liebe Augusta, bist nicht gegen jeden Irrtum gefeit.«

Sie war müde, ihr Gesicht verhärtete sich und nahm einen vollkommen abweisenden Ausdruck an. Sie drehte sich wieder um und ging die Treppe hinauf. Sie hielt ihren Rücken kerzengerade, doch das Treppensteigen fiel ihr schwer.

»Das mag schon sein«, sagte sie. »Doch du ebenfalls nicht, Brandon. Es wäre gut, wenn du in Zukunft davon absehen könntest, bei Tisch so unappetitliche Themen wie die Armenviertel und die diversen Unglückseligen, die dort leben, zur Sprache zu bringen – besonders in Anwesenheit von Gästen. Es ist äußerst taktlos und kann nur zu Peinlichkeiten führen. Das hättest du eigentlich selbst sehen müssen! Ein soziales Gewissen mag eine wertvolle Tugend sein, doch es gibt zweifellos bessere Anlässe und Orte, an denen man es üben kann. Angesichts der Tatsache, daß dieser beklagenswerte Diener einst in unserem Haus gearbeitet hat, wäre ich dir mehr als dankbar, wenn du ihn nie mehr erwähnen würdest. Ich wünsche nicht, daß alle unsere Dienstboten der Hysterie anheimfallen, sonst hat, ehe man sich's versieht, schon das halbe Personal die Kündigung eingereicht – und du weißt selbst, daß es heutzutage ohnehin schwierig genug ist, gute Dienstboten zu halten!« Sie erreichte den Treppenabsatz und machte Anstalten, sich in ihr Schlafzimmer zurückzuziehen. »Gute Nacht, Brandon.«

Es blieb ihm nichts anderes übrig, als ihr ebenfalls eine gute Nacht zu wünschen und in sein eigenes Schlafzimmer zu gehen. Er schloß die Tür und blieb regungslos stehen. Der Raum erschien ihm mit einem Mal fremd, obwohl doch jedes Möbelstück, jedes Buch und jeder Gegenstand seit vielen Jahren in seinem Besitz war.

Am folgenden Morgen wurde Balantyne in der Eingangshalle bereits von Stride erwartet, der mit bleichem Gesicht vor ihm stand und verzweifelt die Hände rang, statt sie wie sonst entspannt herabhängen zu lassen. Vom weiblichen Dienstpersonal war niemand zu sehen. Einen Augenblick lang durchzuckte Balantyne der Gedanke, daß Augusta vielleicht doch recht gehabt hatte. Alle Dienstmädchen hatten gekündigt und noch in der Nacht fluchtartig das Haus verlassen, aus Angst, mit einer ähnlichen Kreatur wie Max unter demselben Dach arbeiten zu müssen und jeden Moment in ein Bordell verschleppt zu werden.

Stride wartete mit düsterem Gesicht.

»Was ist passiert?« verlangte Balantyne zu wissen. »Was ist denn bloß geschehen?«

»Die Zeitungen, Sir ...«

Wenn das alles war! Balantyne war wütend und erleichtert zugleich. »Gottverdammich, Mann, dann sind sie eben noch nicht da! Wenn sie in einer Stunde immer noch nicht gekommen sind, dann schicken Sie eben jemanden, um sie zu holen!« Er drehte sich um und machte Anstalten, an ihm vorbei ins Frühstückszimmer zu gehen.

Aber Stride rührte sich nicht vom Fleck. »Sie haben mich mißverstanden, Sir. Ich befürchte, ich habe mich nicht klar genug ausgedrückt. Die Zeitungen sind sehr wohl gekommen – es ist der Inhalt, Sir. Es hat wieder einen Mord in Devil's Acre gegeben, Sir, diesmal einen noch viel schlimmeren.«

Balantyne konnte sich nicht vorstellen, daß es etwas geben konnte, das schlimmer war als die Verstümmelung von Hubert Pinchin. Er suchte voll Entsetzen nach noch abscheulicheren Grausamkeiten, doch es gelang ihm nicht.

»Er war nicht so schwer...« Stride zögerte und schluckte. »So verletzt, Sir.«

Balantyne war verwirrt und gleichzeitig erleichtert. »Nicht so schwer? Aber warum sagten Sie dann, noch schlimmer?«

Strides Stimme wurde leise. »Es war Sir Bertram Astley, Sir. Er wurde vor einem Freudenhaus gefunden, das nur für Männer ist.«

»Nur für Männer...? Gütiger Herrgott! Sie meinen, es war ein Bordell für Homosexuelle?«

Stride zuckte zusammen, er war an derartig drastische Ausdrücke nicht gewöhnt. »Ja, Sir.«

»Bertie Astley...« Balantyne fühlte sich mit einem Mal unwohl. Der Duft, der von dem Reisgericht auf der Anrichte im Frühstückszimmer herüberwehte, verursachte ihm plötzlich Übelkeit.

»Wünschen Sie vielleicht ein Glas Brandy in der Bibliothek?« erkundigte sich Stride.

»Ja, bitte.« Der Mann war wirklich unbezahlbar. Balantyne hatte ihn bisher nie richtig gewürdigt. »Ja, sehr gern«, antwortete er dankbar und machte Anstalten, in die Bibliothek zu gehen.

»Was möchten Sie, daß ich Ihrer Ladyschaft sage, Sir?«

Balantyne blieb stehen. Er hätte ihr die häßliche Wahrheit gern erspart, es war besser, wenn Augusta von diesen Dingen nichts erfuhr.

»Sagen Sie ihr, es hätte einen weiteren Mord gegeben.« Sie würde der Wahrheit früher oder später sowieso ausgesetzt sein, er konnte es nicht verhindern. Aber es war besser, wenn sie es aus dem Munde eines taktvollen Mannes wie Stride erfuhr und nicht durch die anonymen Sensationsmeldungen der Zeitungen oder durch das gedankenlose Geschwätz eines Fremden. »Am besten sagen Sie ihr auch, daß es Sir Bertram Astley war, aber bitte erwähnen Sie nicht, wo man ihn gefunden hat.«

»Sehr wohl, Sir. Bedauerlicherweise wird Sir Bertrams Tod schon sehr bald in aller Munde sein«, sagte Stride.

»Ja.« Balantyne fiel nichts mehr ein, das er noch sagen konnte. »Ja. Vielen Dank, Stride.« Er begab sich in die Bibliothek und stellte fest, daß die Brandyflasche schon auf einem Tablett neben der Zeitung bereitstand. Er goß sich einen ordentlichen Schluck ein und setzte sich, um die Zeitung zu lesen.

Die Leiche von Sir Bertram Astley war in Devil's Acre gefunden worden, vor einem Haus mit zweifelhaftem Ruf. Was für eine idiotische Formulierung! Todesursache war eine tiefe Stichwunde im Rücken gewesen, doch der Leichnam wies außerdem Schnittverletzungen in der Leistengegend und in der Magengrube auf. Die Geschlechtsteile wurden zwar nicht erwähnt, doch die Folgerung war offensichtlich und wirkte merkwürdigerweise durch die Auslassung noch grotesker. Anscheinend hatte der Mörder beabsichtigt, ihn auf dieselbe Weise wie die früheren Opfer zu verstümmeln, war jedoch gestört worden, so daß ihm nur Zeit geblieben war, seinem wahnsinnigen Haß mit einem einzigen, brutalen Hieb Luft zu machen. Inspector Thomas Pitt war wie schon bei den anderen Mordfällen mit den Ermittlungen betraut worden.

Balantyne legte die Zeitung fort und leerte sein Glas in einem einzigen, brennenden Zug.

# Kapitel 5

In den frühen Morgenstunden, noch vor Einbruch der Dämmerung, wurde Pitt von einem bleichen Sergeanten in einem Hansom abgeholt. Der Mann machte sich mit tauben Fingern an seiner Mütze zu schaffen und hielt sie fest umklammert, als er versuchte, die Dringlichkeit seiner Nachricht in Worte zu fassen, ohne dabei über die entsetzlichen Dinge sprechen zu müssen, die er gesehen hatte.

Pitt verstand. Ein weiterer Mord. Nur eine wirklich grausige Entdeckung konnte den Sergeanten um diese Zeit zu seinem Haus geführt haben.

»Eine Grabeskälte draußen, Sir«, meinte der Sergeant, der versuchte, hilfsbereit zu sein.

»Vielen Dank.« Pitt zog zuerst seine Jacke an und darüber einen riesigen Mantel, der aussah, als könne ein starker Wind ihn aufblähen wie ein Segel. Er nahm den Wollschal aus der ausgestreckten Hand des Sergeanten in Empfang, wickelte ihn um den Hals, stülpte seinen Hut über, der ihm die Haare über den Ohren flachdrückte, und öffnete die Tür. Der Sergeant hatte vollkommen recht, es war wirklich mordsmäßig kalt.

Kurze Zeit später saßen sie zusammen in dem Hansom, der über das unebene Kopfsteinpflaster in Richtung Devil's Acre holperte.

»Nun?« fragte Pitt.

Der Sergeant schüttelte den Kopf. »Schlimme Sache«, sagte er niedergeschlagen. »Sir Bertram Astley. Übel zugerichtet – aber nich' – nun ja, nich' richtig zerstückelt, könnte man sagen.«

»Nicht verstümmelt wie die anderen?«

»Nein – sieht ganz so aus, als hätt' jemand unseren Irren gestört. War wohl noch 'n später Kunde.« Er schüttelte wieder den Kopf. »Weiß auch nicht.«

Pitt war verwirrt. »Noch ein später Kunde – was meinen Sie damit?«

»Man könnte sagen, der schlimmste Teil kommt noch, Sir. Wer soll das bloß der Familie beibringen! Man hat ihn im Eingang von 'nem Bordell gefunden – nur für Männer.«

»O Gott!« Pitt verstand mit einem Mal, warum sich der Sergeant so unwohl fühlte, warum es ihm so schwer fiel, die richtigen Worte zu finden. Wie sagte man einer vornehmen Familie, daß ihr Sproß ermordet und grausam zugerichtet vor dem Eingang eines Männerbordells gefunden worden war? Jetzt verstand er auch das Mitgefühl im Gesicht des Sergeanten, die unnötige Warnung, daß es draußen kalt sei.

Zuerst mußte er sich die Leiche ansehen und die Stelle, an der man sie gefunden hatte.

»Tut mir leid, Sir.« Der Sergeant setzte seine Mütze wieder auf und brachte sie mit der flachen Hand in die richtige Form.

»Wer hat ihn gefunden und um wieviel Uhr?« fragte Pitt.

»Constable Dabb, Sir. Ich hab' ihn bei der Leiche zurückgelassen, damit er Wache hält und aufpaßt, daß nichts angerührt wird. Guter Mann. Hat die Leiche – ich mein' natürlich Sir Bertram – gegen Viertel nach vier oder 'n paar Minuten später gefunden. Big Ben hatte grade geschlagen. Der Leichnam lag im Eingang. Constable Dabb is' also hin und hat nachgesehen, was er da so macht. Da hat er natürlich gesehen, daß er tot war. Wir finden immer 'ne Menge Leichen bei uns auf'm Acre un' in der ganzen Umgegend, also hat er sich nichts dabei gedacht un' mich zuerst auch nich' rufen lassen, bis der Mantel aufgegangen is' und der arme Dabb gesehen hat, was mit seinen – was man mit dem armen Kerl gemacht hat. Und dann hat er natürlich sofort nach uns geschickt – auf der Stelle. Un' wir haben dann Sie geholt.«

»Woher wußten Sie, wer der Mann war?« Wie lange konnte ein Toter in Devil's Acre liegen, ohne daß man ihm bis auf die Kleidung, die er am Leibe trug, alles geraubt hatte?

Der Sergeant verstand. »Das Geld war natürlich schon weg, aber er hatte noch 'n paar Visitenkarten und 'n paar Briefe bei sich. Na ja, ich weiß zwar noch nich', was der Doc sagen wird, aber lange kann er nich' da gelegen haben, bestimmt nich' länger als 'ne Stunde. Die Kundschaft wär' sonst beim Rein- und Rausgehen bestimmt über ihn gestolpert. Die verschwinden natürlich möglichst früh wieder. Vor Morgengrauen woll'n die alle wieder da sein, wo sie sich nich' zu schämen brauchen, wenn man sie sieht. Zurück ins traute Heim, denk' ich mal, um mit der Familie das Morgengebet zu sprechen!« Die Verachtung in seiner Stimme war dunkel und beißend wie Teer, obwohl Pitt nicht genau wußte, ob sie sich auf die Tatsache bezog, daß jemand einen derartigen Ort aufsuchte, oder auf die Heuchelei, mit der dieser Besuch später vertuscht wurde. Vielleicht würde er den Sergeanten ein anderes Mal danach fragen.

Der Hansom kam abrupt zum Stehen, und die beiden Männer kletterten hinaus. Sie befanden sich am südlichen Rand des Acres, in unmittelbarer Nähe des Flusses. Es hatte aufgehört zu regnen. Der feuchte Atem der Themse hing über der eisverkrusteten Straße. Über und hinter ihnen zeichneten sich in der unheimlichen Dunkelheit drohend die gotischen Türme des Parlamentsgebäudes ab.

Ein junger Constable mit einer Laterne in der Hand stand neben einem zusammengekrümmten Körper, der in einem Hauseingang lag, und hielt Wache. Bis auf das Gesicht war die am Boden liegende Gestalt mit einem schweren Mantel bedeckt. Der Constable hatte respektvoll seinen eigenen Umhang auf das Gesicht des Toten gelegt und zitterte selbst vor Kälte. Eine merkwürdige Ehrfurcht, dachte Pitt, die uns gebietet, unsere eigene Kleidung abzulegen und selbst frierend in der schneidenden Kälte auszuharren, um das Antlitz eines Menschen zu verhüllen, den die eisige Hand des Todes bereits berührt hat.

»Morgen, Sir«, sagte der Constable respektvoll. »Morgen, Mr. Pitt.«

Anscheinend war er wirklich berühmt.

»Guten Morgen, Constable Dabb«, erwiderte er das Kompliment, indem er den Mann ebenfalls mit Namen begrüßte. Es war eine scheußliche Straße, sie stank nach Schmutz und Unrat. In den Eingängen auf der anderen Seite schliefen Obdachlose und Ausgestoßene. Wenn man sie in diesem grauen Licht betrachtete, sahen sie nicht viel anders aus als Bertram Astleys Leichnam. »Woher wußten Sie, daß er tot war?« fragte er, weil er sich nicht erklären konnte, warum der Constable ausgerechnet bei diesem Körper stehengeblieben war.

Constable Dabb richtete sich ein wenig auf. »Westseite der Straße, Sir«, antwortete er.

»Westseite?«

»Wir haben Ostwind, Sir. Und geregnet hat's auch. Keiner, nicht mal ein Betrunkener, schläft im Nassen, wenn er zwanzig Fuß weiter auf der anderen Seite ein trockenes Plätzchen finden kann.«

Pitt schenkte ihm ein anerkennendes Lächeln und hob dann das Cape auf, um es ihm zurückzugeben. Er beugte sich über die Leiche. Bertram Astley war ein gutaussehender Mann gewesen: regelmäßige Gesichtszüge, eine kräftige Nase, helles Haar und Backenbart, ein etwas dunklerer Schnauzbart. Seine Augen waren geschlossen, so daß es unmöglich war, sich vorzustellen, welche Vitalität ihn zu Lebzeiten geprägt hatte.

Pitt schaute herab und öffnete den Mantel an der Stelle, an der sich die Wunde befand, die Constable Dabb aus Anstand bedeckt hatte. Diese Verletzung war mit entschlossener Hand zugefügt worden, ein einziger Schnitt, der allerdings nicht tief war. Der Blutverlust war gering. Er hob die Schulter an, um einen Blick auf den Rücken werfen zu können. Der Mantel war zerschnitten, und er entdeckte einen langen, dunklen Fleck ein wenig links von der Wirbelsäule. Dies mußte die tödliche Verletzung sein, genau wie bei den anderen Opfern. Er ließ den Körper vorsichtig wieder in die Position zurückgleiten, in der man ihn vorgefunden hatte.

»Haben Sie nach dem Polizeiarzt geschickt?« fragte er.

»Ja, Sir.« Natürlich hatte er das, sein Berufsethos würde nicht zulassen, daß er eine so wichtige Pflicht vergaß.

Pitt sah sich auf der Straße um. Sonst gab es nichts Ungewöhnliches zu sehen. Es war eine schmale Straße, gesäumt von Häusern, die zusammensackten, weil das Holz faulte und der Putz schimmelte, sich wölbte und abbröckelte. Die Sickerrohre quollen über. Ob es hier überhaupt jemandem aufgefallen wäre, wenn ein Mann eine Leiche abgeladen oder zwei Männer gekämpft hätten? Er bezweifelte es. Falls es tatsächlich Zeugen gab, die das Haus betreten oder verlassen hatten, würde man sie je finden können – oder würden sie überhaupt bereit sein auszusagen? Wohl kaum. Homosexualität war ein Verbrechen, das mit harten Gefängnisstrafen geahndet wurde und für den Betreffenden den gesellschaftlichen Ruin bedeutete. Natürlich gab es viele Männer, die heimlich ihren Neigungen nachgingen. Es war jedoch etwas völlig anderes, Leute dazu zu bringen auszusagen, daß sie davon wußten.

»Sehen Sie zu, was Sie hier sonst noch herausfinden können«, ordnete er an. »Haben Sie die Adresse seiner Familie?«

»Die haben wir, Sir.« Der Sergeant reichte sie ihm auf einem Stück Papier, das er aus seinem Notizbuch gerissen hatte.

Pitt seufzte. »Dann mache ich mich wohl besser auf den Weg und informiere seine Angehörigen, bevor die Presse genug Zeit hat, eine Sonderausgabe herauszubringen. Es wäre furchtbar, wenn sie es aus der Zeitung erfahren würden.«

»Ja, Sir. Allerdings waren schon vor über 'ner Stunde Reporter hier. Ich hab' keine Ahnung, wie sie davon Wind gekriegt haben.«

Es lohnte sich nicht, darüber zu diskutieren. Es gab überall Augen und Ohren – Menschen, die an den Tod gewöhnt und scharf auf einen Sixpence waren. Den konnten sie sich verdienen, wenn sie einem Zeitungsreporter die Chance gaben, als erster mit einer Sensationsmeldung in der Fleet Street einzutreffen.

Pitt kletterte zurück in den Hansom und gab dem Fahrer die Londoner Adresse der Familie Astley.

Als Pitt aus der Droschke stieg und den Fahrer fortschickte, zeigten sich am Himmel die ersten Anzeichen des Morgens. Er hatte keine Ahnung, wie lange er bleiben würde.

Die Straße war so gut wie menschenleer. Ein einsames Küchenmädchen trug den Abfall nach draußen, ein Stiefelputzer schlug eine Hintertür zu. In den Dienstbotenquartieren war schon reges Leben. Er stieg die Stufen zum Hauseingang empor und klopfte. Ein erstaunt aussehender Diener öffnete die Tür. Pitt ließ ihm keine Zeit, sich selbst ein Urteil zu bilden.

»Guten Morgen«, sagte er entschlossen. »Ich bin von der Polizei. Es tut mir leid, aber ich muß Ihnen eine schlechte Nachricht überbringen. Würden Sie mich bitte an einen geeigneten Ort führen und das Familienoberhaupt informieren? Und am besten holen Sie eine Flasche Brandy oder was Sie sonst als Schockbehandlung für angemessen halten.«

Der Diener war wie vor den Kopf geschlagen. Er protestierte nicht einmal, als Pitt an ihm vorbei ins Haus trat und die Tür hinter sich zuzog.

»Sir Bertram ...« begann er.

»Ist nicht zu Hause, das weiß ich bereits«, unterbrach ihn Pitt ruhig. »Es tut mir leid, aber ich muß Ihnen leider mitteilen, daß er tot ist.«

»Oh.« Der Diener versuchte, seine Fassung zu bewahren, doch er war der Situation nicht gewachsen. »Am besten, ich hole ...«

Er schluckte. »Ich hole Mr. Hodge, den Butler – und Mr. Beau, Sir Bertrams Bruder.« Noch bevor Pitt etwas sagen konnte, riß der Diener die Tür zum kalten Frühstückszimmer auf, wo ein Dienstmädchen zwar den Rost gesäubert, aber noch kein Feuer angezündet hatte. »Sir.« Er überließ Pitt sich selbst und verschwand im Dunkel des Korridors, wo sich die mit grünem Boi bespannte Tür befand, die zu den Dienstbotenräumen führte, hinter der er sich sicher fühlte.

Pitt schaute sich in dem Zimmer um. Das Mobiliar war geschmackvoll und teuer, viele Möbelstücke waren exotisch, es gab japanische Lacktische, Einlegearbeiten aus Elfenbein, Gemmen, und an den Wänden hingen französische Aquarelle. Die Astleys besaßen Geld und Stilgefühl, um sich alles leisten zu können, was ihnen gefiel, und sie hatten einen ausgesprochen vielseitigen Geschmack.

Ein älterer Butler trat ins Zimmer, mit ernster Miene, ein silbernes Tablett mit Brandy und französischen Gläsern aus Bleikristall in der Hand.

»Hat Frederick richtig verstanden, Sir, daß Sir Bertram einen Unfall hatte und tot ist?«

Es war sinnlos zu lügen, der Butler würde schließlich derjenige sein, der für die Dienstboten verantwortlich war und dafür zu sorgen hatte, daß während der ersten, für die Familie besonders qualvollen Tage die notwendigen Haushaltspflichten wie gewohnt erfüllt wurden. »Es tut mir leid, aber es war kein Unfall. Sir Bertram wurde ermordet.«

»Ach, du meine Güte.« Hodge setzte den Brandy abrupt auf den Tisch. »Ach, du meine Güte.«

Es war ihm noch nichts anderes eingefallen, das er hätte sagen können, als einige Minuten später ein junger Mann die Tür öffnete und sie anstarrte. Er trug noch sein Nachtgewand und darüber einen Morgenmantel. Sein helles Haar war noch feucht von der Morgenwäsche, doch er hatte sich noch nicht rasiert. Er sah dem Toten frappierend ähnlich, er besaß die gleiche markante Nase und breite Stirn. Doch sein Gesicht wirkte auch jetzt, trotz aller Anspannung in Erwartung der furchtbaren Nachricht, noch sehr lebhaft, sein Mund war von Lachfältchen umgeben, und seine Augen waren groß und blau.

Er schloß die Tür. »Was ist geschehen?«

Pitt wurde bewußt, wie leicht es ihm Mullen und Valeria Pinchin gemacht hatten. Er hatte geglaubt, genau zu wissen, wie schwer ihm die Aufgabe immer fiel, doch jetzt spürte er die ganze Bürde seiner traurigen Pflicht.

»Es tut mir leid, Sir«, sagte er kaum hörbar. Es war leichter, sofort alles auf einmal zu sagen, barmherziger, als die quälenden Einzelheiten nacheinander zu beschreiben. »Ich muß Ihnen leider mitteilen, daß wir gerade die Leiche Ihres Bruders Sir Bertram in Devil's Acre gefunden haben. Er ist ermordet worden, auf ähnliche Weise wie Dr. Hubert Pinchin, auch wenn er weit weniger verstümmelt wurde.« Er unterbrach sich, wußte nicht, was er noch sagen konnte. »Es tut mir wirklich leid, Sir«, wiederholte er.

Beau Astley stand sekundenlang unbeweglich da, straffte dann seine Schultern und ging hinüber zum Tisch. Hodge bot ihm Brandy an, doch er nahm keine Notiz davon. »In Devil's Acre?«

War es schlimmer, ihn jetzt sofort zu fragen, wo er vor Schreck wie gelähmt war, oder sollte Pitt warten, bis der Schock ein wenig abgeklungen und die Wunde um so empfindlicher und schmerzhafter war? Egal was er auch tat, er mußte die Frage stellen, denn es gab nur eine Antwort, die er zu seinen weiteren Handlungen benötigte.

»Wissen Sie zufällig, was Sir Bertram in diese Gegend geführt haben könnte?«

Beau Astley schaute auf. Jetzt endlich nahm er Hodges Brandy und leerte das Glas in zwei Zügen. Er goß sich noch zwei Fingerbreit ein und trank auch dies.

»Ich nehme an, es wäre sinnlos zu lügen, Inspector. Bertie hat gelegentlich gespielt, nicht viel, und ich glaube nicht, daß er je verloren hat. Für gewöhnlich ist er zu einem der Gentlemen's Clubs gegangen. Aber hin und wieder hat er auch ganz gern die Armenviertel aufgesucht, beispielsweise Whitechapel oder den Acre. Ich kann mir nicht erklären, warum – eine abscheuliche Gegend!« Er hielt inne, als könne die Unbegreiflichkeit der Tatsachen die Tragödie ungeschehen machen.

Pitt war überrascht, daß der Schock Beau Astley anscheinend so sehr aus der Fassung gebracht hatte, daß er nicht einmal mehr Verachtung für einen Polizisten zu empfinden schien, der in seinem eigenen Frühstückszimmer saß und ihm intime Fragen über seine Familie stellte. In seiner Stimme lag keinerlei Spur von Herablassung.

»Und gestern abend ist Sir Bertram ausgegangen, um zu spielen?« insistierte Pitt.

Beau griff nach einem Stuhl. Hodge schob ihn sofort für ihn zurecht. Er setzte sich. Hodge zog sich wortlos zurück und schloß die Tür hinter sich.

»Nein.« Beau stützte den Kopf in die Hände und starrte auf den Tisch. »Nein, jetzt fällt es mir wieder ein. Er wollte May besuchen. Er war dort zum Dinner eingeladen.«

»May?«

»Ach so, entschuldigen Sie bitte, das können Sie nicht wissen. Miss Woolmer, sie und Bertie waren verlobt – jedenfalls nehme ich das an. O Gott! Ich muß unbedingt zu ihr und es ihr sagen. Ich darf nicht zulassen, daß sie davon durch die Polizei erfährt oder durch irgendeinen idiotischen Klatsch.« Er sah unglücklich zu Pitt auf. »Ich vermute, es besteht keine Möglichlichkeit, die Zeitungen davon abzuhalten, darüber zu berichten? Mein Vater ist tot – aber Mutter lebt in Gloucestershire. Ich muß ihr unbedingt schreiben . . .« Seine Stimme verlor sich.

»Es tut mir leid, aber die Presse war da, bevor ich selbst eingetroffen bin«, antwortete Pitt. »In einer solchen Gegend sind Sixpence eine Menge Geld.« Er nahm an, daß dies als Erklärung genügte.

»Natürlich.« Beau wirkte plötzlich völlig erschöpft, sein Gesicht hatte alle Lebendigkeit verloren, die noch Minuten zuvor darin gelegen hatte. »Hätten Sie etwas dagegen, wenn ich mich anziehen und so schnell wie möglich zu Miss Woolmer gehen würde? Ich möchte nicht, daß sie es von jemand anderem erfährt.«

»Nein, Sir, das wäre sicher das Beste«, sagte Pitt. Er betrachtete Beau, wie er sich erhob. Er mußte ihm den Rest auch noch erzählen, am späten Morgen würde man sicher überall davon sprechen. »Ich – ich muß Ihnen leider noch etwas mitteilen, Sir. Er wurde an einem sehr«, er suchte verzweifelt nach dem richtigen Wort, »einem verrufenen Ort gefunden.«

»Das sagten Sie bereits. In Devil's Acre.«

»Richtig, Sir – aber vor der Tür eines Bordells, das ausschließlich für Männer ist.«

Beaus Gesicht verkrampfte sich bei dem Versuch zu lächeln. Er glaubte sich gegen jeden weiteren Schock gefeit. »Das sind Bordelle doch immer, oder nicht, Inspector?«

Pitt, dem der Mann bereits sympathisch war, erklärte es nur höchst ungern. »Nein«, sagte er sehr leise. »Aber in den meisten Freudenhäusern arbeiten Frauen . . .« Er beließ es bei dieser Andeutung.

Beaus dunkelblaue Augen weiteten sich. »Das ist doch absolut lächerlich ... Bertie war doch kein ...«

»Nein«, sagte Pitt schnell. »Er befand sich wohl in der Nähe des Hauses – ich nehme an, daß ihn sein Mörder dort eingeholt hat. Aber ich mußte Sie einfach vorbereiten – die Zeitungen werden wahrscheinlich darüber berichten.«

Beau fuhr sich mit der Hand durch die Haare, die ihm in die Stirn fielen. »Ja, da haben Sie sicher recht. Wenn sie schon den Prinzen von Wales nicht unbehelligt lassen können, haben sie bestimmt auch bei Bertie keine Hemmungen. Wenn Sie mich bitte entschuldigen würden, ich möchte mich jetzt gern ankleiden. Hodge wird Ihnen einen Brandy oder ein anderes Getränk bringen, wenn Sie möchten.« Er war fort, bevor Pitt sich bedanken konnte.

Pitt beschloß, um eine Tasse heißen Tee und dazu vielleicht eine Scheibe Toast zu bitten. Der Gedanke allein genügte, um ihm die kalte Leere in seinem Inneren noch bewußter werden zu lassen. Einen Leichnam ansehen zu müssen war schon schlimm genug, aber die Toten hatten wenigstens keine Gefühle mehr. Den Lebenden die schreckliche Nachricht überbringen zu müssen gab ihm ein Gefühl der Schuld und der Hilflosigkeit. Er war der Überbringer von Schmerz und Leid, der unbeteiligte Zuschauer, der alles wie in einem Spiegel betrachtete.

Er würde seinen Tee in der Küche trinken. Im Moment gab es nichts, das er Beau Astley noch fragen konnte, doch von den Dienstboten konnte er vielleicht etwas erfahren, das ihn weiterbrachte, selbst wenn es sich nur zufällig ergeben sollte. Und später, wenn Miss Woolmer die furchtbare Nachricht erfahren hatte, würde er auch sie aufsuchen müssen, da sie anscheinend die letzte Person gewesen war, die mit Bertie Astley gesprochen hatte, bevor er den Weg nach Devil's Acre eingeschlagen hatte.

Während seiner kurzen Verschnaufpause in der warmen Küche, die dampfende Tasse in beiden Händen, erfuhr Pitt eine ganze Menge von Hodge, dem Diener, dem Kammerdiener und verschiedenen Dienstmädchen. Später nahm er noch ein ausgezeichnetes Mittagessen mit dem gesamten Personal ein, das sich sehr ernst um den langen Tisch versammelt hatte. Die Hausmädchen schnieften, die Diener schwiegen, Köchin und Küchenmädchen hatten rote Nasen.

Doch nichts von dem, was er erfuhr, lief auf mehr hinaus, als daß der Verstorbene ein ganz gewöhnlicher junger Mann aus guter

Familie gewesen war, der über mehr als genügend finanzielle Mittel verfügt hatte und äußerst gutaussehend gewesen war. Sein Charakter war nicht ungewöhnlich gewesen, anscheinend war Bertie ein wenig selbstsüchtig gewesen, wie man es bei dem älteren Sohn erwarten konnte, der von Geburt an wußte, daß er der alleinige Erbe sein würde. Doch falls er wirklich böswillig oder habgierig gewesen sein sollte, war dies dem Dienstpersonal offenbar entgangen. Sie wußten von keinen ausgefallenen Gewohnheiten: Hin und wieder hatte er ein wenig dem Glücksspiel gefrönt – doch wer tat das nicht, wenn er es sich leisten konnte? Gelegentlich ein bißchen zuviel Alkohol, doch war er weder streitsüchtig noch ausschweifend gewesen. Keines der Hausmädchen hatte sich beklagt, und knauserig war er auch nicht gewesen, was die Ausgaben für den Haushalt betraf. Im großen und ganzen schien er ein sehr sympathischer junger Mann gewesen zu sein.

Kurz nach zwei Uhr wurde Pitt in das Haus der Familie Woolmer gelassen, auch hier nur widerwillig und allein deshalb, weil die neugierigen Nachbarn nicht sehen sollten, wie er wartend auf der Eingangstreppe stand. Wer wollte schon vor aller Augen die Polizei im Hause haben, ganz gleich aus welchem Grund!

»Miss Woolmer ist nicht in der Verfassung, Sie zu empfangen«, sagte der Diener kühl. »Sie hat Nachricht von einem Trauerfall erhalten und fühlt sich nicht wohl.«

»Ich weiß bereits von dem Trauerfall«, antwortete Pitt. »Da sie jedoch gestern abend offenbar mit Sir Bertram diniert hat, muß ich leider darauf bestehen, ihr einige Fragen zu stellen. Ich möchte gern wissen, in welcher Stimmung er gestern war, ob er irgend etwas über seine Pläne gesagt hat ...«

Der Mann starrte ihn an, entsetzt über seine Direktheit. »Ich bin sicher, wenn Miss Woolmer etwas weiß, was für Sie wichtig sein könnte, wird sie Sie gern darüber informieren, sobald sie sich besser fühlt«, sagte er frostig.

Den ganzen Tag hatte Pitt nichts als Niedergeschlagenheit verspürt, jetzt konnte er seinen Gefühlen Luft machen. »Es tut mir sehr leid, aber die Aufklärung eines Mordfalles kann wohl kaum so lange warten, bis sich Miss Woolmer wieder besser fühlt«, entgegnete er wütend. »In Devil's Acre treibt ein Wahnsinniger sein Unwesen. Drei Personen sind bereits umgebracht und grausam zugerichtet worden, und wenn wir ihn nicht fangen, besteht Grund zu der Annahme, daß er sehr bald ein viertes und fünftes Mal zuschlägt. Wir haben nicht die Zeit, auf Indisponiertheiten Rücksicht zu nehmen! Würden Sie bitte Miss Woolmer informieren, daß ich bedaure, darauf bestehen zu müssen, sie in dieser schweren Stunde zu stören«, fuhr Pitt fort, »sie kann mir vielleicht wichtige Informationen geben, die uns helfen könnten, den Mörder von Sir Bertram ins Gefängnis zu bringen.«

Das Gesicht des Dieners war bleich geworden. »Ja – wenn es sich wirklich nicht vermeiden läßt«, räumte er widerwillig ein. Er ließ Pitt stehen und ging den Korridor hinunter, in Gedanken nach den richtigen Worten suchend, um Pitts Ansinnen weiterzugeben.

Mehr als eine halbe Stunde verstrich, bevor Pitt schließlich in den Salon geführt wurde, einen Raum, der mit Bildern, Verzierungen, Spitzen, Häkeleien und Stickereien überladen war. Im Kamin prasselte ein loderndes Feuer, und alle Lampen waren angezündet. Natürlich waren die Vorhänge zugezogen, wie es Sitte war in einem Haus, das einen tragischen Verlust erlitten hatte.

May Woolmer, eine ausgesprochen attraktive junge Frau mit einer schönen Figur, ruhte in eleganter Trauerpose auf einer Chaiselongue. Sie war ganz in Taubengrau gekleidet – weder zu farbenfroh für die traurige Situation noch eine zu übertriebene Zurschaustellung ihrer momentanen Verfassung. Sie hatte volles Haar, das wie Honig glänzte, und ihre Gesichtszüge waren regelmäßig. Sie starrte Pitt mit großen, weit auseinanderstehenden Augen an und hielt ein Taschentuch in ihrer weißen Hand.

Mrs. Woolmer stand hinter ihr wie eine Wächterin, den üppigen Busen in perlenbesetztes Lila gezwängt, eine Farbe, die für den Zustand der Halbtrauer angemessen erschien, genau das Richtige für eine schwierige Situation wie diese. Ihr Haar war so hell wie das ihrer Tochter, an einigen Stellen jedoch ergraut, und ihr Gesicht war gröber, das Kinn zu weich, der Hals zu dick. Es bestand kein Zweifel, daß sie sich aufs Tiefste beleidigt fühlte, und Pitt war offensichtlich die geeignete Zielscheibe für ihren Ärger. Jetzt stand er vor ihr, und sie nahm an, daß er ihr nicht gewachsen war. Sie funkelte ihn wütend an.

»Ich kann mir nicht vorstellen, was Sie veranlaßt haben könnte, uns in unserem Kummer zu belästigen«, sagte sie mit eisiger Stimme. »Ich hoffe nur, Sie verfügen über genug Anstand, sich kurz zu fassen.«

Pitt hatte nicht übel Lust, seinerseits unhöflich zu sein. Er hätte ihr gern gesagt, was er unter Anstand verstand: Selbstbeherrschung, Rücksicht auf andere, damit man ihnen keine vermeidbaren Verletzungen zufügte, am wenigsten natürlich denjenigen, die sich ohnehin nicht wehren konnten. »Ich werde es versuchen, Ma'am«, sagte er ruhig. »Mr. Beau Astley hat mir gesagt, daß Sir Bertram beabsichtigte, gestern abend hier zu dinieren. Ist er tatsächlich hier gewesen?«

Niemand bot ihm an, sich zu setzen, und Mrs. Woolmer blieb ebenfalls abwartend stehen. »Ja, das ist er«, antwortete sie schroff.

»Um wieviel Uhr ist er gegangen?«

»Kurz nach elf. Genauer kann ich es Ihnen nicht sagen.«

»Fühlte er sich gesund, war er gut aufgelegt?« Die Frage war so gut wie überflüssig. Falls es eine Auseinandersetzung gegeben hatte, würde keine der Frauen willens sein, ihm darüber Auskunft zu geben.

»Es ging ihm ausgezeichnet.« Mrs. Woolmer schob ihr Kinn vor. »Sir Bertram hat sich hier bei uns immer sehr wohl gefühlt. Er hat meine Tochter vergöttert. Er hat mich sogar darüber unterrichtet, daß er um ihre Hand anzuhalten gedachte.« Sie holte tief Luft, und ein Anflug von Unschlüssigkeit huschte über ihr Gesicht.

War es eine Lüge, die nun niemand mehr hinterfragen konnte? Nein – Beau Astley hatte ungefähr dasselbe gesagt. Aber warum zweifelte sie dann? Hatte es gestern abend ein Zerwürfnis gegeben, hatte er vielleicht seine Pläne geändert?

»Mein aufrichtiges Mitgefühl, Ma'am«, sagte er automatisch. »Hat Sir Bertram auf irgendeine Weise angedeutet, wohin er anschließend gehen wollte?«

Ihre Augenbrauen schossen in die Höhe. »Nun ja – nach Hause, nehme ich doch an!«

»Ich kann das alles nicht verstehen.« Zum ersten Mal sprach auch May. Sie hatte eine schöne Stimme, ein wenig leise vielleicht, aber angenehm tief. »Ich kann es einfach nicht fassen.«

»Natürlich kannst du das nicht!« sagte Mrs. Woolmer nervös. »Es ist unbegreifbar für jeden anständigen Menschen. Wir können nur annehmen, daß ihn jemand gekidnappt hat. Sie sollten lieber dieser Spur nachgehen, Mr. ...« Sie maß seinem Namen keinerlei Bedeutung bei und hob eine Schulter, um ihre Geringschätzung zu unterstreichen. »Der arme Sir Bertram muß entführt worden sein. Und als die Verbrecher festgestellt haben, wen sie entführt hatten, bekamen sie es mit der Angst zu tun.«

»Vielleicht hat Bertie sogar mit ihnen gekämpft?« schlug May vor. Tränen schossen ihr in die Augen. »Wie mutig von ihm! Bestimmt war es so!«

Mrs. Woolmer gefiel diese Theorie. »Eine gemeine, heimtückische Tat! Genauso hat es sich zugetragen, da bin ich mir ganz sicher. Ich weiß wirklich nicht, warum wir die Polizei bezahlen, wenn sie solche Verbrechen nicht zu verhindern weiß!«

Pitt hatte beim Mittagessen bereits den Kutscher der Astleys befragt. »Aber Sir Bertram fuhr nicht in seiner eigenen Kutsche nach Hause?« sagte er laut.

»Wie bitte?« Mrs. Woolmer hatte eine Entschuldigung oder einen Verteidigungsversuch erwartet, auf keinen Fall jedoch diese ungewöhnliche Frage.

»Nein«, antwortete May an ihrer Stelle. »Er hat seinen eigenen Brougham fortgeschickt und sich von Willis einen Hansom rufen lassen. Wir haben ihm unsere Kutsche angeboten, doch er wollte nichts davon hören. Er war immer äußerst rücksichtsvoll.« Sie betupfte ihre Wange mit dem Taschentuch. »Wirklich äußerst rücksichtsvoll.«

»Wenn wir doch nur darauf bestanden hätten, dann wäre er bestimmt nicht entführt worden!« Mrs. Woolmer richtete ihre Vorwürfe immer noch gegen Pitt; die Polizei war an allem schuld. Ihre Aufgabe war es schließlich, Personen von Stand auf den Straßen vor Gesindel zu schützen.

Es war zwar möglich, daß Astley entführt worden war, jedoch äußerst unwahrscheinlich. Aber falls die Woolmers von seiner Gewohnheit, gelegentlich den Acre aufzusuchen, noch nichts wußten, bestand auch kein Grund, es ihnen jetzt mitzuteilen. Sie würden ihm sowieso nicht glauben. Und vielleicht war diese ungerechte Wut ihre ganz persönliche Art, mit ihrem Schmerz fertig zu werden. So etwas kam häufig vor. Bei einer Krankheit beschuldigte man den Arzt, der den Kranken nicht hatte retten können, bei einem Verbrechen die Polizei.

Pitt schaute die beiden Frauen an, May hielt sich immer noch streng an die Verhaltensregeln für junge Damen aus gutem Hause. Sie zeigte noch nicht die Unbeholfenheit echter Trauer. Sie hatte die Füße behutsam auf die Chaiselongue gezogen und ihren Rock in dezenten Falten um sich drapiert. Ihre Hände, die auf ihrem Schoß ruhten, waren ein wenig verkrampft, doch sie waren trotz allem wunderschön, und die junge Dame wirkte ruhig und gefaßt.

Sie hätte genauso für einen neoklassizistischen Maler Modell sitzen können, man hätte nur vorher zwei Drittel der Verzierungen von den Tischen und dem Pianoforte hinter ihr entfernen müssen.

Mrs. Woolmer spannte gerade alle Kräfte an, wie Britannia, die bereit war, ihren Feind in die Flucht zu schlagen. Beide Frauen versuchten immer noch, ihre Gedanken zu ordnen, und waren viel zu bestürzt, um zum jetzigen Zeitpunkt schon etwas preiszugeben. Es wäre sinnlos, sie weiter zu bedrängen. Sie hatten noch nicht richtig begriffen, was geschehen war. Vielleicht würde ihnen später noch etwas einfallen – eine Bemerkung, die Astley gemacht hatte, vielleicht auch nur eine Geste, die wichtig sein könnte.

»Er ist also gegen elf mit einem Hansom fortgefahren«, wiederholte Pitt. »Und soweit Sie wissen, fühlte er sich gesund, war gut aufgelegt und beabsichtigte, direkt nach Hause zurückzukehren.«

»Sehr richtig«, bestätigte Mrs. Woolmer. »Ich weiß wirklich nicht, was Sie überhaupt von uns erfahren wollten.«

»Nur die Uhrzeit, Ma'am, und welches Fahrzeug er benutzt hat. Und daß er, soweit Sie wissen, nicht die Absicht hatte, noch jemand anderen zu besuchen.«

Sie atmete mit einem kleinen Schnauben aus, was ihn an ein Zugpferd erinnerte. »Wenn das jetzt alles ist, wären Sie dann bitte so freundlich, sich zu verabschieden und uns allein zu lassen.«

Er verließ das Zimmer und schritt an einem Diener vorbei die Eingangstreppe hinunter auf die Straße. Er schlug wieder den Weg nach Osten ein, dem Wind entgegen. Er überlegte, wie sich May Woolmer wohl verhielt, wenn ihre Mutter nicht anwesend war. Ob Bertram Astley sie wirklich geliebt hatte? Sie war zweifellos hübsch und wohlerzogen genug, um jedem Gentleman eine Gattin sein zu können, die von der Gesellschaft akzeptiert wurde. Ob sie auch Mut und Witz besaß, ehrlich genug war, um über sich selbst lachen zu können und andere ohne Neid zu loben? War sie zärtlich? Waren diese Dinge für Bertie Astley überhaupt ein Kriterium? Vielleicht war er auch mit Schönheit und einem angenehmen Wesen zufrieden gewesen. Den meisten Männern schien dies zu genügen.

Und was mochte der Ausdruck bedeutet haben, den er in Beau Astleys Gesicht gesehen hatte, in dem Augenblick, als er an May gedacht hatte, trotz seiner eigenen Betroffenheit über den Tod seines Bruders? War das vielleicht auch Liebe gewesen?

Pitt mußte bei ihrem nächsten Treffen unbedingt daran denken, daß Beau jetzt Sir Beau war! Und höchstwahrscheinlich sehr viel wohlhabender als zuvor. Nach einer angemessenen Trauerzeit würde er vielleicht sogar in die Fußstapfen seines Bruders treten und Mary Woolmer heiraten? Es war durchaus möglich, daß Mrs. Woolmer alles daransetzen würde. Es gab nicht allzu viele geeignete junge Männer, die über Titel und Geld verfügten, und das Jahr neigte sich bereits dem Ende zu – die nächste Ballsaison nahte schon.

Pitt zog seinen Kragen höher, der Ostwind blies ihm Schneeregen ins Gesicht. Der Gedanke, sich mit den persönlichen Fehlern und Schwächen im Leben der Astleys beschäftigen zu müssen, war ihm mehr als unangenehm.

Am nächsten Morgen wurde er zu seinem Vorgesetzten gerufen.

Dudley Athelstan stand in seinem Büro. Sein Anzug paßte ihm so tadellos wie es die Kunstfertigkeit eines Schneiders überhaupt zuließ, doch seine Krawatte saß schief, und der Kragen schien ihm zu eng. Die Morgenzeitungen lagen ausgebreitet auf seinem großen Schreibtisch.

»Pitt! Pitt, kommen Sie herein. Wir müssen etwas tun in dieser Sache – es ist abscheulich! Der Kommissar hat mich schon in der Angelegenheit gesprochen, ist persönlich hergekommen. Als nächstes bekomme ich noch Post vom Premierminister!«

»Weil es drei Mordfälle im Armenviertel gegeben hat?« Pitt betrachtete das Chaos auf Schreibtisch und dann Athelstans gerötetes Gesicht. »In ein oder zwei Tagen gibt es einen neuen Gesellschaftsskandal, über den sie reden können, und sie vergessen die Morde wieder.«

»Können Sie mir das garantieren?« Athelstans Augen traten hervor, und er fuchtelte aufgeregt mit den Händen. »Wollen Sie etwa persönlich dafür sorgen? Gütiger Herrgott, Mann, haben Sie eine Ahnung, welchen Wirbel der letzte Mord ausgelöst hat? Ehrbare Männer haben Angst, nach . . .« Er unterbrach sich abrupt.

»Nach Devil's Acre zu gehen?« beendete Pitt den Satz mit einem Lächeln.

Athelstan knurrte. »Sie haben gut reden, Pitt. Sie brauchen sich schließlich vor diesen Leuten nicht zu rechtfertigen – dem Himmel sei Dank! –, sonst säße wohl sehr bald die gesamte Polizei auf der Straße! Einige sehr einflußreiche Männer suchen gelegentlich Etablissements wie das von Max Burton auf. Sie gehen bewußt das Risiko ein, überhöhte Preise zu zahlen oder sogar auf der Straße überfallen oder ausgeraubt zu werden. Aber doch nicht ermordet und entmannt! Gott – selbst der Gedanke daran ist unerträglich! Und der Skandal, die Schande!«

»Vielleicht ist der Täter ein leidenschaftlicher Reformer, der auf diese Weise versucht, den Hurenhäusern das Geschäft zu verderben«, sagte Pitt ironisch.

»Seien Sie nicht so verdammt unverschämt«, wies Athelstan ihn resigniert zurecht. »Jetzt ist wirklich nicht der geeignete Zeitpunkt für leichtfertige Äußerungen, Pitt.« Er griff mit der Hand an seinen Kragen, um ihn ein wenig zu lockern. »Ich muß sehen, daß diese Sache schleunigst geklärt wird und der Wahnsinnige, der dafür verantwortlich ist, in Bedlam landet, wo er auch hingehört. Und es ist mir egal, ob es ein übergeschnappter Priester ist, der versucht, eigenhändig die Hölle auszumerzen, oder ein habgieriger Zuhälter, der denkt, er kann sich sein eigenes Imperium aufbauen. Was haben Sie bis jetzt in Erfahrung bringen können?«

»Nicht sehr viel, Sir.«

»Kommen Sie mir bloß nicht mit Entschuldigungen, verdammt nochmal! Ich will Fakten, Zeugen – was wissen wir?«

Pitt wiederholte die wenigen medizinischen Befunde.

»Was können wir damit schon anfangen!« sagte Athelstan verzweifelt.

»Keine Zeugen«, fügte Pitt hinzu.

»Nicht einen einzigen?«

Pitt zuckte die Achseln und versuchte zu lächeln. »Haben Sie das wirklich erwartet? Würde auch nur einer der erbosten Gentlemen, von denen Sie eben gesprochen haben, zugeben, daß er dort gewesen ist?«

Athelstan bedachte ihn mit einem vernichtenden Blick. »Und wie steht es mit anderen Zuhältern – Huren, Herumtreibern –; irgendwer muß doch da gewesen sein?«

»Nein.«

Athelstan schloß die Augen. »Verdammt! Verdammt! Verdammt! Wir müssen diesen Fall aufklären, Pitt.« Er vergrub das Gesicht in seinen Händen. »Können Sie sich vorstellen, was man mit uns macht, wenn das nächste Opfer ein Mitglied des Adels ist oder ein Parlamentsabgeordneter? Die werden uns in der Luft zerreißen!«

»Was erwartet man denn von uns? Sollen wir etwa die einschlägigen Straßen auf dem Acre auf und ab patrouillieren?«

»Reden Sie keinen Schwachsinn! Man will, daß wir diesen Irren dingfest machen und alles wieder seinen gewohnten Gang gehen kann.« Er schaute Pitt flehend an. »Wir müssen es einfach schaffen! Fragen Sie Ihre Schnüffler, Ihre Informanten – wenn nötig, bezahlen Sie sie meinetwegen auch. Aber nicht zu großzügig, selbstverständlich! Verlieren Sie bloß nicht den Kopf! Irgendeiner wird schon reden, irgendeiner wird etwas wissen. Suchen Sie nach Motiven, nach Rivalitäten, Eifersucht. Finden Sie heraus, wer beim Spiel Geld verloren hat. Wenn Sie meinen Rat hören wollen: Finden Sie den Mann, der diesen Zuhälter Max umgebracht hat, dann wird sich alles weitere von selbst ergeben. Welche Verbindung besteht zwischen Max und diesem Dr. Pinchin?«

»Wir haben noch nichts finden können.« Pitt war sich seines Versagens bewußt und fühlte, wie seine Gesichtszüge einfroren.

»Na, dann suchen Sie gefälligst weiter!« Athelstan ballte die Fäuste. »Und finden Sie um Himmels willen etwas, Pitt! Sperren Sie jemanden ein. Wir müssen unbedingt diesem – diesem ...« Mit der Hand wischte er die nächstbeste Zeitung vom Tisch, so daß ein Stapel Beschwerdebriefe auf geprägtem Briefpapier sichtbar wurde. »Die sind völlig in Panik geraten! Wichtige Leute sind absolut fassungslos!«

Pitt schob die Hände in seine Taschen. »Ja, das kann ich mir vorstellen.«

»Na, dann tun Sie gefälligst was!« schrie Athelstan wütend. »Machen Sie, daß Sie fortkommen, und unternehmen Sie endlich etwas!«

»Ja, Sir.«

Pitt ging also wieder zurück nach Devil's Acre, um Ambrose Mercutt genauer über seine Rivalitäten gegenüber Max zu befragen. Er traf ihn an, in einem scharlachroten Morgenmantel mit Samtkragen und Samtaufschlägen. Mercutt war denkbar schlechter Laune.

»Ich weiß wirklich nicht, was zum Teufel Sie von mir wollen!« sagte er aufgebracht. »Ich habe keine Ahnung, wer diesen elenden Halunken umgebracht hat! Ich habe Ihnen bereits alles gesagt, was ich weiß. Mein Gott, der Mann hat mehr als genug Feinde gehabt!«

»Sie scheinen offenbar der schlimmste von ihnen zu sein, Mr. Mercutt.« Pitt war in Begleitung von zwei zusätzlichen Constables erschienen und nicht in der Stimmung, sich von einem übermüdeten Zuhälter, der um zehn Uhr morgens noch in einem scharlachroten Morgenmantel herumlief, herablassend behandeln zu lassen. »Max Burton hat Ihnen einen Großteil Ihrer Kunden weggenommen und Ihnen wenigstens vier Ihrer besten Frauen abgeworben. Der Mann hat immerhin Ihre Existenz bedroht.«

»Blödsinn!« Mit einer Bewegung seiner langen Finger tat Ambrose diese Theorie als lächerlich ab. »Ich habe Ihnen doch schon gesagt, daß die Frauen bei uns kommen und gehen. Und irgendwann hätten sie auch Burton verlassen und wären zu jemand anderem gegangen. Es ist wirklich nichts Ungewöhnliches. Wenn Sie Ihren Beruf auch nur einigermaßen gut verstünden, Inspector, hätten Sie sich schon längst um die verheirateten Frauen gekümmert, die für ihn angeschafft haben! Versuchen Sie es mal bei Louisa Crabbe! Ich wette, die Idee ist Ihnen noch gar nicht gekommen, was?« Seine Augen funkelten mit bösartiger Genugtuung, als er sah, wie überrascht Pitt war. »Nein – genau das habe ich mir gedacht! Ich wüßte wirklich gern, was Albert Crabbe von Max gehalten hat! Ich wette, er hätte ihn liebend gern auf die grausamste Weise, die man sich vorstellen kann, in Stücke geschnitten!« Er zog ein Gesicht. Diese Vorstellung war vulgär und abscheulich. Er machte zwar ein mehr als gutes Geschäft mit den körperlichen Begierden anderer, doch er selbst fand diese Dinge abstoßend. Er setzte sich und schlug die Beine übereinander.

Pitt durchzuckte der Gedanke, daß Louisa Crabbe nur eine Erfindung war, doch Ambroses Gesicht wirkte zu sicher, zu befriedigt.

»Tatsächlich?« sagte Pitt so ausdruckslos wie möglich. »Und wo finde ich diesen Albert Crabbe?«

Ambrose lächelte. »Mein lieber Inspector, sind Sie denn völlig unfähig? Woher zum Teufel soll ich das wissen? Schauen Sie sich die Bücher von Max an – irgendwo wird schon etwas darüber stehen, wie er sich mit ihr in Verbindung gesetzt hat. Er hat die Frauen auf die Freier abgestimmt, wissen Sie. Das ist nämlich keine Sache des bloßen Zufalls. Man muß schon ein besonderes Gespür dafür haben! Die Etablissements, die wir am oberen Ende des Gewerbes führen, sind alles andere als gewöhnliche, primitive Bordelle!«

»Vielen Dank für die Belehrung«, sagte Pitt sarkastisch. »Ich muß zugeben, ich habe Ihr außerordentliches unternehmerisches Talent wohl bisher tatsächlich nicht genügend gewürdigt.«

»Was?«

Pitt schenkte sich die Erklärung. Er verspürte eine gewisse Befriedigung, doch es war ihm bewußt, daß dies nur ein armseliger Triumph war. Der Nachgeschmack war fade.

»Ich nehme an, Louisa Crabbe war nicht die einzige – lediglich die einzige, deren Namen Sie mir mitzuteilen bereit sind«, sagte Pitt.

»Ich habe Ihnen bereits gesagt, Inspector, daß Max Burton vollkommen unbedeutend für mich war.« Ambrose' Gesicht war wieder ganz glatt, völlig unbeteiligt. »Ich habe meine Zeit nicht damit verschwendet festzustellen, wer bei ihm verkehrt hat. Warum sollte ich das auch. Ich habe meine Stammkundschaft und lebe sehr gut davon. Natürlich hat es Leute gegeben, denen er das Geschäft ruiniert hat. Wenn ich Sie wäre, würde ich mich mal bei den Daltons erkundigen. Sie arbeiten am unteren Ende unseres Gewerbes. Ich bin mir ziemlich sicher, daß sie genug Grund hatten, sich über Max aufzuregen.«

Pitt konnte zwar zurück aufs Revier gehen und Nachforschungen über die Daltons anstellen, doch es war ihm gleichgültig, was Mercutt von ihm dachte. Es tat seinem Stolz nicht den geringsten Abbruch. »Wo finde ich sie?« fragte er.

Ein überlegenes Lächeln spielte um Ambrose' Mund. »Crossgate Street. Also wirklich, Inspector, was würden Sie wohl ohne mich anfangen?«

»Jemand anderen fragen«, erwiderte Pitt. »Führen Sie mich nicht in Versuchung, darüber nachzudenken. Wenn der Devil's Acre nicht so ein Sündenpfuhl wäre, würde ich sicher dafür sorgen, daß es bald das erste Bordell weniger gäbe.« Er schaute sich in dem nichtssagenden Raum um. »Aber wahrscheinlich wäre es sowieso sinnlos. Haben Sie je von den Taten des Herakles gelesen?«

Ambrose wußte, daß er sowohl direkt als auch indirekt beleidigt wurde. Da er die Beleidigung nicht verstand, haßte er sie noch mehr.

»Nein, wahrscheinlich nicht«, beantwortete Pitt seine eigene Frage. »Schauen Sie sich gelegentlich mal die Ställe des Augias an. Vielleicht könnte man ja sogar die Themse umleiten!«

»Ich habe keinen blassen Schimmer, wovon Sie reden!« brauste Ambrose auf. »Wäre es nicht besser, wenn Sie endlich Ihrer Arbeit nachgehen würden? Ich habe nicht den Eindruck, daß Sie so große Fortschritte gemacht haben, daß Sie es sich leisten können, hier untätig herumzustehen und Ihre Zeit zu vergeuden – und meine dazu!«

Womit er leider nur recht hatte. Und jetzt, da Hubert Pinchin und Bertie Astley ebenfalls tot waren, wurde das Motiv für den Mord an Max sowieso immer unwichtiger.

»War Sir Bertram einer Ihrer Kunden?« fragte Pitt boshaft beim Hinausgehen.

Ambrose hob seine dünnen Augenbrauen. »Also wirklich, Inspector, Sie glauben doch wohl nicht, daß ich die Gentlemen nach ihren Namen frage? So naiv können Sie doch nicht sein!«

»Nein, ich habe keineswegs geglaubt, daß Sie sie danach fragen, Ambrose«, erwiderte Pitt leichthin. »Ich hatte vielmehr angenommen, daß Sie sie ohnehin wüßten!«

Ambrose lächelte. Irgendwie war diese Bemerkung als Zugeständnis an seine Kompetenz zu verstehen, an seine beruflichen Fähigkeiten. Einen Augenblick wirkte sein Gesicht unentschlossen, doch dann verschwand dieser Ausdruck wieder. »Nein«, sagte er schließlich. »Weder Bertram Astley – noch Dr. Pinchin.« Sein Lächeln wurde breiter. »Tut mir leid.«

Pitt glaubte ihm. Er hatte seine Unentschlossenheit so gedeutet, daß Ambrose sich nicht entscheiden konnte, ob er die Wahrheit zugeben oder etwas prahlen und mit der Wichtigkeit seiner Kundschaft glänzen sollte – er hätte damit auch deutlich gemacht, daß er von Max nichts zu befürchten gehabt hätte.

»Nein.« Pitt blickte sich ein weiteres Mal in dem Raum um und verzog ein wenig abfällig den Mund. »Nein – das kann ich mir auch nicht vorstellen.« Er schloß die Tür und ließ Ambrose wutentbrannt und mit funkelnden Augen zurück.

Crossgate Street war schmutzig und kalt, aber Pitt hatte keinerlei Schwierigkeiten, das Etablissement der Daltons zu finden. Es war recht geräumig, machte einen freundlichen Eindruck und war vollgestopft mit leuchtend roten und rosafarbenen Möbeln. Im Hauptempfangszimmer brannte ein Feuer, obwohl es erst Nachmittag war. Anscheinend versorgten die Daltons ihre Kundschaft rund um die Uhr. In den Räumen hing jedoch keineswegs der fade, beißende Geruch eines Wirtshauses außerhalb der Öffnungszeiten, hier schien es Dienstmädchen zu geben wie in jedem anderen größeren Haushalt auch.

Pitt wurde von einem molligen Mädchen mit einem rundem Gesicht empfangen, einer ganz gewöhnlichen Person, deren Teint frisch wie der eines Landmädchens war. Pitt verspürte einen Anflug von Mitleid, die junge Frau in diesem Beruf zu finden. Trotzdem ging es ihr immer noch besser in einem Bordell wie diesem, mit einem Dach über dem Kopf und regelmäßigen Mahlzeiten, als den meisten anderen Frauen. Viele mußten auf der Suche nach Freiern durch die Straßen streifen, um mit dem Geld, das er für ihren Körper bezahlte, ihrem Kind eine Mahlzeit oder ein Kleidungsstück kaufen zu können.

Er ersparte ihr die Peinlichkeit eines Mißverständnisses. »Ich bin von der Polizei«, sagte er sofort. »Ich würde gern mit Mr. Dalton sprechen. Er könnte mir möglicherweise mit Informationen behilflich sein.«

»Mr. . . . ? Ach so!« Auf ihrem Gesicht spiegelten sich plötzliches Begreifen und Belustigung. »Sie meinen sicher Miss Dalton. Woll'n Sie lieber mit Miss Mary oder mit Miss Victoria sprechen, Sir? Obwohl ich mir nich' ganz sicher bin, ob die große Lust haben, jemanden von der Polizei zu sehen.«

»Miss?« Der Gedanke, daß es sich bei den Daltons um Frauen handeln könnte, war ihm noch gar nicht gekommen, obwohl es dagegen natürlich nichts einzuwenden gab. Die Atmosphäre wirkte allerdings schon irgendwie feminin, auf einfache Art sinnlich, nicht so selbstbewußt und alles andere als erschöpft wie etwa in den Etablissements von Max oder Ambrose Mercutt. Irgendwie erschien ihm hier alles weniger anstößig, obwohl ihm der Grund dafür nicht ganz klar war.

»Holen Sie einfach eine der beiden Damen«, antwortete er. »Es tut mir leid, daß ich darauf bestehen muß, mit ihnen zu sprechen. Es handelt sich um einen Mordfall. Wenn es nötig sein sollte, werde ich mit Verstärkung zurückkommen, und das könnte für alle Beteiligten unangenehm werden. Ich kann mir allerdings kaum vorstellen, daß dies in ihrem Sinne wäre. Es wäre bestimmt schlecht für das Geschäft.«

Das Mädchen sah verwirrt aus. Pitts Manieren waren höflich, seine Stimme klang ruhig und freundlich, doch seine Worte waren hart. »Wenn Sie bitte hier warten würden . . .« Sie verließ hastig das Zimmer, und sofort bedauerte Pitt, so mit ihr gesprochen zu haben. Er hatte keinen Grund dazu gehabt, aber jetzt war es zu spät, das Gesagte zurückzunehmen.

Sehr bald darauf erschien eine nur wenig ältere Frau, vielleicht Anfang dreißig, recht kräftig gebaut, mit einem offenen, hübschen Gesicht, das mit kleinen Sommersprossen übersät war. Sie sah aus wie ein tüchtiges Stubenmädchen an seinem freien Tag. Sie trug ein hochgeschlossenes Kleid in schlichtem Lavendelblau und war ungeschminkt, soweit Pitt sehen konnte.

»Ich bin Victoria Dalton«, sagte sie höflich. »Violet sagte mir, Sie seien von der Polizei und wünschten mich zu sprechen. Würden Sie bitte mit in das hintere Empfangszimmer kommen? Violet bringt uns gleich Tee.«

Pitt, der eine völlig andere Person erwartet hatte, kam sich reichlich lächerlich vor und folgte ihr wortlos, als sie die große in Rosa und Rot gehaltene Eingangshalle mit den Sofas und Kissen verließen, einen Korridor entlang ging und einen kleinen, intimeren Raum betrat, in dem ebenfalls ein Kaminfeuer brannte. Oben im Haus erklang das glockenhelle Lachen einer Frau, gefolgt von einem entzückten Schrei und einem Kicheranfall. Männerstimmen waren nicht zu hören. Allem Anschein nach waren es zwei Frauen, die sich ihre Abenteuer erzählten – ein privates Gespräch.

Victoria Dalton nahm auf einem großen, grünen Sofa Platz und bot Pitt an, es sich auf einem ähnlichen Sofa ihr gegenüber bequem zu machen. Sie faltete die Hände auf dem Schoß und blickte ihn freundlich an.

»Womit können wir Ihnen dienen?«

Er war ein wenig verblüfft, sie wirkte so ausgeglichen, so völlig anders als Max oder Ambrose Mercutt. Dieses Haus erinnerte ihn an ein Haus der Mittelschicht, gemütlich, mit familiärer Atmosphäre. Er fühlte sich gedrängt, zu Euphemismen Zuflucht zu nehmen, was natürlich lächerlich war.

»Ich ermittle in einem Mordfall, Ma'am«, begann er ganz anders, als er beabsichtigt hatte. Irgendwie hatte sie ihn verunsichert. »Um es genau zu sagen, in drei Mordfällen.«

»Wie unangenehm.« Sie klang, als hätte er eine Bemerkung über das Wetter gemacht.

Sie fuhr fort, ihn aufmerksam anzuschauen wie ein gehorsames Kind, das darauf wartet, daß man weiterspricht. Ihr Verhalten brachte ihn aus der Fassung. Entweder hatte sie ihn nicht richtig verstanden, oder der Tod war für sie etwas so Selbstverständliches, daß er sie nicht einmal mehr schockieren konnte. Als er den festen

Blick ihrer grauen Augen erwiderte, hatte er den Eindruck, daß es wahrscheinlich das letztere war.

Das Mädchen brachte den Tee, stellte das Tablett ab und zog sich wieder zurück. Victoria Dalton schenkte ein und reichte ihm seine Tasse. Er nahm sie dankend an.

Dann begann er erneut. »Das erste Opfer war Max Burton. Er führte ein Haus in der George Street. Vielleicht haben Sie von ihm gehört?«

»Selbstverständlich«, sagte sie. »Wir wissen auch, daß er ermordet wurde.«

»War er gut in seinem Metier?« Warum fand er es so schwierig, ihr diese Fragen zu stellen? War es deshalb, weil sie keine rechte Angriffsfläche bot und sich, im Gegensatz zu Ambrose, auch nicht defensiv verhielt?

»O ja«, antwortete sie. »Er besaß ein außergewöhnliches Talent.« Zum ersten Mal spiegelte sich ein Gefühl auf ihrem Gesicht, und zwar Wut. Die Mundwinkel ihrer vollen Lippen verzogen sich nach unten, aber Pitt hatte das merkwürdige Gefühl, daß es eher ein Ausdruck der Mißbilligung war als ein Gefühl persönlicher Betroffenheit.

»Ambrose Mercutt sagte mir, Max habe in seinem Etablissement in der George Street eine Anzahl Frauen aus gutem Hause für sich arbeiten lassen«, fuhr Pitt fort.

Der Anflug eines Lächelns huschte über ihr Gesicht. »Ja, genau das würde Ambrose Mercutt sagen.«

»Stimmt es denn?«

»O ja. Max war sehr geschickt. Er besaß eine große Anziehungskraft auf Frauen, wissen Sie. Und es gibt eine besondere Art von Frauen, aus gutem Hause, untätig, aus Vernunftgründen mit irgendeinem blutlosen Mann verheiratet – der wahrscheinlich auch noch sehr viel älter ist als sie, schlecht im Bett, ohne Phantasie und Verlangen –, die sich schließlich zu langweilen beginnen. Max hat diesen Frauen gefallen. Zuerst hatten sie eine Affäre mit ihm, dann führte er sie ins Gewerbe ein und stellte sie seinen vornehmen Kunden vor. Für Huren wie diese konnte er sehr viel Geld verlangen.« Sie klang wie ein Händler, der über seine Ware spricht, als handele es sich lediglich um Verkaufsstrategien.

»Hat er Ihnen Kunden abgeworben?« fragte er genauso direkt.

Sie ließ sich nicht aus der Ruhe bringen. »Nicht viele. Uns geht es mehr um Professionalität als um den Reiz des Neuen. Die meisten dieser Frauen aus gutem Hause sind eher auf ein Abenteuer aus«, sie runzelte ein wenig die Stirn. »Sie sind darauf bedacht, ihre Langeweile zu bekämpfen, und verfügen weder über Geduld noch über das Wissen, wie man jemandem Lust verschafft. Eine gute Hure besitzt Humor und Großzügigkeit und stellt keine Fragen.« Sie lächelte freudlos. »Und natürlich eine Menge Erfahrung.«

Sie war an diesen Gedanken so gewöhnt, daß sie nichts Ungewöhnliches daran finden konnte. Das Gewerbe, Frauen anzubieten, war ihr tägliches Leben und berührte sie emotional nicht. Das Geschäft genau zu kennen, war für sie eine Frage des Überlebens.

»Und wie steht es mit Ambrose Mercutt?« wechselte Pitt das Thema.

»O ja, Ambrose war schwer angeschlagen«, sagte sie. »Er versorgt denselben Kundenkreis, übersättigte Gentlemen, die Lust auf etwas Neues haben, etwas, das ihre Phantasie anregt, und die bereit sind, auch dafür zu zahlen.« Jetzt spiegelten ihre Züge tiefe Verachtung wider. Ihre Augen verengten sich, und plötzlich lag ein eigentümliches Glitzern darin, das sogar ein Anzeichen von Haß sein konnte, doch Pitt hatte keine Ahnung, auf wen sich dieses Gefühl bezog. Vielleicht auf jene reichen, verwöhnten Frauen, die genug Geld und Zeit hatten, um sich der Prostitution aus reiner Vergnügungssucht hinzugeben – ihre Frauen taten es, um zu überleben. Vielleicht aber auch auf Ambrose, weil er daraus Kapital schlug. Oder aber auf die Männer, deren Geld dies alles erst zu einem lukrativen Geschäft machte.

Oder haßte sie Max, weil er ihr letztendlich doch das Geschäft ruiniert hatte? Oder gab es einen ganz anderen Grund, an den er bisher noch gar nicht gedacht hatte? War sie vielleicht selbst in Max verliebt gewesen? Möglich war es, sie war jung, sie hatte einen weichen, sinnlichen Mund. War es der Haß einer verschmähten Frau gewesen, die Max das Leben gekostet hatte?

Doch falls dies zutraf, welchen Sinn ergab dann der Tod von Hubert Pinchin?

»Wo hat er diese vornehmen Frauen kennengelernt?« fragte Pitt statt dessen. »Doch wohl nicht hier auf dem Acre?«

Das Gefühl in ihrem Gesicht erstarb. Ihre Augen wurden wieder ruhig, wie graues Wasser mit schieferfarbenen Sprenkeln.

»O nein, er ist immer in eines der Restaurants oder Theater gegangen, in denen man diese Frauen antreffen kann«, erwiderte sie. »Er hat früher als Diener in einem vornehmen Haus gearbeitet – er wußte genau, wie man sich zu benehmen hat. Er sah ungemein gut aus und trug teure Kleidung. Er beherrschte die Kunst, genau zu spüren, wenn eine Frau unzufrieden war, und er wußte sofort, welche Frau entschlossen und verzweifelt genug war, daran etwas zu ändern.«

Wieder einmal wurde Pitt bewußt, daß Max ein ungeheures Talent besessen und es bis ins Letzte ausgenutzt hatte. Doch es war nicht nur außergewöhnlich gewesen, sondern auch gefährlich.

Was geschah, wenn diese Frauen sich zu langweilen begannen oder es mit der Angst zu tun bekamen? Die Gesellschaft mochte in vielen Dingen ein Auge zudrücken, doch Prostitution in Devil's Acre war ein unverzeihliches Vergehen, das unter keinen Umständen ignoriert werden konnte. Zwischen dem, was sich ein Mann ungestraft leisten konnte – solange er sich dabei diskret genug verhielt –, und dem, was einer Frau, wer sie auch sein mochte, erlaubt war, lagen Welten. Sexuelle Abenteuer gehörten zur Natur des Mannes, von Heuchlern verurteilt, aber trotzdem toleriert – insgeheim witzelte man sogar darüber –, und von den meisten wurden sie sogar unterschwellig bewundert.

Doch aufgrund von gesellschaftlichen Konventionen redeten sich die Männer lieber ein, daß Frauen ganz anders wären. Nur Huren empfanden Vergnügen im Schlafzimmer. Seinen Körper zu verkaufen, war eine Sünde, für die man keine Gnade erwarten konnte. Und wenn diese Frauen, die für Max gearbeitet hatten, nun ihre Sicherheit – ihre Ehe – in Gefahr sahen, was taten sie dann? Hätte Max ihnen erlaubt, sich still und heimlich davonzumachen, genauso wie sie gekommen waren, und ihre Namen für immer aus seinem Gedächtnis getilgt? Oder hätte er dafür gesorgt, daß über ihrem weiteren Leben beständig das Damoklesschwert schwebte?

Unendlich viele Gründe, einen Menschen zu ermorden!

Victoria Dalton blickte ihn immer noch mit ernster Miene an. Er hatte keine Ahnung, wieviel sie von seinen Gedanken erraten hatte.

»Ist Ihnen ein gewisser Hubert Pinchin bekannt?« fragte er sie.

»Er ist ebenfalls ermordet worden, nicht wahr?« Es klang eher wie eine Feststellung als wie eine Frage. »Aber in einem ganz anderen Teil des Acres. Nein, ich glaube nicht, daß ich je seine Bekanntschaft gemacht habe.« Sie zögerte. »Jedenfalls nicht unter diesem Namen. Die Männer, die hierher kommen, geben oft einen falschen Namen an, wissen Sie.« In ihrer Stimme lag ein kaum merklicher Anflug von Verachtung.

»Er war untersetzt, hatte einen Bauchansatz«, sagte Pitt und begann, Pinchin so zu beschreiben, wie er ihn tot im Hof des Schlachthauses gesehen hatte, versuchte aber gleichzeitig, ihn sich dabei so lebendig wie möglich vorzustellen. »Er hatte lichtes graubraunes Haar, eine breite, relativ flache Nase, einen lebensfrohen Mund, kleine Augen und eine bläulichrote Gesichtsfarbe. Er trug ausgebeulte Kleidung. Er war ein Freund von Stilton und gutem Wein.«

Sie lächelte. »Es gibt hier in London viele Gentlemen, auf die diese Beschreibung zutrifft, und recht viele von ihnen, die unfreundliche, prüde Gattinnen haben, finden früher oder später ihren Weg hierher.«

Diese Beschreibung traf erstaunlich gut auf Valeria Pinchin zu. Es wäre nicht verwunderlich gewesen, wenn Hubert Pinchin seinen Weg zu Victoria Daltons Haus gefunden hätte, einem Ort, an dem es fröhlich zuging, wo man sich das kaufen konnte, was man begehrte, in dem es dicke Kissen, weiche Brüste, üppige Hüften und zuvorkommende Manieren gab.

»Ja, das kann ich mir vorstellen«, sagte er niedergeschlagen. »Und wie steht es mit Sir Bertram Astley – jung, blond, gutaussehend, ziemlich groß?« Er hatte vergessen, die Augenfarbe des Verstorbenen festzustellen, doch die Beschreibung wäre auch mit dieser zusätzlichen Information zwecklos gewesen. Die Beschreibung traf sicher auf mehrere hundert junge Männer in London zu, die genau wie er wohlhabende Söhne aus gutem Hause waren.

»Der Name sagt mir nichts«, antwortete sie geduldig. »Und wir stellen keine neugierigen Fragen. Es schadet dem Geschäft.«

Das ließ sich nicht leugnen.

Es sah immer mehr so aus, als handele es sich bei dem Täter um einen Verrückten, der von einem tödlichen Haß auf das männliche Geschlecht besessen war, vielleicht weil er selbst seine Manneskraft eingebüßt hatte, eine Unzulänglichkeit, unter der er sehr gelitten hatte, bevor er den Verstand verloren hatte. Eine unbefriedigende Antwort. Aber bisher hatte er zwischen den Morden an

Max, Dr. Pinchin und Sir Bertram keine auch noch so kleine Verbindung feststellen können.

Vielleicht würde sich etwas ergeben, wenn er weitere Ermittlungen über Max und seine Geschäfte anstellte, vielleicht gab es eine Frau, die alle drei Männer gekannt hatte – vielleicht von allen dreien benutzt worden war? Ja, ein krankhaft eifersüchtiger Gatte war durchaus eine Möglichkeit. Oder vielleicht war die Frau selbst erpreßt worden und hatte sich an einen Ganoven gewandt und ihn dafür bezahlt, daß er alle Spuren ihrer moralischen Verfehlungen für immer vernichtete. Es gab genug Personen hier in Devil's Acre, die so etwas für wenig Geld bereitwillig getan hätten, und für eine Frau war es ein geringer Aufwand, verglichen mit dem gesellschaftlichen Ruin, der ihr selbst drohte, falls ihr Doppelleben ans Licht kam. Und wenn sie mit dem gedungenen Mörder gesprochen hatte, ohne ihre Identität preiszugeben, in einen dicken Mantel gehüllt, die Kapuze tief ins Gesicht gezogen, hätte sie sich nach der Tat sicher fühlen können.

Doch warum waren die Männer auf so grausame Weise zugerichtet worden? Sein Magen verkrampfte sich, und er fühlte Übelkeit in sich aufsteigen, als er an Hubert Pinchin und seine abgetrennten Genitalien dachte. Vielleicht war es doch ein betrogener Ehemann gewesen. Oder ein Vater. Für ein Verbrechen, in dem es nur um Geld ging, gab es viel zuviel Haß.

Doch bevor er nicht über mehr Informationen verfügte, blieben seine Überlegungen sinnlos. Er stand auf.

»Vielen Dank, Miss Dalton, Sie haben mir sehr geholfen.« Warum verhielt er sich dieser Frau gegenüber so höflich, beinahe respektvoll? Sie war die Inhaberin eines Freudenhauses, nicht besser als Ambrose Mercutt oder auch Max. Vielleicht lag es nur an seinen guten Manieren und hatte mit der Frau an sich nichts zu tun. »Falls mir noch etwas einfallen sollte, das ich Sie fragen möchte, werde ich Sie wieder aufsuchen.«

Sie hatte sich ebenfalls erhoben. »Selbstverständlich. Guten Tag, Mr. Pitt.«

Das Mädchen brachte ihn zur Tür, und er trat hinaus auf die schmutzige Straße. Es war spät am Nachmittag und begann bereits dunkel zu werden. Vom Fluß wehte Abwassergestank herüber, und das langgezogene Klagen eines Nebelhorns erscholl, als die schwer beladenen Lastkähne ihren Weg Richtung Westminster Bridge zu den geschäftigsten Docks der Welt fortsetzten.

Vielleicht waren die drei Morde gar nicht von ein und demselben Mörder begangen worden. Jeder hatte davon gewußt. Vielleicht war wenigstens einer davon von einem Nachahmungstäter begangen worden. Wie stand es beispielsweise mit Beau Astley, der jetzt den Titel und das Vermögen seines Bruders erben – und vielleicht sogar an seiner Stelle May Woolmer heiraten würde?

Hier in Devil's Acre sollte man sich jedenfalls nicht über wahrhaft teuflische Verbrechen wundern!

# Kapitel 6

Der Mord an Bertram Astley machte in allen Zeitungen Schlagzeilen. Die Öffentlichkeit war alarmiert. Doch hinter dem Entsetzen über die bestialische Tat, über die Verletzung jeden Anstandes und sogar hinter dem ehrlichen Mitgefühl der Menschen lauerte eine quälende, reale Angst, die jeden persönlich betraf und bedrohte. Wenn selbst ein Mann wie Astley auf obszöne Art ermordet wurde, wer war dann auf der Straße noch sicher?

Natürlich wagte man dies nicht offen zu sagen. Statt dessen gab es Leserbriefe, in denen bessere Arbeit von der Polizei gefordert wurde, mehr Effizienz, besser ausgebildete, intelligentere Männer. Man wollte wissen, wessen Fehler durch das Schweigen vertuscht werden sollten. Waren diese monströsen Verbrechen nur deshalb noch nicht aufgeklärt worden, weil die Männer in den Führungspositionen korrupt waren? Ein älterer Gentleman schlug sogar vor, man solle Devil's Acre niederbrennen, dem Erdboden gleichmachen und alle Bewohner unverzüglich nach Australien schaffen.

Charlotte legte die Zeitung fort und versuchte, all die hysterischen Spekulationen aus ihrem Kopf zu verbannen, um ernsthaft darüber nachzudenken, was für ein Mann Bertram Astley wirklich gewesen sein mochte. Über allem, was sie gelesen hatte, lag der rosige Schein der Rücksichtnahme, die es nicht zuließ, daß man über einen Toten etwas Schlechtes dachte oder sagte. Man machte es sich leicht, indem man alles auf die einfachsten Fakten reduzierte, auf hochtrabende Gefühle, die nur dramatisches Schwarz oder Weiß gelten ließen: Max war ein Schurke, Astley ein unschuldiges Opfer; die Polizei entweder unfähig oder, was noch schlimmer war, korrupt. Aber ganz gleich, wie man das Problem auch betrachtete, der Ruf der Gesellschaft schwebte in höchster Gefahr.

Und Pitt arbeitete wie ein Besessener, begann schon vor dem Morgengrauen und kehrte erst lange nach Einbruch der Dunkelheit zurück. Wenn er nach Hause kam, war er meist so erschöpft, daß er kaum noch sprechen konnte. Doch wo sollte er auch nur anfangen, nach einem Wahnsinnigen zu suchen, der irgendwo in London frei herumlief?

Sie mußte ihm helfen. Natürlich durfte sie ihm nichts davon sagen, er hatte ihr schließlich ausdrücklich verboten, sich in diesen Fall einzumischen. Doch das war vor dem Mord an Bertram Astley gewesen, als es nur um Personen gegangen war, die nicht zu ihren gesellschaftlichen Kreisen gehörten. Jetzt hatte sich das Blatt gewendet. Sicher kannte Emily die Astleys oder jemanden, der mit ihnen befreundet war und bewerkstelligen konnte, daß man der Familie vorgestellt wurde. Sie mußte äußerst diskret vorgehen; wenn Pitt davon erfuhr, bevor sie etwas herausgefunden hatte, würde er sehr zornig werden.

»Gracie«, rief sie fröhlich. Gracie durfte keinen Verdacht schöpfen. Selbst wenn sie sich noch so sehr anstrengte, etwas zu verbergen, konnte man in dem Mädchen lesen wie in einem offenen Buch.

»Ja bitte, Ma'am?« Gracies Gesicht erschien mit hochgezogenen Augenbrauen an der Tür. Ihr Blick fiel auf die Zeitungen. »Uh – is' das nich' schrecklich, Ma'am, da is' doch tatsächlich schon wieder einer umgebracht worden! Diesmal sogar 'n richtiger Gentleman mit 'nem echten Titel un' so! Ich weiß wirklich nich', wohin das noch führen soll!«

»Nun, das ist vielleicht auch besser so«, sagte Charlotte kurz angebunden. »Ich habe noch nie viel von ›Wahrsagerei‹ gehalten. Klingt mir sehr nach Aberglauben und bringt nur eine Menge Ärger.«

Gracie war verblüfft, genau wie Charlotte beabsichtigt hatte.

»Ma'am?«

»Mach dir keine Sorgen, Gracie.« Charlotte erhob sich. »Es ist meilenweit von hier entfernt passiert und betrifft niemanden, den wir kennen.« Sie gab ihr die Zeitung. »Hier, du kannst sie später benutzen, um damit das Feuer im Wohnzimmer anzuzünden.«

»Aber der Herr, Ma'am!« protestierte Gracie.

»Wie bitte?«

»Der hat doch damit zu tun, der arme Mann! Gestern abend hat er wirklich durchgefroren ausgesehen, als er nach Haus' gekommen is', un' ich glaub', er weiß genausowenig wie wir, wer's getan hat! 'Tschuldigung, Ma'am, wenn das jetzt ungehörig von mir is'.« Ein Anflug von Angst zeigte sich auf ihrem Gesicht. »Aber ich glaub' wirklich, daß er's diesmal mit den Mächten der Finsternis zu tun hat!«

»Was für ein Unsinn! Es ist ein Wahnsinniger. Und jetzt hör auf, darüber nachzudenken, wirf die Zeitung hinten in den Kamin und mach dich wieder an deine Arbeit. Ich werde ein neues Kleid in Auftrag geben. Heute morgen lasse ich die Schneiderin Maß nehmen.«

»Ooh!« Gracies Augen begannen zu leuchten. Ein neues Kleid war interessanter als ein Mord aus zweiter Hand. »Welche Farbe denn, Ma'am? Woll'n Sie es vorn so ausgeschnitten haben wie das, was in der Londoner *Illustrated* abgebildet is'?«

»Das ist mir zu modisch.« Charlotte kaufte nur das, was sie sich auch erlauben konnte. »Ich bin nicht dafür, alles mitzumachen, als wäre ich ein hirnloses Schaf in einer Herde.«

»Da ham Sie auch wieder recht Ma'am«, sagte Gracie. Auch sie hatte einen ausgezeichneten Sinn für das Praktische. »Suchen Sie sich 'ne schöne Farbe aus, sag' ich immer, un' der Rest kommt dann von ganz alleine, man braucht nur zu lächeln un' höflich zu sein, aber nich' so freundlich, daß sie auf falsche Gedanken kommen.«

»Sehr guter Ratschlag.« Charlotte nickte. »Aber ich möchte trotzdem einen kurzen Blick darauf werfen, was die anderen im Moment tragen, zum Abendessen werde ich daher wohl noch nicht zurück sein.«

»Is' gut, Ma'am. Für'n neues Kleid soll man sich immer genug Zeit lassen.«

In Emilys Haus angekommen, stellte Charlotte fest, daß ihre Schwester selbst bei der Schneiderin war, und mußte fast eine Stunde lang auf ihre Rückkehr warten.

»Wie in aller Welt kannst du an einem Morgen wie diesem eine Schneiderin aufsuchen?« verlangte sie zu wissen, als Emily ins Zimmer trat. »Meine Güte, liest du denn keine Zeitung?«

Emily blieb wie angewurzelt stehen, dann verhärteten sich ihre Gesichtszüge. »Du meinst die Sache mit Astley? Charlotte, was können wir da schon tun. Thomas hat dir doch bereits gesagt, du sollst dich nicht einmischen.«

»Das war doch vorher, als es nur um Zuhälter und diesen merkwürdigen Arzt ging. Aber jetzt betrifft es schließlich jemanden aus unseren Kreisen!«

»Du meinst wohl aus meinen Kreisen!« Emily schloß die Tür und kam näher, bis sie schließlich vor dem Kaminfeuer stand. »Ehrlich gesagt, ich kenne die Astleys gar nicht, aber es würde sicher auch keinen Unterschied machen, wenn ich sie kennen würde.«

»Stell dich doch nicht so dumm an!« Charlotte verlor allmählich die Geduld. »Was meinst du wohl, was Bertie Astley mitten in der Nacht in Devil's Acre zu suchen hatte?«

»Er hat ein Freudenhaus besucht.«

»Du meinst ein Bordell!«

Emily zuckte zusammen. »Sei doch nicht so schrecklich direkt, Charlotte. Du verlierst allmählich deine ganze Kultiviertheit. Thomas hat vollkommen recht. Du solltest dich in diese Sache nicht einmischen – es ist wirklich kein Fall für uns.«

»Auch nicht, wenn Bertie Astley Max gekannt hat und sie gemeinsam in etwas verwickelt waren – zusammen mit Dr. Pinchin?« Charlotte bot ihrer Schwester den verlockendsten Köder an, den sie hatte: einen erstklassigen gesellschaftlichen Skandal.

Emily war einen Moment lang ganz still. Die Mode konnte überaus langweilig werden. Sie hatte nichts mit dem zu tun, was wirklich zählte. Wen interessierte es schon, ob jemand eine dezentere Farbe trug oder einen gewagteren Ausschnitt hatte? Selbst die Klatschgeschichten waren um diese Jahreszeit höchst ermüdend.

»Das wäre natürlich etwas anderes«, sagte sie. »Und äußerst ernst. Es würde bedeuten, daß es gar kein Wahnsinniger gewesen ist, sondern jemand, der klar bei Verstand war – eine schreckliche Vorstellung.«

»Allerdings.«

Emily verspürte ein Frösteln, als sie ihre bisherige Meinung revidierte. »Wo sollen wir anfangen?«

Das war schon schwieriger. Es gab nur wenige praktische Möglichkeiten, die ihnen offenstanden. »Bei den Astleys«, entschied Charlotte nach kurzer Überlegung. »Es bleibt uns keine andere Wahl. Wir könnten vielleicht herausfinden, warum er auf dem Acre war und ob er Max oder Dr. Pinchin gekannt hat.«

»Was meint Thomas dazu?«

Charlotte war völlig offen. »Er ist zu müde, um viel zu sagen. Er spricht mit mir so gut wie überhaupt nicht über diesen Fall, nur ganz beiläufig. Die Öffentlichkeit ist hysterisch, und man bezichtigt die Polizei der Unfähigkeit, sogar der Korruption.«

Bei dieser Vorstellung schmolz in Emily auch der letzte Rest an Widerstand und Gewissenskonflikt. »Dann müssen wir unbedingt etwas unternehmen. Ich kenne die Astleys zwar nicht persönlich, aber ich weiß, daß Bertie sich recht intensiv um May Woolmer bemüht hat. Wir waren alle gespannt, ob sie es wohl schaffen würde, ihn zu angeln. Sie ist die letzte Schönheit dieser Saison. Nicht mein Geschmack, wenn ich ehrlich sein soll. Sehr hübsch zwar, erinnert an Sahne wie eine äußerst wohlerzogene Melkerin und ist auch genauso interessant.«

»Du liebe Zeit!« Charlotte stellte sich ein Wesen vor, das ganz in Spitzen gehüllt war und einen Eimer trug.

»O, versteh mich bitte nicht falsch, sie ist wirklich ganz reizend«, versuchte sich Emily wieder herauszureden. »Doch selbst das wird mit der Zeit langweilig. Sie ist genauso berechenbar wie ein Krug Milch.«

»Warum um alles in der Welt hat Bertie Astley sie dann heiraten wollen? Hat sie Geld? Oder Einfluß?« erkundigte sich Charlotte hoffnungsvoll.

»Nichts dergleichen. Aber sie hat perfekte Manieren, und sie ist wirklich äußerst angenehm. Und einige Männer fliegen eben auf soviel üppiges, weißes Fleisch.«

Charlotte dachte an Emilys zarte Schultern und kleine Brüste und sah von jedem weiteren Kommentar zu diesem Thema ab. Statt dessen versuchte sie sich an eine Bemerkung zu erinnern, die Pitt gemacht hatte, als er zu erschöpft gewesen war, um seine Zunge zu hüten. »Thomas sagt, daß Max manchmal sogar Frauen aus gutem Hause und vornehmer Familie für sich arbeiten ließ.«

»Gütiger Gott!« Emilys Kinnlade fiel ungläubig herab. »Du meist doch nicht etwa für Geld – mit ... O nein!«

»Anscheinend.«

Ihre Verblüffung siegte über ihre Zweifel und machte allmählich einer prickelnden Spannung Platz. »Charlotte, bist du auch ganz sicher?«

»Ich bin ganz sicher, daß Thomas genau das gesagt hat.«

»Aber welche Frau aus gutem Hause braucht so dringend Geld, daß sie auf die Idee kommt ... Ich kann es mir einfach nicht vorstellen!«

»Doch nicht aus Geldmangel. Es sind verheiratete Frauen, die es aus Langeweile oder Enttäuschung tun – genauso wie Männer um Geld spielen und mehr einsetzen, als sie sich erlauben können, oder verrückte Wettrennen mit ihren Vierspännern veranstalten und sich fast den Hals brechen, wenn die Kutsche sich überschlägt.«

»Hat er Bücher geführt – dieser Max?«

»Das weiß ich nicht, und ich habe es bisher auch nicht für klug gehalten, Thomas danach zu fragen. Aber meinst du nicht auch, Emily, daß wir ein paar von den Frauen ausfindig machen könnten, wenn wir es nur richtig anfangen? Vielleicht hat eine von ihnen Max umgebracht, weil er sie erpreßt hat oder sie nicht gehen lassen wollte? Das wäre doch Grund genug, jemanden zu ermorden oder ermorden zu lassen.«

Emily schürzte zweifelnd die Lippen. »Aber was ist mit Dr. Pinchin?«

»Auch in Bordellen braucht man manchmal einen Arzt, oder? Vielleicht hat er mit Max gemeinsame Sache gemacht. Vielleicht hat er ihm das Geld zur Verfügung gestellt oder die Frauen durch seine Praxis kennengelernt. Er hätte sie doch vermitteln können.«

»Und Bertie Astley?«

»Vielleicht war er ein Kunde und hat sie erkannt. Das würde auch erklären, warum er nicht so schrecklich – zugerichtet wurde.«

»Das ergibt keinen Sinn. Wenn es ihr Mann war, der die drei umgebracht hat, hätte er Bertie doch genauso gehaßt!«

»Nun ja, vielleicht war es auch ganz anders. Aber irgend jemand hat sie schließlich umgebracht!«

»Charlotte, wir sollten wirklich nicht.« Emily atmete heftig aus. »Ich habe May Woolmer zwei- oder dreimal getroffen. Wir könnten hingehen und ihr unser Beileid aussprechen. Ich habe schwarze Sachen, die ich dir borgen könnte. Irgendwo müssen wir schließlich anfangen. Wir besuchen sie am besten schon heute nachmittag. Aber was wirst du Thomas erzählen? Du bist eine schrecklich schlechte Lügnerin – du sagst immer viel zuviel und verrätst dich damit selbst.«

»Ich habe Gracie erzählt, ich wollte zur Schneiderin gehen.«

Emily stöhnte und sah sie mißtrauisch an. »Dann wäre es wohl das Beste, wenn ich dir ein Kleid geben würde – für dein Alibi.«

»Vielen Dank, sagte Charlotte gnädig. »Das ist wirklich sehr großzügig von dir. Am besten ein rotes.«

»Das sieht dir ähnlich!«

Mrs. Woolmer drehte die mit Goldbuchstaben bedruckte Visitenkarte hin und her und betrachtete sie eingehend. Sie war von feinster Qualität und wirkte sehr diskret. Und gegen den Titel, Vicomtesse Ashworth, war ebenfalls nichts einzuwenden.

»Wer ist sie, Mama?« erkundigte sich May hoffnungsvoll. Sie fand diesen Zustand der Ungewißheit allmählich höchst ermüdend. Noch schien niemand sicher zu sein, ob Bertie ein unschuldiges Opfer gewesen war oder ein Missetäter, der sein grausames Ende verdient hatte. May selbst konnte daher ebenfalls noch nicht sicher sein, welche Haltung sie einzunehmen hatte, und in dieser Zeit des Zweifelns Besucher zu empfangen, stellte sie stets auf eine harte Probe. Aber wenn sie niemanden mehr empfing, würde sie sich vorkommen wie eine Gefangene.

»Ich habe keine Ahnung«, antwortete Mrs. Woolmer und zog verwundert ihre sorgfältig gezupften Augenbrauen zusammen. Sie trug wieder Lila, eine gute Farbe für jemanden, der unsicher war, ob er sich in Trauer befand oder nicht. May war ganz in Schwarz, weil es ihr ausgezeichnet stand, und sie glühte darin wie warmer Alabaster in der Sonne.

Das Hausmädchen knickste. »Wenn Sie gestatten, Ma'am, sie is' sehr fein gekleidet, Ma'am, und sie is' in 'ner Kutsche gekommen mit 'nem Wappen an der Seite, und zwei Dienern, Ma'm, in Livree. Un' sie hat ihre Schwester dabei, auch 'ne sehr feine Frau. Sieht auch ganz wie 'ne Lady aus, auch wenn sie mir ihre Visitenkarte nich' gegeben hat.«

Mrs. Woolmer fällte eine rasche Entscheidung. Gesellschaftliche Umgangsformen mußten genauestens befolgt werden, wenn man in höhere Kreise aufzusteigen gedachte. Die Natur hatte sie mit einem großen Vorteil bedacht, indem sie ihr die schönste Tochter der Saison geschenkt hatte. Es wäre töricht, zu diesem Zeitpunkt alles durch eine unbedachte Geste aufs Spiel zu setzen.

Sie lächelte dem Dienstmädchen zu. »Lassen Sie bitte Lady Ashworth und ihre Schwester eintreten, Marigold, und teilen Sie der Köchin mit, sie soll ein paar Erfrischungen vorbereiten – Tee und etwas von unserem besten Gebäck und Konfekt – und bringen Sie es uns.«

»Ja, Ma'am.« Marigold verschwand und tat, wie man ihr aufgetragen hatte.

Sobald Emily und Charlotte ins Zimmer traten, wußte Mrs. Woolmer, daß ihre Entscheidung richtig gewesen war. Vicomtesse

Ashworth war zweifellos eine Lady, man brauchte nur die Qualität und Diskretion ihrer Garderobe zu betrachten. Nur der Adel verstand es, auf diese Weise guten Geschmack und teure Garderobe zu verbinden.

Auch May war hocherfreut. Die Besucherinnen waren jung genug, um noch Gefallen an ein wenig Klatsch zu finden, und würden sie vielleicht sogar schon in Kürze auch zu sich einladen. Ein privates Dinner wäre durchaus schicklich, schließlich war sie nicht offiziell mit Bertie verlobt gewesen! Je mehr sie darüber nachdachte, desto besser erschien es ihr, die ganze Angelegenheit in diskretes und würdevolles Schweigen zu hüllen. Sollten doch die Leute davon halten, was sie wollten, nichts zu sagen war immer noch besser, als sich zu kompromittieren. Und schließlich zogen mehr als genug Männer Frauen vor, die nicht zu viele eigene Vorstellungen hatten. Und – was auf dem Heiratsmarkt noch wichtiger war – solche Frauen waren bei den Müttern dieser Männer immer gut gelitten. Schweigen und ein unschuldiges Lächeln wurden als Zeichen für ein gehorsames Wesen gedeutet, eine Eigenschaft, die bei einer zukünftigen Schwiegertochter ganz besonders geschätzt wurde.

Lady Ashworth war nach der neusten Mode gekleidet, in einem gedämpften Farbton, der sie nur noch eleganter erscheinen ließ. Ihre Schwester war zwar lange nicht so modisch gekleidet, doch unbestreitbar hübsch. Ihr Gesicht war sogar ausgesprochen ungewöhnlich, es lag eine Wärme darin, von der May sich sofort angezogen fühlte.

»Meine Liebe.« Lady Ashworth kam mit ausgestreckten Armen auf sie zu und ergriff Mays Hände, noch bevor sich diese eine passende Antwort überlegen konnte. »Es tut mir so leid. Ich mußte einfach kommen und Ihnen in Ihrem Kummer mein Mitgefühl aussprechen.«

May hatte tatsächlich Kummer, aber nicht in dem Sinne, wie Lady Ashworth vermutete. Sie war Bertie im Grunde gar nicht besonders zugetan gewesen. In Wirklichkeit mochte sie Beau Astley sehr viel lieber, er sah besser aus und war bedeutend amüsanter. Doch man mußte schließlich praktisch denken. Er war nur der jüngere Bruder und hatte keine große Zukunft zu erwarten, und seine Aussichten hätten sich noch verschlechtert, wenn Bertie geheiratet hätte und eine neue Herrin in Astley House eingezogen wäre.

Sie sammelte sich wieder und lächelte traurig. »Vielen Dank, Lady Ashworth, wie feinfühlig von Ihnen. Ich kann kaum glauben, daß jemand, den ich persönlich gekannt habe, so ein furchtbares Schicksal erlitten hat.«

Mrs. Woolmer warf ihr einen warnenden Blick zu. Sie durfte nichts sagen, was sie unwiderruflich mit den Astleys in Verbindung brachte. Es könnte sich schließlich herausstellen, daß sie Gott weiß was für scheußliche Laster hatten! Auch wenn die Zeitungen noch so vornehm getan hatten, wußte man schließlich, wo er gefunden worden war. Aber May war sich der vielen Fallen schmerzlich bewußt und hatte nicht die Absicht, in eine davon zu geraten.

Lady Ashworth stellte ihre Schwester vor, Mrs. Pitt, und die Damen nahmen die Einladung, Platz zu nehmen, dankbar an. »Das Leben hält manchmal die grausamsten Überraschungen für uns bereit«, bemerkte Emily mit einem Gesichtsausdruck leidvoller Erfahrung. »Oft kann man sie kaum ertragen.« Sie neigte den Kopf, anscheinend ganz in Gedanken vertieft.

May fühlte sich verpflichtet, etwas zu sagen, der Anstand verlangte es. »Wie recht Sie haben. Ich – ich sehe heute ein, wie wenig ich ihn überhaupt gekannt habe. Ich habe mir nie vorgestellt, daß er so . . .« Sie hielt inne, weil es für diesen Satz keinen befriedigenden Schluß gab. Sie schaute Lady Ashworth' Schwester, Mrs. Pitt, mit offenem Blick an. »Ich nehme an, ich muß beklagenswert naiv sein. Ich befürchte sogar, daß die weniger Barmherzigen sich bereits über mich lustig machen.«

»Die Neidischen«, korrigierte Charlotte verständnisvoll. »Solche Menschen wird es immer geben. Die einzige Möglichkeit, ihnen zu entgehen, besteht darin, vor ihren Augen Fehler zu machen, so daß sie zufrieden sind. Ich versichere Ihnen, jeder anständige Mensch wird für Sie nichts als Verständnis empfinden. Es ist schließlich eine Situation, in der sich jede Frau wiederfinden könnte.«

May hatte das irritierende, beunruhigende Gefühl, daß Mrs. Pitt mit verblüffender Scharfsichtigkeit nicht auf ihre Trauer um Bertie, sondern auf ihre Gefühle für Beau Astley anspielte. Es war unangenehm, daß jemand ihre Motive so genau durchschaute. Sie blickte Lady Ashworth an und sah in deren klaren, blauen Augen genau dasselbe offene Verständnis. Sie beschloß sofort, die beiden als ihre Verbündeten anzusehen. Auch May war in gewisser Weise scharfsinnig: Sie wußte genau, wen sie täuschen konnte und wen nicht.

Sie seufzte und lächelte entwaffnend. »Was für eine Wohltat, zu wissen, daß es jemanden gibt, der einen wirklich versteht. Es gibt so viele Menschen, die einem freundliche Worte sagen, doch sie denken dabei nur an den Schmerz, den man beim Verlust eines Freundes empfindet.«

Mrs. Woolmer wurde unruhig und begann nervös mit den Händen zu spielen. Diese Entwicklung des Gesprächs behagte ihr ganz und gar nicht, aber ihr fiel nichts Gescheites ein, womit sie die Unterhaltung wieder in die richtigen Bahnen lenken konnte, ohne eindeutig unhöflich zu werden.

»Allerdings.« Lady Ashworth nickte zustimmend und führte Mays Gedankengang fort. »Man glaubt immer, daß man einen Menschen kennt, und dann passiert plötzlich so etwas! Doch was soll man machen? Es sollte schließlich genügen, wenn man einander durch angesehene Bekannte vorgestellt wird. Mein Gatte und ich waren wirklich überrascht.« Sie holte tief Luft. »Natürlich kenne ich Sir Beau überhaupt nicht.«

Doch so leicht ließ sich May nicht aufs Glatteis führen.

»Er macht einen äußerst sympathischen Eindruck«, antwortete sie unbewegt. Sie verbannte Beaus Gesicht aus ihren Gedanken – sein Lachen, seine weiche Stimme, ihre Erinnerungen an Begegnungen, gemeinsame Tänze, Licht, Musik, herumwirbelnde Füße, seine Arme, die sie umfangen hielten. »Sir Bertram hat sich in meiner Gesellschaft stets untadelig verhalten«, schloß sie bedächtig.

»Natürlich hat er das!« sagte Mrs. Woolmer ein wenig zu schnell.

»Selbstverständlich.« Lady Ashworth strich anmutig ihren Rock glatt. »Doch wenn Sie mir die Bemerkung verzeihen, meine Liebe, es ist bekannt, daß Männer, die verliebt sind, wirklich sehr unbesonnen handeln können. Und es hat sogar schon Brüder gegeben, die sich wegen einer schönen Frau hassen gelernt haben.«

»Oh!« Mrs. Woolmer hielt die Hand vor den Mund und erstickte eine Bemerkung, die alles andere als fein war.

May fühlte sich äußerst unbehaglich. Natürlich war ihr nicht entgangen, daß viele Männer sie begehrenswert fanden. Doch war das nicht Sinn und Zweck der Saison? Bisher hatte sie diese Gefühl für oberflächlich gehalten, für einen Bestandteil eines köstlichen Spiels, nach dessen Beendigung die Gewinnerinnen mit den geeigneten Ehemännern belohnt wurden und einer Zukunft entgegensehen durften, die sowohl finanziell als auch gesellschaftlich abgesichert war. Die Verliererinnen zogen sich zurück, um sich eine Taktik für das kommende Jahr zu überlegen. May kannte ihre Stärken und Schwächen genau und hatte stets gewußt, wie sie sie am besten einsetzen konnte. Sie hatte sich in den Kopf gesetzt, zu den Gewinnerinnen zu zählen, und daher auch mit Neidern gerechnet – doch nicht mit Haß und ganz bestimmt nicht mit der Art von Leidenschaft, die selbst vor einem Mord nicht zurückschreckte.

»Ich glaube, Sie schmeicheln mir, Lady Ashworth«, sagte sie vorsichtig. »Ich habe niemandem Grund für solche Gefühle gegeben.« Vielleicht war es besser, das Thema zu wechseln, den neugierigen Blick von Lady Ashworth auf etwas weitaus Schockierenderes zu richten. »Ich beherrsche nicht die Liebeskünste vieler Damen mit« – fuhr sie mit dem Anflug eines Lächelns fort – »könnte man es vielleicht ›Erfahrung‹ nennen? Ich hasse es, Klatschgeschichten zu wiederholen, doch diese Gerüchte sind so hartnäckig, daß ich mir bei bestem Willen kaum vorstellen kann, daß sie gänzlich erfunden sind. Es soll einige Damen aus sehr ehrbaren Familien geben, die sich verhalten wie Freudenmädchen. Sie verstehen zweifellos die Kunst, die schrecklichen Leidenschaften zu entfachen, auf die Sie eben anspielten.«

Die Bemerkung schlug ein wie eine Bombe, ganz wie sie beabsichtigt hatte.

»Unsinn!« Mrs. Woolmer atmete so heftig ein, daß sie fast erstickte. »Du hast keine Ahnung, wovon du sprichst! Freudenmädchen, also wirklich! Ich wäre dir dankbar, wenn du den Mund halten würdest.«

Lady Ashworth hob den Kopf, die Augen weit aufgerissen. Doch erstaunlicherweise war es Mrs. Pitt, die May zu Hilfe kam. »Es ist äußerst beunruhigend«, stimmte sie Mrs. Woolmer zu und fuhr dann mit leiser, vertraulicher Stimme fort, »doch genau dasselbe habe ich auch gehört. Und ich muß zugeben, daß meine Quelle über jeden Zweifel erhaben ist. Ich frage mich wirklich, welchen Bekanntschaften man noch trauen kann und welchen nicht! Ich bin sicher, Sie hegen die gleichen Zweifel wie ich. Ich verspüre schon Gewissensbisse, wenn ich Leute verdächtige, die wahrscheinlich so unschuldig sind wie der helle Tag, und doch würde ich es unerträglich finden, wenn ich aufgrund von übermäßiger Leichtgläubigkeit und Gutmütigkeit in eine Situation geraten würde, aus der ich mich nicht retten könnte, ohne meinem Ruf zu schaden – ganz zu schweigen von noch Schlimmerem!«

Lady Ashworth schien von starken Emotionen überwältigt zu werden. Sie begann, heftig zu husten und verbarg ihr Gesicht in einem Taschentuch. Ihre Schultern zuckten. Ihr Gesicht errötete bis in die Haarspitzen. Glücklicherweise kehrte genau in diesem Moment das Mädchen mit dem Tee und den anderen Erfrischungen zurück, so daß Lady Ashworth die Möglichkeit hatte, sich wieder zu erholen. Ihre Haut war zwar immer noch gerötet, doch ansonsten schien sie ihre Fassung zurückgewonnen zu haben.

Aber Mrs. Pitt hatte ganz recht. Man konnte es sich einfach nicht leisten, mit Frauen zusammenzusein, die nicht über jeden Verdacht erhaben waren. May zermarterte sich das Gehirn, um herauszufinden, welche ihrer Bekannten wohl darin verwickelt sein könnten. Verschiedene Namen gingen ihr durch den Kopf, und sie entschied, die Betreffenden in Zukunft bei jeder möglichen Gelegenheit zu meiden. Vielleicht sollte sie Mrs. Pitt eine Gefälligkeit erweisen und sie warnen?

»Sind Sie zufällig mit Lavinia Hawkesley bekannt?« erkundigte sie sich.

Lady Ashworths Augen wurden größer. Erklärungen erübrigten sich. May nannte ganz nebenbei noch einige andere Namen, und dann unterhielt man sich eine angenehme halbe Stunde lang über Mode und die neusten Affären, doch die ganze Zeit war unterschwellig der Rest des Skandalösen spürbar. Mrs. Woolmer versuchte, das Gespräch in andere Bahnen zu lenken, indem sie herauszufinden versuchte, ob die Ashworths geeignete junge Männer kannten, hatte jedoch keinerlei Erfolg.

Um vier Uhr öffnete das Dienstmädchen die Tür und fragte, ob die Damen bereit seien, Mr. Alan Ross zu empfangen, der soeben eingetroffen sei, um der Familie sein Beileid auszusprechen.

Lady Ashworth sprang auf und griff nach Mrs. Pitts Hand. »Komm, Charlotte, wir dürfen wirklich nicht den ganzen Nachmittag für uns allein in Anspruch nehmen.« Sie wandte sich an May. »Ich fürchte, wir haben Ihre Gesellschaft so sehr genossen, daß wir unsere guten Manieren vergessen haben. Wenn Sie uns bitte erlauben wollen, uns zu verabschieden, bevor Mr. Ross hereinkommt, damit er nicht auf den Gedanken kommt, wir wollten ihn meiden.«

Mrs. Woolmer war verblüfft. »Selbstverständlich, wenn – wenn Sie es so wünschen. Marigold, sorgen Sie bitte dafür, daß Mr. Ross einen Moment im Frühstückszimmer wartet.«

Marigold schloß die Tür hinter sich.

Lady Ashworth beugte sich zu May herunter und flüsterte ihr eine vertrauliche Erklärung zu. »Meine Schwester und ich kannten die Familie von Mr. Ross während einer Zeit, als er einen tragischen Schicksalsschlag erlitten hat. Jede Erinnerung daran ist für ihn höchst qualvoll. Ich glaube, es wäre ein Zeichen der Rücksichtnahme, meine Liebe, wenn Sie ihm gegenüber unsere Namen nicht erwähnen würden. Ich bin sicher, Sie verstehen mich?«

May begriff zwar überhaupt nichts, hatte den Wink jedoch sofort verstanden. »Aber natürlich. Sie sind lediglich zwei Damen, die mich aus Freundschaft besucht haben. Ich schätze Ihre Feinfühligkeit und hoffe, ich werde das Glück haben, Sie unter angenehmeren Bedingungen wiederzusehen.«

»Da bin ich mir ganz sicher«, sagte Lady Ashworth zuversichtlich und nickte ihr kaum merklich zu.

May hatte verstanden, genau das hatte sie sich gewünscht.

Draußen auf der Straße wandte sich Charlotte vorwurfsvoll an Emily. »Was hast du dir bloß dabei gedacht? Es wäre sicher zu unserem Vorteil gewesen, wenn wir Alan Ross wiedergesehen hätten. Max hat vielleicht seine alten Beziehungen benutzt, um diese Frauen ausfindig zu machen!«

»Das weiß ich selbst!« rief Emily. »Aber nicht in diesem Haus. Er wird nicht lange bleiben. Wir können hier auf ihn warten.«

»Aber es ist eiskalt! Warum in aller Welt sollen wir hier herumstehen? Er wird doch merken, daß wir es darauf angelegt haben, ihn zu treffen, wenn ...«

»Ach, stell dich doch nicht so dumm an. William!« Sie gab dem Kutscher ein Zeichen. »Tun Sie so, als ob mit einem der Pferde etwas nicht in Ordnung sei. Sehen Sie zu, daß Sie sich so lange damit beschäftigen, bis Mr. Ross wieder aus dem Haus kommt.«

»Sehr wohl, M'lady.« William bückte sich gehorsam, strich mit der Hand an einem Bein des Pferdes, das ihm am nächsten stand, entlang und begann es sorgfältig zu untersuchen.

Charlotte zitterte vor Kälte, als der Wind durch ihren Mantel schnitt. »Warum in aller Welt hätten wir denn nicht einfach dableiben und ihn treffen können?« verlangte sie zu wissen und schaute Emily wütend an.

»Ich dachte immer, General Balantyne hätte eine Schwäche für dich.« Emily tat so, als habe sie Charlottes Frage nicht gehört.

Charlotte hatte denselben Eindruck gehabt. Bei der Erinnerung verspürte sie ein angenehmes Gefühl der Wärme, eine prickelnde Aufregung. Sie widersprach nicht.

»Christina bewegt sich in genau den richtigen Kreisen, um die Frauen zu kennen, die vielleicht für Max gearbeitet haben«, fuhr Emily fort. »Sie könnte uns eine große Hilfe sein.«

»Christina Ross würde uns nicht einmal helfen, die Straße zu überqueren, wenn wir blind wären!« Charlotte konnte sich noch genau an den Callander Square erinnern. »Die einzige Hilfe, die ich von ihr erwarten könnte, wäre ein Stoß in den nächsten Graben!«

»Deshalb müssen wir uns auch an den General wenden«, sagte Emily ungeduldig. »Wenn du dich richtig verhältst, wird er alles tun, was du willst! Und jetzt sei still. Mr. Ross kommt gerade aus dem Haus. Ich wußte ja, daß er nicht lange bleiben würde.«

Als Alan Ross sich näherte, schenkte ihm Emily ein strahlendes Lächeln.

Er lächelte zurück und lüftete ein wenig unsicher den Hut. Dann fiel sein Blick auf Charlotte, und sein Gesicht entspannte sich, als er sie erkannte.

»Miss Ellison? Wie nett, Sie wiederzusehen. Ich hoffe es geht Ihnen gut. Haben Sie Schwierigkeiten mit Ihrer Kutsche? Kann ich Sie vielleicht irgendwohin mitnehmen?«

»Vielen Dank, ich bin sicher, das Problem wird bald behoben sein«, antwortete Charlotte schnell. »Erinnerst du dich noch an Mr. Ross, Emily? Meine Schwester, Lady Ashworth.« Sie wollte ihm diskret mitteilen, daß sie jetzt Mrs. Pitt war. Während der Morde am Callander Square hatte sie im Hause der Balantynes eine Stellung angenommen, indem sie vorgegeben hatte, eine alleinstehende Frau zu sein, die unbedingt eine respektable Arbeit brauchte. »Mr. Ross...«

Emily unterbrach sie, indem sie Alan Ross ihre Hand hinhielt. »Natürlich erinnere ich mich an Mr. Ross. Bitte richten Sie Mrs. Ross die besten Grüße von mir aus. Ich muß zugeben, daß es eine ganze Zeit her ist, seit ich sie zuletzt gesehen habe. Man hat soviel mit Menschen zu tun, die man aus Höflichkeit besuchen muß, daß man die vernachlässigt, an denen einem ganz besonders viel liegt.

Sie ist eine so unterhaltsame Person. Ich freue mich schon darauf, sie wiederzusehen.«

In Wirklichkeit hatte Emily Christina noch nie ausstehen können, doch ihr Lächeln blieb strahlend. »Und Charlotte hat so oft von ihr gesprochen. Wir müssen sie unbedingt bald einmal besuchen. Ich hoffe nur, daß sie uns unser Versäumnis verzeiht.«

»Ich bin sicher, sie wird entzückt sein, Sie zu sehen.« Er gab die einzig mögliche Antwort.

Emily lächelte, als sei sie ebenfalls hochentzückt von dieser Aussicht. »Dann richten Sie ihr doch bitte aus, daß Lady Ashworth und Miss Ellison sie nächsten Dienstag aufsuchen werden, wenn sie an diesem Tag überhaupt empfängt?«

»Da bin ich ganz sicher. Aber warum kommen Sie denn nicht zum Abendessen? Das wäre doch sehr viel angenehmer. Es wäre nur eine ganz kleine Gesellschaft, aber falls Lord Ashworth anderweitig beschäftigt ist?«

»Das ist er ganz bestimmt nicht.« Emily nahm die Einladung bereitwillig an. Sie würde schon dafür sorgen, daß George an diesem Tag frei war. Alle anderen Verpflichtungen mußten eben abgesagt werden.

Er verbeugte sich leicht. »Dann werde ich dafür sorgen, daß Einladungen verschickt werden. Und Sie sind sicher, daß ich Ihnen nicht weiter behilflich sein kann?« Er blickte zu William hinüber, der inzwischen am Kopf der Pferde bereit stand.

»Ich bin sicher, daß alles wieder in Ordnung ist«, sagte Emily.

»Dann wünsche ich Ihnen noch einen schönen Tag. Lady Ashworth, Miss Ellison.« Er blickte Charlotte einen Moment lang an, lächelte dann, drehte sich um und ging auf dem Bürgersteig zurück zu seiner eigenen Kutsche.

Emily ließ sich von William bei Einsteigen in die Kutsche helfen. Charlotte folgte ihr hastig und unelegant.

»Was um Himmels willen hast du dir denn dabei wieder gedacht?« fragte sie wütend. »Warum mußtest du ihn weiter in dem Glauben lassen, daß ich Miss Ellison bin? Ich beabsichtige wohl kaum, eine Stellung in Christinas Haus anzunehmen!«

Emily zog an ihrem Rock, auf den Charlotte sich gesetzt hatte. »Wir werden wohl kaum die Möglichkeit haben, etwas herauszufinden, wenn alle wissen, daß du mit einem Polizisten verheiratet bist!« rechtfertigte sie sich. »Und noch dazu ausgerechnet mit dem Polizisten, der die Ermittlungen in den Mordfällen leitet. Außerdem kann es nicht schaden, wenn der General weiterhin glaubt, daß du unverheiratet bist.«

»Was willst du damit ...«, begann Charlotte, sprach jedoch nicht weiter. Im Grunde klang das, was Emily sagte, ganz vernünftig. Leute wie Christina Balantyne pflegten schließlich nicht mit den Gattinnen von Polizisten zu dinieren! Wenn herauskam, daß sie und Emily darauf aus waren, mehr über die Morde zu erfahren, würde man sie nicht einmal ins Haus lassen.

Immerhin hatten sie eine gewisse moralische Verpflichtung, soviel wie möglich herauszufinden – jeder Mensch hatte diese Pflicht. Und es ließ sich schließlich nicht leugnen, daß sie sich in der Vergangenheit dabei immer höchst geschickt angestellt hatten!

»Ja«, sagte sie schwach. »Ja, ich vermute, da könntest du recht haben, Emily.«

Wenn sie und Emily richtige Nachforschungen anstellen wollten, mußten sie über den genauen Stand der bisherigen Ermittlungen informiert sein. Aber es war gar nicht so einfach, etwas von Pitt zu erfahren. Bisher hatte er von keiner weiteren Enthüllung gesprochen. Es schien ganz so, als würde er tagaus tagein durch den Schmutz des Acres waten, ohne überhaupt zu wissen, wo er mit der Suche anfangen sollte. Falls es inzwischen tatsächlich irgendwelche Hinweise auf eine mögliche Verbindung zwischen Max, Dr. Pinchin und Bertie Astley gab, hatte er Charlotte jedenfalls noch nichts davon gesagt.

»Thomas?« begann sie vorsichtig.

Er öffnete die Augen und sah sie an. Es war spät, er saß im Wohnzimmer vor dem Kaminfeuer und war schon halb eingenickt. Sie hatte diese Zeit mit Absicht gewählt und versuchte, möglichst lässig zu klingen. »Hast du noch etwas Neues über Max herausfinden können?«

»Ich weiß alles, was es über Max zu wissen gibt«, antwortete er und sank ein wenig tiefer in seinen Sessel, wobei er sie durch die Wimpern hindurch anschaute. »Außer wer seine Kunden waren, wer die Frauen waren, die für ihn gearbeitet haben, und wer ihn umgebracht hat.«

»Oh.« Sie wußte nicht genau, wie sie das Thema vertiefen sollte. »Das heißt also, er hat keinerlei Aufzeichnungen hinterlassen. Oder jemand hat sie verschwinden lassen?«

»Er wurde auf der Straße ermordet«, erklärte er. »Wenn der Täter nicht ausgerechnet sein Geschäftsführer war, hätte er überhaupt keine Möglichkeit gehabt, an irgendwelche Unterlagen zu kommen. Jedenfalls habe ich trotz aller Nachforschungen nichts gefunden, was auf ihre Existenz hinweist. Er hat sich die Namen so gemerkt und alle seine Geschäfte bar abgewickelt.«

Keine Unterlagen! »Wie hat er dann jemanden erpressen können?« fragte sie neugierig.

»Ich weiß nicht, was er gemacht hat.« Er nahm seine Füße vom Kaminrost, es wurde dort allmählich zu heiß. »Aber er hätte durchaus genug wissen können, um jemanden gesellschaftlich zu ruinieren. Dazu braucht man keine Beweise. Es reicht schon, wenn man es an den richtigen Stellen herumerzählt und mit ein paar Namen und Ortsangaben glaubhaft macht. Allein der Verdacht kann viel zerstören. Das Tatmotiv könnte genauso gut berufliche Rivalität gewesen sein. Er hat anderen das Geschäft kaputtgemacht. Aber wie dem auch sei, es ist nicht deine Sache. Es ist kein Fall, in dem ein Amateur auch nur das geringste ausrichten könnte.«

Ihre Blicke trafen sich, und plötzlich fühlte sie sich ihrer selbst gar nicht mehr so sicher. »O ja, natürlich«, sagte sie. Schließlich stellte sie ja nicht wirklich Nachforschungen an! Sie hielt nur die Augen offen für jeden noch so kleinen Hinweis, der sich später als wichtig herausstellen konnte. »Aber es ist doch nur natürlich, daß ich mich für deine Arbeit interessiere, findest du nicht?« sagte sie schnell.

Was die Einladung bei Christina und Alan Ross am folgenden Dienstag betraf, war Charlotte allerdings weniger aufrichtig. Pitt mußte arbeiten, genau wie sie vermutet hatte. Sie erwähnte, daß Emily und George sie zum Abendessen eingeladen hätten, und erkundigte sich, ob es ihm viel ausmachen würde, wenn sie allein ginge, da er schließlich nicht mitkommen könne? Sie wußte, daß er ihr diesen Wunsch nicht abschlagen würde. Seitdem er mit dem Fall beschäftigt war, hatte er schließlich keine Zeit mehr gehabt, sie selbst auszuführen oder auch nur die Abende mit ihr zu verbringen. Außerdem war das, was sie gesagt hatte, gar nicht einmal gelogen, sie würde ja schließlich tatsächlich mit George und Emily zusammensein! Auch wenn es nicht bei ihnen zu Hause war, wie sie Pitt glauben machte.

Emily lieh ihr wie gewöhnlich ein Kleid, und Charlotte zog sich am Paragon Walk um und ließ sich von Emilys Kammerzofe das Haar frisieren. Sie hatte keine Gewissensbisse dabei, denn die ganze Geschichte war schließlich von Emily eingefädelt worden, und die Einladung war von Alan Ross persönlich gekommen!

Das Kleid war aus aprikosenfarbener Seide, mit wunderschöner Spitze in einem etwas dunkleren Farbton, und schien ganz neu zu sein. Charlotte fragte sich sogar, ob Emily es nicht vielleicht eigens für sie gekauft hatte. Es war eine Farbe, die Emily selbst mit ihrem hellen Haar und ihren strahlend blauen Augen niemals tragen würde. Der Farbton war ideal für jemanden mit einem wärmeren Teint und dunklerem, dickerem Haar mit einem Rotschimmer darin.

Plötzlich verspürte sie tiefe Dankbarkeit für Emilys Großzügigkeit, sowohl weil sie ein Kleid für sie besorgt hatte, das ihr so ausgezeichnet stand, als auch dafür, daß sie es auf so diskrete Weise tat. Sie beschloß jedoch, nichts zu sagen und das Geschenk ganz auszukosten. Statt dessen verließ sie das Ankleidezimmer und schritt die Treppe hinunter wie eine Gräfin, die ihren eigenen Ballsaal betritt, wirbelte in der Diele herum und machte einen tiefen Knicks vor Emily. Die Aufregung in ihrem Inneren brannte genauso hell wie das Licht der Kerzenleuchter.

»Dein Kleid paßt mir wie angegossen«, sagte sie, als sie sich mit etwas weniger Anmut als beabsichtigt wieder erhob. »Ich habe Lust, alle aus der Fassung zu bringen und Christina vor Neid erblassen zu lassen! Vielen Dank, Emily.«

Emily trug ganz helles Meerblau, die Diamanten in ihren Ohrringen und in ihrem Collier blitzten wie Sonnenfunken auf klarem Wasser. Die beiden Schwestern sahen grundverschieden aus, genau wie sie es sich ausgedacht hatten – obwohl Emily wohl nicht erwartet hatte, daß Charlotte derart atemberaubend aussehen würde. Doch falls dies tatsächlich der Fall sein sollte, hatte sie sich rasch wieder gefangen und lächelte ihre Schwester mit ungetrübtem Wohlwollen an.

»Denk bitte daran, nicht zu direkt zu werden«, meinte sie warnend. »Die feine Gesellschaft hat es zwar gern, wenn man ihr Gesicht und ihren Putz kommentiert, doch sie erträgt es nicht, wenn man auf ihre Moral oder ihre Seele anspielt. Ich wäre dir dankbar, wenn du dich daran erinnern würdest, bevor du deine Meinung kundtust!«

»Ja, Emily.« Sie war immerhin noch etwas für das Kleid schuldig.

Emily hatte George offenbar eingehend über den Zweck ihres Besuches informiert. Er hatte sich bereit erklärt, sie zu begleiten, und war auch damit einverstanden, den Gastgebern nichts über Charlottes Ehe und ihre gegenwärtige gesellschaftliche Stellung zu verraten, obwohl Charlotte nicht wußte, ob Emily ihm auch den Grund für diese Geheimniskrämerei verraten hatte.

Christina Ross empfing sie auffallend kühl. Die Einladung war von ihrem Ehemann gekommen. Sie war gezwungen, die Form zu wahren, da sie sie wohl kaum rückgängig machen konnte. »Wie reizend, daß Sie kommen konnten, Lord Ashworth, Lady Ashworth«, sagte sie mit dem Anflug eines Lächelns.

George verbeugte sich und machte eine höfliche Bemerkung, ein kleines Kompliment an die Gastgeberin.

»Und auch Sie, Miss Ellison.« Christina betrachtete Charlottes Kleid und ließ sich ihre Verwunderung absichtlich anmerken, als subtile Beleidigung, als sei dieses Kleidungsstück viel zu vornehm für Charlotte und ihrer Stellung nicht angemessen – ganz zu schweigen davon, wie sie überhaupt daran gekommen war! »Ich hoffe, Sie sind bei guter Gesundheit?« Die Frage war überflüssig, denn Charlotte glühte förmlich vor Wohlbefinden, man konnte kaum übersehen, daß es ihr in jeder Beziehung hervorragend ging.

Christina wandte sich ab, ohne auf eine Antwort zu warten, und gab ihren Gästen zu verstehen, wohin sie sich setzen sollten.

George glaubte nicht, daß sie sich an der Aufklärung der Mordfälle beteiligen sollten, zudem hatte er Bertie Astley nur flüchtig gekannt. Doch er war im großen und ganzen gutmütig, solange man ihn nicht ungebührlich kritisierte oder zwang, seine liebgewonnenen Gewohnheiten aufzugeben. Emily hatte sich als eine hervorragende Gattin erwiesen. Sie war weder extravagant noch indiskret, sie verlor selten die Beherrschung, sie schmollte nie und wurde nie schroff, und sie war viel zu feinfühlig im Umgang mit ihm, um nörgeln zu müssen.

Er war sich im nachhinein bewußt, daß er ein oder zwei seiner Amüsements – vielleicht waren es sogar drei oder vier – aufgegeben hatte, um ihr eine Freude zu machen. Doch es war ihm viel leichter gefallen, als er erwartet hatte, und man mußte schließlich bereit sein, gewisse Zugeständnisse an den anderen zu machen. Er hatte daher nichts dagegen, sich ihr zuliebe mit Christina Ross zu unterhalten, wenn sie dies für nützlich hielt. Obwohl er natürlich genau wußte, daß es völlig zwecklos war; doch wenn er ihr damit eine Freude machen konnte, tat er es eben. Außerdem hatte er nicht den Eindruck, daß es für ihn unangenehm sein würde.

Seine Schwägerin Charlotte hatte er noch nie verstanden und es auch gar nicht erst versucht. Er konnte sie dennoch sehr gut leiden, und wenn er ganz ehrlich war, mußte er zugeben, daß er sogar Pitt mochte!

Er bemühte sich daher, Christina gegenüber möglichst charmant aufzutreten, und hatte, ohne daß er sich dabei anstrengen mußte, prompt einen umwerfenden Erfolg. Er besaß ein attraktives Gesicht, besonders seine Augen waren sehr schön, und die Tatsache, daß seine Familie seit Generationen an Privilegien und Wohlstand gewöhnt war, verlieh ihm eine ganz natürliche Selbstsicherheit. Er konnte dasitzen und Christina anerkennend betrachten, und sie fühlte sich allein durch seine ungeteilte Aufmerksamkeit bereits geschmeichelt.

Da sie sowieso nicht viel Zeit hatten, kam Emily ohne Umschweife auf das Thema zu sprechen, das sie hergeführt hatte. »Es ist so nett, Sie wiederzusehen«, sagte sie zu Alan Ross und lächelte ihn an. »George war begeistert, als ich ihm von Ihrer Einladung erzählt habe. Man verbringt so viel Zeit mit Menschen, die im Grunde nichtssagend sind. Ich muß zugeben, daß meine Menschenkenntnis nicht so gut ist, wie ich angenommen habe. Ich bin ein wenig naiv gewesen und fand mich daher wiederholt in der Gesellschaft von Personen, die ich mir nie ausgesucht hätte, wenn ich ein wenig erfahrener gewesen wäre. Doch oft lernt man solche Dinge erst, wenn es bereits zu spät ist. Selbst jetzt verstehe ich vieles noch nicht.« Sie sprach leiser, als wolle sie ihm ein Geheimnis anvertrauen. »Ich habe doch tatsächlich Gerüchte gehört, daß einige Damen aus den besten Kreisen ein Doppelleben führen, das so verabscheuenswürdig ist, daß man nicht einmal darüber reden darf!«

»Tatsächlich?« Ein Schatten glitt über Alan Ross' Gesicht, doch er war so schnell wieder verschwunden, daß Charlotte nicht sicher war, ob sie sich alles nur eingebildet hatte, und doch blieb ein Eindruck von Schmerz zurück. Hatte Emilys ungewollt plumpe Bemerkung in ihm gewisse Erinnerungen an die Vergangenheit geweckt? An die Morde am Callander Square beispielsweise?

»Emily«, sagte sie schnell. »Vielleicht ist dies kein Thema, über das man sprechen sollte!«

Emily starrte sie aus ihren blauen Augen erstaunt an, wandte sich dann aber wieder Alan Rosse zu. »Ich hoffe doch sehr, daß ich Sie durch meine Unverblümtheit nicht gekränkt habe?« Sie sah verletzt aus, ängstlich, doch unter den weiten Falten ihres Rockes versetzte sie Charlotte einen kräftigen Tritt. Charlotte zuckte zusammen, doch sie zwang sich, keine Miene zu verziehen.

»Selbstverständlich nicht!« sagte Ross mit einer vagen Handbewegung, als sei die Angelegenheit so unbedeutend, daß sich jede weitere Diskussion erübrigte. »Ich stimme Ihnen voll und ganz zu. Es gibt nur eins, was noch langweiliger und unangenehmer ist als Ausschweifungen, nämlich wenn man sich darüber endlose Geschichten aus zweiter Hand anhören muß.« Er lächelte kaum merklich, und Charlotte konnte nur raten, welche Gedanken ihn zu dieser Bemerkung veranlaßt hatten.

»Wie recht Sie haben!« Emily versetzte Charlotte einen warnenden kleinen Fußtritt, der allerdings schmerzte, weil sie genau dieselbe Stelle wie vorher getroffen hatte. »Ich finde es äußerst peinlich, wenn Frauen sich über diese Dinge unterhalten. Ich weiß kaum, was ich dazu sagen soll.«

Charlotte plazierte ihre Füße unmerklich außerhalb von Emilys Reichweite. »Und das beweist, daß Sie wirklich betroffen ist«, warf sie ein. »Es verschlägt ihr förmlich die Sprache. Sie wissen ja, da gehört einiges zu!«

Emilys Fuß schnellte wieder nach vorn, verlor sich jedoch in Charlottes Rockfalten. Sie sah Charlotte mißtrauisch aus den Augenwinkeln an. Charlotte schenkte Alan Ross ein strahlendes Lächeln.

In diesem Moment öffnete sich die Tür, und der Diener führte General Balantyne und Lady Augusta herein. George und Alan Ross erhoben sich, die übrigen Anwesenden blieben bewegungslos sitzen. Balantyne starrte Charlotte an, bis sie spürte, wie ihr die Röte ins Gesicht schoß. Sie wünschte sich sehnlichst, daß Emily die Wahrheit gesagt und sie nicht als Miss Ellison vorgestellt hätte.

Christina brach das Eis. Sie stand auf, schwebte mit theatralisch ausgestreckten Armen ihrem Vater entgegen und war nahe daran, ihn zu umarmen. »Papa, wie wunderbar, dich zu sehen!« Sie machte eine halbe Drehung und hielt Lady Augusta kühl die Wange hin. »Mama! Lord Ashworth kennst du sicher bereits, nicht wahr?«

Man begrüßte sich höflich, und George machte eine elegante Verbeugung.

»Und Lady Ashworth.« Christinas Stimme war merklich frostiger geworden.

Emily hatte sich erhoben, wie es sich für eine jüngere Frau einer älteren gegenüber geziemte, wenn beide einen Titel besaßen. Auch die Damen begrüßten sich.

Schließlich wandte sich Christina Charlotte zu, die natürlich inzwischen ebenfalls aufgestanden war. »Und vielleicht erinnerst du dich auch noch an Miss Ellison, die so freundlich war, Papa vor einigen Jahren bei seiner Schreibarbeit zur Hand zu gehen?«

»Aber sicher.« Augusta wurde nicht gern an diese Zeit oder irgend etwas, was damit in Zusammenhang stand, erinnert. »Guten Abend, Miss Ellison.« Ihre Verblüffung darüber, daß Charlotte zu den geladenen Gästen gehörte, war nur allzu deutlich.

»Guten Abend, Lady Augusta.« Plötzlich verschwand Charlottes Schuldgefühl, und sie starrte sie genauso eisig an, wie es Augusta selbst ihrer Meinung nach getan hätte, wenn sie eine Debütantin vor sich gehabt hätte, die sie in ihre Schranken verweisen wollte.

Auf den markanten Wangenknochen des Generals war ein Hauch von Rot zu sehen. »Guten Abend, Miss Ellison.« Er verschluckte sich und hustete. »Wie reizend, Sie wiederzusehen. Ich habe neulich noch an Sie gedacht.« Er hielt inne. »Das heißt – eine bestimmte Begebenheit hat mich an Sie erinnert.«

»Ich habe oft an Sie gedacht.« Charlotte wollte ihm helfen, außerdem entsprach das, was sie sagte, sogar beinahe der Wahrheit. Es war ihr unmöglich, etwas über militärische Operationen zu lesen oder zu hören, ohne dabei an ihn erinnert zu werden.

Christina hob erstaunt die Brauen. »Ach, du meine Güte! Ich hatte ja keine Ahnung, daß wir Ihnen so sehr im Gedächtnis geblieben sind, Miss Ellison – oder sollten Sie gerade nur Papa gemeint haben?«

Charlotte wollte sie verletzen. »Für mich waren die Umstände unseres Treffens viel zu ungewöhnlich, als daß ich auch nur das kleinste Detail davon vergessen könnte«, sagte sie und erwiderte eisig Christinas Blick. Sie sah, wie Christina bei der Erinnerung an die Morde erbleichte. »Aber natürlich habe ich gelernt, den General zu bewundern, als ich mich näher mit seinen Memoiren befaßt habe. Ich bin sicher, daß Sie, die Sie ihn so viel besser kennen als ich, meine Hochachtung teilen.«

Christinas Gesichtszüge verhärteten sich. »Natürlich – aber er ist immerhin mein Vater! Das ist schließlich etwas völlig anderes, Miss Ellison.«

Balantynes Gesicht wurde noch dunkler, doch er schien nicht zu wissen, was er sagen sollte.

»Du hast die militärischen Aufzeichnungen deines Vaters noch nie gelesen, meine Liebe.« Es war Alan Ross, der sie schließlich rettete. »Die Zuneigung einer Tochter ist ein gänzlich anderes Gefühl als der Respekt eines Außenstehenden.«

Die Röte verschwand von Balantynes Wangen, und er wandte sich schnell ab. »Natürlich ist sie das«, sagte er mit ziemlicher Schärfe. »Ich kann mir nicht vorstellen, daß du deine Worte so gemeint hast, wie sie geklungen haben, Christina. Miss Ellison wollte lediglich höflich sein.« Er schaute Charlotte nicht an, sondern begann statt dessen, sich mit George zu unterhalten.

Emily beschäftigte sich mit Christina, und Charlotte fand sich mit der schwierigen Situation konfrontiert, eine möglichst ungezwungene Unterhaltung mit Alan Ross und Lady Augusta zu führen. Sie war unendlich erleichtert, als zum Dinner gerufen wurde.

Der Tisch war reich gedeckt, und Charlotte bemerkte, wie Emily ihn mit prüfendem Blick musterte und dabei im Geiste zu schätzen versuchte, wieviel das Ganze wohl gekostet haben mochte. Emily kannte sich genau aus mit dem Wert von Kristall, Silber und Tischleinen und konnte sagen, wie gut ein Koch war. Charlotte fing ihren Blick auf, kurz nachdem sie sich gesetzt hatten, und aus dem leichten Runzeln ihrer schönen Brauen schloß sie, daß Emily Christina für verschwenderisch hielt.

Der erste Gang wurde serviert, und die allgemeine Konversation kreiste um die Art höflicher Allgemeinplätze, die man beim Verzehr der Vorspeisen für angebracht hielt. Die Appetitanreger sollten den ärgsten Hunger stillen, aber dennoch den Eindruck von Raffinesse vermitteln. Charlotte nahm nicht an der Unterhaltung teil. Die Personen, über die man sich unterhielt, waren ihr nicht bekannt, und sie konnte auch nichts über die Wahrscheinlichkeit einer möglichen Hochzeit zwischen dieser und jenem sagen oder beurteilen, was für ein Unglück es bedeutete, falls es nicht dazu kommen sollte.

Sie ertappte sich dabei, wie sie General Balantyne ansah, der sich als einziger ebenfalls nicht an dem Gespräch beteiligte, entweder aus Unkenntnis oder aus Desinteresse. Sie war ein wenig beunruhigt, als sie feststellte, daß er sie unverwandt anschaute, obwohl Christina gerade besonders geistreich parlierte.

Die übrigen Gäste schienen sich köstlich zu amüsieren, doch plötzlich merkte Christina, daß zwei der Anwesenden von ihrem sprühenden Witz unberührt geblieben waren. Sie schaute Charlotte direkt an und verzog ein wenig das Gesicht.

»Oh, es tut mir ja so leid, Miss Ellison. Wie konnte ich nur vergessen, daß Sie weder Miss Fairgood noch den Enkel des Herzogs kennen. Wie unbedacht von mir. Sie müssen sich richtig übergangen fühlen. Können Sie mir noch einmal verzeihen?«

Nichts hätte Charlottes Ausschluß deutlicher machen können als diese wohlüberlegten Worte. Die Unterhaltung langweilte sie, auch wenn Charlotte sich bisher nichts daraus gemacht hatte, ihren eigenen Gedanken nachzuhängen, doch jetzt spürte sie, wie ihr Gesicht vor Betretenheit brannte. Sie schwieg, weil sie wußte, daß sie unhöflich werden würde, wenn sie etwas sagte, und sie gönnte Christina keine weitere Genugtuung.

»Ich kenne Miss Fairgood ebenfalls nicht.« Balantyne griff nach seinem Glas. »Und ich kann wirklich nicht sagen, daß ich das Gefühl habe, daß mir dadurch etwas entgangen ist. Und es ist mir ebenso gleichgültig wie Miss Ellison, wen der Enkel des Herzogs nun heiratet oder nicht. Allerdings fällt mir gerade ein«, damit wandte er sich Charlotte zu, »daß ich neulich auf einige Briefe gestoßen bin, die ein Soldat geschrieben hat, der im Krimkrieg gekämpft hat. Ich glaube, Sie könnten sie ebenfalls interessant finden. Tröstlich, welche Fortschritte wir seitdem gemacht haben. Ich erinnere mich noch, wie sehr Sie Miss Nightingales Arbeit und ihren Einsatz für die Versorgung der Verwundeten auf der Krim bewundert haben.«

Charlottes Interesse war echt. »Briefe?« fragte sie gespannt. »Oh, das ist noch viel aufregender als ein Geschichtsbuch.« Ohne dabei an Emilys Pläne zu denken, beugte sie sich ein wenig nach vorn. »Ich würde mich sehr freuen, wenn ich sie mir einmal ansehen könnte. Es wäre gerade so, als – als hielte man ein Stück echter Vergangenheit in Händen, nicht nur das Urteil eines anderen darüber! Was wissen Sie von ihm – dem Soldaten, der die Briefe geschrieben hat, meine ich?«

Die ernsten Linien auf Balantynes Gesicht glätteten sich, und er begann seine reservierte Haltung ein wenig zu verlieren. Er stellte sein Glas auf den Tisch. Er schenkte sich die Formalität, ihr zu versichern, daß sie sich die Briefe natürlich ansehen könne, als sei dies selbstverständlich und benötige keiner Bestätigung seinerseits.

»Er war ein sehr intelligenter Mann«, sagte er eifrig. »Es scheint ganz so, als habe er aus freien Stücken als Unteroffizier und nicht als Offizier gedient, und er war ganz offensichtlich des Schreibens und Lesens mächtig. Seine Beobachtungen sind äußerst differenziert und zeugen von einem menschlichen Mitgefühl, das ich äußerst bewegend finde.«

»Dies ist wohl kaum ein erhebendes Thema für ein Dinner.« Augusta blickte ihn mißbilligend an. »Ich kann mir nicht vorstellen, daß sich einer der Anwesenden hier für die Leiden irgendeines gewöhnlichen, lächerlichen Soldaten in – wo es auch gewesen sein mag – interessiert!«

»Auf der spanischen Halbinsel«, erklärte Balantyne, doch sie schenkte ihm keine Beachtung.

»Ich denke doch, das Thema ist ebenso erhebend wie die Heiratspläne von Miss Fairgood«, bemerkte Alan Ross trocken.

»Und wer um Himmels willen sollte sich dafür interessieren?« fragte Christina scharf.

»Beispielsweise ich«, erwiderte Ross. »Dein Vater, und – falls sie nicht höflicher ist, als einige andere Anwesende es heute abend gewesen sind – Miss Ellison.«

Charlotte fing seinen Blick auf und schaute schnell auf ihren Teller. »Leider muß ich gestehen, daß ich durchaus nicht so höflich bin, wie Sie gerade andeuteten, Mr. Ross«, sagte sie und zwang sich, einen gelassenen Gesichtsausdruck zu bewahren. »Ich interessiere mich allen Ernstes für dieses Thema.«

»Wie absonderlich«, murmelte Christina. »Lady Ashworth, Sie sagten eben, Sie hätten vor kurzem die Bekanntschaft von Lady Lavinia Hawkesley gemacht. Finden Sie nicht auch, daß sie eine höchst unterhaltsame Person ist? Obwohl ich mir nicht einmal sicher bin, ob es ihr überhaupt bewußt ist!«

»Ich vermute, die arme Frau langweilt sich zu Tode«, erwiderte Emily mit einem wütenden Blick auf Charlotte. »Und ich muß zugeben, ich kann es ihr nicht einmal verübeln. Sir James ist ein Mann, der jeden langweilen würde. Er ist bestimmt mindestens dreißig Jahre älter als sie, vielleicht sogar noch mehr.«

»Allerdings äußerst wohlhabend«, erklärte Christina. »Und wenn er nur einen Funken Anstand besitzt, wird er die nächsten zehn Jahre nicht überleben.«

»Oh!« Emily verdrehte die Augen. »Aber wie soll die Ärmste denn bloß die nächsten zehn Jahre überstehen?«

Ein Lächeln glitt über Christinas Gesicht. »Sie ist sicher recht einfalls- ...«

»Und das wird noch einmal ihr Verderben sein!« unterbrach Augusta barsch. »Es wäre besser für sie, wenn sie völlig phantasielos wäre. Und was immer dir auch vorschweben mag, Christina, es wäre sehr viel diskreter, wenn du nicht darüber sprechen würdest. Wir wollen schließlich nicht die Weissager der Verfehlungen anderer sein.«

Christina holte tief Luft. Genau das hatte sie offenbar sein wollen, doch merkwürdigerweise widersprach sie nicht. Charlotte meinte sogar zu sehen, wie sie kurz erbleichte und sich ihre Gesichtszüge verhärteten, doch ob es Mitleid oder Wut war, konnte sie nicht beurteilen.

»Ich würde sagen, sie könnte sich für wohltätige Zwecke einsetzen«, schlug George optimistisch vor. »Emily erzählt immer wieder, wie viel es in diesem Bereich zu tun gibt.«

»Und das soll dann alles sein!« Christina wurde mit einem Mal wirklich wütend. »Wenn ein Gentleman sich langweilt, kann er in seinen Club gehen und Würfel oder Karten spielen, er kann Rennen besuchen oder sogar mit seinem eigenen Gespann teilnehmen, wenn er dazu Lust hat! Er kann auf die Jagd gehen oder Billard spielen, ein Theater aufsuchen – oder noch schlimmere Orte –, aber wenn sich eine Dame langweilt, erwartet man von ihr sofort, daß sie sich für wohltätige Zwecke einsetzt, herumgeht und notleidende und schmutzige Menschen besucht, tröstende Worte murmelt und sie anhält, tugendhaft zu sein!«

In ihrem Ausbruch lag soviel Wahrheit, daß Charlotte unmöglich widersprechen konnte, und dennoch war sie nicht in der Lage, Christina Ross auch nur ansatzweise zu erklären, wie viel Sinn und Befriedigung sie selbst in ihrem persönlichen Einsatz für parlamentarische Reformen fand. Es lag eine Realität darin, eine Lebensnähe und Dringlichkeit, die Spiele oder sogar Sport lebensfern und unerträglich trivial erscheinen ließ.

Sie beugte sich vor und suchte nach Worten, um ihren Gefühlen Ausdruck zu verleihen. Alle starrten sie an, doch ihr wollte einfach nichts Passendes einfallen.

»Falls Sie die Absicht haben sollten, sich über die Faszination von Papas militärischen Schriften auszulassen, Miss Ellison, können Sie sich die Mühe sparen«, sagte Christina eisig. »Ich interessiere mich nicht für die Cholera in Sebastopol oder die genaue Zahl der armen Opfer, die beim Angriff der leichten Brigade umgekommen sind. Das Ganze ist für mich nichts als ein idiotisches Spiel, das von Männern gespielt wird, die man besser in Bedlam einsperren sollte, wo sie nur sich selbst Schaden zufügen können ... oder höchstens noch ihren Gesinnungsgenossen!«

Zum ersten Mal verspürte Charlotte einen Anflug von Mitgefühl für Christina. »Können Sie sich vorstellen, daß es eine Möglichkeit gibt, dies in Form eines Gesetzes festzulegen, Mrs. Ross?« fragte sie enthusiastisch. »Denken Sie an all die jungen Männer, die ihr Leben nicht zu verlieren bräuchten, wenn es uns gelänge!«

Christina schaute sie mit einem überraschten Stirnrunzeln an. Sie hatte von niemandem Unterstützung erwartet, und schon gar nicht von Charlotte. Sie hatte eigentlich nur vorgehabt, die anderen zu provozieren. »Sie überraschen mich«, gestand sie freimütig. »Ich habe Sie immer für eine große Bewunderin des Militärs gehalten.«

»Ich hasse blinde Eitelkeit«, antwortete Charlotte. »Und ich finde Dummheit entsetzlich. Die Tatsache, daß beides in der Armee viel gefährlichere Auswirkungen haben kann als sonstwo, außer vielleicht im Parlament, tut jedoch meinem Respekt für den Mut eines Soldaten keinerlei Abbruch.«

»Im Parlament?« Augusta wollte ihren Ohren nicht trauen. »Also wirklich, meine liebe Miss Ellison! Was meinen Sie bloß damit?«

»Ein Dummkopf im Parlament kann Millionen Menschen unterdrücken«, versuchte Balantyne zu erklären. »Und leider gibt es von dieser Sorte wirklich Gott weiß wie viele! Und auch genügend Eitelkeit.« Er schaute Charlotte mit völliger Offenheit an, als habe er einen Moment lang vergessen, daß sie eine Frau war. »Das war das Klügste, das ich seit langem gehört habe«, fügte er mit leichtem Brauenrunzeln hinzu. »Doch ich hatte den Eindruck, Sie wollten etwas ganz anderes sagen, bevor Christina das Gespräch wieder auf die Armee lenkte. Würden Sie die Liebenswürdigkeit besitzen, mir mitzuteilen, was es war?«

»Ich ...« Charlotte spürte genau, wie sein Blick auf ihr ruhte. Das Blau seiner Augen war heller und klarer als in ihrer Erinnerung. Und sie wurde sich seiner Stärke immer mehr bewußt, der Willenskraft, die ihn befähigt hatte, Männer zu kommandieren, die in höchster Gefahr schwebten und den Tod vor Augen hatten. Sie gab den Versuch auf, ihre Gefühle in höfliche Worte zu kleiden.

»Ich wollte sagen, daß ich mich, wenn ich ein wenig freie Zeit zur Verfügung habe, für die Reform einiger Gesetze gegen Kinderprostitution einsetze, damit sie eindeutiger abgefaßt werden, als sie es momentan sind, und der Mißbrauch von Kindern oder die Verschuldung dieses Mißbrauchs als schweres Vergehen bestraft wird, gleichgültig, ob es sich nun um Mädchen oder Jungen handelt.«

Alan Ross wandte sich ihr mit interessiertem Blick zu.

»Tatsächlich?« Augustas Gesichtsausdruck verriet absolutes Unverständnis. »Ich hätte nie gedacht, daß man auf diesem Gebiet irgendwelche Erfolge erreichen könnte, wenn man sich nicht genau in der Materie auskennt, Miss Ellison.«

»Natürlich nicht.« Charlotte nahm die Herausforderung an und erwiderte ihren Blick, ohne mit der Wimper zu zucken. »Es ist in der Tat notwendig, sich eingehend damit zu beschäftigen, sonst wäre jeder Versuch aussichtslos.«

»Wie außerordentlich unerfreulich«, sagte Augusta und gedachte, damit das Thema fallenzulassen.

»Natürlich ist es unerfreulich.« Alan Ross ließ sich nicht den Mund verbieten. »Ich glaube, genau das hat auch Brandy neulich beim Abendessen gesagt. Erinnern Sie sich noch an Brandy, Miss Ellison? Aber wenn diejenigen unter uns, die in der Lage sind, vom Parlament gehört zu werden, sich nicht für die Abschaffung dieser schrecklichen Zustände einsetzen, wer könnte dann eine Veränderung bewirken?«

»Die Kirche«, sagte Augusta schließlich. »Und ich bin ziemlich sicher, daß sie diese Aufgabe sehr viel besser erfüllen kann als wir, wenn wir hier bei Tisch wilde Spekulationen anstellen, die zu nichts führen. Brandon, sei bitte so nett und reiche mir den Senf herüber. Christina, du solltest dich einmal mit deiner Köchin unterhalten – diese Sauce schmeckt äußerst fade. Man könnte genausogut Watte essen! Sind Sie nicht auch meiner Meinung, Miss Ellison?«

»Sie ist mild«, antwortete Charlotte mit einem feinen Lächeln. »Aber ich finde sie durchaus schmackhaft.«

»Wie merkwürdig.« Augusta drehte ihre Gabel um. »Dabei hätte ich angenommen, daß Senf viel mehr nach ihrem Geschmack wäre.«

Nachdem das Essen beendet war, brachte der Butler den Portwein. Augusta, Christina, Emily und Charlotte entschuldigten sich und begaben sich in den Salon, damit die Männer ihre Getränke genießen oder rauchen konnten, wenn sie dies wünschten. Dies war der Teil des Abends, auf den Charlotte sich am wenigsten gefreut hatte. Sie war sich genau bewußt, daß Christina sie nicht mochte, und jetzt kam auch noch Augustas Mißbilligung hinzu. Und zusätzlich zu diesen unangenehmen Empfindungen verspürte sie großes Unbehagen, wenn sie daran dachte, was Emily wohl vorhatte. Sie war mit der klaren Absicht gekommen, die Namen und Eigentümlichkeiten von Christinas weniger ehrbaren Freundinnen zu erfahren, um herauszufinden, ob eine von ihnen möglicherweise von Max verführt worden war. Sie betete zu Gott, daß sie dabei subtil vorgehen würde – wenn es überhaupt möglich war, bei diesen Dingen subtil zu sein.

Emily warf ihr einen warnenden Blick zu, bevor sie sich setzten. »Wissen Sie, ich bin wirklich vollkommen Ihrer Meinung«, sagte sie mit Verschwörermiene zu Christina. »Ich sehne mich so sehr danach, etwas zu tun, das ein wenig abenteuerlicher ist als Leuten, von denen ich sowieso schon alles weiß, Höflichkeitsbesuche abzustatten und langweilige Unterhaltungen zu führen. Oder ›gute Werke‹ zu verrichten. Ich bin sicher, daß sie oft sehr edel sind, und ich bewundere diejenigen, die es genießen, sich auf diese Weise zu engagieren. Doch ich muß gestehen, mir will dies nicht gelingen.«

»Wenn Sie gelegentlich zur Messe gehen und sich um die Familien Ihres Dienstpersonals kümmern, tun Sie Ihrer Pflicht bereits Genüge«, erklärte Augusta. »Andere gute Werke wie Besuche und dergleichen werden nur von alleinstehenden Damen erwartet, die sonst nichts zu tun haben. Auf diese Weise haben sie die Möglichkeit, sich zu beschäftigen und nützlich zu machen. Der Himmel weiß, daß es mehr als genug von diesen Frauen gibt. Man sollte ihnen nicht auch noch diese Funktion streitig machen!«

Einen Moment lang schienen die Damen vergessen zu haben, daß Charlotte, jedenfalls soweit sie wußten, ebenfalls zu dieser Kategorie zählte.

»Ich habe schon daran gedacht, Ausritte im Park zu unternehmen«, sinnierte Emily. »Dort kann man vielleicht allerlei interessanten Leuten begegnen – das habe ich jedenfalls gehört.«

»Allerdings«, sagte Christina. »Ich weiß genau, was Sie meinen. Aber Sie dürfen mir glauben, es gibt andere Dinge, die man tun kann und die sehr viel abenteuerlicher und unterhaltsamer sind als Briefeschreiben oder Höflichkeitsbesuche bei Leuten, die unaussprechlich langweilig sind. Es ist wirklich nicht ungehörig, wenn man nicht allein geht, gemeinsam zu ...«

»Malen Sie, Miss Ellison?« fiel Augusta ihrer Tochter mit lauter, durchdringender Stimme ins Wort. »Oder spielen Sie das Pianoforte? Oder singen Sie vielleicht?«

»Ich male«, antwortete Charlotte sofort.

»Wie schön für Sie.« Christinas Urteil über diese Beschäftigung war unüberhörbar. Alleinstehende Frauen, denen nichts Besseres einfiel, als mit Pinseln und nassen Papierbögen zu Hause herumzusitzen, erschienen ihr so lächerlich, daß sie daran keinen Gedanken verschwendete. Sie wandte sich wieder Emily zu. »Ich habe beschlossen, jeden Morgen, an dem ich dazu Lust verspüre und das Wetter es zuläßt, im Hyde Park auszureiten! Ich bin sicher, daß man mit einem lebhaften Tier sehr viel Vergnügen haben kann.«

»Mit einem lebhaften Tier kann man auch sehr schnell mit dem Gesicht im Schmutz landen, meine Liebe!« fuhr Augusta sie an. »Und es wäre mir sehr lieb, wenn du an meine Worte denken würdest und nicht so tätest, als sei ein Sturz in die Tiefe etwas, das man auf die leichte Schulter nehmen kann!«

Christinas Gesicht war bleich geworden. Sie starrte vor sich hin und blickte weder Augusta noch Emily an. Falls sie etwas zu erwidern hatte, behielt sie es jedenfalls für sich.

Charlotte versuchte verzweifelt, sich etwas einfallen zu lassen, was sie sagen könnte, um das schreckliche Schweigen zu übertönen, doch alles Triviale und Höfliche schien nach diesem plötzlichen Gefühlsausbruch grotesk, auch wenn sie weder den Sinn noch den Grund verstand. Falls Christina sich schon einmal verletzt hatte, vielleicht bei einem Reitunfall, wäre es äußerst taktlos, erneut auf das Thema zu sprechen zu kommen. Es durchzuckte sie der Gedanke, daß dies vielleicht auch der Grund sein könnte, warum sie noch keine Kinder hatte. Charlotte empfand beinahe schmerzliches Mitleid für sie, dabei hatte sie sich doch eigentlich vorgenommen, Christina nichts als Abneigung entgegenzubringen.

»Emily spielt Klavier«, sagte sie schließlich, nur um das Thema zu wechseln und ihre Gedanken loszuwerden.

»Wie bitte?« Augusta schluckte. Auf ihrem Hals waren feine Fältchen zu sehen, die Charlotte bisher noch gar nicht aufgefallen waren.

»Emily spielt Klavier«, wiederholte Charlotte mit wachsender Verlegenheit. Inzwischen kam sie sich lächerlich vor.

»Ach ja? Und Sie haben es nicht gelernt?«

»Nein. Ich habe es vorgezogen zu malen, und Papa hat nicht darauf bestanden.«

»Eine weise Entscheidung. Es ist Zeitverschwendung, ein Kind, das unbegabt ist, zu etwas zwingen zu wollen.«

Darauf gab es keine höfliche Erwiderung. Charlotte hörte plötzlich auf, sich wegen der Zärtlichkeit, die sie im Gesicht des Generals bemerkt hatte, schuldig zu fühlen, oder wegen der kurzen Offenheit in seinen Augen, als er die Annehmlichkeiten des Tisches vergessen hatte und zu ihr gesprochen hatte wie ein Freund, mit dem man sich über das unterhielt, was wirklich wichtig war, Dinge, die einen beschäftigten und berührten.

Als die Männer kurz darauf wieder zu ihnen stießen, war sie mehr als froh, daß er sie sofort in ein fesselndes Gespräch über den Rückzug aus Moskau verwickelte. Sie brauchte keinerlei Interesse vorzutäuschen, denn sie ließ jedes seiner Worte auf sich wirken und war genauso fasziniert wie er von den Stürmen der Geschichte, die über Europa hinwegfegten und das Geschick dieses Erdteils wendeten, und teilte seine Trauer über den einsamen Tod der Männer im bitterkalten Schnee Rußlands.

Als sie schließlich aufgestanden waren und sich verabschiedet hatten, blieb ihr das Gesicht des Generals und nicht das von Christina im Gedächtnis. Erst später, als Emily sich auf der Heimfahrt mit ihr unterhielt, verspürte sie wieder einen Anflug von Schuldgefühl.

»Also wirklich, Charlotte. Ich hatte dich doch gebeten, den General abzulenken, damit wir etwas erfahren konnten, das uns helfen könnte. Ich habe nicht gesagt, du solltest den armen Mann um den Verstand bringen!« sagte sie bissig. »Ich bin wirklich der Meinung, du solltest lernen, dich ein wenig besser zu beherrschen. Das aprikosenfarbene Kleid ist dir wohl zu Kopf gestiegen!«

Charlotte errötete im Dunkel der Kutsche, doch glücklicherweise konnten weder Emily noch George ihr Gesicht sehen. »Ich hätte wohl kaum versuchen können, etwas über Christinas kokette Freundinnen herauszufinden!« sagte sie scharf. »Schließlich habt ihr mich alle als bedauernswerte Kreatur dargestellt, die malend zu Hause sitzt, wenn sie nicht gerade unterwegs ist, um die Unglücklichen mit guten Werken zu beglücken.«

»Ich verstehe sehr gut, daß du Christina nicht leiden kannst.« Emily änderte ihre Taktik und zeigte sich jetzt von ihrer geduldigen Seite. »Ich mag sie auch nicht – und sie hat sich dir gegenüber wirklich sehr beleidigend verhalten. Aber das tut nichts zur Sache! Wir haben sie schließlich nicht besucht, um uns zu amüsieren, sondern um Nachforschungen anzustellen!«

Charlotte wußte nicht, was sie sagen sollte. Sie hatte nicht das geringste herausgefunden. Wenn sie ehrlich war, mußte sie zugeben, daß sie sich großartig unterhalten hatte. Wenn auch nicht die ganze Zeit. Es hatte Momente gegeben, die wirklich unheimlich gewesen waren. Sie hatte ganz vergessen, wie zerstörerisch die Gesellschaft sein konnte.

»Hast du etwas herausgefunden?« fragte sie.

»Ich habe keine Ahnung«, erwiderte Emily in der Dunkelheit. »Vielleicht.«

# Kapitel 7

Emily dachte an die Morde und Tragödien, die sich im Verborgenen abspielen. Ihr war klar, daß zahlreiche Ehen ebenso aus praktischen Erwägungen wie aus romantischen Gefühlen geschlossen wurden, weil man entweder seine gesellschaftliche Stellung verbessern oder seine gefährdete Stellung sichern wollte. Manchmal stellte sich heraus, daß diese Verbindungen genauso gut verliefen wie diejenigen, die in der Hitze der Leidenschaft entstanden waren. Wenn aber Alter und Temperament zu unterschiedlich waren, konnte eine Ehe zum Gefängnis werden.

Auch sie kannte die betäubende Wirkung der Langeweile. Daß sie selbst nicht darunter litt, war nur der Tatsache zu verdanken, daß sie hin und wieder die Möglichkeit hatte, gemeinsam mit ihrer Schwester ein Abenteuer in der reizvollen, beängstigenden, turbulenten Welt der Morde und Tragödien zu bestehen. Doch die dazwischenliegenden langen, öden Intervalle, die mit gesellschaftlichen Bagetellen angefüllt waren, erschienen im Kontrast nur noch unerträglicher. Es war eine Welt, die ganz in sich selbst verschlossen war, wo bereits der oberflächlichste Flirt die Dimension einer großen Leidenschaft annahm, einfache Verstöße gegen die Etikette zu persönlichen Beleidigungen wurden und Fragen der Mode – Schnitt, Farbe und Verzierung eines Kleides – überall bemerkt und diskutiert wurden, als seien sie von immenser Bedeutung.

Wie Christina Ross gesagt hatte, konnten sich gelangweilte Männer mit allen möglichen Sportarten beschäftigen, ob gesund oder ungesund sei dahingestellt, selbst wenn sie riskierten, sich dabei die Knochen zu brechen oder ihr Geld zu verlieren. Arbeitsame Männer, die sich ihrer gesellschaftlichen Rolle bewußt sind und sich verantwortlich fühlen, konnten versuchen, im Parlament oder im Handel Machtpositionen zu erlangen. Sie konnten ins Ausland reisen, um ärmere Länder zu fördern, sie konnten in die

Armee eintreten oder sogar den Weißen Nil erforschen, wenn ihnen der Sinn danach stand, und versuchen, seine Quelle im Herzen des Schwarzen Erdteils zu entdecken.

Für eine Frau gab es nur die Möglichkeit, sich mildtätigen Zwecken zuzuwenden. Ihr Haus wurde von Dienstboten in Ordnung gehalten, ihre Kinder von einem Kindermädchen, einer Amme und später von einer Gouvernante versorgt. Für Menschen, die weder künstlerisch noch sonstwie begabt oder übermäßig intelligent waren, gab es nichts anderes, als Gäste einzuladen oder selbst eingeladen zu werden. Kaum verwunderlich also, daß temperamentvolle junge Damen, wie einige von Christinas Freundinnen, die in Ehen ohne Leidenschaft, Vergnügen oder auch nur Kameradschaft gefangengehalten wurden, sich von einem Mann verführen ließen, der so wild und gefährlich wirkte wie Max Burton.

Aber natürlich hatte Emily sich auch nie irgendwelchen Illusionen darüber hingegeben, daß es viele Männer gab, deren sexueller Appetit zu Hause nicht gestillt wurde. Viele führten aus den unterschiedlichsten Gründen ein enthaltsames Leben, doch selbstverständlich gab es auch zahlreiche Männer, die dies nicht taten. Man sprach nicht über ›Freudenhäuser‹ oder die ›gefallenen Mädchen‹, die darin lebten. O Gott! Wie sie diesen Euphemismus haßte! Nur mit der intimsten Freundin sprach man über die zahlreichen Affären, die sich an langen Jagdwochenenden in Landhäusern abspielten, bei Croquetspielen auf dem Sommerrasen, auf großen Bällen während der Jagdsaison oder an einem Dutzend anderer Orte bei diversen anderen Anlässen. Man billigte es zwar nicht, zeigte sich jedoch verständnisvoll.

Emily versuchte, sich alle ihr bekannten Personen und deren Lebensumstände vorzustellen, die mit Christinas Freundeskreis in Zusammenhang standen und von denen denkbar war, daß sie etwas mit Max und den Mordfällen zu tun haben könnten. Es gab sieben oder acht wahrscheinliche und etwa ein halbes Dutzend denkbare Kandidatinnen, auch wenn sie nicht glauben mochte, daß diese Frauen den nötigen Mut oder die Gleichgültigkeit gegenüber Werten wie Sittsamkeit und Treue aufgebracht hätten. Falls sich nichts Besseres ergeben sollte, würde sie Pitt die Namen nennen, damit er herausfinden konnte, wo ihre Ehemänner sich zur Tatzeit aufgehalten hatten.

Außerdem mußte man in Betracht ziehen, daß eine der Frauen das Pech gehabt hatte, erkannt zu werden – jemand hätte sie verraten oder auch erpressen können. Man brauchte sich nur vorzustellen, daß ein Mann sich in einem Bordell amüsieren wollte und feststellen mußte, daß er seine eigene Frau gekauft hatte! Es gab unendlich viele Möglichkeiten, und alle waren schmerzhaft und auf hoffnungslose Weise lächerlich.

Möglich, daß eine dieser Frauen, die für Max gearbeitet hatte, Bertie Astley angeboten worden war. Möglich, daß jemand in Panik geraten war oder tödliche Haßgefühle entwickelt hatte, was dann nicht nur zum Mord an Max, sondern auch zu dem an Astley geführt hatte. Was Hubert Pinchin allerdings mit der Sache zu tun haben konnte, ging über ihre Vorstellungskraft.

Die andere durchaus wahrscheinliche Theorie erschien ihr noch unangenehmer: Beau Astley hatte von den grausamen Morden an Max und Dr. Pinchin gelesen und die Gelegenheit genutzt, die Tötungsart nachzuahmen, um seinen älteren Bruder aus der Welt zu schaffen. Es wäre nicht der erste Fall, in dem es einen Nachahmungstäter gab, der versuchte, einem Mann, der bereits zwei Menschen umgebracht hatte, auch noch einen dritten Mord anzuhängen.

Beau Astley konnte vom Tod seines Bruders nur profitieren, soviel stand fest. Doch wie sehr war er darauf aus gewesen? Befand er sich in finanziellen Schwierigkeiten oder kam er mit den Geldquellen, über die er verfügte, gut aus? War er in May Woolmer verliebt? Was für ein Mensch war er überhaupt?

Am Frühstückstisch trank Emily ihren Tee in kleinen Schlucken. George war in keiner guten Stimmung. Er verbarg sich hinter seiner Zeitung, nicht um sie zu lesen, sondern weil er keine Lust hatte, sich zu unterhalten.

»Ich habe neulich die arme May Woolmer besucht«, bemerkte Emily fröhlich.

»Ach ja?« Georges Stimme klang abwesend, und Emily wurde klar, daß er vergessen hatte, wer May Woolmer überhaupt war.

»Sie trägt natürlich immer noch Trauer«, fuhr sie fort. Eine direkte Frage wäre wahrscheinlich zwecklos. George konnte Neugierde nicht ausstehen; sie war vulgär und für andere Menschen meist beleidigend. Es kümmerte ihn nicht, wenn sich jemand ungerechtfertigt gekränkt fühlte, doch er haßte es, wenn man ihn für einfältig oder taktlos hielt. Er wußte, wie wichtig es war, von anderen anerkannt zu werden.

»Entschuldigung, was hast du gerade gesagt?« Er hatte nicht aufgepaßt und legte jetzt widerwillig die Zeitung zur Seite, da er feststellen mußte, daß sie keine Anstalten machte, das Thema fallenzulassen.

»Sie trauert immer noch um Bertie Astley«, wiederholte Emily.

Endlich schien er zu verstehen. »Ach ja, natürlich. Wirklich schade. Er war ein netter Kerl.«

»O George!« Sie schaute ihn entsetzt an.

»Was ist denn?« Er verstand ihre Reaktion nicht. Es war nur eine harmlose Bemerkung gewesen, und Astley war ganz gewiß ein liebenswürdiger Mann gewesen.

»George!« Sie senkte die Stimme und schlug die Augen nieder. »Ich habe erfahren, wo man ihn gefunden hat, weißt du!«

»Was?«

Sie wünschte sich, sie könnte auf Kommando rot werden. Es gab Frauen, die dies konnten, und es war eine äußerst nützliche Gabe. Sie mied seinen Blick, für den Fall, daß er in ihren Augen nicht das erwartete tugendhafte Entsetzen, sondern Neugier lesen würde.

»Er ist vor der Tür eines Freudenhauses gefunden worden.« Sie sprach den Euphemismus aus, als sei ihr das Wort peinlich. »Ein Haus, in dem auch die ›Angestellten‹ Männer sind!«

»O Gott! Woher weißt du das?« Diesmal war sein Interesse echt. Sein Gesicht sah bestürzt aus, seine dunklen Augen waren weit aufgerissen. »Emily?«

Einen Moment lang fiel Emily keine passende Antwort ein. Das Gespräch war ihr entglitten, auf diese Wende war sie nicht vorbereitet gewesen, obwohl sie es eigentlich hätte voraussehen müssen. Sollte sie gestehen, die Zeitungen gelesen zu haben? Oder sollte sie Charlotte die Schuld geben? Nein, das war keine gute Idee – es könnte unangenehme Folgen nach sich ziehen. George könnte sogar auf die Idee kommen, daß sie Charlotte nicht mehr so häufig sehen sollte, besonders während der Ermittlungen in skandalösen Mordfällen wie diesen.

Plötzlich kam ihr der rettende Gedanke. »May hat es mir gesagt. Der Himmel weiß, wo sie es gehört hat. Aber du weißt ja, wie schnell sich diese Geschichten rumsprechen. Wieso fragst du? Stimmt es etwa nicht?« Sie sah ihm tief in die Augen, diesmal mit einem vollkommen unschuldigen Gesichtsausdruck. Sie hatte keine Skrupel, George in unwichtigen Punkten hinters Licht zu führen – es geschah schließlich zu seinem eigenen Besten. In wichtigen Fällen sagte sie immer die Wahrheit, beispielsweise wenn es um Treue oder Geld ging. Aber manchmal mußte man George eben ein wenig manipulieren.

Seine Schultern entspannten sich, und er lehnte sich wieder in seinem Stuhl zurück, sah aber immer noch verwirrt aus. Zwei Dinge beunruhigten ihn: die äußerst anstößigen Umstände von Bertie Astleys Tod und wieviel davon Emily erfahren durfte.

Sie verstand ihn genau und rettete die Situation, bevor sie ihr wieder entglitt und sie gezwungen war, noch einmal ganz von vorn anfangen zu müssen. »Vielleicht sollte ich May aufsuchen und alles richtigstellen?« meinte sie. »Wenn es nämlich nur ein gemeines Gerücht ist ...«

»O nein!« Er tat es zwar ungern, aber es blieb ihm keine andere Wahl. »Leider kannst du das nicht tun. Es entspricht nämlich alles vollkommen der Wahrheit.«

Emily setzte ein angemessen betroffenes Gesicht auf, als habe sie tatsächlich gehofft, daß dies nicht der Fall sei. »George? War Sir Bertram – ich meine, hatte er – absonderliche Neigungen?«

»Großer Gott, nein! Das ist ja gerade so verdammt seltsam daran! Ich kann es einfach nicht verstehen.« Er verzog das Gesicht, eine für ihn seltene Offenheit. »Aber ich befürchte, wir kennen oft andere Menschen weit weniger gut, als wir annehmen. Vielleicht war er tatsächlich ..., und keiner hat es gewußt.«

Emily streckte ihre Hand über den Tisch und ergriff die seine. »Denk das nicht, George«, sagte sie sanft. »Ist es nicht viel wahrscheinlicher, daß ein anderer Verehrer von May Woolmer so verrückt nach ihr war, daß er einfach die Gelegenheit beim Schopf gepackt und sich von seinem Nebenbuhler befreit hat und ihn dabei gleichzeitig gesellschaftlich ruiniert hat? So konnte er ihm sowohl das Leben nehmen als auch die gute Erinnerung an ihn vernichten. May kann schließlich nicht liebevoll an einen Mann zurückdenken, der solchen anstößigen Neigungen gefrönt hat!«

Er dachte einen Augenblick darüber nach, während er ihre Hand mit der seinen umschloß. Es gab Momente, in denen spürte er tiefe Zuneigung zu ihr. Eins mußte man Emily lassen: Auch nach fünf Jahren Ehe war sie kein bißchen langweilig.

»Das bezweifle ich«, sagte er schließlich. »Sie ist eine hübsche Kreatur, daran besteht gar kein Zweifel, aber ich kann mir nicht vorstellen, daß sich jemand so heftig in sie verliebt, daß er zu so etwas fähig wäre. Dazu hat sie zu wenig – zu wenig Feuer. Und viel Geld hat sie auch nicht, weißt du.«

»Ich dachte immer, Beau Astley sei bis über beide Ohren in sie verliebt«, sinnierte sie.

»Beau?« fragte er ungläubig.

»Etwa nicht?« Jetzt war auch sie verwirrt.

»Ich glaube, er kann sie gut leiden, ja sicher, aber er hat andere Interessen, und ich kann mir ganz und gar nicht vorstellen, daß er in der Lage wäre, seinen eigenen Bruder umzubringen!«

»Immerhin wären da der Titel und das Geld«, warf sie ein.

»Kennst du Beau Astley überhaupt?«

»Nein«, sagte sie erwartungsvoll. Endlich waren sie auf das eigentliche Thema zu sprechen gekommen. »Was ist er denn für ein Mensch?«

»Sympathisch – eigentlich viel netter als der arme Bertie. Und großzügig«, sagte er mit Überzeugung. »Ich glaube, ich muß ihn unbedingt besuchen und sehen, wie es ihm geht.« Er ließ die Zeitung zu Boden gleiten und stand auf. »Ich habe Beau immer gern gemocht. Dem armen Kerl geht es bestimmt miserabel. Trauern ist so öde – es macht alles noch schlimmer. Egal wie schlecht es einem auch gehen mag, man hat bestimmt keine Lust, in einem Haus voller Gaslampen und schwarzem Crêpe zu sitzen, in dem die Dienstboten sich nur noch im Flüsterton unterhalten und die Mädchen sofort anfangen zu flennen, wenn sie einen sehen. Ich gehe zu ihm und leiste ihm ein bißchen Gesellschaft.«

»Eine gute Idee«, stimmte sie ihm ernst zu. »Ich bin sicher, er wird dir sehr dankbar sein. Du bist wirklich äußerst einfühlsam.« Wie konnte sie ihn dazu bringen, Beau Astley ein wenig auszufragen, ohne daß er Verdacht schöpfte? »Er sehnt sich vielleicht danach, jemandem sein Herz auszuschütten, einem guten Freund, dem er vertrauen kann«, sagte sie und beobachtete dabei Georges Gesicht. »Schließlich müssen ihm viele traurige und verstörende Gedanken durch den Kopf gehen, wenn er versucht zu begreifen, wie sich wohl alles zugetragen hat. Und bestimmt ist er sich auch über die Mutmaßungen der anderen im klaren. Ich bin sicher, ich an seiner Stelle würde mich danach sehnen, mich jemandem anzuvertrauen!«

Falls er überhaupt auf die Idee kam, daß sie Hintergedanken haben könnte, zeigte sich davon nichts in seinem Gesicht. Jedenfalls nahm sie nicht an, daß dies der Grund für sein verstohlenes Lächeln sein könnte ... Oder sollte sie sich doch irren?

»Du hast recht«, antwortete er ernst. »Manchmal ist es wirklich eine große Erleichterung, wenn man mit jemandem reden kann – ganz im Vertrauen!«

War George vielleicht doch scharfsinniger als sie angenommen hatte? Und gar nicht so abgeneigt, ein wenig auf eigene Faust Detektiv zu spielen? Sicher nicht! Sie schaute seiner eleganten Gestalt nach, als er durch die Tür ging, und verspürte das prickelnde Gefühl freudiger Überraschung.

Drei Tage später hatte Emily erreicht, daß man sie gemeinsam mit George und Charlotte zu einem kleinen Privatball eingeladen hatte, von dem sie bereits im voraus wußte, daß die Balantynes und mit ihnen auch Alan Ross und Christina anwesend sein würden. Welche Entschuldigung Charlotte sich für Pitt ausdachte, war ihre Sache.

Emily war sich nicht ganz sicher, welche Informationen sie einzuholen gedachte, doch sie war durchaus nicht naiv, was die Gewohnheiten der vornehmen Herren betraf. Sie hatte gelernt, die erstaunliche Flexibilität jener Männer zu akzeptieren, die nachts ihren körperlichen Gelüsten in den teureren Bordellen in der Nähe von Haymarket befriedigen und dann einfach nach Hause kommen und das Frühstück einnehmen. Als wäre nichts geschehen, schlüpften sie problemlos in ihre Rolle als Oberhaupt ihrer schweigenden Familie, wo ein Wink genügte, um alle in geschäftige Unruhe zu versetzen, und man jedem Wort mit unbedingtem Gehorsam Folge leistete. Emily hatte bewußt das gesellschaftliche Leben gewählt, und sie genoß die Privilegien, die es ihr bot. Deshalb verurteilte sie die Heuchelei in keiner Weise, bewunderte sie allerdings auch nicht.

Emily hegte keinerlei Sympathie für Christina Ross. Allerdings konnte sie sich vorstellen, daß Christina Frauen bewunderte, die den Mut hatten, aus ihrem gesellschaftlichen Gefängnis auszubrechen und nach den Regeln der Männer zu leben, selbst wenn sie dabei für eine wilde Maskerade in einem Haus wie dem von Max in Devil's Acre alles aufs Spiel setzten. Emily hielt dies für außerordentlich töricht! Nur eine Frau, die völlig den Verstand verloren hatte, konnte soviel für eine schale Entschädigung aufs Spiel setzen – und sie haßte soviel Dummheit.

Sie war sich bewußt, daß Langeweile manchmal alle Intelligenz untergrub, selbst jedes Gefühl der Selbsterhaltung. Sie hatte erlebt, wie sich überreizte Frauen, die sich einbildeten, sie wären verliebt, wie die Lemminge kopfüber in ihr eigenes Unglück gestürzt hatten. Meist waren sie jung, waren zum ersten Mal sexueller Leidenschaft begegnet. Vielleicht wuchs mit den Jahren auch nur die Resignation: Man nahm Gewohnheiten an, lernte, seine Verletzbarkeit besser zu verbergen. Die innere Verzweiflung blieb vielleicht gleich. Vielleicht wollte es der Zufall, daß heute abend unter Christinas Freundinnen wenigstens eine Frau war, die für Max gearbeitet hatte?

Sie wollte auch Charlotte bei sich haben, weil sie eine gute Beobachtungsgabe besaß. Charlotte mochte in bestimmten Dingen zwar naiv sein, doch in anderen war sie erstaunlich scharfsichtig. Außerdem konnte Christina sie nicht ausstehen, schien in gewisser Weise sogar beinahe eifersüchtig auf sie zu sein. Und in der Hitze heftiger Gefühle neigte man bekanntlich dazu, sich zu verraten. Charlotte konnte äußerst charmant sein, wenn sie sich gut amüsierte, jemandem ihre ganze Aufmerksamkeit schenkte – wie sie es aus einem ihr unverständlichen Grund bei General Balantyne tat. Wenn es irgend etwas gab, das Christinas Selbstbeherrschung zu Fall bringen konnte, dann war es Charlotte, wenn sie mit dem General flirtete – und vielleicht sogar mit Alan Ross.

Emily, George und Charlotte trafen gemeinsam auf Lord und Lady Easterbys Ball für deren älteste Tochter ein. Sie kamen gerade so spät, wie es die Höflichkeit erlaubte, erregten aber dennoch bei den Gästen einiges Aufsehen, die sich bereits in der Eingangshalle drängten.

Emily trug ihre Lieblingsfarbe, ein zartes Wassergrün, das hervorragend zu ihrer hellen Haut paßte, und ihre weichen Locken glänzten im Licht wie ein Heiligenschein. Sie sah aus wie der Geist eines flüchtigen englischen Frühsommertages, wenn die Blüten noch makellos sind und die Luft mit kühlem, flimmerndem Licht durchsetzt ist.

Sie hatte sich mit Charlotte viel Mühe gegeben und hatte genau überlegt, was dem General wohl am besten gefallen und Christina am meisten irritieren würde. Charlotte betrat den Ballsaal in einem strahlenden, leuchtenden Enzianblau. Das Kleid umschloß zart ihren Hals und ließ ihr Haar in einem tiefen, edlen Kupferton glänzen. Sie sah aus wie eine tropische Nacht, in der das Gold der Sonne bereits verschwunden ist, die Wärme der Erde jedoch noch anhält. Wenn Charlotte auch nur im entferntesten von Emilys Plänen ahnte, war ihr davon jedenfalls nichts anzumerken. Das war gut so, denn Emily bezweifelte, daß Charlottes Gewissen es zugelassen hätte, bei einem solchen Plan mitzumachen. Wenn sie zudem bewußt zu flirten versuchte, war sie sowieso hoffnungslos! Es war lange her, daß Charlotte die Möglichkeit gehabt hatte, sich elegant zu kleiden, extravagant zu sein, die ganze Nacht zu tanzen. Sie schien sich ihrer Sehnsucht nach diesem Vergnügen nicht einmal bewußt zu sein.

Ihre Schwester wurde mit neugierigen Blicken empfangen. Georges Titel und die Tatsache, daß Charlotte ein neues Gesicht und daher geheimnisvoll war, hätten bereits genügt. Doch daß die Schwestern auch noch hinreißend aussahen, reichte, um eine Flut von Spekulationen und Klatsch auszulösen, die genügend Gesprächsstoff für einen ganzen Monat liefern würde.

Um so besser, es würde den Abend nur noch spannender machen. Christina sah es sicher nicht gern, wenn man sie ausstach. Emily fragte sich einen bangen Moment lang, ob sie sich vielleicht verkalkuliert hatte und das Ergebnis weniger aufschlußreich und dafür sehr viel unangenehmer ausfallen würde, als sie beabsichtigt hatte, doch dann verwarf sie ihre Befürchtungen wieder. Jetzt war es sowieso zu spät.

Sie schwebte mit einem strahlenden Lächeln auf Lady Augusta Balantyne zu, die steif und sehr würdevoll dastand und ein charmantes Lächeln aufzusetzen bemüht war.

»Guten Abend, Lady Ashworth«, sagte Augusta kühl. »Lord Ashwort. Wie reizend, Sie wiederzusehen. Guten Abend, Miss Ellison.«

Emily fühlte sich plötzlich beschämt. Sie blickte Augusta an, sah ihre angespannten Schultern, die feinen Nackenmuskeln, die sich unter ihrem Rubincollier abzeichneten, unter dem Gewicht der kalten, blutfarbenen Steine. Hatte Augusta wirklich Angst vor Charlotte? War es möglich, daß sie ihren Gatten tatsächlich liebte? Daß die Zärtlichkeit, die um seinen Mund spielte, als er Charlotte begrüßte, und seine auffallend gerade Haltung mehr bedeuteten? Daß es für ihn nicht nur ein unbedeutender Flirt mit einer hübschen Frau war, sondern etwas, das Gefühle berührte, die tiefer waren, die schmerzten und ihn verstörten und eine Einsamkeit zurückließen, die niemals mit einer anderen

Empfindung ausgefüllt werden konnte – und daß Augusta dies wußte?

Der Ballsaal funkelte, und die Gäste lachten, aber einen Augenblick lang bemerkte Emily von all dem nichts. An den Decken hingen Kronleuchter mit leise klirrenden Verzierungen aus Kristallglas, Violinsaiten wurden kurz gestimmt und ließen dann ihre vollen, satten Töne erklingen, Diener glitten elegant mit Gläsern voll Champagner und Obstpunsch hin und her.

Sie hatte beabsichtigt, Christinas Schutzpanzer anzukratzen und vielleicht in einem unbedachten Moment ein wenig von dem zu erfahren, was sie über die vornehmen Damen wußte, die möglicherweise in Maxs Bordell verkehrt hatten. Das letzte, was Emily gewollt hatte, war jemanden wirklich zu verletzen. Hoffentlich wußte Charlotte, was sie tat!

Ihre Gedanken wurden durch höfliche Konversation gestört. Sie kam dieser Aufgabe jedoch nur halbherzig nach, machte einige lächerliche Bemerkungen darüber, wer wohl das Pferderennen im Sommer gewinnen würde und wer nicht – sie war sich nicht einmal sicher, ob vom Derby, dem Rennen der Dreijährigen, oder dem Oaks, dem Stutenrennen in Epsom, die Rede war. Jedenfalls wurde der Name des Prinzen von Wales erwähnt.

Es dauerte ungefähr dreißig Minuten, bis sich das Thema von selbst erschöpft hatte und Alan Ross Emily fragte, ob sie ihm die Ehre erweisen wolle, ihm den nächsten Tanz zu schenken. Es war ein merkwürdiges Gefühl, jemandem so nah zu sein, seine Bewegungen zu teilen, ihn manchmal sogar zu berühren und doch kaum ein Wort dabei zu wechseln. Sie kamen so schnell zusammen und wirbelten auch schon wieder auseinander, daß jedes Gespräch unmöglich war.

Sie beobachtete sein Gesicht. Er sah nicht so gut aus wie George, doch er besaß eine Sensibilität, die sie mehr und mehr anzog, je länger sie ihn kannte. Die Erinnerungen an die Ereignisse am Callander Square drängten sich ihr auf, und sie fragte sich, wie sehr ihn das alles mitgenommen hatte. Es war kein Geheimnis gewesen, daß er Helena Doran geliebt hatte. Waren seine Wunden immer noch nicht verheilt? War es dieser Schmerz, der sich auf seinen Wangen und in den Falten um seinen Mund abzeichnete?

Das konnte auch ein guter Grund für Christinas Schärfe sein, für ihr offenkundiges Bedürfnis, Charlotte zu verletzen. Charlotte wußte von Helena und war jetzt dabei, die Grenzen des üblichen

Flirts mit dem General zu überschreiten und sich mit ihm anzufreunden. Auch wenn man es für etwas geschmacklos hielt, tolerierte man, wenn ein Mann eine Beziehung mit einer Frau einging, nur weil ihm ihr voller Busen oder ihre fließenden Hüften gefielen. Echte Gefühle, womöglich geistige Wahlverwandtschaft gegenüber solch einer Person zu bekunden, bedeutete jedoch den Bruch mit den Konventionen der Gesellschaft.

Nach welchen Regeln lebte Christina? Was wußte sie überhaupt?

Emily schaute sich im Saal um, während sie sich in den Armen von Alan Ross drehte, blickte über seine Schulter und sah Christina eng umschlungen mit einem eleganten Kavallerie-Offizier tanzen. Sie blickte gerade lachend zu ihm hoch und sprühte vor Lebenslust. Der Offizier war eindeutig hingerissen.

Emily schaute Alan Ross an. Auch er mußte sie gesehen haben, er hatte nur einen Augenblick zuvor in dieselbe Richtung geschaut, doch sein Gesicht war ausdruckslos. Entweder war er schon so sehr daran gewöhnt, daß er gelernt hatte, seine Gefühle hinter einer Maske zu verbergen, oder es machte ihm inzwischen nichts mehr aus.

Der Gedanke, der sich bei dieser Vorstellung einstellte, war naheliegend und dennoch so unangenehm, daß Emily einen Moment lang aus dem Takt kam und einen Fehler machte. Zu jedem anderen Zeitpunkt hätte sie sich darüber krank geärgert, doch dieser neue Gedanke beschäftigte sie so sehr, daß die Trivialität eines schlichten Schrittfehlers beim Tanzen ihr völlig unwichtig vorkam.

Gehörte Christina etwa selbst zu den Frauen, die für Max gearbeitet hatten? Alan Ross war weder alt noch im geringsten langweilig. Doch vielleicht waren gerade sein Charme und seine innere Unnahbarkeit ein viel stärkerer Ansporn, sich in Abenteuer zu stürzen, ganz gleichgültig wie oberflächlich sie auch sein mochten.

Plötzlich verwandelte sich Emilys Feindseligkeit gegenüber Christina in Mitleid. Sie mochte sie zwar immer noch nicht, aber sie war gezwungen, Verständnis für sie aufzubringen. Sie tanzte eng mit Alan Ross, sie konnte das Tuch seines Jacketts durch ihren Handschuh fühlen, und sie bewegte sich in perfekter Harmonie mit seinem Körper. Obwohl sie sich kaum berührten, bildeten sie eine Einheit. Wußte er von dem, was Christina tat, oder erriet er es? Hatte er Max getötet und verstümmelt, weil er das Gefühl der Schmach, der gekränkten Eitelkeit nicht länger hatte ertragen können?

Es war wirklich absurd! Hier war sie nun, in blaßgrüne Seide gehüllt, und tanzte zu Violinklängen unter all diesen Lichtern, in den Armen eines Mannes, mit dem sie sich unterhielt wie mit einem Freund. In Gedanken jedoch folgte sie ihm durch schmutzige Gassen, auf der Suche nach einem ehemaligen Diener, der zum Zuhälter geworden war, um ihn aus Rache für die Entehrung seiner Frau zu ermorden.

Wie konnten zwei so unterschiedliche Welten so nah beieinander liegen – oder sogar miteinander verwoben sein? Wie weit war Devil's Acre entfernt – drei Meilen, fünf Meilen? Und wie weit entfernt war es in Gedanken?

Wie viele der anwesenden Männer mit ihren schneeweißen Hemden und untadeligen Manieren verließen in den Nächten ihr Heim, um sich in Häusern wie dem von Max zu betrinken und es im Bett mit einer lachenden Hure zu treiben?

Der Tanz war zu Ende. Sie wechselte ein paar höfliche Worte mit Alan Ross und fragte sich, ob er auch nur im geringsten ahnte, woran sie dachte. Oder ob seine eigenen Gedanken von ihr so weit entfernt gewesen waren wie ihre Gedanken von diesem funkelnden Ballsaal.

Lady Augusta unterhielt sich gerade mit einem jungen Mann mit blondem Backenbart. Charlotte hatte mit Brandy Balantyne getanzt, doch jetzt kam der General auf sie zu und bot ihr seinen Arm, nicht zum Tanz, sondern um ihn irgendwohin in Richtung des riesigen Wintergartens zu begleiten. Er hielt seine breiten Schultern sehr gerade, seinen Kopf jedoch zu ihr heruntergeneigt, voll Aufmerksamkeit, und unterhielt sich angeregt mit ihr. In Gedanken verfluchte Emily ihre Schwester. Manchmal war Charlotte so verdammt töricht, daß sie ihr am liebsten eine Ohrfeige gegeben hätte! Sah sie denn nicht, daß der Mann im Begriff war, sich in sie zu verlieben? Er war fünfzig, einsam, intelligent, aber unfähig, seine Gefühle auszudrücken – und so empfindsam, daß es ihr schon lächerlich vorkam.

Aber Emily konnte jetzt kaum hinter Charlotte hereilen, sie losreißen und ihr mit Gewalt den Kopf waschen. Am allerschlimmsten war, daß sie zutiefst betroffen sein würde, wenn sie erst erkannte, was sie angerichtet hatte. Ihr war dieser Mann einfach sympathisch, und sie war unverbildet genug, ihm dies auf eine Weise zu zeigen, die für sie ganz natürlich war – sie bot ihm ihre Freundschaft an.

George war plötzlich an Emilys Seite und sagte etwas zu ihr.
»Was hast du gerade gesagt?« fragte sie geistesabwesend.
»Balantyne«, wiederholte er. »Wirklich sehr merkwürdig für einen Mann seiner Herkunft.«

Emily mochte zwar ihre persönlichen Gedanken über Charlottes Verhalten hegen, und die waren momentan alles andere als freundlich, doch sie war nicht gewillt, von Außenstehenden auch nur die kleinste Kritik gegen sie zu dulden, selbst wenn sie von George kam.

»Ich weiß wirklich nicht, wovon du sprichst«, sagte sie förmlich. »Aber wenn du dich entschuldigen möchtest, werde ich deine Entschuldigung annehmen.«

Er war völlig verblüfft. »Ich dachte immer, du wärst an gesellschaftlichen Reformen interessiert?« sagte er mit einem leichten Kopfschütteln. »Du bist doch diejenige gewesen, die das Thema als erste zur Sprache gebracht hat – und Charlotte natürlich.«

Jetzt war auch sie verwirrt. Sie starrte ihn ungeduldig an. Was er sagte, ergab überhaupt keinen Sinn.

»Was ist denn los mit dir – fühlst du dich nicht wohl?« fragte er schließlich. Plötzlich zeigte sich ein Schatten von Argwohn auf seinem Gesicht. »Emily! Was geht hier überhaupt vor?«

George stellte ihre Handlungsweise nur sehr selten in Frage. Sie war trotzdem stets vorsichtig und legte sich bereits vorher die passenden Antworten zurecht. Und wenn sie nicht ganz der Wahrheit entsprachen, war sie sich dennoch immer völlig sicher, daß er nichts davon merken würde. Doch diesmal kam alles so unvorbereitet, daß sie nicht genug Zeit hatte, sich eine gute Lüge auszudenken. Alles, was ihr blieb, waren Ausflüchte.

»Tut mir leid«, sagte sie kleinlaut. »Ich habe gerade Charlotte und General Balantyne beobachtet. Ich befürchte, sie ist sich nicht bewußt, was sie mit ihrem Verhalten anrichtet. Ich dachte, du hättest darauf angespielt. Aber jetzt ist mir natürlich klar, daß ich mich geirrt habe.«

»Ich dachte, genau das hättest du im Sinn gehabt«, sagte er aufrichtig. »Du hast ihr schließlich das Kleid gegeben. Du hättest wissen müssen, daß sie darin verführerisch aussehen würde.«

Emily mußte zugeben, daß er recht hatte, und wurde erneut von Schuldgefühlen geplagt. Sie hatte es ja in der Tat geplant, selbst wenn ihr die Fäden inzwischen entglitten waren.

»Ich habe nicht vorausgesehen, daß sie wie ein Dummkopf mit ihm flirten würde!« fuhr sie ihn an.

»Ich finde, sie macht es recht gekonnt.« Er klang selbst überrascht. Er kannte Charlotte seit der Zeit vor ihrer Heirat mit Pitt. Damals war sie noch das Sorgenkind ihrer Mutter gewesen, weil sie es partout nicht fertigbrachte, absichtlich zu flirten. Man erwartete von ihr, daß sie ihren Charme mit der richtigen Mischung aus Offenheit und Verstellung, Aufregung und Humor verband. Doch die Jahre und ihr neues Selbstbewußtsein hatten sie deutlich verändert. Sie flirtete jedoch noch immer nicht auf die gesellschaftlich sanktionierte Weise. Die Sympathie, die sie Balantyne spüren ließ, ermunterte ihn nicht zu einem kleinen Abenteuer, sondern bot ihm echte Freundschaft an, in der Schmerz und Freude beieinander liegen und bei der man dem anderen etwas von seinem innersten Selbst preisgibt.

Emily hatte plötzlich das Gefühl, daß sie Georges Unterstützung noch brauchen würde. »Was hast du da gerade über gesellschaftliche Reformen gesagt?« erkundigte sie sich.

Vielleicht spürte er ihre Niedergeschlagenheit, vielleicht waren es aber auch nur seine guten Manieren. »Brandy Balantyne sprach eben über gesellschaftliche Reformen«, antwortete er freundlich. »Diese grauenvollen Ereignisse in Devil's Acre haben ihm erstaunlich zugesetzt. Ich glaube, er hat wirklich vor, etwas in der Sache zu unternehmen!«

Sie sprach, ohne zu überlegen. »George, was sind das für Männer, die nach Devil's Acre gehen, in Häuser wie das von Max?«

»Also wirklich, Emily ... Ich glaube kaum ...« Zu ihrem großen Erstaunen sah er verlegen aus, als sei es ihm immer noch peinlich, dieses Thema mit ihr zu besprechen.

Sie blickte ihn mit weit aufgerissenen Augen an. »Gehst du etwa dorthin, George?«

»Nein, ich bestimmt nicht!« Er war ehrlich entrüstet. »Wenn ich so etwas vorhätte, würde ich höchstens zum Haymarket gehen oder zum ... Nein, nach Devil's Acre ganz sicher nicht!«

»Und was würdest du denken, wenn ich dorthin gehen würde?« fragte sie.

»Sei nicht albern.« Er nahm sie nicht ernst.

»Es muß schließlich auch Frauen dort geben«, warf sie ein, »sonst gäbe es dort auch keine Bordelle.« Sie vergaß im Eifer des

Gefechts sogar, einen Euphemismus für diese Etablissements zu benutzen.

»Natürlich gibt es dort Frauen, Emily«, sagte er mit übertriebener Geduld. »Aber sie sind ganz anders als du. Es sind keine – nun ja – keine Frauen, mit denen man etwas – etwas anderes tun würde als ...«

»Unzucht treiben«, führte sie seinen Satz nachdrücklich zu Ende. Wieder hatte sie keine der üblichen beschönigenden Umschreibungen benutzt.

»Richtig.« Sein Gesicht war ein wenig gerötet, doch sie zog es vor zu glauben, daß dies eher auf ein allgemeines Gefühl des Unbehagens hinsichtlich seiner Geschlechtsgenossen zurückzuführen war als auf etwaige persönliche Schuldgefühle. Sie wußte zwar genau, daß sein Verhalten nicht immer einwandfrei gewesen war, doch sie war klug genug, nicht die Sprache darauf zu bringen. Neugierige Fragen führten letztendlich nur dazu, daß man unglücklich wurde. Soweit sie wußte, hatte er sich ihr gegenüber seit ihrer Hochzeit loyal verhalten, und das war alles, was sie erwarten durfte.

Sie lächelte ihn mit aufrichtiger Wärme an. »Aber Bertram Astley hat es getan.«

Der Schatten legte sich wieder über seinen Blick, und er sah verwirrt aus. »Merkwürdig«, murmelte er. »Ich glaube nicht, daß du dieser Sache weiter nachgehen solltest, Emily. Es ist wirklich eine höchst schmutzige Angelegenheit. Von mir aus kannst du dich ja für Charlottes Nachforschungen interessieren, solange sie einigermaßen im Rahmen bleiben – wenn es denn unbedingt sein muß.« Er war sich bewußt, daß er nur wenig Möglichkeiten hatte, sich ihr gegenüber Autorität zu verschaffen, ohne daß es zu Unstimmigkeiten kam, und er haßte Unstimmigkeiten. »Aber ich glaube wirklich, daß du nicht versuchen solltest, mehr über gewisse Verirrungen zu erfahren. Es würde dich nur aufregen.«

Plötzlich verspürte sie ein inniges Gefühl der Zuneigung zu ihrem Mann. Seine Sorge um sie war echt, er kannte die Welt, die sie gerade zu erforschen begonnen hatte, er kannte die Verirrungen und Begierden. Er wollte nicht, daß sie damit in Berührumg kam und ihre Vorstellungswelt getrübt würde.

Sie legte ihre Hand auf seinen Arm und rückte ein wenig näher an ihn heran. Trotzdem hatte sie nicht die Absicht, seiner Bitte nachzukommen. Sie war viel stärker, als er annahm, aber es war schmeichelhaft, daß er sie für so zart und unberührt hielt. Es war eine verrückte Idee, aber für eine kurze Zeit, vielleicht bis zum Ende des Abends, wenn das Lachen verstummte und die Lichter erloschen, würde sie so tun, als sei sie tatsächlich das unschuldige Wesen, für das er sie hielt.

Angesichts der grausamen Realität von Astleys und Max' Tod und auch wegen seiner Sorge um Alan Ross, den er sehr mochte, brauchte auch er vielleicht ein paar Illusionen.

Alan Ross genoß den Ball nicht, die Lichter und die Musik machten ihm keine Freude. Er hatte nur Augen für Christinas lachendes Gesicht, das einen Mann nach dem anderen anstrahlte, während sie eng an sie geschmiegt und leicht in ihren Armen tanzte. Er drehte sich um und sah, daß Augusta in dieselbe Richtung blickte. Sie stand vollständig regungslos da. Ihre Hand lag auf dem Treppengeländer, doch sie hielt es so fest umklammert, daß sich ihre Finger in den weißen Spitzenhandschuhen verkrampften.

Ross ließ seine Blicke über Augustas Armbänder und ihre weißen Schultern bis hinauf zu ihrem Gesicht gleiten. Er hätte nie erwartet, daß sie zu solchen Gefühlen fähig wäre. Er konnte nicht genau erkennen, was es war, das sie so in Wut versetzte – Verzweiflung, Angst oder Zärtlichkeit?

Hinter den Tänzerinnen in ihren blumenfarbenen Kleidern befand sich der Eingang zum Wintergarten, wo General Balantyne, ein wenig nach vorne gebeugt, in sein Gespräch mit Charlotte Ellison vertieft war. Sein Gesicht hatte einen zärtlichen Ausdruck angenommen. Sie zog die Blicke von Alan Ross auf sich, weil sie so schön war. Sie besaß nicht die makellose Schönheit eines jungen Mädchens und auch nicht die gemeißelten Züge einer klassischen Schönheit, doch sie strahlte eine intensive Lebensfreude aus. Er meinte, ihre Ausstrahlung zu spüren, obwohl sie durch die wirbelnden Tanzpaare getrennt waren. Und neben ihr, so nah, daß seine Hand ihren Arm berührte, stand Balantyne, der die Welt um sich herum völlig vergessen zu haben schien.

Hatte auch Augusta dies gesehen? War dies der Grund für ihren Schmerz, hatte dies die Verwirrung verursacht, deren Zeuge er gerade geworden war?

Er blickte wieder zu ihr herüber. Nein – sie hatte ihr Gesicht jetzt in eine andere Richtung gewandt, sie konnte den General unmöglich sehen. Sie schaute immer noch auf Christina, die am Fuß der

Wendeltreppe stand, die zur Galerie hochführte. Ihr maulbeerfarbener Taftrock bauschte sich und glänzte, wenn sich das Licht darin brach, ihre Wangen waren gerötet. Der Mann neben ihr legte seinen Arm um ihre Taille und flüsterte ihr etwas ins Ohr, er war ihr so nah, daß sie seinen Atem auf ihrer Haut spüren mußte.

In diesem Moment beschloß Alan Ross, daß er ihr beim nächsten Mal, wenn sie allein mit ihrer Kutsche ausfuhr, egal wen sie auch zu besuchen vorgab, folgen und die Wahrheit selbst herausfinden würde. Egal wie furchtbar die Wahrheit auch sein würde, sie war ihm lieber als die quälenden Gedanken, die ihm momentan das Hirn zermarterten.

Die Gelegenheit kam schneller als erwartet, schon am nächsten Tag, kurz nach dem Abendessen. Christina entschuldigte sich unter dem Vorwand, sie habe Kopfschmerzen und wolle eine kleine Spazierfahrt unternehmen, um ein wenig frische Luft zu schnappen. Sie habe den ganzen Tag im Haus verbracht und könne die stickige Luft nicht mehr ertragen. Sie wolle Lavinia Hawkesley aufsuchen, die sich in der letzten Zeit nicht besonders wohl fühle, und Ross solle nicht aufbleiben und auf sie warten.

Er öffnete den Mund, um zu protestieren, erkannte jedoch mit eisigem Schrecken, daß sie ihm genau die Möglichkeit bot, auf die er gewartet hatte. »Natürlich, wenn du meinst, daß sie sich bereits gut genug fühlt, jemanden zu empfangen«, stimmte er mit kaum merklichem Zittern in der Stimme zu.

»Oh, da bin ich ganz sicher«, sagte sie fröhlich. »Sie langweilt sich wahrscheinlich zu Tode, die arme Seele, wenn sie den ganzen Tag allein herumsitzen muß und das Haus nicht verlassen darf. Ich nehme an, sie wird hocherfreut sein, wenn ihr jemand ein oder zwei Stunden Gesellschaft leistet. Warte bitte nicht auf mich.«

»Nein«, sagte er und wandte den Kopf ab. »Nein. Gute Nacht, Christina.«

»Gute Nacht.« Sie hob den rüschenbesetzten Stoff ihres Abendkleides an und rauschte hinaus. Sie war so ganz anders als das Mädchen, für das er sie früher einmal gehalten hatte! Sie waren zwei Fremde, ohne Wärme, ohne Vertrauen.

Fünf Minuten später hörte er, wie die Vordertür geschlossen wurde, stand auf und ging zur Garderobe, nahm seinen schweren Mantel und zog ihn an. Er griff nach Schal und Hut und eilte ihr nach, hinaus auf die eisige Straße. Es war nicht schwierig, der

Kutsche zu folgen, sie konnte auf dem eisverkrusteten Pflaster nicht schnell fahren, und wenn er sich beeilte, konnte er es schaffen, ihr in einem Abstand von zwanzig Fuß zu folgen. Niemand schenkte ihm auch nur die geringste Beachtung.

Er war bereits über eine Meile gegangen, als er sah, wie die Kutsche vor einem großen Haus anhielt. Christina stieg aus und verschwand darin. Von der gegenüberliegenden Straßenseite aus konnte er zwar nicht die Hausnummer erkennen, doch er wußte, daß Lavinia Hawkesley in dieser Gegend wohnte.

Christina war also tatsächlich, genau wie sie gesagt hatte, nur hergekommen, um eine Freundin zu besuchen. Er stand hier völlig grundlos vor Kälte zitternd auf der Straße. Es war töricht – und lächerlich! Die Kutsche setzte sich in Bewegung, aber sie wendete und kam wieder zurück, statt zu den Ställen zu fahren. Christina mußte sie fortgeschickt haben. Beabsichtigte sie etwa, die ganze Nacht hier zu verbringen? Oder hatte sie lediglich vor, für die Heimfahrt die Kutsche der Hawkesleys zu benutzen?

Alan Ross stand wie ein Herumtreiber wartend an der Ecke und konnte sich nicht entscheiden. Sollte er nach Hause zurückkehren und die Kälte, die ihm in die Knochen gefahren war, mit heißem Wasser vertreiben und dann zu Bett gehen oder sollte er hierbleiben, bis Christina wieder herauskam, um ihr weiter zu folgen? Aber das wäre lächerlich, die ganze Idee war kindisch, eine Verirrung seines sonst so klaren Verstandes. Christina war häufig selbstsüchtig, doch außer ihren gelegentlichen Indiskretionen hatte sie sich nie etwas zuschulden kommen lassen – sie war nur eine verwöhnte, hübsche Frau, die gern ihre Macht ausspielte und das Bedürfnis hatte, im Zentrum der Aufmerksamkeit zu stehen und von allen bewundert zu werden.

Plötzlich öffnete sich die Haustür, Licht flutete auf den Weg, und Christina und Lavinia Hawkesley kamen heraus. Die Tür schloß sich wieder hinter ihnen, und sie gingen zu Fuß die Straße hinunter.

Wo um Himmels willen gingen sie hin? Ross folgte ihnen. Als sie zur Hauptstraße kamen, einen Hansom anhielten und davonfuhren, winkte er seinerseits die nächste Droschke heran und beauftragte den Kutscher, ihnen nachzufahren.

Die Fahrt dauerte länger, als er erwartet hatte. Sie bogen um immer neue Ecken, bis er schließlich jeden Orientierungssinn verloren hatte; er hatte allerdings den Eindruck, daß sie immer näher an die Themse und ins Stadtzentrum fuhren. Die Straßen wurden enger, die Laternen spärlicher. Der Schein der Lampen wurde vom Nebel verschluckt, und die Luft war feucht und voll übler Gerüche. Hoch über den Straßen zeichnete sich ein drohender Schatten gegen den Himmel ab. Seine Kehle zog sich zusammen, und plötzlich konnte er kaum noch atmen.

Der Acre – sie waren in Devil's Acre! Warum in Gottes Namen kam Christina ausgerechnet hierher? Er konnte nicht mehr klar denken, seine Gedanken wirbelten durcheinander wie dunkles Scheegestöber, umpeitschten ihn und verschmolzen miteinander. Alle Antworten, die ihm in den Sinn kamen, waren gleich unerträglich.

Die Droschke vor ihnen hielt an, und eine der Frauen stieg aus. Sie war klein und zierlich, hielt den Kopf hoch erhoben und sprang leichtfüßig aus der Kutsche. Es war Christina.

Ross öffnete die Tür seiner Droschke, drückte dem Kutscher eine Münze in die Hand und stolperte hinaus auf das dunkle Pflaster, bemüht, die Umrisse des Hauses auszumachen, in dem Christina gerade verschwunden war. Es war ein hohes, gerades Haus, die Fenster schimmerten im blassen Licht der Gaslaternen – vielleicht das Haus eines Kaufmanns?

Die Droschke, in der Lavinia Hawkesley saß, war verschwunden. Wohin sie auch fuhr, die Straßen führten nur noch tiefer ins Labyrinth des Acres.

Zum ersten Mal schaute er sich um und nahm den Rest der Straße bewußt wahr. Er hatte sich so sehr auf die Frauen vor ihm konzentriert, daß er an nichts anderes hatte denken können, doch nun sah er eine Gruppe von vier oder fünf Männern etwa dreißig Yard zu seiner Linken, und am anderen Ende der Straße drei weitere, die am Eingang einer Gasse herumlungerten. Er drehte sich um. Auf der rechten Seite standen noch mehr Männer, die ihn beobachteten.

Hier konnte er nicht bleiben, er war auffällig gekleidet. Sein Mantel allein war Grund genug, ihn zu überfallen. Einen einzelnen Mann konnte er vielleicht abwehren, doch selbst, wenn er bewaffnet gewesen wäre, kein halbes Dutzend.

Er begann, auf die Tür zuzugehen, hinter der Christina verschwunden war. Schließlich hatte er sie verfolgt, um herauszufinden, wohin sie ging und warum sie es tat. Noch war die Tür verschlossen, aber was sollte er sagen, wenn er sich Einlaß verschafft hatte und Christina gegenüberstand? Wollte er denn, daß sie herausfand, daß er diese törichte Verfolgungsjagd unternommen hatte? Gab es überhaupt etwas, was er tun konnte? Sollte er sie etwa zu Hause einsperren? Ihr seine Achtung als Ehemann entziehen? Oder sich von ihr trennen, weil sie eine – weil sie was war? Was tat sie hier bloß?

Seine quälenden Vorstellungen waren schlimmer als die Wahrheit. Er kannte sich selbst gut genug, um zu wissen, daß er keinen inneren Frieden mehr finden würde, wenn er diese Gedanken jetzt einfach fortschob. Vielleicht tat er ihr ja Unrecht? Vielleicht war sie unschuldig, hatte nichts von dem getan, was ihm gerade durch den Kopf ging.

Er hörte hinter sich auf der Straße ein Geräusch. Ein furchtbarer Schrecken schoß durch seinen Körper wie ein Schwall eiskaltes Wasser. Waren die Opfer, die in Devil's Acre ermordet worden waren, Fremde gewesen wie er – Männer, die unerwünscht gewesen waren und die man in Stücke gehackt hatte, weil sie hier eingedrungen waren? Seine Hand hob den Türklopfer und ließ ihn heftig nach unten schlagen.

Endlose Sekunden verstrichen. Auf der Straße waren schlurfende Schritte und das Tröpfeln von Wasser zu hören. Ross schlug den Türklopfer immer wieder gegen die Tür und verdrehte den Kopf, um hinter sich zu sehen. Zwei der Männer waren jetzt ganz in seiner Nähe und kamen weiter auf ihn zu. Außer seinen bloßen Händen hatte er nichts, womit er kämpfen konnte, er hatte nicht einmal einen Stock mitgebracht.

Der Schweiß brach ihm aus allen Poren. Er spielte mit dem Gedanken, einfach auf sie zuzugehen, selbst einen Kampf anzufangen, damit es wenigstens schnell vorüber war. An die Verstümmelung danach wollte er nicht denken.

Plötzlich öffnete sich die Tür, er verlor das Gleichgewicht und stolperte ins Innere des Hauses.

»Ja, Sir?«

Ross versuchte sich zu sammeln und starrte den Mann an, der mit einer Kerze in der Hand in der dunklen Diele stand. Er sah ungepflegt aus, der Bauch hing ihm über der Hose, seine Pantoffeln waren abgetragen, und die Sohlen hatten sich an einigen Stellen gelöst. Er war ein kräftiger Mann und stand zwischen Ross und der Treppe, die nach oben führte.

»Ja, Sir?« wiederholte er leise.

Ross sagte das erste, das ihm in den Kopf schoß. »Ich möchte ein Zimmer mieten.«

Der Mann musterte ihn mit zusammengekniffenen Augen von oben bis unten. »So ganz allein?«

»Das geht Sie überhaupt nichts an.« Ross schluckte. »Haben Sie Zimmer? Ich habe vor ein paar Minuten eine junge Frau hier hereingehen sehen, die ganz bestimmt nicht in diesem Haus wohnt!«

»Geht Sie überhaupt nichts an.« Der Mann imitierte sein Gegenüber mit tiefster Verachtung. »Die Leute hier stecken ihre verdammten Nasen in ihren eigenen Dreck und scheren sich sons' um garnichts, Mister. Dann kommt nämlich auch keiner un' schneidet ihnen was ab! Wenn man nich' aufpaßt un' sein Maul aufreißt un' hier rumschnüffelt, kann einem leicht was Schreckliches zustoßen.«

Ross spürte, wie es ihm kalt den Rücken herunterlief. Einen Moment lang hatte er die Mordserie fast vergessen. Er versuchte ruhig und selbstsicher zu klingen. Seine Kehle war wie ausgedörrt, seine Stimme klang höher als gewöhnlich.

»Es ist mir vollkommen gleichgültig, aus welchem Grund sie gekommen ist«, sagte er und versuchte, höhnisch zu klingen. »Wen sie hier trifft, interessiert mich nicht im geringsten. Ich bin nur hier, weil ich ein ähnliches Arrangement treffen möchte.«

»Na, das is' gar nich' so einfach, Mister, weil sie nämlich hergekommen is', um den Herrn zu treffen, dem die halbe Straße hier gehört!« Er stieß ein rauhes Lachen aus und spuckte auf den Boden. »Jetz' wo sein Bruder abgekratzt is'! Ich nehm' an, der Acre-Schlächter hat ihm 'nen großen Gefallen getan!«

Ross erstarrte.

»Was is' los mit Ihnen, Sir? Ham wohl die Hosen voll? Angst, daß der Mörder jetz' hinter Ihnen her is', wie? Kann sein, daß er schon auf Sie wartet!« Er kicherte. »Vielleicht wär's besser, wenn Sie schnell hier abhauen würden, solang' bei Ihnen noch alles dran is' – dreckiger kleiner Köter!« Seine Stimme war voller Verachtung, und Ross spürte, wie seine Haut brannte, als ihm das Blut ins Gesicht schoß. Diese Kreatur glaubte, er habe sich hergeschlichen, um irgendwelche Gelüste zu stillen, die . . .

Ross richtete sich auf, Muskeln angespannt, das Kinn hochgereckt. Dann fielen ihm wieder die Männer draußen auf der Straße ein. Er sackte wieder in sich zusammen. Er konnte sich hier keinen Stolz leisten, und er durfte auf keinen Fall neugierig erscheinen.

»Haben Sie nun Zimmer oder nicht?« fragte er leise.

»Ham Sie denn Geld?« Der Mann hielt ihm seine schmutzige Hand entgegen und rieb Zeigefinger und Daumen aneinander.

»Selbstverständlich habe ich Geld. Wieviel wollen Sie?«

»Für wie lang?«

»Die ganze Nacht natürlich! Glauben Sie etwa, ich hätte Lust, mich abzuhetzen, wenn schon der Nächste mit der Uhr in der Hand vor der Tür steht?«

»Aber ganz allein?« Die Augenbrauen des Mannes fuhren in die Höhe. »Un' warum setzen Sie sich nich zuhaus' in ihre Bude un' machen 's da? Was es auch is', was Sie da so gern ...«

Ross verspürte größte Lust, ihn niederzuschlagen. Er widerstand der Versuchung einen Moment lang, doch dann gewannen Wut, Angst und die brennende Wunde, die Christinas Betrug ihm zugefügt hatte, die Oberhand. Er versetzte dem Mann einen harten Fausthieb, woraufhin dieser rückwärts taumelte und mit dem Kopf gegen die Wand schlug. Er sackte zu Boden und blieb bewegungslos liegen.

Ross wandte sich ab, öffnete die Tür wieder und begab sich nach draußen auf die Straße. Wer es auch sein mochte, er mußte sich ihnen stellen. Hier konnte er nicht länger bleiben. Diesmal zögerte er nicht. Sein Herz raste, seine Fäuste waren geballt, bereit, jeden niederzuschlagen, der es wagte, sich ihm in den Weg zu stellen. Er ging mit schnellen Schritten, prallte an der Ecke mit einem Bettler zusammen und stieß ihn heftig zur Seite. Der Mann fluchte, und Ross eilte weiter, ohne ihn zu beachten. Er wußte, in welcher Richtung Westminster lag, und wollte unbedingt so schnell wie möglich die Sicherheit der hell erleuchteten Straßen erreichen.

Schritte hallten hinter ihm, und er lief noch schneller. Es konnten nur noch wenige hundert Yard sein. In den Türeingängen hockten zusammengekauerte Menschen, sowohl Männer als auch Frauen. Jemand kicherte in der Dunkelheit. Er hörte ein klatschendes Geräusch. Ein Haufen Abfall stürzte zusammen, Ratten stoben auseinander. Er rannte, so schnell er konnte.

Am späten Nachmittag des übernächsten Tages trat ein Dienstmädchen in Ross' Arbeitszimmer und teilte ihm mit, daß ein gewisser Mr. Pitt da sei und ihn zu sprechen wünsche.

Pitt? Er kannte niemanden namens Pitt. »Sind Sie sicher?«

»Ja, Sir.« Das Mädchen sah unsicher aus. »Er ist ein sehr merkwürdiger Mann, Sir. Es tut mir leid, aber er hat sich nich' abweisen lassen. Hat mir auch nich' sagen wollen, warum er hier ist, Sir, aber er behauptet, daß Sie ihn kennen.«

»Da muß er sich irren.«

»Er will aber nicht weggehen, Sir. Soll ich Donald holen, damit er ihn rauswirft, Sir? Ich trau mich nich', es ihm selbs' zu sagen. Er is' irgendwie – also, seine Kleidung un' so sieht aus, als ob sie ihm irgendwie gar nich' gehören, wenn Sie wissen, was ich meine. Aber er spricht wie'n Gentleman, wie'n richtiger Gentleman ...«

Plötzlich erinnerte sich Ross wieder. »O Gott! Ja, schicken Sie ihn herein. Ich kenne den Mann tatsächlich.«

»Ja, Sir.« Sie vergaß ihren Knicks und eilte sichtlich erleichtert aus dem Zimmer.

Kurz darauf kam Pitt herein, entspannt lächelnd, als habe man ihn eingeladen. »Guten Morgen, Mr. Ross. Scheußliches Wetter.«

»Fürchterlich«, stimmte ihm Ross zu. »Was kann ich für Sie tun, Mr. Pitt?«

Pitt setzte sich, als sei er ein ganz normaler Gast. Er rückte ein wenig näher an das Kaminfeuer. Er mußte dem Dienstmädchen bereits seinen Mantel, oder was immer er auch übergezogen hatte, gegeben haben, denn er trug jetzt eine dunkle Hose, ein sauberes, wenn auch viel zu großes Hemd und eine Jacke, deren Taschen offenbar mit diversen relativ großen Gegenständen angefüllt waren, denn sie hing schief und schien zudem nicht richtig zugeknöpft zu sein.

»Vielen Dank.« Er rieb sich die Hände und versuchte, sie am Kaminfeuer zu wärmen. »Ein Großteil der Polizeiarbeit ist äußerst langweilig.«

»Das kann ich mir vorstellen.« Ross war dies eigentlich gleichgültig. Er konnte für den Mann kein Bedauern empfinden.

»Endlose Befragungen von Leuten, die nicht sehr angenehm sind«, fuhr Pitt fort. »Und natürlich haben wir unsere Verbindungsleute, die uns über alles informieren, was ungewöhnlich ist.«

»Selbstverständlich. Aber ich gehöre leider nicht zu diesen Leuten. Ich weiß überhaupt nichts, das Ihnen helfen könnte. Tut mir leid.«

Pitt drehte sich um und sah zu ihm hoch. Er hatte ungewöhnliche Augen, das Licht schien durch sie hindurch wie Sonnenstrahlen durch Meerwasser.

»Ich dachte eigentlich an eine ganz andere Art von Informant, Mr. Ross. Etwa den alten Mann, der mir heute erzählte, daß vor ein paar Nächten ein Gentleman in der Drake Street in Devil's Acre versucht habe, ein Zimmer zu mieten. Das tun viele Gentlemen, aus den unterschiedlichsten Gründen. Dieser ganz bestimmte Gentleman, er war gut gekleidet und konnte sich gut ausdrücken, wie die meisten, hat sich sehr erregt, als man seine Gründe in Frage stellte. Und das wiederum ist höchst ungewöhnlich. Die meisten Gentlemen, die in diese Gegend gehen, verhalten sich normalerweise so diskret wie möglich.«

Er schien auf eine Antwort zu warten. Ross fühlte sich mit einem Mal erschöpft, als sei er meilenweit gelaufen und habe schlecht geschlafen. »Da haben Sie wahrscheinlich recht«, sagte er unsicher. Die Erinnerung an die dunkle Diele, den Geruch von Schmutz, das provozierende, anzügliche Grinsen des Mannes stieg wieder in ihm auf. Sein Hals war wie zugeschnürt.

»Hat vollkommen die Beherrschung verloren«, fuhr Pitt weiter fort, und seine Stimme klang ein wenig erstaunt. »Hat den Mann niedergeschlagen!«

Ross schluckte. »Ist der Mann verletzt?«

Pitt lächelte, zog die Mundwinkel nach unten und schnitt ein Gesicht. »Anständige Kopfwunde, gebrochenes Schlüsselbein. Er ist verständlicherweise ziemlich aufgebracht. Hat herumerzählt, daß er dem Betreffenden eine Lektion erteilen will, die er sein Lebtag nicht mehr vergißt, falls er sich in Devil's Acre wieder sehen lassen sollte! Auf die Art habe ich auch davon erfahren – er hat es überall erzählt.« Plötzlich schaute er Ross direkt an, und seine Augen glänzten. »Aber Sie haben ihn nicht umgebracht, falls Sie das befürchtet haben sollten.«

»Gott sei Dank ... Ich, ich ...« Er verstummte, doch es war bereits zu spät. »Ich bin nicht dort gewesen, weil ich ...« Er konnte es nicht ertragen, daß irgend jemand, nicht einmal dieser Polizist, dachte, daß er beabsichtigt hätte, eine Hure zu kaufen und dorthin mitzunehmen.

Pitts Gesicht war ganz ruhig, wenn nicht sogar freundlich. »Nein, Mr. Ross, ich habe keinen Augenblick geglaubt, daß dies der Grund für Ihren Besuch war«, sagte er. »Aber warum sind Sie dort gewesen?«

Oh Gott! Da war ja noch schlimmer. Er konnte ihm unmöglich von Christina erzählen. Sein Herz kopfte heftig, wenn er nur daran dachte, und das Zimmer begann vor seinen Augen zu verschwimmen und immer weiter weg zu wirbeln.

»Das kann ich Ihnen nicht sagen, es handelt sich um eine – Privatangelegenheit.« Sollte Pitt getrost denken, was er wollte. Die Wahrheit war schlimmer als jede Vorstellung.

»Sehr gefährlich, Sir.« Pitts Stimme wurde ganz sanft, als spräche er mit jemandem, der sich in großen Schwierigkeiten befand. »Drei Männer sind bereits in Devil's Acre ermordet worden. Aber das haben Sie sicher gewußt.«

»Natürlich habe ich das gewußt!« rief Ross.

Pitt holte tief Luft und stieß sie mit einem Seufzer wieder aus. »Kein guter Ort, um dort als Tourist aufzutreten, Mr. Ross. Der Acre ist häßlich und gefährlich, und in der letzten Zeit haben die Leute dort für ihr Vergnügen teuer bezahlen müssen. Welche besondere Neugier hat Sie gerade zu diesem Haus geführt?«

Ross zögerte. Der Mann war wie ein Frettchen, er jagte ihn durch die Gänge der Verzweiflung, um ihn schließlich in die Enge einer schrecklichen Wahrheit zu treiben. Er überließ ihm lieber einen Teil der Wahrheit, damit er ihn in Ruhe ließ. So konnte er wenigstens die eigentliche Wahrheit, die so unerträglich war, daß er sie niemandem sagen konnte, für sich behalten.

»Ich hatte einen Verdacht, wem das Haus gehören könnte«, log er und blickte direkt in Pitts helle Augen. »Ich wollte wissen, ob es stimmte. Ich konnte die Vorstellung nicht ertragen, daß ein Bekannter von mir sein Geld damit verdient, ein Haus wie dieses zu besitzen.«

»Und hat es gestimmt?« erkundigte sich Pitt.

Ross schluckte. »Ja, leider hat meine Befürchtung sich bewahrheitet.«

»Und um wen handelte es sich, Mr. Ross?«

»Um Bertram Astley.«

»Was Sie nicht sagen.« Pitts Gesicht entspannte sich. »Tatsächlich? Daher kommt also das Vermögen der Astleys. Und jetzt gehört natürlich alles Sir Beau.«

»Ja.« Ross atmete aus. Jetzt fühlte er sich wieder besser. Pitt würde niemals erfahren, daß Christina dort gewesen war, um sich in diesem abscheulichen Haus mit Beau Astley zu treffen. Seine Frau – lag dort in ... Er drängte den Gedanken mit aller Kraft beiseite, verbannte ihn aus seinem Kopf. Jeder andere Schmerz war erträglicher als dieser. »Ja, es stimmt«, wiederholte er. »Vielleicht kann Ihnen das bei Ihren Ermittlungen weiterhelfen. Tut mir leid, vielleicht hätte ich es Ihnen schon früher sagen sollen.«

Pitt stand auf. »Ja, Sir, ich glaube, das hätten Sie vielleicht wirklich tun sollen. Aber jetzt, wo ich es weiß«, ein freundliches Lächeln überzog plötzlich sein Gesicht, »bin ich auch nicht viel klüger als zuvor.«

Ross sagte nichts. Seine Gefühle hatten sich erschöpft, er hatte gerade noch die Kraft, Pitt nachzuschauen, wie er zur Tür und in die Diele hinausging, um sich dort von dem Dienstmädchen seinen Mantel reichen zu lassen.

# Kapitel 8

Pitt stolperte im Dunkeln die Treppe hinunter und öffnete die Tür. Draußen auf den Eingangsstufen stand ein Constable, der im Licht der Gaslaterne vor Nässe glänzte. Das Wasser rann in Strömen von seinem Umhang und klatschte auf die Steine. Es war stockdunkel, selbst die Morgendämmerung hatte ihre grauen Vorboten noch nicht vorausgeschickt.

Pitt blinzelte benommen und zitterte vor Kälte, als die Luft seinen Körper traf. »Um Himmels willen, kommen Sie schnell herein!« sagte er verstört. »Was ist denn jetzt schon wieder passiert?«

Der Constable trat vorsichtig ins Haus, konnte aber nicht verhindern, daß der Boden naß wurde, doch Pitt war es so kalt, daß es ihm nichts ausmachte. Gracie war noch nicht auf, und es brannte noch nirgendwo Feuer. »Machen Sie die Tür hinter sich zu, Mann, und kommen Sie in die Küche.« Er ging mit ausgreifenden Schritten voran. Das Linoleum unter seinen nackten Füßen war kalt wie Eis. Wenigstens gab es in der Küche einen Holzfußboden, der auch jetzt noch die Wärme von etwas vermittelte, das einmal lebendig gewesen war. Und der Herd war noch an, wie gewöhnlich. Wenn er ein wenig mit dem Schürhaken stocherte, konnte er vielleicht sogar den Kessel zum Kochen bringen. Die Vorstellung von einer dampfenden Tasse Tee war das Vernünftigste, das ihm im Moment einfiel. Zurück ins Bett zu schlüpfen und noch ein wenig zu schlafen, war anscheinend ausgeschlossen.

»Nun sagen Sie schon, was ist passiert?« verlangte er zu wissen, wobei er heftig im Herdfeuer herumfuhrwerkte. »Und ziehen Sie das Ding da aus« – er wies auf den Umhang des Mannes –, »bevor Sie uns noch alle ertränken.«

Der Constable entledigte sich gehorsam seines Umhangs und legte ihn in der Spülküche ab. Er war ein häuslicher Mann und hätte normalerweise auch ohne Anweisungen gewußt, was er zu tun hatte. Doch die Neuigkeit, die er überbringen mußte, hatte ihn seine jahrelange Erziehung durch Mutter und Ehefrau vergessen lassen.

»Schon wieder einer, Sir«, sagte er leise, als er zurück in die Küche kam und Pitt den Kessel reichte, nach dem dieser gerade die Hand ausstreckte. »Und diesmal ist es noch schlimmer.«

Pitt wußte, warum der Mann gekommen war, doch es war trotzdem unangenehm, die Wahrheit zu hören. Bevor sie ausgesprochen war, bestand wenigstens die Hoffnung, daß es sich vielleicht doch um etwas anderes handeln mochte.

Der Druck, der auf ihm lastete, wurde immer stärker. Athelstan hatte ihn erneut zu sich kommen lassen – die Zeitungen verbreiteten Panik. Und er wußte, daß Charlotte, auch wenn sie noch so unschuldig tat, Emilys gesellschaftliche Stellung ausnutzte, um auf eigene Faust Ermittlungen anzustellen, was Max' Frauen und Bertie Astleys Leben betraf. Doch wenn er Charlotte der Lüge bezichtigte, würden sie nur einen fürchterlichen Streit miteinander bekommen, der ihnen beiden wehtun würde. Außerdem konnte er nicht einmal beweisen, daß er recht hatte, er kannte sie nur gut genug, um ihre Absichten genau zu durchschauen. Und, Gott helfe ihm, er wollte den Schlächter von Devil's Acre auf jeden Fall finden, bevor sie es tat!

Er stand immer noch mitten in der Küche, den Kessel in der Hand. »Wirklich noch schlimmer?« sagte er.

»Ja, Sir.« Sie Stimme des Constables wurde leiser. »Ich hab' auf dem Acre zu tun, seit ich im Polizeidienst bin, aber sowas hab' ich noch nie gesehen.«

Pitt füllte das kochende Wasser in die Teekanne. Der Dampf stieg in dünnen Schwaden in die Luft. Er nahm einen halben Laib Brot aus dem großen hölzernen Brotkasten. Was immer ihn auch erwartete, gleichgültig wie grauenvoll es sein mochte, war an einem eisigen Morgen wie diesem auf nüchternen Magen sicher noch schlimmer.

»Wer ist es?«

Der Constable reichte ihm das Brotmesser. »Ein Mann. Den Sachen nach zu urteilen, die wir in seinen Taschen gefunden haben, ein gewisser Ernest Pomeroy. Man hat ihn auf den Stufen eines Armenhauses gefunden, die Barmherzigen Schwestern oder sowas – nichts Papistisches jedenfalls –, aber von der Kirche«, erklärte er hastig. »Die Frau, die ihn gefunden hat, wird's ihren Lebtag nicht vergessen. Völlig hysterisch, das arme Ding, weiß wie die Wand, hat geschrien wie am Spieß.« Er schüttelte betroffen den Kopf und nahm den Porzellanbecher mit Tee entgegen, den Pitt ihm reichte. Automatisch umfaßte er ihn mit beiden Händen und versuchte, seine froststarren Finger daran zu wärmen.

Pitt schnitt ein paar Scheiben Brot ab und legte sie zum Rösten oben auf die Kochfläche. Er holte zwei Teller, Butter aus der kalten Speisekammer und Marmelade. Er versuchte, sich die Frau vorzustellen, eine barmherzige Seele, die es sich zur Aufgabe gemacht hatte, Gutes zu tun, den Obdachlosen Unterschlupf zu gewähren, die Gefallenen aufzurichten. Sie war sicher an den Tod gewöhnt, wie konnte es anders sein, an einem Ort wie Devil's Acre. Sie war von Unzucht umgeben, aber sie hatte wahrscheinlich noch nie einen nackten Mann gesehen – vielleicht nicht einmal in ihrer Vorstellung.

»War er verstümmelt?« fragte er überflüssigerweise.

»Ja, Sir.« Das Gesicht des Constables wurde bei der bloßen Erinnerung bleich. »Zerstückelt sozusagen, und irgendwie – also – als hätt' ihn ein wildes Tier zerrissen – mit Zähnen und Klauen.« Er holte tief Luft, seine Halsmuskeln verkrampften sich. »Als hätt' jemand versucht, seine Geschlechtsteile mit bloßen Händen abzureißen.«

Er hatte recht, es wurde wirklich immer schlimmer. Bertie Astleys Verletzungen waren nur leicht gewesen, fast nur symbolisch. Wieder kam ihm der Gedanke, daß Bertie vielleicht nicht das Opfer desselben Täters gewesen war, sondern daß Beau Astley die Gelegenheit genutzt hatte, den Platz seines Bruders einzunehmen und die Schuld dem Wahnsinnigen in die Schuhe zu schieben, der sich durch seine Taten bereits aus der menschlichen Gemeinschaft ausgeschlossen hatte. Er versuchte diesen Gedanken zurückzudrängen, weil er Beau Astley mochte, wie man eben aus der Distanz jemanden nett fand, den man nicht kannte, der jedoch einen sympathischen Eindruck machte.

Der Toast rauchte. Er drehte ihn geschickt auf die andere Seite und trank einen Schluck Tee. »Ist er auch durch einen Stich in den Rücken umgebracht worden?«

»Ja, Sir, ungefähr an der gleichen Stelle wie die anderen auch, direkt neben der Wirbelsäule, ungefähr in der Mitte vom Rücken. Hat bestimmt nich lange gelitten, Gott sei Dank.« Er verzog das Gesicht. »Was kann das bloß für ein Mann sein, der 'nem anderen Man sowas antut, Mr. Pitt? Das is' doch unmenschlich!«

»Jemand, der glaubt, ihm sei unverzeihliches Unrecht geschehen«, erwiderte Pitt, ohne nachzudenken.

»Da könnten Sie recht haben. Der Toast brennt übrigens gerade an, Sir.«

Pitt schnippte die beiden Scheiben vom Ofen und gab dem Constable eine davon. Dieser nahm sie überrascht und erfreut in Empfang. Er hatte kein Frühstück erwartet – auch wenn es nur ein angebranntes Stück Toast war, das man im Stehen verzehrte. Es schmeckte gut, die Orangenmarmelade war gleichzeitig herb und süß.

»Wenn jemand meine kleine Tochter umbringen würde, würd' ich ihn vielleicht auch am liebsten ermorden«, sagte er mit vollem Mund. »Aber ich würd' nie auf den Gedanken kommen, ihm seine – entschuldigen Sie bitte, Sir – seine Geschlechtsteile abzureißen.«

»Kommt vielleicht darauf an, auf welche Art er ihre Tochter umgebracht hätte«, warf Pitt ein, doch dann verfinsterte sich sein Gesicht, und er ließ seine Scheibe Toast fallen, als ihm die ganze Grausamkeit dieser Vorstellung bewußt wurde. Er dachte an Charlotte und an seine Tochter Jemima, die oben friedlich schlief.

Der Constable starrte ihn mit großen hellbraunen Augen an. »Ich glaub', auch da könnten Sie recht haben, Sir«, sagte er kaum hörbar.

Oben war alles still. Charlotte hatte sich nicht gerührt, und im Kinderzimmer brannte nur ein einziges Licht.

»Am besten, Sie essen Ihr Frühstück zu Ende, Sir.« Der Constable war ein praktisch denkender Mann. Dies war kein Tag, den man mit leerem Magen beginnen sollte. »Und ziehn Sie sich warm an, wenn Sie diese Bemerkung nich' übelnehmen.«

»Nein«, stimmte Pitt geistesabwesend zu. »Nein.« Er nahm seinen Toast und aß weiter. Er hatte keine Zeit, sich zu rasieren, doch er würde zu Ende essen und den Ratschlag des Constables befolgen und sich warm anziehen.

Die Leiche war grauenhaft zugerichtet. Pitt konnte nicht begreifen, wie ein Mensch soviel Haß empfinden konnte, daß er in der Lage war, einen anderen so zu verstümmeln.

»In Ordnung«, sagte er und stand langsam auf. Mehr gab es nicht zu sehen. Es war genau wie bei den anderen Opfern, nur noch schlimmer. Ernest Pomeroy war ein gewöhnlich aussehender

Mann, vielleicht ein wenig kleiner als der Durchschnitt. Seine Kleidung war ordentlich, aus gutem Material, wenn auch alles andere als modisch. Sein Gesicht war knochig und wenig anziehend. Es war unmöglich zu sagen, ob er im Leben charmant oder humorvoll gewesen war, ob ein inneres Licht seine reizlosen Züge verwandelt hatte.

»Wissen wir, wo er gewohnt hat?«

»Ja, Sir«, sagte der diensthabende Sergeant schnell. »Wir haben Briefe und sowas bei ihm gefunden. Seabrook Walk. Ganz ordentliche Gegend, ein paar Meilen von hier. Ich hab' 'ne Schwester, die da für 'ne Lady arbeitet. Nicht viel Geld zwar, aber sehr ehrbar, wenn Sie wissen, was ich meine.«

Pitt wußte genau, was er meinte. Es gab viele Leute, die lieber wenig aßen und in einem kalten Haus wohnten, als sich die Blöße zu geben, unvermögend zu erscheinen, besonders, was Dienstboten betraf. Am Essen zu sparen konnte man schließlich genausogut als Geschmacksfrage ansehen. Man konnte sogar so tun, als fühle man die Kälte nicht, aber keine Dienstboten zu haben, war stets ein sicheres Zeichen für tiefste Armut. War Ernest Pomeroy seinem vorgetäuschten Wohlstand entflohen, um für ein paar hektische Stunden seinen Lebenshunger zu befriedigen, nur um hier in diesen schmutzigen und trügerischen Straßen zu sterben?

»Ja, ich weiß, was Sie meinen«, antwortete er. »Wir müssen jemanden ausfindig machen, der ihn identifizieren kann. Am besten nicht seine Frau – wenn wir jemand anderen finden können. Vielleicht gibt es einen Bruder oder ...« Er schaute wieder auf das Gesicht des Toten. Er schätzte Ernest Pomeroys Alter eher auf fünfzig als auf vierzig Jahre. »Oder einen Sohn.«

»Wir kümmern uns darum«, sagte der Sergeant. »Das würd' ich keiner Frau zumuten wollen, selbst wenn sie sich bloß das Gesicht ansehen müßte. Aber was soll man machen. Werden Sie der Frau Bescheid sagen, Sir?«

»Ja.« Es ließ sich nicht vermeiden. Jemand mußte es tun, und wieder war es Pitt, der diese Aufgabe übernahm. »Ja ... können Sie mir bitte die Adresse geben?« Seabrook Walk lag öde und grau im schwachen Licht des Morgens. Trotz des Regens sah es hier nicht etwa sauber, sondern lediglich naß aus.

Pitt fand die Hausnummer, nach der er suchte, und trat vor die Tür. Wie immer war jedes Zögern sinnlos, es gab nichts, was den Schmerz mildern konnte, und vielleicht konnte er ja etwas in

Erfahrung bringen, das Licht ins Dunkel brachte. Es mußte einfach etwas geben, das diese Männer verband: eine Bekanntschaft, eine Veranlagung, ein Ort oder eine Zeit, ein Grund, warum sie jemand so leidenschaftlich gehaßt hatte. Koste es, was es wolle, er mußte es herausfinden. Die Zeit drängte. Der Mörder würde nicht warten.

Die schmalen Blumenbeete waren noch leer, nur dunkle Streifen Erde. Das Gras in der Mitte sah leblos und winterlich aus, und die Lorbeerbüsche unter den Fenstern wirkten angefault durch zuviel Dunkelheit und stehendes Wasser. Makellose Spitzenvorhänge zierten alle Fenster des Hauses. In einer Stunde würden sie von den zugezogenen Vorhängen verdeckt werden, wie bei einem Trauerhaus üblich.

Er hob den polierten Türklopfer und ließ ihn mit einem mißtönenden Geräusch gegen das Holz schlagen. Es dauerte mehrere Minuten, bis ein Dienstmädchen die Tür einen Spaltbreit öffnete und mit käsebleichem Gesicht nach draußen spähte. So früh erwartete man keinen Besuch.

»Ja, Sir?«

»Ich muß unbedingt mit Mrs. Pomeroy sprechen. Es ist äußerst dringend.«

»Uh, ich glaub' nich', daß die Sie empfangen kann.« Das Dienstmädchen war offensichtlich verwirrt. »Sie is' noch nich' mal . . .« sie schluckte und erinnerte sich, daß sie diskret zu sein hatte. »Sie hat noch nich' mal gefrühstückt. Können Sie nich' in ein oder zwei Stunden wiederkommen, Sir?«

Das Mädchen tat Pitt leid. Sie war sicher kaum älter als dreizehn oder vierzehn, und dies war wahrscheinlich ihre erste Anstellung. Wenn sie ihre Arbeit verlor, weil sie ihre Herrin verärgert hatte, würde sie in großen Schwierigkeiten stecken. Vielleicht würde sie sogar auf der Straße enden, wenn sie nicht soviel Glück hatte wie die Frauen, die genug Geschick und Persönlichkeit besaßen, um in einem Freudenhaus bei jemandem wie Victoria Dalton zu landen.

»Ich bin von der Polizei.« Pitt befreite sie von ihrer Verantwortung. »Ich habe eine schlechte Nachricht für Mrs. Pomeroy, und es wäre furchtbar, wenn sie durch Gerede davon erführe. Es wäre besser, wenn wir es ihr schonen beibringen könnten.«

»Ach herrje!« Das Mädchen riß die Tür auf und ließ Pitt eintreten. Sie starrte auf seine tropfende Kleidung, selbst angesichts dieser Krise siegte ihr häusliches Pflichtgefühl. »Meine Güte, Sie sind ja klitschnaß! Ziehen Sie doch die Sachen aus und geben sie mir. Ich sorg' dafür, daß die Köchin sie in der Spülküche aufhängt. Warten Sie mal hier, ich geh' schnell rauf und sag' Mrs. Pomeroy Bescheid, daß Sie hier sind und daß es dringend is'.«

»Vielen Dank.« Pitt legte Mantel, Hut und Schal ab und reichte sie ihr. Sie eilte hinaus, beinahe völlig unter ihrer Last verborgen. Er blieb geduldig stehen und wartete darauf, daß Mrs. Pomeroy erschien.

Er sah sich in dem Zimmer um. Es war recht geräumig, die Möbel waren aus schwerem, dunklem Holz, das im schwachen Licht des Morgens noch ganz matt aussah. Auf den Rückenlehnen lagen gestickte Sesselschoner, doch auf den Sitzen befanden sich keine zusätzlichen Kissen. Die Bilder an den Wänden zeigten italienische Landschaften in harten Blautönen – blaues Meer, blauer Himmel – mit grellem Sonnenlicht. Er fand sie häßlich und geschmacklos, Italien hatte er sich immer viel schöner vorgestellt. Über dem Kaminsims hing ein gestickter religiöser Spruch: »Eine tüchtige Frau ist mehr wert als alle Rubine.« Er fragte sich, wer diesen Satz wohl ausgesucht hatte.

Auf der Chiffoniere an der Seite stand eine Vase mit Seidenblumen, zarte Gebilde mit bunten, hauchdünnen Blütenblättern. Sie brachten einen überraschenden Hauch von Schönheit in dieses phantasielos eingerichtete Haus.

Adela Pomeroy war mindestens fünfzehn Jahre jünger als ihr Ehemann. Sie stand in der Tür, bekleidet mit einem lavendelfarbenen Gewand, das an Hals und Handgelenken mit Spitzen und Ornamenten verziert war, und starrte Pitt an. Das offene Haar fiel ihr auf den Rücken, sie hatte sich nicht die Mühe gemacht, sich zu frisieren. Ihr Gesicht war sehr zart, ihr Hals zu schlank. Einige Jahre lang würde sie noch hübsch aussehen, doch dann würde Nervosität Falten in ihr Gesicht graben und die Harmonie ihrer weichen Züge stören.

»Birdie sagt, Sie seien von der Polizei.« Sie trat ins Zimmer und schloß die Tür.

»Ja, Mrs. Pomeroy. Es tut mir leid, aber ich habe eine schlechte Nachricht für Sie.« Er wünschte sich, daß sie sich setzen würde, doch sie tat es nicht. »Heute morgen wurde ein Mann gefunden, von dem wir annehmen, daß es sich um Ihren Gatten handelt. Wir haben ihn aufgrund der Briefe, die er bei sich trug, identifiziert, aber wir müssen natürlich ganz sichergehen, daß er es wirklich ist.«

Sie stand da, ohne sich zu rühren, ihr Gesicht blieb ausdruckslos. Vielleicht war es noch zu früh für eine Reaktion. Immerhin stand sie unter Schock.

»Es tut mir leid«, wiederholte er.

»Er ist tot?«

»Ja.«

Ihre Blicke wanderten durch das Zimmer, hielten nach vertrauten Dingen Ausschau. »Aber er war nicht krank. War es ein Unfall?«

»Nein«, sagte er leise. »Ich muß Ihnen leider mitteilen, daß er ermordet worden ist.« Sie mußte es erfahren, er konnte es ihr nicht ersparen.

»Oh.« Sie schien immer noch zu keiner Empfindung fähig zu sein. Langsam ging sie zum Sofa und setzte sich. Mechanisch zog sie den Seidenstoff ihres Gewandes um ihre Knie, und Pitt bemerkte sekundenlang, wie wunderschön es war. Pomeroy mußte ein wohlhabender Mann gewesen sein und sehr viel großzügiger, als sein Gesicht vermuten ließ. Vielleicht war es nicht Geiz gewesen, was er in seinen Zügen gesehen zu haben glaubte, sondern nur die Leere des Todes. Vielleicht hatte er diese Frau sehr geliebt und eisern gespart, um ihr diese luxuriösen Dinge schenken zu können – die Blumen und das Gewand. Pitt spürte ein Gefühl der Wut in sich aufsteigen, weil sie weder Kummer noch Schmerz zeigte, obwohl sie möglicherweise Gründe dafür hatte.

»Wie ist es passiert?« fragte sie.

»Er ist auf der Straße überfallen worden«, antwortete er. »Jemand hat ihn erstochen. Es ist wahrscheinlich alles sehr schnell gegangen. Ich vermute, daß er kaum gelitten hat.«

Immer noch verriet ihr Gesicht keinerlei Bewegung, doch dann bemerkte er einen Ausdruck des Erstaunens. »Auf der Straße? Sie meinen – er ist beraubt worden?«

Was hatte sie erwartet? Raubüberfälle waren nichts Ungewöhnliches, auch wenn sie normalerweise nicht von solch roher Gewalt begleitet wurden. Vielleicht hatte er gar nichts bei sich getragen, das von großem Wert gewesen war. Doch das stellte ein Räuber erst fest, wenn es schon zu spät war.

»Er hatte kein Geld bei sich«, antwortete er ihr. »Aber seine Uhr war noch in seiner Tasche und auch ein teures Lederetui für seine Karten und Briefe.«

»Er hat nie viel Geld mitgenommen.« Sie starrte immer noch vor sich hin, als sei Pitt eine körperlose Stimme. »Nur ein oder zwei Guineen.«

»Wann haben Sie ihn das letzte Mal gesehen, Mrs. Pomeroy?« Er mußte ihr alles erzählen, wo man ihn gefunden hatte, daß man ihn verstümmelt hatte. Es war besser, wenn er derjenige war, der es ihr sagte ...

»Gestern abend.« Ihre Stimme drang in seine Gedanken. »Er wollte einem seiner Schüler ein Buch bringen. Er war Lehrer. Aber das wissen Sie wahrscheinlich – Mathematiklehrer.«

»Nein, das habe ich nicht gewußt. Hat er Ihnen den Namen des Schülers gesagt? Und wo er wohnt?«

»Morrison. Leider weiß ich nicht, wo – aber es ist nicht weit von hier. Ich glaube, er wollte zu Fuß gehen. Er hat es bestimmt in eines seiner Bücher geschrieben, er war sehr gewissenhaft.« Immer noch klang ihre Stimme unbeteiligt, nur ein klein wenig überrascht, als könne sie nicht begreifen, daß ein so einfacher Mann einen so grausamen Tod gefunden hatte. Sie stand auf und ging zum Fenster. Sie war so zart und zerbrechlich wie ein Vogel. Selbst in diesem Zustand der Erstarrung zeigte sie eine eigene Eleganz, in der Art, wie sie den Kopf hielt. Pitt konnte sich nur schwer vorstellen, wie diese Frau in den Armen des Mannes lag, dessen Gesicht er in Devil's Acre gesehen hatte. Aber war es nicht oft so, daß man Zuneigung und Abneigung anderer nicht ergründen konnte? Er wußte nichts von diesen beiden Menschen.

»Können Sie sich vorstellen, aus welchen Gründen Ihr Gatte nach Devil's Acre gegangen sein könnte, Ma'am?« fragte er. Es war brutal, ihr diese Fragen zu stellen, doch sie schien immer noch unberührt, vielleicht war dies genau der richtige Zeitpunkt.

Sie wandte sich nicht zu ihm um, sondern drehte ihm weiter den Rücken zu. Er war nicht sicher, ob er sich nur einbildete, daß sich ihre zarten Schultern unter der lavendelfarbenen Seide verkrampften. »Ich habe keine Ahnung.«

»Aber Sie wußten, daß er gelegentlich dorthin ging?«

Sie zögerte einen Moment lang. »Nein.«

Es war zwecklos, ihr weiter zuzusetzen. Er konnte sich geirrt haben. Er blieb stumm, vielleicht würde sie von selbst etwas sagen, das ihm weitere Aufschlüsse gab.

»Ist er dort gefunden worden?« fragte sie.

»Ja.«

»War es – genauso wie – genauso wie bei den anderen?«

»Ja. Es tut mir leid.«

»Ah.«

Sie blieb so lange unbeweglich stehen, daß er nicht sagen konnte, ob sie ihm den Rücken zuwandte, weil sie die Gefühle, die sie überwältigt hatten, vor ihm verbergen wollte. Er war sich nicht sicher, ob er nicht vielleicht ein Dienstmädchen rufen sollte, um ihr zu helfen oder ihr ein Stärkungsmittel zu bringen, oder ob sie es vorzog, mit ihrer Trauer allein zu bleiben. Oder wartete sie einfach nur darauf, daß er etwas sagte?

»Möchten Sie, daß ich Ihr Dienstmädchen rufe, damit sie Ihnen etwas bringen kann, Ma'am?« Er brach das Schweigen, weil er es nicht länger ertragen konnte.

»Was?«

Er wiederholte seine Frage.

Endlich drehte sie sich wieder um, ihr Gesicht wirkte vollkommen gefaßt. »Nein, vielen Dank. Gibt es sonst noch etwas, das Sie von mir wissen möchten?«

Er machte sich Sorgen um sie. Dieser tränenlose, gefaßte Schockzustand war gefährlich. Er mußte einen zuverlässigen Diener veranlassen, ihren Arzt zu holen. »Ja, es gibt etwas. Wenn Sie mir bitte die Namen und Adressen der Schüler und die seiner engen Freunde geben würden, die er möglicherweise in den letzten paar Wochen getroffen hat.«

»Sein Arbeitszimmer liegt auf der anderen Seite der Diele. Nehmen Sie mit, was Sie brauchen. Wenn Sie mich jetzt bitte entschuldigen würden, ich möchte gern allein sein.« Ohne auf seine Antwort zu warten, ging sie an ihm vorbei, umgeben von einer schwachen Duftwolke ihres Parfüms – es roch süß und erinnerte an Blumen – und verschwand durch die Tür.

Er verbrachte den Rest des Morgens damit, die Bücher und Papiere in Pomeroys Arbeitszimmer durchzusehen und zu versuchen, eine Vorstellung vom Leben und Charakter dieses Mannes zu gewinnen.

Pomeroy schien ein peinlich genauer, prosaischer Mann gewesen zu sein, der seit seiner Graduierung an der Universität Mathematikunterricht erteilt hatte. Die meisten seiner Schüler schienen zwischen zwölf und vierzehn Jahre alt und normal begabt zu sein, nur gelegentlich befand sich ein wirklich vielversprechender Schüler darunter. Pomeroy hatte Privatunterricht in Familien gegeben und Jungen und Mädchen gemeinsam unterrichtet.

Er schien ein gewissenhaftes, untadeliges Leben geführt zu haben, allerdings ohne jede Spur von Humor. Ganz sicher stammten die extravaganten Seidenblumen im Salon nicht von ihm. Auch das lavendelfarbene Seidengewand mit seinen Verzierungen und Spitzen erschien für diesen Mann viel zu stilvoll – und außerdem viel zu teuer.

Pitt wurde von einer Köchin, die jedesmal in Tränen ausbrach, wenn er versuchte, mit ihr zu sprechen, zum Mittagessen eingeladen. Am Nachmittag schließlich notierte er die Namen und Adressen aller momentanen Schüler, einiger früherer Schüler, die er bis vor kurzem unterrichtet hatte, und die Anschriften von Bekannten und Händlern. Er verabschiedete sich, ohne Adela Pomeroy wiedergesehen zu haben.

Er ging früher als gewöhnlich nach Hause. Er war müde und spürte allmählich, wie sich die Kälte des Tages in seinem Körper ausbreitete. Er war mit der Nachricht vom Fund eines neuen Opfers geweckt worden, hatte das Haus verlassen, um sich die Leiche anzusehen, die auf groteske Weise auf den Stufen eines Armenhauses gelegen hatte. Dann hatte er der Witwe die schreckliche Nachricht überbringen müssen und war unfähig gewesen, sie in ihrem Schockzustand zu erreichen. Den Großteil des Tages hatte er damit zugebracht, in das Leben eines fremden Mannes einzudringen und es in allen Einzelheiten zu erforschen und auszuwerten, um nach den Schwächen zu suchen, die ihn möglicherweise nach Devil's Acre geführt und das Leben gekostet hatten. Es gab zahllose Fakten, doch keinerlei wichtige Hinweise. Er fühlte sich hilflos, von allen Seiten von Leid und unzähligen Einzelheiten bedrängt.

Wenn Charlotte jetzt eine fröhliche oder neugierige Bemerkung machte, würde er aus der Haut fahren.

Pitt verbrachte die nächsten vier Tage damit, überall verzweifelt nach Hinweisen zu suchen, die ihm weiterhelfen konnten und einen besseren Ansatzpunkt boten als die Theorie, daß es sich um einen willkürlich mordenden Wahnsinnigen handelte.

Er sprach mit Pomeroys Schülern, die viel von ihrem Tutor zu halten schienen, obwohl er die gesamte Zeit damit verbracht hatte, ihnen die Grundlagen der Mathematik einzutrichtern. Sie standen vor Pitt, jeder in seinem übervollen Besuchszimmer. Es waren ernst blickende, saubere Kinder, die respektvoll von Erwachsenen redeten, wie es sich für gutgezogene Sprößlinge gehörte. Er glaubte sogar, hinter den üblichen Bemerkungen echte Zuneigung zu spüren, angenehme Erinnerungen, die Würdigung der Schönheit mathematischer Logik.

Ab und zu schossen ihm jedoch gegen seinen Willen häßliche Gedanken durch den Kopf, Erinnerungen an Intimitäten zwischen Männern und Kindern, die er aus Fällen kannte, mit denen er zu tun gehabt hatte. Doch er stellte fest, daß keines der Kinder, ob Mädchen oder Junge, von diesem Mann allein unterrichtet worden war.

Ernest Pomeroy war allem Anschein nach ein bewundernswerter Mann gewesen, auch wenn er über zu wenig Humor oder Phantasie verfügt hatte, um wirklich sympathisch zu erscheinen. Aber wie konnte man auch den Charakter eines Mannes richtig beurteilen, wenn man von ihm lediglich sein totes Gesicht kannte und darüber hinaus nur die Erinnerungen von erschrockenen und gehorsamen Kindern, die vorher aufs strengste vor den Folgen gewarnt worden waren, die sie zu erwarten hatten, wenn sie über einen Toten etwas Schlechtes sagten, und die sich der Schande bewußt waren, die jeder Kontakt mit der Polizei – ganz gleichgültig aus welchem Grund – mit sich brachte. Die Hoheit des Gesetzes ließ sich besser aus sicherer Entfernung betrachten. Ehrbare Menschen sahen zu, daß sie mit den lästigen Lakaien, deren Aufgabe es war, für Recht und Ordnung zu sorgen, nichts zu schaffen hatten.

Pitt fragte natürlich auch Mrs. Pomeroy, ob er die persönliche Habe des Toten durchsehen dürfe, um zu sehen, ob es vielleicht darunter Briefe oder andere Zeugnisse gab, die darauf schließen ließen, daß er persönliche Feinde gehabt hatte oder bedroht worden war, oder die an sonstige Motive denken ließen. Sie zögerte und schaute ihn an, mit Augen, die immer noch starr vor Entsetzen schienen. Er war im Begriff, in ihre Privatsphäre einzudringen, und es überraschte ihn nicht, daß ihr diese Vorstellung höchst unangenehm war. Doch anscheinend sah sie ein, daß es notwendig war und jede Weigerung zwecklos sein würde. Und falls sie wirklich etwas mit dem Mord zu tun haben sollte, war bereits mehr als genug Zeit verstrichen, alles zu vernichten, noch bevor er ihr die Nachricht vom Tod ihres Gatten überbracht hatte.

»Ja«, sagte sie schließlich. »Ja, wenn Sie es wünschen. Ich glaube nicht, daß er eine rege Korrespondenz geführt hat. Ich erinnere mich nur an sehr wenige Briefe. Aber wenn Sie es für wichtig halten, können Sie sie gerne haben.«

»Vielen Dank, Ma'am.« Er fühlte sich ihr gegenüber auf merkwürdige Weise unbeholfen, weil ihr Kummer sie so unerreichbar machte. Falls sie geweint hatte, sah man es ihr nicht an, ihre Augen waren klar, die Lider blaß und nicht geschwollen. Und doch bewegte sie sich nicht auf die unnatürliche, schlafwandlerische Art derjenigen, die so tief erschüttert sind, daß sie durch ihre Gefühle innerlich erstarren – bevor ihr Schutzpanzer aufbricht und der Schmerz nach außen drängt.

Hatte sie Pomeroy geliebt? Es schien wahrscheinlicher, daß es sich um eine der vielen Konventionsehen gehandelt hatte, die von Verehrer und Eltern arrangiert worden war. Pomeroy war beträchtlich älter gewesen als sie, er hätte eher der Wunschkandidat ihres Vaters sein können als ihr eigener.

Doch selbst in dieser Übergangsphase des Schocks zwischen der Nachricht von seinem Tod und der Annahme des neuen Lebens, das sie jetzt erwartete, konnte Pitt sehen, daß sie eine Frau von Anmut und Eleganz war. Ihre Kleidung war sehr weiblich, ihr Haar weich. Ihre Knochen waren ein klein wenig zu zart für seinen Geschmack. Aber für viele Männer war sie sicherlich eine schöne Frau. Warum hatte sie ausgerechnet Pomeroy geheiratet?

Hatte sie ihn wirklich geliebt, oder war es vielleicht eine Ehrenschuld gewesen? Hatten ihre Eltern Pomeroy gekannt und waren ihm etwas schuldig gewesen?

Er durchsuchte Pomeroys Zimmer und las jeden Brief und jede Quittung. Wie Adela Pomeroy gesagt hatte, schien er über alles penibel Buch geführt zu haben. Angefangen von den Konten bis hin zu der Qualität und dem Alter der Möbel, der Anzahl der Hausdiener und den Beständen in Küche und Vorratskammer wies alles darauf hin, daß sie ein sparsames Leben geführt hatten. Es gab keinerlei Zeichen für Extravaganz – abgesehen von der Vase mit den Seidenblumen im Salon und Adelas Gewändern.

Hatte er sie vielleicht beschenkt, um ihr dadurch seine Liebe auszudrücken oder um sie zu verwöhnen? Pitt konnte sich dies bei dem Mann, dessen Gesicht er in Devil's Acre gesehen hatte, schwer vorstellen. Doch da war das innere Feuer erloschen, das einen Menschen Leidenschaft und Schmerz empfinden ließ oder ihm Augenblicke der Zärtlichkeit, Träume oder Illusionen schenkte.

Selbst im Leben versuchen wir, unsere Verletzbarkeit zu verbergen. Weder Pitt noch sonst ein Mensch hatten also das Recht, sich anzumaßen, über die Liebe eines Mannes zu seiner Frau zu urteilen. Welche falschen und hoffnungslosen Vorstellungen verfolgten ihn immer noch?

Oder war die Gleichgültigkeit seiner Frau darauf zurückzuführen, daß es schon seit langem keine Gefühle mehr zwischen ihnen gegeben hatte? War sein Tod nichts weiter als das formelle Ende einer Beziehung, die nur Fassade gewesen war? Sie waren seit fünfzehn Jahren verheiratet, das hatte sie ihm selbst mitgeteilt. Die Ehe war kinderlos geblieben. Hatte es wirklich niemals Kinder gegeben?

War dies vielleicht der Grund, weshalb sie diesen älteren, unscheinbaren Mann geheiratet hatte – war es eine Geste der Barmherzigkeit seinerseits gewesen, einer Frau gegenüber, deren Ehre beschmutzt war? Oder die bereits wußte, daß sie unfruchtbar war? Hatte sich ihre Dankbarkeit im Lauf der Jahre in Haß verwandelt?

Hatte sie anderswo Liebe gesucht? Hatte ein anderer Mann ihr die Seidenblumen und die Kleider geschenkt? Es war eine berechtigte Frage, und er war gezwungen, ihr nachzugehen.

Er erkundigte sich, ob sie je von Bertram Astley gehört hatte, von Max Burton oder Dr. Pinchin. Die Namen bewirkten kein verräterisches Flackern im Gesicht. Wenn sie tatsächlich eine Lügnerin war, dann war sie in der Rolle sehr überzeugend. Auch in Pomeroys Papieren fanden sich keine Hinweise auf die anderen Opfer.

Es blieb ihm nichts weiter übrig, als Mrs. Pomeroy für ihr Entgegenkommen zu danken und sich mit einem merkwürdigen Gefühl der Unwirklichkeit von ihr zu verabschieden, als habe sie die ganze Zeit, als sie mit ihm gesprochen hatte, kaum etwas von seiner Anwesenheit bemerkt. Er war ein Platzanweiser im Theater, und sie schaute sich das Drama irgendwo anders an, von einem Platz aus, den er nicht sehen konnte.


Es war das Nächstliegende, wieder auf den Acre zu gehen und Squeaker Harris auszuhorchen. Pitt fand ihn in seinem schmutzigen Mansardenzimmer, wo er über einen Tisch am Fenster, der saubersten Stelle im Raum, gebeugt saß, damit das Winterlicht auf sein Papier fallen konnte. Zu viele mißtrauische, aufmerksame Augen würden seine Arbeit prüfen. Sie mußte den höchsten

Anforderungen der Perfektion gerecht werden, oder er würde sich ein anderes Betätigungsfeld suchen müssen.

Er funkelte Pitt haßerfüllt an. »Sie ham kein Recht, einfach in mein Haus einzudringen!« rief er, während er das Dokument, an dem er gerade arbeitete, schnell so unauffällig wie möglich bedeckte. »Ich könnte Sie wegen – wegen Hausfriedensbruch drankriegen! Das is' gesetzeswidrig, Mr. Pitt. Un' was noch schlimmer is', es, eh, gehört sich nich'!«

»Es ist nur ein ganz normaler Besuch«, antwortete Pitt und nahm auf einer umgestürzten Kiste Platz, auf der er nur mit Schwierigkeit das Gleichgewicht halten konnte. »Ich interessiere mich nicht für dein fachliches Können.«

»Wirklich nich'?« fragte Squeaker ungläubig.

»Warum räumst du die Sachen nicht weg?« schlug Pitt vor. »Sie könnten sonst noch verstauben. Du möchtest doch sicher nicht, daß deine Arbeit ruiniert wird.«

Squeaker beäugte ihn argwöhnisch. Diese Nachsicht war sehr verdächtig. Es war ungewöhnlich, daß ein Polizist sein Verhalten so änderte. Woher sollte er wissen, was er davon zu halten hatte? Trotzdem war er froh darüber, seine halbfertigen Fälschungen aus Pitts Blickfeld verschwinden zu lassen. Er kehrte zurück und setzte sich wieder, diesmal bedeutend entspannter.

»Also, was is'?« verlangte er zu wissen. »Was wollen Sie dann von mir? Sie ham doch bestimmt 'nen Grund für Ihren Besuch!«

»Selbstverständlich«, sagte Pitt, »Was erzählt man sich hier inzwischen über die Morde? Was sagen die Leute hier, Squeaker?«

»Über den Schlächter vom Acre? Kein Sterbenswort. Keiner weiß was, keiner sagt auch nur 'nen Ton drüber!«

»Unsinn. Du willst mir doch wohl nicht weismachen, daß es hier auf dem Acre vier Morde gegeben hat, bei denen die Opfer auf grausamste Weise so zugerichtet wurden, und daß keiner Vermutungen anstellt, wer es gewesen ist oder warum er es getan hat? Jetzt hör schon auf, Squeaker, ich bin schließlich nicht von gestern!«

»Ich auch nich', Mr. Pitt. Un' ich will auch nichts drüber wissen. Ich hab' viel mehr Angst vor diesem komischen Mörder als ich je im Leben vor euch gehabt hab'! Ihr Polypen seid weiß Gott schon schlimm genug, schlecht für's Geschäft un' schlecht für die Gesundheit, 'n paar von euch können sogar ganz schön gemein sein. Aber ihr seid nich' verrückt – jedenfalls nich' völlig durchgedreht wie der Wahnsinnige, der hier die Leute abschlachtet! Ich kann ja noch verstehen, wenn jemand seinen Feind umbringt! Kann vorkommen. Aber mit dem Kerl hier will ich nichts zu tun haben, un' ich kenn' auch keinen, dem's da anders geht als mir!«

Pitt beugte sich nach vorn und wäre fast von seiner Kiste gefallen. »Dann hilf mir wenigstens, ihn zu finden, Squeaker! Hilf mir, ihn hinter Schloß und Riegel zu bringen!«

»Sie meinen wohl, ihn aufzuhängen.« Squeaker verzog das Gesicht. »Ich weiß von nix, un' ich will auch nix wissen! Hat keinen Zweck, daß Sie mich fragen, Mr. Pitt. Von uns isses keiner gewesen!«

»Und wer ist neu in Devil's Acre? Wer ist fremd?« drängte Pitt.

Squeaker setzte eine gekonnte Jammermiene auf. »Woher zum Teufel soll ich 'n das wissen? Der Kerl is' wahnsinnig! Vielleicht kommt der nur nachts. Vielleicht isses nich' mal 'n menschliches Wesen. Ich kenn keinen, der was drüber weiß! Keiner von den Zuhältern un' Räubern un' Schwindlern, die ich kenn', hat mit so 'ner Schweinerei was zu tun! Un' Sie wissen ja selbs', daß wir Schreiber uns die Finger nich' dreckig machen. Ich bin schließlich Künstler, ja, genau das bin ich. Wenn ich meine Hände zu so was brauch', verlier' ich mein ganzes Gefühl.« Er fuchtelte dramatisch mit seinen Händen herum wie ein Pianist. »Langfinger tun sowas nich'«, fügte er im nachhinein hinzu.

Pitt konnte sich ein Lächeln nicht verkneifen. Irgendwie klang Squeaker überzeugend. Trotzdem machte er einen letzten Versuch. »Und wie steht es mit Ambrose Mercutt? Max hat ihm schließlich das Geschäft kaputt gemacht.«

»Ja, das hat er«, gab Squeaker zu. »Der war eben besser, wissen Sie. Un' Ambrose is'n ekliges Schwein, wenn er sauer is', da können Sie seine Mädchen fragen. Aber verrückt is' er bestimmt nich'! Wenn jemand Max 'n Messer in' Rücken gebohrt un' ihn ins Wasser geschmissen oder ihn erwürgt hätt', dann würd' ich sagen, es war Ambrose, schnell wie'n Blitz.« Er verzog verächtlich den Mund. »Aber dann hättet ihr Jungs die Leiche nie gefunden! Der war einfach verschwunden, das is' alles – Max wär einfach nich' mehr aufgetaucht, un' ihr Polypen hättet nix davon erfahren. Bloß 'n Dummkopf oder 'n Wahnsinniger is' so unvorsichtig, daß er wen zerstückelt un' dann im Rinnstein liegen läßt, so daß man drüber stolpert.« Er zog seine struppigen Brauen in die Höhe. »Da frag' ich Sie, Mr. Pitt – wer würd' schon 'ne Leiche vor 'nem Armenhaus liegenlassen, wo all die frommen

Frauen drin wohnen – wenn er noch halbwegs bei Sinnen wär', was meinen Sie?«

»Hat Ambrose Kinder in seinem Bordell für sich arbeiten lassen, Squeaker?«

Squeaker zog eine Grimasse. »Damit will ich nix zu tun haben. Das is' krank, ja, das isses. Was'n richtiger Mann is', der will 'ne richtige Frau un' kein kleines Kind, das Angst hat vor einem.«

»Ja oder nein, Squeaker?«

»Jessas! Woher soll ich'n das wissen? Ham Sie etwa gedacht, ich hätt' für sowas Geld?«

»Ja oder nein, Squeaker?« insistierte Pitt, und seine Stimme klang härter.

»Ja! Hat er! Der geldgierige Hund! Schnappen Sie sich den Kerl un' hängen Sie 'n auf, Mr. Pitt, ich hätt' nischt dagegen!« Er spuckte angeekelt auf den Boden.

»Vielen Dank. Sie haben mir sehr geholfen.« Pitt stand auf, und die Kiste brach zusammen.

Squeaker schaute auf die Kiste, und sein Gesicht legte sich in Falten. »Sie hätten sich nich' draufsetzen dürfen, Mr. Pitt! Sie sind viel zu schwer für sowas – Sie sehn ja selbs', was passiert! Eigentlich müßten Sie mir jetzt 'ne Entschädigung zahlen, ja, das müßten Sie!«

Pitt zog einen Sixpence hervor und reichte ihm seinen Gegenüber. »Ich möchte dir auf keinen Fall etwas schulden, Squeaker.«

Squeaker zögerte, die Münze schon fast zwischen den Zähnen. Der Gedanke, daß Pitt ihm etwas schulden könnte, war äußerst angenehm, fast schon verführerisch. Doch ein Sixpencestück war besser als eine Schuld, an die sich Pitt bei seiner Vergeßlichkeit sicher bald schon nicht mehr erinnern konnte.

»Da ham Sie recht, Mr. Pitt«, stimmte er zu. »Man sollte nie 'nem Menschen was schuldig bleiben. Man kann nämlich nie wissen, wann er sich's wieder abholen kommt.« Er sah ihn mit aufrichtigem Blick an. »Aber wenn ich zu Ohren kriegen sollte, wer die armen Schweine abgestochen hat – ganz ehrlich – dann laß ich Sie sofort holen un' sag's Ihnen.«

»Ach ja?« fragte Pitt skeptisch. »Ich hoffe, du sagst auch die Wahrheit, Squeaker.«

Squeaker spuckte wieder aus. »Ich will sterben, wenn ich's nich' tu! O Gott! Das hätt' ich jetzt besser nich' gesagt! Jessas! Soll Gott mich strafen, wenn ich's nich' tu!« berichtigte er sich, als sei es leichter für ihn, vom Allmächtigen Gnade zu erhalten als vom Acre-Schlächter.

»Er kann dich haben, wenn ich mit dir fertig bin.« Pitt musterte ihn von oben bis unten. »Falls er das, was übrig bleibt, überhaupt noch haben will!«

»Also wirklich, Mr. Pitt, das is' nich' nett von Ihnen. Sie nutzen meine Gastfreundschaft aus.« Squeaker war beleidigt, aber es war ihm nicht unangenehm. Es war ein Gefühl, das er genoß. »Das Schlimme an euch Polypen is', daß ihr sowas wie Dankbarkeit nich' kennt.«

Pitt lächelte und ging aus der Tür. Er stieg vorsichtig die Treppe hinunter, indem er die morschen Stufen mied, und trat hinaus in die kalte, übelriechende Luft der Gasse. Morgen würde er sich ein Bild von Ernest Pomeroy besorgen und in den Bordellen in Devil's Acre herumzeigen.

Charlotte wartete schon auf ihn, als er nach Hause kam. Sie sah schön aus, ihr Gesicht leuchtete, ihr Haar war weich und duftete angenehm. Sie umarmte ihn heftig, als berste sie vor Energie.

»Wo bist du gewesen?« fragte er, als er sie fest an sich drückte.

»Ich habe bloß Emily besucht.« Sie tat zwar ganz harmlos, doch er wußte genau, warum sie dort gewesen war.

Sie gab ihm einen flüchtigen Kuß und entwand sich seinen Armen. »Du bist ja ganz kalt. Setz dich und wärm dich auf. Gracie ist in einer halben Stunde mit dem Essen fertig. Dein Mantel sieht richtig dreckig aus. Wo bist du gewesen?«

»In Devil's Acre«, sagte er spitz, als er sich die Stiefel abstreifte und seine Zehen hin und her bewegte. Er lehnte sich in seinem Sessel zurück und hielt die Füße vor das Kaminfeuer.

Charlotte reichte ihm seine Pantoffeln. »Hast du etwas herausfinden können?«

»Nein«, log er. Schließlich war es noch nichts Konkretes.

Sie blickte ihn mitleidig an. »Oh. Das tut mir leid.« Dann leuchtete ihr Gesicht auf. »Vielleicht wäre es besser, wenn man die Sache von einer anderen Seite her angehen würde.«

Ohne nachzudenken, fragte er: »Von welcher anderen Seite?« Doch dann durchschaute er sie und ärgerte sich über seine Naivität.

Sie hatte natürlich nur auf diese Frage gewartet. »Ich denke da an die Frauen von Max«, antwortete sie sofort. »Die Morde sind voller Haß begangen worden.«

Er lächelte bitter. Es war eine lächerliche Untertreibung, und was zum Teufel konnte sie schon darüber wissen, hier in der Sicherheit ihres Heims? Er hatte schließlich die Leichen gesehen!

»Du solltest nach jemandem suchen, dessen Leben ruiniert worden ist«, fuhr sie fort. »Angenommen, Max hat eine Frau verführt, und der Ehemann hat es herausgefunden. Vielleicht war er so haßerfüllt, daß er auf diese Art gemordet hat – und nicht nur Max, sondern auch alle anderen, die mit dieser Schande etwas zu tun hatten.«

»Und wie hätte er es herausfinden können?« fragte er. Wenn sie schon unbedingt Polizist spielen wollte, sollte sie auch die ganzen unangenehmen Fragen beantworten, mit denen Athelstan ihn konfrontieren würde. »Es gibt keinerlei Verbindung zwischen Max und Hubert Pinchin. Wir haben niemanden finden können, der sie beide kennt.«

»Vielleicht hat Pinchin als Arzt in Max' Bordell gearbeitet«, schlug sie vor.

»Gute Idee. Hat er aber nicht. Das erledigt eine alte Krähe, der man die Lizenz entzogen hat – übrigens eine sehr lukrative Arbeit. Der Kerl würde sich von keinem ins Handwerk pfuschen lassen.«

»Krähe? Nennt man so in der Unterwelt einen Arzt?« Sie wartete nicht auf seine Antwort. »Und wenn der Ehemann als Freier gekommen ist und feststellen mußte, daß ihm seine Ehefrau angeboten wurde? Dann hätte er auch sofort gewußt, wer der Zuhälter war!« Eine brilliante Schlußfolgerung, Charlotte glühte vor Stolz.

»Und die Frau?« sagte er barsch. »Die hat er einfach gepackt und wieder mit nach Hause genommen? Er hätte sie doch bestimmt nicht mehr gewollt – nachdem sie ihm so etwas angetan hat!«

»Da bin ich ganz anderer Meinung.« Sie rümpfte die Nase und sah ihn ungeduldig an. »Er konnte sich ja wohl kaum von ihr scheiden lassen, oder?«

»Warum denn nicht? Er hätte doch weiß Gott genug Grund dazu gehabt!«

»Ach Thomas, mach dich doch nicht lächerlich! Kein Mann würde zugeben, daß er seine Frau in Devil's Acre als Hure erwischt hat! Selbst wenn die Polizei nicht nach jemandem suchen würde, der ein Motiv für die Morde hat, würde es ihn doch für alle Zeit ruinieren! Wenn es etwas gibt, das für einen Mann schlimmer ist als der Tod, dann ist es, wenn alle über ihn lachen und ihn gleichzeitig bemitleiden.«

Darauf gab es nichts zu erwidern. »Nein«, sagte er gereizt. »Er wird sie wahrscheinlich auch noch umbringen, nur heimlich, wenn der richtige Zeitpunkt gekommen ist.«

Ihr Gesicht wurde bleich. »Glaubst du wirklich?«

»Verdammt noch mal, Charlotte! Woher soll ich das denn wissen? Wenn er fähig ist, ihren Zuhälter und ihre Liebhaber zu zerstückeln, was könnte ihn dann noch davon abhalten, sie im Rinnstein irgendeiner besseren Straße liegen zu lassen, wenn er die Zeit für gekommen sieht? Vergiß das bitte nicht und hör auf, dich mit Dingen abzugeben, die du nicht verstehst – du kannst doch nur Unheil anrichten, wenn du herumläufst und Leute verdächtigst. Denk daran – wenn du wirklich recht haben solltest, hat der Mörder nicht mehr viel zu verlieren!«

»Ich habe doch gar nicht ...«

»Herrgott nochmal, hältst du mich etwa für beschränkt? Ich weiß zwar nicht, was du mit Emily aussheckst, aber ich weiß sehr wohl, warum du es tust!«

Sie saß völlig regungslos da, mit hochroten Wangen. »Ich bin nicht einmal in der Nähe von Devil's Acre gewesen, und soweit ich weiß, habe ich auch noch nie mit jemandem gesprochen, der es gewesen ist!« sagte sie selbstgerecht.

Er konnte an ihren funkelnden Augen sehen, daß sie die Wahrheit sagte. Außerdem glaubte er nicht, daß sie ihn anlügen würde, jedenfalls nicht mit so vielen Worten.

»Aber du hättest es bestimmt liebend gern getan«, sagte er schneidend.

»Nun, du bist ja auch nicht gerade sehr viel weitergekommen«, konterte sie. »Ich könnte dir die Namen von einem halben Dutzend Frauen geben, bei denen du dein Glück versuchen könntest. Zum Beispiel Lavinia Hawkesley. Sie ist mit einem langweiligen Mann verheiratet, der mindestens dreißig Jahre älter ist als sie. Und Dorothea Blandish, Mrs. Dinford und Lucy Abercorn. Und wie steht es mit der frischgebackenen Witwe Pomeroy? Ich habe gehört, sie soll sehr schön sein, und sie kennt auch den einen oder anderen in der feinen Gesellschaft.«

»Adela Pomeroy?« Er war so verblüfft, daß er einen Moment lang seinen Ärger vergaß.

»Allerdings«, sagte sie befriedigt, als sie seinen Gesichtsausdruck sah. »Es gibt sogar noch mehr. Ich kann dir die Namen gern aufschreiben.«

»Dann schreib sie mir auf und vergiß das Ganze wieder. Bleib zu Hause! Es handelt sich um Mord, Charlotte, abscheulichen, brutalen Mord. Und wenn du weiter darin herumstocherst, endest du vielleicht auch noch tot auf der Straße. Tu bitte, was ich dir sage!«

Sie antwortete nicht.

»Hast du mich verstanden?« Er war gegen seinen Willen laut geworden. »Wenn du und Emily weiter in der Sache herumschnüffelt, besteht die Gefahr, daß ihr irgendeinen gottverdammten Wahnsinnigen stört – vorausgesetzt, daß ihr der Wahrheit überhaupt nahe kommt! Es ist nämlich sehr viel wahrscheinlicher, daß es sich um einen Machtkampf in Devil's Acre handelt, der mit der feinen Gesellschaft nicht das geringste zu tun hat.«

»Und Bertie Astley?« wollte sie wissen.

»Was soll mit ihm schon sein? Ihm hat eine Häuserzeile auf dem Acre gehört, eine ganze Straße. Daher haben die Astleys auch ihr ganzes Geld, aus ihrem privaten kleinen Slum.«

»O nein!«

»O ja! Vielleicht hat er auch ein Bordell gehabt und ist von einem Konkurrenten ausgeschaltet worden.«

»Und was willst du jetzt unternehmen?«

»Zurückgehen und mich weiter umsehen natürlich! Was denn sonst?«

»Thomas, bitte nimm dich in acht!« Sie wußte nicht, was sie sonst noch sagen sollte, und schwieg wieder.

Er wußte um die Gefahren, doch die Alternativen waren noch schlimmer: ein weiterer Mord, die Wut der Öffentlichkeit könnte zu Hysterie ausarten, Athelston, der um seine Stellung bangte, würde den Druck auf Pitt verstärken, verlangen, daß man jemanden festnahm, egal wen, um endlich die Regierung, die Kirche, die Bewohner von Devil's Acre und sämtliche Freudenhäuser in London zufriedenzustellen. Und dann Angst und Schrecken – und Schuld, wenn wieder eine dieser Greueltaten begangen wurde.

Aber vielleicht war ihm vor allem wichtig, den Fall zu lösen, bevor es Charlotte gelang. Sie könnte eine von Emilys Bekanntschaften ausnutzen und sich dabei in Schwierigkeiten bringen, die sie nicht mehr bewältigen konnte. Er hatte ihr untersagt, weiter herumzustochern, nicht nur, weil ihr Leben dadurch in Gefahr geriet, sondern weil er ihr unbedingt beweisen wollte, daß er ihre Hilfe nicht brauchte.

»Natürlich werde ich vorsichtig sein«, sagte er steif. »Ich bin schließlich kein Dummkopf!«

Sie warf ihm einen langen Seitenblick zu und hielt den Mund.

»Und du bleibst zu Hause und hältst dich aus der Sache heraus!« fügte er hinzu. »Du hast hier genug zu tun, ohne daß du dich in fremde Angelegenheiten einmischst, die dich nur in Schwierigkeiten bringen können.«

Trotzdem achtete er am nächsten Tag noch sorgsamer darauf, möglichst unauffällig auszusehen, bevor er nach Devil's Acre ging, und sich mit der richtigen Mischung aus Zielstrebigkeit und dem verstohlenen, erschöpften Auftreten eines Menschen zu bewegen, der genau weiß, daß seine Reise aussichtslos ist.

Es war ein kalter Tag, der Himmel war verhangen, und vom Fluß her wehte ein scharfer Wind. Es war nur natürlich, den Hut tief in die Stirn zu ziehen und den Schal bis über das frierende Gesicht zu wickeln. Die spärlichen Gaslaternen des Acres mit ihrem schwachen Schein glommen in der dämmrigen Morgenluft wie verlorene Monde in einer versunkenen, entstellten Welt.

Pitt hatte ein recht gutes Bild von Pomeroy bei sich und beabsichtigte, soviel wie möglich über die Bordelle herauszufinden, die von Kunden mit einer Vorliebe für Kinder frequentiert wurden. Irgendwo in diesem Sündenpfuhl würde er den Grund finden, der Pomeroy hergeführt hatte, und er vermutete, daß es etwas mit den Bedürfnissen zu tun hatte, die er in Seabrook Walk nicht hatte befriedigen können. Nichts anderes konnte einen derart pedantischen, beinahe zwanghaft ordentlichen Mann in diese Welt gelockt haben.

Er begann den Tag in Parkins Büro, wo er sich alle verfügbaren Informationen der hiesigen Polizei über die Häuser hatte geben lassen, in denen Kinderprostitution betrieben wurde. Man nannte ihm sogar die Namen von Spitzeln und verriet ihm kleine Privatgeheimnisse, auf die er zurückgreifen konnte, falls es nötig sein sollte, bei seinen Nachforschungen ein wenig Druck auszuüben, um die Wahrheit herauszufinden.

Doch er fand niemanden, der bereit war zuzugeben, daß er Pomeroy gekannt oder jemals unter den Freiern gesehen hatte.

Gegen zehn Uhr abends war Pitt durchgefroren und so erschöpft, daß ihm sämtliche Knochen weh taten. Er beschloß, noch ein letztes Haus aufzusuchen, bevor er sich auf den Heimweg machte. Diesmal war es sinnlos, seine Identität zu verschleiern, denn Ambrose Mercutts Diener kannte ihn bereits. Es gehörte zu seinem Beruf, sich Gesichter einzuprägen.

»Was woll'n Sie?« verlangte er aufgebracht zu wissen. »Sie können hier jetzt nich' rein, es is' mitten in der Geschäftszeit!«

»Ich bin dienstlich hier!« fuhr Pitt ihn an. »Und wenn Sie mich anständig behandeln und mir ein paar Fragen beantworten, werde ich mich diskret verhalten und Ihre Kunden nicht im geringsten stören.«

Der Mann dachte einen Moment lang nach. Er war groß und dürr, und ihm fehlte ein halbes Ohr. Er trug ein modisch geschnittenes Jacket und ein Seidentuch um den Hals. »Was is' Ihnen das wert?« erkundigte er sich.

»Gar nichts«, sagte Pitt sofort. »Aber ich kann Ihnen sagen, welche Vorteile es Ihnen bringt: Sie behalten Ihre Stelle und Ihren hübschen glatten Hals – ohne häßliche Striemen. So ein Seilkragen kann einem ganz schön die Zukunft ruinieren.«

Der Mann schnaufte. »Ich hab' keinen umgebracht. Bloß gelegentlich 'n paar Leute zusammengeschlagen, wenn sie nich' gewußt haben, wann sie genug für ihr Geld hatten.« Er kicherte und entblößte dabei seine langen Zähne. »Aber beschwert hat sich noch keiner. Gentlemen, die hier in unsere Gegend kommen, tun das nie! Un' daran könnt ihr Polypen nichts, aber auch gar nichts ändern! Die würden nämlich lieber abkratzen als gegen 'nen Zuhälter aussagen, so wahr ich hier stehe!« Er warf sich in die Brust und piepste mit Fistelstimme: »Bitte schön, Euer Ehren, Mr. Beak, ich möchte Anzeige erstatten, da gibt's nämlich 'ne Hure, die ich bezahlt hab' un' die mich um mein Geld betrogen hat! Ich wollt' Sie bitten, Mylord, daß Sie dafür sorgen, daß sie sich's anders überlegt!« Er änderte seine Haltung, legte eine Hand auf seine Hüfte und reckte den Kopf in die Höhe. »Aber sicher doch, Lord Dreck-im-Auge. Sie brauchen mir bloß zu sagen, was Sie der Hure bezahlt haben un' wo ich sie finden kann, un' dann sorg' ich schon dafür, daß sie willig is'!«

»Schon mal daran gedacht, ins Varieté zu gehen?« fragte Pitt amüsiert. »Da würde man sich über Sie sicher vor Lachen biegen.«

Der Mann zögerte, alle möglichen verlockenden Gedanken schossen ihm durch den Kopf. Er fühlte sich gegen seinen Willen geschmeichelt. Er hatte erwartet, daß Pitt ihn beschimpfen würde, mit Anerkennung hatte er nicht gerechnet und schon gar nicht mit einer so glänzenden Idee.

Pitt zog das Bild von Pomeroy hervor.

»Was issen das?« fragte der Mann.

»Kennen Sie den hier?« Pitt reichte ihm das Foto. In den Zeitungen hatte es kein Bild gegeben.

»Un' wenn's so wäre? Warum is' Ihnen das so wichtig?«

»Das geht Sie gar nichts an. Glauben Sie mir, es ist mir sehr wichtig – so sehr sogar, daß ich so lange weitersuchen werde, bis ich jemanden gefunden habe, der ihm für seine besonderen Vorlieben etwas geboten hat. Und wenn ich hier die ganze Zeit herumlaufe, das wäre sicher nicht gut für Ihr Geschäft, oder?«

»Schon gut, Sie Quälgeist! Un' wenn wir ihn hier kennen? Was dann?«

»Warum ist er hergekommen?«

Der Mann schaute ihn ungläubig an. »Was ham Sie da grad' gesagt? Sind Sie wahnsinnig oder was? Was meinen Sie wohl, warum der hergekommen is'? Weil er 'ne Schwuchtel war, deshalb, der miese Hund. Der hat sie immer blutjung haben wollen – sieben oder acht oder so. Aber beweisen werden Sie das nie, un' ich hab's Ihnen nich' gesagt. Un' jetz' machen Sie, daß Sie wegkommen, bevor ich Ihnen 'nen roten Ring um Ihren hübschen Hals zaubere – von einem Ohr zum anderen!«

Pitt glaubte ihm. Daß er keine Beweise finden würde, hatte er immer gewußt. »Vielen Dank.« Er nickte dem Mann kurz zu. »Ich glaube nicht, daß ich Sie noch einmal belästigen muß.«

»Das würd' ich Ihnen auch geraten haben!« rief ihm der Mann nach. »Hier mag Sie nämlich keiner! Wenn Ihnen Ihre Gesundheit was wert is', gehn Sie lieber woanders hin!«

Pitt wollte so schnell wie möglich fort. Er begann, mit schnellen Schritten zu gehen, die Hände in den Hosentaschen, den Schal bis über die Ohren gezogen. Pomeroy war also ein Päderast gewesen. Es überraschte ihn nicht, genau das hatte er erwartet. Er hatte nur nach einer Bestätigung für seinen Verdacht gesucht. Bertie Astley hatte eine Häuserzeile in Devil's Acre gehört – Ausbeutungsbetriebe, Mietskasernen, eine Kneipe. Max hatte aus seinem Beruf nie ein Geheimnis gemacht. Er mußte nur noch herausfinden, warum Pinchin hier gewesen war. Und dann fehlte natürlich noch das Verbindungsglied, der Ort oder die Person, die alle miteinander verknüpft hatte – das Motiv.

Es war bitterkalt. Der Wind, der den beißenden Gestank der Kloaken mit sich trug, ließ seine Augen tränen. Er hob den Kopf, drückte die Schultern durch und machte noch größere Schritte.

Vielleicht hörte er deshalb nicht, wie sich ihm jemand von hinten im dämmrigen Licht näherte. Er hatte in Gedanken das Geheimnis um Pomeroy gelöst, er hatte seine Arbeit beendet und völlig vergessen, daß er sich immer noch in Devil's Acre befand. Er ging wie ein zufriedener Mann, ein Mann, der ein Ziel vor Augen hatte, er mußte auffallen wie ein weißes Kaninchen auf einem frisch gepflügten Acker.

Der erste Schlag traf ihn von hinten. Er verspürte einen stechenden Schmerz unten im Rücken, seine Füße verhedderten sich, und er fiel mit dem Gesicht auf das Straßenpflaster. Er rollte sich auf den Rücken, die Knie angezogen, und ließ die Beine dann mit aller Kraft vorwärts schnellen. Seine Füße trafen auf einen Körper, der unter der Wucht des Trittes nachgab und mit einem Stöhnen zu Boden fiel. Pitt sprang auf die Füße und versuchte, den nächsten Verfolger abzuwehren, indem er mit den Fäusten um sich schlug. Ein Schlag donnerte auf seine Schulter, schmerzhaft, aber ungefährlich. Er legte seine ganze Kraft in den Gegenschlag und freute sich, als er das Geräusch eines splitternden Knochens vernahm. Dann traf ihn ein brutaler Hieb in die Seite. Er hätte seinen Rücken getroffen, wenn er sich nicht genau in dem Moment umgedreht hätte, als der andere zuschlug.

Es blieb ihm nichts anderes übrig, als um sein Leben zu rennen. Nur noch hundert oder höchstens zweihundert Yard, und er hatte den Rand von Devil's Acre erreicht, wo er nach einer Droschke rufen und sich in Sicherheit bringen konnte. Seine Seite tat höllisch weh, er mußte einen fürchterlichen Bluterguß davongetragen haben, doch ein heißes Bad und ein gutes Einreibemittel würden ihn schon wieder auf die Beine bringen. Seine Füße flogen über das Pflaster. Er schämte sich nicht im geringsten, so zu rennen, nur ein Dummkopf würde bleiben und sich wehren, wenn die Gegner in der Überzahl waren.

Er war außer Atem. Die Schmerzen in der Seite wurden immer stärker. Die erleuchtete Straße mit ihren Kutschen schien meilenweit entfernt. Die geisterhaften Lichtkränze der Gaslaternen blieben immer unerreichbar weit vor ihm. Sie wollten einfach nicht näher kommen.

»Jetzt mal halblang! Wo woll'n Sie denn so schnell hin, Mister?« Ein Arm schnellte vor und ergriff ihn.

In einem Moment der Panik versuchte Pitt, mit der Hand nach dem Mann zu schlagen, doch sein Arm war schwer wie Blei. »Was?«

Es war ein Constable – ein Constable, der gerade seine Runde machte.

»Oh, dem Himmel sei Dank!« rief er. Das Gesicht des Mannes wurde riesig und leer, es schimmerte durch den Nebel wie die Gaslaternen.

»Na sowas, Sie sehn aber gar nich' gut aus, was is' denn passiert? Meine Güte, Sie sind ja ganz voll Blut! Ich glaub', ich laß Sie so schnell wie möglich ins Krankenhaus bringen! Sons' sterben Sie mir hier noch weg! So, 's dauert nich' mehr lange, nur noch 'n bißchen durchhalten. Droschke! Droschke!«

Durch einen Nebel von schaukelnden Lichtern spürte Pitt in der schneidenden Kälte, wie man ihn in einen Hansom packte und mit ihm durch die Straßen holperte. Dann half man ihm vorsichtig heraus und führte ihn durch ein Labyrinth hellerleuchteter Räume. Er wurde ausgezogen, untersucht, mit etwas eingepinselt, das fürchterlich brannte, und dann fühlte er, wie seine Wunde, die glücklicherweise immer noch von dem ursprünglichen Schlag betäubt war, genäht und verbunden wurde. Dann zog man ihn wieder an und gab ihm etwas Scharfes zu trinken, das ihm im Hals brannte und ihn benommen machte. Schließlich brachte man ihn fürsorglich nach Hause. Inzwischen war es Mitternacht.

Als er am folgenden Morgen wach wurde, hatte er so große Schmerzen, daß er sich kaum bewegen konnte, und es dauerte einen Moment, bevor er sich wieder an den Überfall erinnern konnte. Charlotte stand mit bleichem Gesicht über ihn gebeugt, das Haar unordentlich im Nacken zusammengebunden.

»Thomas?« sagte sie ängstlich.

Er stöhnte.

»Du hast eine Stichwunde«, sagte sie. »Man hat mir gesagt, sie sei nicht besonders tief, aber du hast viel Blut verloren. Dein Jackett und dein Hemd sind ruiniert.«

Er grinste. Sie sah wirklich sehr blaß aus. »Das ist ja schrecklich. Bist du sicher, daß sie völlig ruiniert sind?«

Sie schnaubte verärgert, doch Tränen rannen ihr über das Gesicht, und sie hob die Hände, um sie vor ihm zu verbergen.

»Ich werde nicht weinen! Es ist deine eigene, törichte Schuld. Du bist vollkommen wahnsinnig! Zuerst sitzt du hier selbstgefällig wie ein Kirchenvorsteher herum und sagst mir, was ich zu tun und zu lassen habe, und dann gehst du selbst mutterseelenallein auf den Acre, stellst gefährliche Fragen und läßt dich überfallen.« Sie nahm eines seiner großen Taschentücher aus der Kommode und putzte sich heftig die Nase. »Und den Schlächter hast du bestimmt trotzdem nicht gesehen – oder irre ich mich etwa?«

Er versuchte, sich ein wenig aufzurichten, zuckte jedoch zusammen, weil seine Seite so schmerzte. Eigentlich war er nicht einmal sicher, ob er tatsächlich vom Acre-Schlächter überfallen worden war. Es hätten genauso gut irgendwelche Taschendiebe sein können, die einen Kampf nicht scheuten.

»Und Hunger hast du bestimmt auch«, sagte sie und stopfte sich das Taschentuch in die Schürzentasche. »Also der Arzt sagt, daß du dich nach einem Tag im Bett wieder viel wohler fühlen wirst.«

»Ich möchte aber lieber aufstehen...«

»Du tust das, was man dir sagt!« schimpfte sie. »Du stehst erst dann wieder auf, wenn ich es dir erlaube! Und komm nur nicht auf die Idee, mir zu widersprechen! Wage das bloß nicht!«

Es dauerte drei Tage, bis er sich wieder stark genug fühlte, um auf sein Polizeirevier zu gehen, mit einem festen Verband und gestärkt mit einer Taschenflasche mit ziemlich teurem Portwein. Die Wunde heilte gut ab, und obwohl sie immer noch schmerzte, war er doch in der Lage, sich einigermaßen zu bewegen. Inzwischen hatte er in Gedanken die einzelnen Fäden der Morde von Devil's Acre besser miteinander verknüpft und fühlte sich verpflichtet, seine Ermittlungen wieder aufzunehmen.

»Ich habe andere Männer darauf angesetzt«, versicherte Athelstan ihm nervös. »Alle, die ich entbehren kann.«

»Und was haben sie herausgefunden?« fragte Pitt. Ausnahmsweise brauchte er diesmal nicht zu stehen, sein Vorgesetzter hatte ihm nicht nur erlaubt, sondern ihn sogar gedrängt, auf dem gepolsterten Stuhl Platz zu nehmen. Pitt genoß das Privileg, lehnte sich zurück und streckte die Beine von sich. Es war vielleicht das erste und letzte Mal.

»Nicht viel«, gab Athelstan zu. »Ich weiß immer noch nicht, was diese vier Männer miteinander zu tun hatten. Und auch nicht, warum Pinchin auf den Acre gegangen ist. Sind Sie sicher, daß es sich nicht um einen Wahnsinnigen handelt, Pitt?«

»Nein, sicher bin ich mir nicht, aber ich glaube es einfach nicht. Für einen Arzt gibt es auf dem Acre mehr als genug zu tun, wenn er keine Skrupel hat.«

Athelstan schien dieser Gedanke zuwider zu sein. »Wahrscheinlich haben Sie recht. Aber was genau hat Pinchin gemacht und für wen hat er gearbeitet? Meinen Sie, er hat die vornehmen Frauen besorgt, von denen sie behaupten, daß sie für Max gearbeitet haben?«

»Vielleicht. Obwohl er nicht viele Frauen aus der besseren Gesellschaft unter seinen Patienten hatte.«

»Vornehm ist relativ, Pitt. Auf dem Acre würde beinahe jede Frau wie eine Lady wirken.«

Pitt stand widerwillig auf. »Dann gehe ich besser hin und stelle noch ein paar Fragen.«

»Aber auf keinen Fall allein!« sagte Athelstan beunruhigt. »Ich kann mir keinen weiteren Mord auf dem Acre mehr leisten!«

Pitt starrte ihn an. »Vielen Dank«, sagte er trocken. »Ich möchte Ihnen selbstverständlich keine Unannehmlichkeiten bereiten.«

»Verdammt nochmal!«

»Dann werde ich eben einen Constable mitnehmen – oder sogar zwei, wenn Sie das beruhigt.«

Athelstan richtete sich auf. »Das ist ein Befehl, Pitt – ein Befehl, haben Sie verstanden?«

»Ja, Sir. Ich gehe jetzt ... mit zwei Constables.«

Ambrose Mercutt befand sich in einem Zwiespalt zwischen Wut und der berechtigten Angst, daß man ihn für den Überfall auf Pitt, der inzwischen auf dem Acre in aller Munde war, verantwortlich machen könnte.

»Sie haben selbst schuld!« sagte Mercutt gereizt. »Laufen ganz allein in einer Gegend herum, wo Sie nicht gelitten sind, und stecken Ihre Nase in die Privatangelegenheiten anderer Leute – kein Wunder, daß man Sie überfallen hat. Sie können von Glück sagen, daß man Sie nicht erdrosselt hat! Absolut dämlich. Wenn Sie jeden so schikanieren wie meine Leute, erstaunt es mich wirklich, daß Sie noch am Leben sind.«

Pitt erwiderte nichts. Er wußte, daß er einen Fehler gemacht hatte, nicht etwa, daß er auf den Acre gekommen war, sondern daß er vergessen hatte, den Schein zu wahren, nämlich sich wie ein Mann zu bewegen, der dort zu Hause war. Er hatte sich auffällig verhalten. Das war unvorsichtig und, wie Ambrose schon gesagt hatte, äußerst dämlich von ihm gewesen.

»Eine Tatsache, die Sie sicher bedauern«, sagte Pitt. »Wer kümmert sich übrigens um Ihre Frauen, wenn sie krank werden?«

»Was?«

Pitt wiederholte seine Frage, doch Ambrose hatte inzwischen verstanden. »Jedenfalls nicht Pinchin, falls Sie das annehmen sollten.«

»Vielleicht. Aber wir werden uns mit allen Ihren Frauen unterhalten, um auch ganz sicherzugehen. Vielleicht erinnern sie sich an etwas, das Ihnen entfallen ist.«

Mercutts Gesicht war blaß geworden. »Schon gut! Vielleicht hat er ja ab und zu auch die eine oder andere bei uns behandelt. Was heißt das schon? Es war sehr nützlich. Ein paar von den dummen Weibern schaffen es immer wieder, sich ein Kind machen zu lassen. Er hat sich darum gekümmert und dafür Naturalien bekommen. Ich wäre wohl der letzte gewesen, der ihn hätte umbringen wollen, oder etwa nicht?«

»Nicht, wenn er Sie erpreßt hätte.«

»Mich erpreßt?« Diese Vorstellung erschien ihm so lächerlich, daß seine Stimme überschnappte. »Warum hätte er das tun sollen? Hier weiß doch jeder, was ich mache. Ich gebe nie vor, was zu sein, was ich nicht bin. Ich hätte höchstens ihn erpressen können – ich hätte seine schöne Praxis in Highgate ruinieren können – wenn ich nur gewollt hätte. Aber ich war voll und ganz zufrieden mit unserer Abmachung. Nachdem man ihn ermordet hatte, mußte ich mir jemand anderen suchen.«

Pitt konnte ihn von dieser Aussage nicht abbringen, er konnte fragen und drohen, soviel er wollte. Schließlich gab er auf und ging gemeinsam mit den Constables zu einem anderen Bordell, dann zu noch einem und noch einem.

Es war fünf Uhr, als Pitt, müde und enttäuscht, mit seinen beiden Begleitern zum Haus der Schwestern Dalton kam. Er suchte sie absichtlich als letzte auf, denn er freute sich auf die Wärme, die angenehme Atmosphäre und hoffte, daß man ihm vielleicht sogar eine Tasse heißen Tee anbieten würde.

Diesmal waren sowohl Mary als auch Victoria da, er wurde mit derselben häuslichen Ruhe empfangen wie beim letzten Mal und ins Wohnzimmer geführt. Als man ihm eine Erfrischung anbot, nahm er schneller an, als es sich schickte.

Mary schaute ihn mißtrauisch an, doch Victoria blieb genauso höflich wie zuvor. »Ernest Pomeroy gehörte nicht zu unseren Kunden«, sagte sie freimütig, während sie Tee einschenkte und ihm die Tasse reichte. Die Constables waren im Hauptempfangszimmer geblieben, verlegen, aber mit sichtlichem Vergnügen.

»Nein«, sagte Pitt und nahm dankend die Tasse in Empfang. »Ich weiß bereits, wo er hinzugehen pflegte. Ich dachte eher an Dr. Pinchin.«

Ihre Brauen hoben sich, und ihre grauen Augen sahen aus wie stille Wintermeere. »Ich kenne viele unserer Kunden, aber an ihn erinnere ich mich nicht. Er ist auf jeden Fall nicht hier ermordet worden – auch nicht in der Nähe.«

»Haben Sie ihn gekannt? Beruflich vielleicht?«

Um ihre Lippen spielte der Anflug eines Lächelns. »Meinen Sie damit meinen oder seinen Beruf, Mr. Pitt?«

Er lächelte zurück. »Seinen Beruf, Miss Dalton.«

»Nein. Ich erfreue mich für gewöhnlich bester Gesundheit, und falls es mir einmal nicht gut geht, weiß ich mir sehr gut selbst zu helfen.«

»Und wie steht es mit Ihren Frauen – oder Mädchen?«

»Nein«, sagte Mary sofort. »Wenn eine von ihnen krank ist, kümmern wir uns persönlich um sie.«

Pitt wandte sich ihr zu und schaute sie an. Sie war jünger als Victoria. Ihrem Gesicht fehlte die Willenskraft, die Entschlossenheit in den Augen, doch auch sie wirkte gesund und natürlich wie ein Mädchen vom Lande, hatte die gleiche kleine Nase und die gleichen hellen Sommersprossen. Sie öffnete den Mund und schloß ihn wieder. Pitt wußte sofort, was das bedeutete. Sie wollte nicht zugeben, daß es auch in diesem Haus Abtreibungen gab.

»Natürlich benötigen wir auch hier gelegentlich einen Arzt«, übernahm Victoria wieder das Gespräch. »Aber nicht Pinchin. Er hat mit unserem Haus niemals auch nur das geringste zu tun gehabt.«

Pitt glaubte ihr, doch er wollte noch ein wenig länger die Wärme genießen und hatte seinen Tee noch nicht ausgetrunken. »Können Sie mir einen guten Grund sagen, warum ich Ihnen glauben soll?« fragte er. »Der Mann ist ermordet worden. Es wäre nur verständlich, wenn Sie nicht zugeben würden, ihn gekannt zu haben.«

Victoria schaute zuerst ihre Schwester an und sah dann auf Pitts Tasse. Sie griff nach der Teekanne und füllte nach, ohne ihn zu fragen. »Leider keinen«, sagte sie mit einem Ausdruck, den Pitt nicht zu deuten vermochte. »Außer daß er ein Metzger war, und ich will nicht, daß jemand meine Mädchen so zurichtet, daß sie entweder verbluten oder so verstümmelt sind, daß sie nicht mehr arbeiten können. Das können Sie mir glauben!«

Pitt ertappte sich dabei, daß er sich entschuldigte. Es war einfach lächerlich. Er trank Tee mit einer Bordellbesitzerin und sagte ihr, daß es ihm leid tat, daß ein Arzt Frauen bei der Abtreibung so übel zugerichtet hatte, daß sie sich nicht mehr erholt hatten – dabei ging es nicht einmal um ihre Huren! ... Oder war sie lediglich eine brillante Lügnerin?

»Ich werde sie selbst fragen.« Er trank seinen Tee aus und erhob sich. »Besonders diejenigen, die erst seit kurzem bei Ihnen sind.«

Mary stand ebenfalls auf, die Hände im Stoff ihres Rockes verkrampt. »Das dürfen Sie nicht!«

»Mach dich doch nicht lächerlich«, sagte Victoria barsch. »Natürlich kann er das, wenn er es will. Wir haben Pinchin nie in unserem Haus gehabt, es sei denn, er wäre als Kunde gekommen. Ich wäre Ihnen sehr dankbar, Mr. Pitt, wenn Sie unsere Mädchen nicht beleidigen würden. Das kann ich auf keinen Fall zulassen.« Sie fixierte ihn mit festem Blick, und Pitt fühlte sich an die Gouvernanten erinnert, die er in vornehmen Häusern getroffen hatte. Sie wartete seine Antwort nicht ab, sondern führte ihn in den oberen Teil des Hauses und begann, an die Türen zu klopfen.

Pitt stellte Routinefragen und zeigte den kichernden, pummeligen Prostituierten Pinchins Bild. Die Zimmer waren warm und rochen nach billigem Parfüm und Körperausdünstungen, doch die Farben waren freundlich und die Räume sauberer, als er erwartet hatte.

Nachdem er das vierte Mädchen befragt hatte, wurde Victoria gerufen, um einen kleinen häuslichen Streit zu schlichten, und er blieb mit Mary allein zurück. Er sprach gerade mit dem letzten Mädchen, einem mageren Geschöpf, das höchstens fünfzehn oder sechzehn Jahre alt war und offensichtlich große Angst vor ihm hatte. Sie schaute sich das Foto mit Pinchins Gesicht an, und Pitt wußte sofort, daß sie log, als sie sagte, sie habe diesen Mann noch nie gesehen.

»Denken Sie bitte genau nach«, warnte er sie. »Sie müssen sehr vorsichtig sein. Man kann Sie ins Gefängnis sperren, wenn Sie der Polizei falsche Auskünfte geben.«

Das Mädchen wurde aschfahl.

»Jetzt reicht es aber!« sagte Mary scharf. »Sie ist schließlich nur ein Stubenmädchen – was soll sie schon mit Männern wie diesem zu schaffen haben? Lassen Sie das Kind in Ruhe. Sie räumt nur auf und wischt Staub. Mit solchen Dingen hat sie nichts zu tun.«

Das Mädchen machte Anstalten, sich zu entfernen. Pitt gelang es, sie am Arm festzuhalten, nicht grob, aber fest genug, um sie am Gehen zu hindern. Sie begann zu weinen und schluchzte so herzzerreißend, als sei sie von tiefster Verzweiflung überwältigt.

Pitt spürte sofort instinktiv, daß sie eines von Pinchins ›Metzelopfern‹ gewesen war, sie hatte zwar überlebt, war jedoch so übel zugerichtet worden, daß sie niemals mehr eine normale Frau würde sein können. In ihrem Alter hätte sie eigentlich lachen, sich romantischen Träumen hingeben und sich auf die Ehe freuen sollen. Er wollte sie trösten, aber es gab nichts, das er hätte sagen oder tun können.

»Elsie!« Es war Marys Stimme, laut und angsterfüllt. »Elsie!« Das kleine Dienstmädchen weinte immer noch, klammerte sich jetzt aber an Marys Arm.

Vom anderen Ende des Korridors erklang ein leises, drohendes Knurren. Pitt wirbelte herum. Unter der Gaslampe stand ein massiger, weißer, rattengesichtiger Bullterrier mit entblößten Zähnen und zitternden Beinen. Hinter ihm stand die riesigste Frau, die er je gesehen hatte, mit nackten, schlaff herabhängenden Armen und einem flachen Gesicht, das an einen Pudding erinnerte und in dem die Augen in tiefen Fettfalten eingebettet lagen.

»Keine Sorge, Miss Mary«, sagte die Frau leise, ihre Stimme war hoch wie die eines kleinen Mädchens. »Ich laß nich' zu, daß er Ihnen was tut. Sie wollten doch grade gehen, oder etwa nich', Mister?« Sie machte einen Schritt auf ihn zu, und der Hund, dessen Fell sich inzwischen gesträubt hatte, machte ebenfalls einen Ruck nach vorn.

Pitt fühlte, wie ihm der Schreck durch den Körper fuhr. Stand er etwa dem Schlächter vom Devil's Acre gegenüber? Hatte dieser Berg von einer Frau die Morde begangen? Er schluckte, doch seine Kehle war wie ausgedörrt.

»Schmeiß ihn raus, Elsie!« kreischte Mary. »Schmeiß ihn raus! Zeig es ihm, mach schon! Wirf ihn in die Gosse! Hetz Dutch auf ihn!«

Die riesige Frau machte einen weiteren Schritt auf ihn zu. Ihr Gesicht war ausdruckslos. Sie hätte auch mit hochgekrempelten Armen in einer Wäscherei stehen oder Brot kneten können. Das Knurren des Hundes an ihrer Seite wurde noch lauter.

»Hört sofort auf!« Victoria stand plötzlich wieder oben auf der Treppe, wo sie kurz zuvor verschwunden war. »Ist schon gut, Elsie, Mr. Pitt ist kein Kunde – und er will niemandem etwas tun.« Ihre Stimme wurde schärfer. »Also wirklich, Mary, manchmal benimmst du dich ausgesprochen dumm!« Sie zog ein Taschentuch aus dem Ärmel und reichte es dem Dienstmädchen. »Jetzt reiß dich aber zusammen, Millie, und geh wieder zurück an deine Arbeit! Hör auf zu heulen – du hast keinen Grund zu weinen. Nun geh schon!« Sie sah zu, wie das Mädchen fortlief und die riesige Frau und der Hund gehorsam kehrtmachten und ihr nachgingen.

Mary machte ein störrisches Gesicht, verhielt sich aber ruhig.

»Es tut mir leid«, sagte Victoria zu Pitt. »Wir haben Millie in einem erbärmlichen Zustand gefunden. Ich weiß nicht, wer sie so zugerichtet hat, schon möglich, daß es Pinchin gewesen ist. Das arme kleine Geschöpf ist fast verblutet. Sie war schwanger, und ihr Vater hat sie rausgeworfen. Sie ist in einem dieser Häuser gelandet, und dort hat jemand eine Abtreibung an ihr vorgenommen. Und als man sie dann vor die Tür gesetzt hat, weil sie nutzlos geworden war, haben wir sie gefunden und bei uns aufgenommen.«

Es gab nichts, was Pitt sagen konnte, die Situation war viel zu tragisch für abgedroschene Mitleidsbekundungen.

Victoria führte ihn zurück in die vorderen Räume. »Mary hätte Elsie nicht rufen sollen. Wir holen sie sonst nur, wenn wir Kunden haben, die unangenehm werden.« Ihr Gesicht was ausdruckslos. »Ich hoffe, Sie haben sich nicht zu sehr erschreckt, Mr. Pitt.«

Pitt hatte Todesangst ausgestanden, er war immer noch völlig in Schweiß gebadet. »Überhaupt nicht«, log er, froh darüber, daß sie sein Gesicht nicht sehen konnte. »Vielen Dank für Ihre Offenheit, Miss Dalton. Jetzt weiß ich endlich, was Pinchin hier auf dem Acre gemacht hat und womit er sich nebenher Geld verdient hat – um seinen Keller zu füllen. Sie wissen nicht zufällig, für wen er gearbeitet hat, oder?«

»Millie war bei Ambrose Mercutt, falls es das ist, was Sie wissen wollen«, sagte sie ruhig. »Mehr kann ich Ihnen auch nicht sagen.«

»Ich glaube, das genügt mir bereits.« Pitt trat in das Hauptzimmer, und beide Constables sprangen mit hochroten Gesichtern auf und schoben zwei lachende Mädchen weg, die auf ihrem Schoß gesessen hatten. Pitt wandte sich Victoria zu und tat so, als habe er nichts gesehen. »Vielen Dank, Miss Dalton. Gute Nacht.«

Victoria blieb genauso gelassen. »Gute Nacht, Mr. Pitt.«

# Kapitel 9

General Balantyne konnte die Morde von Devil's Acre einfach nicht aus seinen Gedanken verbannen. Er hatte noch nie etwas von Dr. Pinchin oder von dem letzten Opfer, Ernest Pomeroy, gehört, bevor die Zeitungen die gewaltsamen Todesfälle zum Inbegriff von Gefahr und Grauen in der Dunkelheit gemacht hatten. Aber Max Burtons Gesicht mit den schweren Lidern und dem verächtlichen Mund rief schreckliche Erinnerungen an andere Morde wach, abscheuliche Geschehnisse, die er nie richtig begriffen hatte.

Und Bertie Astley gehörte schließlich derselben Gesellschaftsschicht an wie Balantyne. Sie war zwar nicht ganz so bedeutend wie die echte Aristokratie, doch sehr viel angesehener als der niedrige Adel. Ein Vermögen ließ sich schließlich von Jedermann erwerben, und gute Manieren konnte man erlernen oder nachahmen. Witz, vornehme Kleidung und selbst Schönheit hatten nichts zu bedeuten, man genoß sie, doch kein vernünftiger Mensch nahm sie wirklich ernst. Die Astleys jedoch entstammten einer ehrbaren Familie, hatten über Generationen Ansehen und Würde genossen und dem Staat und der Kirche gedient. Sie hatten sich einen Platz in der Welt der Privilegierten errungen, die man einst für einzigartig – und sicher – gehalten hatte. Gelegentlich mochte zwar ein Schurke oder Dummkopf über die Stränge schlagen – doch keinem Fremden war es je gelungen, sich Eingang in diese auserlesenen Kreise zu erzwingen.

Wie war es möglich, daß Bertram Astelys Leiche vor einem Männerbordell gefunden worden war? Balantyne war natürlich nicht so naiv, die Möglichkeit auszuschließen, daß Astley diesen Ort aus gutem Grund aufgesucht hatte, er konnte aber auch genauso gut das Zufallsopfer eines Wahnsinnigen geworden sein. Dennoch konnte er seine Befürchtungen, daß es keineswegs ein Unfall gewesen war, sondern daß man ihn ganz bewußt ausgewählt hatte, nicht zerstreuen. Er mißtraute der bequemen Theorie von der willkürlich mordenden Bestie, die sich ausgerechnet Max und Bertie als Opfer ausgesucht hatte, zwei Männer, die zwar grundverschieden gewesen sein mochten, ihm aber beide persönlich bekannt waren.

Er versuchte, mit Augusta über das Thema zu sprechen. Sie unterstellte ihm sofort, daß er über Devil's Acre reden und ihr seine Pläne über die Bekämpfung der Prostitution und deren unerfreuliche Folgen unterbreiten wolle, und ihr Gesicht nahm einen düsteren Ausdruck an.

»Also wirklich, Brandon, für einen Mann, der den größten Teil seines Erwachsenendaseins in der Armee verbracht hat, bist du bemerkenswert einfältig!« sagte sie verächtlich. »Falls du glauben solltest, du könntest die niedrigen Triebe der menschlichen Natur durch wohlgemeinte Gesetze ändern, dann wärst du besser auf einer schönen kleinen Dorfkanzel aufgehoben, wo du lebensfremde, unverheiratete Damen mit Tee und Platitüden beglücken könntest, ohne damit viel Unheil anzurichten. Hier in unserer kultivierten Gesellschaft machst du dich damit höchstens lächerlich!«

Ihre Worte hatten ihn tief getroffen. Sie waren nicht nur grausam, sie waren zudem völlig ungerecht. Außerdem hatte er etwas ganz anderes sagen wollen. »Ich habe die unterschiedlichsten Reaktionen auf den Mord an Bertie Astley gehört«, sagte er schneidend. »Aber du bist die erste Person, die das Wort ›kultiviert‹ dafür benutzt. Es ist eine Formulierung, die ich für äußerst unangebracht halte!«

Ihr stieg das Blut in die Wangen. Er hatte sie absichtlich mißverstanden, und er hatte sie genauso gekränkt wie sie ihn. »Ich schätze deinen Sarkasmus nicht, Brandon«, antwortete sie. »Und du bist nicht witzig genug, um ihn richtig anzubringen. Bertie Astley war eines der unglücklichen Opfer eines Wahnsinnigen, der frei herumläuft und diese Greueltaten begeht. Aus welchen Gründen er diese Gegend aufgesucht hat, werden wir sicher niemals erfahren, und es geht uns auch nicht das geringste an. Soll er in Frieden beerdigt werden und seine Familie unbehelligt um ihn trauern! Es ist in höchstem Maße taktlos, auf die Umstände seines Todes anzuspielen. Ich kann mir nicht vorstellen, daß ein wahrer Gentleman dies tun würde.«

»Dann ist es an der Zeit, daß wir weniger wahre Gentlemen haben sollten – und mehr Polizisten oder wen auch immer, damit man sich dieser Dinge endlich annimmt!« erwiderte er. »Ich für meinen Teil habe jedenfalls keine Lust zu erleben, daß hier in London noch mehr verstümmelte Leichen auftauchen.«

Sie blickte ihn verächtlich an. »Wir haben schon wenig genug Gentlemen. Ich würde mir wirklich wünschen, daß es mehr davon gäbe, nicht weniger!« Sie drehte sich um und ließ ihn stehen. Er blieb mit dem unangenehmen Gefühl zurück, daß er den Streit verloren hatte, obwohl er im Recht gewesen war.

Am folgenden Tag nahm Christina das Mittagessen mit ihrer Mutter ein, weigerte sich jedoch, mit ihr gemeinsam Besuche zu machen. Balantyne fand sich mit seiner Tochter allein im Salon. Das Feuer loderte im Kamin, der Raum war von warmem, flackerndem Licht erfüllt. Die Situation schien vertraut, auf angenehme Weise zeitlos, beinahe als könnten sie zurückgleiten in seine Jugend und Christinas Kindertage, als ihre gegenseitige Zuneigung noch selbstverständlich gewesen war.

Er lehnte sich in seinen Sessel zurück und betrachtete Christina, wie sie neben dem runden Beistelltisch stand. Ihr Gesicht war ausgesprochen hübsch: ihre zarten Züge, ihre vollen Lippen, die großen Augen, das glänzende Haar. Ihre Figur, in ein elegantes Kleid gehüllt, besaß immer noch die Frische eines jungen Mädchens. Sie war eine merkwürdige Mischung aus einem Kind und einer Frau – vielleicht lag darin ihr besonderer Charme. Sie hatte zahlreiche Verehrer gehabt, bevor sie Alan Ross geheiratet hatte. Und das hatte sich anscheinend nicht geändert, wie er bei diversen gesellschaftlichen Anlässen festgestellt hatte, auch wenn sie sich inzwischen diskreter verhielt.

»Christina?«

Sie drehte sich um und schaute ihn an. »Ja, Papa?«

»Du hast doch Sir Bertram Astley gekannt.« Er stellte ihr absichtlich keine Frage, weil er eine verneinende Antwort nicht akzeptiert hätte.

Sie schaute ihn an, während er sprach, senkte dann jedoch den Blick und betrachtete eine Porzellanfigur, die auf dem Tisch stand. Das Thema war nebensächlich, nicht wert, daß man sich darüber unterhielt.

»Nur flüchtig«, antwortete sie. »Es bleibt schließlich nicht aus, daß man sich in der Gesellschaft irgendwann trifft.« Sie fragte ihn nicht, warum er das Thema angeschnitten hatte.

»Was war er für ein Mann?«

»Ganz nett, soweit ich es beurteilen kann«, antwortete sie mit einem kleinen Lächeln. »Aber recht gewöhnlich.«

Sie war so überzeugend, daß er ihr einfach glauben mußte. Und doch wußte er, daß sie sich in Kreisen bewegte, die weder langweilig noch naiv waren. Sie war weit weniger unschuldig, als er in ihrem Alter gewesen war – vielleicht war er es sogar immer noch?

»Und Beau Astley?«

Sie zögerte einen Moment lang. Waren ihre Wangen ein wenig gerötet oder war es nur der Schein des Feuers?

»Charmant«, sagte sie mit ausdrucksloser Stimme. »Sehr sympathisch, aber ich muß gestehen, daß ich ihn kaum kenne. Es ist vielleicht ein vorschnelles Urteil. Falls du etwas Tiefgründiges erwarten solltest, Papa, muß ich dich leider enttäuschen. Ich hatte keine Ahnung, daß Sir Bertram perverse Neigungen hatte. Ich war der festen Überzeugung, daß er diesem albernen Woolmer-Geschöpf den Hof machte und beabsichtigte, sie auch zu heiraten. Und da sie weder über Geld verfügt noch aus einer bedeutenden Familie stammt, konnte man nur davon ausgehen, daß seine Gründe rein körperlicher Natur waren.« Sie blickte zu ihm herüber. »Tut mir leid, falls ich dich jetzt schockiert habe. Manchmal kommst du mir wirklich unglaublich prüde vor!«

Er war sich bewußt, daß dies der Fall war, doch ihre Direktheit verletzte ihn trotzdem. Er wollte die Angelegenheit nicht weiterverfolgen indem er sich rechtfertigte, doch gleichzeitig war er sich bewußt, daß er es eigentlich tun sollte. Sie hatte nicht das Recht, mit ihm auf so respektlose Weise zu sprechen.

»Dann ist er entweder nicht aus den Gründen, die man ihm unterstellt, nach Devil's Acre gegangen – oder er war eben ein Mann mit diversen Geschmacksrichtungen«, sagte er trocken.

Sie brach in Lachen aus. Ihre Hände hielten das Porzellanfigürchen hoch in die Luft. Sie hatte wunderschöne Finger, klein und schlank. »Und ich hatte befürchtet, daß du böse werden würdest! Statt dessen stellt sich nun heraus, daß du sogar Sinn für Humor hast!«

»Sinn für das Absurde«, korrigierte er, und genoß das angenehme Gefühl, das er dabei empfand. »Wenn Bertie Astley Miss

Woolmer so ausdauernd den Hof gemacht hat, wie du eben hast anklingen lassen, kann ich mir allerdings schwer vorstellen, daß er gleichzeitig in Devil's Acre völlig andere Gelüste gestillt haben soll. Oder hat Miss Woolmer ihm die kalte Schulter gezeigt?«

Sie stieß ein leises Schnauben aus. »Ganz im Gegenteil. Sie hat sich an ihm festgekrallt wie eine Ertrinkende. Und ihre Mutter war noch schlimmer. Wenn es ihnen gelingt, werden sie sich jetzt den armen Beau an Land ziehen! Sie ist ein richtiger Brocken von einem Mädchen, wie klumpige Sahne.«

»Und der arme Beau hat kein Interesse an ihr?«

Wieder zögerte sie, ihre Finger schlossen sich fester um das Porzellan. »Ich habe nicht die geringste Ahnung. Wie ich bereits sagte, ich kenne sie nur sehr flüchtig. Es geht mich wirklich nichts an.« Sie stellte das Figürchen wieder zurück und lächelte, verließ den Tisch und kam zum Kamin. Der Schein des Feuers fiel auf den Satinstoff ihres Kleides und ließ ihn einen Moment aufleuchten und dann wieder im Dunkel des Schattens verschwinden.

»Hast du je von den anderen Opfern gehört?« Sofort, nachdem er das gesagt hatte, wußte er, daß es eine lächerliche Frage gewesen war, und wünschte sich, er könne sie wieder zurücknehmen. »Max natürlich ausgenommen!« fügte er schnell hinzu, um es wenigstens vor sich selbst logisch klingen zu lassen, obwohl es natürlich nach wie vor dumm blieb.

Vielleicht wurden Erinnerungen an die Dienste von Max in diesem Haus in ihr wach. Sie schluckte. Er hatte Schuldgefühle, es überhaupt erwähnt zu haben.

»Wohl kaum«, sagte sie nonchalant. »Einer war, glaube ich, Arzt, und der andere Lehrer, oder nicht? Nicht gerade meine gesellschaftlichen Kreise, Papa. Gibt es da nicht ein Sprichwort, daß die Not die seltsamsten Menschen zusammenführt oder so etwas ähnliches?« Sie lachte ein wenig schrill. »Vielleicht hatten sie alle dasselbe Laster? Vielleicht haben sie in Devil's Acre gespielt und verloren. Ich meine mich zu erinnern, daß Bertie Astley ein Spieler war. Seine Schulden nicht zu bezahlen, ist ein unverzeihliches gesellschaftliches Vergehen, weißt du. Hat man dir das in deinen Offizierskasinos nicht beigebracht?«

»Wenn jemand seine Schulden nicht bezahlt hat, wurde er von den anderen ausgestoßen«, sagte er nüchtern, während er sie genau beobachtete. »Aber er wurde nicht etwa umgebracht...« Er zögerte, ihr gegenüber einen drastischen Ausdruck zu benutzen, es war ihm peinlich, doch dann besann er sich. Warum sollte er die Realität beschönigen wie ein altes Weib? Warum sollte er im Flüsterton über Männlichkeit sprechen? »Und auch nicht kastriert«, beendete er seinen Satz.

Sie schien das Wort gar nicht bemerkt zu haben. Der Schein des Feuers auf ihrem Gesicht ließ ihre Haut wärmer erscheinen, aber soweit er feststellen konnte, war sie nicht errötet.

»In Devil's Acre haben wir es wohl kaum mit Offizieren und Gentlemen zu tun, Papa«, bemerkte sie ziemlich sarkastisch. »Sie aus der Gemeinschaft auszustoßen, wäre dort wohl kaum angebracht!«

Natürlich hatte sie recht. Bei diesen Menschen wäre eine solche Bestrafung wirklich vollkommen sinnlos. Niemand würde sich deshalb verpflichtet fühlen, auch nur einen Penny seiner Schulden zu bezahlen. Die Verlierer würden lediglich beim nächsten Mal irgendwo anders hingehen – nicht auf den Acre, sondern in ein anderes Hinterzimmer in einem anderen Armenviertel. Und der Mann, dem er das Geld schuldig geblieben war, würde es nicht an die große Glocke hängen, um nicht überall sein Gesicht zu verlieren, denn sonst würde ihm in Zukunft niemand mehr seine Schulden bezahlen.

»Übrigens«, fuhr sie fort, »könnte ich mir vorstellen, daß diese Methode wohl mehr als abschreckend ist. Es wundert mich daher, daß ein Toter nicht schon Warnung genug war.«

»Das ist wirklich mehr als verwunderlich.« Er sprach langsam, überdachte das Gesagte noch einmal und verspürte mit einem Mal trotz des Feuers ein unerklärliches Gefühl von Kälte. »Es ist sogar unglaublich.«

Sie schaute ihn nicht an. Das Licht, das auf ihr Kleid fiel, betonte ihre schlanke Figur, als sie sich abwandte. Sie sah nicht viel anders aus, als sie es mit siebzehn getan hatte, und doch hatte er den Eindruck, daß sie unerreichbar war. War sie immer schon so gewesen, und hatte nur seine Selbstzufriedenheit als Vater ihn dazu verleitet zu glauben, sie zu kennen?

»Man haßt niemanden so abgrundtief, nur weil er einem Geld schuldet.« Er nahm das Thema wieder auf, weil er es immer noch nicht für abgeschlossen hielt.

»Vielleicht sind sie wahnsinnig?« Sie zuckte mit den Achseln. »Wer kann das schon wissen? Es ist wirklich eine äußerst scheußliche Angelegenheit, Papa. Müssen wir weiter darüber reden?«

Er hatte eine Entschuldigung auf den Lippen, doch dann änderte er seine Meinung. »Kannst du es wirklich so einfach dabei bewenden lassen?« fragte er statt dessen. »Ich kann es nicht.«

»Den Eindruck habe ich auch.« Sie besaß eine gehörige Portion von Augustas eisiger Verachtung. »Ich kann es sehr wohl. Ich finde das Treiben der Leute im Armenviertel lange nicht so faszinierend wie du. Mir ist die Gesellschaft, in der ich aufgewachsen bin, sehr viel lieber.«

»Ich dachte immer, du fändest sie langweilig?« Er war überrascht darüber, wie hart seine Stimme geworden war. »Das hast du jedenfalls schon oft verlauten lassen.«

Sie hob ihr Kinn ein wenig und wandte sich ab. »Willst du damit etwa andeuten, ich sollte mich auf dem Acre nach ein bißchen Unterhaltung umsehen, Papa?« Ihre Stimme klang spröde. »Ich kann mir nicht vorstellen, daß Alan davon viel halten würde! Und Mama wäre sicher entsetzt.« Sie ging hinüber zur Glockenschnur und läutete. »Ich befürchte, daß mir, wie den meisten anderen Frauen auch, nichts anderes übrigbleibt, als mich mit einem gewissen Maß an Langeweile und einer Menge ermüdender Bagatellen im täglichen Leben abzufinden. Aber ich finde deine Moralpredigten unerträglich schwülstig. Du hast nicht die leiseste Ahnung, warum diese Männer ermordet wurden, und ich kann nicht verstehen, warum du unablässig darüber reden willst, es sei denn, damit du dich dabei überlegen fühlen kannst. Ich habe keine Lust, mich weiter darüber zu unterhalten. Wie Mama schon gesagt hat, es ist unglaublich schmutzig.«

Ein Diener erschien auf ihr Läuten.

»Bitte lassen Sie meine Kutsche vorfahren, Stride«, sagte sie kühl. »Ich möchte gern nach Hause fahren.«

Balantyne verspürte eine Mischung aus Erleichterung und dem Gefühl, sie verloren zu haben, als er sie fortgehen sah. War es der Unterschied zwischen Männern und Frauen oder zwischen zwei unterschiedlichen Generationen, der sich wie ein Abgrund zwischen ihnen auftat, so daß sie einander nicht mehr verstehen konnten? Er hatte den Eindruck, daß es immer weniger Menschen gab, mit denen man sich zwanglos unterhalten konnte und dabei das Gefühl hatte, daß sie über etwas Wichtiges sprachen und nicht nur nichtssagende Höflichkeiten austauschten, an die keiner von ihnen glaubte und die vollkommen unbedeutend waren.

Warum hatte er das Bedürfnis gehabt, mit Christina über die Morde zu sprechen? Oder überhaupt mit jemandem? Es gab tausend andere Dinge, über die man reden konnte, die alle angenehm und interessant oder sogar amüsant waren. Warum mußte es ausgerechnet Devil's Acre sein ... Weil er sich daran erinnerte, was Brandy über die Armut und Qual der Menschen gesagt hatte, und sich den Haß vorstellen konnte, der jemanden dazu treiben konnte, eine Kreatur wie Max umzubringen – auch wenn er nicht verstehen konnte, wie man einen Menschen so grauenhaft zurichten konnte. Er hätte den Mann einfach exekutiert – mit einem Kopfschuß. Aber wenn Max seine Frau oder seine Tochter in seinem Hurenhaus für sich hätte arbeiten lassen, hätte er vielleicht nicht nur das Bedürfnis gehabt, den Mann zu töten, sondern auch, seine Männlichkeit zu vernichten, das Instrument seiner Macht, das Symbol seines Mißbrauchs. Es lag schon eine gewisse Art von Gerechtigkeit darin.

Die Gedanken ließen ihn nicht los. Und es gab niemanden, mit dem er darüber reden konnte, ohne den anderen gegen sich aufzubringen oder als unerträglicher Moralapostel hingestellt zu werden. Ob ihn seine Familie, die Frauen, die er liebte, wirklich nur so sahen? Als unsensiblen Mann, schwülstig und selbstgefällig, besessen von abscheulichen Mordfällen in einer Gegend, von der er nicht das Geringste wußte?

Charlotte sah ihn ganz sicher ganz anders. Sie hatte einen interessierten Eindruck gemacht. Oder war es vielleicht doch nur Freundlichkeit gewesen? Er dachte an die Briefe von Wellingtons jungem Soldaten in Spanien. Sie hatte so getan, als sei sie aufrichtig daran interessiert. War es möglich, daß das Leuchten in ihrem Gesicht nur ein Zeichen ihrer Höflichkeit gewesen war? Ein grauenhafter Gedanke.

Er stand auf, verließ das Zimmer und eilte über den Korridor in seine Bibliothek. Er holte Papier hervor und schrieb einen Brief an Emily Ashworth. Sie war Charlottes Schwester, sie würde sie taktvoll davon in Kenntnis setzen, daß die Briefe des Soldaten für Charlotte bereitlagen, wenn sie das Bedürfnis haben sollte, sie persönlich zu lesen. Er schickte den Diener mit dem Brief fort, bevor er genug Zeit hatte, noch einmal darüber nachzudenken, ob er sich wieder einmal lächerlich machte.

Am folgenden Nachmittag, zum frühest möglichen Zeitpunkt, an dem Besuche akzeptiert wurden, kam das Dienstmädchen mit der

Nachricht herein, daß Miss Ellison im Frühstückszimmer warte, und erkundigte sich, ob der General bereit sei, sie zu empfangen.

Er spürte, wie ihm die Erregung durch den Körper schoß und ihm das Blut ins Gesicht steigen ließ. Wie lächerlich, sie war schließlich nur gekommen, um die Briefe zu sehen. Sie war nicht seinetwegen hier. Sie wäre genauso schnell gekommen, wenn irgendein anderer Mensch die Briefe besessen hätte.

»Ja.« Er schluckte und versuchte, dem Blick des Dienstmädchens so unbefangen wie möglich zu begegnen. »Selbstverständlich. Sie ist gekommen, um sich einige historische Dokumente anzusehen, also führen Sie sie bitte in die Bibliothek, und servieren Sie uns dort den Tee.«

»Ja, Sir.« Falls ihr das Ganze irgendwie merkwürdig vorkommen sollte, ließ sie es sich jedenfalls nicht anmerken.

Er stand auf und zog seine Jacke ein wenig glatter. Ohne nachzudenken, griff er nach seiner Krawatte. Sie schien ihm zu eng. Er lockerte sie ein klein wenig und prüfte im Spiegel, ob sie auch richtig gebunden war.

Charlotte wartete in der Bibliothek. Sie drehte sich um und lächelte, als der General den Raum betrat. Er bemerkte nicht einmal die warmen Rottöne ihres Straßenkleides oder ihre völlig durchnäßten Stiefel. Er sah nur das Leuchten in ihrem Gesicht.

»Guten Tag, General«, sagte sie schnell. »Es ist sehr liebenswürdig von Ihnen, mir zu erlauben, die Briefe zu lesen. Ich hoffe, mein Besuch kommt nicht allzu ungelegen?«

»Nein – überhaupt nicht.« Er hätte sie gern mit ihrem Vornamen angeredet, doch war es undenkbar und viel zu vertraulich, sie darum zu bitten. Er mußte würdevoll auftreten, sonst würde er sie kompromittieren. Er ließ sich seine Freude nicht anmerken. »Ich habe heute keine anderen Verpflichtungen.« Er hatte zwar vorgehabt, sich am Nachmittag mit Robert Carlton zum Tee zu treffen, doch das tat nichts zur Sache. Sie waren alte Freunde, und es war keine offizielle Verabredung gewesen.

»Das ist sehr großzügig von Ihnen.« Sie lächelte immer noch.

»Bitte, setzen Sie sich doch«, sagte er und zeigte auf den großen Sessel vor dem Kaminfeuer. »Ich habe das Mädchen gebeten, uns Tee zu bringen. Ich hoffe, daß Ihnen das recht ist?«

»Sehr gern, vielen Dank.« Sie nahm Platz und legte ihre Füße auf den Rost. Jetzt erst bemerkte er, wie naß ihre Stiefel waren und daß sie sehr abgetragen waren. Er wandte den Blick ab und ging zum Bücherschrank, um die Briefe zu holen.

Sie verbrachten eine halbe Stunde damit, sie gemeinsam zu lesen. Das Mädchen brachte den Tee, Charlotte schenkte ein, und sie versenkten sich wieder in die gänzlich fremde Welt Spaniens zu Beginn des 19. Jahrhunderts. Der Soldat schrieb mit einer so bewegenden Aufrichtigkeit, daß sie seine Gedanken kannten, seine Gefühle teilten, die Nähe der anderen Männer spürten und die Strapazen der Schlacht mitfühlten, ihn auf den endlosen Märschen über die trockenen Hügelketten begleiteten, mit ihm Hunger litten und die langen Stunden mit ihm durchwachten, durchbrochen von plötzlicher Angst.

Schließlich lehnte Charlotte sich zurück und schaute mit weit geöffneten Augen in die Ferne. »Wissen Sie, dieser Soldat hat mir mit seinen Worten einen Teil seines Lebens geschenkt. Ich fühle mich bereichert. Das Leben der Menschen ist auf einen Ort und eine Zeit beschränkt, und ich durfte das Privileg genießen, eine andere Welt so lebendig vor mir zu sehen, als wäre ich selbst dagewesen, aber dann wieder zurückgekehrt, ohne eine Verletzung erlitten und den Preis dafür bezahlt zu haben.«

Er betrachtete ihr Gesicht, das vor Freude glühte, und fühlte sich lächerlicherweise belohnt. Das Gefühl der Einsamkeit verschwand wie das Dunkel der Nacht, wenn die ganze Erde plötzlich der Sonne entgegenwirbelt.

Er ertappte sich dabei, wie er zurücklächelte. Instinktiv streckte er die Hand aus und berührte sie kurz. Ihre Wärme durchströmte ihn, bis er sie im ganzen Körper spüren konnte. Dann zog er widerstrebend die Hand wieder fort. Es war ein Moment, den er nicht auszudehnen wagte. Der intensive Wunsch danach war Warnung genug.

Wie konnte er ihr etwas sagen, das aufrichtig war? Er würde den Augenblick zerstören, wenn er auf Platitüden auswich, auf gewöhnliche Sätze, die jeder benutzte. »Ich freue mich«, sagte er nur. »Mir hat es auch viel bedeutet. Ich hatte das Gefühl, den Soldaten besser zu verstehen als die meisten Menschen, mit denen ich Tag für Tag zusammen bin und deren Leben ich zu kennen glaubte.«

Sie wandte ihren Blick von ihm ab und atmete tief ein. Er betrachtete ihre schlanke Gestalt, ihren Hals, die feinen Konturen ihrer Wangen.

»Mit anderen Menschen zusammenzuleben bedeutet nicht notwendigerweise, daß man sie kennt«, sagte sie nachdenklich. »Im Grunde kennt man sie nur äußerlich.«

Er mußte an Christina denken.

»Man redet sich oft ein, daß andere Menschen sich für dieselben Dinge interessieren wie man selbst«, fuhr sie fort, »und muß manchmal mit Bestürzung feststellen, daß dies gar nicht der Fall ist. Mir gehen beispielsweise die Morde von Devil's Acre einfach nicht aus dem Kopf, obwohl die meisten Leute, die ich kenne, davon nichts mehr hören wollen. Die Umstände erinnern uns an menschliches Elend und Unrecht, das uns unangenehm ist.« Sie wandte sich ihm zu und schaute ihm in die Augen. Es war ihr ein wenig peinlich. »Es tut mir leid, vielleicht finden Sie es sehr ungehörig, daß ich davon gesprochen habe?«

»Ich finde es ungehörig und erschreckend, daß es Menschen gibt, die das Ganze lieber nicht zur Kenntnis nehmen«, sagte er aufrichtig. Würde sie ihn für ebenso selbstgefällig halten wie Christina? Sie konnte kaum mehr als ein paar Jahre älter sein als Christina. Diese Erkenntnis traf ihn wie ein jäher Schlag. Das Blut stieg ihm ins Gesicht, und er fühlte sich befangen. Die Vertrautheit der letzten Stunde war mit einem Mal verflogen. Er war dabei, sich lächerlich zu machen.

»General Balantyne?« Sie klang sehr ernst, ihre Hand berührte seinen Ärmel. »Sie sind doch nicht nur höflich zu mir? Sind Sie wirklich sicher, daß ich Ihnen nicht zu nahegetreten bin, als ich das Thema angeschnitten habe?«

Er räusperte sich. »Natürlich bin ich mir sicher!« Er lehnte sich abrupt in seinen Sessel zurück, wo er weder ihre Wärme spüren noch den schwachen Lavendelgeruch und den frischen Duft ihres Haares und ihrer Haut wahrnehmen konnte. Ein Aufruhr von Gefühlen tobte in seinem Inneren, und er versuchte verzweifelt, ihn mit einem klugen Gedanken zurückzudrängen. Seine Stimme klang wie aus der Ferne. »Ich habe versucht, über das Thema zu reden. Brandy ist sehr engagiert, Alan Ross auch. Aber die Frauen wollen nichts davon hören.« Er trug schon wieder viel zu dick auf.

Aber sie schien es nicht zu bemerken. »Es ist verständlich, daß Christina bestürzt reagiert«, sagte sie ruhig und blickte dabei auf ihre Hände, die in ihrem Schoß lagen. »Schließlich hat sie Sir Bertram Astley gekannt, und sie kennt auch Miss Woolmer, mit der er verlobt war. Es muß für sie viel schmerzlicher sein als für

Sie oder für mich. Und es ist auch nur natürlich, daß die Polizei der Möglichkeit nachgeht, ob Mr. Beau Astley vielleicht seinen Bruder derart beneidet hat, daß er ihm Schlimmes gewünscht hat, da er schließlich sowohl den Titel als auch das Erbe bekommen würde. Und Miss Woolmer ist ihm natürlich auch sehr zugetan – ich glaube, er ist wirklich sehr charmant. Da sie befreundet sind, empfindet Christina bestimmt mit ihm. Seine Lage ist sicherlich qualvoll – immerhin hat er seinen Bruder verloren – und außerdem unangenehm, weil weniger Mitfühlende ihm sicherlich alles mögliche unterstellen werden.«

Er überdachte ihre Worte, doch Christina hatte keinerlei Mitgefühl bekundet. Im Gegenteil, sie hatte sogar den Eindruck erweckt, daß sie die ganze Sache ziemlich ungeduldig machte. Aber wahrscheinlich sprach Charlotte seiner Tochter die Gefühle zu, die sie selbst in ihrer Lage empfinden würde.

»Und natürlich hat dieser abscheuliche Mensch Max Burton früher als Diener in Ihrem Haus gearbeitet«, fuhr sie fort. »Auch wenn einem sein Tod kaum nahegeht, ist es doch für jeden Menschen unangenehm, daß jemand, den man persönlich gekannt hat, auf diese grauenhafte Weise ums Leben gekommen ist.«

»Woher wissen Sie, daß es derselbe Mann ist?« fragte er überrascht. Er konnte sich nicht erinnern, in den Zeitungen irgendwelche Verweise auf die Morde am Callander Square oder Max Burtons frühere Stellung gelesen zu haben. Und Burton war ein recht häufiger Name.

Ihre Wangen färbten sich rot, und sie wandte den Blick ab.

Es tat ihm leid, daß er sie in Verlegenheit gebracht hatte, aber das Bedürfnis nach Aufrichtigkeit zwischen ihnen, die Freiheit, offen das zu sagen, was man wirklich dachte, war ihm ungemein wichtig. »Charlotte?«

»Ich muß gestehen, ich habe mir Klatschgeschichten angehört«, sagte sie ein wenig abwehrend. »Emily und ich haben uns größte Mühe gegeben, die Lebensbedingungen bestimmter Menschen, vor allem der Kinder, die zur Prostitution gezwungen werden, denjenigen zu Ohren zu bringen, die über Einfluß verfügen. Anscheinend kann man keine Gesetze dagegen machen, doch man kann die öffentliche Meinung soweit beeinflussen, daß diejenigen, die diesen Mißbrauch treiben, ihre Lage unerträglich finden!« Jetzt sah sie wieder auf, bereit, ihre Haltung zu verteidigen, und ihre Blicke trafen sich. Keines seiner Argumente würde sie auch nur ein Jota von ihrer Meinung abbringen. Er spürte, wie ihn ein Gefühl der Freude durchströmte, als er sich dessen bewußt wurde.

»Meine Liebe«, sagte er freimütig, »nichts liegt mir ferner als das.«

In ihren Augen zeigte sich ein Flackern von Verwirrung. »Wie bitte?«

»Erwarten Sie etwa nicht, daß ich Ihnen jetzt widerspreche, Ihnen sage, wie sehr ich Ihre Ansichten mißbillige?«

Ihre Züge entspannten sich zu einem Lächeln, und er stellte erschrocken fest, wie sehr er sich danach sehnte, sie in die Arme zu nehmen. Ihre geistige Einheit war ihm nicht genug, es gab Dinge, die gleichzeitig viel zu heftig und viel zu zart waren, um sie durch Worte allein zum Ausdruck zu bringen. Empfindungen, die lange in ihm geschlummert hatten, brachen sich plötzlich mit Gewalt Bahn, zerstörten sein inneres Gleichgewicht. Er wünschte sich, diesen Nachmittag ins Endlose ausdehnen zu können, damit er ihn vor dem Abend bewahrte, wenn Augusta zurückkehren würde und mit ihr Normalität und Einsamkeit.

Charlotte schaute ihn an. Hatte sie diesen Gedanken in seinem Gesicht gelesen? Das Licht in ihren Augen erlosch, und sie wandte ihren Blick ab.

»Nur was dieses Thema betrifft«, sagte sie leise. »Weil ich ganz genau weiß, daß ich recht habe. Es gibt sicher viele andere Dinge, bei denen ich Ihnen beipflichten müßte, wenn Sie mir sagen würden, daß ich einen Fehler mache. Und ich mache Fehler!«

Er verstand nicht, was sie damit meinte, und es war unhöflich, sie danach zu fragen. Doch er glaubte nicht, daß sie es aus Oberflächlichkeit oder falscher Bescheidenheit gesagt hatte. Er spürte, daß sie von einem Gefühl der Schuld gequält wurde.

»Jeder Mensch macht Fehler, meine Liebe«, sagte er sanft. »Bei den Menschen, die wir lieben, sehen wir vor allem die Tugenden, sie sind das wichtigste. Die Eigenschaften, die nicht so positiv sind, pflegen wir tunlichst zu übersehen. Wir wissen darum, aber wir stoßen uns nicht daran. Wenn Menschen keine Schwächen oder Bedürfnisse hätten, gäbe es dann überhaupt etwas, das wir ihnen schenken könnten, was von Wert für sie wäre?«

Sie stand schnell auf, und einen Moment lang hatte er den Eindruck, als stünden ihr Tränen in den Augen. Hatte sie seine Gedanken erraten, wußte sie, was er versuchte, ihr zu sagen – und gleichzeitig nicht zu sagen? Er liebte sie. Endlich war es ihm ganz bewußt geworden.

Aber es wäre unverzeihlich, sie zu kompromittieren. Geschehe was wolle, er mußte sich ihr gegenüber korrekt verhalten. Er drückte die Schultern durch und setzte sich noch aufrechter hin. »Ich finde, Sie und Emily haben sich einer äußerst wichtigen Aufgabe angenommen.« Er hoffte inständig, daß seine Stimme normal klang und nicht zu unvermittelt distanziert oder zu schwülstig.

»Ja.« Sie drehte ihm weiterhin den Rücken zu und blickte wie gebannt hinaus in den Garten. »Lady Cumming-Gould und Mr. Somerset Carlisle, der Parlamentsabgeordnete, setzen sich ebenfalls dafür ein. Ich glaube, wir haben auch schon etwas erreicht.« Endlich wandte sie sich um und lächelte ihn an. »Ich bin so froh, daß Sie unser Engagement gutheißen. Jetzt, wo Sie es gesagt haben, muß ich gestehen, daß es mich verletzt hätte, wenn es nicht der Fall gewesen wäre.«

Er fühlte wieder die Glut in seine Wangen steigen, mit einer Mischung aus Freude und Schmerz. Zuerst stand er unbeweglich da, dann nahm er die Briefe des Soldaten vom Tisch. Er konnte es nicht ertragen, sie fortgehen zu lassen, doch es wäre ebenso unerträglich, wenn sie blieb. Er durfte sich nicht verraten. Das Gefühl, das er für sie empfand, war so tief und unberechenbar zugleich, daß er sie wegschicken und allein sein mußte.

»Bitte nehmen Sie sie mit, und lesen Sie sie noch einmal, wenn Sie möchten.«

Sie verstand ihn sofort. Sie nahm die Briefe und bedankte sich. »Ich werde sie in Ehren halten«, sagte sie leise. »Ich empfinde ihn als unseren gemeinsamen Freund. Ich danke Ihnen für den außergewöhnlichen Nachmittag. Guten Tag, General Balantyne.«

Er holte tief Luft. »Guten Tag, Charlotte.« Er griff nach der Klingel. Als der Diener kam, sah er ihr nach, wie sie aufrecht mit hocherhobenem Kopf hinausging. Er blieb lange Zeit stehen, ohne sich zu regen, und versuchte sich vorzustellen, sie sei noch da. Er wollte sich in den goldenen Kokon des wärmenden Gefühls einhüllen, bevor die Einsamkeit ihn wieder umfing.

Balantyne schlief in dieser Nacht schlecht. Er richtete es so ein, daß er nicht zu Hause war, als Augusta zurückkam, und als er schließlich heimkehrte, saß sie bereits am Abendbrottisch.

»Ich verstehe wirklich nicht, wie du um diese Zeit noch spazierengehen kannst«, bemerkte sie mit einem leichten Kopfschütteln. »Es ist stockdunkel draußen und die kälteste Nacht des Jahres.«

»Es macht mir nichts aus«, sagte er. »Ich glaube, bald haben wir wieder zunehmenden Mond.« Es tat überhaupt nichts zur Sache. Er war spazierengegangen, um das Zusammentreffen mit ihr hinauszuzögern und so lange wie möglich seinen Träumen nachhängen zu können, bevor er sich wieder in das tägliche Leben einfügen mußte. Ihr dies erklären zu wollen, wäre gemein, außerdem würde sie ihn ohnehin nicht verstehen. Er schnitt statt dessen ein anderes unangenehmes Thema an.

»Augusta, ich glaube, es wäre angebracht, wenn du dich einmal ernsthaft mit Christina unterhalten würdest, ihr ein wenig mit deinem Rat beistehen würdest.«

Augusta hob die Augenbrauen und blieb wie angewurzelt sitzen, den Suppenlöffel noch auf halbem Weg zum Mund. »Was du nicht sagst. Und worüber soll ich deiner Meinung nach mit ihr sprechen?«

»Über ihr Verhalten Alan gegenüber.«

»Glaubst du etwa, daß sie ihren Pflichten ihm gegenüber nicht nachkommt?«

»Es ist etwas Grundsätzliches.« Er schüttelte den Kopf. »Pflicht bringt nicht automatisch auch Liebe mit sich. Sie ist eigensinnig, besitzt eine viel zu scharfe Zunge. Ich kann keinerlei Sanftheit bei ihr feststellen. Sie ist beispielsweise ganz anders als Jemima.«

»Natürlich.« Sie führte den Löffel zum Munde und aß langsam weiter. »Jemima wurde zur Gouvernante erzogen. Sie verhält sich daher naturgemäß sehr viel unterwürfiger und dankbarer. Christina dagegen ist eine Lady.«

Es war nicht notwendig, ihn daran zu erinnern, daß Augustas Vater ein Graf gewesen war, sein eigener Vater hingegen nur über militärische Titel verfügt hatte. »Ich habe dabei nur an ihr Glück gedacht«, beharrte er. »Man kann eine Prinzessin sein und doch nicht geliebt werden. Sie würde sich selbst einen besseren Dienst erweisen, wenn sie sich Alan gegenüber ein wenig liebenswürdiger verhielte und ihn weniger als etwas Selbstverständliches betrachten würde. Er ist nicht der Mann, der sich durch Äußerlichkeiten blenden läßt oder dessen Gefühle dadurch verstärkt werden, daß seine Frau Erfolg bei anderen Männern hat.«

Augustas Gesicht wurde plötzlich bleich, ihr Arm erstarrte, ihre Finger verkrampften sich um den Löffel.

»Fühlst du dich nicht wohl?« fragte er verwirrt. »Augusta!«

Sie blinzelte. »Nein – nein, es geht mir ausgezeichnet. Ich habe mich nur gerade ein wenig verschluckt, das ist alles. Wie hast du das gerade gemeint? Christina hat immer gern geflirtet. Für eine hübsche Frau ist das nur natürlich. Alan kann daran wohl kaum Anstoß nehmen.«

»Du sprichst über gesellschaftliche Gepflogenheiten!« Warum schien sie ihn einfach nicht verstehen zu wollen? »Ich dagegen spreche von Liebe, von Zärtlichkeit, von Gemeinsamkeiten.«

Ihre Augen weiteten sich, und er sah darin einen Ausdruck von bitterem Spott, der ihn verwirrte. »Du bist ja ein richtiger Romantiker, Brandon«, sagte sie. »Ich hätte von dir nie etwas so – so Jugendliches erwartet!«

»Du hältst mich wohl für naiv? Ganz im Gegenteil, du und Christina, ihr seid naiv – wenn ihr euch einbildet, daß eine Beziehung bestehen bleiben kann, wenn es darin keine ehrlichen Gefühle und kein gelegentliches Opfer aus Rücksicht auf den anderen gibt. Du kannst jemanden zu einem Geschäftsvertrag überreden, aber niemals zu einem Gefühl.«

Augusta saß minutenlang ganz still da, dachte über seine Worte nach und überlegte sich, was sie darauf antworten könnte. »Ich glaube, wir sollten uns nicht in Dinge einmischen, die uns nichts mehr angehen«, sagte sie schließlich. »Christina ist eine verheiratete Frau. Für ihr Privatleben ist allein Alan verantwortlich, und du würdest nur in seine Rechte eingreifen, wenn du versuchtest, ihr gute Ratschläge zu erteilen, besonders was diese persönlichen Dinge angeht.«

Er war überrascht. Diese Antwort hatte er nun gar nicht von ihr erwartet. »Du meinst, du würdest tatenlos danebenstehen und zusehen, wie sie ihre Ehe zerstört, weil du es als Einmischung ansiehst, ihr einen Rat zu erteilen? Sie hat schließlich nicht aufgehört, unsere Tochter zu sein, als sie Alan geheiratet hat, und unsere Gefühle für sie sind dadurch unverändert!«

»Natürlich sind unsere Gefühle unverändert«, sagte sie ungeduldig. »Aber du kannst nicht umhin zuzugeben, daß Alan jetzt für sie verantwortlich ist, und zwar sowohl in gesetzlicher als auch in gesellschaftlicher Hinsicht. Für eine Frau bedeutet eine Heirat eine weit größere Veränderung ihrer Lebensumstände, als du offenbar einzusehen bereit bist. Was sich zwischen ihnen abspielt, ist ihre Privatangelegenheit, und wir täten großes Unrecht, wenn wir uns einmischen würden.« Sie lächelte matt. »Wäre es dir etwa angenehm gewesen, Brandon, wenn mein Vater dir Ratschläge erteilt hätte, wie du dich mir gegenüber zu verhalten hättest?«

»Ich spreche davon, Christina Ratschläge zu erteilen – nicht Alan!«

»Hättest du denn von deinem eigenen Vater Ratschläge angenommen?«

Dieser Gedanke war ihm völlig neu. Es war ihm nie in den Sinn gekommen, daß ein Außenstehender sich in die privaten Belange seines Lebens einmischen könnte. Es erschien ihm grauenhaft – wie eine Beleidigung!... Aber dies war eine gänzlich andere Situation. Christina war seine Tochter, und er wollte doch nur, daß Augusta, als ihre Mutter, mit ihr sprach, so daß sie ihr Verhalten änderte und sich damit großes Leid ersparte.

Er öffnete den Mund, um ihr all dies zu erklären, sah dann jedoch am Gesichtsausdruck seiner Frau, daß sie ihn genau verstanden hatte. Er lächelte bitter und schaute sie wieder an.

»Ich hätte nicht das geringste dagegen einzuwenden gehabt, wenn deine Mutter dir den Rat gegeben hätte, mehr Zuneigung statt Pflichtgefühl zu zeigen, wenn sie dies für nötig gehalten hätte. Ich weiß nicht einmal, ob sie es nicht vielleicht sogar getan hat!«

»Das hat sie nicht!« sagte Augusta spitz. »Und ich werde Christina auch keinen Rat erteilen, wenn sie mich nicht ausdrücklich darum bittet. Es trotzdem zu tun, würde bedeuten, daß ich genau wüßte, was sich zwischen den beiden abspielt, und würde Erklärungen ihrerseits erforderlich machen, die zutiefst persönliche Angelegenheiten betreffen. Ich werde sie auf keinen Fall in diese peinliche Lage bringen, und ich möchte auch nicht, daß sie mich für neugierig hält.«

Er wußte nicht, was er noch erwidern sollte. Sie lieferten sich ein Wortgefecht, sie sprachen nicht einmal von denselben Gefühlen. Er breitete den Mantel des Schweigens über das Thema und kam auch nicht mehr darauf zurück. Mit Christina selbst konnte er nicht sprechen, er wußte nicht, wie er es anfangen sollte, wie er vermeiden sollte, daß sie ihn auslachte oder sich beleidigt fühlte. Aber er würde mit Alan Ross sprechen.

Balantyne konnte unmöglich warten, bis sich eine passende Gelegenheit ergab, und beschloß daher, bereits am folgenden Tag

Alan Ross aufzusuchen, zu einer Tageszeit, in der Christina sehr wahrscheinlich nicht zu Hause sein würde. Selbst wenn er Pech hatte und sie nicht fort sein sollte, würde es nicht auffallen, wenn er sich bei ihr entschuldigte, um mit Alan Ross allein zu sprechen.

Es war kein Gespräch, auf das er sich freute, denn er hatte nicht die Absicht, um den heißen Brei herumzureden. Da seine eigenen Gefühle ihren gewohnten Panzer aus Worten und Ritualen gesprengt hatten, stellte er erstaunt fest, daß ihm die Vorstellung, aufrichtig mit jemandem zu sprechen, plötzlich gar nicht mehr so unangenehm erschien.

Christina war nicht zu Hause. Alan Ross begrüßte ihn und führte ihn in sein Arbeitszimmer, wo er gerade seine Korrespondenz erledigte. Es war ein gemütlicher Raum, sehr männlich, doch offenbar ein Ort, an dem er viel Zeit verbrachte und persönliche Gegenstände aufbewahrte, die ihm sehr am Herzen lagen und die er häufig benutzte.

Zuerst tauschten sie ein paar Minuten lang Höflichkeiten aus. Normalerweise wäre dies eine bequeme Überleitung zu diversen Themen gewesen, für die sie sich beide interessierten, doch heute war Balantyne viel zu sehr mit dem eigentlichen Grund seines Kommens beschäftigt, als daß er sich auf bloße Gemeinsamkeiten hätte konzentrieren können. Sobald der Diener das Tablett mit Sherry und Gläsern abgestellt und das Zimmer verlassen hatte, wandte er sich an Ross.

»Hast du Bertie Astley gut gekannt?« fragte er.

Alan Ross schien zu erbleichen. »Nicht besonders gut«, sagte er leise.

Balantyne wartete, unsicher, wie er fortfahren sollte. Verbarg sich hinter der höflichen Antwort eine schmerzhafte Erinnerung an Christinas Lachen und Flirten, ihr Bedürfnis nach Unterhaltung? Plötzlich stellte er sich die beiden Astleys als witzige, elegante Männer vor, auf eine Weise amüsant, die Alan Ross nie beschieden gewesen war. Er war ein ernster Mann, tiefgründig und verschlossen.

»Ich habe ihn nie persönlich kennengelernt«, fuhr Balantyne fort. »Glaubst du, daß er den Ort, an dem man ihn gefunden hat, aus eigenem Antrieb aufgesucht hat?«

Ross lächelte schwach, und seine blauen Augen sahen Balantyne offen an. »Das würde mich wundern. Er schien mir bei den Gelegenheiten, an denen wir uns sahen, immer äußerst normal.«

»Du meinst, er hat viel geflirtet?«

Ross lächelte nachsichtig. »Nicht mehr als jeder andere junge Mann auch, der bereits die Schlinge der Ehe um den Hals trägt und seine Freiheit noch einmal ganz auskosten will, solange er die Möglichkeit dazu hat. Die Mutter von Miss Woolmer hat einen eisernen Griff.«

Balantyne erinnerte sich an seine eigenen letzten Wochen der Freiheit, bevor er bei Augustas Vater um ihre Hand angehalten hatte. Er hatte natürlich gewußt, daß er es tun würde, aber es war dennoch verführerisch gewesen, sich mit dem Gedanken zu tragen, es nicht zu tun, und in der Vorstellung die ganzen Möglichkeiten durchzuspielen, die ihm für immer verschlossen bleiben würden.

Er schaute zu Ross hinüber, und ihre Blicke trafen sich. Sie verstanden einander auch ohne Worte. »Ich nehme an, Christina nimmt seinen Tod sehr schwer.« Es war eher eine Feststellung als eine Frage. Es hätte die Anspannung erklärt, die er an ihr bemerkt hatte. Sie haßte Trauer und würde mit ihrem Kummer auf ihre Weise fertigwerden.

»Nicht besonders, obwohl sie ihn wohl ziemlich gern hatte«, antwortete Ross. Er hatte sich abgewandt, und sein Gesicht sah angespannt aus. »Sie hat viele Leute gern gehabt«, sagte er leise.

Balantyne fühlte, wie ihm der Schweiß auf die Stirn trat. Gern gehabt? War das eine beschönigende Umschreibung für etwas sehr viel Derberes und Anstößigeres? Oder waren es nur seine eigenen starken Gefühle für Charlotte, die Sehnsucht nach ihrem Körper, die sein Gesicht schon bei der bloßen Erinnerung brennen ließen, die seinen Kopf mit häßlichen Gedanken über Christina füllten? War sie von demselben Hunger besessen, spürte aber dabei keine Liebe?

Er betrachtete Ross' Gesicht, das immer noch dem Feuer zugewandt war. Wie er bereits seit längerem bemerkt hatte, war es ein verschlossenes Gesicht, markant, aber mit einem sehr sensiblen Mund. In die Intimsphäre dieses Menschen einzudringen, wäre unverzeihlich.

In diesem Moment glaubte Balantyne, das zu verstehen, was Ross niemals in Worte fassen würde: Christina hatte ihn betrogen. Wie es dazu gekommen war, würde er niemals erfahren. Vielleicht hatte Ross zuviel von ihr erwartet, eine Reife, eine Empfindsamkeit, derer sie nicht fähig war. Vielleicht hatte er sie mit Helena Doran verglichen. Ein Fehler – man durfte niemals eine Frau mit einer anderen vergleichen. Und doch, du lieber Gott, wie leicht beging man diesen Fehler, wenn man einmal geliebt hatte! Gab es nicht auch tief in seinem Innern die Erinnerung an Charlottes Augen, die ihn anschauten, ein Bild, an dem sich von nun an alle anderen Beziehungen messen würden – und unweigerlich scheitern mußten?

Er mußte an Christina denken. Als junge Braut war sie vielleicht verwirrt gewesen, verletzt, hatte nicht gewußt, was sie falsch gemacht hatte, womit sie Ross verärgert hatte. Ein Mann sollte eine Frau immer behutsam behandeln, geduldig warten können, bis sie sich an dieses vollkommen neue Leben gewöhnt hatte ... Die körperliche Seite ... Ein anderer Gedanke schoß ihm durch den Kopf. War es denn überhaupt etwas Neues für Christina gewesen? Er erinnerte sich plötzlich wieder an die Zeit, als die Morde am Callander Square geschehen waren, Dinge, die Augusta mit ihm niemals besprochen hatte. Sie hatte so viel aushalten müssen, so viel Stärke gezeigt – nur ihm hatte sie nie etwas erzählt.

Suchte Christina bei anderen Männern die Bestätigung, daß sie begehrenswert war, weil ihr Gatte, den sie liebte, sie abgelehnt und aus seinem Leben ausgeschlossen hatte? Oder war sie nur eine eitle untreue Frau, die mit einem einzigen Mann nicht genug hatte?

Doch wie stark die Begierde auch sein mochte, die eheliche Treue war doch ganz bestimmt ...

War er denn Augusta wirklich treu? Es war die Erkenntnis gewesen, daß er Charlotte damit verletzen würde, die ihn gestern zurückgehalten hatte, als er sie berühren, sie umarmen wollte – und ... Und was? Er war zu allem bereit gewesen! Und es war seine Eitelkeit gewesen, die Angst, Zurückweisung in Charlottes Augen zu lesen, ihr Entsetzen, wenn sie erkannt hätte, was er wirklich ersehnte. An Augusta hatte er dabei keine Sekunde gedacht.

Und außerdem wäre Charlotte zutiefst verletzt gewesen, wenn sie gewußt hätte, welche Stürme sie in ihm entfacht hatte. Er hätte sie verloren, sie würde ganz bestimmt nie wieder zum Callander Square kommen, niemals mehr mit ihm allein sein, so daß er nicht einmal mehr die Süße ihrer Freundschaft genießen konnte. Hätte er sich in ihren Augen lächerlich gemacht? Oder noch schlimmer, hätte sie Mitleid für ihn empfunden? Er verwarf den Gedanken wieder. Wenn man liebte, war man niemals lächerlich.

Aber wie stand es mit Christina? Hatte sie diese Leidenschaft von ihm geerbt? Er hatte mit ihr nie über Treue oder Sittsamkeit gesprochen, er hatte alles Augusta überlassen. Es stand einer Mutter an, die Tochter mit ihren Pflichten als Ehefrau vertraut zu machen. Wenn er als Vater diese Aufgabe übernommen hätte, wäre dies nur ungehörig erschienen und hätte alle in Verlegenheit gebracht.

Doch er hätte von Keuschheit sprechen können – von moralischen Prinzipien. Und doch hatte er es nie getan. Vielleicht war er Christina dadurch vieles schuldig geblieben? Und der Himmel allein wußte, was er Alan Ross schuldig geblieben war! Er schaute auf, und ihre Blicke trafen sich. Ross sah ihn abwartend an. War es möglich, daß er ahnte, was ihm alles durch den Kopf gegangen war?

»Sie kennt Adela Pomeroy«, sagte Ross mit einem leichten Stirnrunzeln, als verwirre ihn diese Tatsache.

Der Name sagte Balantyne überhaupt nichts. »Adela Pomeroy?« wiederholte er.

»Die Frau des Mannes, der als letzter auf dem Acre ermordet wurde – der Schullehrer«, erklärte Alan Ross.

»Oh.« Er dachte einen Moment lang nach. »Wie in aller Welt kommt Christina denn an die Frau eines Schullehrers?«

»Sie ist eine hübsche Frau«, antwortete Ross gequält. »Und gelangweilt. Ich glaube, sie hat Abwechslung gesucht, indem sie ihr« – er machte eine vage Handbewegung – »gesellschaftliches Umfeld erweitert hat.«

Was konnte er nur damit meinen? Tausende von Frauen litten sicherlich hin und wieder einmal an Langeweile. Man konnte doch unmöglich in höheren Kreisen verkehren, wenn man nicht ausnehmend hübsch und noch dazu willens war ... Dann war Adela Pomeroy also ebenfalls eine untreue Frau? Doch wenn dies zutraf, warum hatte man dann Ernest Pomeroy ermordet? Hätte es nicht eigentlich Adela sein müssen? Und Bertie Astley – war er Adelas Liebhaber gewesen? Und in welcher Beziehung stand der Arzt zu diesen Menschen?

Waren sie alle Opfer desselben Wahnsinnigen geworden? Oder vielleicht war eines der Opfer umgebracht worden, damit es so aussah, als sei es wieder derselbe Mörder gewesen, eine günstige Gelegenheit, die jemand ganz bewußt für seine Zwecke genutzt hatte? Um an einen Titel zu kommen oder sich eines langweiligen Ehemannes zu entledigen oder vielleicht sogar – und bei diesem Gedanken brach ihm am ganzen Körper der Schweiß aus –, um einen Mann zu beseitigen, der einen zum Hahnrei gemacht hatte, der einen entehrt hatte.

»Was weißt du über die Gattin des Arztes?« fragte er heiser und schluckte.

Ross sah zur Seite. »Gar nichts. Warum fragst du?«

Balantynes Gesicht war wie erstarrt. »Aus keinem bestimmten Grund. Ich habe nur meine Gedanken schweifen lassen«, sagte er matt. Er zwang sich, den Gedanken wieder zu vergessen, er war eines solchen Mannes unwürdig.

Ross bot ihm Sherry an, doch er lehnte dankend ab. Die Wärme würde nicht stark genug sein, um bis in sein Innerstes vorzudringen. Er bemerkte, daß Ross sich selbst auch nichts einschenkte. Wie lange wußte er bereits von Christinas wahrer Natur? Er konnte es unmöglich schon gewußt haben, als er sie geheiratet hatte. War die Erkenntnis ganz allmählich gereift, wie ein ständig anschwellender Schmerz? Oder durch eine plötzliche Entdeckung, wie eine brennende Wunde?

Er schaute Ross an. Es wäre unverzeihlich, mit ihm weiter über dieses Thema zu sprechen. Es war seine ganz persönliche Tragödie, und was immer Balantyne auch erraten mochte, er mußte darüber schweigen. Er würde es nicht ertragen, wenn Ross – auch nur für den Bruchteil einer Sekunde – von den Gedanken, die ihm durch den Kopf geschossen waren, erfuhr.

Er wollte fortlaufen, in irgendeine Traumwelt, wo er mit Charlotte zusammensein konnte, mit ihr sprechen, ihr Gesicht betrachten und sie berühren konnte, alles Erdenkliche mit ihr teilen konnte.

Ganz bestimmt wäre Alan Ross auch gern an so einem Ort gewesen, mit jemandem, der rein und großzügig war. Doch er wußte um seine Pflichten, und bisher hatte er immer den Mut aufgebracht, sie zu erfüllen.

Balantyne saß ganz ruhig da. Er suchte verzweifelt nach Worten, nach Sätzen, die er sagen konnte, um Ross das Gefühl zu geben, daß er nicht allein war, daß er für ihn die größte Bewunderung hegte, daß er nicht etwa Mitleid mit ihm empfand, sondern aufrichtige Zuneigung, eine Art väterliche Liebe. Doch es wollten ihm nicht die richtigen Worte einfallen, alles, was er hätte sagen können, klang abgedroschen. Nichts davon wäre seinem Schmerz gerecht geworden.

Die beiden Männer saßen lange beisammen, die unberührte Karaffe mit Sherry zwischen sich. Die Holzscheite im Kamin sanken allmählich in sich zusammen. Schließlich erhob sich Balantyne. Christina würde sicherlich bald nach Hause kommen, und er wollte ihr nicht begegnen.

Sie verabschiedeten sich mit konventionellen Floskeln, er sagte genau das, was er sonst auch immer sagte, und Ross antwortete auf die gewohnte Weise. Doch einen Moment lang, als sie einander die Hand gaben, hatte er den Eindruck, daß Ross das, was er ungesagt gelassen hatte, sehr wohl verstanden hatte – zumindest die guten Gedanken. Und es würde andere Treffen geben, andere Gelegenheiten, bei denen er seine Fürsorge zeigen, Ross fühlen lassen konnte, daß er ihn mochte, nicht einfach so, sondern weil er genau dieselbe Einsamkeit empfand, sich genau wie er seinen Verpflichtungen beugte, die ihn zerstören würden, wenn er sie aufgab.

»Guten Tag, Sir«, sagte Ross mit einem schwachen Lächeln. »Vielen Dank für den Besuch.«

»Guten Tag, Alan. War nett, dich zu sehen.«

Keiner der beiden erwähnte die Frauen. Sie bestellten keine Grüße, ließen nichts ausrichten.

Balantyne verließ das Haus und ging hinaus in die schneidende Kälte des Winternachmittags. Er war ohne Kutsche gekommen. Er zog die Einsamkeit und die körperliche Bewegung vor, genoß den Wind, der ihm ins Gesicht peitschte. Wenigstens würde der Heimweg auf diese Weise länger dauern.

# **Kapitel 10**

Charlotte erzählte Pitt nicht, daß sie General Balantyne wieder aufgesucht hatte. Sie hatte bisher über keinen ihrer Besuche gesprochen, doch sie wußte, daß er es ahnte. Seitdem man ihn bleich und mit blutdurchtränkter Kleidung aus dem Krankenhaus zurückgebracht hatte, war ihr bewußt geworden, daß er den Mörder von Devil's Acre unter allen Umständen finden wollte, selbst wenn er dabei sein Leben aufs Spiel setzte. Bei dem Gedanken, wie nahe er dem Tode gewesen war, wurde ihr kalt. Normalerweise schob sie solche Vorstellungen immer weit von sich – die Möglichkeit, daß er verletzt oder sogar getötet werden könnte. Sie versetzten sie nur in Angst und Schrecken, und es gab nichts, was sie tun konnte, um ihn zu schützen.

Sie wußte, daß er strikt dagegen war, daß sie sich mit dem Fall beschäftigte, selbst wenn sie nur die Balantynes besuchte. Außerdem hatte sie inzwischen schon Schuldgefühle, weil sie es so genossen hatte, Emilys kostbare Kleider zu tragen und in riesigen Räumen voll Licht, Musik und leuchtenden Farben herumzuwirbeln. Es war wunderbar, anzugeben und sich bewundern zu lassen – wenigstens ein ganz kleines bißchen!

Sie mochte General Balantyne wirklich sehr. Doch sie war unbedacht und töricht gewesen. Sie hätte niemals erwartet, daß er mehr für sie empfinden würde als dieselbe Freundschaft, die sie selbst ihm entgegenbrachte. Natürlich hatte sie sich gewünscht, daß er sie bewundern, sie attraktiv und aufregend finden möge, doch sie hatte nicht wirklich damit gerechnet.

Bei ihrem letzten Treffen hatte sie in seinem Gesicht den zärtlichen, zutiefst vertraulichen Ausdruck gesehen, unbeirrbar und auf rührende Weise nackt. Sie wußte, daß es sich jetzt nicht mehr um ein Spiel handelte, um eine Rolle, in die man hineinschlüpfen und die man nach Belieben wieder ablegen konnte.

Es war natürlich völlig undenkbar, mit Pitt darüber zu sprechen. Als er abends müde und durchgefroren nach Hause kam, mit Schmerzen in der Seite, daß er sich kaum bewegen konnte, brachte sie ihm sein Abendbrot auf einem Tablett ins Wohnzimmer und leistete ihm schweigend Gesellschaft.

Schließlich waren jedoch Neugier und Angst stärker als ihr guter Wille, und wie üblich trug ihre Zunge den Sieg davon. »Hast du schon herausgefunden, was die Opfer miteinander gemeinsam haben?« fragte sie und bemühte sich, nicht allzu neugierig zu klingen.

Er sah sie mißtrauisch an und schob das Tablett fort. »Vielen Dank, das war sehr lecker.«

Sie wartete.

»Nein!« sagte er nachdrücklich. »Sie hatten alle geschäftlich auf dem Acre zu tun, und wir haben bisher niemanden finden können, der sie alle gekannt hat.«

»Geschäftlich?« fragte sie und versuchte, Ruhe zu bewahren. Davon hatte er ihr noch gar nichts gesagt. »Max hatte ein Bordell. Aber was war mit den anderen?«

»Pinchin hat Abtreibungen vorgenommen.«

»Hat er für Max gearbeitet?« unterbrach sie ihn ungeduldig.

»Soweit ich weiß nicht, aber es wäre durchaus möglich.«

»Dann hat vielleicht eine dieser feinen Damen ...« Sie hielt erschreckt inne. Ganz abgesehen von der Tatsache, daß es keine besonders gute Theorie war, hatte sie sich durch ihr Interesse verraten – und sich damit jede weitere Information, die er ihr vielleicht zu geben bereit gewesen wäre, verscherzt. »Entschuldige bitte.«

»Angenommen.« Sein Mund verzog sich zu einem langsamen Lächeln. Er schloß die Augen und ließ sich tiefer in seinen Sessel sinken.

Charlotte zwang sich mit aller Kraft zur Geduld. Sie versuchte, ein ruhiges Gesicht aufzusetzen, und zählte langsam bis hundert, bevor sie wieder etwas sagte. »Und was ist mit Pomeroy? Sag bloß nicht, er hat versucht, Prostituierten Buchführung beizubringen?«

Sein Lächeln wurde noch breiter, verschwand jedoch mit einem Mal. »Nein, er war ein Päderast ... Ein armseliger Kinderschänder!«

Weitere hundert Sekunden vergingen. »Oh«, sagte sie schließlich.

»Und Bertie Astley hat eine ganze Häuserzeile gehört, Mietskasernen, Sweat-Shops und eine Kneipe«, fügte er hinzu. »Jetzt weißt du alles, und tun kannst du nicht das Geringste.«

Sie versuchte, sich Pomeroy vorzustellen. Was mochte das nur für ein Mann sein, der nach den unfertigen Körpern von Kindern lechzte, die nichts anderes brauchten als Geborgenheit, Zuneigung und Schutz? Sie hatten keine Erwartungen an ihn gestellt und waren weder fähig zu begehren noch zu tadeln. Ganz bestimmt hätten sie ihn niemals ausgelacht, wenn er sich ungeschickt angestellt oder versagt hatte.

Und die armen Kinder, die ängstlich auf die Nacht warteten, darauf, daß wieder irgendein Fremder kam und ihre kleinen Körper streichelte und aus unverständlichen Gründen immer erregter wurde, bis er sich schließlich in einem verzweifelten, gewaltsamen Akt an ihnen befriedigte, den die Kinder nicht verstanden und dennoch über sich ergehen lassen mußten. Trotz des Feuers begann sie zu frieren, kauerte sich zusammen, als fühle sie sich bedroht, spürte Übelkeit in sich aufsteigen.

»Denk nicht weiter daran«, kam Pitts beruhigende Stimme aus dem Sessel ihr gegenüber. Er hatte die Augen wieder geöffnet und schaute sie an. »Pomeroy lebt nicht mehr. Und gegen den Mißbrauch von Kindern kannst du nichts tun.«

»Das weiß ich.«

»Dann denk auch nicht weiter daran.«


Charlotte konnte nicht untätig herumsitzen. Sobald Pitt am nächsten Morgen das Haus verlassen hatte, gab sie Gracie die nötigen Anweisungen, zog ihr wärmstes Cape an und begab sich zur Omnibushaltestelle, wo sie in den nächsten Bus einstieg, der in Richtung Paragon Walk fuhr.

»Nun?« fragte Emily sofort, als sie ihre Schwester sah. »Was hast du herausgefunden?«

Sie berichtete Emily von dem Überfall auf Pitt. Sie hatten sich nicht mehr gesehen, seit es passiert war.

»Wie furchtbar! Oh, meine Liebe, das tut mir aber leid! Geht es ihm wieder besser? Braucht ihr irgend etwas? Kann ich etwas für euch tun?«

»Nein, vielen Dank. Oh ...« Das Angebot war zu verlockend, um es auszuschlagen. »Doch, wenn du vielleicht eine gute Flasche Portwein hättest.«

»Portwein?«

»Ja, ein exzellentes Stärkungsmittel, besonders bei diesem Wetter.«

»Willst du nicht lieber eine Flasche Brandy?« Emily war gerade in Geberlaune, außerdem mochte sie Pitt wirklich gern.

»Nein, vielen Dank. Portwein genügt vollkommen. Aber du kannst mir gern zwei Flaschen geben, wenn du magst.«

»Hat er etwas herausgefunden? Ist es der Schlächter von Devil's Acre gewesen? Hat er ihn erkannt?«

»Er glaubt, daß es nur ganz gewöhnliche Diebe gewesen sind. Aber er weiß inzwischen schon eine ganze Menge.« Sie schilderte ihr die Gründe, die Pinchin und Pomeroy auf den Acre geführt hatten.

Emily saß einige Minuten schweigend da. »Das erklärt vielleicht, warum Adela Pomeroy sich in der feinen Gesellschaft ihre Liebhaber gesucht hat«, sagte sie schließlich. »Die arme Frau. Aber was immer ihr Gatte auch verbrochen hat, es ist keine Entschuldigung dafür, sich mit einer Kreatur wie Max einzulassen!«

»Bist du ganz sicher, daß Adela Pomeroy sich ihre Liebhaber in der feinen Gesellschaft gesucht hat?« fragte Charlotte und bereute es augenblicklich. Sie hatte Angst vor der Antwort. »Aber selbst wenn sie es getan haben sollte, bedeutet es noch lange nicht, daß sie etwas mit Max zu tun hatte!«

»Nein, das weiß ich auch. Aber ich habe mir in den letzten Tagen große Mühe gegeben herauszufinden, wer genau zu diesem Kreis gehört.«

»Emily! Du hast doch nicht etwa . . .«

»Nein, ganz sicher nicht!« sagte Emily frostig. »Was mich auf ein anderes Thema bringt. Nachforschungen anzustellen ist eine Sache, Charlotte, aber du hast dich General Balantyne gegenüber vollkommen verantwortungslos verhalten. Du tadelst Christina Ross, weil sie herumflirtet, völlig zu Recht übrigens, doch der einzige Unterschied zwischen dir und ihr besteht darin, daß du deine Aufmerksamkeit auf einen einzigen Mann beschränkst! Und das macht die Sache beileibe nicht besser. Wenn man bedenkt, was du damit anrichten kannst, macht es alles sogar nur noch schlimmer.«

Charlotte überkam eine brennende Scham, die so stark war, daß sie es nicht fertigbrachte, Emily anzusehen. Sie hatte bereits selbst eingesehen, daß sie einen schlimmen Fehler begangen hatte, doch

Emilys Vorhaltungen machten es noch schmerzlicher. »Ich habe es nicht mit Absicht getan«, sagte sie abwehrend.

»Unsinn!« brauste Emily auf. »Du hast ein Abenteuer gewollt, und dann hast du dich hineingestürzt. Du hast die Konsequenzen nicht bedacht, weil du dir einfach nicht die Mühe gemacht hast, genau hinzusehen!«

»Wenn du wirklich so ungemein schlau bist, warum hast du es mir dann nicht gesagt?« verlangte Charlotte zu wissen und versuchte, den Kloß im Hals herunterzuschlucken.

»Weil ich es auch nicht vorausgesehen habe«, gab Emily zu. »Woher sollte ich wissen, daß du dich wie ein kompletter Idiot aufführen würdest? Du hast doch schließlich dein Leben lang nie richtig flirten können!«

»Ich habe nicht geflirtet!«

»Doch, das hast du!« Emily seufzte und schloß die Augen. »Vielleicht bist du nur zu dumm, um deinen eigenen Erfolg zu sehen, soviel gestehe ich dir noch zu. Aber in Zukunft nehme ich dich nie mehr mit, wenn wir ausgehen. Du bist eine Katastrophe.«

»Doch, das wirst du, denn du könntest es gar nicht ertragen, übergangen zu werden, wenn es wieder einen Mord in der Gesellschaft gibt und Thomas die Ermittlungen leitet.«

Emily drehte sich um und schaute sie an.

»Ich weiß, daß ich mich schlecht benommen habe«, fuhr Charlotte fort. »Das brauchst du mir gar nicht erst zu sagen. Ich würde am liebsten alles ungeschehen machen, wenn ich nur könnte.«

»Aber das kannst du nicht! Wir können nur noch versuchen, das Beste daraus zu machen. Was hast du sonst noch herausgefunden? Ich frage mich schon die ganze Zeit, ob die Morde alle von ein und derselben Person begangen wurden. Oder, was noch schlimmer wäre, ob nur einer von ihnen wirklich wichtig war.«

»Was meinst du damit – wirklich wichtig? Wie kann ein Mord unwichtig sein?«

»Ob nur einer für den Mörder wichtig war«, sagte Emily bestimmt. »Angenommen, Beau Astley wollte seinen Bruder wegen des Geldes umbringen? Ich nehme an, es geht um sehr viel Geld. Wenn er Bertie ganz einfach aus dem Weg geräumt hätte, wäre natürlich der Verdacht zuallererst auf ihn gefallen. Aber wenn Bertie nur eines von mehreren Opfern ist und die anderen Morde mit Beau nicht das geringste zu tun haben.«

»Das wäre ja grauenhaft!«

»Das weiß ich. Und ich kann Beau immer besser leiden, je öfter ich ihn sehe. Aber Mörder, selbst Wahnsinnige, sind nicht unbedingt abstoßende Menschen. Was man leider von vielen angesehenen und geistig gesunden Personen nicht sagen kann.«

Charlotte konnte ihrer Schwester nur zustimmen. »Bertie Astley besaß eine ganze Häuserzeile auf dem Acre. Daher kommt das ganze Geld der Astleys.«

»Oh.« Emily stieß einen Seufzer aus. »Ich nehme an, das hätte ich mir eigentlich denken können.«

»Das hätte uns auch nicht viel weitergebracht.«

»Wen hat Thomas in Verdacht?«

»Das will er mir nicht sagen.«

Emily dachte eine Weile lang schweigend nach.

»Ich frage mich allerdings ...«, fing Charlotte an.

»Was denn?«

»Ich bin mir nicht sicher.« Sie dachte an Christina. Ob Christina nicht vielleicht auch eine von Max Burtons Frauen gewesen war – jung, abenteuerlustig, unbefriedigt, weil Alan Ross ihr nicht die leidenschaftliche, totale Liebe entgegenbrachte, die sie wollte, weil ihr sein innerstes Wesen immer verschlossen bleiben würde. Hatte sie nach anderen Männern gesucht, um Selbstbestätigung zu erhalten, und war auf diese Weise von einer Affäre in die andere geraten, in eine endlose Reihe von Abenteuern?

Und wenn Ross es herausgefunden hatte ... Und was sprach eigentlich dagegen? Es wäre sicher nicht sehr schwer gewesen, wenn er Verdacht geschöpft hätte.

»Stell dich nicht so dumm an«, sagte Emily ungeduldig. »Natürlich bist du sicher. Du magst dich vielleicht irren, aber du weißt ganz bestimmt, was du denkst!«

»Nein, das weiß ich nicht.«

»Also wirklich, Charlotte!« Emilys Gesicht wurde weicher. »Du kannst dir doch selbst nichts vormachen – nicht, wenn du etwas erkannt hast. Es könnte natürlich auch Balantyne gewesen sein.«

»Der General!« Charlotte war entsetzt. »O nein! Nein, er ist es ganz bestimmt nicht gewesen!«

»Und warum nicht?« sagte Emily leise. »Wenn Christina eine von Max' Frauen ist, hat er die Schande vielleicht nicht ertragen. Er ist an Disziplin und höchste Opfer gewöhnt. Soldaten, die ihrer Ehre verlustig gehen, suchen sich ein Gewehr und geben sich selbst einen ehrenhaften Tod. Irgendwie stellt es für sie das Gleichgewicht wieder her – man bringt ihnen wieder eine Art Hochachtung entgegen. Das würde er doch für Christina tun, glaubst du nicht?«

»Aber Christina ist doch gar nicht erschossen worden! Warum hätte er all die anderen umbringen sollen? Das ergibt doch gar keinen Sinn!« Ihr Protest stand auf tönernen Füßen, und sie wußte es.

»Natürlich ergibt es Sinn.« Emily streckte die Hand aus und berührte Charlotte. »Er hat in Afrika gekämpft, nicht? Er hat alle möglichen grausamen Rituale und Unmenschlichkeiten gesehen. Vielleicht kommt ihm das alles gar nicht so schrecklich vor. Vielleicht ist Max zu ihr zurückgekommen, hat sie auf einer Party oder sonst irgendwo gesehen und sie angesprochen – und sie hat wie die anderen für ihn gearbeitet. Das wäre Grund genug gewesen, Max umzubringen und ihn auf diese Weise zuzurichten.«

»Aber warum Bertie Astley?« Es war eine törichte Frage. Die Antwort lag auf der Hand – er war ihr Liebhaber gewesen. Emily machte sich nicht einmal die Mühe zu antworten.

»Schon gut – aber warum Pinchin?« fuhr Charlotte fort.

»Vielleicht hat er eine Abtreibung bei ihr vorgenommen, und vielleicht kann sie deshalb keine Kinder mehr bekommen.«

»Und Pomeroy? Was ist mit ihm? Er mochte doch nur Kinder!«

»Das weiß ich auch nicht. Vielleicht hat er davon gewußt. Vielleicht hat er etwas gesehen.«

»Das glaube ich nicht. Ich glaube einfach nicht, daß General Balantyne so etwas tun würde, so etwas tun könnte!«

»Natürlich nicht. Du willst es nicht glauben. Aber, liebe Charlotte, manchmal können die Menschen, die uns sehr teuer sind, grausame Dinge tun. Weiß der Himmel, wir selbst tun es ja auch – häßliche, dumme, verletzende Dinge. Vielleicht war die Ursache nur ein kleiner Fehler, der dann zu einem ...«

Charlotte atmete tief und lange ein und schüttelte den Kopf. Sie konnte ihre Tränen nur mit Mühe unterdrücken.

»Ich kann es nicht glauben. Es hätte Alan Ross sein können. Er hatte mehr Grund dazu, und er hatte mehr Möglichkeiten, alles zu entdecken. Genausogut hätte es auch ein anderer Ehemann sein können. Wir müssen unbedingt mehr herausfinden! Wenn es uns gelingt, wird sich herausstellen, daß es weder der General noch Alan Ross gewesen ist. Wer gehört sonst noch zu diesen Kreisen?«

»Eine ganze Menge Personen. Ich habe dir bereits ein Dutzend oder mehr genannt.«

»Dann müssen wir herausfinden, wer die Ehemänner, Väter, Brüder und Liebhaber sind, und feststellen, wo sie in den jeweiligen Mordnächten gewesen sind.«

»Wäre es nicht einfacher, Thomas diese Arbeit zu überlassen?« schlug Emily vernünftigerweise vor.

»Ich kann ihm unmöglich sagen, daß wir uns eingemischt haben. Er ist über das wenige, was er weiß, schon wütend genug. Du brauchst nicht herauszufinden, wo sie an allen betreffenden Abenden gewesen sind – einer reicht schon!«

»Ach, wie nett! Das macht es natürlich bedeutend einfacher – nichts leichter als das! Und was machst du in der Zwischenzeit?«

»Ich suche General Balantyne auf. Ich werde beweisen, daß er es nicht gewesen ist. Und auch nicht Alan Ross.«

»Charlotte – sei bitte vorsichtig!«

Charlotte schenkte ihr einen vernichtenden Blick. »Was erwartest du denn, daß sie mir antun könnten? Im allerschlimmsten Fall könnten sie ein bißchen lügen. Aus der Gesellschaft können sie mich wohl kaum ausstoßen, da ich sowieso nicht mehr dazugehöre. Kümmere du dich lieber um deine eigenen Nachforschungen. Wenn du nett zu George bist, kannst du ihn vielleicht dazu bringen, dir dabei zu helfen. Guten Tag.«

Sie traf genau zur üblichen Besuchszeit am Hause der Balantynes ein, zum einen, weil man sie um diese Zeit ohne Umschweife hereinbitten würde, doch vor allem, weil sie davon ausgehen konnte, daß der General wahrscheinlich allein zu Hause sein würde. Lady Augusta war sicher unterwegs und machte selbst Besuche.

Der Diener öffnete die Tür und sah sie erwartungsvoll an.

»Guten Tag«, sagte sie bestimmt. Um Himmels willen, sie durfte nicht vergessen, daß er sie nur als Miss Ellison kannte! Sie hätte sich um ein Haar als Mrs. Pitt melden lassen. Diese Lüge würde sie erklären müssen, doch daran konnte sie im Augenblick nicht denken.

»Guten Tag, Miss Ellison«, sagte der Diener höflich. Falls er ihre einfache Kleidung oder ihre nassen Stiefel bemerkt haben sollte, ließ er sich nichts anmerken. »Ihre Ladyschaft ist momentan außer Haus, doch der General ist daheim, und Miss Christina ebenfalls.« Er hielt wortlos die Tür für sie auf.

Charlotte nahm das Angebot bereitwillig an, in der Hoffnung, er werde ihre Eile dem schneidenden Wind und dem heftigen Schneetreiben zuschreiben und nicht ihrem unschicklichen Besuchseifer.

»Vielen Dank«, sagte sie und versuchte, statt dessen wenigstens ihrer Stimme eine gewisse ausgleichende Würde zu verleihen. »Ich wäre sehr dankbar, wenn ich mit dem General sprechen könnte, wenn dies genehm ist.« Sie hatte sich bereits eine gute Erklärung zurechtgelegt. »Es handelt sich um die Briefe aus dem Krimkrieg, die er mir geliehen hat.«

»Selbstverständlich, Ma'am, wenn Sie mir bitte folgen wollen.« Er schloß die Tür vor dem Schneegestöber und der einsetzenden Dämmerung und führte sie in das Herrenzimmer. Es war leer, doch im Kamin brannte prasselnd ein Feuer. Höchstwahrscheinlich befand sich der General in der Bibliothek, und Christina leistete ihm Gesellschaft. Mit dieser Möglichkeit hatte Charlotte nicht gerechnet. Es wäre ihr sehr unangenehm, in Christinas Gegenwart zu sprechen. Christina würde sie nur allzu schnell verstehen, und sie war sehr eifersüchtig, wenn es um ihren Vater ging. Charlotte würde gezwungen sein, ihren Besuch viel kürzer ausfallen zu lassen, als es sich schickte, und die Begegnung würde zu einem unangenehmen Machtkampf ausarten. Sie würde versuchen müssen, Christina so lange mit allen möglichen Einzelheiten des Soldatenlebens, die ihr gerade einfielen, zu langweilen, bis sie sich zurückzog!

Der Diener ließ sie allein. Wenige Minuten später kehrte er zurück und führte sie in die Bibliothek. Gott sei Dank war Christina bereits gegangen, vielleicht weil sie allein den Gedanken an Charlotte und ihre Briefe für so ermüdend hielt, daß sie sich dem nicht aussetzen wollte.

General Balantyne stand mit dem Rücken zum Feuer im Raum. Er war angespannt, die Augen erwartungsvoll auf die Tür gerichtet.

Der Diener zog sich diskret zurück und ließ sie allein.

»Charlotte!« Er war unschlüssig, ob er ihr entgegengehen sollte oder nicht. Plötzlich war er unbeholfen, seine Gefühle lagen so offen, daß es ihm unangenehm war, daß es ihm sogar Angst machte.

Sie hatte sich einen verworrenen Kommentar über die Briefe zurechtgelegt. Das war jetzt überflüssig, sie hatte keinen Grund mehr, Ausflüchte zu machen. Ihr Mund fühlte sich trocken an, ihre Kehle zugeschnürt.

»Der Diener sagte, Sie wollten mich wegen der Briefe sprechen.« Er versuchte, ihr zu helfen. »Haben Sie etwas Neues entdeckt?«

Sie mied seinen Blick und schaute auf das Feuer.

Er bemerkte plötzlich, daß sie fror und ganz durchnäßt war und daß er ihr die Wärme des Feuers nahm. Er trat schnell zur Seite, und sein Gesicht nahm einen zärtlichen Ausdruck an. »Kommen Sie, wärmen Sie sich auf.«

Sie lächelte. Zu jedem anderen Zeitpunkt hätte diese Geste ihr viel bedeutet. Ihr ganzes Leben lang war sie daran gewöhnt, daß Männer den Platz direkt am Kaminfeuer immer für sich in Anspruch nahmen.

»Vielen Dank.« Sie ging hinüber zum Kamin und spürte, wie die Hitze angenehm auf ihrer Haut brannte. Bald würde sie durch ihren nassen Rock und die Stiefel dringen und ihre tauben Füße wieder beleben.

Es gab keinen Grund, es länger hinauszuschieben. »Ich bin nicht wegen der Briefe gekommen.« Sie hielt den Blick fest auf die Flammen gerichtet, betrachtete sie, schaute ihn nicht an. Er stand nahe hinter ihr, und sie wollte auf keinen Fall, daß ihre Blicke sich trafen. »Ich bin wegen der Mordfälle in Devil's Acre gekommen.«

Sie schwiegen beide. Einen Augenblick lang hatte sie vor lauter Angst Pitt ganz vergessen. Balantyne mußte angenommen haben, daß ihre Ehe gescheitert war, da Emily sie wieder als Miss Ellison vorgestellt hatte. Sie hatte es nie richtiggestellt. Jetzt fiel es ihr wieder ein, und sie empfand brennende Scham. Sie wandte sich um.

Er schaute sie immer noch an, sein Gesicht verriet seine verzweifelte Zärtlichkeit, die ihn so verwundbar machte. Aber ihm jetzt nicht die Wahrheit zu sagen, wäre unentschuldbar. Jedesmal, wenn sie herkam, machte sie alles nur noch schlimmer. Sie konnte nichts tun, um den Schmerz zu lindern, den sie ihm zufügen mußte. Alles – Freundlichkeit, Scham, Mitleid – würde ihn nur erniedrigen oder in Verlegenheit bringen.

Sie begann einfach zu sprechen, bevor sie Zeit hatte, sich anders zu besinnen. »Es gibt keine Entschuldigung für das, was ich getan habe, außer daß mir die Aufkärung der Morde in Devil's Acre sehr am Herzen liegt, und das ganze System der Prostitution und ...«

»Mir auch!« sagte er heftig, doch dann bemerkte er die Verzweiflung in ihrem Gesicht. »Charlotte? Was ist denn passiert?« Er blieb regungslos stehen, doch sie hatte das Gefühl, daß er nähergekommen war, so intensiv war seine Konzentration, seine Aufmerksamkeit ihr gegenüber.

»Ich habe Sie angelogen.« Sie wählte bewußt das härteste, schroffste Wort. Es wäre feige, ihn dabei nicht anzusehen. Sie wollte sich selbst nicht schonen. Ihre Blicke trafen sich. »Emily hat mich als Miss Ellison vorgestellt, weil sie wünschte, daß Sie mich für eine alleinstehende Frau halten sollten. Und ich habe ihr dies erlaubt, da Max früher in diesem Haus gearbeitet hat und wir annahmen, wir könnten hier etwas in Erfahrung bringen.« Sie sagte nichts über den Verdacht, den sie und Emily gegen Christina hegten.

Langsam stieg neuer Schmerz in ihm auf, und er verspürte eine tödliche Verlegenheit. Er hatte den Gedanken an Pitt, an ihre Ehe überhaupt, gänzlich aus seinem Kopf verbannt. Er hatte sich nach etwas gesehnt – oder von etwas geträumt? Jetzt zerbrach seine ganze Welt.

»Ich bin immer noch mit Thomas Pitt verheiratet«, flüsterte sie. »Und ich bin glücklich mit ihm.«

Sein Gesicht brannte. Er wandte sich einen Moment lang von ihr ab, hätte sich am liebsten ihren Blicken entzogen.

Sie hatte ihn nur benutzt. Jetzt verspürte sie eine bittere Scham, weil sie ihn wirklich gern hatte. Es war ihr überaus wichtig, was er von ihr dachte. Wenn er sie dafür verachtete, würde sie die Narbe spüren, solange sie lebte.

»Es ist mir sehr unangenehm«, sagte sie leise. Sollte sie so tun, als wisse sie nicht, daß er sie liebte? Würde sein Stolz weniger verletzt sein, wenn sie ihm ermöglichte, sich zurückzuziehen, als sei nichts zwischen ihnen vorgefallen? Oder würde es ihn nur noch mehr beleidigen, weil sie ihre Offenheit, das größte Geschenk, das man einem anderen Menschen machen konnte, damit abwertete?

Sie versuchte, in seinem Gesicht zu lesen, doch alles, was sie sehen konnte, war die Zärtlichkeit, die Fassungslosigkeit in seinen Augen. Das Licht der Wandlampe fiel auf seine Wangenknochen. Sie wollte ihn berühren, ihn umarmen – doch das wäre lächerlich gewesen! Er würde sich beleidigt, wenn nicht sogar abgestoßen fühlen. Er würde nicht verstehen können, daß sie für ihn trotz ihrer Liebe zu Pitt etwas empfand, das einmalig und tief war. Er könnte es vielleicht sogar als Mitleid auslegen, und das wäre sicherlich unerträglich für ihn.

»Ich habe gelogen, indem ich nicht alles gesagt habe«, fuhr sie fort, um das bleierne Schweigen zu brechen. »Aber das, was ich gesagt habe, war die Wahrheit!« Es klang wie der Versuch einer Entschuldigung.

»Sie brauchen sich nicht zu rechtfertigen.« Endlich fand er wieder Worte, doch seine Stimme klang ein wenig heiser. Er atmete tief ein und aus. »Ich mache mir auch Gedanken wegen der Morde – und Devil's Acre. Ich habe mir schon gedacht, daß Sie nicht wegen der Briefe gekommen sind. Warum sind Sie gekommen?«

»Aber die Briefe bedeuten mir sehr viel!« Jetzt klang sie wie ein Kind, und die Tränen strömten ihr aus den Augen. Sie schniefte und suchte nach ihrem Taschentuch. Sie putzte sich die Nase und wandte den Blick wieder von ihm ab. »Ich habe etwas sehr Beunruhigendes herausgefunden. Ich – ich dachte, Sie sollten es unbedingt wissen.«

»Ich –?« Er spürte sofort, daß ihm ein neuer Schicksalsschlag bevorstand. Instinktiv entfernte er sich ein wenig von ihr, so daß sie sich hinsetzen konnte, ohne ihm gegenüber unhöflich sein zu müssen. Noch nie zuvor hatte er ein so sensibles Gespür für einen anderen Menschen gekannt. »Was haben Sie herausgefunden?« fragte er rasch.

»Max hatte zwei Häuser.« Sie wollte das Wort »Hure« nicht benutzen. Es war zu häßlich, momentan viel zu grausam.

Er schien nicht zu begreifen, was sie damit sagen wollte. »Tatsächlich?« Seine Stimme verriet seine Verwirrung. Sie verhielten sich förmlich, als ob die Intimität der vergangenen Augenblicke nie dagewesen wäre. So war es für beide leichter.

Sie sprach so rasch weiter, daß für Emotionen keine Zeit blieb. »Eins war ein gewöhnliches Haus, wie alle anderen in Devil's Acre auch. Das andere war nur für vornehme Kunden.« Sie lächelte bitter, obwohl sie ihr Gesicht weiterhin dem Feuer zugewandt hatte. »Droschkenkundschaft. Dort haben gelegentlich Damen aus vornehmen Familien, sehr vornehmen Familien, für ihn gearbeitet.«

Er schwieg. Sie versuchte sich vorzustellen, was sich in seinem Kopf abspielte: Unglaübigkeit, Entsetzen – Begreifen? Schmerz.

Sie atmete langsam aus. »Adela Pomeroy ist eine dieser Frauen gewesen.«

Er schwieg immer noch.

»Pomeroy war Päderast. Ich nehme an...« Sie hielt inne. Sie war dabei, die Frau in Schutz zu nehmen. Warum tat sie das?

Um auch Christina vor ihm zu entschuldigen? Er verdiente ein derartig herablassendes Verhalten nicht. Wieder verspürte sie ein übermächtiges Bedürfnis, ihn fest in ihre Arme zu nehmen, behutsam seine unerreichbare Wunde zu berühren – als ob es etwas geben könnte, womit sie seinen Schmerz lindern konnte! Ein törichter Wunsch. Sie würde sich damit nur in seine Kränkung und seinen Schmerz drängen, auf anmaßende Weise die Gefühle überschätzen, die er für sie empfunden hatte, die sie vielleicht durch ihr falsches Spiel – oder die Ankündigung einer weiteren Enthüllung, die ihn noch mehr treffen würde – schon längst zerstört hatte.

»Es tut mir sehr leid«, sagte sie, den Blick immer noch auf das Feuer gerichtet.

»Was ist mit den anderen?« fragte er. Sie konnte seiner Stimme nichts entnehmen.

»Dr. Pinchin hat Abtreibungen bei Prostituierten vorgenommen – nicht immer erfolgreich. Er hat sich in Naturalien bezahlen lassen. Mrs. Pinchin war sehr verbittert und sehr ehrbar.«

»Und Bertie Astley?« insistierte er. Er versuchte, objektiv zu bleiben und seine Gefühle für sie, vielleicht auch seine Gefühle für Christina oder sonstwen dadurch zu bewältigen, daß er versuchte, die Tatsachen zu verstehen.

»Ihm gehörte eine Häuserzeile auf dem Acre – Mietskasernen, Sweat-Shops, eine Kneipe. Es könnte natürlich sein, daß Beau Astley ihn wegen des Geldes umgebracht hat. Die Häuser werfen eine Menge Geld ab.« Sie schaute ihn an.

»Glauben Sie das tatsächlich?« Er wirkte äußerst ruhig, aber die Muskeln in seinem Gesicht waren angespannt und seine linke Hand verkrampft. Bevor sie wieder wegsah, bemerkte sie einen Moment lang den Glanz in seinen Augen.

»Nein«, sagte sie mühsam.

Die Tür wurde aufgerissen, und Christina kam herein, mit weißem Gesicht und glänzenden Augen. Sie trug ein Cape und hielt ein großes, elegantes Retikül in der Hand.

»Was für eine Überraschung, Miss Ellison! Wie nett, Sie wiederzusehen!« sagte sie ein wenig zu laut. »Ich muß schon sagen, Sie sind die fleißigste Person, die ich je getroffen habe. Es dauert sicher nicht mehr lange, dann sind Sie in der Lage, vor einem gelehrten Publikum Vorträge über das Leben der Soldaten im Krimkrieg zu halten. Darüber haben Sie doch sicher gerade mit meinem Vater diskutiert, nicht wahr?«

Die Lüge, die Charlotte sich zurechtgelegt hatte, kam ihr ganz leicht über die Lippen. »Ich kann zu diesem Thema nur wenig sagen, Mrs. Ross. Aber ich habe einen Verwandten, der sich sehr dafür interessiert. Ich würde ihm gern die Briefe des Generals zeigen, doch vorher wollte ich natürlich das Einverständnis des Generals einholen.«

»Wie gewissenhaft von Ihnen, persönlich herzukommen.« Christina ging hinüber zum Schreibtisch und öffnete eine der Schubladen, den Blick immer noch auf Charlotte gerichtet. »Eine weniger pflichtbewußte Frau hätte sicher einen Boten geschickt! Ganz besonders an einem so scheußlichen Tag wie heute. Die Straßen sind schon ganz weiß, und das Schneetreiben wird immer heftiger. Auf Ihrem Heimweg werden Sie sicher frieren!« Ihr Gesicht zuckte ein wenig. Sie nahm etwas aus der Schublade, legte es in ihr Retikül und ließ den Verschluß zuschnappen.

Der General war so erbost über die Kränkung, die seine Tochter Charlotte zugefügt hatte, daß er sich nicht die Mühe machte, sie zu fragen, was sie genommen hatte. »Ich werde natürlich dafür sorgen, daß Miss Ellison mit der Kutsche nach Hause fährt«, fuhr er sie an. »Du hast zweifellos deine eigene mitgebracht und brauchst keine von meinen, oder sollte ich mich irren?«

»Natürlich, Papa! Hast du etwa angenommen, ich würde den öffentlichen Omnibus nehmen?« Sie ging zur Tür und öffnete sie. »Guten Tag, Miss Ellison. Ich hoffe, Ihr – Verwandter – genießt den Krimkrieg ebensosehr, wie Sie es zu tun scheinen.« Sie verließ das Zimmer und schloß die Tür hinter sich. Kurz darauf hörte man auf dem Pflaster vor dem Haus zuerst Hufe klappern und dann eine Kutschentür zuschlagen.

»Ich glaube, sie hat etwas von Ihnen geborgt«, bemerkte Charlotte, nicht weil sie es für besonders wichtig hielt, sondern weil sie das Schweigen nicht länger ertrug.

Balantyne ging zu seinem Schreibtisch und öffnete die Schublade, aus der sie den Gegenstand genommen hatte. Zunächst schien er verwirrt zu sein. Dann spiegelte sein Gesicht Spuren des Schmerzes, sein Mund verriet einen tiefen Stich mitten durch's Herz.

Christina war eine von Max Burtons Frauen gewesen. Charlotte wußte jetzt, daß Balantyne es entweder auch gewußt oder zumindest geahnt hatte. Und Alan Ross?

Balantyne stand kerzengerade, mit weit aufgerissenen Augen, aus seinem Gesicht war alle Farbe gewichen. »Sie hat meine Pistole genommen.«

Sekundenlang war Charlotte wie gelähmt. Dann sprang sie auf. »Wir müssen ihr folgen«, forderte sie. »Finden Sie einen Hansom. Sie ist gerade erst fort. Es gibt sicher Spuren im Schnee – wir können ihr nachfahren. Was immer sie auch vorhaben mag, vielleicht kommen wir noch rechtzeitig, um sie daran zu hindern – oder – oder, falls alles gut geht, um ihr zu helfen!«

Er eilte mit großen Schritten zur Tür und rief nach dem Diener, riß dem Mann Charlottes Mantel aus der Hand und ließ seinen eigenen Mantel unbeachtet. Er packte ihren Arm und schob sie durch die Tür. Im nächsten Augenblick standen sie draußen im Schneetreiben, geblendet von der Dämmerung und dem matten Schein der Lampen, im eisigen, stechenden Wirbel der Schneeflocken.

Balantyne rannte über die Straße auf das schneebedeckte Gras unter den Bäumen. Christinas Kutsche war am anderen Ende des Squares noch zu sehen, sie bremste gerade ab und bog um die Ecke. Auf der Westseite bewegte sich ein Hansom von einem Lichthof zum nächsten.

»Droschke!« schrie Balantyne und fuchtelte mit den Armen. »Droschke!«

Charlotte stolperte durch Büsche und Gras, bis auf die Knöchel durchnäßt, um mit ihm Schritt halten zu können. Ihr Gesicht war naß und taub vor Kälte, und obwohl sie ihre Handschuhe in ihrem Retikül bei sich trug, waren ihre Finger so kalt, daß sie nicht einmal fertigbrachte, die Tasche zu öffnen, um nach ihnen zu suchen. Sie mußte ihre ganze Kraft zusammennehmen, um mit ihm Schritt zu halten.

Sir Robert Carlton saß bereits in der Droschke.

Balantyne riß den Schlag auf. »Ein Notfall!« schrie er gegen den Wind. »Tut mir leid, Robert! Ich brauche die Droschke!« Da er seiner Freundschaft und Großzügigkeit sicher sein konnte, streckte er die Hand aus und zog ihn beinahe gewaltsam aus der Kutsche, faßte dann Charlotte um die Taille und hob sie hinein. Dann befahl er dem Kutscher, die Straße hinunterzufahren, in der Christinas Kutsche verschwunden war. Er warf dem verblüfften Mann eine Handvoll Münzen zu und wurde beinahe zu Boden geschleudert, als sich der Fahrer beim Anblick des Goldes in einen wahren Teufelskutscher verwandelte.

Charlotte, die unsanft auf einem der Sitze gelandet war, setzte sich aufrecht hin und klammerte sich an den Haltegriff. Es wäre sinnlos gewesen zu versuchen, ihre Röcke zu ordnen, nur um den Anstand zu wahren. Die Droschke jagte gerade um die Ecke des Squares, und Balantyne hatte den Kopf aus dem Fenster gesteckt und versuchte zu erkennen, ob Christina immer noch vor ihnen herfuhr oder ob der wirbelnde Schneesturm sie bereits verschluckt hatte.

Die Pferdehufe waren auf dem weichen Schneeteppich kaum zu hören. Die Kutsche schwankte von einer Seite zur anderen, als die Räder rutschten, wieder neuen Halt fanden und erneut herumgerissen wurden. Zu jedem anderem Zeitpunkt hätte dies Charlotte in Todesfurcht versetzt, doch jetzt dachte sie nur an Christina, die sich irgendwo vor ihnen befinden mußte und die Pistole des Generals in der Hand hielt. Ihr wurde übel vor lauter Angst, und sie vergaß ihre eigene Sicherheit völlig, während ihr Körper von einer Seite zur anderen geschleudert wurde, als die Droschke durch die weiße Wildnis schlingerte. Wollte sie Alan Ross umbringen? War er doch derjenige gewesen, der zuerst Max und dann die anderen ermordet hatte – und Christina hatte es schließlich erfahren? Würde sie ihn erschießen? Oder ihm vorschlagen, sich selbst umzubringen?

Balantyne zog den Kopf wieder zurück ins Innere der Kutsche. Der peitschende Wind hatte seine Haut gegerbt, der Schnee sein Haar verkrustet.

»Sie ist immer noch vor uns. Der Himmel weiß, wohin sie fährt!« Sein Gesicht war so kalt, daß seine Lippen ganz erstarrt waren und man seine Worte kaum verstehen konnte.

Sie wurde gegen ihn geschleudert, als die Droschke um eine weitere Kurve bot. Er fing sie auf, hielt sie einen Augenblick lang fest und richtete sie dann vorsichtig wieder auf.

»Ich weiß nicht, wo wir sind«, fuhr er fort. »Ich sehe nichts weiter als Schnee und hin und wieder eine Gaslaterne. Ich kann nichts anderes erkennen.«

»Dann fährt sie nicht zu sich nach Hause?« fragte Charlotte. Sofort wünschte sie, sie hätte es nicht gesagt.

»Nein, wir scheinen in Richtung Fluß zu fahren.« Hatte auch er an Alan Ross gedacht?

Sie taumelten durch eine stumme Welt, mit gedämpftem Hufschlag, in der selbst das Surren der Räder nicht mehr zu hören war. Nur das Knallen der Peitsche und die Schreie des Droschkenkutschers zerrissen die Stille. Zu sehen war nichts – nur der Wirbel der weißen Flocken in den Lichtinseln der Laternen, die bis zum nächsten Mond auf seinem eisernen Pfahl sofort wieder von der tobenden, eisigen Dunkelheit abgelöst wurden. Da die Kutsche um immer mehr Ecken biegen mußte, konnten die Pferde nur noch traben. Anscheinend hatten sie Christina noch nicht verloren, denn der Kutscher fragte kein einziges Mal nach weiteren Instruktionen.

Wohin fuhr sie? Wollte sie Adela Pomeroy warnen? Wovor? Hatte sie einen Wahnsinnigen bezahlt, damit er ihren Mann umbrachte?

Unzählige Antworten drängten sich ihr auf, doch keine davon konnte zutreffen. Immer wieder versuchte sie, die eine Antwort, von der sie tief in ihrem Inneren wußte, daß sie wirklich der Wahrheit entsprach, zu unterdrücken. Christina fuhr zurück nach Devil's Acre. Zu einem der Hurenhäuser – um jemanden zu töten.

Balantyne sagte nichts. Mit welchen Schreckensbildern er auch kämpfen mochte, er mußte sie allein bezwingen.

Noch eine Kurve, eine andere schneebedeckte Straße, eine Kreuzung, und endlich kam die Kutsche zum Stehen. Der Kopf des Kutschers tauchte plötzlich auf.

»Ihre Person ist da reingegangen!« Er fuchtelte mit dem Arm, und Balantyne stieß die Tür auf, sprang heraus und überließ es Charlotte, sich hinter ihm durch das Unwetter zu kämpfen. »Da drüben.« Der Kutscher wies auf ein Gebäude. »Das Hurenhaus der Dalton-Schwestern. Weiß allerdings nich', was sie da will, wenn Sie mich fragen. Wenn ihr Mann da drin is', sollte sie besser so tun, als ob sie's nich' weiß – statt wie 'ne Furie hinter ihm herzurasen! Das schickt sich nich'. Außerdem hat's keinen Sinn! Aber Frauen wollen ja nie hören, wenn man ihnen was sagt! He, Sie! Am besten, Sie lassen die Lady hier in der Kutsche! Gott im Himmel! Sie können sie doch nich' mit da reinnehmen, Mann!«

Doch Balantyne beachtete ihn überhaupt nicht. Er lief über die glitzernde Straße und eilte die Stufen hoch, auf denen Christinas Fußabdrücke im frischen Schnee noch zu sehen waren.

»He!« Der Kutscher versuchte es noch einmal. »Miss!«

Doch Charlotte war schon fort, rannte hinter Balantyne her, mit nassen Röcken, die durch den Schnee schleiften, und holte ihn schließlich auf der Treppe ein. Niemand verstellte den Weg. Die Tür war nur eingeklinkt, und sie rissen sie gemeinsam auf.

Im Inneren des Hauses sahen sie dieselbe Empfangshalle mit roten Plüschmöbeln, bunten Glaslampen und warmen Rosatönen, die auch Pitt von seinen Besuchen kannte. Es war noch früh am Abend, noch waren keine Freier da, keine üppigen, sanftäugigen Mädchen. Nur Victoria Dalton in ihrem braunen Teekleid und ihre Schwester Mary mit einem blauen Kleid mit breiter Spitzenverzierung. Und vor ihnen stand Christina und hielt die Waffe in der Hand.

»Ihr seid wahnsinnig!« Christinas Stimme klang erstickt, ihre Hände zitterten. Doch sie hielt den Lauf der Waffe weiter auf Victorias Brust gerichtet. »Es hat euch nicht gereicht, Max umzubringen, ihr mußtet ihn auch noch verstümmeln – und dann habt ihr all die anderen umgebracht! Warum? Warum? Warum habt ihr die anderen getötet? Das habe ich nie gewollt – damit habe ich euch nie beauftragt!«

Victorias Gesicht war merkwürdig ausdruckslos, glatt wie das eines Kindes. Doch in ihren Augen funkelte Haß. »Wenn du als Prostituierte verkauft worden wärst, als du erst neun Jahre alt warst, würdest du mir diese Frage nicht stellen! Du hurst herum, weil es dir Spaß macht – du gibst dich Bestien wie Max hin. Aber wenn sich Männer an dir vergangen hätten, seit du ein Kind auf dem Schoß deiner Mutter warst – wenn du im Bett gelegen hättest und durch die dünne Wand hättest mitanhören müssen, wie deine siebenjährige Schwester schrie, weil sie mit ihren riesigen, nackten, ekelhaften Schwänzen in sie hineingestoßen hätten – lüstern, keuchend und schwitzend, ihre Hände überall auf deinem Körper – hättest du sie auch mit Freuden erstochen und ihnen die . . .«

Christinas Finger schlossen sich fester um die Waffe, und sie zielte ein wenig höher. Charlotte machte einen Sprung nach vorn und trat nach ihr. Sie war zu weit entfernt, um die Waffe zu erreichen, doch brachte sie Christina aus dem Gleichgewicht, und die Waffe fiel zu Boden, bevor sie schießen konnte.

Charlotte hörte einen Wutschrei und spürte, wie starke, krallenartige Hände sie packten und an ihr zerrten. Sie wurde umgerissen und schlug mit der Hüfte auf den Boden und wurde dann unter Stoffmassen begraben, die sie beinahe erdrückten. Sie griff blind um sich, um etwas zu finden, womit sie zuschlagen oder woran sie ziehen konnte. Ihre Hände bekamen Haare zu fassen, umklammerten sie und zerrten mit aller Kraft daran. Ein Schmerzensschrei ertönte. Ein anderer Körper warf sich auf sie, sie fühlte noch mehr Röcke, Stiefel an ihrer Hüfte, schmerzhafte Tritte.

Wieder ertönten Schreie, und Christina fluchte. Charlotte lag unter einem Berg von Stoff, das Gewicht mehrerer Körper über sich, und konnte sich nicht regen. Ihr Haar hatte sich gelöst und strömte ihr über Rücken und Gesicht. Eine Hand griff hinein und zerrte daran. Schmerz durchzuckte ihren Kopf. Sie schlug zurück mit geschlossenen Fäusten. Wo war bloß die Waffe!

»Aufhören!« Balantynes Stimme übertönte das Getöse. Doch keiner kümmerte sich darum.

Christina kroch auf Händen und Füßen und schrie Victoria Dalton mit wutverzerrtem Gesicht an. Mary Dalton holte aus und schlug Christina, so hart sie konnte, das Klatschen war deutlich zu hören. Christina taumelte und versuchte sie zu treten. Sie traf Mary an der Schulter, und ihre Gegnerin fiel stöhnend rückwärts auf den Boden.

Victoria sprang zu der Waffe, doch Charlotte warf sich auf sie und zerrte mit aller Kraft an ihren Haaren und riß Victorias Kopf nach hinten. Charlottes Rock war bis zur Taille zerrissen, man konnte ihre Unterwäsche und einen langen Streifen von ihrer weißen Hüfte sehen. Sie merkte gar nicht, daß sie laut schrie, während sie verzweifelt nach der Waffe suchte.

Plötzlich ging die Pistole mit einem ohrenbetäubenden Knall los. Alle erstarrten, als sei jede einzelne von ihnen getroffen worden.

»Aufhören!« befahl Balantyne wutschnaubend. »Alles aufstehen! Ich erschieße jeden, der mir nicht gehorcht!«

Ganz langsam rappelten sie sich auf – zerkratzt, mit zerrissenen Röcken und unordentlichen Haaren. Charlotte versuchte, ihren Rock zusammenzuhalten, um ihre Blöße zu verhüllen.

»O mein Gott!« Balantyne hielt die Waffe in der Hand, sein Gesicht war so bleich, daß seine Wangenknochen scharf hervortraten und seine Kieferpartie ganz weiß war.

Christina machte einen Schritt nach vorn. »Stehenbleiben!« Seine Stimme klang schneidend wie ein Messer.

Charlotte spürte, wie ihr die Tränen in die Augen schossen. Sie erriet nun alles, und es gab nichts, was sie jetzt noch tun konnte: nichts für Balantyne, nichts für Victoria und Christina – nichts für Alan Ross.

»Haben diese Frauen Max Burton getötet?« Er sprach mit Christina, als seien die anderen gar nicht da.

»Ja! Sie sind wahnsinnig! Sie ...« Sie hielt inne, rang nach Luft, entsetzt über sein Gesicht.

Er wandte sich an Victoria Dalton. »Und warum jetzt? Warum haben Sie so lange damit gewartet?«

Victorias Gesicht war hart, ihre Augen funkelten. »Sie hat mich dafür bezahlt«, sagte sie ganz ruhig, mit brutaler Offenheit. »Zuerst hat sie's selbst mit Max getrieben, dann hat sie mit anderen Männern für Geld herumgehurt ... Dann, als er anfing, immer habgieriger zu werden, und versuchte, sie zu erpressen, hat sie es mit der Angst zu tun bekommen. Sie wollte ihn unbedingt loswerden.« Ihr Gesicht verzog sich vor Mitleid – Mitleid mit Ross – und vor Verachtung für Christina. »Sie hat befürchtet, ihr Mann könnte dahinterkommen, der arme Kerl! Sie hat nur noch einen Liebhaber behalten: Beau Astley.«

Charlotte starrte Balantyne an. Sein Gesicht war weiß vor Schmerz. Doch er schien nicht dagegen anzukämpfen, nicht zu versuchen, die Wahrheit zu leugnen. »Und warum Dr. Pinchin?« fragte er, immer noch die Pistole auf sie gerichtet.

»Er hatte den Tod verdient«, antwortete Victoria brutal. »Er war ein Metzger!«

»Und was hat Bertie Astley getan, daß Sie ihn hingerichtet haben?«

Victorias Mund verzog sich verächtlich. »Ihm hat die Straße gehört. Er hat reichen Männern und ihren Huren Zimmer vermietet, wenn sie ungestört sein wollten. Er hat Mieten kassiert. Seine Familie hat sich ihre feinen Salons und ihre weißen Damen leisten können, weil sie aus unserem Elend Geld gemacht hat!«

»Und sein Bruder hätte dankbar sein sollen! Er hätte uns dafür bezahlen sollen ...« begann Mary, doch Victoria wirbelte herum und schlug ihr so fest mit der Hand ins Gesicht, daß ein roter Striemen zurückblieb.

In diesem Augenblick machte Charlotte eine Bewegung nach vorn und griff nach der Pistole, ihre Hände umklammerten die von Balantyne und schwangen die Waffe herum, um auf Victoria zu zielen.

Victoria riß einen Gegenstand von einem Beistelltisch, Messer blitzten auf, und Sekunden später stieß sie eine Schere in Christinas Brust, aus der sofort das Blut herausschoß. Die Pistole ging los, und die Kugel schlug in die Decke.

Balantyne fing seine Tochter auf, als sie langsam in die Knie ging und in sich zusammensackte. Er hielt sie in seinen Armen.

Charlotte packte einen Hocker und schlug damit nach Victoria so hart sie konnte, brachte sie zu Fall und ließ sie bewußtlos auf dem roten Teppich liegen. Sie stand in der Mitte des Zimmers, den Hocker immer noch in der Hand. Mary, die sah, daß sie jetzt ganz allein war, wurde plötzlich von Angst überwältigt, beugte sich über Victoria und weinte wie ein verlorenes Kind.

Wo war Pitt? Es war alles zu viel für sie. Sie war so erschöpft, daß sie nur noch Mitleid verspürte, ihr ganzer Körper schmerzte. Tränen rannen ihre Wangen herab, sie war zu ausgebrannt, um zu schluchzen.

Balantyne ließ Christina sanft zu Boden gleiten. Ihre Augen waren geschlossen, der Spitzenbesatz ihres Kleides blutgetränkt.

Charlotte streckte die Hand aus und berührte Balantynes Kopf, spürte seine Haare unter ihren Finger. Sie strich einmal ganz kurz darüber, dann noch einmal, ganz leicht. Sie wandte sich ab und sah einen Polizeibeamten in der Tür stehen, und hinter ihm erkannte sie die hagere, hünenhafte Gestalt ihres Mannes. Natürlich – die Schüsse! Pitt mußte einen Polizisten draußen abgestellt haben. Er hatte es auch ohne sie herausgefunden – all dies war gar nicht nötig gewesen.

Er kam langsam ins Zimmer und schob den Constable zur Seite, der in seinen Taschen nach Handschellen für Mary und Victoria suchte. Er sprach nicht mit Balantyne. Es gab keine Worte, die er jetzt sagen konnte, die seinen Schmerz und sein Entsetzen lindern konnten – und Christina war für immer verloren.

Zärtlich legte er die Arme um Charlotte und hielt sie fest an sich gedrückt. Er berührte ihre Hände, ihre Arme, strich ihr das Haar aus dem Gesicht.

»Du siehst schrecklich aus!« sagte er schließlich, als er festgestellt hatte, daß sie unverletzt war, sich nichts gebrochen hatte und die Wut die Überhand gewann. »Mein Gott – du siehst wirklich furchtbar aus! Geh nach Hause! Und wage ja nicht, so etwas noch einmal zu tun! Hörst du mich, niemals! Halt dich verdammt nochmal an meine Anweisungen! Hast du mich verstanden?«

Sie nickte, zu sehr von Mitleid und Entsetzen überwältigt und auch von der Gewißheit, in seiner Liebe geborgen zu sein, um noch etwas sagen zu können.

# Nachwort

Eugène Sue hat 1842 mit dem Welterfolg seiner »Mystères de Paris« ein Thema angeschlagen, das Europa und Amerika im 19. Jahrhundert nicht mehr zur Ruhe kommen ließ. Mitten in Paris, so verkündet er gleich auf der ersten Seite, leben Wilde, die uns so unbekannt und fremd sind wie die Indianer Nordamerikas. Sie haben ihre eigene Sprache, ihre eigenen Kriegsnamen, ihre eigenen, zum Teil barbarischen Bräuche. Ihre Wohnquartiere grenzen an die unseren und sind doch so weit entfernt, als lägen sie auf einem andern Kontinent. Sie ins Bewußtsein einer Gesellschaft zu bringen, die vor ihnen die Augen verschließt, ist das Ziel seines Riesenwerks.

Es gelang ihm über die Maßen: Von St. Louis und Philadelphia bis hin zu Altenburg in Thüringen bekam jede Stadt ihre »Geheimnisse«; noch der junge Emile Zola debütierte mit »Les mystères de Marseille«. Daß auch das rasch wachsende Berlin Elendsquartiere und damit gleich mehrere »Geheimnisse« bekam, versteht sich von selber. Nach der Sanierung von Paris unter Napoleon III. durch den Präfekten Haussmann war es aber vor allem London, dessen berüchtigte Slums in Literatur und Wirklichkeit weltweit Aufmerksamkeit fanden. Von den Romanen Charles Dickens' bis zu den Thrillern eines Edgar Wallace sind sie ein beliebter Schauplatz, und in der Wirklichkeit haben die Morde ›Jack the Rippers‹ mit ihrer geradezu mythischen Qualität die viktorianischen Slums in unser aller Bewußtsein unauslöschlich eingegraben.

Mit »Tod in Devil's Acre« (»Death in the Devil's Acre«, 1985) setzt Anne Perry ihre Romane über die Nachtseite der viktorianischen Gesellschaft fort. In den vorangegangenen Werken (»Der Würger von der Cater Street«, »Callander Square«, Paragon Walk«, »Rutland Place«, DuMont's Kriminal-Bibliothek Nr. 1016, 1025, 1033, 1044) waren Geheimnisse der Gegenstand, über die

die Zeit, der die selbst im Ehebett äußerst prüde Victoria ihren Namen gab, nach breitestem Konsens nicht sprach: die als dunkel und tief rätselhaft empfundene Triebseite des Menschen. Daß Männer unaussprechliche Bedürfnisse haben, wurde noch akzeptiert, darauf durfte zumindest unter Männern angespielt werden, und manche Ehefrau war sogar dankbar, wenn ihr von einem Dienstmädchen oder einer ausgehaltenen Geliebten die für Frauen als unangenehm geltenden ehelichen Pflichten abgenommen wurden. Daß aber auch Frauen sexuelle Wesen sind, die außereheliche Affären haben, daß junge Mädchen sich von Dienern verführen lassen – an dieses Tabu rührte niemand, und selbst Mord erschien als adäquates Mittel, um es aufrechtzuerhalten.

In Anne Perrys neuem Roman scheint nun zum ersten Mal nicht das aufgedeckt zu werden, was die respektablen und makellosen Fassaden der Nobelstraßen Londons zu verbergen haben. Die Morde, die dieses Mal die Ermittlungen Inspector Pitts, ihres Serienhelden, auslösen, geschehen dort, wo der Tod, sei es durch Hunger, Seuche, Totschlag oder Mord, an der Tagesordnung ist. »Des Teufels Morgen«, wie man »the Devil's Acre« auf Deutsch übersetzen könnte, ist ein Slum der übelsten Sorte, Elendsquartier, Bordell- und Verbrecherviertel in einem, und die vornehme Gesellschaft zieht es vor, wie zu Sues Zeiten davor die Augen zu verschließen, auch wenn dieses üble Viertel im Schatten von Westminster Abbey und Big Ben liegt. Aber leider gibt es Verbindungen, die die Morde im Slum doch vor die Türen der vornehmen Häuser mit den noblen Adressen legen könnten. Zum einen ist es der brutal-grausige Charakter der Morde, der sie völlig von der üblichen Slumkriminalität abhebt und sie als das Werk eines einzigen Serienverbrechers erscheinen läßt: Alle Opfer sind Männer, wurden von hinten erstochen, dann brutal entmannt und an sichtbarer Stelle plaziert. Weitere Gemeinsamkeiten über das Geschlecht hinaus, dessen sie zugleich so demonstrativ beraubt werden, scheint es nicht zu geben. Das erste Opfer ist ein Bordellkönig, das zweite ein mittelmäßig erfolgreicher Arzt, das dritte ein junger, reicher und liebenswürdiger Adliger, das vierte ein Privatlehrer. Für jedes Verbrechen läßt sich ein Motiv denken, aber welches könnte alle vier miteinander verbinden?

Charakteristikum aller Anne-Perry-Romane unserer Serie ist die Doppelung des Detektivs. Im ersten Roman, »Der Würger von der Cater Street«, hatte im Verlauf der Ermittlungen bei ihrer

Familie Charlotte Ellison den Police Inspector Thomas Pitt kennen und lieben gelernt. Obwohl die Ellisons zum gehobenen Mittelstand gehören und ihre Tochter Emily einen reichen Adligen heiraten kann, während ein Inspector kaum über einem Domestiken rangiert, sind die Eltern froh über diese Mißheirat. Charlotte hat nämlich die unangenehme Eigenschaft, zu sagen, was sie denkt, und auch sonst von Konventionen wenig zu halten, was sie als Heiratskandidatin unmöglich macht.

So ist vom Ende des ersten Romans an die merkwürdige Situation gegeben, daß die Frau des gering geachteten Polizisten über ihre Schwester Emily Zugang zu höchsten Kreisen hat. Während ihr Mann den Routineermittlungen und -befragungen bei den Dienstboten nachgeht, sitzen Charlotte und ihre gleichermaßen an Verbrechen und Geheimnis interessierte Schwester im Salon bei den Herrschaften und spüren im leichten Konversationston den Leichen im Familienschrank nach, wie die englische Redewendung lautet. Und das hat sich in der Vergangenheit stets als ergiebiger erwiesen als Pitts offizielle Polizeiarbeit; versteht sich doch gerade die Oberschicht geradezu verschwörerhaft darauf, ihre Leichen im Keller zu behalten, wo sie nach allgemeinem Konsens hingehören, und ihre schmutzige Wäsche nie in Gegenwart Fremder, noch dazu aus der Unterschicht, zu waschen. Diesmal aber ist Inspector Pitt sicher: Dies ist kein Familienverbrechen, bei dem seine Frau hilfreich sein könnte. Zudem ist es so schaurig und schmutzig, daß eine Dame, und sei sie die Frau eines Polizisten, nicht damit in Berührung kommen kann.

Die erfolgversprechendsten Aspekte tun sich beim ersten der Ermordeten auf. Pitt erkennt ihn sofort wieder – bei den Morden am Callander Square war Max Burton Diener im Hause General Balantynes, wo er die Tochter verführt hatte. Sie wurde daraufhin beschleunigt, aber dennoch sehr erfolgreich verheiratet und er diskret entfernt. In den drei Jahren, die seitdem vergangen sind, hat er sich zum Bordellkönig von Devil's Acre gemausert, und seine Spezialität ist das diskrete Arrangieren von Treffs zwischen seinen reichen Kunden und Damen aus der besten Gesellschaft. Daß Gentlemen Freude am »Slummen« haben, war auch den Zeitgenossen bekannt – der aus der Zeit stammende Spezialausdruck deckt das breite Spektrum von der Freude am Pittoresken von Elend und Armut bis zu den Vergnügungen ab, denen man sich in Kneipen und Bordellen hingeben konnte. Nun erfahren wir, daß auch Frauen sich diskret im Slum holen, was ihre älteren oder ungeliebten oder gar homosexuellen Männer ihnen nicht bieten können. Eine Spur, der Pitt nachgeht, ist deshalb die Suche nach einem Ehemann, der seine von der eigenen Frau geschändete Ehre an deren Partnern rächt, was die besondere Aufmerksamkeit erklären würde, die der Mörder gerade dem spezifischen Tatwerkzeug widmet.

Ganz andere Möglichkeiten tun sich beim dritten Opfer auf: Der ebenso reiche wie uraltadlige wie liebenswürdige Bertie Astley wird, entmannt wie die anderen, vor den Stufen eines Homosexuellen-Bordells gefunden. War er ...? Niemand spricht es aus, aber denkbar ist es schon, und die Presse, die schon damals die Affären des Prinzen von Wales gerne aufgriff, wird diesen Umstand nicht unerwähnt lassen. Oder liegen die Dinge viel einfacher: Durch den Mord wird sein jüngerer Bruder Beau mit einem Schlag Erbe des Titels und des beträchtlichen Familienvermögens. Wäre es daher nicht denkbar, daß er – ein beliebtes Verfahren im Detektivroman – diesen höchst plausiblen Mord an seinem Bruder schlicht unter den andern versteckt und die grausigen Verstümmelungen nur verschleiernde Zutat sind?

Max Burtons frühere Verbindungen zu den Balantynes und deren gute Bekanntschaft mit Bertie und Beau Astley eröffnen Charlotte Pitt und ihrer Schwester Emily wider Erwarten doch noch eine Möglichkeit, auch in dieser Serie grausiger Slum-Morde zu ermitteln. Sie bedienen sich der List, die sie schon bei den Morden am Callander Square benutzt haben: Emily hatte Charlotte unter ihrem Mädchennamen Miss Ellison bei den Balantynes eingeführt, wo sie dem ehemaligen General bei seinen militärgeschichtlichen Studien half. Diese Verbindung nutzt sie nun wieder und macht dabei einen unverzeihlichen Fehler, den sie selbst als tiefe Schuld empfindet: Zwischen ihr und dem fünfzigjährigen General, der trotz seiner zwei Kinder und seiner allseits geachteten formidablen Ehefrau tief einsam ist, entwickelt sich, ohne daß ein Wort oder eine Geste es direkt andeutete, eine hoffnungslose, tragische, leise und unendlich traurige Liebesgeschichte. Bei Charlotte, die glücklich verheiratet ist, ist es die tiefe Zuneigung zu dem verschlossenen, intelligenten und aufrechten Mann, für Brandon Balantyne aber ist es die ganz große, ganz unmögliche Liebe, die Ahnung eines Glücks, das er sich versagen muß und das ihn noch einsamer als zuvor zurückläßt.

Als sich dann am Schluß die Ereignisse überstürzen, kommt Charlotte an der Seite des Generals beim überraschenden physischen Showdown wie in einem Actionkrimi wieder einmal ihrem Mann zuvor. Entlarvt wird dabei, wie stets bei Anne Perry, weniger der Täter als die Gesellschaft, als deren Opfer er sich erweist. Diese Gesellschaft duldet nicht nur Slums, sondern hält sie sich geradezu, um dort gegen Geld ihre Bedürfnisse zu befriedigen, denen sich Ehefrauen oder Ehemänner verweigern oder die dieselbe Gesellschaft streng sanktioniert, wie Kinderschändung und Päderastie.

*Volker Neuhaus*

# DuMonts Kriminal-Bibliothek

»Immer mal wieder wird der Detektiv totgesagt. Alles Gerüchte. Endlos wäre die Liste von Helden und Heldinnen, die man gegen die Behauptung vom Detektivtod anführen könnte. Stattdessen sei mit deutlich erhobenem Zeigefinger auf einen vorzüglich gepflegten Kleingarten verwiesen, in dem die Detektivliteratur nur so sprießt: DuMonts Kriminal-Bibliothek.« *Die Zeit*

| | | |
|---|---|---|
| Band 1002 | John Dickson Carr | **Tod im Hexenwinkel** |
| Band 1006 | S. S. van Dine | **Der Mordfall Bischof** |
| Band 1011 | Mary Roberts Rinehart | **Der große Fehler** (Mai 2002) |
| Band 1016 | Anne Perry | **Der Würger von der Cater Street** |
| Band 1022 | Charlotte MacLeod | **Der Rauchsalon** |
| Band 1025 | Anne Perry | **Callander Square** |
| Band 1033 | Anne Perry | **Nachts am Paragon Walk** |
| Band 1035 | Charlotte MacLeod | **Madam Wilkins' Palazzo** |
| Band 1040 | Ellery Queen | **Der Sarg des Griechen** |
| Band 1050 | Anne Perry | **Tod in Devil's Acre** |
| Band 1052 | Charlotte MacLeod | **Ein schlichter alter Mann** |
| Band 1063 | Charlotte MacLeod | **Wenn der Wetterhahn kräht** |
| Band 1070 | John Dickson Carr | **Mord aus Tausendundeiner Nacht** |
| Band 1071 | Lee Martin | **Tödlicher Ausflug** |
| Band 1072 | Charlotte MacLeod | **Teeblätter und Taschendiebe** |
| Band 1073 | Phoebe Atwood Taylor | **Schlag nach bei Shakespeare** |
| Band 1074 | Timothy Holme | **Venezianisches Begräbnis** |
| Band 1075 | John Ball | **Das Jadezimmer** |
| Band 1076 | Ellery Queen | **Die Katze tötet lautlos** |
| Band 1077 | Anne Perry | **Viktorianische Morde** (3 Romane) |
| Band 1078 | Charlotte MacLeod | **Miss Rondels Lupinen** |
| Band 1079 | Michael Innes | **Klagelied auf einen Dichter** |
| Band 1080 | Edmund Crispin | **Mord vor der Premiere** |
| Band 1081 | John Ball | **Die Augen des Buddha** |
| Band 1082 | Lee Martin | **Keine Milch für Cameron** |
| Band 1083 | William L. DeAndrea | **Schneeblind** |
| Band 1084 | Charlotte MacLeod | **Rolls Royce und Bienenstich** |
| Band 1085 | Ellery Queen | **... und raus bist du!** |

| | | |
|---|---|---|
| Band 1086 | Phoebe Atwood Taylor | **Kalt erwischt** |
| Band 1087 | Conor Daly | **Mord an Loch acht** |
| Band 1088 | Lee Martin | **Saubere Sachen** |
| Band 1089 | S. S. van Dine | **Der Mordfall Benson** |
| Band 1090 | Charlotte MacLeod | **Aus für den Milchmann** |
| Band 1091 | William L. DeAndrea | **Im Netz der Quoten** |
| Band 1092 | Charlotte MacLeod | **Jodeln und Juwelen** |
| Band 1093 | John Dickson Carr | **Die Tür im Schott** |
| Band 1094 | Ellery Queen | **Am zehnten Tage** |
| Band 1095 | Michael Innes | **Appleby's End** |
| Band 1096 | Conor Daly | **Tod eines Caddie** |
| Band 1097 | Charlotte MacLeod | **Arbalests Atelier** |
| Band 1098 | William L. DeAndrea | **Mord live** |
| Band 1099 | Lee Martin | **Hacker** |
| Band 1100 | **Jubiläumsband** | **Mord als schöne Kunst betrachtet – Noch mehr Morde** |
| Band 1101 | Phoebe Atwood Taylor | **Zu den Akten** |
| Band 1102 | Leslie Thomas | **Dangerous Davies und die einsamen Herzen** |
| Band 1103 | Steve Hamilton | **Ein kalter Tag im Paradies** |
| Band 1104 | Charlotte MacLeod | **Mona Lisas Hutnadeln** |
| Band 1105 | Edmund Crispin | **Heiliger Bimbam** |
| Band 1106 | Steve Hamilton | **Unter dem Wolfsmond** |
| Band 1107 | Conor Daly | **Schwarzes Loch siebzehn** |
| Band 1108 | S. S. van Dine | **Der Mordfall Skarabäus** |
| Band 1109 | Ellery Queen | **Blut im Schuh** |
| Band 1110 | Charlotte MacLeod | **Der Mann im Ballon** (Mai 2002) |
| Band 1111 | Steve Hamilton | **Der Linkshänder** (Mai 2002) |
| Band 2001 | Lee Martin | **Neun mörderische Monate** (3 Romane) |
| Band 2002 | Charlotte MacLeod | **Mord in stiller Nacht** (Sonder-Doppelband) |
| Band 2005 | Anne Perry | **Mehr viktorianische Morde** (2 Romane) |

Band 1016
*Anne Perry*
**Der Würger von der Cater Street**

Standesdünkel und die strenge Moral des viktorianischen England erschweren Inspector Pitt die Aufklärung der Frauenmorde in der Cater Street. Nur Charlotte Ellison, kluge und selbstbewußte Tochter aus gutem Hause, unterstützt Pitt mit Informationen aus den »besseren Kreisen«.

Band 1025
*Anne Perry*
**Callander Square**

Zwei Babyskelette im Park am vornehmen Callander Square veranlassen Inspector Pitt zu Ermittlungen, die aber durch die vornehmen Herrschaften am Square boykottiert werden. Doch Pitts Frau Charlotte hat durch ihren adeligen Schwager Zugang zur feinen Gesellschaft und stößt auf eine Welt voller Intrigen, Untreue und Erpressung.

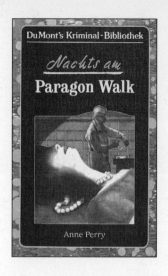

Band 1033
*Anne Perry*
**Nachts am Paragon Walk**

Skandal: Im Park des noblen Paragon Walk wurde ein Mädchen erstochen und vergewaltigt aufgefunden. Für die Anwohner ist klar: Der Mörder kann niemand anders als ein Bediensteter gewesen sein – jedenfalls kein Gentleman. Nur Inspector Pitt und seine kluge Frau Charlotte haben da ihre Zweifel.

Band 1100
**Mord als schöne Kunst betrachtet –
Noch mehr Morde**

**DuMonts Kriminal-Bibliothek** wird 100! Nicht nach Jahren, aber nach der Titelzahl. Als hundertster Band erscheint die Fortsetzung der überaus erfolgreichen Anthologie »Mord als schöne Kunst« betrachtet: Erstmals auf Deutsch vorgelegte Kriminalerzählungen der Kriminal-Bibliotheks-Klassiker von Ellery Queen und Mary Roberts Rinehart bis Michael Innes und John Dickson Carr ebenso wie neue Geschichten von James Yaffe.

Band 1101
*Phoebe Atwood Taylor:*
*Leonidas-Witherall-Serie*
**Zu den Akten**

1942 ist jeder wehrfähige Mann Neuenglands eingezogen. Leonidas Witherall springt ein und macht Karriere. Nach einer Vorstandssitzung von Haymakers Warenhaus wird er niedergeschlagen. Geht man so mit Vorstandsmitgliedern um? Doch Haymaker, bei dem er sich beschweren will, ist tot. Wieder einmal schart Witherall als Detektiv und Hauptverdächtiger die kuriosesten Komplizen um sich.

Band 1102
*Leslie Thomas:*
*Dangerous-Davies-Serie*
**Dangerous Davies und die einsamen Herzen**

Wenn Dangerous Davies sich als Privatdetektiv selbständig macht, lassen die Aufträge nicht lange auf sich warten. Ein Partnervermittlungsinstitut sorgt sich um seinen guten Ruf – Frauen, die auf Kontaktanzeigen antworteten, sind ermordet worden. Mit seinem verwegenen Team begibt sich Davies auf die ebenso gefährliche wie amüsante Spur.

Band 1103
*Steve Hamilton:*
*Alex-McKnight-Serie*
**Ein kalter Tag im Paradies**

Alex McKnight ist nicht entzückt, als ihm der Mörder seines Polizeikollegen eine Rose schickt. Und zwei Morde in seiner Nachbarschaft tragen unverkennbar die Handschrift dieses Psychopathen. Dabei ist der nie aus dem Gefängnis entlassen worden.

**Ausgezeichnet mit dem Edgar Award für das beste Krimidebüt.**

Band 1104
*Charlotte MacLeod:*
*Boston-Serie*
**Mona Lisas Hutnadeln**

Während ihr Mann Max in Argentinien nach Kunstschätzen jagt, verabredet sich Sarah Kelling Bittersohn mit den exzentrischen Mitarbeitern des Wilkins-Museums zum Lunch. Doch dann wird die umtriebige Museumsleiterin ermordet aufgefunden: Tatwaffe ist eine antike Hutnadel. Zu allem Überfluss ist Sarah als Vollstreckerin eines recht kuriosen Testaments eingesetzt ...

Band 2001
*Lee Martin:*
*Drei Romane in einem Band*
**Neun mörderische Monate**

Deb Ralston ist schwanger. Ihrem Einsatz als Detective tut das keinen Abbruch. In drei spektakulären Fällen bringt sie Job und Familie unter einen Hut. In »Ein zu normaler Mord« glaubt sie an die Unschuld eines Amokläufers. Sie enttarnt das »Komplott der Unbekannten« und kommt dem »Tod einer Diva« auf der Spur.

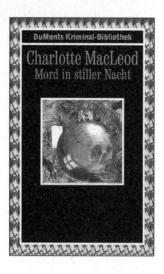

Band 2002
*Charlotte MacLeod:*
*Zwei Romane in einem Band*
**Mord in stiller Nacht**

Zwei von Charlotte MacLeods Krimis spielen in der Weihnachtszeit. »Schlaf in himmlischer Ruh'« führt Peter Shandy in seine Rolle als unfreiwilliger Detektiv, als er eine Leiche unter dem Weihnachtsbaum findet. Und mit »Kabeljau und Kaviar« werden die manchmal nicht ganz feinen Weihnachtssitten der Bostoner Gesellschaft vorgeführt.